CATALOGUE

DE LA

BIBLIOTHÈQUE COMMUNALE

DE BREST

PAR

A. MARION ❋ (O. A.)

Docteur en médecine, bibliothécaire

ET

P.-L. TISSOT ❋

Ancien officier de marine, bibliothécaire-adjoint

SCIENCES ET ARTS

BREST

Imprimerie UZEL-CAROFF ET FILS, rues St-Yves, 32 et Mairie, 24.

1892

CATALOGUE

DE LA

BIBLIOTHÈQUE COMMUNALE

DE BREST

PAR

A. MARION ✻ (O. A.)

Docteur en médecine, bibliothécaire

ET

P.-L. TISSOT ✻

Ancien officier de marine, bibliothécaire-adjoint

SCIENCES ET ARTS

AVIS

Le premier catalogue méthodique des Sciences et Arts *de la Bibliothèque communale de Brest a été dressé et rédigé par M. E. Fleury, ancien bibliothécaire, et imprimé, en 1880, par les soins de son successeur, M. Mauriès, qui fut notre prédécesseur immédiat dans les mêmes fonctions.*

Depuis cette époque, par suite de l'affluence toujours croissante des dons, le nombre des livres appartenant aux Sciences et Arts, ayant plus que doublé, l'Administration a pensé qu'il était nécessaire de refaire un nouveau catalogue des ouvrages ressortissant à cette catégorie.

Pressés par le temps et le désir de répondre à l'impatience de l'Administration et des Lecteurs, nous avons, le catalogue des Belles-Lettres *et de l'*Histoire *étant achevé, préparé immédiatement la réfection de ce nouveau volume qui, commencé à la fin de 1890, est aujourd'hui terminé.*

Nous y avons joint, pour la commodité des recherches, une table des matières et une table alphabétique, dont la confection nous a demandé beaucoup de temps.

Notre travail, il ne nous coûte pas de le reconnaître, en raison de la rapidité avec laquelle il a été exécuté, est loin d'être parfait.

Beaucoup d'ouvrages, par les nombreuses matières dont ils traitent, confinent souvent à plusieurs branches scientifiques différentes et ont pu être classées à tort dans des divisions ou des subdivisions auxquelles ils n'appartiennent pas rigoureusement. Mais, pour arriver à un classement irréprochable, il eût fallu, pour ceux qui n'existent ni dans Brunet, ni dans les catalogues rédigés par nos collègues, les lire, sinon en totalité, du moins en partie, et le temps nous eût fait défaut pour mener à bien et rapidement une besogne qui venait s'ajouter au travail de direction et de manutention de la Bibliothèque déjà très-chargé.

Si les princes de la bibliographie ont le droit de se montrer sévères pour les imperfections de nos classements, ils reconnaîtront qu'il était difficile de faire mieux, quand ils sauront que, depuis six ans, nous avons, sans aide aucun, catalogué en moyenne un millier de volumes par an, et fait imprimer trois catalogues de 1,200 pages environ.

Le Bibliothécaire,

MARION.

SCIENCES ET ARTS

Introduction et Dictionnaires.

1. — LANCELIN (P. F.) — Introduction à l'analyse des sciences, ou de la génération, des fondements et des instruments de nos connaissances. — Paris, *an IX* (1801), *in-8°, 3 tomes en 2 volumes reliés.*

2. — ROUJOUX (Le baron P. G. de). — Essai d'une Histoire des révolutions arrivées dans les sciences et les beaux-arts, depuis les temps héroïques jusqu'à nos jours. — Paris, *A. Egron, 1811, in-8°, 3 volumes reliés.*

3. — BERTHELOT (M.), sénateur, membre de l'Institut. — Science et philosophie. — Paris, *Calmann Lévy, in-8°, 1886, br.*

4. — DICTIONNAIRE UNIVERSEL DES SCIENCES, DES LETTRES ET DES ARTS, par M. N. Bouillet. — Paris, *Hachette et fils, 1854 in-8° rel.*

5. — Autre exemplaire. — *1855.*

6. — Autre exemplaire. — *1856.*

7. — DICTIONNAIRE DES MERVEILLES DE LA NATURE, nouvelle édition. — Paris, *an X* (1802), *in-8°, 3 vol. rel.*

8. — ENCYCLOPÉDIE ou DICTIONNAIRE RAISONNÉ DES SCIENCES, DES ARTS ET DES MÉTIERS, par une société de gens de lettres, mis en ordre et publié par M. Diderot, et, quant à la partie mathématique, par M. d'Alembert. 8e édition. — Genève, *Pellet, 1778, gd in-4°, 26 vol. rel., 3 v. pl. rel.*

8 (bis). — Autre exemplaire. — *1777.*

9. — LUNIER (M.). — Dictionnaire des sciences et des arts. — Paris, *Le Normant, 1806, in-8°, 3 vol. rel.*

1

1. — SCIENCES PHILOSOPHIQUES

1. — Introduction. — Histoire et Dictionnaires.

10. — STANLEY (Th.). — Historia philosophiæ, vitas, opiniones, resque gestas et dicta philosophorum sectæ cujusvis complexa, ex anglico sermone in latinum translata, emendata, et variis dissertationibus atque observationibus passim aucta. Accessit vita auctoris. — Lipsiæ, *Th. Fritsch, 1711, in-4°, 2 vol. rel.*

11. — JANET (P.) et SÉAILLES (G.). — Histoire de la philosophie. — Les problèmes et les Écoles. — Paris, *Ch, Delagrave, 1887, gᵈ in-8° br.*

12. — DESLANDES (A. F. Boureau). — Histoire critique de la philosophie, où l'on traite de son origine, de ses progrès et des diverses révolutions qui lui sont arrivées jusqu'à notre temps. — Londres, *J. Nourse, 1742, in-12, 3 vol. rel.*

13. — Dᵒ. — La même. Nouvelle édition. — Amsterdam, *F. Changuion, 1756, in-12, 4 vol. rel.*

14. — LAURENT (P. M.). — Résumé de l'histoire de la philosophie. — Paris, *Le Cointre, 1826, in-18 rel.*

15. — FORMEY. — Histoire abrégée de la philosophie. — Amsterdam, *Schneider, 1760, in-8° rel.*

16. — NETTEMENT (A.). — Les Ruines morales et intellectuelles. — — Paris, *1836, in-8° rel.*

17. — LARREY (Isaac de). — Histoire des Sept Sages. — Rotterdam, *Fritsch et Bohm, 1713, in-8° rel.*

18. — BARCHOU DE PENOHEN (Le baron). — Histoire de la philosophie allemande, depuis Liebnitz jusqu'à Hegel. — Paris, *Charpentier, 1836, in-8°, 2 vol. rel.*

19. — Dᵒ. — Autre exemplaire. — *1844.*

20. — COLEBROOKE (H. T.). — Essais sur la philosophie des Hindous. Traduits de l'anglais et augmentés de textes sanskrits et de notes nombreuses, par G. Pauthier. — Paris, *1833, in-8° rel.*

21. — VOLTAIRE (DE). — La raison par alphabet. 6e édition, revue par l'auteur. — *1769, in-8°, 2 vol. m. r. fil. d. s. t.*

22. — MÉMORIAL DU SAGE, ou petit Dictionnaire philosophique, publié par C***. — Paris, *Frechet, 1807, in-12 rel.*

2. — PHILOSOPHIE GÉNÉRALE ET MÉLANGES

A. — Philosophes anciens.

23. — DACIER (A.). — Bibliothèque des anciens philosophes. — Paris, *1771, in-12, 5 vol. rel.*

24. — OCELLUS LUCANUS. — De la Nature de l'Univers, relié avec : Timée de Locres. — De l'Ame dn Monde.

Aristote. — Lettre à Alexandre sur le Système du Monde, avec les traductions françaises et des remarques par l'abbé Batteux (avec le texte grec). — Paris, *1768, in-8°, porph. fil.* (2 exemplaires).

25. — TIMÉE DE LOCRES. — En grec et en français, avec des dissertations sur les principales questions de la métaphysique, de la physique et de la morale des anciens, qui peuvent servir de suite et de conclusion à la Philosophie du bon sens, par le marquis d'Argens. — Berlin, *Haude et Spener, 1763, in-8°, m. r. f. d. s. tr.*

26. — D°. — Le même. Trad. par d'Argens, suivi de la lettre d'Aristote sur le Système du Monde. — Paris, *J.-F. Bastien, pp. vélin, in-8° m. r. fil. d. s. tr.*

27. — PLATON. — Œuvres traduites en français, avec des remarques et la vie de ce philosophe, avec l'exposition des principaux dogmes de sa philosophie, par Dacier. Nouvelle édition. — Paris, *Anisson, 1701, in-12, 2 vol. rel.*

28. — D°. — La République, ou Dialogue sur la Justice, divisé en dix livres (Trad. par Grou — Amsterdam, *MM. Rey, 1763, in-12, 2 vol. rel.*

29. — D°. — Les Loix (Trad. par Grou). — Amsterdam, *MM. Rey, 1763, in-12, 2 vol. rel.*

30. — D°. — Les Dialogues (Trad. par Grou). — Amsterdam, *MM. Rey, 1770, in-12, 2 vol. rel.* — En tout 8 vol. in-12 rel.

31. — Dº. — Autre exemplaire. — *2 vol. in-8º rel.*

32. — COMBES-DOUNOUS (J.-J.). — Essai historique sur Platon et coup-d'œil rapide sur l'histoire du Platonisme, depuis Platon jusqu'à nous. — Paris, *Gautier et Bretin, 1809, in-12, 2 vol.*

33. — JOURDAIN (A. L. M. M. Brechillet). — Recherches critiques sur l'âge et l'origine des traductions latines d'Aristote. — Paris, *Fautin et Cie, 1819, in-8º rel.*

34. — FOUILLÉE (Alfred). — La philosophie de Socrate. — Paris, *Ladrange, 1874, in-8º, 2 vol. rel.*

35. — EMPYRICUS (Sextus). — Les Hipotiposes, ou Institutions pirroniennes, en 3 livres. Trad. du grec avec des notes qui expliquent le texte en plusieurs endroits, par Huart. — Amsterdam, *1725, in-12 rel.*

36. — MAXIME DE TYR. — Dissertations de ce philosophe platonicien, traduites sur le texte grec, avec notes critiques, historiques et philosophiques, par J. J. Combes Dounous. — Paris, *Bossange, Masson et Besson, an XI (1802), in-8º, 2 vol. rel.*

37. — PORPHYRE. — Traité touchant l'abstinence de la chair des animaux, avec la vie de Plotin par ce philosophe et une dissertation sur les génies, par de Burigny. — Paris, *De Bure, 1747, in-12 rel.*

38. — IAMBLICVS CHALCIDENSIS. — De Mysteriis Ægyptorum, Chaldæorum, Assyriorum.

Proclus in Platonicum Alcibiadem de anima, atque Dæmone.

Porphyrius de divinis atque Dæmonibus.

Psellus de Dæmonibus.

Mercurii Trismegisti Pimander.

Ejusdem Asclepius

Lugduni, *apud Johan Tornœsium, 1750, in-16 m. bl. fil. d. s. t.*

39. — JULIEN (L'Empereur). — Œuvres complètes. Trad. pour la première fois du grec en français, accompagnées d'arguments et de notes, et précédées d'un abrégé historique et critique de sa vie, par R. Tourlet. — Paris, *1821, in-8º, 3 vol. rel.* (2 exempl.).

40. — Dº. — Défense du Paganisme, en grec et en français, avec des dissertations et des notes pour servir d'éclaircissements au texte et pour en réfuter les erreurs, par le marquis d'Argens. 3e édition. — Berlin, *C. F. Voss, 1769, in-8º, 2 vol. en un seul, m. r. fil. d. s. t.*

41. — CICÉRON. — Œuvres philosophiques : 1° Les Académiques, trad. par Durand; 2° Des vrais biens et des vrais maux, trad. par Régnier Desmarais; 3° Les Tusculanes, trad. par Bouhier et d'Olivet; 4° De la nature des Dieux, trad. par d'Olivet; 5° De la la Divination, trad. par Régnier Desmarais; 6° Traité des Lois, trad. par Morabin; 7° Les Offices, trad. par Barret; 8° Caton l'ancien, ou de la Vieillesse, trad. par Barrett; 9° Lælius, ou de l'amitié, les paradoxes et le songe de Scipion, trad. par le même; 10° De la Consolation, trad. par Morabain. — PARIS, *Didot jeune, 1796, in-18, 10 vol. en 8, rel.*

42. — D°. — Opera. De Officiis, de Senectute, de Amicitia, Paradoxa, Somnium Scipionis, Consolatio. — *Petit in-12.* (Le titre manque).

43. — D°. — Les Offices, trad. en français sur la nouvelle édition latine de Grævius, avec des notes et des sommaires par le traducteur des lettres de saint Augustin (Ph. Goibaud-du Bois). — PARIS, *J.-B. Coignard, 1692, in-8°, v. br. pp. lavé réglé d. s. t.* (2 exempl.).

44. — D°. — Les mêmes. 3ᵉ édition. — PARIS, *J.-B. Coignard, 1697, in-12 rel.*

45. — D°. — Les mêmes. Nouvelle édition. — *1708, in-12 rel.*

46. — D°. — Les Livres de Cicéron, de la Vieillesse, de l'Amitié, avec les Paradoxes du même. Trad. sur l'édition latine de Grævius, avec des notes par du Bois. Dernière édition, avec le latin. — PARIS, *N. P. Armand, 1732, in-12 rel.*

47. — D°. — Les mêmes, par Debarrett. — PARIS, *Barbou, 1768, in-12 relié.*

48. — D°. — Les Tusculanes, trad. par Bouhier et d'Olivet. Nouvelle édition. — PARIS, *les frères Barbou, an III, in-12, 2 vol. rel.*

49. — D°. — Académiques, avec le texte latin de l'édition de Cambrige et des remarques nouvelles, outre les conjectures de Davies et de Bentley, suivies du commentaire latin de Pierre Valence, par David Durand. Nouvelle édition par Castillon. — PARIS, *Barbou frères, an IV, 1796, in-12, 2 vol. rel.*

50. — D°. — Des Devoirs de l'homme, avec des notes et la vie de l'auteur, par Brosselard. — PARIS, *an IV, in-8° rel.*

51. — CICERONIS. — Ad. M. filium, de officiis. Libri III, avec sommaires et notes en français par M. Brunet. — PARIS, *Desobry, E. Magdeleine et Cⁱᵉ, in-8° cart.*

52. — D°. — Entretiens sur les vrais biens et les vrais maux. Traduits par Regnier Desmarais, avec texte latin. Nouvelle édition. — PARIS, *les frères Barbou, an III, in-12 rel.*

53. — SÉNÈQUE. — Les œuvres de L. Annæus Senneca, mises en français par Mathieu de Chalvet. — ROUEN, *Cl. Le Villain, 1618, in-4° parch.*

54. — D°. — Les mêmes de la même traduction. — ROUEN, *R. Valentin, 1633-34, in-4° rel.*

55. — D°. — Les œuvres de Sénèque le philosophe, trad. par Lagrange, avec les notes de critique, d'histoire et de littérature. — PARIS, *De Bure. 1778, in-12, 6 vol. rel.*

56. — D°. — Les mêmes de la même traduction. — TOURS, *Letourmi le jeune, an III, in-8°, 8 vol, en 7 rel*

57. — D°. — Consolations de Sénèque à Marcia, à Helvia, sa mère, et à Polybius. — LYON, *Ch. Fourmy, 1663, in-12 rel.*

58. — D°. — Œuvres complètes, avec la traduction en français, publiées sous la direction de M. Nisard, de l'Académie française. — PARIS, *F. Didot et Cie, 1877, g^d in-8° rel.*

59. — D°. — Pensées de Sénèque, recueillies par M. Angliviel de la Beaumelle. — PARIS, *J. Barbou, 1779, in-12 rel.*

60. — ROCHAS (ALBERT DE). — La science des philosophes et l'art des thaumaturges dans l'antiquité. — PARIS, *G. Masson, 1882, in-8° br.*

61. — FÉNELON (F. DE SALIGNAC DE LA MOTTE). — Abrégé de la vie des plus illustres philosophes de l'antiquité, avec leurs dogmes, leurs système, leur morale, et un Recueil de leurs plus belles maximes. Nouvelle édition, revue avec soin par F. de Salignac de la Motte-Fénelon, augmentée de la Lettre adressée à un membre de l'Académie, en 1714, sur les Anciens et les Modernes; ornée du portrait de Fénelon et de vingt-six portraits des philosophes. — PARIS, *Delalain, libraire, 1822, in-12.*

62. — ZELLER (E.), professeur de philosophie à l'Université de Berlin. — La philosophie des Grecs, considérée dans son développement historique. Traduit de l'allemand par E. Boutroux. — PARIS, *Hachette, 1877-82-84, in-8°, 3 vol. br.*

B. – Philosophes modernes.

63. — DESCARTES (René). — Les principes de la philosophie. Fig. — Paris, *veuve Robin, 1641, in-4° rel.*

64. — D°. — Ses lettres où sont traitées plusieurs belles questions touchant la morale, la physique, etc. Nouvelle édition. — Paris, *C. Angot, 1667, in-4°, 3 vol. rel.*

65. — D°. — Discours de la méthode pour bien conduire sa raison et chercher la vérité dans les sciences, plus la dioptrique, les météores, etc. — Paris, *C. Angot, 1668, in-4° rel.*

66. — D°. — Œuvres. Nouvelle édition, et précédée d'une introduction par J. Simon. — Paris, *Charpentier et Cie, 1872, in-8° rel.*

67. — GASSENDI (P. J.). — Abrégé de sa philosophie, par F. Bernier. — Paris, *J. Langlois, 1674, in-12 rel.*

68. — D°. — Le même. — Paris, *Michallet, 1675, in-4° rel.*

69. — D°. — Le même, 2e édition. — Lyon, *Anisson, Possuel et Rigaud, 1684, in-12, 7 vol. rel.*

70. — BOSSUET. — Œuvres philosophiques. Nouvelle édition collationnée sur les meilleurs textes et précédée d'une introduction par M. Jules Simon. — Paris, *Charpentier, 1845, in-8° br.*

71. — LA MOTTE LE VAYER (F. de). — Sa philosophie. — Paris, *Duchesne, 1783, in-12.*

72. — DAGOUMER (G.). — Philosophia ad usum scholæ accommodata. Ed. tertia. — Lugduni, *Duplain, 1757, in-12, 6 vol. rel.*

73. — TERRASSON (L'abbé). — La philosophie applicable à tous les objets de l'esprit et de la raison, ouvrage en réflexions détachées, précédé des réflexions de d'Alembert. — Paris, *Prault, 1754, in-12 rel.*

74. — ARGENS (J. B. de Royer, marquis d'). — La philosophie du bon sens, ou réflexions philosophiques sur l'incertitude des connaissances humaines. Nouvelle édition, par l'abbé d'Olivet. — La Haye, *P. Paupie, 1747, in-12, 3 vol. rel.*

75. — HELVÉTIUS. — De l'Esprit. Œuvres complètes. — Liège, *1774, Bassompierre, 4 vol. in-8° rel.*

76. — Œuvres complètes de M. Helvétius. — Londres, *1777, 5 vol. in-12 reliés.*

77. — Dº. — Œuvres complètes. — *A. J. Dugour 1793, in-12, 10 vol.*

78. — PHILOSOPHIE (La nouvelle) refutée par elle-même; ouvrage dans lequel, après avoir exposé le système des incrédules de ce siècle, on en démontre l'absurdité et l'erreur, suivi de l'examen du Livre de l'Esprit d'Helvétius. — Lyon, *1771, in-12, relié avec :*

TERRASSON (L'abbé). — La philosophie applicable à tous les objets de l'esprit et de la raison. — Paris, *Prault, 1754, in-12, rel.*

79. — TAILHÉ (L'abbé J.) — Questions sur la tolérance ; où l'on examine si les maximes de la persécution ne sont pas contraires au droit des gens, à la Religion, à la Morale, à l'intérêt des Souverains et du Clergé. — Genève, *H. A. Goue, 1758, in-12, relié.*

80. — VOLTAIRE, — Le Philosophe ignorant, *1766, in-8º, relié.*

81. — DELISLE DE SALES (J. B. Isoard). — De la philosophie de la nature, ou traité de morale pour l'espèce humaine, tiré de la philosophie et fondé sur la nature, 3ᵉ édition. — Londres, *1777, in-8º, 6 vol. rel.*

82. — LA METTRIE (Julien Offray de). — Œuvres philosophiques. Nouvelle édition. — Berlin, *1774, in-8º, 2 vol. rel.*

83. — INSTITUTIONES philosophicæ ad usum seminariorum. — Tulli Leucorum, *J. Carez, 1777, in-12, 4 volumes.*

84. — INSTITUTIONUM philosophicarum cursus novus, ad usum studiosæ juventutis, præsertimque seminariorum, accommodatus. Edit. tertia. — Lugduni, *Rusand, 1810, in-12, 3 vol. rel.*

85. — WEISS (F. R. de). — Principes philosophiques, politiques et moraux, 7ᵉ édition. — Genève, *J. Paschoud, 1806, in-8º, 2 vol. rel.*

86. — RIVAROL (Le Comte Ant.) — De la philosophie moderne. — *1799, in-8º.*

87. — DESTUTT TRACY (Le citoyen). — Projet d'éléments d'idéologie. — Paris, *Didot, an IX, in-8º, 3 vol. rel.*

88. — LAROMIGUIÈRE (P.) — Leçons de philosophie, ou essai sur les facultés de l'âme, 2ᵉ édition. — Paris, *Brunot-Labbe, 1820, in-8º, 2 vol. rel.*

89. — BENARD (Chˡᵉˢ). — Précis d'un cours élémentaire de philosophie, à l'usage des Collèges, rédigé d'après le programme officiel de l'Université. — Paris, *Joubert et autres ;* Rouen, *Herpin, 1845, in-8º rel.*

90. — SAISSET (Emile), SIMON (Jules) et JACQUES (A.) — Manuel de philosophie à l'usage des Collèges. — Paris, *Joubert, 1846, in-8°.*

91. — SIMON (Jules) et SAISSET (Emile). — Manuel de philosophie à l'usage des Collèges. Introduction et psychologie, par Amédée Jacques. — Paris, *Joubert, 1847, in-8° rel.*

92. — DUGALD-STEWART. — Essais philosophiques sur les systèmes de Locke, Berkeley, Priestley, Horne-Tooke, etc., par M. Dugald-Stewart, professeur à l'Université d'Edimbourg. Traduit de l'anglais, par Charles Huret. — Paris, *A. Johanneau, libr. éditeur, 1828, in-8°.*

93. — SIMON (Jules). — La Liberté, 2e édition. — Paris, *L. Hachette, et Cie, 1859, in-18, 2 vol. rel.*

94. — D°. — Autre exemplaire.

95. — D°. — La Liberté de conscience, 2e édition. — Paris, *L. Hachette, 1857, in-18, rel.*

96. — D°. — Autre exemplaire.

97. — D°. — Le Devoir, 6e édition. — Paris, *L. Hachette et Cie, 1860, in-18, rel.*

98. — D°. — Autre exemplaire.

99. — D°. — La Religion naturelle, 4e édition. — Paris, *L. Hachette et Cie, 1857, in-18, rel.*

100. — D°. — Autre exemplaire.

101. — D°. — L'Ouvrière, 6e édition. — Paris, *L. Hachette, 1867, in-18, rel.*

102. — COMBALOT (L'abbé). — Eléments de philosophie catholique. — Paris, *E. Bricon, 1833, in-8°, rel.*

103. — CARO (J. F. A.) — Cours élémentaire de philosophie. — Paris, *Hachette, 1835, in-8°, 2 vol. rel.*

104. — LITTRÉ (E.) — Application de la philosophie positive au gouvernement des Sociétés et en particulier à la crise actuelle, par E. Littré, de l'Institut. — Paris, *librairie philosophique de Ladrange, 1850, in-8°, br.*

105. — D°. — Auguste Comte et la philosophie positive, 2e édition. — Paris, *Hachette, 1864, in-8°, rel.*

106. — D°. — La Science au point de vue philosophique, 3e édition. — Paris, *Didier, 1873, in-8°, rel.*

107. — DRAPER (J. W.) — Les conflits de la science et de la religion, par J. W. Draper, 6ᵉ édition. — Paris, *Genner Baillière et Cⁱᵉ, 1879, in-8°, rel.*

108. — JULLIEN (B) — Thèses de philosophie. — Paris, *Hachette, 1873, in-8°, br.*

3. — LOGIQUE

109. — NICOLE et ARNAULD. — La logique ou l'art de penser, contenant, outre les règles communes, plusieurs observations nouvelles propres à former le jugement. Nouvelle édition. — Paris, *Desprez, 1752, in-12, rel.*

110. — Dᵒ. — La même. — Paris, *veuve Savoye, 1775, in-12, rel.*

111. — Dᵒ. — La même. — Paris, *Delalain, 1824, in-12.*

112. — LECRENN (L'abbé). — Principes de certitude, ou essai sur la logique. — Paris, *Dessain, 1763, in-12, rel.*

113. — LACRETELLE (P. L.) — Logique et métaphysique. — Paris, *Panckoucke, 1786, in-4°, rel.* (Encyclopédie méthodique).

114. — CONDILLAC (L'abbé E. Bonnot de). — Logique de Condillac à l'usage des élèves des Prytanées et Lycées, par Noël. — Paris, *Dufart, 1802, in-12, 3 vol.*

4. — MÉTAPHYSIQUE

A. — Traités élémentaires

115. — PARA DU PHANJAS (L'abbé). — Eléments de métaphysique sacrée et profane, ou abrégé du cours complet de métaphysique et de philosophie de la religion. — Paris, *Jombert, 1780, in-8°, rel.*

B. — Métaphysiciens grecs et latins

116. — ARISTOTE. — Antonii Ruvio Rodensis commentarii in libros Aristotelis de animâ : una cum dubiis et quæstionibus hac tempestate in Scholis agitari solitis. — Lugduni, *Ant. Pillehotte, 1620, in-8° parch.*

C. — Questions diverses

117. — LEIBNITZ (G. G.) — Tentamina Theodicææ de bonitate Dei, libertate hominis et origine mali. Versio nova, vita auctoris, catalogo operum et variis observationibus aucta. — FRANCOFURTI et LIPSIÆ, *Chr. H. Bergeri, 1739, in-8°, cart.*

118. — MALEBRANCHE (L. P. N.) — De la recherche de la vérité, où l'on traite de la nature de l'esprit de l'homme et de l'usage qu'il doit en faire pour éviter l'erreur dans les sciences, 7e édition. — PARIS, *M. E. David, 1721, in-12, 4 vol. rel.*

119. — DRONIOU (J. H.) — Clef de la Science ou régénération de la philosophie par le Christianisme, 2e édition. — PARIS, *Périsse frères, 1850, in-8°, 3 vol. rel.*

120. — D°. — Eléments d'une métaphysique régénérée aux sources salutaires du Christianisme. — LANDERNEAU, *P. B. Desmoulins, 1854, in-8°.*

121. — LEGENDRE (G. C.) — Traité historique et critique de l'opinion, 3e édit. — PARIS, *Briasson, 1741, in-12, 7 vol. rel.*

122. — D°. — Le même, 4e édit. — PARIS, *Briasson, 1758, in-12, 9 vol.*

123. — BATTEUX (L'abbé CH.) — Histoire des causes premières, ou exposition sommaire des pensées des philosophes sur les principes des Êtres. — PARIS, *Saillant, 1769, in-8°, rel.*

124. — HOLBACH (le Baron), sous le nom de MIRABAUD. — Système de la nature, ou des lois du monde physique et du monde moral. — LONDRES, *1770, in-8°, 2 vol. rel.*

125. — DUCHEMIN (F. L.) — Principia philosophiæ variis ex auctoribus excerpta. Metaphysica. — CADOMI, *apud J. C. Pyron, 1779, in-8°, br.*

126. — LÉVÊQUE (CHARLES). — La Science du beau étudiée dans ses principes, etc. — PARIS, *Durand, 1861, in-8°, 2 vol.*

D. — Traités spéciaux sur l'homme, sur l'âme, ses facultés et ses sensations

127. — PECQUET (A.) — Pensées diverses sur l'homme. — PARIS, *Nyon fils, 1738, in-8°, rel.*

128. — FALCONET DE LA BELLONIE. — Nouvelle théorie de l'homme. Spectacle des Esprits, des Caractères et des Vertus. — AVIGNON, PARIS, *1753, in-12, 2 volumes en un seul, rel.*

129. — PERREAU (J. A.) — Etudes de l'homme physique et moral, considéré dans ses différents âges. — PARIS, *an VI (1797), in-8°, relié avec :*

1° DUPONT DE NEMOURS. — Philosophie de l'Univers, 2ᵉ édition. — PARIS, *Dupont, an IV, in-8°.*

2° ROBIN (Ch. C.) — De la Religion naturelle, ou des rapports de l'homme avec la Divinité. — PARIS, *Lemaire, an VI, in-8°.*

3° GOUPIL PRÉFELNE. — Rapport fait au Conseil des Anciens, au nom de la Commission chargée de l'examen de la résolution du Conseil des Cinq Cents, concernant les Prêtres réfractaires. Séance du 7 fructidor an IV. — PARIS, *Dupont, in-8°.*

Le tout en un volume relié.

130. — HELVÉTIUS (C. A.) — De l'homme et de ses facultés intellectuelles et de son éducation. — LONDRES, *1773, in-8°, 2 vol. rel.*

131. — RIVAROL (Le Comte ANT.) — De l'homme, de ses facultés intellectuelles et de ses idées premières et fondamentales, suivi de son discours sur l'universalité de la langue française. — PARIS, *C. Pougens, 1800, in-4°, cart.*

132. — FICHTE. — Destination de l'homme. Trad. de l'allemand par M. Barchou de Penhoen. — PARIS, *Charpentier, 1836, in-8°.*

133. — SAURI (L'abbé). — Cours de philosophie. Eléments de métaphysique, ouvrage dans lequel on a tâché de présenter tout ce qu'on sait touchant la spiritualité, l'immortalité, la liberté de l'âme, l'influence de l'âme sur le corps, et du corps sur l'âme, etc. — PARIS, *Saillant, 1773, in-12.*

134. — GRATRY (A.) — De la connaissance de l'âme. — PARIS, *Douniol, 1857, in-8°, 2 vol.*

135. — GALL (T. J.) et SPURZHEIM (G.) — Des Dispositions innées de l'âme et de l'esprit, du matérialisme, du fatalisme et de la liberté. — PARIS, *F. Schœll, 1811, in-8°, rel.*

136. — ROBINET (J. B. R.) — Parallèle de la condition et des facultés de l'homme avec la condition et les facultés des autres animaux. — *Bouillon, 1769, in-12, rel.*

137. — DILLY (A.) — Traité de l'âme et de la connaissance des bêtes, où, après avoir démontré la spiritualité de l'homme, l'on explique par la seule machine les actions les plus surprenantes des animaux, suivant les principes de Descartes. — AMSTERDAM, *G. Gallet, 1691, in-12, rel.* (2 exemplaires).

138. — LA CHAMBRE (MARIN-CUREAU DE). — Traité de la connaissance des animaux, où tout ce qui a été dit pour et contre le raisonnement des bêtes est examiné. — PARIS, *J. d'Allain, 1664, in-12, rel.*

139, — PARDIES (Le P. IGNACE-GASTON). — Discours de la connaissance des bêtes. — PARIS, *Sébastien Mabre-Cramoisy, 1672, in-12, rel.*

140. — BOUGEANT (Le P. G. H.) — Amusement philosophique sur le langage des bêtes, augmenté d'un discours préliminaire et d'une critique. — AMSTERDAM, *1747, in-12, relié avec :*

AUBERT LACHESNAYE DES BOIS. — Lettre à Madame la comtesse D*** pour servir de supplément à l'amusement philosophique sur le langage des bêtes. — *1739, in-12.* Le tout en 1 vol. relié.

141. — JOANNET (L'abbé CL.) — Les bêtes mieux connues. — PARIS, *J. P. Costard, 1770, in-12, 2 vol.*

142. — LA FORGE (L. DE). — Traité de l'esprit de l'homme, de ses facultés et fonctions et de son union avec le corps, suivant les principes de Descartes. — PARIS, *T. Girard, 1666, in-4°, rel.*

143. — LOCKE (J.) — Essai philosophique concernant l'entendement humain, où l'on montre quelle est l'étendue de nos connaissances certaines. Trad. de l'anglais par M. Coste, 4e édit. — AMSTERDAM, *1750, in-12, 4 vol. rel.*

144. — D°. — Le même. Nouvelle édit. — AMSTERDAM, *1774, in-12, 4 vol. rel.*

145. — D°. — Abrégé de l'essai sur l'entendement humain. Traduit de l'anglais par M. Bosset. Nouvelle édition. — LONDRES, *J. Nourse, 1741, in-12, rel.*

146. — HELVÉTIUS (C. A.) — De l'Esprit. — PARIS, *Durand, 1758, in-4°. rel.*

147. — REID (TH.) — Recherches sur l'entendement humain, d'après les principes du sens commun. Trad. de l'anglais. — AMSTERDAM, *J. Meyer, 1768, in-12, 2 vol. rel.*

148. — KERANFLECH (Ch. de). — Essai sur la raison, ou nouvelle manière de résoudre une des plus difficiles et des plus belles questions de la philosophie moderne. — Paris et Rennes, *1765, relié avec :*

Nouvel Examen de la question de l'âme des bêtes, du même auteur. — Rennes, *Vatar, 1768, un vol. in-12.*

149. — TAINE. — De l'Intelligence. — Paris, *Hachette, 1870, in-8°, 2 vol.*

150. — CONDILLAC (L'abbé E. Bonnot de). — Traité des systèmes où l'on en démêle les inconvénients et les avantages. — La Haye, *Neaulme, 1749, in-12.*

151. — MAINE BIRAN (M. F. P. G.) — Influence de l'habitude sur la faculté de penser. — Paris, *Henrichs, an XI, in-8°, relié avec :*

1° Lanjuinais (J. D.) — Notice sur le Mithridate d'Adelung.

2° D°. — De la Langue chinoise. Morceau extrait de l'allemand du Mithridate d'Adelung. — Paris, *1807, in-8°.*

3° D°. — Extrait du Magasin encyclopédique. — Articles sur l'ouvrage intitulé l'Antiquité dévoilée au moyen de la Genèse (de Gosselin).

4° Article sur une grammaire du dialecte slave parlée dans la Carniole.

5° Notice sur l'ouvrage de M. l'évêque et sénateur Grégoire, intitulé de la littérature des nègres. — Paris, *Maradan, 1808, in-8°.*

6° Hardy (Charles), de Vitré. — La différence qui existe entre l'instinct et l'entendement dépend-elle de la distinction des sensations en externes et internes ? Thèse soutenue à l'Ecole de Médecine de Paris. — Paris, *Brasseur aîné, 1802, in-8° rel.*

152. — HUET (P. D.). — Traité philosophique de la faiblesse de l'Esprit humain. — Londres, *J. Nourse, 1741, in-12, 2 vol. rel.*

153. — CONDORCET (Le marquis de). — Esquisse d'un tableau historique des progrès de l'esprit humain. 2e édition. — Paris, *Agasse, an III, in-8°.*

154. — D°. — La même. 4e édition. — *Agasse, an IV (1798).*

155. — LE CAT. — Traité des sens. — Paris, *Cavelier, 1742, rel. v.*

156. — JUGE SAINT-MARTIN (J. J.). — Théorie de la Pensée; de son activité primitive indépendante des sens et de sa continuité prouvée par les songes. — Paris, *Lenormant, 1806, in-8° rel.*

157. — LA CHAPELLE (L'abbé de). — L'art de communiquer ses idées. — Londres et Paris, *1763, in-12 rel.*

158. — DEGERANDO (J. M.). — Des Signes et de l'art de penser, considérés dans leurs rapports mutuels. — Paris, *an XIiI, in-8°, 4 vol. reliés.*

159. — L'ÉPÉE (L'abbé C. M. de). — Institution des Sourds et Muets, par la voie des signes méthodiques, ouvrage qui contient le projet d'une langue universelle par l'entremise des signes naturels assujétis à une méthode. — Paris, *Nyon, 1776, in-12, 2 vol. en un seul, rel.*

160. — SICARD (L'abbé). — Cours d'instruction d'un sourd-muet de naissance, pour servir à l'éducation des sourds-muets, et qui peut être utile à celle de ceux qui entendent et qui parlent. (Fig.) — Paris, *Le Clere, an VIII, (1800) in-8° rel.*

161. — D°. — Théorie des Signes, ou introduction à l'étude des langues. Paris, *Dentu, 1808, in-8°, 2 vol. rel.*

162. — MALEBRANCHE (Œuvres de), précédées d'une introduction par M. J. Simon (2ᵉ série). — Paris, *Charpentier, 1850, in-8° br.*

163. — PENHOEN (Barchou de). — Destination de l'homme. — Paris, *Comptoir des imprimeurs réunis, 1844, in-8°.*

164. — LEROUX (Pierre). — De l'humanité, de son principe et de son avenir, etc. 2ᵉ édition. — Paris, *Perrotin, 1845, in-8°, 2 vol. br.*

165. — KÉRATRY. — Inductions morales et physiologiques. 3ᵉ édition revue par l'auteur. — Paris, *librairie de Charles Gosselin, mdcccxli, in-12 br.*

166. — DESPINE (Le Dʳ Prosper). — La science du cœur humain, ou la psychologie des sentiments et des passions, d'après les œuvres de Molière. — Paris, *F. Savy, 1884, in-8°.*

167. — CLAVILLE (Le Maître de). — Traité du vrai mérite de l'homme, considéré dans tous les âges et dans toutes les conditions, avec des principes d'éducation propres à former les jeunes gens à la vertu. — Amsterdam, *aux dépens de la Compagnie, 1739, in-8° rel.*

168. — CAMPE (J. H.), conseiller de S. A. S. Mᵍʳ le Prince régnant d'Anhault-Dessau. — Eléments de psychologie, ou leçons élémentaires sur l'âme, à l'usage des enfants. Ouvrage traduit de l'allemand et orné de 16 figures. — Genève, *chez Borde, Mauget et Cⁱᵉ, 1785, in-12 rel.*

169. — CAMUS (Antoine Le). — De la médecine de l'esprit, où l'on traite des dispositions et des causes physiques qui, en conséquence de l'union de l'âme avec le corps, influent sur les dispositions de l'esprit, etc. — Paris, *Ganneau, 1753, 2 vol. in-8° rel.*

170. — BONHEUR (Essai sur le). — Toulon, *Baume fils aîné, 1843,* *in-8° br.*

171. — RENAN (Ernest), membre de l'Institut. — Dialogues-et fragments philosophiques. — Paris, *Calmann Lévy, éditeur, 1876, in-8° br.*

172. — GILARDIN (Alph.). — Considérations sur les divers systèmes de psychologie. — Œuvres inédites publiées par son fils. — Paris, *A. Durand, 1883, in-8° br.*

173. — DU PÉAN. — Recherches philosophiques et physiologiques sur la nature de l'homme et de l'être vivant. — Paris, *A. Ghio, 1880, in-8° broché.*

174. — BRIEUX (Le Jannic de Kervisal, comte du). — Rêveries philosophiques. L'âme et la matière. — Brest, *Evain-Roger, 1883, in-8°.* 48 p.

5. — MORALE

A. — Introduction et Collection de Moralistes.

175. — COLLECTION des Moralistes anciens. — Paris, *Didot, 1782-95, in-18, 17 vol. rel.*

A cette collection sont joints :

1° Les livres classiques de la Chine, recueillis par le P. Noël. — Paris, *de Bure et Barrois aîné et jeune, 1784, in-18, 7 vol., même reliure.*

2° Eléments de la morale universelle, ou catéchisme de la nature, par le baron d'Holbach. — Paris, *G. de Bure, 1790, in-18, même reliure.*

3° Traité élémentaire de morale et du bonheur, pour servir de prolégomènes ou de suite à la collection des moralistes. — Paris, *1725, in-18, 2 vol., même reliure. — En tout 27 vol. in-18 v. m. fil. d. s. t.*

176. — GUÉRET (G.). — Le caractère de la sagesse payenne dans la vie des Sept Sages grecs. — Paris, *veuve N. Trabouillet, 1762, in-18 rel.*, avec :

Le Procès de la Jalousie. — Paris, *N. Pépingue, 1661, in-4°,* (2 exemplaires).

177. — MORALES (Les) d'Epictète, de Socrate, de Plutarque et de Sénèque. — Au château de Richelieu, *de l'Imprimerie d'Est. Migon, 1653, petit in-4° rel.*

B. — Moralistes grecs et latins.

178. — EPICURE. — La morale d'Epicure tirée de ses propres écrits, par l'abbé Batteux. — Paris, *Desaint et Saillant, 1758, in-8° rel.* (2 exempl.).

179. — ARISTOTE. — Aristotelis, de moribus ad Nicomachum, Lib. X (grec et latin). — Parisiis, *apud Turnebum, 1555, petit in-f° rel.*

180. — D°. — Aristotelis, ad Nicomachum filium de moribus quæ ethica nominantur, libri X. Joachimo Perionio interprete : per Nicolaum Grouchium correcti et emendati. — Parisiis, *Ex. Typographia Matth. Davidis, 1556, in-4°* (avec de nombreuses notes manuscrites), *rel. f. d. arm.*

181. — XENOPHON. — Xenophontis memorabilium Socratis dictorum atque factorum libri IV. Recensuit Christ. Godof. Schütz. Ed. 2°. — Halæ, *J.-J. Gebauer, 1793, in-8°, rel.*

182. — THUROT (F.) — Apologie de Socrate d'après Platon et Xénophon, avec des remarques sur le texte grec et la traduction française. — Paris, *Didot, 1806, in-8°.*

183 — CARACTÈRES (les) de Théophraste, traduits du grec avec les caractères ou les mœurs de ce siècle. — Paris, *M. E. David, 1745, in-8° cart.* (mutilé).

184. — THÉOPHRASTE. — Caractères (les), d'après un manuscrit du Vatican, contenant des additions qui n'ont point encore paru en France. Trad. nouv., avec le texte grec, par Coray. — Paris, *1799, Fuchs, in-8°, rel.*

185. — THÉOPHRASTE (les caractères de), traduits par La Bruyère, avec des additions et des notes nouvelles, par J. G. Schweighauser. — — Paris, *1802.* Portrait de Théophraste. Ce volume forme le tome 3° des œuvres de La Bruyère.

186. — EPICTÈTE. — Epicteti Enchiridion græce et latine una cum notis grammaticis quæ nunc primùm in lucem prodeunt cum versione latinâ accuratiùs et fideliùs examinata. — Parisiis, *Seb. Cramoisy, 1653, petit in-12, rel.*

2

187. — D°. — Simplicii commentarius in Enchiridion Epicteti, ex libris veteribus emendatus. Cum versione Hieronymi Wolfii et Cl. Salmassi animadversionibus et notis quibus Philosophia stoica passim explicatur, et illustratur. — Lugduni Batavorum, *Jean Maire, 1643, in-4°; rel.*

188. — D°. — Le Manuel d'Epictète avec des réflexions tirées de la morale de l'Evangile, par Cocquelin. — Paris, *C. Barbin, 1688, in-12, rel.*

189. — D°. — Manuel d'Epictète et les Commentaires de Simplicius. Trad. par Dacier. — Paris, *J.-B. Coignard, 1715, in-12, 2 vol.*

190. — D°. — Le même, trad. par Dacier, avec une préface par L. Dutens. — Paris, *Didot, 1775, in-18, rel.*

191. — D°. — Le même, en grec, avec une introduction française, précédée d'un Discours contre la Morale de Zénon et contre le suicide, par M. Lefebvre de Villebrune. — Paris, *P.-D. Pierres, 1783, in-18, rel.*

192. — D°. — Manuel d'Epictète et tableau de Cébès, en grec, avec une trad. française, par Lefebvre Villebrune. — Paris, *Didot, le jeune, an III (1794), in-18, 2 vol. en un, rel.* (2 exemp.).

193. — D°. — Manuel d'Epictète et tableau de Cébès. Trad. du grec, par Camus. — Paris, *an IV (1796), in-18, 2 vol. rel.*

194. — D°. — Le même. — Paris, *A.-A. Renouard, an'VII (1799), in-18, 2 vol. en un seul.*

195. — D°. — Nouveau manuel d'Epictète extrait des Commentaires d'Arrien et nouvellement trad. du grec en français par Dehure de Saint-Fauxbin). — Paris, *imprimerie de Monsieur, 1784, in-18, 2 vol. rel.*

196. — PLUTARQUE. — Traité sur la manière de discerner un flatteur d'avec un ami, et le bouquet des Sept Sages, Dialogue du même auteur revu, etc., sur les manuscrits de la Bibliothèque du Roi, avec une version française et des notes. par La Porte du Theil. — Paris, *imp. Roy, 1772, in-8°, rel.*

197. — D°. — Traduction de différents traités de morale de Plutarque, par M*** (Gaudin). — Paris, *Debure, 1777, in-12, rel.*

198. — ANTONIN (L'Empereur Marc Aurèle). — Pensées de l'Empereur Marc Aurèle Antonin, ou leçons de vertu que ce prince philosophe se faisait à lui-même. Nouvelle édition, trad. du grec, etc., par M. de Joly. — Paris, *Cellot, 1770, in-8°, rel. (Fig.)*

199. — D°. — Réflexions morales de l'Empereur Marc Antonin, trad. par Dacier. Edition ornée de figures dessinées par Moreau le jeune. — PARIS, *Didot jeune, an IX (1800), grand in-4°, v, vert. fil. dent. t. d.*

200. — BOECE (A. M. T. S.) — Boëce consolé par la philosophie. Trad. nouv. par N. F. Regnier. — PARIS, *Loyson, 1676, in-12, rel.*

201. — D°. — La consolation philosophique de Boëce. Nouv. trad., avec la vie de l'auteur, par Duchesne de Francheville. — LA HAYE, *P. de Hond, 1744, in-8°, 2 vol. rel.*

C. — Moralistes français

202. — MONTAIGNE (MICHEL DE). — Essais (de). — PARIS, *L. Rondet, 1669, in-12, 3 vol. rel.*

203. — D°. — Essais (de) donnez sur les plus anciennes et les plus correctes éditions, etc., par P. Coste. Nouv. édit. — PARIS, *1725, in-4°, 3 vol. rel.*

204. — MONTAIGNE (MICHEL), Essais de Michel, Seigneur de Montaigne, donnez sur les éditions les plus anciennes et les plus correctes avec des notes, et une table générale des matières plus utiles que celles qui avaient paru jusqu'ici, par Pierre Coste. — LA HAYE, *Gosse, 1727, 5 vol. in-8°, rel.*

205. — D°. — Essai (de). Edit. stéréotype. — PARIS, *Didot, an X (1802). in-12, 4 vol. rel.*

206. — *D°.* — Essais (de). Nouv. édit. (par Eloi Johanneau). — PARIS, *Lefèvre, 1818, in-8°, 5 vol. rel.*

207. — VERNIER (TH.). — Notices et observations pour préparer et faciliter la lecture des Essais de Montaigne. — PARIS, *1810, in-8°, 2 vol. rel.*

208. — CHARRON (P.). — De la Sagesse : Trois livres par P. Charron, suivant la vraie copie de Bordeaux. — AMSTERDAM, *Louis et Daniel Elzevier, 1662, petit in-12, mar. r. fil. d. s. t.*

209. — D°. — De la Sagesse. — GENÈVE, *1777, in-18, 3 vol. rel.*

210. — D°. — La même. — PARIS, *J.-F. Bastien, 1783, in-8° rel.* (3 exempl.).

211. — LUCHET (J. P. L. DE LA ROCHE DU MAINE, marquis DE). — Analyse raisonnée de la Sagesse de Charron. — LONDRES, *1789, in-18, 2 vol. rel.*

212. — LA ROCHEFOUCAULD (Fr. duc de). — Réflexions, ou sentences et maximes morales. Nouvelle édition, qui renferme de plus les Maximes de Mme la marquise de Sablé, les Pensées diverses de M. L. D. et les Maximes chrétiennes de M. ˮ. — Amsterdam, *1748, in-8° rel.*

213. — D°. — Réflexions, sentences et maximes morales. Nouvelle édition, conforme à celle de 1678, et à laquelle on a joint les annotations d'un contemporain sur chaque maxime, les variantes des premières éditions et des notes nouvelles par G. Duplessis, avec une préface par C.-A. de Sainte-Beuve, de l'Académie française. — Paris, *chez P. Jannet, libraire, 1853, petit in-8°.*

214. — D°. — Maximes et réflexions morales. — Paris. *P. Didot, aîné, 1796, in-18, p. vélin, mar. vert., fil. d. s. t.*

215. — D°. — Autre exemplaire. — Londres, *1584.*

216. — D°. — Les mêmes. Stéréotype. — Paris, *P. et F. Didot, 1802, in-18.*

217. — D° (Maximes et réflexions du duc de). — Paris, *Didot l'aîné, an X (1802), in-12 br.*

218. — D°. — Maximes et Œuvres complètes. Nouv. édit. — Paris, *Delance et Le Sueur, an XII (1804), in-12.*

219. — D°. — Pensées, maximes et réflexions morales. Nouvelle édition augmentée de remarques critiques, morales et historiques sur chacune des réflexions, par M. l'abbé de La Roche. — Paris, *Pissot, 1765, in-12 relié.*

220. — D°. — Le petit La Rochefoucauld, choix de pensées et de maximes morales. — Paris, *Sanson, in-12, rel. avec :*

Le petit Moraliste. Choix de maximes, pensées et fables extraites des œuvres de Corneille, Racine, Boileau Lafontaine, etc., 4e édit. — Paris, *Sanson, in-32,* et

Le petit Fabuliste, recueil de fables morales choisies dans les meilleurs auteurs. — Paris, *Sanson, in-32,* et

Poincinet de Sivry. — La Berlue. — Paris, *Ponthieu, 1826. — Un seul volume in-32.*

221. — PRINCIPES et QUESTIONS de morale naturelle destinés à servir de supplément et de correctif aux œuvres morales de La Rochefoucauld, nouvelle édit. — Paris, *Delance et Le Sueur, an XII (1804), in-12.*

222. — PASCAL (Blaise), LA ROCHEFOUCAULD, LA BRUYÈRE, moralistes français. — Pensées de Blaise Pascal ; Réflexions et Maximes de La Rochefoncauld ; Caractères de La Bruyère. — Paris, *Didot, 1841, in-4° br.*

223. — BALZAC (H.). — Maximes et Pensées. — Paris, *Plon, 1852.*

224. — LA BRUYÈRE (J. de). — Les caratères de Théoprhaste, traduits du grec, avec les caractères et les maximes de ce siècle. 11e édit. — Paris, *M. E. David, 1714, in-12 rel.*

225. — D°. — Les caractères de Théophraste, traduits du grec, avec les caractères ou les mœurs de ce siècle, augmentés de la défense de M. de La Bruyère et de ses caractères, par M. Coste. — Amsterdam, *Wetsteins, 1720, 3 vol. in-16 rel.*

226. — D°. — Les caractères de Théophraste avec les caractères ou les mœurs du siècle. Nouv. édit., augmentée de la défense de M. de La Bruyère et de ses caractères, par M. Coste. — Amsterdam, *F. Changuion, 1739, in-12, 2 vol. rel.*

227. — D°. — Les mêmes. — Amsterdam, *F. Changuion, 1741, in-12, 2 vol. rel.*

228. — D°. — Les caractères de Théophraste avec les caractères et les mœurs de ce siècle, par M. de la Bruyère. Nouvelle édition augmentée de la défense de M. de la Bruyère et de ses caractères, par M. Coste. — Amsterdam, *F. Changuyon, 1754, 2 vol. in-12 rel.*

229. — D°. — Les mêmes. Nouvelle édition. — Paris, *Hochereau et Panckoucke, 1765, in-4° rel., v. d. s. t.*

230. — D°. — Les caractères de La Bruyère, suivis des caractères de Théophraste traduits du grec par le même. — Paris, *Lefèvre, 1823, 3 vol.*

231. — D°. — Les caractères de La Bruyère. — Paris, *veuve Dabo, stéréotype 1824, in-18, 3 vol. rel.*

232. — D°. — Les caractères ou les mœurs de ce siècle, par La Bruyère. (Edition illustrée). — Paris, *Belin, 1845, in-4°.*

233. — D°. — Maximes et réflexions morales extraites de la Bruyère, par Sicard. — Genève, *1782, in-18 rel.*

234. — ARGONNE (N. B. d'). — Sentiments critiques sur les caractères de La Bruyère. — Paris, *M. Brunet, 1701, in-12 rel.*

235. — AMELOT DE LA HOUSSAYE. — Réflexions, sentences et maximes morales, mises en nouvel ordre, avec des notes politiques et historiques. Nouv. édit. corrigée et augmentée de maximes chrétiennes. — Paris, veuve Ganeau, 1743, in-12 rel.

236. — OXENSTIRN (G. Thureson, comte d'). — Pensées et réflexions morales sur divers sujets. — La Haye, J. Van Duren, 1757, in-8°, 2 vol. rel.

237. — GERBERON (Dom. G.). — La règle des Mœurs contre les fausses maximes de la morale corrompue. — Cologne, N. Schouten, 1692, in-12 rel.

238. — ABBADIE (J.) — L'art de se connaître soi-même, ou la recherche des sources de la morale. — La Haye, J. Neaulme, 1760, in-8°, rel.

239. — BRILLON (P. J.) — Le Théophraste. moderne, ou nouveaux caractères sur les mœurs. — La Haye, A. Moetjens, 1700, in-12, rel.

240. — VAUVENARGUES (Luc Clapier, Marquis de). — Œuvres complètes, précédées d'une Notice sur sa vie et ses ouvrages, et accompagnées de notes de Voltaire, Morellet, Fortia, Suard. Nouvelle édition. — Paris, J. Z. J. Brière, 1823, in-8°, rel.

241. — D°. — Œuvres. Edition nouvelle, précédée par l'éloge de Vauvenargues et accompagnée de notes et commentaires, par D. L. Gilbert. — Paris, Furne et Cⁱᵉ, 1857, in-8°.

242. — D°. — Œuvres posthumes et œuvres inédites, avec notes et commentaires, par D. L. Gilbert. — Paris, Furne et Cⁱᵉ, éditeurs, 1857, in-8°.

243. — TOUSSAINT (P. L. F. V.) — Les Mœurs. — 1748, in-8°, rel. f. d. s. t.

244. — D°. — Les mêmes. — Amsterdam, 1750, in-8°, rel.

245. — D°. — L'éclaircissement sur les Mœurs, par l'auteur des Mœurs. — Amsterdam, M. M. Rey, 1762, in-12, rel.

246. — DUCLOS (Ch. Pinot, sieur). — Considérations sur les mœurs de ce siècle. — 1751, in-8°, rel.

247. — D°. — Les mêmes. Nouv. édit. — Amsterdam, 1752, in-8°, rel.

248. — NONNOTTE (L'abbé Cl. Fr.) — Examen critique ou réfutation du livre des Mœurs. — Paris, veuve Bordelet, 1757, in-8°, cart.

249. — MABLY (L'abbé G. Bonnot de). — Entretiens de Phocion sur le rapport de la morale avec la politique, etc., 2ᵉ édition. — Amsterdam, 1763, in-12, rel.

250. — ARCONVILLE (Madame d'). — Pensées et réflexions morales sur divers sujets. — Paris, Desaint, 1765, in-12, rel.

251. — REBOUL. — Essais sur les mœurs du temps. — Londres et Paris, Vincent, 1768, in-12, rel. v.

252. — Dᵒ. — Le même, relié avec :

Saint-Jean (de). — Pensées et réflexions morales, par un militaire. — Paris, Merlin, 1768, in-12, rel.

253. — COUPÉ (L'abbé J. M. L.) — Manuel de morale dédié à Monseigneur le Comte d'Artois. — Paris, Edme, 1772, in-12, rel.

254. — CARRA (J. L.) — Esprit de la morale et de la philosophie, divisé en 4 parties. — La Haye, 1777, in-8º, rel.

255. — DE LA CROIX (J. V.). — Peinture des mœurs du siècle, ou lettres et discours sur différents sujets. — Amsterdam et Paris, Lejay, 1777; in-12, 2 vol. en un seul, rel.

256. — SAURI (L'abbé). — La morale du citoyen du monde, ou la morale de la raison. — Paris, Froullé, 1777, in-12 rel.

257. — RESTIF DE LA BRETONNE (N. E.). — L'Andrographe, ou idées d'un honnête homme sur un projet de règlement proposé à toutes les nations de l'Europe, pour opérer une réforme générale des mœurs. — La Haye, 1782, in-8º rel.

258. — Dᵒ. — Les Gynographes, ou idées de deux honnêtes femmes sur un projet de règlement proposé à toute l'Europe, pour mettre les femmes à leur place et opérer le bonheur des deux sexes. — La Haye, 1777, in-8º rel.

259. — Le Pornographe, ou idées d'un honnête homme sur un projet de règlement pour les prostituées, propre à prévenir les malheurs qu'occasionne le publicisme des femmes. — Londres, 1769, in-8º rel.

260. — COURS DE MORALE fondée sur la nature de l'homme, par M. P***, pasteur de ***. — Londres, 1789, in-8º, 2 vol. rel.

261. — GENLIS (Mᵐᵉ de). — Le petit La Bruyère, ou caractères et mœurs des enfants de ce siècle. Nouv. édit. — Paris, Crapelet, 1801, in-8º rel.

262. — QUESNÉ (J. S.). — Les Portraits. — Paris, *Le Normant, an XI (1803), in-8°.*

263. — LÉVIS (Le duc de P. N. G. de). — Maximes et réflexions sur différents sujets de morale et de politique. 3ᵉ édit. — Paris, *P. Didot aîné, 1810, in-18 p. p. vel. cart.*

364. — Les mêmes, 5ᵉ édit. — Paris, *C. Gosselin, 1825, in-32, p. p. vel.*

265. — SAY (J. B.). — Petit volume contenant quelques aperçus des hommes de la société. — Paris, *Deterville, 1817, in-18.*

266. — PEZZANI (André). — Principes supérieurs de la morale adressés à tous les hommes. — Paris, *A. Durand, 1859, in-8°, 2 vol.*

267. — GRÉTRY (And. Ernest Modeste). — De la vérité. — Ce que nous fûmes, ce que nous sommes, ce que nous devrions être. — Paris, *C. Pougens, an XI (1801), in-8° 3 vol. rel.*

268. — L'HERMITE DE LA CHAUSSÉE-D'ANTIN, ou observations sur les mœurs et les usages parisiens au commencement du XIXᵉ siècle. — — Paris, *Pillet, 1812, 5 vol., in-12 rel.*

269. — JOUY (de). — L'hermite de la Guyane, ou observations sur les mœurs et les usages français au commencement du XIXᵉ siècle. — Paris, *1816, Pillet, 3 vol. in-18, rel.*

270. — Dᵒ. — L'hermite en province, ou observations sur les mœurs et les usages français au commencement du XIXᵉ siècle. — Paris, *Pillet, 1818, 14 vol. in-18 rel.*

271. — NOEL (M.) et M. DE LA PLACE. — Leçons latines de littérature et de morale, etc. — Paris, *Le Normant, 1816, in-8°, 2 vol rel. v. F. d.*

272. — PELLICO (Silvio). — Devoirs de l'homme. — Discours à un jeune homme, trad. de l'italien par M. L. Odorici. — Saint-Brieuc, *1834, in-12 br.*

273. — BUCHON (J. A. C.). — Œuvres de Michel Montaigne, avec une note biographique. — Paris, *Desrez, 1837, in-4° rel.*

274. — LEGOUVÉ (Ernest). — Histoire morale des femmes, par M. Ernest Legouvé. — Paris, *Gustave Sandré, éditeur, 1849, in-8° br.*

275. — STERN (Daniel, Mᵐᵉ D'Agoult). — Esquisses morales et politiques par Daniel Stern.— Paris, *chez Pagnerre, libraire, 1849, in-12 br.*

276. — GASPARIN (Cᵗᵉˢˢᵉ Agénor de). — Les horizons célestes, par la Cᵗᵉˢˢᵉ Agénor de Gasparin. 4ᵉ édit. — Paris, *Michel Lévy frères, libraires-éditeurs, 1860, in-12 br.*

277. — D°. — Les horizons prochains, par la Ctesse Agénor de Gasparin. 3e édit. — Paris, *Michel Lévy frères, libraires-éditeurs, 1860, in-12 br,*

278. — JOUBERT. — Pensées de J. Joubert, précédées de sa correspondance, d'une notice sur sa vie, son caractère et ses travaux, par M. Paul Raynal, et des jugements littéraires de MM. Sainte-Beuve, Silvestre de Sacy, Saint-Marc Girardin, Geruzez et Poitou. 3e édit. revue et augmentée. — Paris, *Librairie académique. Didier et Cie, libraires-éditeurs, 1862,* 2 vol. in-12 br.

279. — PRÉVOST-PARADOL. — Etudes sur les moralistes français, suivies de quelques réflexions sur divers sujets, par M. Prévost-Paradol, de l'Académie française. 2e édit. — Paris, *librairie de L. Hachette et Cie, 1865, in-8° br.*

280. — GASPARIN (Mme Agénor de). — Les tristesses humaines, par l'auteur des horizons prochains (Mme la Ctesse Agénor de Gasparin). 2e édit. — Paris, *Michel Lévy frères, libraires-éditeurs, 1864, in-12 br.*

281. — GASPARIN (Le Cte de). — L'ennemi de la famille, par le Cte Agénor de Gasparin. — Paris, *Michel Lévy frères, éditeurs, 1874, in-12 br.*

282. — DU BOSC, religieux cordelier. — L'honneste femme, divisée en trois parties, revue, corrigée et augmentée. — Paris, *P. Cochart, 1662, in-8° br.*

283. — ROUVELLAT DE CUSSAC. — Manuel physiologique du magistrat, ou avis d'un père à son fils, aspirant à la magistrature. — Paris, *Videcocq, père et fils, 1845, in-12 br.*

284. — AULNOY (C. d'). — Croisade au XIXe siècle. — Paris, *Lefort.* Frontispice gravé.

D. — Moralistes étrangers.

285. — BACON (Fr. baron de Verulamio). — Sermones fideles ethici, politici, œconomici : Sive interiora rerum. Accedunt faber fortunæ, colores boni et mali, etc. — Amstelodami, *ex officina Elzeviriana, 1662, rel. v.*

286. — D°. — The essayes or counsels, civill and morall. — London, *John Haviland, 1629, in-4° rel. v. f.*

287. — SCHAFTESBURY (A. Ashley Cooper, comte de). — Principes de la philosophie morale, ou essai de M. S*** sur le mérite et la vertu, avec des réflexions. Traduit de l'anglais par Diderot. — Amsterdam, *1772, in-12 rel.*

288. — MANDEVILLE (Bernard de), — La fable des Abeilles, ou les fripons devenus honnêtes gens, avec le commentaire où l'on prouve que les vices des particuliers tendent à l'avantage du public. Trad. de l'anglais sur la 6e édit., par J. Bertrand. — Londres, *J. Nourse, 1750, in-8°, 4 vol. rel.*

289. — HERVEY (J.). — Méditations. Trad. de l'anglais par le Tourneur. — Paris, *Le Jay, 1771 in-12, 2 parties en un seul vol.*

290. — STEELE. — Le spectateur, ou le Socrate moderne, où l'on voit un portrait naïf des mœurs de ce siècle. Trad. de l'anglais. — Paris, *Mérigot et autres, 1755, in-4° rel., 3 vol.* (Manque le 1er vol,).

291. — STEELE et ADDISON. — Le Spectateur. — *In-8°, 8 vol.* dépareillés.

292. — STEELE (R.). — The Guardian. *In-8°, 2 vol.* — The Tatler. *In-8°, 4 vol.* — London, *1806, in-8°, 6 vol. cart.*

293. — HUTCHESON (F.). — Système de philosophie morale ; traduit de l'anglais par E*** (M. A. Eidous). — Paris, *Regnault, 1770, in-12, 2 vol. rel.*

294. — SMITH (Adam). — Essais philosophiques, précédés d'un précis sur sa vie par Dugald Stewart. Trad. de l'anglais par Prévost. — Paris, *H. Agasse, 1797, in-8°, 2 parties en un vol. rel.*

295. — SPENCER (Herbert). — Les bases de la morale évolutionniste. — Paris, *Germer-Baillière, 1880, in-8° cart.* (2 exempl.).

296. — CONFUCIUS. — La morale de Confucius, philosophe de la Chine. — Paris, *Valade, 1783, in-18 rel.*

297. — COLPEVOLE (Il grande) e l'onesto censore. — Varèse, *1870, in-8° br.*

E. — Traité sur les Passions, les Vertus, les Vices, etc.

298. — STICOTTI (A. F.). — Dictionnaire des passions, des vertus et des vices. — Paris, *Vincent, 1769, in-8°, 2 vol. rel.*

299. — DESCARTES (René). — Les passions de l'âme, sur la copie imprimée à Amsterdam. — Paris, *T. Quinet, 1650, in-8° rel.*

300. — SENAULT (Le R. P. J. F.). — De l'usage des passions. — Leyde, *J. Elzévier, 1643, petit in-12 rel.* (2 exempl.).

301. — COURTIN (Antoine). — Traité de la jalousie, ou moyens d'entretenir la paix dans le ménage. — Paris, *H. Jossel, 1685, in-12 rel.*

302. — ARCONVILLE (Mme). — De l'Amitié. 2e édit. — Amsterdam et Paris, *1764, in-8° rel., f. gravé.*

303. — MICHELET (J.). — L'Amour. 2e édit. — Paris, *Librairie de L. Hachette et Cie, 1859, in-12.*

304. — D°. — L'Amour. 3e édit. — Paris, *Hachette, 1859, in-18 rel.*

305. — D°. — La Femme. 2e édit. — Paris, *Hachette, 1860, in-18 rel.*

306 — D°. — Autre exemplaire, même édition.

307. — D°. — Le Prêtre, la Femme et la Famille. 8e édit. — Paris, *Chamerot, 1862, in-18.*

308. — STENDHAL (Henry Beyle), — De l'Amour. Seule édition complète augmentée de préfaces et de fragments entièrement inédits. — Paris, *Michel Lévy frères, libraires-éditeurs, 1857, in-12 rel.*

309. — STAHL (P. J.). — L'Esprit des femmes et les femmes d'esprit. 24e édit. — De l'Amour et de la Jalousie. 18e édit. — Paris, *Hetzel et Cie, éditeurs, in-8° br.*

310. — DUSAULX (J.). — De la passion du jeu, depuis les temps anciens jusqu'à nos jours. — Paris, *imprimerie de Monsieur, 1779, in-8°, rel.*

311. — MANUEL du philosophe, ou Dictionnaire des vertus ou des qualités intellectuelles de l'âme. — Berlin, *1769, in-8° rel.*

312. — ROUSSEAU (J.-J.). — Pensées d'un esprit droit et sentiments d'un cœur vertueux. — Paris, *Fournier-Favreux, 1826, in-8°.*

313. — QUEYRAS (D^r du). — Nouvelle physiologie du mariage, ou de l'ignorance du mari et des déceptions de l'épouse. 2e édit. — Paris, *Arnauld de Vresse, s. d., in-12 cart.*

314. — COQUEREL (Ch.). — Cariteas. 3e édit. — Paris, *A. Sautelet et Cie, 1827, in-12 rel.*

315. — SAINTE-MARIE. — La tendresse maternelle. — Paris, *Gaume, 1838, in-12 cart.*

F. — Mélange de philosophie morale,
contenant les traités sur la bonne et mauvaise fortune,
sur le suicide, etc.

316. — AMELINE (Le P.). — L'art de vivre heureux, formé sur les idées les plus claires de la raison et du bon sens et sur de très belles maximes de M. Descartes. — Paris, *veuve J.-B. Coignard et J.-B. Coignard fils, 1692, in-12 rel.*

317. — DROZ (Joseph). — Essai sur l'art d'être heureux. — Paris, *A. A. Renouard, 1825, in-8° br.*

318. — D°. — De la philosophie morale, ou des différents systèmes sur la science de la vie. — Paris, *Renouard, in-8° br.*

319. — CROCHOT (L.), ancien conseiller de préfecture. — Recherches sur le bonheur de l'homme dans l'ordre physique, moral et social. — Paris, *Mongie, Ponthieu, 1826, in-8° rel en v. rac.*

320. — HOSSARD. — Le chemin du bonheur, pour toutes les classes de la société. — Paris, *Dentu, 1851, in-8° br.*

321. — AZAIS (H.). — Du sort de l'homme dans toutes les conditions, du sort des peuples dans tous les siècles, et, plus particulièrement, du sort du peuple français. — Paris, *Deungon, 1820, in-12, 3 vol.*

322. — MORALE DES POËTES (La), ou Pensées extraites des plus célèbres poètes latins et français, avec l'indication de celles que ceux-ci ont imitées des premiers. 3ᵉ édit. augmentée des pensées de Delille et Ducis, et ornée des portraits de Virgile, Horace, Boileau et J.-B. Rousseau, par M. Moustalon. — Paris, *A. Boulland, 1823, in-12, 2 vol. reliés.*

323. — RONDELET (Antoine). — Mémoires d'Antoine, ou notions populaires de morale et d'économie politique, par M. Antoine Rondelet, professeur de philosophie à la Faculté des lettres de Clermont-Ferrand, ouvrage couronné par l'Académie française, 3ᵉ édit. — Paris, *librairie académique Didier, Adrien Le Clère et Cⁱᵉ, imprimeurs-libraires, 1862, in-12 br.*

324. — TRÉFOUEL (J.). — Questions de philosophie et [d'histoire. — Paris, *Brouillet, 1882.*

325. — RICHARD (Charles). — Les lois de Dieu et l'esprit moderne, issue aux contradictions humaines. — Paris, *Pagnerre, 1858, in-8° br.*

326. — ANSKER (L'abbé). — Variétés philorophiques et littéraires. — Londres, *et se trouve à* Paris, *chez Duchesne, 1762, in-8° rel.*

327. — ZIMMERMANN (J.-G.). — La solitude, traduction nouvelle précédée d'une introduction par X. Marmier. — Paris, *Charpentier, libraire-éditeur, 1863, in-12 br.*

328. — COUSIN (Victor). — Du vrai, du beau et du bien, par M. Victor Cousin. 2ᵉ édit. — Paris, *Didier, 1854, in-8°.*

329. — DESPINE (Prosper Dʳ). — De la folie au point de vue philosophique ou plus spécialement psychologique, étudiée chez le malade et chez l'homme en santé. Ouvrage couronné par l'Institut. — Paris, *Savy, 1875, in-8°.*
(Don de l'auteur à la Bibliothèque de la ville de Brest).

330. — ROBECK (J.). — Calmaria svedi exercitatio philosophica de morte voluntariâ philosophorum et bonorum virorum etiam Jvddæorvm et Christianorvm. Recensuit, perpetvis animadversionibvs notavit, præfatus est et Judicem rervm löcvpletissimvm addidit Joh. Nicolaus Funceivs Marbvrgensis. — Printelii, *literis Joh. Godof. Enax, 1736, in-8° rel.*

331. — CORRE (A. Le Dʳ). — Crime et suicide. — Paris, *O. Doin, 1891, in-18 br.*

332. — TARDE (G.). — Bibliothèque de philosophie contemporaine. — La criminalité comparée. — Paris, *Germer-Baillière et Cⁱᵉ, 1886, petit in-8°.*

333. — STERN (Daniel). — Essai sur la Liberté considérée comme principe et fin de l'activité humaine. — Paris, *librairie d'Amyot, éditeur, 1847, in-8° br.*

334. — ANTI-NOVATEUR (L'), ou Réflexions sur les mœurs, la morale et la religion, par un ancien élève de l'école normale. — Paris, *Delestre-Boulage, 1820, in-12.*

335. — CATÉCHISME DE MORALE UNIVERSELLE destiné à la jeunesse de tous les pays, précédé d'un avant-propos par Louis-Auguste Martin, rédacteur de l'annuaire philosophique. — Paris, *au bureau de la Morale indépendante, 1868, in-12 br.* (132 pages).

336. — POMPERY (Edouard). — La Femme dans l'humanité. Sa nature, son rôle et sa valeur sociale. — Paris, *Librairie de L. Hachette et Cⁱᵉ, 1864, in-12 br.*

337. — SÉGUR (Le Vte J. A. de). — Les Femmes, leur condition et leur influence dans l'ordre social, chez différents peuples anciens et modernes. Nouvelle édition ornée de 7 gravures et augmentée de l'influence des femmes sous l'Empire, et de notes historiques par M. Ch. N. (Alex. Barginet, suivant Quérard). — Paris, *Thiérot et Belin, 1822, in-18, 3 vol. rel. en v. marb.* F. D.

338. — LEVESQUE DE POUILLY (L. R.). — Théorie des sentiments agréables, ou, après avoir indiqué les règles que la nature suit dans la distribution du plaisir, on établit les principes de la théologie naturelle et ceux de la philosophie morale. — Paris, *Debure, 1774, in-8° rel.*

339. — ERLACH (R. L. d'). — Code du bonheur. — Genève, *1788, in-8°,* 7 vol.

340. — RECUEIL FACTICE :

N° 1. — Discours sur la tendresse filiale. — Paris, *Knapen et fils, Nyon le jeune, Méquignon,* mdcclxxxvi *1786.*

2. — Philosophie d'une femme, mdcclxxxvii, *1787.*

3. — Les principes de l'homme raisonnable sur les spectacles. 6e édit. revue et augmentée. — Lille, *Lefort, 1824.*

4. — De l'enseignement de la philosophie à la Faculté des lettres (Académie de Paris), etc., par A.-J.-H. Valette, docteur ès lettres, professeur de philosophie au collège royal de Saint-Louis. — Paris, *L. Hachette, 1828.*

5. — Cours de philosophie à la faculté des lettres de Paris. — Discours d'ouverture, par A.-J.-H. Valette, professeur suppléant à la Faculté des lettres de Paris. — Paris, *L. Hachette, 1829.*

6. — Religion Saint-Simonienne. — Réunion générale de la Famille. Séances des 19 et 21 novembre. Note sur le mariage et le divorce, lue au collège de la religion Saint-Simonienne, le 17 octobre, par le Père Rodrigues. — Paris, *Everat, 1831.*

7. — Sainteté du serment. Examen du traité de M. Madrolle sur cet important sujet. Dédié aux électeurs et députés de 1846, par A. Guichon de Grandpont. — Cherbourg, *Thomine, 1846.*

8. — L'Olivier, ou résumé historique des travaux des sociétés de Paix, jusqu'à la fin de l'année 1846. N° 3. — Paris, *Claye.*

9. — Bulletin mensuel de la Société protectrice des animaux. Tome VIII, n° 6, juin 1861 ; tome X, n° 8, août 1864. — Paris, *au siège de la Société.*

10. — L'Exemple, revue universelle des traits de courage, de dévouement, de bienfaisance, etc. 6e année. N° 7, juillet 1861 ; n° 8, août 1861. — Paris, *rue Graffulhe, 10, Sceaux, imp. de E. Dépée, 1861.*

11. — La chaire d'hébreu au collège de France, par Ernest Renan, membre de l'Institut. 4ᵉ édit. — Paris, *Michel Lévy frères, 1862.*

12. — Pétition pour l'abolition de la peine de mort, adressée au Sénat français, par M. Jules Meugy, docteur en médecine à Rethel (Ardennes). — Paris, *A. Parent, 1864.*

13. — Le Moniteur des bons Livres. N° 4, août 1864. — Paris, *Napoléon Chaix et Cⁱᵉ.*

14. — Moralité publique. — Fédération britannique continentale et générale. — Résolutions du Congrès de Genève, 22 septembre 1877. — Neuchatel, *bureau du Bulletin continental.*

15. — Rêveries philosophiques. — L'Ame et la Matière, par H. Le Jannic de Kervizal (Comte du Brieux). — Brest, *L. Evain-Roger, septembre 1883.*

16. — De l'influence de l'école épicurienne sur la décadence de l'Empire romain, par M. E. Buisson de Mavergnier. — Limoges, *Chapoulaud frères, 1860.*

6. — Application de la morale.

A. — ÉCONOMIE.

a. — Traités généraux.

341. — XÉNOPHON. — L'Économique de Xénophon et le projet de finance du même. Trad. avec des notes par Dumas. — Paris, *H. C. de Hansy 1768, in-12 rel.*

342. — MIRABEAU (Le marquis de). — Les Économiques. — Amsterdam et Paris, *Lacombe, 1769, in-4° rel.*

b. — Règles de la vie civile.

343. — CONTI (Armand de Bourbon, Prince de). — Devoirs des grands. Ouvrage postume suivi de son testament. — Paris, *1826, in-32.*

Relié avec :

Louis XVI. — Maximes morales et politiques sur la science des rois et le bonheur des peuples (tirées de Télémaque). — Paris, *Dauthereau, 1826, in-32, et avec :.*

Massillon. — Sermons sur l'humanité des grands envers le peuple (extrait du Petit Carême). — Paris, *Dauthereau, 1826, in-32*. Le tout en un volume.

344. — FLEURY (L'abbé C.). — Les devoirs des maîtres et des domestiques. — Paris, *P. Auboin, 1688, in-12 rel.*

345. — BUGUET (Henry). — Le guide des maîtres et des domestiques. — Paris, *Derveaux, libraire-éditeur, 1881, in-12 br.*

346. — COURTIN (A. de). — Nouveau traité de la civilité qui se pratique en France parmi les honnêtes gens. Nouvelle édition. — Lyon, *C. Martin, 1691, In-12 rel.*

347. — D°. — Le même. Nouvelle édition. — La Haye, *A. Moetjens, 1731, in-12* relié avec : Suite de la civilité, etc., ou Traité du Point d'honneur et règles pour converser et se conduire sagement avec les Incivils et les Fâcheux, du même. Nouvelle édition. — La Haye, *A. Moetjens, 1731, in-12 rel.*

348. — D°. — Éléments de politesse et de bienséance, ou de la civilité qui se pratique parmi les honnêtes gens, suivis d'un Manuel moral ou de maximes pour se conduire sagement dans le monde. — Liège, *F.-J. Desoer 1773, in-8° rel.*

349. — BELLEGARDE (L'abbé J.-B. Morvan de). — Les Règles de la vie civile, avec ds traités d'histoire pour former l'esprit d'un jeune prince. — Paris, *P.-M. Huart, 1735, in-12 rel.*

350. — LA SALLE (J.-B. de). — Les Règles de la bienséance et de la civilité chrétienne. — Vannes, *J.-N. Galles, 1772, in-12 rel.*

351. — BOITARD. — Guide manuel de la bonne compagnie. — Paris, *1852, in-8° br.*

c. — Pédagogie.

Traités généraux et spéciaux sur l'Education et l'Instruction des enfants.

352. — MORELLY. — Essai sur l'esprit humain, ou principes naturels de l'éducation. — Paris, *J.-B. Delespine, 1743, in-12 rel.*

353. — TRAITÉ sur l'Education pour servir de supplément à l'*Emile* de Jean-Jacques Rousseau. — Neufchatel, *1770, in-12 rel.*

354. — ÉLÈVE (Mon), ou Emile instituteur ; nouvelle éducation morale. — AuxVerrières suisses, *1786, in-8° cart.*

355. — GENLIS (Mme de). — Leçons d'une gouvernante à ses élèves, ou fragments d'un journal qui a été fait pour l'éducation des enfants de M. d'Orléans. — Paris, *1791, in-12, 2 vol.*

356. — D°. — Adèle et Théodore, ou lettres sur l'éducation. — Avignon, *Chambeau, 1798, in-8°, 2 vol. rel.*

357. — FRANÇOIS (De Neufchateau). — Instruction des enfants, ou conseils d'un père à son fils. — Paris, *an XII (1804) ph., in-32.*

358. — AGUESSEAU (Mme Le Guerchois, née Magdeleine d'). — Avis d'une mère à son fils. — Paris, *Desaint et Saillant, 1743, in-32 rel.*

259. — Mme DE LAMBERT. — Avis d'une mère à sa fille, suivis de réflexions sur les femmes, d'un discours sur la délicatesse d'esprit et de sentiment, et d'une lettre sur l'éducation. —Paris, *chez F. Louis, libraire, 1811, in-18.*

360. — COURDIN (J.). — Observations philosophiques sur la réforme de l'éducation publique. — Montpellier, *Tournel, 1792, in-8°.*

361. — RAYMOND (G.-M.). — Essai sur l'émulation dans l'ordre social et sur son application à l'éducation. — Genève, *J.-J. Paschoud, 1802, in-8° rel.*

362. — VIREY (J.-J.). — De l'éducation publique et privée des Français. — Paris, *Crapelet, 1802, in-8° rel.*

363. — HAMILTON (Elisabeth). — Lettres sur les principes élémentaires d'éducation. Traduit de l'anglais sur la 2° édition, par L.-C. Chéron. — Paris, *Demonville, 1804, in-8°, 2 vol. rel.*

364. — LE JEUNE, maître d'école. — Protocole d'actes, ou bibliothèque des enfants de la campagne, à l'usage des écoles primaires. — Brest, *Malassis, an IX (1800), in-8° br.*

365. — DEGERANDO (Le baron J.-M.). — Du perfectionnement moral, ou de l'éducation de soi-même. — Paris, *Renouard, 1824, in-8°, 2 vol. rel.*

366. — GASC (J.-P.). — Education rationnelle. Pétition adressée à la Chambre des députés sur les réformes qu'exigent, dans l'éducation publique, l'état actuel de la civilisation et les besoins des sociétés modernes. — Paris, *Paulin, 1833, in-8°.*

367. — LE MAITRE DE CLAVILLE (C.-F.). — Traité du vrai mérite de l'homme considéré dans tous les âges et dans toutes les conditions : avec des principes d'éducation propres à former les jeunes gens à la vertu. 8e édition. — Amsterdam, *1742, in-12, 2 vol. rel. en un seul* (3 exempl.).

368. — GRIVEL (Guill.). — L'ami des jeunes gens. — Lille, *1647,* 2 parties reliées avec :
Caradeuc de la Chalotais (L.-B.). — Essai d'éducation nationale, ou plan d'études pour la jeunesse. — *1763, in-12 rel.*

369. — FÉNELON (F. de Salignac de la Mothe). — De l'éducation des filles. Nouvelle édition, augmentée d'une lettre du même à une dame sur l'éducation de sa fille unique, et d'un discours préliminaire, etc., par S.-J. Bourlet de Vauxcelles. — Paris, *Mme Lamy, 1801, in-12.*

370. — GRAILLARD DE GRAVILLE (B.-C.). — L'ami des filles. — Paris, *Dufour, 1770, in-12 rel.,* avec :
Tragant. — L'ami des femmes. — Hambourg, *C. Hérold, 1770, in-12,* et avec :
Nos Après-dinées à la campagne. — *In-12, un vol. rel.*

371. — LAMBERT (La marquise de). — Œuvres. Nouvelle édition. — Paris, *1774, in-12 rel.*

372. — CAMPAN (Mme). — De l'éducation, suivi des conseils aux jeunes filles, d'un théâtre pour les jeunes personnes et de quelques essais de morale, ouvrage mis en ordre et publié, avec une introduction, par F. Barrière. 3e édition. — Paris, *Baudouin, 1826, in-18, 2 vol. rel.*

373. — BOUDIER DE VILLEMERT (P.-J.). — L'ami des femmes, ou morale du sexe. — Paris, *Royéz, 1788, in-18, mar. r. fil. d. s. t.*

374. — MIREMONT (La marquise de). — Traité de l'éducation des femmes et cours complet d'instruction. — Paris, *P.-D. Pierres, 1779-1780, in-8°, 4 vol. rel.*

375. — CONSIDÉRANT (Victor). — Théorie de l'éducation naturelle et attrayante. — Paris, *Librairie de l'école sociétaire, 1854, in-8° br.*

376. — LE BORGNE (Dr). — Influence de l'éducation sur la moralité et le bien-être des classes ouvrières. — Paris, *Guillaumin et Cie, 1866, in-8° br.*

377. — SÉRANE (Théorie de J.-J. Rousseau sur l'éducation, corrigée et réduite en pratique par), avec un essai sur la philosophie, sur la géométrie, et sur la technique des langues latine et française. — Toulouse, *Robert, sans date, in-8° br.*

Instruction publique.

(Voir le n° 4345 et suivants du catalogue d'histoire).

378. — LACÉPÈDE (Le comte DE). — Vues sur l'enseignement public. — PARIS, *Desenne, 1790, in-4° rel. avec :*

LAVOISIER (A.-L.). — Réflexions sur l'instruction publique, présentées à la Convention nationale par le bureau de consultation des arts et métiers, suivies d'un projet de décret. — *In-4° rel.*

379. — BARLETTI-SAINT-PAUL (F.-P.). — Vues relatives au but et aux moyens de l'instruction du peuple français, considérée sous le seul rapport de l'enseignement. — *1793, in-4° rel.*

380. — CHAPTAL (R.-A.). — Rapport et projet de loi sur l'instruction publique. — *An IX, in-4°, un vol. rel. avec 469.*

381. — CONDORCET (Le marquis DE). — Rapport et projet de décret sur l'organisation générale de l'instruction publique, présentés à l'Assemblée nationale les 20 et 21 avril 1792. — PARIS, *imprimerie nationale, 1792, in-8° rel.,* avec :

1° DUTENS (J.). — Des moyens de nationaliser l'instruction et de sa doctrine. — EVREUX, *A. Lanoe, an VIII, in-8°.*

2° CHAPTAL (J.-A.). — Rapport et projet de loi sur l'instruction publique. — PARIS, *Crapelet, an IX, in-8°.*

3° LABOULINIÈRE (P.). — Essai d'un plan d'enseignement public. — TURIN, *imprimerie nationale, an X, in-8°.*

4° Mémoire concernant l'instruction publique, présenté au gouvernement au nom de la ville de Mayence. — PARIS, *Mme Huzard, an X, in-8°.*

5° Guide des écoles primaires, ou lois, règlements et instructions concernant les écoles primaires. — PARIS, *L. Hachette, 1829.*

6° FRANÇOIS DE NEUFCHATEAU. — Méthode pratique pour apprendre à lire aux enfants. — PARIS, *P. Didot aîné, an VII, in-8°.*

7° MAUDRU (J.-B.). — Suite du nouveau système de lecture. Répertoire et tableau. — *An VIII, in-8°.* Le tout en un volume relié.

382. — CORNE (H.). — Du courage civil et de l'éducation propre à inspirer les vertus publiques. — PARIS, *Gayet, 1828, in-8° cart.*

383. —
Carton n° 21
EDUCATION ET ENSEIGNEMENT
Liasse n° 1

1. — Réflexions sur l'instruction publique, présentées à la Convention nationale par le Bureau de consultation des arts et métiers. — Paris, *Dupont père et fils*.

2. — Primæ lineæ theoriam lexicographiæ latinæ sistentes. Dissertatio philosophica quam... in Academia Georgia, Augusta Die xxiii. Aug. mdcccvi pro Facultate legendi publice defendet Georgius Henricus Lünemann, philosophiæ doctor — Gottingœ, *typis Henrici Dieterich, 1806*.

3. — Journal d'éducation publié par la Société formée à Paris pour l'amélioration de l'enseignement élémentaire (15 numéros), VIII° année : octobre, novembre, décembre 1822, janvier, février 1823. — IX° année : janvier, février, mars, avril et mai, juin, juillet, août, septembre 1824. — X° année : novembre, décembre 1824; janvier février, avril 1825. — Paris, *Louis Colas*.

4. — Eléments de la grammaire française, par Lhomond. — Paris, *Baudouin frères*.

5. — Ecole des communes, n° 7 *bis*. Etudes sur la loi d'instruction primaire du 28 juin 1833 et l'ordonnance du 16 juillet 1833, à l'usage des préfets, sous-préfets, maires et instituteurs, etc. — Paris, *P. Dupont, 1833*.

6. — Exercices de lecture pour familiariser les enfants avec les manuscrits, par Dembour. 6° édition. — Paris, Metz, *Dembour et Gangel, 1836*.

7. — Examen critique du projet de loi sur l'instruction secondaire, par J. P. Gasc, chef d'institution. — Paris, *chez les libraires du Palais-Royal, février 1836*.

8. — Banque des écoles. Compagnie d'assurance mutuelle contre les frais d'éducation. — Paris, *Béthune et Plon, 1837*.

9. — Dix ans d'enseignement, par M. Lerminier. — Paris, *Ch. Gosselin*, mdcccxxxix (1839).

10. — Extrait de la traduction d'un discours prononcé à une distribution de prix et mis en latin par son auteur, M. Maillet-Lacoste, de Saint-Domingue, ancien élève de l'école polytechnique, professeur à l'école de M. Laurent, à Brest. — Brest, *Michel*.

11. — Discours prononcé par M. Maillet-Lacoste, à l'ouverture des examens de l'école secondaire dirigée par M. Laurent, à Brest, l'an 1808. — Brest, *Pillet*, Paris, *Le Normant-Lebour, 1809.*

12. — Recueil de quelques opuscules de M. Maillet-Lacoste. — Brest, *F.-M. Binard.*

13. — Faculté des lettres de Caen. Discours prononcé le 4 juillet 1839, par M. Maillet-Lacoste, professeur de littérature latine, etc. — Caen, *Pagny, 1839*, et autres opuscules.

14. — Journal d'éducation populaire. Bulletin de la Société pour l'instruction élémentaire. — *Mars 1842.*

Liasse n° 2

15. — Liberté d'enseignement. Examen de la question au point de vue constitutionnel et social, par Mgr Parisis, évêque de Langres. — Paris, *A. Sirou*, Langres, *Laurent fils, 1843.*

16. — Réponse au Mémoire de M. l'archevêque de Paris, sur l'enseignement philosophique, par M. Adolphe Garnier, l'un des professeurs de philosophie de la Faculté des lettres de Paris. — Paris, *Joubert, 1844.*

17. — Lettre à M. le duc de Broglie, rapporteur du projet de loi relatif à l'instruction publique, par M. l'abbé Dupanloup, vicaire général de Paris, etc. — Paris, *Poussielgue, Rusand 1844.*

18. — De l'instruction secondaire en France, par Frédéric Passy, avocat. — Paris, *Guillaumin, 1846.*

19. — De la Bibliothèque royale et de la nécessité de commencer, achever et publier le catalogue général des livres imprimés, par M. Paulin Paris, membre de l'Institut. — Paris, *Techener, 1847.*

20. — Réforme des études classiques. Conférence faite au cercle agricole, le 12 mars 1847, par M. Mce d'Aulteroche. — Paris, *Tresse, 1847.*

21. — Notice historique sur l'Institution Savouré, par M. Louis Lacroix. — Paris, *J.-B. Gros, 1853.*

22. — Des bases de l'instruction secondaire, 2e édition, par G. Cénac-Montaut. — Toulouse, *Aug. de Labouïsse-Rochefort.*

23. — De l'enseignement obligatoire. Mémoire présenté à l'Empereur par Eug. Rendu. — Paris, *L. Hachette et Cie, 1853.*

24. — Notice sur le doctorat ès-lettres, suivi du catalogue des thèses latines et françaises depuis 1810, etc., par M. Ath. Mourier, 2e édit. — Paris, *Delalain, avril 1855.*

25. — Notice sur le doctorat ès-sciences, suivie du catalogue des thèses depuis 1810, etc., par M. Ath. Mourier. — Paris, *Delalain, mars 1856.*

26. — Numéro spécimen de l'*Ami de l'Enfance*, journal des salles d'asile. — Paris, *Ch. Lahure.*

27. — Bulletin des Crèches et de l'éducation populaire, nos 1, 2, 3, janvier, février, mars 1858. — Paris, *Ch. Jouaust, 1858.*

28. — Mémoire pour l'instruction et l'éducation des sourds-muets, par M. l'abbé Laveau. — Orléans, *Chenu, 1860.*

29. — Education française. Poésies religieuses par M. Drouin. — Paris, *Moquet.*

30. — Lectures à haute voix. — Paris, *Moquet, 1860.*

31. — Ville de Paris. Mairie du 2e arrondissement. La caisse des écoles. — Paris, *Félix Maleste et Cie, 1861.*

32. — Discours prononcé par le ministre de l'instruction publique et des cultes à la distribution des récompenses décernées aux Sociétés savantes (25 novembre 1861). — Paris, *Imprimerie Impériale, novembre 1861.*

33. — Œuvre de Saint-Nicolas pour l'éducation des jeunes garçons de la classe ouvrière. Séance générale du 29 avril 1861. — Paris, *L. Tinterlin et Cie, 1861.*

Liasse No 3.

34. — Ministère de l'instruction publique et des cultes. — Instruction primaire. — Concours ouvert entre les instituteurs publics par arrêté du 12 décembre 1860. — Paris, *Imprimerie Impériale, 1861.*

35. — Les Bibliothèques scolaires prescrites par arrêté de S. Exc. le Ministre de l'Instruction publique, du 1er Juin 1862. — *Chez tous les libraires de Paris et des départements, octobre 1862.*

36. — Réponse à l'auteur de la brochure intitulée : Les Bibliothèques scolaires et M. Hachette. — *Chez tous les libraires de Paris et des départements, novembre 1862.*

37. — Le Moniteur des bons livres, no 4. Août 1864. — Paris, *Napoléon-Chaix et Cie.*

38. — Bibliothèques et cours populaires de Guebwiller, par Jean-Jacques Bouscart, 2e édition. — Guebwiller, *1864, chez J.-B. Jung.*

39. — Discours prononcé par M. le baron de Trétaigne, à la distribution solennelle des prix aux écoles communales de garçons, le 22 août 1864. — Paris, *Prissette, 1864.*

40. — Législation de l'enseignement secondaire spécial. — Paris, *Jules Delalain et fils, 1866.*

41. — La religion et l'instruction aux Etats-Unis, par Paul Brandat. — Brest, *U. Piriou, 1870.*

42. — Rapport sur les pertes éprouvées par les Bibliothèques publiques de Paris en 1870-1871, par M. Baudrillart, membre de l'Institut, etc. — Paris, *Paul Dupont, 1871.*

43. — Exposé sur le développement (1867-1877) et sur l'état actuel de l'instruction publique, des sciences et des arts en Hongrie, par le ministère des cultes et de l'instruction publique. — Budapest, *imprimerie de l'Université royale hongroise, 1878.*

44. — Mobilier des écoles (Système A. Lemel), conformes aux prescriptions ministérielles. 1881. — Rouen, *J. Lecerf.*

384. — GIRARDIN (E. de). — De l'instruction publique en France 3e édition. — Paris, *Mairet et Fournier, 1842, in-12 rel.*

385. — MAZURE (F.-A.-J.). — Leçons choisies, à l'usage des écoles primaires de France. — Paris, *Eymery, 1828, in-16 cart.*

386. — NAVILLE (F.-M.-L.). — De l'éducation publique considérée dans ses rapports avec le développement des facultés, la marche progressive de la civilisation et les besoins actuels de la France. 2e édition. — *P. Dufart et Cie, 1833, in-8° rel.*

387. — CORNE (H.). — De l'éducation publique dans ses rapports avec la famille et avec l'Etat. — *Hachette, 1844, in-8°.*

388. — BARTHÈRE (M.). — Questionnaire encyclopédique à l'usage des salles d'asile et des écoles primaires. — Paris, *Hachette, 1846, in-8°.*

389. — DEPASSE (Emile). — Considérations sur les salles d'asile, et de leur influence sur l'avenir des classes pauvres. — Paris, *Jouvert (sans date), in-8° br.*

390. — BRAYDA, BOTTA (Ch.) et GIRAUD. — Vicissitudes de l'instruction publique en Piémont, depuis l'an VII jusqu'au mois de ventôse an X. — Turin, *F. Buzan, an XI, in-8° rel.*

391. — HIPPEAU (M.-C.). — L'instruction publique aux Etats-Unis. Ecoles publiques, etc. Rapport adressé au ministre de l'instruction publique. — Paris, *Didier, 1870, g^d in-8° rel.*

392. — LABOULAYE. — De l'enseignement et du noviciat administratif en Allemagne. — Paris, *1843, in-8° br.*

393. — CHASSIOTIS (G.). — L'instruction publique chez les Grecs, depuis la prise de Constantinople par les Turcs jusqu'à nos jours. — Paris, *E. Leroux, 1881, g*^d *in-8° br.*

394. — ISTRUZIONE INDUSTRIALE E PROFESSIONALE IN ITALIA. Relazione a S. E. il Ministro della publia istruzione. — Roma, *tipog. eredi Botta, 1878, in-4° br.*

395. — SAILLET (A. de). — Les écoles royales de France. — Paris, *imprimerie Duverger, in-8°.*

396. — SAILLET (Alexandre de). — Les enfants peints par eux-mêmes. Types, caractères et portraits de jeunes filles. — Paris, *Dessessert, éditeur, 1842, in-8°.*

397. — SAINT-NICOLAS (Œuvres de) pour l'éducation des jeunes garçons de la classe ouvrière. Séance générale du 22 avril 1862. Rapport sur la situation morale et financière de l'œuvre. — Paris, *typographie E. Panckoucke et C*^{ie}, *1862, in-8° de 64 pages.*

398. — SOCIÉTÉ FRANKLIN pour la propagation des bibliothèques populaires. — Paris, *siège de la Société, septembre 1864, in-8° de 40 pages.*

399. — PROGRAMMES OFFICIELS de l'enseignement secondaire spécial, avec les instructions ministérielles qui s'y rapportent. — Paris, *L. Hachette et C*^{ie}, *1866, in-8° br.*

400. — PROJET D'ÉTABLISSEMENT D'UNE LIGUE DE L'ENSEIGNEMENT EN FRANCE. — Premier bulletin, 15 décembre 1866. — Colmar, *imprimerie et lithographie de Camille Becker, 1866, in-12 br. de 30 pages.*

401. — WATTEVILLE (Le B^{on} de). — Rapport sur les bibliothèques scolaires (1866-1867). — Paris, *Imprimerie Nationale, 1879, in-4°.*

402. — LIGUE DE L'ENSEIGNEMENT. — Bulletin du mouvement de l'enseignement par l'initiative privée. N°4. 15 février 1869. — Beblenheim par Blennwihr (Haut-Rhin), *Jean Macé, éditeur, in-12 broché, de 87 pages.*

403. — BAIN (Alexandre). — La science de l'éducation, par Al. Bain, professeur à l'Université d'Aberdeen (Ecosse). 2e édition. — Paris, *Germer-Baillière et C*^{ie} *1880, in-8° cart.*

404. — SOCIÉTÉ RÉPUBLICAINE D'INSTRUCTION POPULAIRE DE L'ARRONDISSEMENT DE BREST. — Brest, *Evain-Roger, 1882.*

405. — BERT (Paul). — L'instruction civique à l'école. (Notions fondamentales). — Causeries du maître avec ses élèves — Résumés, lexique, exercices oraux et écrits, devoirs de rédaction, gravures et cartes, par M. Paul Bert, 3ᵉ édition. — Paris, *librairie Picard-Bernheim et Cⁱᵉ*, *1882, in-12 rel.*

406. — ESTIENNE et DANIEL. — Premier livre de récitation et de morale, cours élémentaire illustré de 120 gravures. — Paris, *Larousse et Cⁱᵉ, 1886, in-8º cart.*

407. — Mᵐᵉ GRÉVILLE (Henry). — Instruction morale et civique des jeunes filles. — Paris, *Eugène Weill et Georges Maurice, 1884, pᵗ in-8º rel.*

408. — GRÉARD (Oct.), membre de l'Académie française. — L'éducation des femmes par les femmes. — Etudes et portraits (Fénelon, Mᵐᵉ de Maintenon, Mᵐᵉ de Lambert, J.-J. Rousseau, Mᵐᵉ d'Epinay, Mᵐᵉ Necker, Mᵐᵉ Rolland) 2ᵉ édition. — Paris, *Hachette et Cⁱᵉ 1887, pᵗ in-8º rel.*

409. — GRÉARD (Oct.). — Vice-recteur de l'Académie de Paris, membre de l'Académie française. — Education et instruction.

Enseignement supérieur, 1 vol.

Enseignement secondaire, 2 vol.

Enseignement primaire, 1 vol.

Paris, *Hachette, 1887, in-8º br.*

410. — BUISSON (F.) (Dictionnaire de pédagogie et d'instruction primaire, publié sous la direction de M.). — Paris, *Hachette et Cⁱᵉ, 1888, 4 tomes en 2 vol. gᵈ in-8º.*

411. — LIARD (Louis). — L'enseignement supérieur en France (1789-1889). — Paris, *A. Colin et Cⁱᵉ, 1888, tome 1ᵉʳ, in-8º br.*

412. — Enquêtes relatives à l'enseignement supérieur.

1ᵉʳ fascicule. — Doctorat ès-sciences médicales.

2ᵉ fascicule. — Baccalauréat ès-sciences restreint.

3ᵉ fascicule. — Régime des écoles de plein exercice et des écoles préparatoires de médecine et de pharmacie.

4ᵉ fascicule. — Cours libres.

5ᵉ fascicule. — Discipline dans les facultés et les écoles.

6ᵉ fascicule. — Documents.

7ᵉ fascicule. — Etat des études dans les facultés des sciences et des lettres. — Situation matérielle des facultés des lettres. — Bibliothèques universitaires.

9ᵉ fascicule. — Situation matérielle et collections des facultés des sciences.

10ᵉ fascicule. — Etat des études dans les facultés des sciences et des lettres. — Bibliothèques universitaires (année scolaire 1883-1884. 1ᵉʳ semestre.

13ᵉ fascicule. — Laboratoires maritimes.

14ᵉ fascicule. — Rapport sur les observatoires astronomiques de province.

15ᵉ fascicule. — Notes sur l'enseignement supérieur en France. 1884.

16ᵉ fascicule. — Universités.

17ᵉ fascicule. — Rapport sur les observatoires astronomiques de province.

18ᵉ fascicule. — Baccalauréat (Facultés, lycées et collèges).

18ᵉ fascicule (suite). — Baccaleuréat (Conseils académiques).

18ᵉ fascicule *bis*. — Médecine et pharmacie. — Projets de lois recueillis et publiés par A. de Beauchamp. 1789-1803

19ᵉ fascicule. — Etat des études dans les facultés des sciences et des lettres. — Bibliothèque universitaire. 1884-1885. 1ᵉʳ semestre.

20ᵉ fascicule. — Rapport sur les observatoires astronomiques de province.

21ᵉ fascicule. — Etat numérique des grades. 1795-1885.

22ᵉ fascicule. — Organisation des facultés et écoles d'enseignement supérieur.

23ᵉ fascicule. — Rapports des Conseils généraux des facultés pour l'année scolaire 1885-1886.

24ᵉ fascicule. — Rapport sur les observatoires astronomiques de province.

25ᵉ fascicule. — Rapport à M. le Ministre sur le fonctionnement du laboratoire de Concarneau, par M. G. Pouchet.

26ᵉ fascicule. — Licence et doctorat en droit.

27ᵉ fascicule. — Rapports des Conseils généraux des facultés pour l'année scolaire 1886-1887.

29ᵉ fascicule. — Rapports sur les observatoires astronomiques de France.

30ᵉ fascicule. — Rapports des Conseils généraux des facultés pour l'année scolaire 1887-1888.

31ᵉ fascicule. — Projet d'organisation des études de la licence en droit.

32ᵉ fascicule. — Rapport sur les observatoires astronomiques de province.

35ᵉ fascicule. — Rapports des Conseils généraux des facultés pour l'année scolaire 1888-1889.

B. — POLITIQUE

a. — DICTIONNAIRES. — COLLECTIONS. — TRAITÉS GÉNÉRAUX

413. — DICTIONNAIRE universel des sciences morale, économique, politique et diplomatique, ou bibliothèque de l'homme-d'Etat et du citoyen. — LONDRES, *1777-1783, 30 vol. en 10, in-4° rel.*

b. — AUTEURS ANCIENS

414. — XÉNOPHON. — Hiéron, ou portrait de la condition des rois, en grec et en français, de la traduction de P. Coste. — AMSTERDAM, *H. Schelte, pᵗ in-8° rel. avec :*

MACHIAVEL (N.). — Le Prince. Traduit et commenté par A. N. Amelot, sieur de la Houssaye. — AMSTERDAM, *H. Wetstein, 1683, in-12, un vol. rel.*

415. — ARISTOTE (Politique d'). Traduite en français d'après le texte collationné sur les manuscrits et éditions principales, par Barthélemy Saint-Hilaire. 3ᵉ édition. — PARIS, *Ladrange, 1874, in-8° rel.*

416. — CICÉRON. — Sa République, d'après le texte inédit récemment découvert et commenté par Aug. Mai, avec une traduction française, un discours préliminaire et des dissertations historiques par Villemain. — PARIS, *L. G. Michaud, 1823, in-8°, 2 vol. rel.*

c. — AUTEURS MODERNES QUI ONT ÉCRIT SUR LA POLITIQUE EN GÉNÉRAL

417. — MARNIX (J. DE). — Résolutions politiques et maximes d'Estat. — ROUEN, *J. Pain, 1620, in-8° rel.*

418. — OUVRAGES politiques et philosophiques d'un anonyme. — LONDRES, *1776, in-8° rel.*

d. — De la Société politique

419. — BODIN (J.). — Les six Livres de la République, imprimés par G. Cartier. (s. d.) — *G. Cartier, 1608, in-8° rel. v.*

420. — D°. — Abrégé de la République de Bodin. — Londres, *J. Nourse, 1755, in-12, 2 vol.*

421. — LE MERCIER DE LA RIVIÈRE (P. F. J. H.). — L'ordre naturel et essentiel des Sociétés politiques. — Londres, *J. Nourse, 1767, in-4°, mar. r. fil. d. s. t.*

422. — LOCKE (J.). — Du gouvernement civil. Trad. de l'anglais par D. Mazel. — Londres et Paris, *1783, in-8° rel.* (2 exempl.).

423. — ROUSSEAU (J. J.). — Du contrat social. — Paris, *1791, in-18 rel.*

424. — LANJUINAIS (Le comte). — Examen du huitième chapitre du contrat social de J. J. Rousseau, intitulé de la Religion civile. — Paris, *Rignoux, 1825, in-8°.*

425. — FERGUSSON (A.). — Essai sur l'histoire de la société civile. Traduit de l'anglais par Bergier. Nouv. édit. — Paris, *Volland, 1796, in-12* (2 vol.).

426. — PLUQUET (L'abbé). — De la sociabilité. — Paris, *Barrois, in-12, 2 vol. rel.*

427. — EXAMEN rapide des constitutions qui se sont succédées en France depuis 1791 jusqu'à 1814. Trad. de l'anglais. — *In-8° br.*

428. — JOUY (E.). — La morale appliquée à la politique, pour servir d'introduction aux observations sur les mœurs françaises au XIXe siècle. — Paris, *Pillet, in-8°, 1822* (2 vol.).

429. — PRÉVOST-PARADOL, de l'Académie française. — La France nouvelle. 3e édition. — Paris, *Michel Lévy frères, 1868, in-8° br.*

430. — ROUSSEAU (J. J.) — Œuvres politiques. — Genève, *Dufant, 1791* (Le 2e volume), *in-12 rel.*

431. — D°. — Du contrat social. — Paris, *Devaux, in-12 rel.*

432. — LETTRES sur la situation de la France. — Paris, *Plassan, 1820, in-8° rel.*

433. — THIESSE (Léon). — Examen des principes émis par les membres de la majorité et de l'opposition de la Chambre des députés, pendant la session de 1816. — Paris, *L'Huillier, 1817, in-8° br.*

434. — SÉGUR (Cte DE). — Politique des cabinets de l'Europe. — PARIS, *Alexis Eymery*, MDCCCXXIV, *3 vol. in-8°* (les 7e 8e 9e des œuvres complètes).

435. — DE LA TRAITE DES BLANCS, séance du 18 mars 1826 à la Chambre des Pairs. — PARIS, *Tonquct, 1826, pl. in-32 (de la Bibliothèque en miniature).*

435 *bis.* — DE LA LIBERTÉ DE LA PRESSE ET DE LA CENSURE, traduit de Milton. — PARIS, *Marchands de Nouveautés, 1826, pl. in-32 (de la Bibliothèque en miniature).*

435 *ter.* — LA SCIENCE DU BONHOMME RICHARD. — PARIS, *Sanson, 1826, pl. in-32 (de la Bibliothèque en miniature).*

436 — GUIZOT. — De la démocratie en France. — PARIS, *V. Masson, 1849, in-8°.*

437. — PENHOEN (BARCHOU DE). — Lettre d'un membre de la majorité à ses commettants. — PARIS, *imp. de A. Guyot et Scribe, 1850, in-8° br.* (89 p.).

438. — PROUDHON (P. J.). — La révolution sociale démontrée par le Coup d'Etat du 2 décembre. 3e édition. — PARIS, *Garnier frères, 1852, in-12.*

439. — ABOUT (EDMOND). — La question romaine. — BRUXELLES, *Meline, Cans et Cie, 1859, g^d in-8°.*

440. — D°. — La nouvelle carte d'Europe. — *E. Dentu, 1860, in-8°* (31 pp.).

441. — GUIZOT. — La France et la Prusse responsables devant l'Europe. 2e édition. — PARIS, *Michel Lévy frères, 1868, in-8° br.*

442. — LABOULAYE. — Prince-Caniche. — PARIS, *Charpentier, 1868, in-8° br.*

443. — LABOULAYE (EDOUARD). — Paris en Amérique, par le docteur René Lefèvre, Parisien de la Société des contribuables de France et des administrations de Paris, etc., etc. 2e édition. — PARIS, *Charpentier, 1870, in-18.*

444. — POMPERY (EDOUARD DE). — La fin du bonapartisme. — PARIS, *au bureau de l'Eclipse, 1872, in-24.*

445. — BOURSIN (E.), rédacteur du *Courrier de Paris*. — Cathéchisme du bon républicain. — Paris, *André Sagnier*, *1872, in-24* (34 pp.).

446. — GASTÉ (J. de). — Sur l'établissement d'une constitution républicaine en France, et quelques considérations sur ce qui s'est passé aux Etats-Unis et en France depuis 1789. — Paris, *E. Dentu, 1873, in-12.*

447. — GUYHO (Corentin). — D'une Chambre haute. — Paris, *A. Maresq, 1872, in-8° br.*

448. — Dº. — Conférences républicaines faites à Kernevel, Melgven et Bannalec, par M. Corentin Guyho. — Paris, *imprimé par Ch. Noblet, 1874, in-8° de 29 pp.*

449. — CONSTITUTION FÉDÉRALE DE LA CONFÉDÉRATION SUISSE du 29 mai 1874. — *In-8°* (42 pp.).

450. — GUYHO (Corentin). — Du parti républicain constitutionnel. Conférence par M. Corentin Guyho, avocat à la Cour de cassation et au Conseil d'Etat. Extrait de l'*Echo de Morlaix* du 9 octobre 1875. — Morlaix, *J. Haslé, 1875, in-24 de 16 pp.*

451. — PHILIPPART (S.). — Lettres au *National*. Opinion des principaux journaux de Paris sur la motion de M. le marquis de Plœuc. — Paris, *A. Chaix et Cie, 1875, in-4° br.*

452. — POMPERY (Edouard de). — Blanquisme et opportunisme. — Paris, *Auguste Ghio, 1879, in-4°* (39 pp.).

453. — DEPASSE (H.). — Le cléricalisme, sa définition, ses principes, ses forces, ses dangers, ses remèdes. 2e édition revue et corrigée. — Paris, *Maurice Dreyfus, 1880, in-12.*

454. — DULAURIER, électricien. — Nouvelles œuvres politiques et scientifiques. — Paris, *Lahure, 1882, in-8°* (80 pp.).

e. — Art de gouverner

455. — SIDNEY (Algernon). — Discours sur le Gouvernement. Traduit de l'anglais par A. Samson. Nouv. édit. conforme à celle de 1702. — Paris, *an II, in-8°, 3 vol. rel.*

456. — HOLBACH (Le baron d'). — La politique naturelle, ou discours sur les vrais principes du gouvernement. — Londres, *1773, in-8°, 2 vol. reliés en un seul.*

457. — MERCIER (L.-S.). — Notions claires sur les Gouvernements. — Amsterdam, *1787, in-12* (2 vol.).

458. — GORANI (Le comte J.). — Recherches sur la science du Gouvernement. Trad. de l'italien d'après l'exemplaire et les corrections de l'auteur, par Ch. Guilloton (Beaulieu). — PARIS, *1792, in-8°, 2 vol. rel.*

459. — NAUDÉ (G.). — Considérations politiques sur les coups d'Estat. Sur la copie de Rome. — *1667, in-12 rel.*

460. — QUESTION politique, où l'on examine si les Religieux rentrés sont utiles ou nuisibles à l'Etat, par D. B. G. — *1762, in-12 rel.*

461. — BONNET (J.-E.). — Essai sur l'art de rendre les Révolutions utiles. — PARIS, *Munier*, an X, *1802, 2 vol. in-8° br*

462. — COATPONT. — Du droit électoral, de l'application qu'on en fait en France et de celle qu'on en devrait faire. — PARIS, *Béchet et autres*, BREST, *chez l'auteur, un vol. in-8°.*

f. — DIFFÉRENTS SYSTÈMES DE GOUVERNEMENT IMAGINAIRES OU RÉELS

ET APHORISMES POLITIQUES, ETC.

463. — MORUS (THOMAS). — Idée d'une République heureuse, ou l'utopie de Thomas Morus, par Gueudeville (Fig.). — AMSTERDAM, *F. L'Honoré, 1730, in-12* (2 exempl.).

464. — LE MERCIER DE LA RIVIÈRE. — L'heureuse nation, ou relations du Gouvernement des Féliciens, peuple souverainement libre sous l'empire absolu de ses loix, etc. — PARIS, *Buisson, 1792, in-8°, 2 vol. rel.*

465. — HARRINGTON (J.). — Œuvres politiques, contenant la République d'Océana, etc., précédée de l'histoire de sa vie, écrite par Jean Toland. Trad. de l'anglais par M. Henry. — PARIS, *an III, in-8°, 3 vol. rel.*

466. — MIRABEAU (Le comte DE). — Essai sur le despotisme. — LONDRES, *1775, in-8° rel.*

467. — DELISLE DE SALES (J. B. C. ISOARD, connu sous le nom de). Mémoires de Candide sur la liberté de la presse, la paix générale, les fondements de l'ordre social et d'autres bagatelles, par le docteur Emmanuel Ralph, etc. — ALTONA, PARIS, *1802, in-8° rel.*

468. — RECUEIL des testaments politiques du cardinal DE RICHELIEU, du duc de LORRAINE, de COLBERT et de M. DE LOUVOIS. — AMSTERDAM, *Zacharie Châtelain, 1749, in-12, 4 vol. rel.*

469. — COURTILZ DE SANDRAS (G.). — Testament politique du marquis DE LOUVOIS, premier Ministre d'Etat de Louis XIV. — *1695, in-12 rel.*

470. — ADDISON et RICHARD. — Le Free-Holder, ou l'Anglais jaloux de sa liberté. Essais politiques traduits de l'anglais. — AMSTERDAM, *H. Uytwert, 1727, in-12 rel.*

471. — TOCQUEVILLE (A. DE). — De la démocratie en Amérique. 15ᵉ édition. — PARIS, *M. Lévy, 1868, in-8°* (3 vol.).

472. — MAZZINI (J.), triumvir de la République romaine. — Le Pape au dix-neuvième siècle. — PARIS, *au bureau du* Nouveau Monde, *1850, in-12 de 71 pp.*

473. — L'EMPEREUR NAPOLÉON III ET L'ANGLETERRE. — PARIS, *typographie de Firmin Didot frères, fils et Cⁱᵉ, 1858, in-8°* (44 pp.).

474. — L'EMPEREUR NAPOLÉON III ET L'ITALIE. Nouvelle édition. — PARIS, *E. Dentu, libraire éditeur, Firmin Didot frères, fils et Cⁱᵉ, 1859. in-8°* (64 pp.).

475. — LE PAPE ET LE CONGRÈS. — PARIS, *E. Dentu, libraire-éditeur, Firmin Didot frères, fils et Cⁱᵉ, 1859, in-8°* (46 pp.).

476. — ABOUT (EDMOND). — Le Progrès. 2ᵉ édition. — PARIS, *librairie de L. Hachette et Cⁱᵉ, 1864, in-8°.*

477. — SEMPRONIUS. — Le Veuillotisme et la Religion. — PARIS, *Décembre-Alonnier, éditeur, André Sagnier, éditeur, 1872, in-24 de 33 pp.*

g. — DU PRINCE EXERÇANT LA SOUVERAINETÉ

478. — SCUDÉRY (DE). — Discours politiques des rois. — PARIS, *J. Robin, 1688, in-12 rel.*

479. — MACHIAVEL. — Le Prince. Traduction nouvelle par Tétard, réfugié français. — AMSTERDAM, *H. Desbordes, 1696, in-12 rel.*

480. — Dᵒ. — Le même, nouvelle traduction augmentée de notes historiques et politiques. — PARIS, *Chasseriau, 1822, in-18.*

481. — GENTILLET (INNOCENT). — Discours sur les moyens de bien gouverner et maintenir en paix un royaume ou une principauté, contre Nicolas Machiavel, 2ᵉ édition. — *1579, in-8° rel.*

482. — LOUIS XVI. — Réflexions sur mes entretiens avec M. de la Vauguyon, précédées d'une introduction, par M. de Falloux, accompagnées d'un fac-simile du manuscrit. — Paris, *Rignoux et Garnier frères, 1851, g*ᵈ *in-8° rel.*

483. — RICHELIEU (Armand Duplessis, cardinal duc de) (Testament politique de). — Amsterdam, *H. Desbordes, 1708, in-12 rel.*

h. — Droits respectifs du Peuple et du Prince
et des Limites de l'Autorité

484. — LANGUET (Hubert). — Vindiciæ contra Tyrannos; sive de principis in populum, populique in principem, legitima potestate, Stephano Junio Bruto Celta, Auctore. — Edimburgi, *1579, in-8° cart.*

485. — BARRAL (L'abbé). — Maximes sur le devoir des Rois et le bon usage de l'autorité, tirées de différents auteurs. En France. — *1754, relié avec :*

Du même. — Manuel des Souverains. — *1754, et*

Simonnel (J.). — Dissertations sur l'origine, les droits et les prérogatives des Pairs de France, où l'on examine si le Parlement en corps peut décréter un Pair de France, etc. — *1753 et*

Lettre à un Duc et Pair. — *1 vol. in-12 rel.*

486. — LE ROY DE BARINCOURT. — Principe fondamental du droit des souverains. — Genève, *1788, 2 vol. rel.*

487. — GODIN (Alexis). — Du respect des puissances établies. — Paris, *Le Doyen, 1854, in-8°.*

488. — FRÉDÉRIC II. — Les Conseils du Trône donnés par Frédéric II aux rois et aux Peuples de l'Europe, publiés par P. R. Auguis. — Paris, *Béchet aîné, 1823, in-8° rel.*

489. — PRINCIPE (Du) d'autorité depuis 1789, etc. — Paris, *Plon frères, 1853, in-18.*

490. — MIRABEAU (Le comte de). — Des lettres de cachet et des Prisons d'Etat. — Hambourg, *1782, in-8°, 2 vol. rel.*

491. — Dᵒ. — Les mêmes. La première partie seulement. — Hambourg, *1782, in-8°, relié avec :*

4

Du même. — Lettre sur l'administration de M. de Necker, 1787, et : Motifs et résultats des Assemblées nationales tenues depuis Pharamond jusqu'à Louis XIII, avec un précis des Harangues prononcées dans les Etats-Généraux et les Assemblées des Notables, par ordre de dates. Extrait des meilleurs auteurs. — PARIS, 1787, et : Discours prononcé par Maillet-Lacoste. — 1 vol. in-8° rel.

492. — LA MENNAIS F. DE). — Paroles d'un Croyant, 1833, 3e édition. — PARIS, E. Renduel, in-8° rel.

493. — QUINET (EDGARD). — L'Esprit nouveau. — PARIS, Dentu, 1875, in-8° rel.

j. — TRAITÉS SPÉCIAUX TOUCHANT LES AMBASSADEURS ET LES MINISTRES, ETC. ET TRAITÉS SUR LA COUR, LES COURTISANS ET LES FAVORIS DES PRINCES

494. — WICQUEFORT. — Mémoires touchant les Ambassadeurs et les Ministres, publiés par L. M. P. — COLOGNE, P. Dumarteau, 1677, pt in-12 v. r. fil. dent. d. s. t.

495. — CALLIÈRES (F. DE). — De la manière de négocier avec les Souverains, ou de l'utilité des négociations, du choix des ambassadeurs et des envoyés, et des qualités nécessaires pour réussir dans ces emplois. Nouvelle édition. RYSWICK, 1757, in-12, 2 vol. rel.

496. — BÉTUNE (L. DE). — Le Conseiller d'Etat, ou Recueil des plus générales considérations servant au maintien des affaires publiques. — PARIS, E. Richer, 1633 in-4° cart.

497. — CASTILLON (Le comte BALTASAR). — Le Courtisan, en italien et en français. Trad. par G. Chapuis. — PARIS, N. Bonfons, in-8° rel.

498. — GRACIAN (BALTASAR). — L'Homme de cour, trad. de l'espagnol par Amelot de la Houssaye, avec des notes. — PARIS, veuve Martin et J. Boudot, 1684, in-12 rel.

499. — Do. — Le même, 4e édition. — PARIS, veuve Martin, J. Boudot et Et. Martin, 1687, in-12 rel.

500. — BALZAC (J. L. GUEZ DE). — Aristippe ou la Cour. — AMSTERDAM, D. Elzevier, 1664, pt in-12 rel.

C. — Economie politique, avec l'application de cette science à l'économie sociale

a. — Principes généraux et Cours publics

501. — STENART (J.). — Recherches des principes de l'économie politique, ou essai sur la science de la police intérieure des nations libres. Traduit de l'anglais par Senovert. — Paris, *F. Didot, 1792, in-8°, 5 vol. rel.*

502. — SMITH (A.). — Recherches sur la nature et les causes de la richesse des nations. Traduit de l'anglais par l'abbé Blavet. — Londres et Paris, *P. J. Duplain, 1788, in-8°, 2 vol. rel.*

503. — D°. — Les mêmes, de la même traduction. — Paris, *Laran et Cᵢₑ, an IX (1800), in-8°, 2 vol. rel.*

504. — D°. — Les mêmes, trad. de l'anglais sur la 4ᵉ édition, par M. Roucher. — Neufchatel, *1792, in-12, 5 vol. rel.*

505. — D°. — Les mêmes, traduction nouvelle avec des notes, par G. Garnier. — Paris, *H. Agasse, an X (1802), in-4°, 5 vol. f. g.*

506. — LALOUETTE. — Eléments de l'administration pratique. — Paris, *Lenormant, 1812, in-4° rel.*

507. — CONSTANT-REBECQUE (Benjamin de). — De l'esprit de conquête et de l'usurpation dans leur rapport avec la civilisation européenne. — Paris, *Le Normant, 1814, in-8° br.*

508. — SAY (J. B.). — Traité d'économie politique, ou simple exposition de la manière dont se forment, se distribuent et se consomment les richesses. 2ᵉ édit. — Paris, *A. A. Renouard, 1814, in-8°, 2 vol.*

509. — D°. — Le même. 5ᵉ édit. — Paris, *Rapilly, 1826, in-8°, 3 vol. rel.*

510. — D°. — Catéchisme d'économie politique, ou instruction familière qui montre de quelle façon les richesses sont produites, distribuées et consommées dans la société. — Paris, *Crapelet, 1815, in-12.*

511. — D°. — Le même. 2ᵉ édit. — Paris, *Bossange, 1821, in-12.*

512. — SÉGUR (Cᵗᵉ de). — Galerie morale et politique, 3 vol. in-8°. Les 26, 27, 28 des œuvres complètes. — Paris, *Alexis Eymery, libraire-éditeur,* mdcccxxv.

513. — DUPIN (Le Bon Charles). — Le petit producteur français. — Paris, *Bachelier, 1827, 2 vol. in-16 br.*

514. — STORCH (Henri). — Cours d'économie politique, ou exposition des principes qui déterminent la prospérité des nations. — Saint-Pétersbourg, — A. *Pluchart et Cte in-8°, 6 vol.*

515. — EXPOSÉ analytique de la théorie sociétaire de Ch. Fourier. Extrait de l'*Université catholique* de mars 1841. — S. l. n. d., *in-8° br.*

516. — FOURIER (Ch). — Sodidarité. Vue synthétique sur la doctrine de Ch. Fourier, par Hippolyte Renaud. — Paris, *librairie phalanstérienne, 1847, in-8° br.*

517. — GARNIER (Joseph). — Eléments de l'économie politique. — Exposé des notions fondamentales de cette science, par Joseph Garnier. 2° édition. — Paris, *Guillaumin et Cie, 1848, in-8° rel.*

518. — POMPERY (E.). — Despotisme ou socialisme. — Paris, *librairie phalanstérienne, 1849, in-12 br.*

519. — PENHOEN (Barchou de). — Un mot sur la situation politique, par M. Barchou de Penhoën, aux électeurs du Finistère. — Paris, *imprimerie de Guiraudet et Jouaust, 1849, in-8°* (63 p. p.).

520. — BASTIAT (Fréd.). — Harmonies économiques. 2° édition augmentée des manuscrits laissés par l'auteur. — Paris, *Guillemin, 1851, 1 vol. in-8° rel.*

521. — VILLENEUVE (Gilbert). — Eléments de la science sociale. — Paris, *1853, in-8°.*

522. — FÉLIX (Le R. P.). — Le progrès par le christianisme. — Conférence de N.-D. de Paris. — Paris, *A. Le Clerc, et Cie, in-8° br.*

523. — LAMENNAIS (F.). — Paroles d'un croyant. — Le livre du peuple. — Une voix de prison. — Du passé et de l'avenir du peuple. — De l'esclavage moderne, par F. Lamennais. — Paris, *Garnier frères, 1860, 1 vol. in-12.*

524. — HAUTERIVE (Le comte d'). — Eléments d'économie politique. 4° édit. — Paris, *Fautin, 1817, in-8° rel.*

525. — GOULLIN (P. B. et G.). — Sept lettres sur quelques questions d'économie politique et sociale, Banque de France, etc. — Paris, *Guillaumin et Cie, 1864, in-8° br.*

526. — ROSSI (P.). — Cours d'économie politique. 4° édit. revue et augmentée, par A. Porée. — Paris, *Guillaumin et Cie, 1865, in-8°* (4 vol.).

527. — GOULLIN (J. B. et G. Goullin). — Sept lettres sur quelques questions d'économie politique et sociale. — Paris, *Guillaumin et Cie*, *1864, in-8° br.*

528. — COLINS. — De la justice dans la science hors de l'Eglise et hors de la Révolution. — Paris, *librairie de la science sociale, 1866, 3 vol. in-8° br.*

529. — CHANNING. — Les droits et les devoirs des pauvres, précédé d'une notice par M. Laboulaye. — Paris, *Charpentier et Cie, libraires-éditeurs, 1869, p^t in-8° (11 pp.).*

530. — MIRABEAU (Le marquis de). — Philosophie rurale, ou économie générale et politique de l'agriculture, réduite à l'ordre immuable des lois physiques et morales qui assurent la prospérité des empires. — Amsterdam, *1764, in-12, 3 vol. rel.*

531. — D°. — Eléments de philosophie rurale. — La Haye, *1767, in-12 rel.*

532. — MOLINARI (G. de). — Etudes économiques. — Paris, *Capelle, 1846, in-18.*

533. — MILL (John Stuart). — La Liberté, trad. et augmentée d'une introduction par M. Dupont White. — Paris, *Guillaumin, 1860, in-12.*

534. — CHANNING. — De l'éducation personnelle, ou la culture de soi-même, précédé d'une notice par M. Edouard Laboulaye. — Paris, *Charpentier et Cie, libraines-éditeurs, 1869, in-8° (84 p. p.).*

535. — D°. — De la tempérance et de l'ivrognerie, précédé d'une notice par M. Edouard Laboulaye. — Paris, *Charpentier et Cie, libraires-éditeurs, 1869, une brochure p^t in-8° de 62 p. p.*

536. — D°. — De l'élévation des classes ouvrières, précédé d'une notice par M. Edouard Laboulaye. — Paris, *Charpentier et Cie, libraires-éditeurs, 1869, in-8° (102 p. p.).*

537. — PARIS (Cte de). — Situation des ouvriers en Angleterre. — Mémoire présenté à la commission d'enquête sur les conditions du travail. — Paris, *M. Lévy frères, 1872, in-8° rel.*

538. — LE PLAY (F.). — La réforme sociale en France, déduite de l'observation comparée des peuples européens. — Tours, *A. Mame et fils, 1872, in-12, 3 vol. br.*

539. — LAVELEYE (Emile de). — De l'avenir des peuples catholiques. Etude d'économie sociale, par Emile de Laveleye. — Paris, *Germer-Baillière, libraire-éditeur, 1875, in-12 (32 p. p. 5 exempl.).*

540. — STATISTIQUE internationale de l'agriculture, rédigée et publiée par le service de la statistique générale de France (Ministère de l'agriculture et du commerce). — Nancy, *Berger-Levrault, 1876, in-4°.*

541. — BAGCHOT (W.). — Lois scientifiques du développement des nations. — Paris, *Germer-Baillière 1879, in-8° rel.*

542. — BRANDAT (Paul). — Réflexions diverses. — Paris, *Sandoz et Fischbacher pour le 1er vol., Fischbacher seul pour le 4 autres, 1884, 1875, 79, 82 et 87, 5 vol. in-12.*

b. — Application a l'Administration publique

543. — LE TROSNE (G. F.). — De l'administration provinciale et de la réforme de l'impôt. — Basle et Paris, *P. J. Duplain, 1788, in-8°, 2 vol. rel.*

544. — VUILLEFROY et MONNIER (Léon). — Principes d'administration, extraits des avis du Conseil d'Etat et du Comité de l'intérieur, etc. — Paris, *Joubert, 1837, in-8° rel.*

545. — CAMBRY (J.). — Rapport sur les sépultures, présenté à l'administration centrale du département de la Seine. — Paris, *P. Didot aîné, an XII, gᵈ in-8°, p. vél. v. mar. R. fil. D. S. T. (Pl.).*

546. — DUVAL (Amaury). — Des sépultures, ouvrage couronné par l'Institut national. — Paris, *veuve Panckoucke, an IX, gᵈ in-8° p. p. fort.*

547. — MULOT (F. V.). — Discours qui a remporté le prix proposé par l'Institut national sur cette question : Quelles sont les cérémonies à faire pour les funérailles et le règlement à adopter pour le lieu des sépultures. — Paris, *an IX, in-8°.*

548. — INSTRUCTION sur la vérification des décès dans la ville de Paris (Extrait du Recueil des actes administratifs). — Paris, *1844, in-8°.*

c. — Population, Subsistances, Paupérisme, Mendicité, Etablissements d'humanité, Prisons et Systèmes sur les Pénitenciers

549. — LE TROSNE (G. F.). — De l'ordre social, ouvrage suivi d'un traité élémentaire sur la valeur, l'argent, la circulation, l'industrie et le commerce intérieur et extérieur. — Paris, *Debure, 1777, in-8° rel.*, avec :

De l'intérêt social, par rapport à la valeur et à la circulation, à l'industrie et au commerce intérieur et extérieur. — Paris, *Debure, in-8°, 1777.*

550. — D°. — De l'intérêt social, par rapport à la valeur et à la circulation, etc. — Paris, *Debure, 1777, in-8° rel.*

551. — MIRABEAU (Le marquis de). — L'ami des hommes, ou traité de la population. — Avignon, *1756, in-4° rel.*

552. — CHASTELLUX (Le marquis F. J. de). — De la félicité publique, ou considérations sur le sort des hommes dans les différentes époques de l'histoire. Nouvelle édition. — Bouillon, *1776, in-8°, 2 vol. rel.*

553. — MERCIER (Edouard). — De l'influence du bien-être matériel sur la moralité des peuples modernes. — Paris, *J. Renouard, 1854, in-8°* (2 vol.).

554. — BOINVILLIERS (Edouard). — Etudes politiques et économiques. Paris, *Hachette, 1863, in-8°, 2 vol. br.*

555. — LAMBERT (Gustave). — Etude sur l'organisation administrative des Etats. — Paris, *Arthus Bertrand, 1862, g*ᵈ *in-8°.*

556. — ENQUÊTE sur la révision de la législation des céréales (Conseil d'Etat). — Paris, *imprimerie impériale, 1859, in-8°, 3 vol.* (Pl. et C.).

557. — DOYÈRE (L.). — Conservation des grains par l'ensilage. — Paris, *Guillaumin, 1862, in-8°* (2 exempl.). (Offert par l'auteur).

558. — DÉLIBÉRATIONS des sociétés d'agriculture et des comices agricoles sur la législation des céréales. — Paris, *S. Bacon et C*ⁱᵉ, *1859, in-8° br.*

559. — LERMINA (Jules). — Histoire de la misère, ou le prolétariat à travers les âges. — Paris, *Décembre-Alonnier, 1869, g*ᵈ *in-8°.*

560. — PRUNELÉ (Le vicomte de). — Mémoire sur les moyens de détruire la mendicité. — Paris, *Le Normant, 1814, in-4° rel.*

561. — MAGNITOT (M. A. de). — De l'assistance en province, cinq années de pratique. — Paris, *F. Didot, 1861, in-8°.*

562. — DUCHATELLIER (M. A.). — Essai sur les salaires et les prix de consommation, de 1202 à 1830. — Demande d'une enquête à la Chambre des députés. — Paris, *librairie du commerce, 1830, in-8° de 48 p. p.*

563. — MALARCE (A. de). — Histoire des salles d'asile et des asiles-ouvroirs. — Paris, *Hachette, 1855, in-8°.*

564. — FODÉRÉ (F. E.). — Essai historique et moral sur la pauvreté des nations, la population, la mendicité, les hôpitaux et les enfants trouvés. — Paris, *M*ᵐᵉ *Pauzard, 1825, in-8° br.*

565. — BLONDEL et M. L. SES. — Administration générale de la santé publique à Paris. — Rapport sur les hôpitaux civils de la ville de Londres, au point de vue de la comparaison de cet établissement avec les hôpitaux de la ville de Paris. — Paris, *P. Dupont, in-12 rel.*

566. — FOLLET (docteur). — Considérations médicales et administratives sur le développement de l'asile public Saint-Athanase, à Quimper, de 1826 à 1853. — Compte-rendu. — Quimper, *Blot, 1853, in-8° br.*

567. — DURIEU (E.) et ROCHE. — Répertoire de l'administration et de la comptabilité des établissements de bienfaisance, hospices, hôpitaux, bureaux de bienfaisance, asiles d'aliénés, etc. — Paris, *au bureau du Mémorial des Percepteurs, 1842, 2 vol. in-8°.*

568. — LURIEU (G. de) et PROMAND (H.). — Etudes sur les colonies agricoles de mendiants, jeunes détenus, etc. — Paris, *Dusacq, 1851, in-8°.*

569. — FONDATION d'une colonie de jeunes détenus à Mettray, département d'Indre-et-Loire. — Paris, *Duprat, 1839, in-8°.*

570. — APPERT. — Colonie de Remelfing (Moselle), etc. — Metz, *chez tous les libraires;* Paris, *Guilbert, 1841, pl. in-8° br. (16 p. p.).*

571. — HOMBERG (Th.). — De la répression du vagabondage, Mémoire lu à l'Académie des sciences morales et politiques. — Paris, *Durand;* Rouen, *Lebrument, 1862, in-8° br.*

572. — BEAUMONT et TOCQUEVILLE (A. de et A. de). — Du système pénitentiaire aux Etats-Unis et de son application en France, suivi d'un appendice sur les colonies pénales et de notes statistiques. — Paris, *Fournier jeune, 1833, in-8° rel.*

573. — ETAT (De l') actuel et de la réforme des prisons de la Grande-Bretagne; extrait des rapports officiels. Traduit par L. M. Moreau Christophe et publié par ordre de M. Montalivet, ministre de l'intérieur. — *Imprimerie royale, 1838, in-8°.*

574. — DEMETZ. — Lettres sur le système pénitentiaire, à MM. les membres du Conseil général de la Seine, suivie de la délibération du Conseil général. — Paris, *H. Fournier, 1837, in-8°,* — et lettre sur le système pénitentiaire, etc. (2ᵉ lettre) (Pl.). — Paris, *imprimerie royale, 1838, in-8°,* relié avec :

GLEIZES (Venuste). — Mémoire sur la réforme des prisons et contre le projet de loi présenté aux Chambres par le ministre de l'intérieur (Session de 1840). — Brest, *A. Proux, 1840, in-8°,* et :

OSCAR, prince de Suède. — Des peines et des prisons. Traduit de l'allemand par Adrien Picot. — Paris, *Guillaumin, 1842, 1 vol. in-8°.*

575. — LETTRES (Des) de cachet et des prisons d'Etat, ouvage posthume composé en 1778. — Hambourg, *1782, in-8° rel.*

576. — LUCAS (Charles). — Observations concernant les changements apportés au projet de loi sur le régime des prisons, par la commission de la Chambre des députés chargée de l'examen de ce projet. — Paris, *1842, in-8° br.*

577. — ALBOIZE et MAQUET. — Les prisons de l'Europe (Bicêtres, la Conciergerie, la Force, la Salpétrière, le Fort l'Evêque, Saint-Lazare, le Châtelet, etc.). Histoire des prisons d'Etat, des victimes du fanatisme religieux, et politique. — Paris, *administration de librairie, 1845, in-8° rel.*

578. — D°. — Les prisons de l'Europe. — Paris, *Charlieu et Huillery, 1863, in-4° cart.* (2 exempl.).

579. — ALMANACH des prisons, ou annecdotes sur le régime intérieur de la Conciergerie, du Luxembourg, etc., et sur les différents prisonniers qui ont habité ces maisons, sous la tyrannie de Robespierre, avec les chansons, couplets qui y ont été faits.

580. — DEBRAY (Th. F.), docteur. — Histoire de la prostitution et de la débauche chez tous les peuples du globe, etc. — Paris, *bureaux de la publication, s. d., in-4° rel.*

581. — RABUTAUX. — De la prostitution en Europe depuis l'antiquité jusqu'à la fin du XVIe siècle, par M. Rabutaux, avec une bibliographie par M. Paul Lacroix et 4 planches hors texte gravées par MM. Bisson et Cottard, d'après les dessins fac-similé de M. Racinels, fils. — Paris, *Seré, 1851, in-4°.*

582. — PARENT-DUCHATELET (A. J. B.). — De la prostitution dans la ville de Paris, considérée sous le rapport de l'hygiène publique, de la morale et de l'administration, etc. — Paris, *J. Baillière et fils ;* Londres et New-York, *même maison, 1857, in-8°, 2 vol. rel.*

583. — MEUGY (Dr Jules). — De l'extinction de la prostitution, suivie du discours de M. le procureur général Dupin sur le luxe effréné des femmes. 3e édit. — Paris, *Garnier frères, s. d., in-12 rel.*
Dans le même recueil se trouve : Glossaire botanique.

584. — BARBAROUX (C. O.). — De la transportation. Aperçus législatifs, philosophiques et statistiques sur la colonisation pénitentiaire. — Paris, *F. Didot, 1857, in-8°.*

585. — NOTICE sur la transportation à la Guyane française et à la Nouvelle-Calédonie, pour les années 1882-83. — Paris, *imprimerie nationale, 3 vol. in-8°.*

586. — NOTICE sur la transportation à la Guyane française et à la Nouvelle-Calédonie, pour l'année 1885. — Paris, *imprimerie nationale, 1889, g*ᵈ *in-8° br.*

587. — VERRENTRAPP (Georges). — De l'emprisonnement individuel, sous le rapport sanitaire, et des attaques dirigées contre lui à l'occasion du projet de loi sur la réforme des prisons. — Paris, *Guillaumin, 1844, in-8° rel.*

588. — MOREAU (Christophe). — Défense du projet de loi sur les prisons, contre les attaques de ses adversaires. — Paris, *E. Marc-Aurèle, 1844, g*ᵈ *in-8° rel.*

589. — HERPIN (Le Dʳ J. Ch.). — Etudes sur la réforme et les systèmes pénitentiaires, considérés au point de vue moral, social et médical. — Paris, *Guillaumin, 1868, g*ᵈ *in-18.*

590. — STATISTIQUE des prisons pour l'année 1859. — Paris, *Paul Dupont.*

591. — PERROT (Louis), directeur de l'administration des prisons. — Statistique des prisons et établissements pénitentiaires.

1° Pour l'année 1856.

2° Pour l'année 1861.

— Paris, *Paul Dupont, 1858 et 1863, 2 vol. in-8° br.*

592. — STATISTIQUE des bagnes. Années 1855-56-57. — Paris, *imprimerie impériale, 1860, cart.*

593. — MESNIL-MARIGNY. — Les céréales et la douane. — Paris, *Mᵐᵉ Rustique, 1866, in-8° br.*

594. — MONACO (Le prince de). — Le paupérisme en France et des moyens de le détruire. — Paris, *Terzuolo, 1839, in-8° br.*

595. — A MES CONCITOYENS, ou réflexions patriotiques d'un français sur la sécularisation des religieux et l'extinction de la mendicité. — Genève, *1787, in-8° br.*

596. — ARNOULD (A.), ALBOISE DU PUJOL et Aug. MAQUET. — Histoire de la Bastille, depuis sa fondation (1374) jusqu'à sa destruction (1789). — Paris, *V. Bunel, 1876, in-4° rel.* (texte à 2 col.).

597. — COMPTE-RENDU de l'assemblée générale de la Société centrale de sauvetage des naufragés. — Assemblée générale des membres bienfaiteurs et fondateurs de la Société, tenue le 15 avril 1867. — *36 p. p. br.*

598. — BLANCHET (A.). — Moyens d'universaliser l'éducation des sourds-muets, sans les séparer de la famille et des parlants. — Moyens de généraliser l'éducation des aveugles, sans les séparer de la famille. — Paris, *Labbé 1858, 58 p. p. g* d *in-8° br.*

599. — VIRMAITRE (Ch.). — Les virtuoses du trottoir. — Paris, *P. Lebigre-Duquesne, 1868, in-12 cart.*

600. — BRETON (F.). — Organisation de l'assistance publique dans les campagnes. etc. — Paris, *à la librairie agricole, s. d., in-8° br.*

601. — CHAVANNES (Rapport de M. de) à ses commettants, sur l'Institut d'éducation des pauvres à Hofvryl, suivi de l'acte pour la création d'une commission perpétuelle chargée de surveiller cet institut et des observations de M. Ch. Pictet, etc. — Paris, *Paschaud, 1813, in-8° cart.*

602. — BUCQUET (Paul). — Enquête sur les bureaux de bienfaisance. Documents recueillis par les inspecteurs généraux des établissements de bienfaisance, et rapport au ministre, etc. — Paris, *imprimerie nationale, 1874, in-4°.*

603. — DAVENNE (H. J. B.). — De l'organisation et du régime des secours publics en France. — Paris, *P. Dupont, 1865, in-12, 2 vol. br.*

604. — DOCTRINAIRE (Le). — Recueil philosophique, politique et littéraire. — *In-8° rel.* (La 1re page manque).

Carton n° 22

2è Liasse

CONTENANT LES OUVRAGES SUIVANTS

605. — SOCIÉTÉ DU PRINCE IMPÉRIAL. — Prêts de bienfaisance au travail. — Rapport à S. M. l'Impératrice sur les opérations de l'exercice 1862-1863. — Paris, *N. Chaix et C*ie*, 1863, 16 p. p. br.*

606. — BULLETIN de la Société des Crèches. — Paris, *P. Dupont, 1883, un n° in-8° br.*

607. — CRÈCHE DE SAINT-PIERRE-DE-CHAILLOT. — Rapport sur les soins maternels — Paris, *Comptoir des imp. réunis, 1846, in-12 br. 47 p. p.*

608. — EXTINCTION DE LA MENDICITÉ (De l'). — Réponse à quelques objections publiées par le journal *l'Impartial.* — QUIMPER, *A. Liou, 1858, in-4°, 56 p. p.*

609. — GIGAUD (CH.). — Réflexions sur la mendicité. — MORLAIX, *Ledan, s. d. in-8° br., 16 p. p.*

610. — GIGAUD (CH.), docteur-médecin. — Etude sur les causes de l'indigence, et moyen d'y remédier. — LANDERNEAU, *Desmoulins, s. d., in-8° br., 16 p. p.*

611. — D°. — Etudes sur les effets du paupérisme à la campagne. — LANDERNEAU, *Desmoulins, 1841, in-8° br., 16 p. p.*

612. — D°. — Pétition au Conseil municipal de la commune de Landivisiau. MORLAIX, *Ledan, s. d., in-8° br., 4 p. p.*

613. — CHEVALIER (MICHEL). — Des forces alimentaires des Etats et des devoirs du gouvernement dans la crise actuelle. — PARIS, *bureau de la* Revue des Deux-Mondes, *1847, in-8° br., 59 p. p.*

614. — KLEIN (P.). — Notice sur les fourneaux économiques, etc. — PARIS, *chez l'auteur, 1856, in-8° br., 31 p. p.*

615. — MARCY (LÉO). — Salut national, ou prospérité et paix universelle, au moyen du crédit nationalement généralisé. — PARIS, *Martinon, 1870, 47 p. p. br.*

616. — MÉMOIRE sur le déplacement de la population dans Paris, etc. — PARIS, *Bouchard-Huzard, 1840, in-8° br., 34 p. p.*

617. — MAINCENT. — Pétition au Sénat pour la révision de la loi sur la Caisse des retraites de la vieillesse. — PARIS, *Ch. Jouaust, 1862, 24 p. p. br.*

618. — ROBERTS (HENRI). — Des habitations des classes ouvrières. Trad. et publié par ordre du Président de la République. — PARIS, *Gide et Baudry, 1850, in-4°* (avec pl.).

619. — DIMANCHE (Le) et la société, au point de vue économique. — GENÈVE, *Société genevoise pour la sanctification du dimanche, 1871, p*t *in-8°, 40 p. p. br.*

620. — WEILL (ALEXANDRE). — Lettre à S. M. l'Empereur sur la ville de Paris. — PARIS, *Dentu, 1860, 31 p. p. br.*

621. — SOCIÉTÉ PATERNELLE en faveur de la colonisation des enfants pauvres, trouvés ou abandonnés de la Bretagne. — Séance d'inauguration tenue dans le 1er bureau de la Chambre des députés, le 24 février 1847. — PARIS, *A. René et C*ie*, 1847, in-8° br.*

622. — MOSSÉ. — L'art de gagner sa vie, encyclopédie industrielle indiquant tous les moyens pour faire, conserver ou augmenter sa fortune, dans quelque état et dans quelque situation qu'on se trouve. 3e édit. — PARIS, *A. J. Sanson, 1826, in-8° rel.*

623. — RAPPORT à S. M. l'Empereur. — Orphelinat du Prince impérial. PARIS, *1858-1859.*

624. — FAURE (M. HIPPOLITE). — Notes et documents sur les archives des hospices et sur les résultats comparés de l'assistance hospitalière à Narbonne et dans une partie de l'Europe. — NARBONNE, *Caillard, 1886 et suiv., in-8°, 6 vol. br.*

625. — LAROCHEFOUCAULT-LIANCOURT (Mts DE), député du Cher (Conséquences du système pénitentiaire, par M. le), discours prononcé à la Chambre des députés le 11 mai 1841.

626. — RAPPORT adressé au Président de la République sur l'exécution de la loi du 23 décembre 1874, relative à la protection du premier âge. — PARIS, *imprimerie des journaux off., 1886.*

627. — SOCIÉTÉ pour l'enseignement des femmes. —

Assemblée générale du 20 décembre 1875.

Assemblée générale du 18 décembre 1876.

Assemblée générale du 20 décembre 1880.

—PARIS, *siège social, in-4° de 38 p. p.*

628. — MAZE (M. HIPP.), sénateur. — Revue des institutions de prévoyance, paraissant tous les mois. 1re, 2e, 3e et 4e années. — PARIS, *Berger-Levrault et Cie, 1887-1891, gd in-8° br.*

629. —   Carton n° 23

RECUEIL DE PIÈCES SE RAPPORTANT AUX DEUX CHAPITRES PRÉCÉDENTS

1. — Arrêt du Conseil d'Etat du roi, du 22 juin 1706 (manuscrit) relatif aux entrepreneurs du pavé de la Ville, faubourgs et banlieue de Paris, etc.

2. — Instructions sur les formalités à remplir par les pensionnaires, en exécution des lettres patentes du 8 novembre 1778, de la déclaration du roi du 7 janvier 1779 et de celle du 8 août 1779, pour recevoir les pensions et autres grâces dont ils jouissent. — PARIS, *imprimerie royale, 1780.*

3. — Lettre à M. le baron de Gérando, conseiller d'Etat. Projet d'établissement, par souscriptions, d'une maison pénitentiaire pour les jeunes détenus. — PARIS, *A. Henry.*

4. — Des tabacs, par J. B. L. F. Delamare, ancien agent de change. Septembre 1814. — PARIS, *Poulet.*

5. — Notice sur le Conseil d'Etat, et spécialement sur ses attributions et la forme d'y procéder en matière contentieuse, par M. A. G..., avocat. — PARIS, *Porthmann*, MDCCCXV (1815).

6. — Compte-rendu des travaux de la commission de la Souscription nationale en faveur des veuves, orphelins et blessés de Juillet 1830. — PARIS, *Crapelet, novembre 1832.*

7 , 7ᵃ , 7ᵇ. — Recueil administratif du département de la Seine : n° 1, 31 octobre; n° 3, 31 décembre 1835; n° 5, 29 février 1836.

8. — Loi sur la garde nationale. — BREST, *Ed. Anner.*

9. — Motifs et principes de la méthode relative à l'institution de la conservation du cadastre parcellaire et géométrique de la propriété rurale, etc., par L. J. P. Jomard. — PARIS, *Renard, 1836.*

10. — Session de 1836. Question d'administration financière (plus grave qu'on ne le pense), etc., par M. J.-G. Ymbert, maître des requêtes, etc. — PARIS, *Paul Dupont et Cⁱᵉ, 1838.*

11. — Ecole des communes, 1ʳᵉ partie. — L'an VIII et l'an 1838, ou causerie familière à la portée de tous les contribuables, etc., par M. J.-G. Ymbert, membre du Conseil général de l'Aisne. — PARIS, *Paul Dupont et Cⁱᵉ, 1838.*

12. — Préfecture de police. — Rapport à M. le ministre de l'intérieur, au sujet des modifications introduites dans le régime du pénitencier des jeunes détenus. Paris, 29 juin 1839, par G. Delessert, conseiller d'Etat, préfet de police. — PARIS, *Lottin de Saint-Germain.*

13. — Quelques réflexions sur le mode à préférer pour les opérations du cadastre et sa conservation. Epinal, le 3 novembre 1839. Signé : Marchal, Quanson, Maingon. — EPINAL, *Gley.*

14. — Consigne générale de la garde nationale. — PARIS, *Paul Dupont.*

15. — Loi sur la garde nationale.

16. — De la Cour des comptes et du Conseil d'Etat, par M. Eugène Goussard. — PARIS, *Schneider et Langrand, juillet 1840.*

17. — Revue administrative, tome 2ᵉ, 10ᵉ livraison, janvier 1840. — PARIS, *au bureau de la* Revue administrative, *imprimerie de Schneider et Langrand, 1840.*

18. — Monuments historiques. — Rapport au ministère de l'intérieur, par P. Mérimée, inspecteur général des monuments historiques. — Paris, *imprimerie royale*, mdcccxl (1840).

19. — Question des recensements, par A.-C. de Pistoye, avocat. — Paris, *P. Dupont et C*ie, *1841.*

20. — Examen légal de la question des recensements, par Henry Tournadre de Noaillat, avocat à la Cour royale de Paris. — Paris, *Delamotte, 1841.*

21. — Arrêté de police concernant la réparation et la construction des bâtiments et autres ouvrages sur la voie publique. Fait au Capitole, à Toulouse, le 18 février 1842. Le Maire, Bories. — Toulouse, *J. Dupin.*

22. — Etudes administratives. — Le préfet de police, par M. Vivien, membre de la Chambre des députés. — Paris, *H. Fournier et C*ie, *1842.*

23. — Département de la Dordogne. — Ville de Périgueux. — Règlement du dépôt de mendicité. — Périgueux, *Faure et Rastouil, 1844.*

24. — Essai sur la subsistance publique, par Aristide Vincent, ingénieur civil à Brest, etc. — Brest, *Edouard Anner, 1844.*

25. — La libération de la propriété ou réforme de l'administration des impôts directs et des hypothèques, par M. le marquis d'Audiffret. — Paris, *A. Allouard, successeur de P. Dufart et de Gabriel Warée, 1844.*

26. — Extrait d'un ouvrage intitulé : le Nouveau système de police, ou création d'un service uniforme pour les commissaires de police du royaume, excepté Paris et sa banlieue, par Auguste Le Cat, commissaire de police à Rennes. — *Imprimerie de A. Marteville.*

27. — Essai sur l'assistance publique, etc., par M. Pernolet, ancien élève de l'école polytechnique, directeur de mines de Poullaouen, etc. — Quimper, *Lion, 1849.*

28. — Police de Saint-Etienne. Organisation. — Saint-Etienne, *R. Pichon, 1850.*

29. — Préfecture des Bouches-du-Rhône. — Rapport et propositions présentées au gouvernement par M. de Suleau, préfet des Bouches-du-Rhône, sur les grands travaux qui restent à compléter ou à commencer dans la ville de Marseille. — Marseille, *15 janvier 1850* (autographie).

30. — Examen du projet de loi sur l'administration intérieure, par M. Résal, représentant du peuple. 1er mars 1851. — Paris, *H*l *et Ch. Noblet, 1851.*

31. — Corse. Questions générales, 1852 (autographie).

32. — Rapport au Conseil général de la Drôme dans sa session de 1853, par M. Ferlay, préfet du département. — VALENCE, *Chevalier et Chavet.*

33. — Cérémonial pour la naissance des princes et princesses, enfants de l'Empereur. Palais-Royal, 3 mai 1856. Le grand-maître des cérémonies, Cambacérès. — *Imprimerie impériale, mars 1856.*

34. — Cérémonial pour l'ondoiement d'un prince impérial ou d'une princesse impériale. Palais-Royal, 3 mars 1856. Le grand-maître des cérémonies, Cambacérès. — *Imprimerie impériale, mars 1856.*

34 *bis.* — Améliorations à obtenir dans l'exploitation théâtrale en France, par Jules-Henry Vachot, directeur du théâtre de Versailles. A S. M. Napoléon III. — VERSAILLES, *Montalent-Bougleux, 1854.*

35. — Extrait du registre des arrêtés de la mairie de Boulogne-sur-mer. Règlement de la bibliothèque communale. 29 janvier 1856. — *Imp. Berger frères.*

36. — Paris. Rive gauche. X^e arrondissement. — Publication du Syndicat, n° 1. — Rapport sur l'ensemble des améliorations à exécuter dans le Xe arrondissement. M. Louis Lazare, rapporteur. 1856. — *Au bureau de la* Revue municipale.

37. — Projet de traité entre la ville de Lyon et la Banque générale suisse de crédit international, pour l'exécution d'une rue nouvelle allant de la place des Terreaux à la place Bellecour. Rapport de M. le sénateur chargé de l'administration du Rhône au Conseil municipal. Lyon, 1er octobre 1858. — LYON, *Chanoine.*

38. — Ville de Rouen. — Voirie urbaine. — Règlement sur les constructions, les réparations et la voirie. 18 janvier 1859. — ROUEN, *veuve A. Surville.*

39. — Rapport de la commission de la Caisse de retraites pour la vieillesse, à S. M. l'Impératrice régente, sur les opérations et la situation de cette caisse. — PARIS, *imprimerie impériale, 1859.*

40. — Rapport sur la proposition de M. le Maire de Marseille, pour l'exécution de grands travaux d'utilité communale, fait par M. Onfroy, membre du Conseil municipal. Séance du 10 novembre 1858. — MARSEILLE, *Jules Bazile, 1858.*

41. — Société pour le patronage des jeunes détenus et des jeunes libérés du département de la Seine. — Assemblée générale du 1er août 1858. Compte-rendu de l'année 1857. — PARIS, *H¹ et Ch. Noblet, 1858.*

42. — Rapport du Conseil de salubrité sur la construction des latrines publiques, etc. — PARIS, *Bachelier, 1822.*

43. — Etablissements publics. — Salubrité. — Rapport adressé à S. Exc. le Ministre de l'intérieur sur la construction et l'assainissement des latrines et fosses d'aisances. — Paris, *Paul Dupont, 1858.*

44 — De l'organisation des gardes champêtres, par le Bon de Vincent, conseiller d'Etat. — Paris, *H^l et Ch. Noblet, 1858.*

45. — Institution de jeunes aveugles et de demi-voyants, pour les deux sexes, à Nancy (Meurthe). — Rapport à MM. les Préfets sur les travaux de l'œuvre pendant l'année 1857-1858, par le directeur, C.-A. Macé. — Nancy, *Vagner, 1858.*

46. — Règlement de voirie pour la ville de Marseille. Le 14 février 1859. Arrêté du Préfet du 14 septembre. — Marseille, *Jules Bazile,* 1859.

47. — Exposé des avantages résultant de la création en France d'établissements modèles de lavoirs et bains publics, gratuits et à prix réduits, par M. Guillaume, architecte. — Paris, *1860.*

48. — Rapport de la commission de la Caisse des retraites pour la vieillesse, à S. M. l'Empereur. Année 1859. — Paris, *Imprimerie Impériale,* mdccclx (1860).

49. — De l'abaissement des taxes télégraphiques en France, par Gustave Marqfoy, ancien élève à l'école polytechnique. — Bordeaux, *G. Gounouilhou, 1860.*

50. — Pétition adressée au Sénat, pour solliciter l'abaissement des taxes télégraphiques. 10 octobre 1860.

51. — Caisse des dépôts et consignations. — Décret du 30 octobre 1861 portant organisation de l'administration des caisses d'amortisssement et des dépôts et consignations. — Paris, *Imprimerie Impériale,* mccclxi (1861).

52. — Lettre à M. Ad. Guéroult, rédacteur en chef de l'*Opinion nationale,* sur le Mont-de-Piété de Paris, par A. Blaize, ancien directeur de cet établissement. — Paris, *E. Dentu, 1861.*

53. — Mémoire au Conseil d'Etat, à l'appui du pourvoi contre l'arrêté du Conseil de préfecture qui repousse la protestation relative aux élections municipales de Marseille. — Marseille, *Barlatier-Feissat et Demonchy, 1861.*

54. — Au Sénat. — Quelques considérations sur le Théâtre de la province, par Simon Lévy, directeur du Théâtre et du Pré-Catelan de Lille. Mars 1862. — Lille, *Alcan Lévy.*

55. — Réponse aux documents relatifs aux eaux de Paris, publiés par les soins de M. le Préfet de la Seine. — Epernay, *Noël Boucart, 1862.*

56. — L'Expropriation pour cause d'utilité publique et les eaux de la Somme-Soude, de la Dhuis, du Sourdon et du Surmelin. — Epernay, *Noël Boucart, 1862.*

57. — De l'organisation générale et uniforme des administrations départementales, par S. Ch. Valny, chef de division à la préfecture du Gers. — Auch, *Clanche, 1863.*

58. — Question de l'organisation des bureaux des préfectures et sous-préfectures. Nouveaux documents par G. Deshaires, chef de division à la préfecture de Montauban. — Nice, *Canis, 1863.*

59. — Administration des forêts. — Reboisement des montagnes (Loi du 28 juillet 1860). — Compte-rendu des travaux de 1862, par le directeur général, H. Vicaire. — Paris, *Imprimerie Impériale, mars 1863.*

60. — Colonie agricole et pénitentiaire de Mettray. 19e année. — Rapport annuel par M. Demetz, directeur. — Paris, *Claye et Taillefer, 1848.*

60 a. — Colonie agricole et pénitentiaire de Mettray, 18e année. — Rapport annuel par M. Demetz. — Tours, *Ladevèze et* Paris, *1857.*

60 aa. — Au Sénat. — Quelques considérations sur le Théâtre de la province. Simon Lévy, directeur du Théâtre et du Pré-Catelan de Lille. Mars 1862. — Lille, *Alcan Lévy.*

60 b. — Notice sur la colonie agricole de Mettray, par M. Demetz, directeur, conseiller doyen honoraire à la cour impériale de Paris. — Tours, *Ladevèze, 1863.*

61. — Administration générale de l'assistance publique à Paris. — Renseignements statistiques sur la population indigente de Paris, d'après le recensement de 1863. — Paris, *Paul Dupont, 1864.*

62. — Rapport fait au conseil général du Var dans la session de 1863. (Séance du 27 août), par M. le Vte de Kervéguen, député et conseiller général du Var. — Paris, *Napoléon Chaix et Cie, 1864.*

63. — Ville de Bordeaux. — Livret des sapeurs-pompiers, 1866. — Bordeaux, *E. Mons.*

64. — Ville du Havre. — Voirie urbaine. — Règlement sur les constructions, 12 septembre 1354, 20 septembre 1856. — Havre, *Roquencourt, 1866.*

65. — Mairie de Toulouse. — Arrêté concernant la hauteur des constructions et la forme des combles. 13 octobre 1868. — Toulouse, *Mélanie Dupin.*

66. — Consultation pour la ville de Cherbourg, représentée par M. Ludé, son maire, contre l'administration de la Marine. Jugement du tribunal civil de Cherbourg du 30 août 1864. — Paris, *E. Brière*.

67. — Administration municipale de Torcy, près Paris, 1853, 1868. — Lagny, *A. Varigault, 1868*.

68. — Règlement de voirie pour la ville et commune de Nantes. — Nantes, *Vincent Forest et Émile Grimaud, 1870*.

69. — Société d'encouragement des sapeurs-pompiers de Bordeaux. — Règlement. — Bordeaux, *Métreau et Cie, 1871*.

70. — Droits des communes mis en question par la disposition additionnelle de l'article 30 du projet de budget de l'Etat pour 1872. — Havre, *F. Santallier et Cie, 1872*.

71. — M. Chollet et la commission des Marchés. M. d'Audiffret-Pasquier, président, M. Riant, rapporteur. Mémoire à consulter pour M. Chollet. — Paris, *Georges Kugelmann, 1872*.

72. — Observations du sieur Berthe, secrétaire de la mairie de Pontivy (Morbihan), à l'occasion d'une décision du Conseil d'Etat du 31 janvier 1873 (affaire de pêche). — Pontivy, *Jules Auger fils*.

73. — Ville de Lille. — Règlement général de voirie. — Lille, *J. Petit, 1873*.

74. — Mairie de la ville de Bordeaux. — Règlement pour les sapeurs-pompiers. 8 mars 1856. — Bordeaux, *A. Bellier, 1874*.

75. — Mairie de Marseille. — Règlement général d'ordre intérieur et de service du corps des sapeurs-pompiers de la ville de Marseille. — Marseille, *Gravière, 1876*.

76. — Ville d'Arras. — Compagnie des sapeurs-pompiers. — Règlement. — Arras, *Edmond Brissy, 1877*.

77. — Mairie de la ville de Nantes. — Nettoiement des voies publiques dans la ville de Nantes. — Cahier des charges. Octobre et décembre 1878. — Nantes, *Schwob*.

78. — Allocution prononcée par M. V. Diancourt, maire de la ville de Reims, à la séance de clôture du Conseil municipal, le 31 décembre 1877. — Reims, *imprimerie de l'Indépendant Rémois, 1878*.

79. — Mémoire à consulter sur la question de savoir si l'exploitation des téléphones doit être faite par l'Etat ou laissée à l'industrie privée. — Paris, *Arthur Rousseau, 1882*.

80. — Hospices et Bureau de bienfaisance. — Compte administratif de la commission et compte de gestion du receveur pour 1882. — Chapitres additionnels de 1883 et budget de 1884. — Montpellier, *Cristin, Serre et Ricome, 1884*.

d. — INDUSTRIE, ASSOCIATIONS, LUXE, ETC.

630. — CHAPTAL (Le comte DE). — De l'industrie française. — PARIS, *Renouard, 1819, in-8°, 2 vol. rel.*

631. — JOUY (V. J. E.). — Etat actuel de l'industrie française ou coup d'œil sur l'Exposition de ses produits dans la salle du Louvre, en 1819. — PARIS, *Lhuillier, 1821, in-8° cart.*

632. — SAINT-SIMON. — Catéchisme des industriels. — PARIS, *Sétier, 1823, in-8° br. 6 pp.*

633. — D°. — Catéchisme des industriels 2e et 3e cahier (Manque le 1er). — PARIS, *Sétier, 1824, 2 vol. in-8° br.*

634. — DOMBASLE (C. J. A. MATHIEU DE). — De l'avenir industriel de la France; un rayon de bon sens sur quelques grandes questions d'économie politique. 2e édit. — PARIS, *Mme Huzard, 1834, in-8°.*

635. — LE NORMAND et MAULÉON (DE). — Annales de l'industrie nationale et étrangère, etc., puis Recueil de la Société polytechnique. (Journal industriel, de 1820 à 1849). — PARIS, *Bachelier, 1821, in-8° rel.*

636. — MANGIN (A.). — Merveilles de l'industrie. 3e édit. — TOURS, *Mame, 1862, in-8° rel.*

637. — FIGUIER. — Les Merveilles de l'industrie, ou description des principales industries modernes. — PARIS, *Furne, Jouvet et Cie, s. d., in-8°, 2 vol. br.*

638. — BIANCONI (F.). — Le Mexique à la portée des industriels, des capitalistes, des négociants, etc., avec une carte du Mexique, commerciale, routière, etc. — PARIS, *Chaix, 1889, in-4° br.*

639. — LE BRETON (THÉODORE). — Nouvelles heures de repos d'un ouvrier. — ROUEN, *Nicetas Periaux, 1847, in-8°* (Portr. de l'auteur et grav. hors texte).

640. — KEMMERER (Le Dr (. — Réhabilitation sociale du Riverain des mers par les industries du rivage, 1863. — BREST, *Lefournier, in-12.*

641. — COUTURIER DE VIENNE. — Liberté du travail. Vénalité des offices ministériels. — PARIS, *librairie du Palais-Royal, 1863.*

642. — LE COMTE DE PARIS. — De la situation des ouvriers en Angleterre. 2e édit. — PARIS, *Michel Lévy, 1873, in-8°.*

643. — COMMISSION d'enquête instituée par décret en date du 21 décembre 1881. — Situation des ouvriers et des industries d'art. — PARIS, *A Quantin, 1884, in-4°.*

644. — SAINT-SIMONIENNE (Religion). — Réunion générale de la famille. — Note sur le mariage et le divorce, lue au collège de la religion Saint-Simonienne, le 17 octobre 1831, par le P. Rodrigues. — PARIS, *Everat, 1831, in-8° br., 64 pp.*

645. — D°. — Correspondance. — Articles extraits du *Globe.* — PARIS, *Bureau du* Globe, *1831, in-8° br. de 56 pp.*

646. — FOURIER (CH.). — Œuvres complètes. — Théorie de l'unité universelle. — Le nouveau monde industriel et sociétaire. 2ᵉ édit. — PARIS, *librairie sociétaire;* BESANÇON, *Sainte-Agathe, 1841, 43 et 45, in-8°, 5 vol. rel.*

647. — THIERS (A.). — Discours prononcé à la Chambre des députés, dans la discussion du projet de loi sur les associations. (Séance du 17 mars 1834. — *Pl. in-8°*, 16 pp.

648. — BRIANCOURT (M.). — L'organisation du travail et l'association. — PARIS, *librairie sociétaire, 1845, in-12 br.*

649. — BLANC (LOUIS). — Organisation du travail. — PARIS, *Cauville, 1845, in-12 br.*

650. — LECLAIRE, entrepreneur de peinture. — De la misère et des moyens à employer pour la faire cesser. — PARIS, *Bouchard-Huzard, 1850, in-8° br.*

651. — HACHETTE (M. L.). — Projet de statuts pour les sociétés de secours mutuels et de prévoyance à établir en faveur des ouvriers et des employés de l'industrie et du commerce. — PARIS, *E. Thunot et Cⁱᵉ, 1849, in-8° br. de 60 pp.*

652. — HERCKMANS (L'abbé). — Quelques considérations sur les Sociétés amicales de secours mutuels, etc. — METZ, *Rousseau-Pallez, 1856, in-12 br., 78 pp.*

653. — RAPPORT à l'Empereur sur la situation des Sociétés de secours mutuels, etc. Année 1856. — PARIS, *Imprimerie Impériale, 1857, in-4° de 78 pp.*

654. — MAINCENT. — Pétition à la Chambre des pairs et à la Chambre des députés. — Caisse de retraite nationale. — PARIS, *Ch. Jouaust, 1861, in-8° br., 15 pp.*

D°. — Autre pétition sur le même objet. — PARIS, *Jouaust et 'fils,* *1864, in-8° br., 16 pp.*

655. — ANNUAIRE de l'Association générale de prévoyance et de secours mutuels des médecins de France, publié par le conseil général de l'Asssociation. 2ᵉ année. Exercice 1862. 3ᵉ année, 6ᵉ, 7ᵉ, 18ᵉ, 20ᵉ, 21ᵉ et 1ʳᵉ année 1862. En tout : *6 vol. in-8°.*

656. — BOREL (L'abbé C.). — Manuel des Sociétés de secours mutuels, indiquant notamment les règles à observer dans les campagnes. — PARIS, *Paul Dupont, 1862, in-8° br.*

657. — SOCIÉTÉ de prévoyance et de secours mutuels des médecins de l'arrondissement de Brest. — BREST, *E. Anner, 1864, 10 pp. in-8°.*

658. — DESMAREST (E.). — Commentaire sur le décret-loi du 26 mars 1852, suivi d'instructions nécessaires pour administrer les Sociétés de secours mutuels. — PARIS, *P. Dupont, 1869, br.*

659. — URBAIN (NESTOR). — Lettre à M. le Ministre du commerce et des travaux publics sur le principe de la mutualité. — PARIS, *Ducessois,* *s. d., in-8° br., 11 pp.*

660. — REY. — Des Compagnies d'assurances pour le remplacement militaire et des remplaçants. — PARIS, *Anselin et Gaultier-Laguionie,* *1839, in-8° br.*

661. — VALLETON (H.). — Du principe des assurances. — BORDEAUX, *E. Bissel, 1863, 27 pp. br.*

662. — REBOUL (EUG.). — Assurances sur la vie. 4ᵉ édit. — PARIS, *chez l'éditeur, 48, rue Laffitte, 1865, in-8° br.*

663. — ABOUT (EDM.). — L'assurance. — PARIS, *Anger, 1874, in-12 br.*

664. — SOCIÉTÉS (Des) coopératives et de leur constitution légale. — PARIS, *Guillaumin et Cⁱᵉ, 1865, in-8° br.*

665. — CERNUSCHI (HENRI). — Illusions des sociétés coopératives. — PARIS, *A. Lacroix. 1866, in-4° br.*

666. — MOUREAU (M. J.). — Le salaire et les associations coopératives. — Etude économique suivie d'une description du familistère de Guise. —PARIS, *Guillaume, 1866, in-8° br.*

667. — FLOTARD (EUG.). — Le mouvement coopératif à Lyon et dans le Midi de la France. — PARIS, *Noirot, 1867, in-12 br.*

668. — PELLETIER (EUG.). — Etude théorique et pratique sur les différentes formes de l'association. — PARIS, *Dentu, 1867, in 8° br.*

669. — SCHULZE DELITZCH. — Manuel pratique pour l'organisation et le fonctionnement des sociétés coopératives de production. — 1re partie, Industrie, et par Rampal. — Paris, *Guillaumin et Cie*, *in-18*.

e. -- Finances, Crédit public, Monnaies

670. — TURGOT (A. R. J. Baron de l'Aulne). — Réflexions sur la formation et la distribution des richesses. — *1788*, *in-8°*.

671. — LAUDERDALE (Le comte de). — Recherches sur la nature et l'origine de la richesse publique, et les moyens et les causes qui concourent à son accroissement. Traduit de l'anglais par E. Lagentie de La Vaïsse. — Paris, *Dentu, 1808, in-8° rel.*

672. — SAY (Louis). — Principales causes de la richesse ou de la misère des peuples et des particuliers. — Paris, *Déterville, 1818, in-8°.*

773. — BAILLEUL (J. C.). — Observations sur les finances et les factions considérées comme causes de la chute du crédit public et de la misère du peuple, relié avec :

TALLEYRAND. — Eclaircissements à ses concitoyens. — Paris, *Laran, an XII, in-8°, v. f. fil. d. s. t.*

674. — FORBONNAIS (de). — Recherches et considérations sur les finances de France, de 1595 jusqu'en 1721. — Liège, *1758, in-12, 6 vol. rel.*

675. — NECKER (J.). — De l'administration des finances de la France. — *1784, in-8°, 3 vol. rel.*

676. — D°. — Sur le compte rendu au roi, nouveaux éclaircissements. — Paris, *Hôtel de Thou, 1788, in-4°.*

677. — DUBUAT NAUCAY (Le comte L. G.). — Remarques d'un Français, ou examen impartial du livre de M. Necker sur l'administration des finances, pour servir de correctif et de supplément à son ouvrage. — Genève, *1785, in-8°.*

678. — COPPONS (de). — Examen de la théorie et pratique de M. Necker dans l'administration des finances de la France. — *1785, in-8° rel.*

679. — CALONNE (C. A. de). — Réponse à l'écrit de M. Necker, publié en avril 1787, contenant l'examen des comptes de la situation des finances rendus en 1774-76-81-83 et 87, avec des observations sur les résultats de l'Assemblée des Notables. — Londres, *T. Spilsbury, 1788, in-8°.*

680. — OBSERVATIONS modestes d'un citoyen sur les opérations de finances de M. Necker et sur son compte rendu, adressé à MM. les pacifiques auteurs des Comment? des Pourquoi? et autres pamphlets anonymes. (Sans date.) — *In-8°.*

681. — SABATIER (A.). — Observations sur les dépenses et les recettes à venir de la France, et sur les finances. — Paris, *Bacot, in-8°.*

682. — MIRABEAU (Le marquis DE). — Théorie de l'impôt. — *1760, in-4ᵉ rel.*

683. — TIFAUT DE LA NOUE (J.). — Réflexions philosophiques sur l'impôt, où l'on discute les principes des économistes et où l'on indique un plan de perception patriotique, accompagnées de notes. — Londres et Paris, *1775, in-8° rel.*

684. — YMBERT (Victor), du Finistère. — Considérations sur l'amortissement, avec des tables. — Brest, *Michel, 1824, in-8°* (2 exempl.).

685. — BUDGET mis à la portée de tout le monde, par C. F. — Dijon, *Décailly, 1849, in-12.*

686. — STORCH (Henri). — Considérations sur la nature du revenu national. — Paris, *Bossange, 1824, in-8°.*

687. — JOSSEAU (J. B.). — Le Crédit foncier de France. Son histoire, ses opérations, son avenir. — Paris, *Cosse, 1860, in-8°.*

688. — LEBEUF (J.). — Code, ou nouveau traité des intérêts, mis en rapport avec les lois et la jurisprudence, etc. — Paris, *1807, in-12.*

689. — AUDIFFRET (Marquis G. D'). — La crise financière de 1848. — Paris, *Amyot, 1848, in-8°.*

690. — Dᵒ. — *Système financier de la France.* — Paris, *Dufart, 1840, in-8°,* 2 vol.

691. — Dᵒ. — Aperçu des progrès du crédit public et de la fortune nationale, de 1789 à 1860. — Paris, *Guillaumin et Cⁱᵉ, 1861, in-8°.*

692. — NEYMARCK (Alfred). — Aperçus financiers, 1868-1872. — Paris, *Dentu, 1872, in-8°.* Offert par l'auteur.

693. — GENTZ (Fréd.). — Essai sur l'Etat actuel de l'administration des finances et de la richesse nationale de la Grande-Bretagne. — Londres et Paris, *1800, in-8°.*

694. — ROYER. — Des institutions de crédit foncier en Allemagne et en Belgique. — Paris, *Imprimerie Royale, 1845, in-8°.*

695. — FORBONNAIS. — Recherches et considérations sur les finances de France, depuis 1595 jusqu'en 1722. — Liège, *1758, 6 vol. in-12 rel.*

696. — LAW (J.). — Œuvres contenant les principes sur le numéraire, le commerce, le crédit et les banques. — Paris, *Buisson, 1790, in-8° rel.*

697. — DISCUSSION du budget de la marine et des colonies pour l'année 1844. Extrait du *Moniteur.* — Paris, *Bourgogne et Martinet, in-8° br.*

698. — CAUCHY (Eug.). — De la propriété communale et de la mise en culture des communaux, à l'occasion du projet de décret proposé à l'Assemblée nationale par son comité de l'administration départementale et communale. — Paris, *Mingray, 1848, in-8° br.*

699. — COCHUT. — Law, son système et son époque. — Paris, *Hachette et Cie, 1853, in-8° br.*

700. — BELLET (Louis). — Le Guide de l'emprunteur, ou ce que c'est que le crédit foncier, par M. Louis Bellet. 4e édit. — Paris, *chez l'auteur et chez tous les libraires de Paris et des départements, 1854, in-24, 61 pp.*

701. — LE HIR. — Forces et institutions productives de la France. — Crédit foncier. Crédit agricole. Assurances terrestres. Chemins de fer. Agriculture. Commerce. Commerce transatlantique en France. Industrie. — Paris, *bureau des* Annales du droit commercial, *1860, in-8° br.*

702. — DOUANIER (Le régime) en 1860. — Paris, *Poitevin, 1860, in-8° br.*

DOUANIÈRE (L'union) avec la Belgique. — Bordeaux, *Chaumas-Gayet ;* Paris, *Renard.* 2 vol., l'un de 1843, l'autre de 1845. *In-8°.*

703. — ULRY (A.). — Transformation et extinction de la dette hypothécaire et privilégiée. Pétition au Sénat par A. Ulry, commis adjoint à l'inspection des postes de la Meurthe. — Nancy, *Hinzelin et Cie, 1861, 15 pp. br.*

704. — DOCUMENTS publiés pour l'association du libre-échange de Bordeaux. 1re publication. — Bordeaux, *Gounouilhou, 1869, 72 pp. in-8° br.*

705. — FOULON (Aug.). — Etude sur les octrois. — Nantes, *Mellinet, 1870, in-8° br.*

706. — PITTY (Mathieu). — Octrois. - Brest, *J. P. Gadreau, 1881, in-8° de 20 pp.*

707. — COURTOIS (A.) fils. — Manuel des fonds publics et des sociétés par actions. — Paris, *Garnier frères, 1874, in-12.*

708. — ROY (Lucien). — Traité pratique de l'administration financière et de la comptabilité des communes. 6e édit. — Paris, *P. Dupont, 1876, in-12 br.*

709. — MENIER. — Théorie et application de l'impôt sur le capital, par Menier, manufacturier. 2e édit. — Paris, *E. Plon, 1875, in-18 br.*

710. — NEYMARCK (Alfred). — Aperçus financiers, 1872-1875. — Paris, *E. Dentu, 1875, in-8° br.*

711. — PEREIRE (Isaac). — Questions financières. — Budget de 1877. — Paris, *Motteroz, 1876, in-18 br.*

712. — Do. — Budget des réformes. — Paris, *Motteroz, 1877, in-8° br.*

713. — DOUANES (Direction générale des). — Tableau général du commerce de la France avec les colonies et les puissances étrangères, pendant l'année 1882 et les années suivantes. — *Imprimerie Nationale.*

714. — NOUVELLE évaluation du revenu foncier des propriétés non bâties en France, fait par l'administration des contributions directes, en exécution de l'art. 1er de la loi du 9 août 1879. — Paris, *Imprimerie Nationale, 1883.*

Do. — Tableaux graphiques. — *In-f°.*

715. — RAPPORT au Président de la République et déclaration générale de la Cour des comptes sur les comptes de l'année et de l'exercice 1880. — Eclaircissements en réponse aux observations contenues dans le rapport au Président de la République et les déclarations générales de la Cour des comptes. — Paris, *Imprimerie Nationale, 1884, in-4°.*

716. — KAUFMANN (Richard de), de l'Université de Berlin. — Les finances de la France. Trad. de l'allemand par Dulaurier et Riedmatten, revu par l'auteur. — Paris, *Guillaumin et Cie, 1884, in-8°.*

717. — FINANCES (Ministère des). — Compte définitif des recettes de l'exercice 1882. — Paris, *Imprimerie Nationale, 1884, in-4°.*

718. — FAURE (Félix), député. — Les budgets contemporains. — Budget de la France depuis vingt ans et des principaux Etats de l'Europe depuis 1870. — Développement des chemins de fer. — Navigation. — Commerce. — Forces militaires des principaux pays. — Paris, *Guillaumin et Cie, 1887, in-4°.*

719. — LE ROND (Jean). — Comparaison des budgets de 1830 et de 1843. — Epitre à M. le ministre des finances. — Paris, *Paulin, 1843, in-8° br.*

720. — COMPTE des recettes et dépenses faites par la Caisse centrale du trésor impérial, à Paris, pendant l'an 1809, présenté à S. M. l'Empereur et Roi par son maître du Trésor. — Paris, *Imprimerie Impériale, 1811, in-f° br.*

721. — RAPPORT au Président de la République. — Eclaircissements en réponse aux observations contenues dans le rapport au Président de la République et la déclaration générale de la Cour des comptes. — Paris, *Imprimerie Nationale, 1884, in-4°.*

722. — ABOT DE BAZINGHEN. — Traité des monnaies et de la juridiction de la Cour des monnaies, en forme de dictionnaire. — Paris, *Guillyn, 1764, in-4°, 2 vol. rel.*

723. — SALZADE (de). — Recueil des monnaies tant anciennes que modernes, ou dictionnaire historique des monnaies qui peuvent être connues dans les quatre parties du monde, avec leurs poids, titre et valeur. — *J.-J. Boucherie, 1767, in-4° rel.*

724. — BASTERRRÈCHE (Léon). — Essai sur les monnaies. — *An X (1800), in-4° rel.*

725. — COATPONT (C.). — Considérations politiques sur les monnaies, variations qu'elles ont subies et celles qu'elles peuvent subir encore si le système politique de l'Europe n'éprouve aucun changement. — Paris, *Brest, 1820, in-8°,* 3 exempl. dont un rel.

726. — FRICHOT (A. P.). — De la nécessité de refondre les sous, de supprimer le billon, et des améliorations à faire dans la fabrication des monnaies, etc. — Paris, *Crapelet, 1838, in-8°.*

727. — COMPTES-FAITS, ou tarif général des monnaies, etc. Nouvelle édit. — Tulle, *P. Chirac, 1780, in-12 rel.*

728. — BLAVIER. — Nouveau barème, ou nouveaux comptes-faits, en livres, sous et deniers, etc., suivi d'un barème décimal. — Paris, *C. Houel, an VII (1798), in-8° rel.*

729. — D°. — Barème des transactions entre particuliers pendant la durée de la dépréciation du papier-monnaie, etc. — Paris, *Guillaume, an VII, in-8°.*

730. — BOILEAU et AUDIBERT RAMATUELLE. — Barème général, ou comptes-faits de tout ce qui concerne les nouveaux poids, mesures et monnaies de France. — Paris, *Cussac, an XI (1803), in-8° rel.*

731. — MARTIN (C. F.). — Le régulateur universel des poids et mesures, invention nouvelle pour apprendre seul et sans maître à trouver les rapports réciproques du nouveau système et des poids et mesures de tous les pays, ainsi que des francs, livres tournois et monnaies étrangères, etc. 2ᵉ édit. — Bordeaux et Paris, *1809, in-8° rel.*

732. — TABLEAU des monnaies d'or et d'argent de tous les pays. — Paris, *B. Lefèvre, 1870, in-12 pl.*

733. — STANLEY JEVONS (W.). — La monnaie et le mécanisme de l'échange, par W. Stanley, professeur d'économie politique au collège d'Owens, à Manchester. 3ᵉ édit. — Paris, *G. Badllière, 1881, in-8° cart.*

734. —   **Carton n° 24**

RECUEIL DE PIÈCES RELATIVES AUX FINANCES ET AU CRÉDIT PUBLIC

1. — Observations sur le projet de loi proposé par S. Exc. le Ministre des finances à la Chambre des députés, concernant le tarif des droits d'entrée sur les fers étrangers. — Paris, *Fain.*

2. — Contributions foncières. — Observations de M. Cornet Dincourt, ancien député de la Somme, sur les nouvelles surcharges imposées aux départements déjà surchargés. — Amiens, *E. Yvert.*

3. — Deux mots sur la réduction du décime au poids de 10 grammes. — Paris, *E. Duverger.*

4. — Notice sur les droits réunis, par P.-L. Marey, propriétaire, licencié ès-lois et ancien ptofesseur de mathématiques. — Melun, *Lefèvre-Compigny.*

5. — Indication des mesures proposées pour la perception des Droits-Réunis, par M. Sabatier, ancien administrateur du département de la Seine, et ancien préfet de celui de la Nièvre. — Paris, *Bacot.*

6. — Précis des diverses manières de spéculer sur les fonds publics, en usage à la Bourse de Paris. 2ᵉ édit. revue, corrigée et augmentée. — Paris, *Delaunay, 1817.*

7. — Projet d'établissement de banques et d'opérations combinées, pour le prompt rétablissement du crédit public en France, par Jacques-Joseph-François Cren. — Paris, *Everat, juin 1817.*

8. — Lettre à un petit capitaliste de province sur les nouvelles entreprises de messageries, par un ancien entrepreneur de diligences. — Paris, *Timothée Dehay, 1830.*

9. — Statuts de la Banque d'amortissement, constituée par acte passé devant M⁰ Lejeune, notaire à Paris, le 8 février 1837, précédés d'une notice sur les opérations de cette institution. — PARIS, *G.-A. Boudon, 1837.*

10. — De la contribution foncière en France, par M. Desabes, député de l'Aisne. — PARIS, *A. Henry, 1838.*

11. — Questions sur le rachat de la Rente 5 p. 100, par le baron Massias, ancien chargé d'affaires près la cour de Bade, etc. — PARIS, *A. Desrez*; STRASBOURG, *Derivaux, 1838.*

12 — De la taxe égalitaire, de l'allocation et de l'exercice. Coup d'œil sur les formes et les personnes assujettissantes, dédié à la loi du 28 décembre 1830, par un vieil assujetti. — BREST, *Ed. Anner, 1838.*

13. — Caisse d'épargne et de prévoyance de Paris, fondée en novembre 1818. — Rapports et comptes rendus des opérations de la caisse d'épargne de Paris, pendant l'année 1837, présentés à l'assemblée générale le 31 mai 1838. — Résumé des opérations des caisses départementales au 31 décembre 1837. — PARIS, *A. Henry*, 1838.

14. — Caisse d'épargne et de prévoyance de Paris, fondée en novembre 1818. — Rapports et comptes rendus des opérations de la caisse d'épargne de Paris, pendant l'année 1838, présentés à l'assemblée générale le 25 avril 1839. — PARIS, *A. Henry, 1839.*

15. — Idem pour les rapports et comptes rendus de 1839, présentés à l'assemblée générale le 4 juin 1840. — PARIS, *A. Henry, 1840.*

16. — Banque foncière de France. — Pétition présentée à M. le Ministre des finances, à la Chambre des pairs et à la Chambre des députés, portant demande d'un crédit de 50 millione. Signé : Dumons (de la Gironde). Paris, le 24 mai 1839. — PARIS, *Riant, 1839.*

17. — Mémoire aux Chambres sur la refonte des monnaies de billon, par Anténor Joly. — PARIS, *Boulé et Cie, 1842.* — Nouveau système monétaire historique.

18. — Rapport sur les opérations de la caisse d'épargne de Quimper, pendant l'année 1842, lue à l'assemblée générale des administrateurs, le 23 février 1843. — QUIMPER, *E. Blot fils.*

19. — Lettre adressée à un député du Rhône sur le projet de loi présenté à la Chambre par M. le Ministre des finances, pour la refonte dú cuivre et pour la centralisation à Paris, sous forme de régie administrative, de la fabrication des espèces d'or et d'argent. — LYON, *veuve Aymé, 1843.*

20. — Nécessité d'une réduction de l'impôt du sel, par M. Auguste Demesmay, député du Doubs. — Paris, *librairie agricole de la Maison rustique, 1845*.

21. — Du monopole de la fabrication du sel dans les départements de l'Est. — Projet de loi présenté par M. le Ministre des finances, le 11 mars 1840. — Paris, *Cosson, 1840*.

22. — Pétition contre l'impôt du sel par Nestor Aroussohn, avocat à la cour royale de Paris, etc.

23. — Observations sur le projet de loi pour la refonte des monnaies de cuivre et la suppression des Monnaies de département, par un ancien directeur de la Monnaie. Bordeaux, le 10 mars 1842. — Bordeaux, *Lavigne, 1842*.

24. — Refonte des monnaies. — Note explicative des propositions de A.-P. Frichot, pour faire suite au Mémoire du 9 août 1838. — Paris, *Crapelet, 1842*.

25. — Pétition à MM. les membres de la Chambre des députés sur le projet de loi de finances de 1845 (Recettes et dépenses) et sur l'impôt en général. Signé : Quentin, ancien receveur général des finances. Paris ce 10 mai 1844. — Paris, *Schneider et Langrand*.

26. — Du projet de loi réduisant à 10 centimes par kilog. l'impôt sur le sel, adopté le 23 avril dernier par la Chambre des députés, et quelques observations sur le rapport lu par M. Gay-Lussac, devant la Chambre des pairs, le 19 juin courant, par M. Auguste Demesmay, député du Doubs. — Paris, *Dussacq, 1846*.

27. — Observations sur l'octroi de Paris, en ce qui touche les droits qui frappent le vin et la viande de boucherie, prr M. Louis Lafaulotte, membre du Conseil général de la Seine. — Paris, *Guiraudet et Jouaust, 1847*.

28. — Notice sur la vie de Benjamin Delessert, lu à l'assemblée générale des directeurs, des censeurs et des administrateurs des caisses d'épargne, le 8 mai 1847, par le comte d'Argout. — Paris, *mai 1847, Plon frères*.

29. — Nouvelle organisation des bons du Trésor, par M. le vicomte de Kervéguen, député au Corps législatif, membre du Conseil général du Var. — Paris, *Schiller aîné, 1854*.

30. — Deux mots de réponse au *Constitutionnel* sur son article relatif à la fonte et à l'affinage des monnaies d'argent, par un homme du métier (Henry Dubois-Captain, ingénieur civil, affineur de métaux précieux). Grenelle, 24 novembre, et 5 décembre 1857. — Paris, *Bénard et Cie, 1857*.

31. — Un nouvel impôt sur les valeurs mobilières (Extrait de la *Revue des Deux-Mondes*, livraison du 1ᵉʳ mars 1857). Le comte P. de Chasseloup-Laubat. — PARIS, *J. Claye, 1857*.

32. — Réflexions sur la crise financière qui se produit actuellement en Europe et particulièrement en France, par J. Vallarins cadet, membre de la société agricole, scientifique et littéraire des Pyrénées-Orientales, etc. — PERPIGNAN, *Mˡˡᵉ Antoinette Tastu, juin 1857*.

33. — Le monopole des agents de change (Réponse au *Constitutionnel*) par M. A. Pagès du Port. — PARIS, *chez tous les libraires, 1859*.

34. — Chapitre II, où l'on demande une réforme à la Bourse. — PARIS, *E. Dentu, 1860.*

35. — La Bourse est un marché libre ? — PARIS, *L, Dentu. 1860.*

36. — Les receveurs des finances et leurs employés. — Etude administrative, par un employé de recette générale. — PARIS, *Paul Dupont, 1861.*

37. — Confiance, par Gustave Lazard. 2ᵉ édit. — Paris, *E. Dentu, 1861.*

38. — La Banque de France, par A. B. — PARIS, *E. Dentu, 1861.*

39. — De la limitation du taux de l'intérêt, par M. Léon (Extrait de la *Revue contemporaine*, livraison du 31 décembre 1861. — PARIS, *bureaux de la* Revue contemporaine, *1861.*

40. — De l'influence de l'amortissement sur le crédit public, par M. François Blanc. — PARIS, *E. Dentu, 1861.*

41. — Des valeurs étrangères et de leur négociation en France, par M. François Blanc. 2ᵉ édit. — PARIS, *E. Dentu, 1861.*

42. — Pétition adressée au Sénat de l'Empire par Antoine Troyaux, propriétaire, né à Maubeuge, tendant à obtenir une abréviation de la prescription appliquée aux titres au porteur perdus, volés, incendiés, détruits accidentellement. Avenue de Neuilly (Seine), le 20 juin 1861. — NEUILLY, *Guiraudet.*

43. — Souscription aux actions du Lloyd central, Compagnie d'assurances maritimes, sous la raison sociale J. Dumont et Cⁱᵉ. Signé : J. Dumont, négociant armateur, fondateur de la Compagnie Eug. Forcade. — PARIS, *Napoléon Chaix et Cⁱᵉ.*

44. — Entretien d'un vieux notaire de campagne et d'un cultivateur, au sujet de l'échange des rentes 4 1/2 contre 3 p. 100, par M. Cucheval-Clarigny. — PARIS, *Henri Plon, 1862.*

45. — Lettres sur la surtaxe des sucres déjà libérés de l'impôt, par F. de la Brosse. — L'impôt rétroactif, jugé par les auteurs du code civil. Nantes, 21 avril, 1862. — NANTES, *Evariste Mangin, 1862.*

45 a. — De l'uniformité des poids et mesures et de l'établissement possible d'une monnaie universelle, par M. Léon. — TOULOUSE, *Bonnal et Gibrac, 1862.*

46. — Le budget de 1863. — PARIS, *E. Dentu, 1862.*

47. — Pétition au Sénat pour modifier et régulariser l'autorisation de négocier en France les titres des sociétés étrangères adressée le 14 juin 1862, par M. Sourigues. — PARIS, *Castel, janvier 1862.*

48. — De la hausse de la Rente et des valeurs françaises, par M. Sourigues. — PARIS, *Castel, février 1862.*

49. — Question monétaire. — Abaissement du titre de la petite monnaie. — Causes de la disparition des monnaies d'argent. — Proposition d'une monnaie d'or internationale, par M. Marbeau, trésorier général honoraire des invalides de la marine. — PARIS, *Ch. Lahure, 1863.*

50. — La Bourse et la loi. — Pétition adressée au Sénat pour rendre obligatoire les marchés à terme, par M. Bobœuf, suivie d'une consultation de M. Ambroise Rendu, avocat au Conseil d'Etat et à la cour de cassation. — PARIS, *E. Dentu, 1863.*

51. — L'escompte fixe et invariable à 2 p. 100, par Aimé Boutarel, manufacturier (Seine). — PARIS, *Guillaumin et Cie, 1863.*

52. — Société générale de crédit industriel et commercial. — Nouvelle notice sur le service des chèques et des comptes de dépôt d'espèces. — Condition du service des titres. — PARIS, *Ch. Lahure.*

53. — Considérations mathématiques sur la théorie de l'impôt, par M. G. Fauveau, ancien élève de l'école polytechnique. — PARIS, *Gauthier-Villars, successeur de Mallet-Bachelier, 1864.*

54. — Exposé pratique des opérations foncières de la société de crédit foncier international et de la Banque de crédit foncier et industriel, par André Langrand-Dumonceau, suivi de l'exposé des conditions de l'emprunt romain 5 p. 100 de 50 millions. — PARIS, *succursale, rue du Helder ;* POISSY, *imprimerie A. Bouret, 1864.*

55. — Question des sucres. — L'égalite devant l'impôt. — Observations des délégués de l'arrondissement de Valenciennes sur les dispositions des articles 1er et 6 du nouveou projet de loi. — VALENCIENNES, *Louis Henry, janvier 1864.*

56. — Quelques observations présentées à la commission du Corps législatif chargée de l'examen du traité entre la Ville de Paris et le Crédit foncier, par M. Wolowski, membre du conseil d'administration du Crédit foncier de France. — PARIS, *Paul Dupont, 1869.*

57. — Crédit communal de France. — Rapport présenté par le conseil d'administration à l'assemblée générale des actionnaires du 11 juin 1870. — Paris, *Ch. Schiller, 1870.*

58. — Un bon moyen de s'enrichir. — Paris, *Simon Raçon et Cie, 1871.*

59. — L'avenir des familles, par L. Bergeron. 5e édit. — Paris, *Armand Anger, 1873.*

60. — La morale de l'assurance, par M. Eug. Reboul, membre de l'Institut des actuaires de Londres. 6e édit. — Paris, *Armand Anger, 1873.*

61. — Alfred Neymarck. — La rente française. Son origine, ses développements, ses avantages. — Paris, *E. Dentu, 1873.*

62. — Caisse générale des familles, compagnie anonyme d'assurances. Paris, rue de la Paix, 4. — Amiens, *T. Jeunet, 1873 et 1874.*

63. — L'impôt sur le capital, par M. Menier, manufacturier. Paris, août 1874. — Paris, *E. Plon, et Cie.*

64, 64^a, 64^b, 64^c, 64^d, 64^e, 64^f. — Banque de France. — Assemblée générale des actionnaires des 31 janvier 1861, 29 janvier 1863, 26 janvier 1871, 13 juillet 1871, 28 janvier 1875, 27 janvier 1876, 30 janvier 1879. — Compte-rendu du gouverneur et rapport de MM. les censeurs. — Paris, *Paul Dupont.*

65. — Dix millions d'économie. — Suppression des receveurs généraux, par M. de Janzé, ancien député. 2e édition. — Paris, *A. Chaix et Cie, 1870.*

66. — La question des impôts, par Menier, manufacturier, etc. Lettre extraite de la *Revue universelle*, journal hebdomadaire des débats politiques et économiques (N° du 10 décembre 1871). — Paris, *Guillaumin et Cie, 1872.*

67. — La Banque de France dévoilée. — Paris, *E. Brière, 1872.*

68, 68^a. — Le gouffre financier, 1re et 2e partie. Extraits du *Bulletin financier*. — Paris, *Ch. Schiller, 1875.*

69. — A. de Malarce. — Notice historique et manuel des caisses d'épargne scolaires en France. 3e édit. — Paris, *Guillaumin et Cie; Paul Dupont, 1875.*

70. — L'impôt sur le capital devant la Chambre des députés. — Discours de M. Menier et réponses de M. Rouvier et de M. Léon Say, ministre des finances. — Paris, *A. Wittersheim et Cie, 1876.*

71. — Le Chômage, compagnie anonyme d'assurances et de réassurances à primes fixes. — Paris, *Dejey et Cie, 1880.*

6

72. — Notice détaillée sur les opérations de reports. — Paris, *Librairie nouvelle, 1882.*

f. — Commerce, Banque, Manufactures

735. — HUET (P. D.). — Histoire du commerce et de la navigation des Anciens. 3ᵉ édit. — Paris, *A. N. Coustelier, 1727, in-8° rel.*

736. — Dᵒ. — La même. — Lyon, *B. Duplain, 1763, in-8° rel.*

737. — SAVARY DES BRULONS (J.) — Dictionnaire universel de commerce, d'histoire naturelle, d'arts et métiers, avec le supplément. — Paris, *Estienne, 1723-1730, in-f°, 3 vol. rel.*

738. — DICTIONNAIRE portatif de commerce, contenant la connaissance des marchandises de tous les pays. — Bouillon, *1770, in-8°, 4 vol. rel.*

739. — DICTIONNAIRE universel de commerce, banque, manufactures, douanes, pêches, navigation marchande, etc., par une société de négociants, de jurisconsultes, etc. — Paris, *1805, in-4°, 2 vol. rel.*

740. — Dᵒ du commerce et des marchandises. — Paris, *Guillaumin et Cⁱᵉ, 1841, 2 vol. in-4° à 2 col. rel.*
Dᵒ. — Atlas.

741. — Dᵒ universel portatif du commerce, par une société de commerçants. — Paris, *Pillet aîné, 1823, in-8° rel.*

742. — PEUCHET (J.). — Dictionnaire universel de la géographie commerçante. — Paris, *Blanchon, an VII, in-4°, 5 vol. rel.*

743. — Dᵒ. — Vocabulaire des termes de commerce, banque, manufactures, navigation marchande, finance mercantile et statistique. — Paris, *Testu, 1801, in-8°.*

744. — DICTIONNAIRE universel théorique et pratique de commerce et de navigation. — Paris, *Guillaumin et Cⁱᵉ, 1859, in-4°, 2 vol. rel.*

745. — CLEIRAC (Est.). — Usance du négoce, ou commerce de la banque, des lettres de change, ensemble les figures des ducats de Guyenne et anciennes monnaies bourgeoises de Bordeaux, pour le menu change. — Bordeaux, *G. da Court, 1656, in-4° parch.*

746. — SAVARY (J.). — Le parfait négociant, ou instruction générale pour ce qui regarde le commerce des marchandises de France et des pays étrangers, enrichi d'augmentations par J. Savary des Brulons, et après lui par P.-L. Savary. — Paris, *les frères Estienne, 1777, in-4°, 2 vol. rel.*

747. — ENQUÊTE. — Traité de commerce avec l'Angleterre. — Industrie métallurgique. — Paris, *Imprimerie Impériale, 1860, g^d in-4°, 7 vol. rel. mar.*

748. — D°. — Parères, ou avis et conseils sur les plus importantes matières du commerce, contenant la résolution des questions les plus difficiles, savoir : sur les banqueroutes, etc. — Paris, *J. Guignard, 1688, in-4° rel.* (Portr.).

749. — USTARIZ (Don Geronimo de). — Théorie et pratique du commerce et de la marine. Traduction libre sur l'espagnol, sur la 2ᵉ édition de ce livre à Madrid, en 1742 (par Forbonnais). — Paris, *veuve Estienne et fils, 1753, in-4° mar. r. d. s. t.*

750. — FORBONNAIS (F. Véron de). — Eléments du commerce. 2ᵉ édit. — Leyde, *1754, in-12, 2 vol. mar. r., fil. d. s. t.*

751. — D°. — Les mêmes. Nouvelle édition. — Paris, *Chaigneau aîné, an IV, in-12, 2 vol. rel.*

752. — RICARD (Samuel). — Traité général du commerce, contenant des observations sur le commerce des principaux Etats de l'Europe. Edition entièrement refaite, etc., par M. de M***. — Amsterdam, *D. R. Changuion, 1781, in-4°, 2 vol. rel.*

753. — DELAPORTE. — La Science des négociants et teneurs de livres. — Paris, *1769, in-8° oblong, rel.*

754. — MIGNERET (P. J.). — La Science des jeunes négociants et teneurs de livres. — Paris, *au VII, 2 vol. en un seul, in-8° oblong, rel.*

755. — DEPLANQUE (Louis). — La tenue des livres en partie simple et en partie double, apprise sans maître. 19ᵉ édit. — Paris, *Garnier frères.*

756. — BEPMALE. — Cours de comptabilité industrielle et commerciale. 11ᵉ édit. — Paris, *Behin et fils, 1885, in-4°.*

757. — NECKER (J.). — Sur la législation et le commerce des grains. 2ᵉ édit. — Paris, *Pissot, 1775, in-8° rel.*

758. — CONDILLAC (L'abbé de). — Le commerce et le gouvernement considérés relativement l'un à l'autre. Ouvrage élémentaire. — Amsterdam et Paris, *1776, in-12 rel.*

759. — D°. — Le même. Nouvelle édit. — Paris, *an III (1795), in-8°.*

760. — FERRIER (F. L. A.). — Du gouvernement considéré dans ses rapports avec le commerce. — Paris, *Egron, an XIII (1805), in-8° rel.*

761. — AUDOUIN (Xavier). — Du commerce maritime, de son influence sur la richesse et la force des Etats, démontrée par l'histoire des nations anciennes et modernes. Situation actuelle des puissances de l'Europe considérées dans leurs rapports avec la France et l'Angleterre. — Paris, Baudouin, an IX, in-8°, 2 vol.

762. — FROMENT (Dominique). — Du commerce des Européens avec les Indes par la mer Rouge et l'Egypte. — Paris, Dugour et Durand, an VII, in-8°.

763. — MOREAU DE JONNÈS (Alex.). — Le commerce au xixᵉ siècle, état actuel de ses transactions dans les principales contrées des deux hémisphères. — Paris, 1825, in-8°, 2 vol. rel.

764. — HATTON (Edouard). — Comes Commercii, or, the Traders' Companion. — London, 1754, in-12 rel.

765. — KING (C.). — Le négociant anglais, ou traduction libre du livre intitulé : The british merchant, contenant divers mémoires sur le commerce de l'Angleterre avec la France, le Portugal et l'Espagne, publié pour la première fois en 1713 (par Forbonnais), imprimé à Dresde. — Paris, Estienne, 1753, in-12, 2 vol. rel.

766. — DUPIN (Le baron Ch.). — Voyages dans la Grande-Bretagne entrepris relativement aux services publics de la guerre et de la marine, etc., 3ᵉ édit. — Paris, Bachelier, 1826, in-4°, 2 vol. rel.

767. — ROBERT DE MASSY (J.). — Des halles et marchés et du commerce des objets de consommation à Londres et à Paris. Rapport au ministre. — Imprimerie impériale, 1861-62, in-8°, 2 vol.

768. — MICH. — De la richesse de la Hollande, ouvrage dans lequel on expose l'origine du commerce et de la puissance de la Hollande, etc. — Londres, 1778, in-8°, 2 vol.

769. — SCHERER (J. B.). — Histoire raisonnée du commerce de la Russie. — Paris, Cuchet, 1788, in-8°, 2 vol.

770. — BEAUJOUR (Le baron F. de). — Tableau du commerce de la Grèce, formé d'après une année moyenne, depuis 1787 jusqu'en 1797. — Paris, Crapelet, an VII, in-8°, 2 vol. rel.

771. — Dᵒ. — Le même. — Paris, A. Renouard, 1800, in-8°, 2 vol. rel.

772. — PEYSSONNEL (de). — Traité sur le commerce de la mer Noire. — Paris, Cuchet, 1787, in-8°, 2 vol.

773. — GENTY (L'abbé). — L'influence de la découverte de l'Amérique sur le bonheur du genre humain (cartes et figures). — Paris, *Nyon, 1788, in-8°*.

774. — CLAVIÈRE (Et.) et BRISSOT DE WARVILLE. — De la France et des Etats-Unis, ou de l'importance de la Révolution de l'Amérique pour le bonheur de la France, des rapports de ce royaume et des Etats-Unis, des avantages réciproques qu'ils peuvent retirer de leurs liaisons de commerce, etc. — Londres, *1787, in-8° rel.*

775. — CHAMBON. — Commerce de l'Amérique par Marseille, ou explication des lettres patentes du Roi, portant règlement pour le commerce qui se fait de Marseille aux iles françaises de l'Amérique, données au mois de février 1719. — Avignon, *1764, in-4°, 2 vol. rel.*

776. — CLIQUOT DE BLERVACHE. — Considérations sur le traité de commerce entre la France et la Grande-Bretagne, du 26 septembre 1786. — Londres, *1789, in-8°*.

777. — OBSERVATIONS sur la lettre à la Chambre de commerce de Normandie, en ce qui concerne les résultats formés dans le bureau de la balance du commerce, depuis le mois de mai, époque de l'exécution du traité entre la France et l'Angleterre, jusqu'au 31 décembre 1787, etc. — *1788, in-8°*.

778. — LETTRES ou pratiques des billets entre les négociants, par M***, secrétaire d'Etat. — Paris, *veuve Cramoisy, 1696, in-18 rel.*

779. — FULEMAN. — Traité sur les lettres de change, contenant l'analyse et démonstration instructive de la valeur des termes qui la composent, de leurs effets et conséquences, etc. — Paris, *1739, in-12 rel.*

780. — GIRAUDEAU (P.), l'aîné. — La banque rendue facile aux principales nations de l'Europe, suivie d'un nouveau traité de l'achat et de la vente des matières d'or et d'argent. — Lyon, *Leroy, an VII, in-4° rel.*

781. — RÉORGANISATION du système des Banques. Banque de France, de Savoie. — Paris, *Paul Dupont, 1863, in-8°*.

782. — WOLOWSKI (M. L.). — La question des Banques. — Paris, *Guillaumin et Cie, 1864, in-8°*.

783. — RUELLE (J. R.). — Traité des arbitrages de France avec les principales places de l'Europe. 2e édit. — Lyon, *1793, in-8° rel.*

784. — Do. — Opérations des changes des principales places de l'Europe. 3e édit. — Lyon, *an VII, in-8° rel.*

785. — GABIOU, YVART, TESSIER, etc. — Faits et observations sur la question de l'exportation des mérinos et de leur laine hors du territoire français. — Paris, Mme Huzard, 1814, in-8' rel.

786. — FILATURE. — Commerce et prix des laines en Angleterre, ou correspondance sur ces matières entre MM. Banks, Arthur Young et plusieurs grands propriétaires de l'Angleterre. Traduit de l'anglais par M. C. P. — Paris, Cuchet, 1789, in-8° rel.

787. — SAVARY (Philémon-Louis). — Dictionnaire universel de commerce, contenant tout ce qui concerne le commerce qui se fait dans les quatre parties du Monde, etc., etc. — Paris, Estienne, 1723, 2 vol. in-f° rel.

788. — DARIGRAND. — L'anti-financier, ou relevé de quelques-unes des malversations dont se rendent journellement coupables les fermiers-généraux, et des vexations qu'ils commettent dans les provinces, servant de réfutation d'un écrit intitulé : Lettre servant de réponse aux remontrances du Parlement de Bordeaux. — Amsterdam, 1763, 1 vol. in-8° br.

789. — MÉMOIRE sur la limitation du commerce maritime de la Belgique et sur la prohibition en France des sucres raffinés à l'étranger, présenté au Premier Consul par les négociants de Nantes, le 27 floréal, an X. — Nantes, P. F. Hérault.

790. — CAILLARD (Emmanuel). — Du traité de commerce et de la prohibition, ou Mémoire en faveur des consommateurs. — Paris, de la Tynna; Rouen, chez les principaux libraires, 1814.

791. — JOLLIVET (M. A.). — Question des sucres. — Paris, Blondeau, 1841, in-8° br.

792. — BELGIQUE. — Documents sur le commerce extérieur. Ministère de l'agriculture et du commerce. 3e série des avis divers. N° 300 de la publication. — Paris, Dupont, 1846, in-4° br.

793. — BÉRARD, GRIVEL, etc. — Examen de quelques questions relatives à l'établissement de paquebots à vapeur entre la France et l'Amérique. — Brest, Anner, s. d., in-4° br. de 10 pp.

794. — MANUEL (Nouveau) des courtiers de commerce. — Paris, E. Daverger, 1853, in-8° rel.

795. — MOREAU DE JONNÈS (M. A). — Statistique de l'industrie de la France. — Paris, Guillaumin, 1856, in-8° br.

796. — LE ROY DE KERANIOU. — Avenir du commerce et des ports français. Paquebots transatlantiques. — Paris, Le Doyen, 1857, in-8° br.

797. — D°. — Avenir du département du Finistère. — Le port de Sainte-Marie. — Quimper, *Kérangal, 1871, in-4°, 47 pp.* (Texte à 2 col.).

798. — BRAFF. — Administration financière des communes, etc. — Paris, *A. Durand, 1857, in-8°.*

799. — LÉON. — Des droits sur les grains et des changements que comporte la législation des céréales. — Toulouse, *Bonnal et Gibrac, 1859, 40 pp. in-8° br.*

800. — QU'EST-CE QUE LA PROTECTION ? Simples faits à l'appui d'un grand principe. — Paris, *Garnier, 1860, in-8°, 31 pp. br.*

801. — RÉORGANISATION des banques. Légalité et urgence d'une réforme. — Paris, *P. Dupont, 1864, in-8° br.*

802. — FOULON (A.). — Etude sur la représentation légale du commerce en France. — Nantes, *1876, in-8° br.*

803. — COSSÉ (Emile). — Critiques de la conversion. — Paris, *Dentu, 1880, 1 vol. in-8° br.*

804. — DEJEAN (Oscar). — Traité théorique et pratique des expertises en matières civiles, administratives et commerciales, manuel des experts. — Paris, *A. Maresq aîné, 1881, in-8° br.*

805. — MARINE de commerce française (Annuaire de la). — Guide du commerce d'importation et d'exportation. — Havre, *administration et rédaction;* Paris, *12, boulevard des Italiens, g*ᵈ *in-8° rel. ang. f. d.*

806. — ANNALES du commerce extérieur. Années 1886-87-88-89-1890. — Paris, *Imprimerie nationale, 1886.*

807. — ANNUAIRE (Grand) commercial, industriel, administratif, agricole et vinicole de l'Algérie et de la Tunisie. — Paris, *avenue Trudaine, 1887, in-8° cart.*

808. —   **Carton n° 25**

RECUEIL DE PIÈCES SE RAPPORTANT A L'INDUSTRIE ET AU COMMERCE

1. — Manuel des commerçans, banquiers, hommes de loi, gens d'affaires et des voyageurs. — Paris, *chez Guillaume, libraire, rue de l'Eperon* (Manuscrit).

2. — L'art de faire les pipes à fumer le tabac, par M. Duhamel du Monceau, de l'Académie royale des sciences, mdcclxxi. — Paris, *L. F. Delatour, 1771.*

3. — Matières résineuses. — Mémoire au Roi en faveur de l'agriculture, des manufactures et du commerce français, contre les entreprises de l'étranger, etc., par un négociant de Bordeaux, A. Mabileau. — PARIS, *Renaudière*. (Les 8 premières pages manquent.)

4. — Copie de la délibération du conseil des prud'hommes de la ville de Marseille, 31 mai 1814. — PARIS, *Hacquart*.

5. — De l'exportation des laines françaises. — PARIS, *Firmin Didot*, *1814*.

6. — Représentations de MM. les blanchisseurs de toiles des cantons de Senlis et de Clermont, département de l'Oise, à Messieurs de la Chambre des députés. Novembre 1814. — PARIS, *Ballard*.

7. — Précis de l'opinion conciliatoire entre l'intérêt des fabricants de fer et du commerce, prononcé par M. le comte Leveneur, à la séance du 4 octobre 1814, en présence de M. le Ministre des finances, dans la discussion de la loi présentée, concernant l'importation des fers étrangers. PARIS, *Fain*.

8. — Des droits sur les boissons. Représentation des marchands de vin de Bordeaux à la Chambre des députés, par M. de Peyronnet, avocat à Bordeaux, et conseil de la ville. — BORDEAUX, *Lavigne jeune*, *octobre 1814*.

9. — De la fabrication des vins en Angleterre et du préjudice qu'elle porte à la consommation des vins de France, par M. le baron de Puymaurin, membre de la Chambre des députés pour la Haute-Garonne. — PARIS, *Hacquart*.

10. — A son Exc. le Directeur général des impôts indirects. Pétition des fabricants de clous de Charleville. — CHARLEVILLE, *25 juin 1814*.

11. — Mémoire présenté à MM. les membres de la Chambre de pairs et celle des députés, par les fabricants de sels ammoniacs et soudes établis plaines de Grenelle et Clichy-la-Garenne, près Paris. — PARIS, *Nouzon*.

12. — Considérations sur l'importation des fers étrangers, dans ses rapports avec l'intérêt public. — PARIS, *Fain*.

13. — Annales de l'industrie nationale et étrangère, ou mesure technologique, dédié au Roi, par L.-Séb. Le Normand, professeur de technologie, etc., et J.-G.-V. de Moléon, ingénieur des domaines et forêts de la Couronne, etc. Tome second. — PARIS, *Bachelier*, *1821*.

14. — Exposition des produits de l'industrie du département de la Loire-Inférieure, à Nantes. — NANTES. *Mollinet-Malassis*, *1827*.

15. — Coup d'œil sur les avantages des relations commerciales entre la France et l'Angleterre, par un membre du Parlement d'Angleterre. Traduit de l'anglais. — Paris, *Hector Bossange, 1832.*

16. — Contre-enquête par l'Homme aux quarante écus. — Paris, *Charpentier, décembre 1834.*

17. Le sucre de cannes et le sucre de betteraves. — Paris, *Grégoire, 1835.*

18. — Question des sucres, par M. A. de Morny, délégué du Puy-de-Dôme. — Paris, *Félix Locquin et Cie, 1838.*

19. Rapport de M. Guillemin, D.-M , aide de botanique au muséum d'histoire naturelle, à M. le Ministre de l'agriculture et du commerce sur sa mission au Brésil ayant pour objet principal des recherches sur le thé et le transport de cet arbuste en France. — Paris, *Maulde et Renou, 1839.*

20. — Exposé de la question des soufres de Sicile. — Paris, *Paul Dupont et Cie, 1840.*

21. — Compagnie de la soude française de Fréminville et Cie, brevetés à Paris, — Paris, *Félix Locquin et Cie, 1840.*

22. — Du perfectionnement des assolements combiné avec la culture de la betterave, par Ducroquet aîné, cultivateur, etc. — Paris, *L. Bouchard-Huzard, février 1840.*

23. — Question des sucres, par M. J. Langlais, avocat à la cour royale de Paris (Extrait de la *Revue du XIXe Siècle*). — Paris, *Béthune et Plon, 1840.*

24. — Lettre adressée par M. Joseph Clerc, délégué de la chambre de commerce du Havre, à M. Jules Segenwald, de Strasbourg, ancien délégué des industriels de l'Est, concernant le traité de commerce conclu entre la France et la Hollande. — Paris, *E. Duverger, 1841.*

25. — Ecole des arts industriels et du commerce, à Paris, rue de Charonne. — Lettre du directeur aux maires des principales villes manufacturières de France. — Paris, *25 décembre 1841.*

26. — Analyse des opinions et votes des conseils généraux, de l'agriculture, des manufactures et du commerce, sur la question des sucres. — Lettre de M. A. Jollivet, député, délégué de la Martinique, à MM. le président et membres du conseil supérieur du commerce, sur la question des sucres. Paris, 25 janvier 1842. — Paris, *A. Blondeau, 1842.*

27. — Ecole des arts industriels et du commerce. — Paris, *Pillet aîné, 1842.*

28. — Appel au bon sens des départements vinicoles, des départements maritimes et de tous les départements du Centre, de l'Est, de l'Ouest et du Midi, sur leurs intérêts agricoles, manufacturiers et commerciaux, dans la question des sucres, par le baron Charles Dupin, membre de l'Institut et pair de France. 1re partie. — PARIS, *Firmin Didot frères*, *1843.*

28 A. — Second appel au bon sens, etc., par le baron Charles Dupin. — PARIS, *Firmin Didot frères, 1843.*

28 B. — Troisième appel au bon sens des départements. — Les intérêts maritimes et la force navale, par le baron Charles Dupin. — PARIS, *Firmin Didot frères, 1843.*

28 c. — Quatrième et dernier appel au bon sens des départements et de leurs représentants sur la question des sucres. Les systèmes en présence, par le baron Charles Dupin. — PARIS, *Firmin Didot frères, 1843.*

29. — De la situation de la boulangerie en France, par M. Lamanon. — PARIS, *A. Henry, 1843.*

30. — Société baleinière. — PARIS, *E.-J. Bailly.*

31. — Convention du 29 mai 1845. Notre commerce est-il replacé sous la surveillance exclusive de notre pavillon ? par M. le Cte Mathieu de la Redorte. (Extrait de la *Revue des Deux-Mondes,* livraison du 1er janvier 1846). — PARIS, *au bureau de la* Revue des Deux-Mondes, *1846.*

32. — Chambre de commerce de Rouen. — Exploration de quelques rivières à marées d'Angleterre et d'Ecosse. Rapport sur les divers travaux à exécuter pour l'amélioration de ces rivières (20 novembre 1845). — ROUEN, *Alfred Péron, 1846.*

33. — Aux chambres de commerce. — Compagnie de Lorient-Norfolk. Paris, 26 août 1853. — PARIS, *Maulde et Renou.*

34. — Extrait du rapport sur les tuyaux en bois et coaltar combinés de la fabrique de M. Schweppe, par M. Garot, ingénieur des travaux à l'école impériale d'arts et métiers, etc. — ANGER, *Cosnier et Lachèze, 1853.*

35. — Observations présentées au Conseil d'Etat par la chambre de commerce du Havre sur les salles de vente publiques et les warrants. PARIS, *J. Caron Noël, 1853.*

36. — La boulangerie régénérée, par P. Gosset. — PARIS, *librairie centrale d'agriculture et de jardinage, Aug. Gouin, éditeur, mai 1854.*

37. — Le pain à bon marché sur tous les points de l'Empire, par Ch. de Waet, ingénieur civil, etc. — PARIS, *chez l'auteur et chez les principaux libraires de Paris et des départements, 1854.*

38. — Catalogue des bronzes d'art. Maison industrielle F. Barbedienne (Direction). — Paris, *P.-A. Bourdier et Cⁱᵉ*.

39. — Nouveau système. — Le grand diviseur. — De la construction des fosses d'aisances, de la conversion des matières fécales en engrais. — Procédés de A. Chevallier et A. Dugléré, avec notices et documents par M. E. Vincent. — Paris, *1855*.

40. — Boucherie par actions d'Amiens. — Amiens, *E. Yvert, 1859*.

41. — De la production et du commerce des boissons, par C. Damotte (de Tonnerre). — Paris, *Dubuisson et Cⁱᵉ, 1857*.

42. — Traité de commerce avec l'Angleterre. — Lettre au directeur général des douanes, par Charles Homon. Morlaix, 20 décembre 1860. — Morlaix, *A. Guilmer*.

43. — Compagnie des entrepôts et magasins généraux de Paris. — Assemblée générale du 29 septembre 1860. — Rapport de MM. Picard et Labot, administrateurs liquidateurs de la société des docks Napoléon. — Paris, *Renou et Maulde, 1860*.

44. — Du chiffon et de sa libre exportation. — Lettre à Son Exc. M. le Ministre du commerce, par les fabricants de papiers français. Avril 1860. — Paris, *P.-A. Bourdier*.

45. — Extrait de la notice historique concernant le vignoble de la Rolière, par Armand-Pierre-Alfred Blanc-Montbrun, ancien élève de l'école polytechnique, etc. — Vienne, *Joseph Timon*.

46. — La filature de coton en France et en Angleterre, par Louis Boigeol. — Paris et Strasbourg, *veuve Berger-Levrault et fils, 1860*.

47. — Un batelier à un industriel, à propos de la houille à bon marché. Saint-Quentin, *Doloy, 1861*.

48. — La polémique et les affaires, à l'occasion des grands travaux de Paris. — Inauguration du boulevard Malesherbes. — Paris, *E. Dentu, 1861*.

49. — La houille à bon marché, conséquence du programme impérial, par un industriel. — Paris, *Ledoyen, et chez tous les marchands de nouveautés, 1861*.

50. — Nivellement de Clamart, exécuté en 1861, par V. Crussy, ingénieur topographe. — Paris, *A. Augros, 1861*.

51. — Résumé d'un mémoire sur la découverte, l'origine et la vulgarisation en Europe des propriétés du guano, tant pour l'agriculture que pour les arts industriels, par Alexandre Cochet. — Paris, *Edouard Blot, 1861*.

52. — Considérations nouvelles sur l'emploi hygiénique de la fourrure, par E. Lhuilier, négociant en pelleteries. — Paris, *chez l'auteur, rue Beaubourg, 42, 1861*.

53. — Le traité de commerce et l'industrie des produits chimiques dans le Midi de la France. — Marseille, *Barlatier-Feissat et Demonchy, 1861*.

54. — Mémoire à l'Institut de France. — Solution des problèmes relatifs à la protection et au libre-échange, par J. du Mesnil-Marigny, ancien élève de l'école polytechnique. — Paris, *E. Brière, 1861*.

55. — Lettres à M. Casimir Périer, conseiller général du département de l'Aube (Extrait de l'*Avenir commercial*), par T.-N. Bénard. — Paris, *Schiller aîné, 1862*.

56. — Société générale de crédit industriel et commercial. — Notice sur le service des chèques et des comptes de dépôts d'espèces. — Paris, *Napoléon Chaix et Cie, 1862*.

57. — Le traité de commerce et le libre-échange, par Aimé Boutarel. — Paris, *Guillaumin et Cie, 1862*.

58. — Compagnie pour la fabrication mécanique du pain, d'après le brevet Stevens, par actions. — Londres, *Imp. E. Burton, 18, south moltou street*.

59. — Les grandes usines de France, par Targan. Literie Tucker. — Paris, *Michel Lévy, frères, 1862*.

60. — Lettre à M. Vernier, député, rapporteur au Corps Législatif du projet de loi relatif au gage en matière commerciale, par J. Mirès. — Paris, *Dubuisson et Cie, 1863*.

61. — Mémoire à Son Exc. M. le Ministre de l'Agriculture, du Commerce et des Travaux publics, sur le moyen d'éviter les dangers des allumettes chimiques au phosphore blanc, par L. Bombes-Devilliers et L. Dalemagne. Paris, 11 avril 1863. — Paris, *Emile Voitelain et Cie*.

62. — Considérations sur la question des sucres. — Marseille, *Arnaud et Cie, 1863*.

63. — Usine électro-métallurgique d'Auteuil. Notice sur les applications industrielles, maritimes et artistiques, du cuivre galvanique à tous les travaux ou objets quelconques en fer et en fonte, etc., par L. Oudry. — Paris, *août 1863*.

64. — De l'usurpation des titres commerciaux, par Arthur Mangin. — Paris, *Cournot, 1863*.

65. — Compagnie française des cotons algériens, société anonyme. — Paris, *Poupart-Davyl et Cie, 1863*.

66. — Philippe de Girard, par Benjamin Rampal, 5ᵉ édition. — Paris, *Jouaust et fils, 1863.*

67. — L'isthme de Suez. Son percement, par A. de Simencourt, capitaine au long-cours. — Paris, *E. Dentu, 1859.*

68. — Nouvelle consultation pour Son Altesse Ismaïl-Pacha, vice-roi d'Egypte (Canal de Suez), 1863. — Paris, *Pillet fils aîné.*

69. — Compagnie universelle du canal maritime de Suez (contentieux administratif). Mémoire à consulter. 7 janvier 1864. — Paris, *Napoléon Chaix et Cⁱᵉ.*

70. — La vérité sur l'isthme de Suez. — Lettre à MM. les actionnaires de la Société anonyme du percement de l'isthme de Suez, par E. Sallior. Paris, 18 janvier 1863. — Paris, *E. Dentu, 1864.*

71. — Compagnie universelle du canal de Suez. — Documents sur les questions pendantes. 25 décembre 1863. Signé : Ferdinand de Lesseps, président. — Paris, *Napoléon Chaix et Cⁱᵉ, 1864.*

72. — Question des sucres. — L'égalité devant l'impôt. 22 avril 1863. — Valenciennes, *Louis Henry, janvier 1864.*

73. — Marais salants de l'Ouest. — Pétition adressée au Sénat par les propriétaires, négociants et cultivateurs de sel des département de la Loire-Inférieure, de la Vendée et du Morbihan. — Nantes, *Vincent Forest et Em. Grimaud, 1864.*

74. — Tunnel marin anglo-français de South Foreland à Sangatte, par M. Achille Thomas, ingénieur civil. — Brest, *Roger père, 1870.*

75. — Association de l'industrie française. — Considérations sur la situation industrielle de la France, présentées au nom de l'association à la commission chargée d'étudier le projet de tarif général des douanes. Séance du 15 juin 1878. — Havre, *A. Brindeau et Cⁱᵉ.*

76. — Danger du socialisme. — Inconstitutionalité des traités de commerce, par Em. Cossé. — Paris, *E. Dentu, 1880.*

77. — Société d'assainissement. — Désinfection instantanée des produits de la vidange, par le chlorogène Egasse, et leur transformation immédiate en engrais. — Paris, *imprimerie de Binger frères.*

78. — Ville de Besançon. — Rapport sur l'école municipale d'horlogerie de Besançon. — Besançon, *Ol. Ordinaire et Cⁱᵉ, 1881.*

79. — Communication faite à la Société d'encouragement pour l'industrie nationale dans la séance du 12 mai 1882, par J.-B. Berlier, ingénieur civil. — Paris, *J. Cusset.*

80. — Le Journal des Chambres de commerce. Revue mensuelle. Avril 1883. — Paris, *Guillaumin et Cⁱᵉ, 2ᵉ année.*

81. — La désinfection et l'utilisation des immondices urbaines et des résidus industriels par la fumée. Procédé inventé par M. Adalbert de Podewils, ingénieur à Munich (avec deux vignettes). — MUNICH, *C. Wolf et fils.*

g. — COLONIES.

809. — DUBUC (Intendant des Colonies). — Réponse aux contradicteurs de la brochure intitulée : le Pour et le Contre. — LONDRES, *1785, in-4°.*

810. — DUBUISSON ET DUBUC. — Lettres critiques et politiques sur les colonies et le commerce des villes maritimes de France, adressées à M. G. T. Raynal, par M***. — GENÈVE, *1785, in-8° relié.*

811. — TOLOSAN (DE). — Mémoire sur le commerce de la France et de ses colonies. — PARIS, *Moutard, 1789, in-4°.*

812. — CRI DES COLONS contre un ouvrage de l'évêque et sénateur Grégoire, ayant pour titre : De la littérature des nègres , ou réfutation des inculpations calomnieuses faites aux colons par l'auteur, etc. — PARIS, *1810, Delaunay, in-8°.*

813. — FABIEN. — Des Colonies avant et après la Révolution de Juillet 1830, et observations nouvelles sur le régime qui leur convient. —PARIS, *Dandely, 1831, in-8°.*

814. — COOLS (Le Baron DE). — Quelques observations d'un délégué des colonies à MM. les membres de la Commission chargée de l'examen de la proposition de M. Passi. — PARIS, *1838, in-8°.*

815. — HAMON (AMÉDÉE). — Des colonies et de la législation sur les sucres.— PARIS, *Joubert, 1839, in-8°.*

816. — DEHAY (TIMOTHÉE). — Les colonies et la métropole. Le sucre exotique et le sucre indigène. Trésor, Marine, Commerce, etc., et abolition de l'esclavage. — PARIS, *Hortet et Ozanne, 1839, in-8°.*

817. — BELU (C.). — Des colonies et de la traite des nègres. — PARIS, *Debray, an IX (1800), in-8°.*

818. — PRÉCIS de l'abolition de l'esclavage dans les colonies anglaises, imprimé par ordre de l'amiral baron Duperré, ministre de la marine. — PARIS, *imprimerie royale, 1840, in-8°.*

819. — SULLY-BRUNET. — Considérations sur le système colonial, et plan de l'abolition de l'esclavage. — PARIS, *F. Locquin, 1840, in-8°.*

820. — GURNEY (J.-J.). — Un hiver aux Antilles, en 1839-1840, ou lettre sur les résultats de l'abolition de l'esclavage dans les colonies anglaises des Indes occidentales, etc., traduit de l'anglais, par J.-J. Pacaud. — PARIS, *F. Didot, 1842, in-8°*.

821. — LAYRLE (Capitaine de vaisseau). — Abolition de l'esclavage dans les colonies anglaises. — PARIS, *imprimerie royale, novembre 1842, in-8°*.

822. — BEHAGUE (M. DE). — Mémoire sur la population d'un Etat en général et sur la population de nos colonies en particulier. La Martinique — *1791, in-8°*.

823. — TABLEAUX de population, de culture, etc., année 1859. Colonies françaises. — PARIS, *imprimerie impériale, 1862, in-8°*.

824. — CATALOGUE des produits des colonies françaises envoyés à l'Exposition de Londres de 1862. — PARIS, *1862, in-8°*.

825. — MORELLET (L'abbé). — Mémoire sur la situation actuelle de la Compagnie des Indes. — *Juin, 1769, in-4°*.

826. — D°. — Le même avec la réponse à ce mémoire, la balance des services de la Compagnie envers l'Etat, envers la Compagnie, et lettre d'un cultivateur à son ami sur la Compagnie des Indes. 2ᵉ édit. — PARIS, *Desaint. 1769, in-4° rel*.

827. — MÉMOIRE à consulter et consultation pour les négocians faisant le commerce des marchandises des Indes contre la nouvelle Compagnie des Indes, par Lacretelle et Blonde. — *In-4° rel*.

828. — MALOUET (V. P.). — Collection de mémoires et de correspondances officielles sur l'administration des colonies et notamment sur la Guyane française et hollandaise. — PARIS, *Baudouin, an X, 5 vol. in-8° rel*.

829. — NOTICES statistiques sur les colonies françaises, île Bourbon et Guyane française. — PARIS, *imprimerie royale, 1838, 3 vol. in-8°*.

830. — LE CHEVALIER (JULES). — Rapport sur les questions des colonies, adressé à M. le duc de Broglie, à la suite d'un voyage aux Antilles et aux Guyanes, 1838-39. — PARIS, *imprimerie royale, 1845, in-f°, 2 vol*.

831. — LABORIA. — De la Guyane française et de ses colonisations. — PARIS, *Corréard 1843, in-8°*.

832. — ESMANGART (CH.). — Des colonies françaises et en particulier de l'île Saint-Domingue. — PARIS, *H. Agasse, an X, in-8°*.

833. — MÉMOIRE pour le chef de brigade Magloire Pelage et pour les habitans de la Guadeloupe chargés par la colonie de l'administration après le départ du capitaine-général Lacrosse. — Paris, *Desenne, 1803, 2 vol. in-8° rel.*

834. — PRÉCIS pour Pierre Picaud, propriétaire, habitant de la Guadeloupe. — Paris, *1803, in-8°.*

835. — DES ROTOURS (Le contre-amiral baron). — Réponse du contre-amiral des Rotours, ancien gouverneur de la Guadeloupe, au mémoire publié contre lui par M. le vicomte de Turpin. — Paris, *Crapelet, 1830, in-8°.*

836. — CLARKSON. — Essai sur les désavantages politiques de la traite des nègres, traduit de l'anglais sur la dernière édition qui a paru à Londres en 1789. — Paris, *Egron, 1814, in-8° br.*

837. — MACAULAY (Z.). — Détails sur l'émancipation des esclaves dans les colonies anglaises pendant les années 1834 et 1835, tirés des documents officiels présentés au parlement anglais et imprimés par son ordre. — Paris, *Hachette, 1836, in-8° br.*

838. — LACHARIÈRE (André de). — De l'affranchissement des esclaves dans les colonies françaises. — Paris, *E. Renduel, 1836, in-8° br.*

839. — JOHN JUNES. — Rapport d'un témoin oculaire sur la marche du système d'émancipation des nègres dans les Antilles anglaises, ou lettre à lord Gleuclg, secrétaire d'Etat des colonies. — Paris, *Le Doyen, 1836, in-8° br.*

840. — HARDY (M. l'abbé J.). — Liberté de travail ou moyen d'abolir l'esclavage sans abolir le travail. — Paris, *Dentu, Gaume, 1838, in-8° br.*

841. — PELION (M.-D.). — Considérations politiques et militaires sur l'Algérie. — Paris, *Baudouin, 1838, in-8° br.*

842. — LESTIBOUDOIS (Thom.). — Des colonies sucrières et des sucreries indigènes. — Lille, *L. Danel, 1839, in-8° br.*

843. — FORTIER (A.). — Des colonies françaises, ou lettre à M. Agénor de Gasparin, maître des requêtes. — Paris, *Ledoyen, 1839, in-8° br.*

844. — LEVASSEUR (Charles). — Esclavage de la race noire aux colonies françaises. — Paris, *Delaunay, 1840, in-8° br.*

845. — NOTICES statistiques sur les colonies francaises, imprimées par ordre de M. le vice-amiral baron Roussin, ministre, secrétaire d'Etat de la marine et des colonies. — Paris, *imprimerie royale, 1840, in-8° br.*

846. — ABOLITION DE L'ESCLAVAGE dans les colonies anglaises. (quatrième publication). — Rapports recueillis par le département de la marine et des colonies. — Paris, *imprimerie royale, 1841, in-8°* br.

847. — LAYRLE, Capitaine de vaisseau. — Abolition de l'esclavage dans les colonies anglaises. — Paris, *imprimerie royale, in-8°* br.

848. — CLANRICARDE. (The marquis of) — The third annual report of the british and foreign anti-elavery Society for the abolition of slavery and the slave-trade throughout the World. — London, *1842, in-8°* br.

849. — JOLLIVET. — L'émancipation anglaise jugée par les résultats. Analyse des documents officiels imprimés par ordre de Monsieur le Ministre de la Marine et des Colonies. — Paris, *Moquet et Hauquelin, 1843, in-8° broché.*

850. — OBSERVATIONS présentées devant la Chambre des pairs sur le projet de loi tendant à modifier les art. 2 et 3 de la loi du 24 avril 1833 (séance du 11 Juin). — Paris, *Bruneau, 1844, in-8° br.*

851. — BISSETTE (C. A.) — Réfutation du livre de M. Victor Schœlcher, intitulé « des Colonies françaises. » — Paris, *Victor, 1843, in-8° broché.*

852. — Do — Réfutation du livre de M. Victor Schœlcher sur Haïti. — Paris, *Ebrard, 1844, in-8° br.*

853. — ROUVELLAT de CUSSAC. — Situation des esclaves dans les Colonies françaises. Urgence de l'émancipation. — Paris, *Pagnerre, 1845, in-8° br.*

854. — FERNAND (Jacques). — John Brown, mort pour l'affranchissement des noirs. Emancipation graduelle. — Oswald. — Etats-Unis Esclavage! — Petit oiseau! — Béranger! — Fraternité! — Emancipation des serfs (Russie). — Daniel Manin — Ary Scheffer. — Paris, *Vannier, 1861, in-8° br.*

855. — WARNIER Le (Dʳ A.) — L'Algérie devant le Sénat. — Paris, *Dubuisson et Cⁱᵉ, 1863, in-8° br.* (3 ex.)

856. — UNE PAGE SUR LA NOUVELLE-CALÉDONIE, par F. Béraud. — Brest, *Imprimerie E. Anner, 1863, in-12, de 20 pp.*

857. — CLAMAGERAN (J. J.) — L'Algérie. Impressions de voyage (*17 Mars — 4 Juin 1873*), suivies d'une étude sur les institutions Kabyles et la colonisation — Paris, *Germer-Baillière, 1874, in-8° br.*

858. — SOLEILLET (Paul). — Avenir de la France en Afrique. — Paris, 1876, in-18° br.

859. — LEMAIRE (Ch.) — La colonisation française en Nouvelle-Calédonie et dépendances. — Paris, *Challamel aîné, 1877, in-8° rel.*

860. — FAURÉ (Félix), député. — Notice sur la transportation à la Guyane française et à la Nouvelle-Calédonie pour les années 1880-1881. — Paris, *imprimerie nationale, 1884, in-8°.*

861. — NOTICE sur la transportation à la Guyane française et à la Nouvelle-Calédonie pour les années 1878-1879, publiée sous les auspices de M. le vice-amiral Peyron, ministre de la Marine et des Colonies. — Paris, *imprimerie nationale, 1883, in-8°.*

862. — TABLEAU général du commerce de la France avec ses colonies et les puissances étrangères pendant l'année 1883. — Paris, *imprimerie nationale, 1884, in-4°.*

863. — BOCAGE (Barbier du). — Essai sur la politique coloniale. — Évreux, (*Ch.*) *Hérissel, 1885, in-8° br.*

864. — LEROY-BEAULIEU (Paul). — De la colonisation chez les peuples modernes. — Paris, *1886, Guillaume et Cie, 3me éd, in-8° br.*

865. — LANESSAN (J.-L. de), député de la Seine. — De l'expansion coloniale de la France. — Étude économique, politique et géographique sur les Établissements français d'outre-mer. Avec 10. cartes hors texte. — Paris, *Félix Alcan, 1886, in-8° br.*

866. — FRANCE d'outre-mer. — Cartes par H. Mayer. Notices historiques et géographiques par MM. Aal Aube, Paul Bert, Bouquet de la Grye, etc, etc. — Paris, *Bayle, in-4°.*

867. —   Carton n° 26

RECUEIL DE PIÈCES

1. — Rapport au Ministre de la Marine sur l'exercice de la justice répressive aux colonies françaises pendant l'année 1833, par le conseiller d'Etat, directeur des colonies, Saint-Hilaire. — Paris, *impr. royale, 1836.*

2. — Précis sur les établissements français formés à Madagascar. — Paris, *impr. royale, mdcccxxxvi, 1836.*

3. — Question de Madagascar, traitée au point de vue de l'intérêt français et du droit public européen. — Bordeaux, *P. Coudert, 1846.*

4. — Revue africaine, recueil consacré aux intérêts matériels et moraux des possessions françaises en Afrique, n° 3. Avril 1837. — PARIS, Bureau de la Revue, Bohaire. — ALGER, Guende et Bouyer.

5. — Mémoire à consulter pour les colons de la Guyane française, par L. B. Bonjean. — PARIS, Béthune et Plon, 1839.

6. — De la possibilité de l'institution d'un Conseil colonial et d'une délégation pour les colonies françaises des Indes orientales, par F. J. Joyau, Paris, 3 septembre 1839. — PARIS, Ducessois.

7. — Mémoire sur la suppression, proposée par M. de Saint-Simon, du tribunal de première instance de Pondichéry, etc., par M. F. J. Joyau, Paris, 3 septembre 1839. — PARIS, Ducessois.

8. — Observations sur le meilleur moyen d'obtenir dans les colonies françaises une magistrature non moins honorable que dans la métropole, par F. J. Joyau, Paris, 8 septembre 1839. — PARIS, Ducessois.

9. — Mémoire sur la nécessité d'un changement de système et d'un gouvernement civil en Algérie, par M. Sagot de Nantilly. — PARIS, Amédée Gratiot et Cⁱᵉ, 1840.

10. — Algérie, nouveau Projet d'occupation restreinte, par M. Savary. — PARIS, Anselin, Edouard Legrand, 1840.

11. — Lettre sur l'Algérie à MM. les membres de la Chambre des députés, par M. Leblanc de Prébois (François). — MONTPELLIER, Boëhm et Cⁱᵉ, 1840.

12. — Opinion de M. le lieutenant général vicomte Rogniat sur la question de l'Algérie. — PARIS, J. Corréard, mai 1840.

13. — Colonisation de l'Algérie par A. Amaury, avocat. — PARIS, P. F. Beaulé, 1842.

14. — Du commerce de l'Algérie, avec l'Afrique centrale et les Etats Barbaresques, par E. Carette. — PARIS, A. Guyot, 1844.

15. — Mémoire sur l'Algérie, dédié aux Chambres, à la Société maritime de Paris et à la Flotte, par le colonel d'artillerie Préaux-Locré, au profit de la Pologne. — PARIS, Garnier frères, mars 1846.

16. — Rapport présenté à l'Empereur sur la situation de l'Algérie en 1853, par M. le maréchal Vaillant, ministre de la guerre. — PARIS, imp. impériale, MDCCCLIV, 1854.

17. — Réflexions et discours sur la propriété chez les Arabes, par M. le baron Jérôme David. — BORDEAUX, G. Gounouilhou, 1862.

18. — Un moyen de colonisation. — ALGER, Basside. — PARIS, Challamel aîné, 1862.

19. — Simple document adressé à S. M. l'Empereur et à leurs Exc. MM. les Sénateurs, par Crescent Simorre. — ALGER, *chez tous les libraires et chez l'auteur.*

20. — Lettre de M. le baron Charles Dupin à M. Sarlande, maire, et à MM. les membres du Conseil municipal d'Alger. — ALGER, *1863.*

21. — Simples réflexions au sujet de la lettre de l'Empereur, par Ch. Gillotte, Constantine, 20 février 1863. — CONSTANTINE, *Veuve Guende, 1863.*

RECUEIL DE DOCUMENTS SUR L'ESCLAVAGE

1. — Résumé du témoignage donné devant un Comité de la Chambre des communes de la Grande-Bretagne et de l'Islande touchant la traite des nègres, adressé dans cette crise particulière aux différentes puissances de la chrétienté. — PARIS, *Adrien Egron-Delaunay, 1814.*

2. — De l'intérêt de la France à l'égard de la traite des nègres, par G. C. L. Simonde de Sismondi. Seconde édition. — GENÈVE, *chez G. J. Paschoud, et à* PARIS, *même maison, 1814.*

3. — Appel de la capitale de l'Ecosse aux Etats-Unis d'Amérique, au sujet de l'Esclavage, tiré d'une brochure publiée à Edimbourg en mai 1836, par Oliphant et fils, d'Edimbourg, traduit de l'anglais. — PARIS, *Hachette, 1836.*

4. — Pétition adressée à la Chambre des députés sur l'abolition de l'Esclavage et sur les moyens à prendre pour arriver à l'émancipation des nègres actuellement esclaves dans les colonies françaises, par Félix Patron, de la Guadeloupe. — PARIS, *Béthune et Plon, 1838.*

5. — De l'affranchissement des esclaves et de ses rapports avec la politique actuelle, pour faire suite à Esclavage et Traite, par Agénor de Gasparin, maître des requêtes. Extrait de la Bibliothèque universelle de Genève (janvier 1839). — PARIS, *Joubert, 1839.*

6. — Interpellation de M. Lacrosse, député du Finistère, au sujet du régime disciplinaire des ateliers d'esclaves dans les colonies. Session de 1841. Séance du mercredi 24 février 1841. Présidence de M. Sauzat.

7. — De l'émancipation des esclaves à la Guyane française, et des moyens d'atténuer les effets désastreux de cette mesure, par M. Ronmy, chef de bataillon du génie. Extrait des annales maritimes et coloniales. — PARIS, *impr. royale, 1841.*

8. — Enquête parlementaire sur les colonies anglaises, publiée en septembre 1842. Analyse de l'enquête par M. Jollivet, membre de la Chambre des députés. — PARIS, *Bruneau, 1843.*

9. — Analyse des délibérations et avis des conseils coloniaux des gouverneurs et des administrateurs des colonies, sur les projets d'émancipation de la commission présidée par M. le duc de Broglie, par M. Jollivet, membre de la Chambre des députés. — Paris, *Bruneau, 1843.*

10. — La commission présidée par M. le duc de Broglie et les gouverneurs de nos colonies. Théorie et pratique, par M. Jollivet, membre de la Chambre des députés, délégué de la Martinique. — Paris, *Boulé et Cie, 1843.*

11. — Première lettre à M. le duc de Broglie sur la décadence de la civilisation aux Antilles et sur la ruine de notre marine et de nos colonies par suite de l'émancipation des noirs, par M. Petit de Baroncourt, professeur d'histoire au Collège royal de Bourbon. — Paris, *Amyot, mai 1843.*

12. — Troisième lettre à M. le duc de Broglie sur la décadence, etc., par le même. — Paris, *Amyot, février 1844.*

13. — Deux mots sur une note de M. V. Schœlcher, par C. A. Bissette. — Paris, *Ebrard, 1843.*

14. — Lettre à M. V. Schœlcher, par C. A. Bissette. — Paris, *Ebrard, 1843.*

15. — Exercice 1845. L'Entente cordiale et Cie, Société humanitaire pour la traite des blancs par les marrons, sous prétexte d'émancipation des noirs. Question des fers, fontes et aciers. Proposition du retrait de la loi sur les chemins de fer. Immoralité de ceux-ci. Fabrication du fer par nos méthodes directes. Démocratie industrielle. Lettre à tout le monde. Même M. le Député et Pair ou Impair, par Adrien Chenot, ancien élève de l'Ecole royale des Mines. — Paris, *Fain et Thunot, 1845.*

16. — Réponse à M. Rouvellat de Cussac, par Ern. Le Mengnonnet. — Paris, *Firmin-Didot, frères.*

17. — Emancipation. Transformation. Le Système anglais. Le Système français. Mémoire adressé à la Chambre des députés à l'occasion du projet de loi concernant le régime des esclaves dans les colonies françaises, par M. le comte de Chazelles, député de la Guadeloupe. — Paris, *Guiraudet et Jouaust, 1845.*

18. — A Messieurs les membres de la Chambre des députés. Quelques observations sur le projet de loi relatif à l'esclavage dans les colonies, par J. B. Rouvellat de Cussac, ancien conseiller aux Cours royales de la Guadeloupe et de la Martinique. — Paris, *Pagnerre, 1845.*

19. — Abolition de l'esclavage des noirs dans les colonies françaises. — Paris, *Pagnerre, 1847.*

20. — Observations présentées à la Chambre des Pairs par le Conseil des Délégués sur le projet de loi relatif à la juridiction à laquelle seront soumis, dans les quatre principales colonies françaises, les crimes commis envers les esclaves. — PARIS, *Guiraudet et Jouaust, 24 juillet 1847.*

21. — Du projet de loi sur la juridiction à laquelle sont soumis dans les colonies françaises les crimes commis envers les esclaves, par M. de Jabrun, délégué de la Guadeloupe. — PARIS, *Guiraudet et Jouaust, 1847.*

22. — Un mot sur l'Algérie à propos des blés durs et des pâtes alimentaires, par M. J. Brunet. — MARSEILLE, *1863.*

23. — L'Algérie telle qu'elle sera, par A. de Roosmalen (de Paris). — PARIS, *chez l'auteur.*

24. — Algérie. Conseil supérieur de Gouvernement. Exposé de la situation de l'Algérie, par le général Chanzy, gouverneur général civil, etc. (17 septembre 1875). — ALGER, *imprimerie administrative, Gojosso et Cie, 1875.*

25. — Exposé de la situation générale de l'Algérie, présenté par M. Emile Martin, secrétaire général du gouvernement. — ALGER, *F. Casabianca, 1881.*

26. — Les colonies, les sucres et les vins de la Gironde, par de Fonmartin de l'Espinasse, lieutenant de vaisseau, directeur du port à Bordeaux. — BORDEAUX, *Balarac jeune, 1842.*

27. — Projet de loi tendant à régler les attributions financières des conseils coloniaux par M. Jollivet, membre de la Chambre des députés, 2 avril 1842. — PARIS, *Ad. Blondeau.*

28. — Observations adressées par le Conseil des Délégués à la commission de la Chambre des députés chargée de l'examen du projet de loi sur les privilèges et hypothèques, et sur l'expropriation forcée dans les colonies d'Amérique. — PARIS, *Ad. Blondeau, 1842.*

29. — Politique coloniale de l'Angleterre, par P. Grimblot (Revue des *Deux Mondes*, du 15 mai 1843). PARIS, *H. Fournier et Cie.*

30. Parallèles entre les colonies françaises et les colonies anglaises, par M. Jollivet, membre de la Chambre des députés. — PARIS, *Bruneau, 1843.*

31. — Deux lettres sur le désastre de la Guadeloupe et le moyen d'y remédier, par *A. Lebaudy.* — PARIS, *Paul Dupont, 1843.*

32. — Réclamations adressée à MM. les membres de la Chambre de
Paris et de la Chambre des députés, au nom des habitants des communes de Bresles et du Fay-Saint-Quentin (Oise) au sujet du projet de
loi sur le dégrévement des sucres coloniaux par S. Delacour, fabricant
de sucres de betteraves. — Paris, A. *Everat et C*ie.

33. — Bulletin de la Société française de la colonisation. Guide de
l'Émigrant en Nouvelle-Calédonie, par Paul Pellegrin. Suivi d'une lettre
de M. Léon Moncelon, membre de la commission d'études. — Paris,
imprimerie nouvelle, nov. 1884.

868. — LE DÉFENSEUR DES COLONIES. — L'Observateur des
Colonies, de la Marine, de la Politique, de la Littérature et des Arts.
L'*Observateur*, janvier, février, mars, 1820, 13 livraisons. — Paris, *au
Bureau rue Neuve St-Marc, no 7, 1820. Imprimerie Dondey-Dupré et
Moreau.*

h. — Navigation intérieure.

869. — TRAITÉ des étangs, des rivières, des canaux, fossés et mares,
et du profit que l'on en peut tirer, par le sieur L. D. B. — Paris, *Ch.
Prud'homme, 1777, in-8o rel.*

870. — ENQUÊTE sur deux projets d'endiguement de la Seine maritime.
Documents publiés par la Chambre de Commerce de Rouen. — Rouen,
A. Péron, 1850, in-8o (pl.)

871. — LAMBLARDIE (L. A. C.) — Canal maritime de Paris au Hâvre.
Observations sur un mémoire de M. Pattu, ingr en chef du Calvados,
ayant pour titre : développement des bases d'un projet de barrage
déversoir maritime. — Paris, *Renouard, 1826, in-8o br.*

872. — FRIMOT (Ingénieur). — Mémoire sur l'établissement d'une
navigation à grand tirant d'eau, entre Paris et la mer, par la voie fluviale.
— Paris, *Ponthieu, 1827, in-8o, br.*

873. — MARY Professeur. — Notes prises par les élèves de l'école
navale des Ponts et Chaussées au cours de navigation intérieure, année
1850. — *Petit in-fo lithographié.*

j. — Statistique générale.

874. — DONNANT (D. F.) — Théorie élémentaire de la Statistique. —
Paris, *Valade, in-8o.*

II. — SCIENCES PHYSIQUES ET CHIMIQUES

1. — PHYSIQUE

A. — Histoire et traités préparatoires

875. — LOYS (Ch. de). — Abrégé chronologique pour servir à l'histoire de la physique jusqu'à nos jours. — Strasbourg et Paris, *1786-1787, in-8°, 2 vol. rel.*

876. — LIBES (A.) — Histoire philosophique des progrès de la physique. — Paris, *1810-1812, in-8°, 3 vol. rel.*

877. — CHATELET (Marquise du). — Institutions de physique. — Paris, *Prault fils, 1740, in-8° rel.*

878. — CHASTELET (la marquise du). — Principes mathématiques de la philosophie naturelle. — Paris, *Desaint et Saillant, 1759, in-4°, 2 v. rel.*

879. — FIGUIER (Louis). — Exposition et histoire des principales découvertes scientifiques modernes, 3ᵉ édit. — Paris, *Masson, 1854, gr. in-18, 4 vol.*

880. — D°. — Les Merveilles de la science, ou description populaire des inventions modernes. -- Paris, *Furne, 1868-1870, gr. in-8°, 7 vol.*

B. — Dictionnaires. — Cours. — Traités généraux

881. — PAULIAN (L'abbé A. H.) — Dictionnaire de physique, 2ᵉ édition, fig. — Avignon, *veuve Girard, 1760, in-8°.*

882. — D°. — Dictionnaire de physique, 8ᵉ édit. — Nimes, *Gaude, 1781, in-8°, 4 v. rel.*

883. — D°. — Dictionnaire des nouvelles découvertes faites en physique, pour servir de supplément aux différentes éditions du dictionnaire de physique. — Nimes, *Gaude, 1787, in-8° rel.*

884. — SIGAUD DE LAFOND (R. A.) — Dictionnaire de physique. — Paris, *1781-1782* (avec le supplément), *in-8°, 5 vol. rel.*

885. — BRISSON (M. J.) — Dictionnaire raisonné de physique. — Paris, *Hôtel de Thou, 1781* (pl.), *in-4°, 3 vol. rel.*

886. — ROHAULT (J.) — Traité de physique. — Paris, *D. Thierry, 1671, in-4°, mar. r. fil. arm. d. s. tr.*

887. — GRAVESANDE (Guill. Jacob's). — Physices elementa mathematica experimentis confirmata , sive introductio ad philosophiam newtonianam. Ed. quarta. — Leidœ, *1748, in-4°, 2 vol. rel.*

888. — DESAGULIERS (J. T.) — Cours de physique expérimentale. Traduit de l'anglais par le R. P. Pezenas, fig. — Paris, *1751, in-4°, 2 vol. rel.*

889. — HELBIG (J. Otton). — Introduction à la vraie physique inconnue jusqu'à présent. Lettres écrites des Indes orientales en Europe, adressées à la célèbre Académie d'Allemagne des Curieux de la nature (lat. et fr.), par Massiet de la Garde, V. A. — *Imprimé dans l'île des Sages, 1760, rel.*

890. — MUSSCHENBROEK (P. V.) — Cours de physique expérimentale et mathématique. Trad. par Sigaud de la Fond. — Leyde, *Samuel et J. Luchtmans, 1769, in-4°, 3 vol. rel.*

891. — BARRUEL (Et.) — La physique réduite en tableaux raisonnés, ou programme de son cours de physique fait à l'Ecole polytechnique. — Paris, *Baudouin, an VII, gr. in-4° cart.*

892. — PUJOULX (J. B.) — Leçons de physique de l'Ecole polytechnique, fig. — Paris, *1805, in-8° rel.*

893. — HAUY (L'abbé R.-J.) — Traité élémentaire de physique, 2e éd. — Paris, *Courcier, 1806, in-8°, 2 vol. cart.*

894. — D°. — Le même, 3e éd. — Paris, *Veuve Courcier, 1821, in-8°, 2 vol.*

895. — FISCHER (E. G.) — Physique mécanique. Trad. de l'allemand avec des notes de M. Biot. — Paris, *Bernard, 1806, in-8° rel.*

896. — HACHETTE (J. N. D.) — Programme d'un cours de physique, ou précis de leçons sur les principaux phénomènes de la nature, etc. — Paris, *veuve Bernard, 1809, in-8° rel.*

897. — LETTRES à Sophie sur la physique, la chimie et l'histoire naturelle, par Louis-Aimé Martin, 6e édition. — Paris, *H. Nicolle, 1820, 4 vol. in-8°.*

898. — BIOT (J. B.) — Précis élémentaire de physique expérimentale. Ouvrage destiné à l'enseignement public, par arrêté de la Commission de l'instruction publique. — Paris, *Deterville, 1821, 2 vol. in-8° rel.*

899. — D°. — Précis élémentaire de physique expérimentale. — Paris, *Deterville, 1824, 3ᵉ éd. b. 2 vol.* (double).

900. — BEUDANT (F. S.) — Essai d'un cours élémentaire et général de sciences physiques, 3ᵉ édition. — Paris, *Verdière, 1824, in-8°* (14 planches).

901. — D°. — Traité élémentaire de physique. — Paris, *Verdière, in-8°*

902. — DESPRETZ (C.) — Traité élémentaire de physique. Paris, *Méquignon, 1825, in-8° rel.*

903. — D°. — Traité élémentaire de physique. — Paris, *Méquignon Marvis, 1832 in-8° rel.*

904. — PHYSIQUE générale. — Cours gratuits de sciences industrielles faits à l'Hôtel-de-ville de Metz. Résumé des leçons. — Metz, *Ch. Dorquel, 1833, in-8° br.*

905. — COURS élémentaire de physique, par M. Deguin. — Paris, *Belin Mandar, 1844, 2 vol. in-8°.*

906. — DEGUIN. — Cours élémentaire de physique. — Paris, *Eug. Belin, 1848, 2 vol. in-8°.*

907. — COURS autographié de physique à l'école polytechnique, par M. Bravet, *2 vol. in-4°.*

908. — PHYSIQUE. — Sommaire des leçons du cours de physique, professé à l'école polytechnique (année scolaire 1850-51), *in-fᵒ litho.*

909. — GANOT (A). — Traité élémentaire de physique expérimentale et appliquée, et de météorologie. — Paris, *chez l'auteur éditeur, 1854, in-8° br.*

910. — D°. — Traité élémentaire de physique, 3ᵉ édition. (La 1ʳᵉ page manque).

911. — VILLE (Georges). — Cours de physique végétale. Séance d'ouverture du mardi 16 Juin 1857 (extrait). — Paris, *L. Martinet, 1857, in-8° br. de 24 pages.*

912. — GANOT (A.) — Cours de physique purement expérimentale, à l'usage des gens du monde, des aspirants au brevet supérieur, des élèves à l'école normale , des institutions de demoiselles, et en général aux personnes étrangères aux connaissances mathématiques. — Paris, *chez l'auteur éditeur, 1859, in-8° br.*

913. — BOUCHARDAT (A). — Physique élémentaire avec ses principales applications, ornée de 230 fig., etc. — Paris, *Germer Baillière, 1851, in-8° br.*

914. — BOUTAN (A.) et ALMEIDA (J. Ch. D'). — Cours élémentaire de physique, précédé de notions de mécanique et suivi de problèmes. — — Paris, *Dunod, 1863, in-8°*.

915. — FIESSINGER (M.) — Eléments de physique. Cours professé à l'école des mécaniciens de Brest. Année scolaire 1873-74. — *Autographie de l'école*.

916. — DRION et FERNET. — Traité de physique élémentaire, 10e édit. — Paris, *G. Masson, 1885, in-8° rel*.

917. — FERNET (E.) — Cours de physique pour la classe de mathématiques spéciales, 3e édition, figures.— Paris, *G. Masson, 1886, in-8° rel*.

918. — GUILLOUD (J. J. V.) — Traité de physique appliquée aux Arts et Métiers, fig. — Paris, *Raynal, 1827, in-12*.

C. — SPÉCIALITÉS

a. — Traités divers

919. — MARIVETZ (Le baron E. C. de) et GOUSSIER. — Physique du monde. — Paris, *Quillau, 1780-1784, in-4°, 4 vol. rel*.

920. — PAUCTON (A. J. P.) — Théorie des lois de la nature, ou la Science des causes et des effets, suivie d'une dissertation sur les Pyramides d'Egypte. — Paris, *veuve Desaint, 1781, in-8° rel*.

921. — KERANFLECH (C. H. de). — Hypothèse des petits tourbillons, justifiée par ses usages, où l'on fait voir que la physique qui doit son commencement aux tourbillons, ne peut mieux être perfectionnée qu'en poussant le principe qui l'a fait naître. — Rennes, *1761, in-12 relié*.

922. — MARIOTTE (Edme). — Traité du mouvement des eaux et des autres corps fluides, mis en lumière par M. de La Hire. Nouvelle édition. — Paris, *C. Jombert, 1700, in-12 rel*.

923. — D°. — Le même. Nouvelle édition. — Paris, *C. Jombert, 1718, in-12 rel*.

924. — PRIESTLEY (J.) — Expériences et observations sur différentes espèces d'air, traduit de l'anglais, par Gibelin. — Paris, *Nyon, 1777-1780, in-12, 5 vol. rel*.

925. — LA METHERIE (J. C. DE) — Essai analytique sur l'air pur et les différentes espèces d'air, 2ᵉ édition. — PARIS, *Cuchet, 1788, in-8ᵃ, 2 vol. rel.*

926. — HALES (E.) — Description du ventilateur, par le moyen duquel on peut facilement renouveler et en grande quantité l'air des mines, des prisons, etc. — Traduit de l'anglais, par M. P. Demours. — PARIS, *C. N. Poirion, 1744, in-12 rel.*

927. — CHLADNI (E. F. F.) — Traité d'acoustique. Pl. — PARIS, *Courcier, 1809, in-8ᵒ rel.*

928. — DÉAL (J. N.) — Nouvel essai sur la lumière et les couleurs renfermant la vraie théorie de ces grands phénomènes, etc. 2ᵉ édition. — PARIS, *F. Didot, 1827, in-8ᵒ.*

929. — BERZÉLIUS (J). — Rapport annuel sur les progrès des sciences physiques et chimiques présenté le 31 mars 1840 à l'académie royale des sciences de Stockholm. — PARIS, *Fortin, Masson et Cⁱᵉ, 1841, in-8ᵒ rel.* Trad. du suédois par M. Plantamon.

930. — Dᵒ. — Dᵒ sur le progrès de la chimie, etc. (2ᵉ année). — PARIS, *dᵒ 1842, dᵒ.*

931. — Dᵒ, dᵒ, dᵒ, 3ᵉ année. — PARIS, *dᵒ, 1843, dᵒ.*

932. — LETTRES de L. Euler à une princesse d'Allemagne, sur divers sujets de physique et de philosophie. — PARIS, *Hachette, 1842, 2 vol. in-8ᵒ.*

933. — FRESNEL (AUGUSTIN). — Œuvres complètes. — PARIS, *imp. impér. 1866, in-4ᵒ, 3 vol. cart.*

934. — MARTINE (G.) — Dissertations sur la chaleur, avec des observations nouvelles sur la construction et la comparaison des thermomètres. Traduit de l'anglais, par M*** (Lavirote). — PARIS, *J. T. Hérissant, 1751, in-12 relié.*

935. — RUMFORD (le Comte DE). — Mémoires sur la chaleur. — PARIS, *F. Didot, an XIII, 1804, in-8ᵒ.*

936. — DUMAS (M). — Leçons sur la philosophie chimique, professées au Collège de France, recueillies par M. Bineau. — PARIS, *Gauthier-Villars, 1878, in-8ᵒ br.*

937. — FOURIER (Œuvres de), publiées par les soins de M. Barboux. Théorie analytique de la chaleur. Mémoires publiés dans divers recueils. — PARIS, *Gauthier-Villars et fils, 1890, in-4ᵒ 2 vol. br.* (en cours de publication).

938. — PRIGENT Gabriel. — Essai sur la lumière considérée comme corps matériel et non pas comme fluide impondérable. — Landerneau, *Desmoulins fils, s. d. pl. de 30 pages, in-8°.*

b. — Météorologie

939. — MIZAULD (A.) — Les Ephémérides perpétuelles de l'air, autrement l'Astrologie des Rustiques, donnant un chacun jour, par signes très familiers, vraie et assurée connaissance de tous changements de temps en quelque pays et contrée que ce soit. — Paris, *J. N. Kerner, 1554, in-18, 2 vol. rel.*

940. — RICHARD (J.) — Histoire naturelle de l'air et des météores. — Paris, *Saillant et Nyon, 1770, in-12, 10 vol. rel.*

941. — COTTE (Le P.) — Traité de Météorologie. — Paris, *imp. royale, 1774, in-4° rel.*

942. — MAIRAN (Dortous de). — Traité physique et historique de l'aurore boréale, 2ᵉ édition. — Paris, *imp. royale, 1754, in-4° relié.*

943. — Dᵒ. — Dissertation sur la glace, ou explication physique de la formation de la glace et de ses divers phénomènes. — Paris, *imp. royale, 1749, in-12 relié, (2 exemp.)*

944. — SAUSSURE (H. B. de). — Essais sur l'hygrométrie. — Neufchatel, *S. Fauche, 1783, in-8°.*

945. — TOALDO (J.) — Novæ tabulæ barometri, æstusque maris. — Patavii, *1773, in-4°.*

946. — LAMARCK (J. B.) — Annuaire météorologique pour l'an X, 2ᵉ édition. — Paris, *in-8°.*

947. — Dᵒ. — Le même pour l'an XI, *in-8°.*

948. — SENEBIER (Jean). — Météorologie pratique à l'usage de tous les hommes et surtout ces cultivateurs, avec des considérations générales sur la météorologie et sur les moyens de la perfectionner, 4ᵉ édition. — Paris, *J. J. Paschoud, 1810, in-8° br.*

949. — MÉTÉOROLOGIE (Petit traité de). — Paris, *aux bureaux de la Société, 1838, in-32 br.*

950. — PIETRA SANTA. — Essai de climatologie théorique et pratique. — Paris, *Baillière, fils.* Londres, Madrid, New-York, même maison, *in-8° br.*

951. — OBSERVATOIRE du port de Brest. — Résumés météorologiques, années 1886, 1887 et 1888. — *3 plaquettes lithographiées, in-4°*

952. — BRÉMAUD (Dr P.) — Le cyclone de l'Enéide. Etude météorologique. — Paris, *Gautier-Villars et fils, 1891, in-8° br. pl. de 48 p.p.*

953. — MUSSCHENBROEK (P.) — Petri Van Musschenbroek, A. L. M., Med. et phil. D. phil. et mathem. prof. in Academia physicæ experimentalis, et geometricæ, de magnete, tubarum capillarium vitreorumque speculorum attractione. Magnitudine terræ, cohœrentia corporum firmorum dissertationes ut et ephemerides meteorologicæ ultrajectinæ. — Lugduni-Batavorum, *apud Saannelem Lucthmans, 1729, in-4° rel., vel. frappé, dos cordelé.* (Titre rouge et noir). Fleuron ou marque typog. avec ces mots : Tuta sub Œgide Pallas.

Relié avec :

Oratio inauguralis de mente humanâ semet ignorante, publice habita in auditorio majori academicæ. — Lugduno-Batavœcum, *ordinariam Philosophicæ ac Mathesies professionem auspicaretur, 1740* (33 pages).

c. — Électricité, Magnétisme, Galvanisme

954. — PRIESTLEY (J.) — Histoire de l'électricité, traduit de l'anglais, avec des notes critiques, par Brisson, M. J. — Paris, *Hérissant, 1771, in-12, 3 vol. rel.*

955. — FRANKLIN (B.) — Expériences et observations sur l'électricité, faites à Philadelphie, en Amérique, et communiquées dans plusieurs lettres à M. P. Collinson. Traduit de l'anglais. — Paris, *Durand, 1752, in-8°, cart.*

956. — D°. — Les mêmes. Traduit de l'anglais, par M. d'Alibard, 2e édit. — Paris, *Durand, 1756, in-8°, 2 vol. cart.*

957. — GUADAGNI (G. A.) — Specimen experimentorum naturalium quæ singulis annis in illustri Pisana academia exhibere solet Carolus Alphonsus Guadagmius phys. et med. doct. — Pisis, *anno 1764, ex typog. J. Dom. Carotti, impr. archiep, in-4° rel.*

958. — LE GENTIL de QUÉLERN. — Des paratonnerres et de leur utilité.

959. — TRESSAN (Le Comte de). — Essai sur le fluide électrique, considéré comme agent universel. — Paris, *Buisson, 1786, in-8°, 2 vol. rel.*

960. — MAUDUYT (P. J. E.) — Mémoires sur les différentes manières d'administrer l'électricité, et observations sur les effets qu'elles ont produits. — Paris, *imp. royale, 1784, in-8° rel.*

961. — BERTHOLON (L'abbé N.) — De l'électricité du corps humain dans l'état de santé et de maladie. — Lyon, *Bernuset, 1780, in-12 rel.*

962. — D°. — Le même. — Paris, *Croulbois, 1786, in-8°, 2 vol. rel.*

963. — D°. — De l'électricité des végétaux. Fig. — Paris, *P. F. Didot jeune, 1783, in-8° rel.*

964. — BAILLY (J. S.) — Rapport des commissaires chargés par le Roi de l'examen du magnétisme animal. — Paris, *1784, in-8°,* relié avec le N° 1er des Annales du magnétisme animal.

965. — BRUNO (de). — Recherches sur la direction du fluide magnétique. — Amsterdam et Paris, *Gueffier, 1785, in-8° rel.*

966. — ELIE DE LA POTERIE (J. A.) — Examen de la Doctrine d'Hippocrate sur la nature des Êtres animés, sur le principe du mouvement et de la vie, sur les périodes de la vie humaine, pour servir à l'histoire du Magnétisme animal. — Brest, *R. Malassis, 1785, in-8° rel.*

967. — PAULET (J. J.) — L'antimagnétisme, progrès, décadence, renouvellement et réfutation du magnétisme animal. — Londres, *1784, in-8° rel.*

968. — CHAZAREIN (Le Dr) et (Ch.) DÉCLE. — Les courants de la polarité dans l'aimant et le corps humain. Loi des actions des courants fournis par la pile, etc. — Paris, *chez les auteurs, in-6° 1887, br.*

969. — BRAULT (Julien). — Histoire de la téléphonie et exploitation des téléphones en France et à l'étranger.— Paris, *G. Masson, in-12 br.*

970. — BERNADIÈRES (de), Lieutenant de vaisseau. — Mémoire adressé au bureau des longitudes sur les déterminations magnétiques, etc., etc. — Paris, *Gauthier-Villars, 1884, in-4° br.*

d. — Expériences de Physique

971. — SIGAUD DE LA FOND (J. A.) — Description et usage d'un cabinet de physique expérimentale. Fig. — Tours, *Letourmy, an IV, in-8° 2 vol. rel.*

972. — TREMBLEY (J.) — Analyses de quelques expériences faites pour la détermination des hauteurs par le moyen du baromètre. — *1871, in-4° cart.*

973. — BAKER (H.) — Le microscope mis à la portée de tout le monde, ou description, calcul et explication de la nature, de l'usage et de la force des meilleurs microscopes, etc. Traduit de l'anglais. — Paris, *C. Jombet,* 1754, *fig. in-8° rel.*

974. — PRIESTLEY (J.) — Expériences et observations sur différentes branches de la physique, avec une continuation des observations sur l'air. Traduit de l'anglais par Gibelin. — Paris, *Nyon,* 1872, *in-12* 3 vol. rel.

975. — FAUJAS DE SAINT-FOND (B.) — Description des expériences de la machine aérostatique de MM. de Montgolfier, et de celles auxquelles cette découverte a donné lieu. — Paris, *Cuchet* 1873, *in-8° rel. fiig.*

976. — LA COMBE (Eugène). — Détermination du poids absolu du gramme et de la densité moyenne de l'éther céleste. — Brest, *chez l'auteur,* 1885, *in-4° de 24 pages.*

D. — Mélanges de Physique

977. — BOUGEANT (Le P. G. H.) et GROZELIER (Le P.) — Observations curieuses sur toutes les parties de la physique, extraites et recueillies des meilleurs Mémoires. — Paris, *A. Cailleau,* 1719, *in-12 rel.*

978. — (Le P. N.) — Les entretiens physiques d'Ariste et d'Eudoxe, ou physique nouvelle en dialogues, fig. 3e édition. — Paris, *J. Clousier,* 1737, *in-12, 4 vol.*

979. — D°. — Les mêmes, 8e édition. — Paris, *David aîné,* 1753. *in-12,* 5 vol. rel.

980. — PONCELET (Le P. Polycarpe). — La nature dans la formation du tonnerre et la reproduction des êtres vivants, pour servir d'introduction aux vrais principes de l'agriculture. — Paris, *1766, in-8°, 2 part. en un vol. rel.*

981. — LAVOISIER (A. L.) — Opuscules physiques et chimiques, fig. — Paris, *Deterville,* an IX, *1801, in-8° rel.*

982. — D°. — Œuvres. Mémoires de chimie et de physique. — Paris, *imp. impér.* 1862, *in-8°.*

983. — LEHMANN (J. Gotlob). — Traité de physique, d'histoire naturelle, de minéralogie et de métallurgie. Trad. de l'allemand, fig. — Paris, *J. T. Hérissant,* 1759, *in-12, 4 vol. rel.*

984. — GUÉPRATTE (Alph.) — Essai sur les questions les plus pratiques de la physique, adressé à la jeunesse. — Brest, *J.-B. Lefournier, 1832, in-8°*. — Et des paratonnerres et de leur utilité, *in-8°*.

985. — SIGAUD DE LA FOND (J. B.) — Dictionnaire des merveilles de la Nature. — Paris, *1781, in-8°, 2 vol. rel., 2 exempl.*

986. — Autre édition, *1783*.

987. — MAUPERTUIS (P. L. Moreau de). — Dissertation physique à l'occasion du nègre blanc. — Leyde, *1744, in-8° rel.*

988. — VERDET (E.) — Œuvres, publiées par ses élèves. — Paris, *G. Masson, 1872, in-8°, 9 vol. rel.*

989. — GALICIER (Théop.) — Vie de l'univers ou étude de physiologie générale et philosophique, etc. — Paris, *A. Delahaye, 1873, in-8°*.

990. — D°. — Théorie de l'unité vitale. — Paris, *A. Delahaye, 1869, in-8°, 2 vol. br.*

991. — HIRN (G.) — Théorie mécanique de la chaleur. — Paris, *Gauthier-Villars, 1865, in-8° rel.*

992. — GIRAULT (E.) — Mémoire sur un projet d'éclairage par le gaz, de chauffage par la vapeur, et de ventilation, etc. — Paris, *L. Mathias, 1848, in-8° br.*

993. — DURAND (Emile). — Guide de l'abonné au gaz d'éclairage, aperçu élémentaire mis à la portée de tous, sur les avantages que présente l'emploi bien entendu du gaz à l'éclairage et au chauffage. — Paris, *Lacroix et Baudry, in-8° br.*

E. — Magie naturelle et récréations physiques

994. — MODEL. — Récréations physiques, économiques et chimiques. Trad. de l'allemand, par Parmentier. — Paris, *Monory, 1774, in-8°, 2 vol. rel.*

995. — ROBERT-HOUDIN. — Les secrets de la prestidigitation et de la magie. Comment on devient sorcier. Grav. — Paris, *M. Lévy, 1868, in-8°.*

2. — CHIMIE

A. — Introduction et Dictionnaires

996. — GERHARDT (Ch.) — Introduction à l'étude de la chimie par le système militaire. — Paris, *Chamerot, 1848, in-12 br.*

997. — MACQUER (P. J.) — Dictionnaire de chimie, contenant la théorie et la pratique de cette science, etc. — Paris, *Lacombe, 1766, in-12, 2 vol. rel.*

998. — D°. — Le même, 2ᵉ édition. — *Imprimerie de Monsieur, 1778, in-4°, 2 vol. rel.*

999. — LASSAIGNE (J. L.) — Dictionnaire des réactifs chimiques employés dans toutes les expériences faites dans les cours publics et particuliers, etc. — Paris, *Béchet jeune, 1839, in-8° rel.*

B. — Traités généraux et Mélanges

1000. — MACQUER (P. J.) — Eléments de chimie théorique. Nouvelle édition. — Paris, *J. B. Hérissant, 1753, in-12 rel., 2 ex.*

1001. — BOERHAAVE. — Eléments de chimie. Traduit du latin par Allamand. — Paris, *Briasson, 1754, in-12, 5 vol. rel.*

1002. — LEMERY (N.) — Cours de chimie, contenant la manière de faire les opérations qui sont en usage dans la médecine, par une méthode facile. Nouvelle édition, revue par M. Baron. — Paris, *C. M. d'Houry, 1756, in-4° rel., 2 ex.*

1003. — BAUMÉ (A.) Chimie expérimentale et raisonnée. — Paris, *P. F. Didot jeune, 1773, in-8°, 3 vol. rel.*

1004. — CHAPTAL (J. A.) — Eléments de chimie, 3ᵉ édition. — Paris, *Deterville, an V, 1796, in-8°, 3 vol. rel., 2 ex.*

1005. — ALYON (P. L.) — Cours élémentaire de chimie théorique et pratique, suivant la nouvelle nomenclature. — *An VII, in-8° cart. 2 T. en un seul.*

1006. — LAVOISIER (A. L) — Traité élémentaire de chimie, présenté dans un ordre nouveau et d'après les découvertes modernes (fig.), 3ᵉ édition corrigée et augmentée de plusieurs mémoires nouveaux. — Paris, *Deterville, an IX, 1801, in-8°, 2 vol. rel.*

1007. — D°. — Œuvres publiées par les soins du Ministre de l'Instruction publique et des Cultes. — Paris, *imp. impér.*, *1864, in-4°, 4 vol. rel.*

1008. — FOURCROY (A. F.) — Système des connaissances chimiques et de leurs applications aux phénomènes de la nature et de l'art. — Paris, *Baudouin, an IV, in-8°, 10 vol. rel.*

1009. — D°. — Tableaux synoptiques de chimie, 2ᵉ édition. — Paris, *C. F. Patris, an XIV, 1805, in-4° cart.*

1010. — THOMSON (T). — Système de chimie. Traduit de l'anglais sur la dernière édition de 1807, par M. J. Riffault, précédé d'une introduction de M. C. L. Berthollet. — Paris, *veuve Bernard, 1809, in-8°, 9 vol. rel.*

1011. — THÉNARD (le Baron L. J.) — Traité de chimie élémentaire, théorique et pratique, 3ᵉ édition. — Paris, *Crochard, 1821, in-8°, 4 vol. rel.*

1012. — DUMAS (M.) — Traité élémentaire de chimie appliquée aux arts. — Paris, *1828-1846, in-8°, 8 vol. (Atlas), in-4° rel.*

1013. — FOURCROY (A. F.) — Philosophie chimique, ou vérités fondamentales de la chimie moderne destinées à servir d'éléments pour l'étude de cette science, 3ᵉ édition. — Paris, *Bernard, 1806, in-12 rel.*

1014. — D°. — Eléments d'histoire naturelle et de chimie, 5ᵉ édition. — Paris, *Cuchet, an II, in-8°, 5 vol. rel.*

1015. — SÉGUR (Octave de). — Lettres élémentaires sur la chimie. (Pl.) — Paris, *Migneret, an XI, 1803, in-12, 2 vol. rel.*

1016. — ANNALES DE CHIMIE, ou recueil des mémoires concernant la chimie et les arts qui en dépendent, à prendre du tome 26ᵉ. — Paris, *an VI, 1798, in-8°, 26 vol. rel.*

1017. — WURTZ (Ad.) — Histoire des doctrines chimiques, depuis Lavoisier jusqu'à nos jours. — Paris, *L. Hachette, 1869, grand in-18.*

1018. — BAUDRIMONT (A.) — Traité de chimie générale et expérimentale, avec les applications aux arts, à la médecine et à la pharmacie. — Paris, *Baillière, 1844, in-8°, 2 vol.*

1019. — PERRIN (l'abbé). — Chimie élémentaire. — Paris, *Société des bons livres, in-18 br.*

1020. — THÉNARD (Baron L. J.) — Traité de chimie élémentaire, 6ᵉ édition. — Paris, *Crochard, 1834, in-8°, 5 vol. rel. avec atlas.*

1021. — LASSAIGNE (J. L.) — Abrégé élémentaire de chimie. — Paris, *Béchet jeune et Labé, 1842, br. (2 Tomes en mauvais état).*

1022. — LIEBIG (Justus). — Traité de chimie organique. Edition française, revue et considérablement augmentée par l'auteur, et publiée par Gerhardt. — Paris, *Fortin, Masson et Cie, 1840 et 1844, 3 vol. in-8°.*

1023. — GRAHAM (M. Th.) — Traité de chimie organique. — Paris, *Baillière et chez L. Mathias, 1843, in-8° br.*

1024. — DUPASQUIER (Alp.) — Traité élémentaire de chimie industrielle. — Paris, *J. B. Baillière*, et Lyon, *Ch. Sary jeune, 1844, in-8° rel.*

1025. — LIEBIG (Justus). — Nouvelles lettres sur la chimie, par Justus Liebig, édition française publiée par M. Charles Gerhardt. — Paris, *Victor Masson, 1852, in-8° rel.*

1026. — GERHARDT (Ch.) — Traité de chimie organique. — Paris, *F. Didot, 1853, 4 vol, grand in-8° rel.*

1027. — PELOUZE et FRÉMY. — Cours de chimie générale, par Pelouze et Frémy. — Paris, *Victor Masson, 3 vol. in-8° et un atlas.*

1028. — DAXHELET (A.) — Cours de chimie inorganique, d'après la théorie typique de M. Gerhardt. — Paris, *J. Baudry;* Bruxelles, *Decq;* Liège, *mêmes maisons, in-8° br., 2 vol.*

1029. — REGNAULT (M. V.) — Cours élémentaire de chimie. — Paris, *V. Masson, s. d., 2 vol. in-8° rel.*

1030. — MALAGUTI. — Leçons élémentaires de chimie, 3e édition. — Paris, *Dezobry, in-18, 4 vol.*

1031. — REGNAULT (V.) — Cours de chimie, par V. Regnault. — Paris, *Masson, 4 vol.*

1032. — D°. — Premiers éléments de chimie à l'usage des facultés, des établissements d'enseignement secondaire, des écoles normales et des écoles industrielles. — Paris, *Victor Masson, 1855. in-12 rel.*

1033. — NAQUET (A.) — Principes de chimie fondée sur les théories modernes. — Paris, *Savy, 1865, in-8° br.*

1034. — GRIMAUX (Ed^d) — Equivalents, atomes, molécules. (Thèse mise hors des cartons à raison de son importance et de sa nature). — Paris, *Savy, 1866, in-8° br. de 106 p.*

1035. — ODLING (William). — Cours de chimie pratique à l'usage des étudiants en médecine, édition française, publiée sur la 3e édition, par A. Naquet. — Paris, *F. Savy, 1869, in-12 br.*

1036. — HARDY (Dr Ern.) — Principes de chimie biologique. — Paris, *F. Savy, 1871, in-12 br.*

1037. — GRIMAUX (Ed.) — Chimie inorganique élémentaire. Leçons professées à la faculté de médecine. — Paris, *Germer Baillière, 1874, in-12 br.*

1038. — CAHOURS (Auguste). — Traité de chimie générale élémentaire. Chimie organique. Leçons professées à l'Ecole polytechnique. — Paris, *Gauthier-Villars, 1874, 3 vol. in-8°.*

1039. — HÉTET (F.) — Cours de chimie générale élémentaire d'après les principes modernes, etc. — Paris, *E. Lacroix, 1875, in-18, 2 vol.*

1040. — D°. — Manuel de chimie organique élémentaire, avec ses applications à la médecine, à l'hygiène et à la toxicologie. — Paris, *Octave Doin, 1889, in-8°.*

1041. — WURTZ (A.) — Leçons : 1° élémentaires de chimie moderne. — Paris, *G. Masson, 1875, in-12 br.*

2° 18e Fascicule, feuille 67 à 76 du dictionnaire de chimie pure et appliquée. — Paris, *Hachette, 1874, in-8° br.*

C. — Spécialités

1042. — LAVOISIER, DE MORVEAU, BÉRTHOLET et FOURCROY. — Méthode de nomenclature chimique. On y a joint un nouveau système de caractères chimiques adaptés à cette nomenclature, par MM. Hassenfratz et Adet. — Paris, *Cuchet, 1787, in-8° rel.*

1043. — STAHL (G. E.) — Traité des sels, dans lequel on démontre qu'ils sont composés d'une terre subtile intimement combinée avec de l'eau. Trad. de l'allemand. — Paris, *Vincent, 1771, in-12 rel.*

1044. — ALYON (P. P.) — Essai sur les propriétés médicinales de l'oxigène, et sur l'application de ce principe dans les maladies vénériennes, psoriques et dartreuses. — Paris, *an V, in-8° rel.*

1045. — BRONGNIART (A. L.) — Tableau analytique des combinaisons et des décompositions de différentes substances, ou procédés de chimie pour servir à l'intelligence de cette science. — Paris, *P. F. Gueffier, 1778, in-8° rel.*

1046. — BOURRUT-DUVIVIER, professeur à l'Ecole navale. — Etudes comparatives des différentes théories chimiques. — Brest, *Halégouet, 1880, in-8°, 24 pp. br.* (Extrait du bulletin de la Société académique de Brest).

D. — Chimie appliquée

1047. — MALOUIN (P. J.) — Chimie médicinale contenant la manière de préparer les remèdes les plus usités, et la méthode de les employer pour la guérison des maladies. Nouvelle édition. — Paris, d'Houry, 1755, in-12, 2 vol. rel.

1048. — GUYTON-MORVEAU (L. B.) — Traité des moyens de désinfecter l'air, de prévenir la contagion, et d'en arrêter les progrès, 3e édit. — Paris, Bernard, 1805, in-8° rel. (2 exempl, dont un rel.)

1049. — PERTUIS et SAGE. — L'art de fabriquer le salin et la potasse. — Paris, Cuchet, an II, in-8° cart.

1050. — CHAPTAL (J. A.) — L'art de faire, gouverner et perfectionner les vins. — Paris, Delalain fils, an X (1802), in-8° rel. avec :

1051. — LOMBARD (C. P.) — Manuel nécessaire aux villageois pour soigner les abeilles. Fig. — Paris, an X (1801), in-8° rel.

1052. — PARMENTIER (A. A.) — L'art de faire les eaux-de-vie, d'après la doctrine de Chaptal, où l'on trouve les procédés de Rozier pour économiser la dépense de leur distillation, etc., suivi de l'art de faire les vinaigres. — Paris, Delalain fils, an X (1801), in-8°.

1053. — HORNOT (Ant.) sous le pseudonyme de DÉJEAN. — Traité raisonné de la distillation réduite en principes, avec un traité des odeurs, 2e édit. — Paris, 1759, in-12 rel.

1054. — D°. — Le même, 4e édit. — Paris, Bailly, 1777, in-12 rel.

1055. — D°. — Le même, 6e édit. — Marseille, J. Mossy, 1792, in-12 rel.

1056. — D°. — Traité des odeurs, suite du traité de la distillation. — Paris, P. F. Didot, 1777, in-12 rel.

1057. — PONCELET (Le P.) — Nouvelle chimie du goût et de l'odorat, ou l'art de composer facilement et à peu de frais les liqueurs à boire et les eaux de senteurs. Nouv. édit. Fig. — Paris, Delalain fils, an VIII, in-8°, 2 vol. rel.

1058. — HALDAT (Alex.) — Recherches chimiques sur l'encre, son inaltérabilité, et moyen d'y remédier, 3e édit. — Paris, A. Kœnig, 1805, in-8°.

1059. — CHAPTAL (J. A.) — Chimie appliquée aux arts, par M. J. A. Chaptal. — Paris, Crapelet, 1807, 4 vol. in-8°.

1060. — ORFILA. — Eléments de chimie appliquée à la médecine et aux arts. — PARIS, *Baillière et C*ⁱᵉ, *1828, 2 vol. in-8°.*

1061. — LEUCHS (J. C.) — Traité complet des propriétés, de la préparation et de l'emploi des matières tinctoriales et des couleurs. Trad. de l'allemand, revu pour la partie chimique, par M. E. Péclet. — PARIS, *Malher et C*ⁱᵉ, *1829, in-8°, 2 vol. rel.*

1062. — GROSOURDY (R. DE). — Traité de chimie médicale. — PARIS, *1838-39, in-8°, 2 vol. rel.*

1063. — PELOUZE, père. — Traité méthodique de la fabrication du coke et du charbon de tourbe. — PARIS, *Maison, 1842, in-8° br.*

1064. — LE MAOUT (Dʳ E.) — Clef dichotomique du règne inorganique. — PARIS, *Rignoux, 1842, g*ᵈ *in-8° br.*

1065 — BARRESWIL ET A. SOBRERO. — Appendice à tous les traités d'analyse chimique, etc. — PARIS, *Fortin, Masson et C*ⁱᵉ, *avril 1843, in-8° rel.*

1066. — LIEBIG (JUSTUS). — Chimie appliquée à la physiologie végétale et à l'agriculture. Traduction faite sur les manuscrits de l'auteur, par Ch. Gerhardt. — PARIS, *Fortin, Masson et C*ⁱᵉ, *1844, g*ᵈ *in-8°.*

1067. — BREWER (le Dʳ E. G.) — La clef de la science ou les phénomènes de la nature expliqués par le Dʳ E. G. Brewer. — PARIS, *V. Lecou, 1854, in-8° br.*

1068. — CHEVALLIER (M. A.) — Dictionnaires des altérations et falsifications des substances alimentaires, médicamenteuses et commerciales, avec l'indication des moyens de les reconnaître. — PARIS, *Béchet jeune, 1855, 2 vol. in-8° rel.*

1069. — MALAGUTI (F.) — Leçons de chimie agricole professées en 1847. — PARIS, *Dezobry, 1856, in-12 br.*

1070. — RONDOT (NATALIS). — Notice sur le vert de Chine et la teinture en vert chez les chinois, etc., etc. — PARIS, *Lahure et C*ⁱᵉ, *1858, g*ᵈ *in-8° br.*

1071. — TESSIER (P.) — Chimie pyrotechnique, ou traité pratique des feux colorés, etc. — PARIS, *Dumaine et chez Lacroix et Baudry, 1859, in-8° br.*

1072. — ROBINET (EDOUARD). — Manuel pratique et élémentaire d'analyse chimique des vins. — PARIS, *veuve Bouchard-Huzard, 1866, in-8° br.*

1073. — MOIGNO (l'Abbé.) — Recherches sur les agents explosifs modernes et sur leurs applications récentes recueillies et résumées. — Paris, Gauthier-Villars, 1872, in-12 br.

1074. — STAMMER (Charles). — Traité complet théorique et pratique de la fabrication du sucre. — Paris, E. Lacroix, s. d.

1075. — CHIVOT-NAUDÉ. — Notice sur la graisse américaine pour le graissage des pistons et tiroirs des machines à vapeur. — Amiens, Jeunet, 38 pp. br.

1076. — DURIN (M. E.) — Analyse commerciale des sucres et de l'influence des substances mélassigènes sur la cristallisation. (Extrait des annales agronomiques). — Paris, G. Masson, 1875, in-8°, 40 pp. br.

1077. — GERHARDT et CHANCEL. — Précis d'analyse chimique quantitative. — Paris, veuve Masson, 1859.

1078. — CHANCEL (G.) — Précis d'analyse chimique qualitative, par Gerhardt et Chancel, 2e édit. — Paris, veuve Masson et fils, 1862, in-8° rel.

1079. — HAMPE (le Dr W.) — Tableaux d'analyse chimique qualitative. Trad. de l'allemand avec autorisation de l'auteur, par Ch. Baye. — Paris, P. Asselin, 1870, in-8° cart.

1080. — GRIMAUX (Edouard). — Recherches sur les uréides de l'acide pyruvique. (Extrait du Bulletin de la Société chimique. T. xxiii, p. 49). — Clichy, 1875, in-8°, 15 pp. br.

1081. — NOTICE théorique sur le liquomètre de MM. Musculus, Valson et Garcerie, instrument pour le dosage instantané des vins. — Grenoble, Baratier, 1866, 16 pp. br.

1082. — CHAMPION (P.) — La dynamite et la nitroglycérine. — Paris, J. Baudry, 1872, in-12 br.

1083. — JOULIN (M. L.) — Recherches sur les doubles décompositions salines (1er mémoire). — Paris, Gauthier-Villars, 1873, in-8° br.

1084. — CHEVREUL (M. E.) — Communications sur le guano du Pérou. — Paris, Masson, 1874, in-8°, 40 pp. br.

1085. — CAVALIER (J.) — Considérations sur les dynamites à base magnésienne et sur l'emploi d'un appareil propre au dosage et à l'analyse des gaz et des résidus après explosion. — Montpellier, Boehm et fils, 1875, gᵈ in-8° br.

1086. — PEREYRA (G.) — Action des matières grasses sur les générateurs à vapeur. Extrait des annales industrielles. — *Ducher et Cⁱᵉ*, *1878, in-8° de 16 p.*

1087. — CHAMPION (P.) ᴇᴛ PELLET. — De la betterave à sucre. Généralité sur la culture. Influence de la graine, de l'écartement de l'engrais. Quantité de matières salines enlevées au sol. Action des matières salines sur la cristallisation du sucre, etc. — Pᴀʀɪs, *Lemoine*, *1876, in-8° br.*

1088. — D°. — Dosage de l'acide nitrique dans les substances organiques. Composition chimique de divers cotons-poudres, etc. (Extrait du Moniteur scientifique Quesneville). — Pᴀʀɪs, *veuve Renou, Maulde et Cock, in-4°, 3 pp. br.*

1089. — CHAMPION, PELLET ᴇᴛ GRENIER. — Application de l'électricité à l'inflammation des fourneaux de mine, torpilles, etc. — Pᴀʀɪs, *Gauthier-Villars, 1875, in-8° br.*

1090. — PELLET (H.) ᴇᴛ PASQUIER (L.) — Analyses des produits contenant de la glycose et dosage du sucre dans les substances colorées. — Cʟᴇʀᴍᴏɴᴛ, *Daix, s. d., in-8°, 16 pp. br.*

1091. — DROUX (Lᴇᴏɴ), ingénieur civil. — Les produits chimiques et la fabrication des savons. — Pᴀʀɪs, *E. Lacroix, in-8° br.*

1092. — JEAN (Fɪʟs). — Huiles industrielles. Recherche sur leur composition chimique, leur acidité ou neutralité, leur traitement, leurs essais techniques et leurs différents emplois. — Aᴠɪɢɴᴏɴ, *Gros père*, *1878, in-8° br. de 46 p.*

1093. — ORSAT (M.) — Note sur l'analyse industrielle des gaz. — Pᴀʀɪs, *Doin, 1876, in-8°, 24 pp.* (Extrait des annales des mines).

III. — SCIENCES NATURELLES

1. — GÉNÉRALITÉS

A. — Histoire. — Dictionnaires. — Systèmes. — Traités élémentaires

1094. — HUMBOLDT (Alexandre de). — Cosmos. Essai d'une description physique du monde. Trad. par H. Faye, etc. — Paris, *Gide, 1855-1859, in-8°, 4 vol. rel.*

1095. — VALMONT DE BOMARE (J. C.) — Dictionnaire raisonné universel d'histoire naturelle, 4e édit. — Lyon, *Bruyset, 1791, in-8° 15 vol.*

1096. — COTTE (L. P. L.) — Leçons élémentaires d'histoire naturelle, par demandes et réponses, à l'usage des enfants, suivies des Leçons élémentaires du même, à l'usage des jeunes gens. — Paris, *Barbou, 1784, in-12 rel.*

1097. — DUMÉRIL (A. M. Constant). — Traité élémentaire d'histoire naturelle, 2e édit. — Paris, *Crapelet, 1807, in-8°, 2 vol. rel.*

1098. — ORBIGNY (C. d'). — Dictionnaire universel d'histoire naturelle. — Paris, *1847, grand in-8°, 13 vol. rel., 3 vol. d'Atlas.*

1099. — CHAISNEAU (Ch.) — Atlas d'histoire naturelle, ou collection de tableaux relatifs aux trois règnes de la nature, etc. — Paris, *Baudouin, an XI, in-4° rel.*

1100. — RICHARD (Achille). — Eléments d'histoire naturelle médicale, contenant des notions générales sur l'histoire naturelle, la description, l'histoire et les propriétés de tous les aliments, médicaments ou poisons, etc., 4e édit. 800 gravures dans le texte. — Paris, *Labé, 1849, in-8°, 3 vol.* (Don de M. Le Jeune, avoué.)

1101. — D°. — Eléments d'histoire naturelle médicale, contenant des notions générales sur l'histoire naturelle, la description, l'histoire et les propriétés de tous les aliments, médicaments ou poisons, tirés des trois règnes de la nature. — Paris, *Béchet jeune, 1838, 3 vol. in-8° rel.* (2 exempl.)

1102. — D°. — Nouveaux éléments de botanique, contenant l'organographie, l'anatomie, la physiologie végétale et les caractères de toutes les familles naturelles, 2ᵉ édit. augmentée de notes complémentaires par Ch. Martins. — Paris, *Savy, 1864, in-8° rel.*

1103. — DICTIONNAIRE UNIVERSEL D'HISTOIRE NATURELLE, résumant et complétant tous les faits présentés par les encyclopédistes, les anciens dictionnaires scientifiques, les œuvres complètes de Buffon et les meilleurs traités spéciaux sur les diverses branches des sciences naturelles ; donnant la description des êtres et des divers phénomènes de la nature, etc., etc. Ouvrage utile aux médecins, aux pharmaciens, aux agriculteurs, aux industriels et généralement à tous les hommes désireux de s'initier aux merveilles de la nature, par MM. Arago, Bazin, Becquerel, Bibran, Blanchard, Boitard, de Brébisson, Ad. Brongniart, C. Broussais, Brulle, Chevrollat, Cordier, Decaisne, Delafosse, Deshayes, Desmarest, J. Desnoyers, Alcide et Charles d'Orbigny, Dayère, Dujardin, Dumas, etc. — Paris, *Langlois et Leclercq, 1842, 24 vol. in-8° br.* (Accompagnés de 24 fascicules de planches).

1104. — NOUVEAU DICTIONNAIRE D'HISTOIRE NATURELLE appliquée aux arts, à l'agriculture, à l'économie rurale et domestique, à la médecine, etc., par une Société de naturalistes et d'agriculleurs, avec des figures tirées des trois règnes de la nature. — Paris, *Abel Lanoé, rue de la Harpe,* MDCCCXVI, *36 vol. in-8°.*

1105. — LE NOUVEAU BUFFON DE LA JEUNESSE ou précis élémentaire de l'histoire naturelle, à l'usage des jeunes gens des deux sexes. Ornée de 134 figures, 4ᵉ édit. — Paris, *Genets jeunc, 1822.*

1106. — MARLÈS (DE). — Merveilles de la nature et de l'art, dans les cinq parties du Monde. — Paris, *d'Eymeri, Fruger et Cⁱᵉ, 1829, 2 vol. in-8° rel.*

1107. — DUMÉRIL (Constant). — Eléments des sciences naturelles. Ouvrage prescrit pour l'enseignement dans les collèges royaux. — Paris, *Deterville, 1830, 2 vol. in-8° rel.*

1108. — JUSSIEU (de). — Cours élémentaire d'histoire naturelle, à l'usage des lycées, collèges, séminaires et maisons d'éducation, par MM. Milne-Edwards, de Jussieu et F. S. Beudant. — Paris, *Langlois et V. Masson, 1852, in-8° br.*

1109. — D°. — Autre édition, s. d.

1110. — Dº. — Cours élémentaire d'histoire naturelle, à l'usage des collèges et des maisons d'éducation, etc. Botanique. — Paris, *Masson et Cⁱᵉ, s. d., in-8º rel.*

1111. — EDWARDS (Milne). — Cours élémentaire d'histoire naturelle. Zoologie. — Paris, *V. Masson et Garnier frères, 1871, pᵗ in-8º rel.*

B. — Auteurs anciens et modernes dont les ouvrages embrassent différentes parties de l'histoire naturelle

1112. — PLINE (l'Ancien). — C. Plinii Secundi naturalis historiæ. — Venetiis, *per hæredes Aldi et Andreæ Asulani, 1535-1536, et index 1538, in-8º, 4 vol. rel.*

1113. — PLINII C. SECVNDI. — Historia mundi denvo emendata, non paucis locis ex diligenti ad pervetusta et optimæ fidei exemplaria collatione nunc primum animadversis castigatis, etc. — *Apud inclytam Basileam, 1535, in-12 rel.*

1114. — Dº. — Extraits. Texte et traduction. — Paris, *Lefèvre, 1845, pᵗ in-8º.*

1115. — Dº. — Histoire des animaux. — Paris, *dº. dº, dº.*

1116. — Dº. — Historiæ mundi, tomus quartus, quo decem postremi libri a vicesimoseptimo continentur. — Lugduni, *apud hæredes Jacobi Juntæ, 1562, in-16 rel.*

1117. — Dº. — Historiæ naturalis libri xxxvii, cum selectis commentariis J. Harduini ac recentiorum interpretum novisque adnotationibus. — Parisiis, *N. E. Lemaire, 1827, 1831, in-8º, 13 vol. rel.*

1118. — Dº. — Histoire naturelle. Trad. par Ant. du Pinet. — Paris, *du Carroy, 1614, in-folio rel.*

1119. — Dº. — La même. — Lyon, *Ant. Tardif, 1584.*

1120. — Dº. — La même. Trad. en français, avec le texte latin rétabli d'après les meilleures leçons manuscrites, accompagnée de notes critiques pour l'éclaircissement du texte, et d'observations sur les connaissances des Anciens comparées avec les découvertes des modernes. — Paris, *veuve Desaint, 1771-1782, in-4º, 12 vol. rel.*

1121. — QUINET (Edgar). — La Création. — Paris, *Lacroix, 1870, in-8º, 2 vol. rel.*

1122. — ZIMMERMANN (W. F. A.) — Le monde avant la création de l'homme, ou le berceau de l'univers. Histoire populaire de la création et des transformations du globe racontée aux gens du monde. Trad. de l'allemand, par MM. L. Hymans et L. Strens. — Paris, *Schulz et Thuillié, 1857, in-8°*. (Pl. 2 exempl.)

1123. — FIGUIER (Louis). — La Terre avant le Déluge, 2e édition. — Paris, *1863, gᵈ in-8° rel.* (Pl.)

1124. — BUFFON (M. de). — Histoire naturelle, générale et particulière, avec la description du cabinet du roi, avec planch. — Paris, *imp. royale, 1749, 34 vol. in-4° rel.*

1125. — Dᵒ. — Œuvres. — Paris, *1774, in-4°, 28 vol. rel.*

1126. — Dᵒ. — Histoire naturelle générale et particulière. — Paris, *imp. royale, 1749-1788, in-4°, 5 vol. rel.* (Pl. noires et coloriées).

1127. — Dᵒ. — Œuvres complètes avec des extraits de Daubenton et la classification de Cuvier. — Paris, *Furne et Cⁱᵉ, 1844, 5 vol. in-4° br.*

1128. — — Dᵒ. — Histoire naturelle. — *36 vol. br.*

1129. — Dᵒ et LACÉPÈDE (le Comte de). — Œuvres de Buffon, mises en ordre par M. le Comte de Lacépède. Nouvelle édition. — Paris, *Eymery, Fruger et Cⁱᵉ, 1829, in-8°, 16 vol.*, et Œuvres du comte de Lacépède. — Paris, *F. D. Pillot, 1830-1833, in-8°, 13 vol.* En tout 39 volumes.

1130. — Dᵒ. — Les Epoques de la Nature, 2e édition. Cartes et figures. — Paris, *imp. royale, 1785, in-12, 2 vol. rel.*

1131. — BUFFON (Géo. L. Leclerc, Comte de). — Œuvres complètes, avec les suites par M. de Lacépède, précédées d'une notice sur la vie et les ouvrages de Buffon, par M. le baron Cuvier, nouvelle édit. ornée de figures gravées d'après les dessins de Prêtre. — Paris, *Le Cointe, 1830, in-18. (*29 vol. seulement et ne se suivant pas).

1132. — LACÉPÈDE. — Histoire naturelle, comprenant les cétacés, les quadrupèdes ovipares, les serpents et les poissons, précédée de l'éloge de Lacépède, par Cuvier. — Paris, *Furne et Cⁱᵉ, 1847. 2 vol. gᵈ in-8°.*

1133. — MILNE-EDWARDS. — Cours élémentaire d'histoire naturelle, à l'usage des collèges, des séminaires et des maisons d'éducation, etc. — Paris, *V. Masson, 1847, in-8°.*

1134. — Dᵒ. — Cours élémentaire d'histoire naturelle, par MM. Milne-Edwards, A. de Jussieu et Beudant, 6e édition avec 465 figures. — Paris, *Victor Masson, 1852, in-8° rel.*

1135. — FIGUIER (Louis). — La Terre et les Mers, ou Description physique du Globe. — Paris, *L. Hachette, 1864, g*^d *in-8° rel.*

1136. — BONNET (C.) — Contemplation de la Nature. Nouv. édition. — Genève, *J. Samuel Cailler, 1770, in-12, 2 vol. rel.*

1137. — BERNARDIN DE SAINT-PIERRE. — Etudes de la Nature. — Nouv. éd. — Paris, *imp. de Monsieur, 1791, in-18, 6 vol. rel.*

1138. — D°. — Autre exemplaire. — Bruxelles, *Le Flang, 1792, 6 vol. in-8° rel.*

1139. — D°. — Vœux d'un solitaire, pour servir de suite aux études de la nature. — Paris, *imp. de Monsieur, in-12 rel.*

1140. — RECLUS (Elisée). — La terre. Description des phénomènes de la vie du globe. Les continents. Pl. 2e édit. — Paris, *Hachette, 1870, g*^d *in-8°, 2 vol. rel.*

1141. — MANGIN (Arthur). — Le désert et le monde sauvage. — Tours, *Alf. Mame, 1866, in-8° rel., doré sur tr.*

1142. — SALACROUX (A.) — Nouveaux éléments d'histoire naturelle, etc. — Paris, *Germer Baillière, 1839, in-8° rel.*

C. — Histoire naturelle de différents pays

1143. — GENSSANE (de). — Histoire naturelle de la province de Languedoc. — Montpellier, *Rigault-Pons et C*^{ie}, *1776-1779, in-8°, 5 vol.* (Fig.)

1144. — BERNARD. — Mémoires pour servir à l'histoire naturelle de la Provence. — Paris, *Didot fils aîné, 1787-1788, in-12, 3 vol.*

1145. — RZACZYNSKI (P. G.) — Historia naturalis curiosa regni Poloniæ, Magni Ducatus Litvaniæ, annexarumque Provinciarum, in tractatus XX divisas. Ex scriptoribus probatis, servata primigenia eorum phrasi in locis plurimis, ex M. S. S. variis, Testibus oculatis, relationibus fide dignis, experimentis, desumpta opera P. Gabrielis Rzaczynski Soc. Jesu Sandomiriæ. — *Typis collegii, Soc. Jesu, anno 1721, in-4° rel.*

2. — GÉOLOGIE

A. — Théorie de la terre. — Constitution minéralogique du Globe et de ses différentes parties

1146. — WODWARD (J.) — Géographie physique , ou essai sur l'histoire naturelle de la terre, trad. de l'anglais par M. Noguez, avec la réponse aux observations du Dr Camerarius, plusieurs lettres sur la même matière, et la distribution méthodique des fossiles. Trad. de l'anglais du même, par le R. P. Nicéron. — PARIS, *Briasson, 1785, in-4° rel.*

1147. — DELUC (J. A.) — Traité élémentaire de géologie. — PARIS, *Courcier, 1809, in-8°.*

1148. — LA METHERIE (J. C. DE). — Théorie de la terre, 2e édition. augmentée d'une minéralogie. — PARIS, *Maradan, an V (1797), in-8°, 5 vol. rel.*

1149. — PLAYFAIR (J.) — Explication sur la théorie de la terre, par Hutton, et examen comparatif des systèmes géologiques fondés sur le feu et sur l'eau, par M. Murray, en réponse à l'explication de Playfair. Trad. de l'anglais et accompagnés de notes et de planches, par C. A. Basset. — PARIS et LONDRES, *1815, in-8° rel.*

1150. — BRIXEN (VAN). — Versuch eimer. Théorie des terrains (en allemand. — BERLIN, *1803* (Pl.), *in-4° cart.*

1151. — AUBUISSON DE VOISINS (J. F. D'). — Traité de géognosie, ou exposé des connaissances actuelles sur la constitution physique et minérale du globe terrestre. Nouv. édit. — PARIS, *F. C. Levrault, 1828, in-8°, 3 vol. rel.* (Les tomes 2 et 3 ont été publiés par Burat),

1152. — ROZET (C. A.) — Cours élémentaire de géognosie, fait au dépôt général de la guerre. — PARIS, *F. C. Levrault, 1830, in-8° rel.* (Pl.)

1153. — KIRCHER (A.) — Mundus subterraneus, in XII libros digestus. Editio tertia. — AMSTELODAMI, *1678, in-folio, 2 vol. rel.*

1154. — BAYLE. — Cours de géologie par Bayle. Ecole nationale des ponts et chaussées, *1850.*

1155. — KLEC (Frédéric). — Le déluge. Considérations géologiques et historiques sur les derniers cataclysmes du globe. — Paris, *V. Masson, 1847, in-8° br.*

1156. — CUZENT (Gilbert). — O'taiti (Tahiti). Considérations géologiques, météorologiques et botaniques. État moral actuel des tahitiens. Traits caractéristiques de leurs mœurs. Végétaux susceptibles de donner des produits utiles au commerce. — Rochefort, *Thèze, 1860, in-8° br.*

1157. — ACLOCQUE. — Origine et composition du globe terrestre. Notions élémentaires de géologie. — Pamiers, *Galy, 1870, in-8° br.*

1158. — RIOU (A.) — Un mot sur la géologie comparée. — Brest, *J. B. Lefournier, 1877, in-8°, 32 pp. br.*

1159. — MORGAN (Jean de), ingénieur civil. — Géologie de la Bohême. — Paris, *J. Baudry, 1882, in-8°.*

1160. — CHÈVREMONT (Alexandre). — Les mouvements du sol sur les côtes occidentales de la France et particulièrement dans le golfe Normanno-breton, 14 planches en couleur. — Paris, *E. Leroux, 1882, in-8° br.*

B. — Montagnes et Volcans

1161. — CHARPENTIER (J. F. G. de). — Essai sur la constitution géognostique des Pyrénées (Pl.) — Paris, *F. G. Levrault, 1823, in-8°.*

1162. — MICHELET (J.) — La Montagne, 4ᵉ édit. — Bruxelles, *Lacroix, Verbœckhoven, 1868, in-12.*

1163. — HISTOIRE DU MONT VÉSUVE, avec l'explication des phénomènes qui ont coutume d'accompagner les embrasements de cette montagne, le tout traduit de l'italien de l'Académie des sciences de Naples, par M. Duperron de Castera. — Paris, *Ganeau, 1741, in-12 rel.* (Pl.)

1164. — DELLA-TORRE (Le P. Dom J. M.) — Histoire et phénomènes du Vésuve. Trad. de l'italien, par l'abbé Peton. — Paris, *J. T. Hérissant, 1760, in-12 rel.* (Pl.)

1165. — DOLOMIEU (Déodat de). — Mémoires sur les îles Ponces, et Catalogue raisonné des produits de l'Etna, pour servir à l'histoire des Volcans, suivi de la description de l'éruption de l'Etna du mois de juillet 1787. — Paris, *Cuchet, 1788, in-8°.*

1166. — SALMON (U. P.) — Mémoire sur un fragment de basalte volcanique, tiré de Borghetto, territoire de Rome. — *An XII, in-8° rel.*

1167. — ROBERT (Le Dr Eugène). — Rapprochement géologique entre le Vésuve et l'Heckla. — *Sézanne, 1881, plaq. in-8° de 8 p.* (Don de l'auteur).

C. — Histoire naturelle des Eaux

1168. — MARSILLI (L. F. Comte de). — Histoire physique de la mer, ouvrage enrichi de figures dessinées d'après le naturel. — Amsterdam, *1725, in-folio rel.*

1169. — MAILLET (Benoît de). — Telliamed, ou entretiens d'un philosophe indien avec un missionnaire français, sur la diminution de la mer, la formation des terres, etc... Mis en ordre sur les mémoires de feu Maillet, par A. G*** (Guers). — Amsterdam, *Lhonoré, 1748, in-8°, 2 vol. rel.*

1170. — AUBRIET (Ant.) — De la rupture des glaces au pôle arctique ou observations géographiques, physiques et météorologiques sur les mers et les contrées du pôle arctique, etc. — Paris, *Baudouin frères, 1818, in-8° br.*

1171. — MICHELET (J.) — La Mer. — Paris, *librairie L. Hachette et C^{le}, 1861, in-12.*

1172. — QUÉNAULT (M. L.) — Les mouvements de la mer, ses invasions et ses relais sur les côtes de l'Océan Atlantique, etc. — Coutances, *Daireaux, 1865, in-8° cart.*

1173. — CUZENT (Gilbert). — Eau minérale de la Ravine-chaude du Lamentin. — Pointe-a-Pitre, *1864, in-8° de 34 pp. br.*

1174. — CHABANNES (M. le D^r). — Notice chimiques sur les sources minérales de l'établissement thermal de Vals (Ardèche), par MM. O. Henry et E. Lavigne, suivie de la clinique de Vals, par le Dr Chabannes. — Marseille, *Marius Olive, 1867, in-8°, 129 pp. br.*

1174 bis. — BROUSMICHE (fils). — Le sol de la Nouvelle-Calédonie. — Brest, *imp. de l'Océan, s. d., in-8° br. de 29 p.*

1175. — ANALYSES CHIMIQUES des nouvelles eaux minérales vitrioliques, ferrugineuses, découvertes à Passy, dans la maison de Madame de Calsabigi. — *1757, in-12, reliées avec :*

1176. — RAULIN, docteur en médecine. — Traité analytique des eaux minérales en général, de leurs propriétés et de leur usage dans les maladies, fait par ordre du gouvernement. — Paris, *Vincent, 1772, 2 vol. in-8° rel. avec :*

1177. — BRETON (D^r). — Rapport au comte de Langeron sur les eaux minéralees de Keroualle (Finistère), en 1786. (Manuscrit).

1178. — MARION (D^r). — Note sur les eaux minérales sulfureuses iodurées de Louch-en-Dreff (Finistère), manusc. *in-4°*. (Don de l'auteur).

D. — Minéralogie

1179. — PINUS (Hermenegildi Pini C. R. S. P.) — De venarum metallicarum excoctione. — Vindobonæ, *sumptibus Joannis Pauli Kraus, 1780, in-4°, 2 vol. rel. en 1*. (24 pl. dans le premier et 12 dans le second).

1180. — ROSSIGNOL (J. L.) — Les métaux dans l'antiquité. Origine religieuse de la Métallurgie, etc. — Paris, *A. Durand, 1863, in-8°.*

1181. — WALLERIUS (J. G.) — Minéralogie ou description générale des substances du règne minéral. Trad. de l'allemand par le baron d'Holbach). — Paris, *Durand, 1753, in-8°, 2 vol. rel.*

1182. — KIRWAN (R.) — Eléments de minéralogie. Trad. de l'anglais, par Gibelin. — Paris, *Cuchet, 1785, in-8° rcl.*

1183. — BRISSON (M. J.) — Principes élémentaires de l'histoire naturelle et chimique des substances minérales. — Paris, *F. Didot, an V, 1797, in-8° rel.*

1184. — BROCHANT (A. J. M.) — Traité élémentaire de minéralogie, suivant les principes du professeur Werner. (Fig.) 2e édit. — Paris, *veuve Villier, 1808, in-8°, 2 vol. rel.*

1185. — BRONGNIART (A.) — Traité élémentaire de minéralogie, avec des applications aux arts. — Paris, *Deterville, 1807, in-8°, 2 vol. rel.*

1186. — BAUDRIMONT (A.) — Traité élémentaire de minéralogie et de géologie. — Paris, *1840, in-8° rel.* (Pl.)

1187. — DUFRÉNOY (A.) — Traité de minéralogie. — Paris, *Carilian, Gœurey et V. Dalmont, 1844, in-8°, 4 vol., dont l'Atlas.*

1188. — DUFRÉNOY, professeur à l'école des ponts et chaussées. — Cours de minéralogie appliqué aux constructions. — *Petit in-f° autogr.*

1189. — BLONDEAU. — Manuel de minéralogie. — Paris, *Roret, 1825, in-18.*

1190. — RAMBOSSON (J.) — Les pierres précieuses et les principaux ornements. Ouvrage illustré. — Paris, *Firmin Didot fils et Cie, 1870, g^d in-8° rel.*

1191. — CUVIER et BRONGNIART. — Essai sur la géographie minéralogique des environs de Paris, avec une carte géognostique et des coupes de terrain. — Paris, *Baudouin, 1811, in-4°, relié avec :*

1191 *bis.* — DROZ (J.) — Eloge de Montaigne. — Paris, *F. Didot, 1812, in-4°.*

1192. — BEUDANT (F. S.) — Traité de minéralogie. — Paris, *Verdière, 1832, 2 vol. in-8° rel.*

1193. — D°. — Cours élémentaire de minéralogie, par M. F. S. Beudant. — Paris, *Victor Masson, in-8°.*

1194. — D°. — Voyage minéralogique et géologique en Hongrie, pendant l'année 1818. — Paris, *Verdière, 1822, in-4°, 3 vol. rel.* et l'Atlas.

1195. — RIVOT et DUCHANOY, ingénieurs des mines. — Voyage en Hongrie, exécuté en 1851. — Paris, *1853, in-8°.*

1196. — ROZIÈRE. — Description minéralogique de la vallée de Qosséyr, lue à l'Institut d'Egypte, le 21 brumaire et le 11 frimaire an VIII. — *In-8° rel.*

1197. — DROUOT. — Notices sur les gîtes de houille et les terrains des environs des Forges et de la Chapelle-sous-Dun, etc. — Paris, *imp. impér., 1857, in-4°, et Atlas in-folio.*

1198. — GRARD (Edouard). — Histoire de la recherche, de la découverte et de l'exploitation de la houille dans le Hainaut français, dans la Flandre française et dans l'Artois, 1716 et 1791. — Valenciennes, *A. Priguet, 1847-1850-1851, in-4°, 3 vol. (Pl. et portr.)*

1199. — BARBA (A. A.) — Traité de l'art métallique, extrait des œuvres d'Alvare-Alph. Barba, célèbre artiste dans les mines du Potozi. Traduit de l'espagnol, par Hautin de Villars, auquel on a ajouté un mémoire concernant les mines de France, avec un tarif qui démontre les opérations qu'il faudrait faire pour tirer de ces mines l'or et l'argent qu'en tiraient les Romains, lorsqu'ils étaient maîtres des Gaules. (Fig.) — Paris, *G. Saugrain, 1730, in-12 rel.*

1200. — GUMPERTZ et LEBRUN. — Traité pratique des mines. — Paris, *an XIII (1805), in-4° rel.*

1201. — RIVOT (L. E.) — Principes généraux du traitement des minerais métalliques. Métallurgie du plomb et de l'argent. — Paris, *Dalmont et Dunod, 1860, in-8°.*

1202. — D°. — Docimasie. Traité d'analyse des substances minérales à l'usage des ingénieurs des mines. Paris, *Dunod, 1861, 4 vol. rel. in-4°.*

1203. — D°. — Mémoires sur les filons argentifères de Vialas (Lozère). — Paris, *Dunod, 1863, in-8°.*

1204. — MINES (résumé des travaux statistiques de l'administration des), de 1847 à 1852. — Paris, *imp, impér., 1854, in-4° cart.*

1205. — BALLIANO (Grégoire de), élève de l'école impériale des mines. — Métallurgie du mercure. (Extrait des annales du génie civil). — Paris, *E. Lacroix, 1865, in-8°, 24 pp. br.*

1206. — BEUDANT (F. S.) — Minéralogie et géologie, cours élémentaire d'histoire naturelle. — Paris, *Garnier frères, 1865, in-8° br.*

1207. — LIBERT et MICIOL. — Catalogue minéralogique et pétrologique du Finistère. (Extrait du bulletin de la Société d'études scientifiques du Finistère). — Morlaix, *Chevalier, 1885, 1 pl. de 22 p. in-8° br.*

3. — BOTANIQUE

A. — Histoires. — Dictionnaires. — Traités élémentaires

1208. — BUCHOZ (P. J.) — Histoire naturelle des végétaux, considérée relativement aux différents usages qu'on peut en tirer pour la médecine et l'économie domestique. — Paris, *Costard, 1772, in-12, 7 vol. rel.*

1209 — D°. — Histoire universelle du règne végétal, ou nouveau dictionnaire physique et économique de toutes les plantes qui croissent sur la surface du Globe. — Paris, *Costard, 1773, in-folio, 4 vol. cart.* (Les 3e et 4e volumes contiennent les planches).

1210. — BULLIARD (P.) — Dictionnaire élémentaire de botanique, revu et presque entièrement refondu par L. C. Richard. — Amsterdam, *1800, in-8° rel. (2 exempl.)*

1211. — D°. — Le même, 2e édit. — Paris, *J. J. Fuchs, an X (1802), in-8° rel.*

1212. — MOUTON-FONTENILLE. — Dictionnaire des termes techniques de botanique, à l'usage des élèves et des amateurs. — Lyon, *Brayset aîné, an XI (1803), in-8° rel.*

1213. — THÉIS (A. de). — Glossaire de botanique, ou dictionnaire étymologique de tous les noms et de tous les termes relatifs à cette science. — Paris, *G. Dufour et Cie, 1810, in-8° rel.*

1214. — DÉMONSTRATIONS élémentaires de botanique, contenant les principes généraux de cette science, les fondements des méthodes et les éléments de la physique des végétaux, etc., 4ᵉ édit. (Pl.) — LYON, *Bruyset aîné et Cⁱᵉ, an VIII (1800), in-8°, 2 part. en un seul vol.*

1215. — HANIN (L.) — Voyage dans l'empire de Flore, ou éléments d'histoire naturelle végétale. — PARIS, *Méquignon aîné, an VIII (1800), in-8°, 2 parties en un seul vol.*

1216. — MARQUIS (A. L.) — Esquisse du règne végétal, ou tableau caractéristique des familles des Plantes. — ROUEN, *1820, in-8°.*

1217. — PLÉE (F.) — Glossaire botanique ou vocabulaire donnant la définition des mots techniques usités dans l'enseignement, etc. — PARIS, *J. B. Baillière ;* LONDRES, NEW-YORK et MADRID, *même maison, 1854, in-12 rel. avec :*

MEUGY. — De l'extinction de la prostitution.

1218. — JUSSIEU (A. DE). — Cours élémentaire d'histoire naturelle. Botanique, par A. de Jussieu. — PARIS, *Masson et Cⁱᵉ, in-8°.*

1219. — RICHARD (A.) — Nouveaux éléments de botanique, 9ᵉ édit., augmentée de notes complémentaires par Ch. Martins. — PARIS, *F. Savy, 1864, in-8° br.*

B. — Physique, physiologie, anatomie, végétation et caractères des plantes

1220. — DUHAMEL DU MONCEAU (H. L.) — La physique des arbres, où il est traité de l'anatomie des plantes et de l'économie végétale. — PARIS, *H. L. Guérin et L. F. Delatour, 1758, in-4°, 2 vol. rel. (Fig.)*

1221. — BONNET (C.) — Recherches sur l'usage des feuilles dans les plantes et sur quelques autres sujets relatifs à la végétation. — GOTTINGUE, et LEYDE, *Elie Luzac fils, 1754, in-4° rel. (Fig.)*

1222. — RAUCH (F. A.) — Régénération de la nature végétale, ou recherches sur les moyens de recréer, dans tous les climats, les anciennes températures et l'ordre primitif des saisons, par des plantations raisonnées, appuyées de quelques vues, sur le ministère que la puissance végétale semble avoir à remplir dans l'harmonie des éléments. — PARIS, *F. Didot l'aîné, 1818, in-8°, 2 vol. rel.*

1223. — GAUDICHAUD (CHARLES). — Recherches générales sur l'organographie, la physiologie et l'organogénie des végétaux, etc., etc. — PARIS, *imp. royale, 1841, gᵈ in-4° br.*

1224. — RICHARD (Ach.) — Nouveaux éléments de botanique et de physique végétale, 6ᵉ édit. — Paris, *Béchet jeune, 1833, in-8°.*

1225. — Dᵒ. — Précis de botanique et de physiologie végétale, etc., etc. — Paris, *Béchet jeune, 1852, in-8° rel.*

1226. — VILLE (Georges). — Recherches sur la végétation. Absorption de l'azote de l'air par les plantes. Rapport fait par M. Chevreul. (Extrait des comptes-rendus officiels de l'académie des sciences). — Paris, *Martinet, 1855, in-8°, 31 pp. br.*

1227. — Dᵒ. — Recherches expérimentales sur la végétation. Quel est le rôle des nitrates dans l'économie des plantes ? De quelques procédés nouveaux pour doser l'azote des nitrates, en présence des matières organiques. Rapport fait par M. Pelouze à l'académie des sciences. — Paris, *Mallet-Bachelier, 1856, in-8°, 46 pp. br.*

1228. — HÉTET (M.) — Les plantes dans leurs rapports avec la vie animale. (Extrait des archives de médecine navale). — Paris, *Simon Raçon et Cⁱᵉ, 1866, in-8°, 16 pp. br.*

1229. — SAPORTA (de) et MARION. — Bibliothèque scientifique internationale publiée sous la direction de M. Em. Alglave. L'évolution du règne végétal. Cryptogames. — Paris, *Germer Baillière et Cⁱᵉ, 1881, in-8° rel. angl.* (XXXIX).

1230. — Dᵒ. — Bibliothèque scientifique internationale, publiée sous la direction de M. Em. Alglave. L'évolution du règne végétal. Phanérogames. — Paris, *Germer Baillière et Cⁱᵉ, Fʳᵉ Alcan, successeur, 1885, 2 vol. in-8° rel. angl.* (le 1ᵉʳ et le 2ᵐᵉ vol. LII — LIII).

C. — Systèmes de Botanique

1231. — VENTENAT (E.-P.) — Tableau du règne végétal selon la méthode de Jussieu. — Paris, *J. Drisonnier, an VII, in-4°, 4 vol. rel.*

D. — Histoire générale des Plantes, des Arbres, etc.

1232. — GILIBERT (J. E.) — Histoire des plantes de l'Europe, ou éléments de botanique pratique. — Lyon, *A. Leroy, an VI (1798), in-8°, 2 vol. rel.*

1233. — POIRET (J.-L.-M.) — Histoire philosophique, littéraire, économique des plantes de l'Europe. — Paris, *Ladrange et Verdière, 1825, in-8°, 8 vol. rel.* (y compris un atlas).

1234. — BLANCHARD (M. J. H.), jardinier en chef du jardin botanique de la marine, à Brest. — Le fraisier de Plougastel, son histoire, son origine, sa culture, son rendement. (Extrait du journal de la Société centrale d'horticulture de France. — PARIS, *Donnaud, s. d. 39 pp. br.*

1235. — CANDOLLE (A. DE). — Origine des plantes cultivées, 2e édit. — PARIS, *Germer Baillière et Cie, 1883, in-8° cart.*

1236. — RUEL (JEAN). — Joannis Ruellij. Canonici Parisiensis et medici, de naturâ stirpium. Le titre et le frontispice manquent ; nous empruntons le premier à la page qui vient après l'Index capitum. Malgré ces mutilations, nous pensons, d'après les indications de Brunet, que cet ouvrage sort des presses de Simon Colines, *1536, in-fol. rel.* Armoiries sur le plat (celles d'un évêque).

E. — Dendrologie ou histoire naturelle des Arbres

1237. — DUHAMEL DU MONCEAU (H.-L.) — Traité des arbres fruitiers, contenant leur figure, leur description, leur culture, etc. — PARIS, *Saillant et Desaint, 1768, gd in-4°, 2 vol. rel. (Pl.)*

1238. — TRAITÉ des arbres fruitiers, extrait des meilleurs auteurs par la Société économique de Berne. Trad de l'allemand, etc. — YVERDON, *1768, in-12, 2 vol. en un seul.*

1239. — SCHLEIDEN (Dr J.) — La plante et sa vie, leçons populaires de botanique, traduit de l'allemand d'après la 5e édition, avec l'autorisation de l'auteur et de ses ayant-droits. — PARIS, *Schulz ;* BRUXELLES, *Aug. Schnée ;* PARIS, *Martinon, 1858, 2 liv. in-8°.* (La 19e et la 20e).

1240. — ROME D'ARDENNE (le P. JEAN-PAUL DE). — Année champêtre, partie qui traite de ce qu'il convient de faire chaque mois dans le potager. — PARIS, *Vincent, 1769, in-12, 3 vol. rel.* Fleuron avec cette devise : Agrestibus arma, 7 planches.

1241. — ROBINET. — De la taille du murier. Extrait du propagateur de l'industrie de la soie en France. — *Février 1840.*

1242. — RIVIÈRE (DE LA) et DU MOULIN. — Méthode pour bien cultiver les arbres à fruit et pour élever des treilles. — PARIS, *Didot, 1738, in-8° rel.*

1243. — LE BON JARDINIER. — Almanach pour l'année 1833. — PARIS, *Audol, 2 vol. in-8°.*

1244. — COUTANCE (A.) — Histoire du chêne dans l'antiquité et dans la nature, ses applications à l'industrie, aux constructions navales, aux sciences et aux arts. — Paris, *J.-B. Baillière, 1873, in-8°.*

1245. — D°. — L'olivier. — Paris, *J. Rothschild, 1877, in-8° br.*

1246. — D°. — La lutte pour l'existence. — Paris, *C. Reinwald, 1882, in-8°.*

1247. — DELAVAUD (Ch.) — Etude sur l'importance des plantations d'arbres aux environs de Rochefort. — Rochefort, *Thèze, 1880, in-8° de 21 p.*

F. — Plantes choisies et plantes rares

1248. — L'HÉRITIER DE BRUTEL (C.-L.) — Stirpes novæ, descriptionibus et iconibus illustratæ. — Parisiis, *L.-D. Pierres, 1784-1785, in-f°, 2 vol. cart.*

G. — Plantes ou Flores de différents pays

1249. — FVCHS (Leonard).— De historia stiripium commentarii insignes. Adjectis earumdem et ad naturæ imitationem artificiose expressis imaginibus, Leonardo Fvchsio medico, hac nostrâ œtate clarissimo auctore. — Lvgdvni, *apud Balthazarum Arnolletum, 1559, in-8°, rel. en p. de velin.* Fleuron, balance, cheval, monstre marin, soutenant de la gueule et de son pied l'arbre de la balance. Portrait de Leonard Fvchs.

1250. — GMELIN (Phil. Fred.) — Philippe Fred. Gmelin, Med. D. botan. et chem. P. P. O Tubing, societ. reg. scient. Londin et Goeting sodalis., Otia botanica, quibusdam in usum prœlectionum academicarum definitionibus et observationibus illustratum reddidit prodromum Floræ Leydensis Adriani Van Royen, etc., qui plantas terra marique crescentes methodo naturali digessit. — Tvbingæ, *in offic. Bergeriana, 1760, in-4° rel.*

1251. — BARBEU DUBOURG (J.) — Le botaniste français, comprenant toutes les plantes communes et usuelles disposées suivant une nouvelle méthode et décrites en langue vulgaire. — Paris, *Lacombe, 1767, in-12, 2 vol. rel., 2 exempl.*

1252. — FORSKAL (Pierre). — Flora œgyptiaco-arabica, sive descriptiones plantarum, quas Œgyptum inferiorem Arabiam Felicem detexit, illustravit Petrus Forskal, prof. hauw. Post mortem auctoris edidit carsten Niebuhr. Accedil tabula Arabiæ Felicis geographica botanica. — Hauniæ, 1775, ex offic. Molleri aulæ typog. Prostat apud Heineck et Faber, in-4° rel.

1253. — LAMARCK (de). — Flore française, ou description succincte de toutes les plantes qui croissent naturellement en France. — Paris, imp. royale, 1778, in-8°, 3 vol. rel.

1254. — D° et DE CANDOLLE. — Flore française, etc., 3ᵉ édit. — Paris, H. Agasse, 1805, in-8°, 6 vol. rel.

1255. — D°, D°. — Synopsis plantarum in flora gallica descriptarum. — Parisiis, H. Agasse, 1806, in-8°, 2 exempl., dont un rel.

1256. — HEDWIG (Jean). — Joan Hedwigii fundamentum historiæ naturalis muscorum frondosorum concernens eorum flores , fructus , seminalem propagationem adjecta generum dispositione methodicâ, iconibus illustratis, pars I et pars II, ayant leur pagination particulière. — Lipsiæ, Lebrecht, Crusium, 1782, in-4° rel. (10 planches).

1257. — BULLIARD (P.) — Œuvres. — In-f°, 8 vol. rel. (Se composant de l'herbier de la France. de l'histoire des champignons, de l'hist. des plantes vénéneuses et du dictionnaire botanique).

1258. — D°. — Histoire des plantes vénéneuses et suspectes de la France, 2ᵉ éd. — Paris, A. Dugour, an VI, 1798, rel.

1259. — CROUAN (P. L. et H. M.) — Florule du Finistère (pl. coloriées). Paris, F. Klincksieck ; Brest, Lefournier, 1867, gᵈ in-8°.

1260. — DUBOIS (F.-N.-A.) — Méthode éprouvée avec laquelle on peut parvenir facilement et sans maître, à connaître les plantes de l'intérieur de la France et en particulier celles des environs d'Orléans. — Orléans, Darnault Maurant, an XI, 1803, in-8° rel.

1261. — BAUTIER (Dʳ Al.) — Tableau analytique de la Flore parisienne, 4ᵉ édit., etc., etc. — Paris, Béchet jeune et Labé, 1839, in-12 br.

1262. — LE MAOUT et DECAISNE. — Flore élémentaire des jardins et des champs, accompagnée de clefs analytiques conduisant promptement à la détermination des familles et des genres, et d'un vocabulaire des termes techniques. — Paris , Ranquet et Cⁱᵉ , 1855 , 2 vol. in-8°. (Manque le 1ᵉʳ vol.)

1263. — CUZENT (Gilbert). — Etudes sur quelques végétaux de Tahiti. — Tahiti, *Faure, 1857, in-8° br.*

1264. — D°. — Du taca pinnatifida pia de Tahiti ; de sa fécule, de sa paille et du pandanus odoratissimus. Extrait des annales de l'agriculture des colonies, numéros des 30 juin et juillet 1861. — *S. l. n. d., in-8° br. de 22 pp.*

1265. — MIGUEL (F. A. M.) — Illustration de la flore de l'archipel indien. — Amsterdam, *C. G. Van Der Port, 1870-71, in-4°.* Tom. 1er, livraisons 1re, 2e et 3e

1266. — PHILIPPE. — Flore des Pyrénées. — Bagnères de Bigorre, *P. Plassot, 1859, in-8°, 2 vol.*

1267. — JARDIN (Edelestan). — Essai d'une flore de l'archipel des Marquises. — Paris, *J. B. Baillière ;* Brest, *Normand, 1858, in-8°.*

1268. — D°. — Enumération de nouvelles plantes phanérogames et cryptogames découvertes dans l'ancien et le nouveau continent, recueillies par M. Edelestan Jardin. — Caen, *Blanc-Hardel ;* Paris, *Baillière ;* Brest, *Lefournier, 1875, in-8° br.*

1269. — BESNOU (Léon). — La Flore de la Manche, catalogue raisonné des plantes vasculaires et cellulo-vasculaires du département de la Manche. — Coutances, *Salettes, in-8° br.*

1270. — DELTEIL (A.) — Etude sur la vanille. — Saint-Denis (Réunion), *1872, in-8° br.*

1271. — COSSON (E.) — Illustrationes floræ atlanticæ seu icones plantarum novarum, rariorum vel, etc. Fasciculus I et II. Tabulæ 1-25 et 26-50. — Parisiis, *in nationali typographeo excudebatur, septembri 1882, in-f° en feuilles.*

1272. — D°. — Flore des états barbaresques. Algérie, Tunisie et Maroc, vol. I. Première partie. Historique et géographie. — Paris, *imp. nat^{le}, 1881, g^d in-8° br.*

1273. — REVOIL (Georges). — Faune et Flore des pays Çomalis. (Afrique orientale). — Paris, *Challamel aîné, 1882, in-8° br.*

1274. — COSSON (E.), de l'Institut. — Note sur la Flore de la Kroumirie centrale, explorée en 1883 par la mission botanique, sous les auspices du ministère de l'instruction publique. — Paris, *imp. réunies, 1885, plaq. de 33 pages.*

H. — Collections de plantes des jardins publics

1275. — DESFONTAINES (R.) — Catalogus plantarum horti regii Parisiensis. Ed. tertia. — Parisiis, *J. S. Chaudé, 1829, in-8°.*

1276. — PICHON et BROCA. — Catalogue raisonné ou tableau analytique et descriptif des plantes cultivées à l'école de botanique du museum. impérial maritime du port de Brest. — *Imp. impér. de la marine, 1811, in-8° rel.*

I. — Monographies, soit de classes entières, soit d'espèces particulières de végétaux

1277. — MOUGEOT (J.-B.) et NESTLER (C.) — Stirpes cryptogamæ Vogeso-Rhenanæ, quas in Rheni superioris inferiorisque, nec non Vogesorum præfecturis collegerunt Mougeot et Nestler. — Bruyerii, *Vogesorum typis M. Vivot, 1810, in-4° cart.* (Herbier).

1278. — JOLYCLERC (N.) — Cryptogamie complète, ou description des plantes dont les étamines sont peu apparentes, suivant les ordres ou familles, les genres, etc., par C. Linné. Première édition française calquée sur celle de Gmlin, augmentée. etc. — Paris, *Levacher, an VII, in-8°.*

1279. — STEUDEL (E.) — Nomenclator botanicus enumerans ordine alphabetico nomina atque synonyma tum generica, tum specifica, et a Linnaeo et recentioribus de re botanica scriptoribus plantis phanerogamis imposita. — *Stuttgardtiæ et Tubingæ J. G. Cotta, 1821, in-8°.*

1280. — L'HÉRITIER DE BRUTELLE (C. L.) — Cornus specimen botanicum sistens descriptiones et icones specierum corni minus cognitarum. — Parisiis, *P. F. Didot, 1788, in-folio cart.*

J. — Plantes Marines

1281. — CROUAN Frères, Pharmaciens à Brest. — Algues marines du Finistère, Herbier. — Brest, *1852, in-8°, 3 vol. rel.*

1282. — Autre exemplaire.

1283. — D°. — Observations sur les Tetraspores des Algues. Extrait des Annales des Sciences naturelles, Décembre 1844, in-4°. Etudes sur l'organisation, la fructification et la classification du Fucus Wigghii, de Turner et de Smith, et de l'Atractophora hypnoïde. (Extrait des Annales des Sciences naturelles, T. X., Décembre 1849). Etudes microscopiques sur quelques Algues nouvelles ou peu connues, constituant un genre nouveau. (Extrait des Annales des Sciences, T. IV, *3 broch. in-4° rel.* avec :

DUBY (J. E.) — Troisième mémoire sur le groupe des Céramiées, sur le mode de leur propagation (lu à la Société de physique et d'Histoire naturelle de Genève, le 7 décembre). — *In-4°.*

1284. — STENFORT (F.) — Les plus belles plantes de la mer. — Paris, *Richard-Berthier, in-8° rel.*

1285. — MAURIÈS. — Recherches historiques et littéraires sur l'usage de certaines Algues. — Brest, *Roger père, in-8° (pièce de 43 pages), rel.*

1286. — MAZÉ et SCHRAMM. — Essai de classification des Algues de la Guadeloupe. 2ᵉ édition. — Basse-Terre (Guadeloupe), *imp. du Gouvernement, 1870-1877, in-8° br.*

1287. — CHAUVIN (F.-M.-A.) — La culture de la mer, appliquée aux baies du littoral de la France. — Exposé et moyens pratiques par F.-M.-A. Chauvin, suivis d'un rapport sur ledit mémoire par M. A. de Maude. — Lannion, *imprimerie de Alfred Anger, libraire, 48 p. in-8°.*

1288. — MOTELAY (L.) et VENDRYÈS. — Monographie des Isoëteæ. (Extrait des actes de la Société linnéenne de Bordeaux). — Bordeaux, *J. Durand, 1884, in-8°.*

1289. — VAILLANT (L.), professeur, administrateur du Museum d'histoire naturelle, membre de la commission des dragages sous-marins. — Expéditions scientifiques du *Travailleur* et du *Talisman*, pendant les années 1880-81-82-83. Ouvrages publiés sous les auspices de l'Instruction publique, sous la direction de Milne Edwards, membre de l'Institut, président de la Commission des dragages sous-marins, etc. — Paris, *G. Masson, gᵈ in-4°, 1888.*

K. — Végétaux employés en Médecine et dans les Arts

1290. — MATTHIOLE (P.-A.) — Commentaires sur les six livres de Ped. Dioscoride, mis en français sur la dernière édition latine de l'auteur, par J. Desmoulins. — Lyon, *G. Roville, 1579, in-f° rel.*

1291. — D°. — Les mêmes, traduits du latin, par Ant. du Pinet. — Lyon, P. Rigault, 1619, in-folio rel.

1292. — GMELIN (J.-G.) — Flora sybirica sive historia plantarum Sibiriæ. — Petropoli, ex-typog. Academiæ scientiarum, 1747, in-4°, 4 vol. rel.

1293. — RÉGNAULT. — La botanique mise à la portée de tout le monde, ou collection des plantes d'usage dans la médecine, dans les aliments et dans les arts (Pl. Col.) — Paris, 1774, in-f°, 3 vol. rel.

1293 bis. — CATALOGUE des plantes d'usage selon l'ordre de leurs vertus. — Paris, Libraires associés, 1760, in-8° rel.

1294. — MANUEL économique des plantes, ou traité de toutes les plantes qui peuvent être utiles aux arts. Nouv. édit. par Y. P***. — Paris, Artaud, an IX, 1801, in-8°.

1295. — CHAUMETON (F.-P.) — Flore du Dictionnaire des Sciences médicales, peinte par Madame E. Panckoucke et P.-J.-F. Turpin. — Paris, Panckouke, 1814, in-8°, 8 vol. rel.

1296. — DELTEIL (A.), pharmacien de 1re classe de la marine. — Note sur les plantes textiles de l'île de la Réunion. (Extrait du Moniteur de la Réunion. — Saint-Denis, G. Lahuppe, 1870, 64 pp. br.

1297. — VÉTILLART. — Manuel ou exposé de la méthode pratique à suivre dans l'examen des matières textiles d'origine végétale. — Paris, G. Baillière, 1872, in-8°, 32 pp. br.

4. — ZOOLOGIE OU HISTOIRE NATURELLE DES ANIMAUX

a. — GÉNÉRALITÉS

1298. — ELIEN-ÆLIANI de naturâ animalium libri XVII. Cum animadversionibus Conradi Gesneri, et Danielis Wilhelmi Trilleri, curante Abrahamo Gronovio qui et suas adnotationes adjecit. — Londini, excudit Gulielmus Bowyer. Sumptibus societatis ad Litteras promovendas institutæ. Anno 1744, in-4°, 2 vol. rel., sans changement de pagination, texte grec en face du latin. Fleuron où on lit : Resvrges.

1299. — FORSKAL (Pierre). — Descriptiones animalium, avium, amphibiorum, piscium, insectorum, verminum ; quœ in itinere orientali observavit Petrus Forskal, prof. Hanw. — Post mortem auctoris edidit Carsten Niebuhr adjuncta est materia medica Kahirina, atque Tabula maris rubri geographica. — Hanniœ, *1775, ex officinâ Molleri, aulae typog. in-4°, rel.*

1300. — ARISTOTE. — Histoire des animaux, avec la traduction française (grec et français), par M. Camus. — Paris, *Veuve Desaint, 1783, in-4°, 2 vol. rel.*

1301. — HERMANN (J.) — Tabula affinitatum animalium olim Academico specimine edita, nunc uberiore commentario illustrata cum annotationibus ad historiam naturalem animalium augendam facientibus. Auctore Johanne Hermann M. D et Prof. — Argentorati, *1783, impensis J.-Georg. Treuttel, in-4° rel.*

1302. — PLINE (L'ancien) — Histoire naturelle des animaux. Trad. nouv., avec le texte en regard, par P. C. B. Guéroult. — Paris, *Delance et Lesueur, an XI (1802), in-8°, 3 vol. rel.*

1303. — SMITH (Thomas). — Le cabinet du jeune naturaliste, ou histoire des animaux. — Paris, *Maradan, 1810, in-12, 6 vol. rel.*

1304. — ALLENT (B.) — Les animaux industrieux, ou description des ruses qu'ils mettent en œuvre pour saisir leur proie et fuir leurs ennemis, etc. — Paris, *P. Blanchard, 1821, in-12 rel.*

1305. — VIREY (J.-J.) — Histoire des mœurs et de l'instinct des animaux, avec les distributions méthodiques et naturelles de toutes leurs classes. — Paris, *Deterville, 1821, in-8°, 2 vol. rel.*

1306. — FIGUIER (L.) — La vie et les mœurs des animaux. — Paris, *Hachette. 1866, gᵈ in-8°.*

1307. — MARCOTTE (F.) — Les animaux vertébrés de l'arrondissement d'Abbeville. — *1860, in-8°.*

1308. — MILNE-EDWARDS, BEUDANT et de JUSSIEU. — Cours élémentaire d'histoire naturelle à l'usage des collèges et des maisons d'éducation, etc. Zoologie, par M. Milne-Edwards. — Paris, *Fortin, Masson et Cⁱᵉ, Langlois et Leclerq, s. d., in-8°. rel.*

1309. — CHENU (M. J. C.) — Leçons élémentaires d'histoire naturelle, comprenant un aperçu sur toute la zoologie et un traité de conchyliologie à l'usage des gens du monde, ouvrage adressé à Mᵐᵉ François Delessert, par M. J. C. Chenu, docteur en médecine. — Paris, *J. Dubochet, Le Chevalier et Cⁱᵉ, Dauvin et Fontaine, libraires, in-4° rel.*

b. — Spécialités

A. — Mammalogie

1310. — VIREY (J.-J.) — Histoire naturelle, nouvelle édition, fig. — Paris, *Crochard, 1824, in-8°, 3 vol. rel.*

1311. — AUDEBERT (J.-B.) — Histeire naturelle des singes, des makis et des galéopithèques. — Paris, *Crapelet, 1799-1800, in-f° rel. (Fig. noires).*

1312. — BOITARD. — Le jardin des plantes, description et mœurs des mammifères de la ménagerie et du muséum d'histoire naturelle. — Paris, *J.-J. Dubochet et Cie, 1842, in-8°.*

1313. — LUBBOCK (John). — Origines de la civilisation. Trad. de Ed. Barbier. — Paris, *Germer-Baillière, 1873, in-8°.*

1314. — D°. — L'homme avant l'histoire. Trad. de l'anglais. — Paris, *Baillière, 1867, in-8° rel.*

1315. — LEHON (H.) — L'homme fossile en Europe. — Paris, *Reinwald, 1867, in-8°.*

1316. — ROUGEMONT (Fréd. de). — L'âge de bronze. — Paris, *Didier, 1866, in-8°.*

1317. — ZIMMERMANN (W.-F.-A.) — L'homme. Problèmes et merveilles de la nature humaine. Origine de l'homme, etc. — Paris, *Schutz et Thuillié, 1864, in-8°.*

1318. — LYELL (Sir Charles). — L'ancienneté de l'homme prouvée par la géologie. Trad. de l'anglais par M. Chaper. — Paris, *1864, in-8°, 2 vol. rel.*

1319. — MEIGNAN (Monseigneur). — Le monde et l'homme primitif selon la Bible. — Paris, *Victor Palmé, 1869, in-8°.*

1320. — FIGUIER (Louis). — L'homme primitif, ouvrage illustré par E. Bayard et par Delahaye. — Paris, *L. Hachette, 1870, g^d in-8°.*

1321. — PUECH (A.), docteur. — L'homme. Ses origines, d'après le système de Darwin. Mémoire de l'Académie du Gard, année 1872. (Extrait du bulletin de la Société académique de Brest). — *S. l. ni d., in-8° br., 17 p.*

1322. — FIGUIER (Louis). — Races humaines. — *L. Hachette, 1873*, g^d *in-8°.*

1323. — BROCA (Paul). — Revue d'anthropologie. — Les nègres chez eux. — Paris, *Masson, s. d.*

1324. — DARWIN (Charles). — L'origine des espèces au moyen de la sélection naturelle ou la lutte pour l'existence dans la nature. Traduit de l'édition anglaise définitive, par Ed. Barbier. — Paris, *Reinwald, 1880, in-8° cart.*

1325. — RIALLE (Girard de). — Nos ancêtres, par Girard de Riolle. — Paris, *Degorce-Cadol, 1883, in-8° rel.*

1326. — FILHOL (H.) — Etudes sur les mammifères fossiles de Sansan. Tome 37ᵉ de la bibliothèque des hautes études. Section des sciences naturelles. — Paris, *G. Masson, 1890, g^d in-8° br.*

B. — Ornithologie

1327. — RAY (J.) — Histoire naturelle éclaircie dans une de ses parties principales, l'ornithologie, qui traite des oiseaux de terre, de mer et des rivières, tant de nos climats que des pays étrangers. Trad. du latin, du *Synopsis avium* de Roy, augmentée d'un grand nombre de descriptions, etc., par M. Salerne. (Fig.) — Paris, *Debure père, 1767, in-4° rel.*

1328. — BRISSON (M.-J.) — Ornithologie, ou méthode contenant la division des oiseaux en ordres, sections, genres, etc. (Fig.) Latin et français. — Paris, *J.-B. Bauche, 1760, in-4°, 6 vol. rel.*

1329. — BUFFON (Le comte de). — Histoire naturelle des oiseaux, pl. — Paris, *imp. roy., 1770, 2 vol, in-12 rel.*

1330. — HERVIEUX DE CHANTELOUP (J.-C.) — Nouveau traité des serins de Canaries, contenant la manière de les élever et de les appareiller, pour en avoir de belles races, etc. — Paris, *Saugrain jeune, 1766, in-12 rel.*

1331. — MICHELET (J.) — L'oiseau, 2ᵉ édit. — Paris, *Hachette, 1856*, g^d *in-18 rel.*

1332. — Autre exemplaire, 3ᵉ édit. — *1857.*

1333. — BLANDIN (le Dʳ J.) — Catalogue des oiseaux observés dans le département de la Loire-Inférieure. — Nantes, *veuve Mellinet, 1864, in-8°.*

1334. — OUSTALET (E.) et l'abbé DAVID (Armand). — Les oiseaux de la Chine. — Paris, *Masson, 1877, in-8°*, avec atlas de 124 pl.

B^a. — Reptiles

1335. — MILNE-EDWARDS. — (Recherches zoologiques publiées sous la direction de M.) Troisième partie. Etudes sur les reptiles et les batraciens, par MM. Auguste Dumeril et Bocourt. — Paris, *imp. nat^le, 1888, in-4°*. Fascicule de la page 129 à la p. 176.

1336. — D°. — Recherches zoologiques, publiées sous la direction de M. Milne-Edwards. Troisième partie. Etudes sur les reptiles et les batraciens. — Paris, *imp. nat^le, 1888, in-4°*. Fascicule de la page 657 à la p. 696.

1337. — KLEIN (J. L.) — Tentamen herpetologiæ, autore Jacobo Klein. Cum perpetuo commentario accessit J. A. Unzeri observatio de Tæmis, latine reddita, cum dubiis circa eamdem. — Leidæ et Gottingæ, *apud Eliam Luzœ, jun 1755, in-4° rel.* (Titre rouge et noir).

C. — Animaux invertébrés

1338. — RÉAUMUR (de). — Mémoire pour servir à l'histoire des insectes. (Pl.) — Paris, *imp. roy., 1734, 6 vol. rel.*

1339. — MICHELET (J.) — L'insecte. — Paris, *Hachette, 1858, in-18 rel.*

1340. — VALLOT (J.-M.) — Concordance systématique, servant de table des matières à l'ouvrage de Réaumur intitulé : Mémoire pour servir à l'histoire des insectes. — Paris, *an X, 1802, in-4°*.

1341. — PALLAS (P. S.) — Elenchus zoophytorum sistens generum adumbrationes generaliores et specierum cognitarum succinctas descriptiones, cum selectis auctorum synonymis. — Hagœ-Comitum, *P. Van Cleef, 1766, in-8° rel.*

1342. — ROBINEAU-DESVOIDY (le D^r). — Histoire naturelle des diptères des environs de Paris. — Œuvre posthume, publiée par H. Monceaux. — Paris, *Victor Masson, 1863, in-8°, 2 vol.*

1343. — LAMOUROUX (J.-V.-F.) — Exposition méthodique des genres de l'ordre des polypiers, avec leur description et celle des principales espèces figurées dans 84 planches, les 63 premières appartenant à l'histoire naturelle des zoophytes d'Ellis et Solander. — Paris, *veuve Agasse, 1821,`in-4° cart.*

1344. — LACAZE-DUTHIERS (H.) — Histoire naturelle du corail, organisation, reproduction, pêche en Algérie, etc. (Pl.) — Paris, *Baillière, 1864, in-8°.*

1345. — DISSERTATION sur les huîtres vertes de Marennes, avec des observations critiques sur l'opinion de plusieurs naturalistes, touchant la reproduction des huîtres en général et les causes de la couleur verte que ces animaux peuvent acquérir, par M. G. de la B..., président du tribunal de Marennes. — Rochefort, *Goulard, 1821, in-8°.*

1346. — GVALTIERI (Nicolaï). — Index testarum conchyliorum quae adservantur in mvseo, etc. — Florentiæ, *anno 1742, ex typographia Caïentani Albizzini, Præsidvm Permissu, in-f° br.* (Offert à la bibliothèque, par M. Guengant, pharmacien.

1347. — KLEIN (Jacobi-Theodori) — Tentamen methodi ostracologicœ. — Lugduni *Batavorum, apud Georg. Jac. Wishoff, 1753, gᵈ in-4° rel.*

1348. — GEOFFROY. — Traité sommaire des coquilles, tant fluviatiles que terrestres, qui se trouvent aux environs de Paris, par M. Geoffroy, docteur, régent de la faculté de médecine. — Paris, *chez J. B. Guil. Musier fils, libraire, MDCCLXVII, in-12 rel.*

1349 — BRUGUIÈRES. — Encyclopédie méthodique. Histoire naturelle des vers, coquilles, mollusques et polypiers, par M. Bruguières. — Paris, *chez Panckoucke, libraire, MDCCXCII, 4 vol. 3 de planch., gᵈ in-4° rel.*

1350. — LAMARCK (de).—Histoire naturelle des animaux sans vertèbres, par M. le chevalier de Lamarck. — Paris, *Verdière, libraire, 1815, 7 vol. in-8° rel.*

1351. — BOSC (L. A. C.) — Histoire naturelle des coquilles, avec figures dessinées d'après nature, par L. A. C. Bosc, membre de l'académie des sciences. Deuxième édition, augmentée d'une table alphabétique, avec les synonymes de M. de Lamarck. — Paris, *chez Verdière, 1824, 5 vol. in-18 rel.*

1352. — LAMOUROUX, BORY de SAINT-VINCENT, Eud. DESLONG-CHAMPS. — Encyclopédie méthodique. Histoire naturelle des zoophytes ou animaux rayonnés, faisant suite à l'histoire naturelle des vues de Bruguières, par MM. Lamouroux, Bory de St-Vincent et Eud. Deslong-champs. Tome second, ouvrage incomplet. — Paris, *chez Mᵐᵉ veuve Agasse, libraire, MDCCCXXIV, gᵈ in-4° rel.*

1353. — DUCROTAY DE BLAINVILLE (H. M.) — Manuel de malacologie et de conchyliologie, par H. M. Ducrotay de Blainville, professeur
d'anatomie, de physiologie comparées et de zoologie à la faculté des
sciences de Paris. — PARIS, *F. G. Levrault, libraire ;* STRASBOURG,
même maison, 1825, 2 vol. g^d in-12 rel., un vol. de planches.

1354. — PAYRAUDEAU (B. C.) — Catalogue descriptif et méthodique
des annélides et des mollusques de l'île de Corse, avec huit planches
représentant quatre-vingt-huit espèces dont soixante-huit nouvelles. —
PARIS, *Bechet et autres, 1826, in-8°* (2 exempl.)

1355. — RANG (SANDER). — Manuel de l'histoire naturelle des mollusques
et de leurs coquilles, par M. Sander Rang, ouvrage orné de planches. —
PARIS, *Roret, libraire, 1829, p^t in-12 rel.*

1356. — CHERRES (COLLARD DES). — Catalogue des testacés marins,
terrestres et fluviatiles du département du Finistère. — BORDEAUX, *1830,
in-8° rel. oblong.*

1357. — BRUGUIÈRES et DE LAMARCK. — Encyclopédie méthodique.
Histoire naturelle des vers, par Bruguières et de Lamarck, continuée par
M. G. P. Deshayes. Tome second. — PARIS, *chez Mme veuve Agasse,
imp. libr.,* MDCCCXXX, *in-4° rel.*

1358. — DRAPARNAUD (JACQUES - PHILIPPE - RAYMOND). — Histoire
naturelle des mollusques terrestres et fluviatiles de la France, ouvrage
posthume de Jacques - Philippe - Raymond Draparnaud, professeur
d'histoire naturelle à l'école de médecine de Montpellier, avec XIII planches. — PARIS, *chez Louis Colas, libr., g^d in-4° rel.*

1359. — D°. — Complément de l'histoire naturelle des mollusques
terrestres et fluvietiles de la France de J.-P.-R. Draparnaud, par André-
Louis-Gaspard Pichaud, avec planches. — VERDUN, *chez Lippmann,
imp. libr., 1831, g^d in-4° rel.*

1360. — RANG (SANDER). — Description des coquilles terrestres,
recueillies pendant un voyage à la côte occidentale d'Afrique et au
Brésil. Extrait des annales des sciences naturelles. — PARIS, *Crochard,
1831.*

1361. — MOULINS (CH. DES). — Description d'un nouveau genre de
coquille bivalve, fluviale, de l'Amérique sept^{le}. — BORDEAUX, *Lafarge,
1832, pl. in-8° br. de 13 p.*

1362. — RANG. — Mémoire sur quelques acéphales d'eau douce du
Sénégal, par M. Rang, officier de marine, août 1834. — *Broch. g^d in-4°,
24 p. avec planch.*

1363. — MORELET (Arthur). — Description des mollusques terrestres et fluviatiles du Portugal, par Arthur Morelet, avec 14 planches gravées et coloriées. — Paris, *J. B. Baillière, libraire de l'académie royale de médecine ;* Londres, *chez H. Baillière, 1845, in-4° br.*

1364. — DUPUY (l'abbé D.) — Histoire naturelle des mollusques terrestres et d'eau douce qui vivent en France, par M. l'abbé D. Dupuy, professeur d'histoire naturelle, avec planches lithographiées par M. J. Delarue, 6 fascicules d'une centaine de pages chacun. — Paris, *chez Victor Masson, libraire ;* Auch, *chez Brun, libr.-édit*, *de 1847 à 1852, g^d in-4°.*

1365. — PUTON (Ernest). — Essai sur les mollusques terrestres et fluviatiles des Vosges, par Ernest Puton. Extrait de la statistique du département des Vosges. — Epinal, *de l'imp: de Gley, chez Valentin, libr., 1847, in-4° br.*

1366. — JOURNAL DE CONCHYLIOLOGIE, comprenant l'étude des animaux, des coquilles vivantes et des coquiles fossiles, publié sous la direction de M. Petit de la Saussaye, année 1853, n° ii. (Il paraît quatre cahiers par an). — Paris, *chez M. Petit de la Saussaye, mai 1853, g^d in-12 br.* Les planches sont incomplètes, ainsi que l'ouvrage.

1367. — CAILLIAUD (M. F.) — Notice sur le genre Clausilie. — Nantes, *veuve Mellinet, 1854, pl. in-8° br. de 8 p.*

1368. — D°. — Procédé employé par les Pholades dans leur perforation, supplément du 20 août 1855, par Frédéric Cailliaud, directeur-conservateur du musée d'histoire naturelle de Nantes. — Nantes, *imprim. de Mme veuve C. Mellinet, broch. in-8° de 11 p.*

1369. — D°. — Observations sur les oursins perforants de Bretagne, par M. Frédéric Cailliaud, directeur-conservateur du musée d'histoire naturelle de Nantes, etc. Extrait de la revue et magasin de zoologie n° 4, 1856. — Paris, *imp. de Mme veuve Bouchard-Huzard, une br. in-8° de 22 pages.*

1370. — DROUET (Henri). — Eléments de la faune açoréenne. — Paris, *J. B. Baillière et fils, 1861, in-4° rel. angl.*

1371, — BAVAY (A.) — Note sur l'hylodes Martinicensis et ses métamorphoses. — Basse-Terre, Guadeloupe, *1872, 14 pp. br.*

1372. — GIRARD (Maurice). — Traité élémentaire d'entomologie, comprenant l'histoire des espèces utiles et de leurs produits, des espèces nuisibles et des moyens de les détruire ; l'étude des métamorphoses et des mœurs, etc. — Paris, *Baillière, 1873, 2 vol. in-8° br. et 1 atlas.*

1373. — COUTANCE (A.) — De l'énergie et de la structure musculaire chez les mollusques acéphales, avec 18 fig. en 2 planch. — Paris, J.-B. Baillière et fils, 1878, in-8°, 63 p. br.

1374. — MÉGNIN (Pierre). — Les parasites et les maladies parasitaires chez l'homme, les animaux domestiques et les animaux sauvages avec lesquels ils peuvent être en contact. Insectes, arachnides, crustacés, avec 65 fig. dans le texte et un atlas de 26 planches, dessinées par l'auteur. — Paris, G. Masson, 1880, in-8° br., 2 vol.

1375. — ETUDE sur les crustacés terrestres et fluviatiles, recueillis en Tunisie en 1883, 1884 et 1885, par M. Letourneur. Sedillot et Valéry-Mayol, par Eugène Simon. — Paris, impr. nat^le, 1885, in-8° br.

1376. — LETOURNEUX (A.) et BOURGUIGNAT (J.-R.) — Exposition scientifique de la Tunisie. Prodrome de la malacologie terrestre et fluviale de Tunisie. — Paris, imp. nat^le, 1887, in-8° br.

1377. — PÉRON (Alph.) — Exploration scientifique de la Tunisie. Illustrations de la partie paléontologique et géologique. Fascicule II, 2me partie. Espèces nouvelle ou critiques de mollusques fossiles des terrains crétacés de la région sud des hauts-plateaux de la Tunisie. Planches xxiii - xxix, dessinées d'après nature, par M. F. Gauthier. — Paris, imp. nat^le, 1891. Atlas in-f° en feuilles.

1378. — D°. — Exploration scientifique de la Tunisie. Description des mollusques fossiles des terrains crétacés de la région sud des hauts-plateaux de la Tunisie, recueillis en 1885 et 1886 par M. Philippe Thomas, membre de la mission de l'exploration scientifique de la Tunisie. Deuxième partie. — Paris, imp. nat^le, 1890-91, in-8° br.

5. — MÉLANGES D'HISTOIRE NATURELLE ET DE PHYSIQUE

1379. — REDI (Francesco). — Opere. — Firenze, 1724, in-4° velin.

1380. — ALLÉON-DULAC (J.-L.) — Mélange d'histoire naturelle. — Lyon, Benoît-Duplain, 1763, in-8°, 6 vol.

1381. — TRAITÉS TRÈS-RARES, concernant l'histoire naturelle et les arts. — Paris, Saugrain et Lamy. 1787, in-8° rel., contenant :

1° GRAINDORGE. — Traité de l'origine des macreuses, mis en lumière par T. Malouin, sur l'imprimé de 1680. — Caen, J. Poisson, in-12.

2° FORMI (P.) — Traité de l'Adianton, ou cheveu de Vénus, contenant la description, les utilités et les diverses préparations galéniques et spagyriques de cette plante, sur l'imprimé de 1664. — Montpellier, *P. Dubuisson, in-12.*

3° DEZALLIER-D'ARGENVILLE (J.-A.) — Enumerationis fossilium, quæ in omnibus Galliæ provinciis reperiuntur, tentamina. — Parisiis, *J. De Bure, 1751, in-8°.*

4° DESMARS. — De l'air, de la terre et des eaux de Boulogne-sur-Mer et des environs. Nouvelle édition. — Paris, *V.-D.-A., Pierres, 1761, in-12.*

5° PRÉCIS historique de la ville de Messine en Sicile, etc., contenant l'abrégé de l'histoire de ces contrées, avec une notice sur la Calabre, etc. — Paris, *Cailleau, 1783, in-12.*

6° BRUN. — Traité sur le sucre au Cap français. — *Imp, roy., 1769, in-8° rel.*

1382. — RECUEIL DE DIVERS TRAITÉS. — Un volume contenant :

1° TARENNE (G.) — Abrégé d'anthropographie, ou description de toutes les parties extérieures du corps humain. — Paris, *an VII, in-8°.*

2° GEIGER. — Dissertation sur le galvanisme et son application. — Paris, *au X, 1802, in-8°.*

3° HUSSON (H.-M.) — Essai sur une nouvelle doctrine des tempéraments, 2e édit. — Paris, *an X, in-8°.*

4° CHAPTAL (J.-A.) — Essai sur le perfectionnement des arts chimiques en France. — Paris, *in-8°.*

5° LEROY (C.-G.) — Lettres philosophiques sur l'intelligence et la perfectibilité des animaux, avec quelques lettres sur l'homme. Nouvelle édition. — Paris, *an X, 1802, in-8° rel.*

1383. — MÉMOIRES (Quelques) sur différents sujets, la plupart d'histoire naturelle ou de physique- générale et particulière. — Paris, *Delance, 1807, in-8°.*

1384. — MACÉ (Jean). — Hisioire d'une bouchée de pain. — Paris, *Hetzel, 1861, gd in-8°.*

6. — CABINETS ET COLLECTIONS D'HISTOIRE NATURELLE

1385. — KIRCHER (A.) — Romani collegii societatis Jesu musæum celeberrimum, cujus magnum antiquariæ rei, statuarum, imaginum, picturarum partem ex legato Alphonsi Domini, etc. — Amstelodami, *J. Waesbergiana, 1678, in-f° rel.*

7. — APPENDICE DE L'HISTOIRE NATURELLE, AGRICULTURE ET ÉCONOMIE RURALE

A. — Histoire, Dictionnaires, Traités élémentaires

1386. — CHOMEL (L'abbé Noel). — Dictionnaire économique contenant divers moyens d'augmenter son bien et de conserver sa santé, etc. Fig. — Paris, *E. Ganeau, 1740*, et le Supplément, *veuve Ganneau, 1743, in-f°, 4 vol. rel.*

1387. — ROZIER (L'abbé). — Cours complet d'agriculture, théorique, pratique, économique et de médecine rurale et vétérinaire, suivi d'une méthode pour étudier l'agriculture par principes ; ou dictionnaire universel d'agriculture. — Paris, *1781, in-4°, 10 vol. rel.*

1388. — D°. — Nouveau dictionnaire d'agriculture et d'économie rurale par l'abbé Rozier et autres auteurs modernes. — Genève, *1793, in-4°, 2 vol. rel.*

1389. — ALLETZ (P.-A.) — L'agronome ou dictionnaire portatif du cultivateur. Dernière édition. — Paris, *an VII (1799), in-8°, 2 vol. rel.*

1390. — DUHAMEL DU MONCEAU (H.-L.) — Eléments d'agriculture. Fig. — Paris, *H. E. Guérin et E. de la Tour, 1763, in-12, 2 vol. rel.*

1391. — PFLUGUER (M.-A.-D.) — Cours d'agriculture pratique, ou l'art de bien cultiver la terre, etc. — Paris, *Dentu, 1809, in-8°, 2 vol. rel.*

1392. — VINCENT (Aristide). — Catéchisme agronomique à l'usage des écoles primaires rurales. — Brest, *Roger, 1860, in-8°.*

1393. — BUCHOZ (P.-J.) — Manuel alimentaire des plantes tant indigènes qu'exotiques, qui peuvent servir de nourriture et de boisson aux différents peuples de la terre. — Paris, *J.-P. Costard, 1771, in-12 rel.*

B. — Traités généraux anciens et modernes

1394. — PALISSY (Bernard de). — Œuvres revues sur les exemplaires de la bibliothèque du roi, avec des notes par Faugas de St-Fond et des additions par M. Gobet. — Paris, *Ruault, 1777, in-4° rel.*

1395. — GENLIS (Madame de). — La petite Maison rustique, ou cours théorique et pratique d'agriculture, d'économie rurale et domestique. — Paris, *veuve Devaulx, 1801, in-8°, 2 vol.*

1396. — BEUGNOT. — La Maison rustique ou manuel complet d'agriculture, d'économie rurale et domestique. — Paris, *Lebigre frères, 1834, in-8°, 4 vol. rel.* (Fig.)

1397. — VILLE (Georges). — Recherches expérimentales sur la végétation. — Paris, *Mallet-Bachelier, 1857, in-8°.* (Pl. 24).

1398. — SINCLAIR (Sir John). — L'agriculture pratique et raisonnée. Trad. de l'anglais par C. R. A. Mathieu de Dombasle. — Paris, *Madame Huzard, 1825, in-8°, 2 vol. rel.*

C. — Mélanges

1399. — RIQUETTI (Victor, marquis de Mirabeau). — Eléments de philosophie rurale. — Lahaye, *libraires associés, 1767, in-8° rel.*

1400. — MASSAC (P. E.) — Œuvres recueillies et publiées par son frère. Recueil d'instructions économiques. — Paris, *Massac , 1772, in-8° rel.*

1401. — ROMME (G.) — Annuaire du cultivateur pour la troisième année de la République, présenté le 30 pluviôse an IIe à la Convention nationale. — Paris, *F. Buisson, an IIIe de la République, in-12 rel.*

1402. — BIBLIOTHÈQUE des propriétaires ruraux, ou journal d'économie rurale et domestique. Première année. — Paris, *veuve Panckoucke, an XI (1803), in-8°, 40 vol. rel.*

1403. — BOIS (du). — Pratique simplifiée du jardinage. — Paris, *Raynal, 1828, in-8° br*

1404. — AMÉNAGEMENT et mode d'exploitation des productions sous-marines de Brest. — Rapport et règlement pour l'exercice du dragage. — Paris, *1849, in-8°.*

1405. — CONCOURS général et national d'agriculture de 1860. Catalogue des animaux, machines, instruments et produits exposés. — Paris, *imp. impér., 1860, g^d in-18.*

D. — Agriculture de divers Pays

1406. — ABEILLE (F. P.) — Corps d'observations de la Société d'agriculture, de commerce et des arts, établie par les Etats de Bretagne. — Paris, *veuve B. Brunet, 1772, in-8° rel.* (Aux Armes de Bretagne).

1407. — AGRICULTURE française par MM. les inspecteurs de l'agriculture, publiée d'après les ordres de M. le Ministre de l'agriculture et du commerce. Départements de la Haute-Garonne et du Nord. — Paris, *imp. royale, 1843, in-8°, 2 vol.*

1408. — BLOIS (de). — Mémoire sur les engrais maritimes et leur emploi dans les parties du département du Finistère où l'on en fait usage, suivi de quelques tableaux d'assolements usités dans des communes, etc. — Morlaix, *veuve Guilmer, 1823, in-4° rel.*

1409. — ASSOCIATION bretonne. — Comptes rendus et procès-verbaux publiés par les soins de la direction. (Section de l'agriculture), *in-8°.*

1410. — MAURIÈS. — Société d'agriculture de Brest. Rapport sur le concours agricole du mois de septembre 1875. — Brest, *1875. (Pièce de 16 p.), cart.*

1411. — CHATELLIER (A. du). — Enquête sur l'état de l'agriculture française en 1865. Mémoire lu à l'Académie des sciences morales et politiques. — Paris, *Guillaumin et Cie, 1866, in-8° de 40 p.*

1412. — BRYAS (Ches de). — Etudes pratiques sur l'art de dessécher. Paris, *Simon Raçon et Cie, 1857, in-8° br.*

1413. — DELTEIL (A.) — Petit manuel d'engrais pour la Canne. — Saint-Denis, *1872, in-8°, 59 pp. br.*

1414. — DELTEIL, pharmacien de la marine. — Station agronomique de l'île de la Réunion, son but, son programme. — La Réunion, *G. Lahuppe, in-8°, 23 pp. br.* Bulletins météorologiques d'octobre, novembre et décembre, 3 fasc.

1415. — CUZENT (Gilbert). — Notice sur le guano des mers du sud et des îles marquises. — Paris, *imp. Simon Raçon et Cie, s. d., in-8° br. de 21 pp.*

1416. — BOUSSINGAULT (J. B.) — Economie rurale, considérée dans ses rapports avec la physique, la chimie et la météorologie. — Paris, *Béchet jeune, 1844, 2 vol. g^d in-8°.*

1417. — COLONIE AGRICOLE DE SAINT-RAPHAEL, établie à Poular-Bachet, près Brest (Finistère). — Compte-rendu de l'année 1858, adressé à toutes les autorités, corps constitués et aux habitants de la ville de Brest qui ont concouru à l'œuvre. — Brest, *imprim. de J -B. Lefournier aîné, 1859, in-8° de 50 pages.*

1418. — HENNEQUIN. — Notice sur la compagnie agricole et industrielle d'Arcachon, suivie de divers documents relatifs à ses opérations, ainsi qu'à la construction du canal et du chemin de fer qui faciliteront le transport de ses produits. — Paris, *Mme Husard, 1838, 76 pag. g^d in-8° br.*

1419. — BOURSIN (E.) — Histoire de l'agriculture, du commerce et de l'industrie en France, depuis le commencement de la monarchie, etc. — Paris, *E. Rome, 1867, in-12° br.*

1420. — NOTICE sur l'agriculture des celtes et des gaulois. — Paris, *1806, in-8° rel.*

1421. — NADAULT de BUFFON. — Cours d'agriculture et d'hydraulique agricole, par Nadault de Buffon. — Paris, *Dalmant, éditeur, 1858.* Tome 3, les 2 premiers volumes manquent.

1422. — NOTICE sur l'engrais liquide Boutin, Documents et procès-verbaux officiels de la commission ministérielle, attestant les résultats extraordinaires de cet engrais. — Paris, *Chaix et Cie, 1860, 14 p. in-8° br.*

1423. — NADAULT de BUFFON. — Cours d'agriculture et d'hydraulique agricole, comprenant les principes généraux de l'économie rurale et les divers travaux d'amélioration du régime des eaux dans l'intérêt de l'agriculture, tels que curage, élargissements, redressements, endiguements, desséchements des marais et terres inondées, assainissement des terrains humides ou détériorés par des filtrations, drainage, irrigations, limonages, etc., par Nadault de Buffon, ingénieur en chef, professeur à l'école impériale des ponts et chaussées, membre de la Société centrale d'agriculture, ancien chef de division au ministère des travaux publics, correspondant de l'académie royale des sciences de Turin, avec figures intercalées dans le texte, dessin de MM. Hadamart et Guiguet, gravure de M. Dujardin, et 9 planches. — Paris, *Victor Dalmont, éditeur, 1855, 3 vol. in-8°.*

1424. — SAINT-GERMAIN (le Duc). — Conservation, assainissement et commerce des grains, etc. — PARIS, *Paulin, 1853, in-12 br.*

1425. — MORVONNAIS (M. A. DE LA). — Considérations sur l'économie rurale de la Bretagne, lettre à M. de Lavergne. — VANNES, *Lafolye, 1876, in-8° br.*

1426. — BULLETIN de la Société d'agriculture de l'arrondissement de Brest, années 1861, 1863, 1864, 1867. — BREST, *Lefournier, in-8°, 4 vol. br.*

1427. — MOREAU DE JONNÈS (ALEX.) — Statistique de l'agriculture de la France. — PARIS, *Guillaumin et Cie, 1848, in-8° br.*

E. — Culture générale. — Pépinières, etc.

1428. — MASSÉ (J.) — Traités des bois et des différentes manières de les semer, planter, cultiver, exploiter, transporter et conserver. — PARIS, *Hochereau, 1769, in-8°, 2 vol. rel.*

1429. — DUHAMEL DU MONCEAU (H. E.) — Des semis et plantations des arbres et leur culture. (Fig.) — PARIS, *veuve Desaint, 1780, in-4° rel.*

1430. — CALVEL (E.) — Manuel pratique des plantations. — PARIS, *an XII (1804), in-12 rel.*

1431. — D°. — Traité complet sur les pépinières, avec des instructions sur les terrains. — PARIS, *an XV (1805), in-12, 3 vol. rel.*

1432. — POEDERLÉ (le baron DE). — Manuel de l'arboriste et du forestier belgiques. — BRUXELLES, *J. L. Roubers, 1772, in-8°, 2 vol. rel.*

1433. — FROCHOT. — Sylviculture, 17 p. et 4 fig. — PARIS, *E. Lacroix, in-8° br.* (Extrait des annales de l'industrie au XIX° siècle).

F. — Cultures spéciales

1434. — DUHAMEL DU MONCEAU (H. L.) — Traité de la conservation des grains et en particulier du froment. (Fig.) — PARIS, *H. L. Guérin et E. F. Delatour, 1753, in-12 rel.*

1435. — INSTRUCCION var' ar C'hounideguez hac an Uzach eus an avalou douar. (Instruction sur la culture de la pomme de terre, en breton, avec l'arrêté des représentants du peuple des côtes de Brest). — Brest, *Gauchelet, an VIII, in-12 parch., relié avec :*

ARRÊTÉ sur la culture de la pomme de terre, du 25 pluviôse an II. — *In-12 rel.*

1436. — VINCENT (Aristide). — Essai sur les prairies naturelles. — Brest, *E. Anner, 1845, in-18 de 84 p.*

1437. — QUERRET (H.) — Instruction pour la culture et la préparation du lin, en Basse-Bretagne. — Morlaix, *Ledan, 1846.*

1438. — ESSAIS DE LA SOCIÉTÉ DE DUBLIN, traduit de l'anglais par Thébault. — Paris, *Estienne, 1759, in-12 rel.*

1439. — THIERRY DE MENONVILLE. — Traité de la culture du nopal et de l'éducation de la cochenille, précédé d'un voyage à Guaxaca. — Cap Français et Paris, *1787, in-8°, 2 vol. rel.*

1440. — AMOREUX (P.-J.) — Mémoires sur les haies destinées à la clôture des prés, des champs, etc. — Paris, *Cuchet, 1787, in-8°.*

1441. — LULLIN (Ch. J. M.) — Des prairies artificielles d'été et d'hiver, 2e édit. — Paris, *J.-J. Paschoud, 1819, in-8°.*

1442. — CORDIER (J.) — Mémoire sur l'agriculture de la Flandre française et sur l'économie rurale. — Paris, *Didot, 1823, in-8° br.*

1443. — COLLIGNON (Edouard). — Études sur l'agriculture anglaise. (Le comté de Lincoln), par Edouard Collignon, ingénieur des ponts et chaussées. Extrait des annales des ponts et chaussées, tome XII. — Paris, *Victor Dalmont, éditeur, 1856, in-8° de 70 p.*

1444. — CHAPTAL (Le Cen Mtre). — Traité théorique et pratique sur la culture de la vigne avec l'art de faire le vin, les eaux-de-vie, esprit de vin, vinaigres simples et composés. — Paris, *Delalain an X (1801), 2 vol. in-8° br.*

1445. — CADET DE VAUX. — Mémoire sur quelques inconvénients de la taille des arbres à fruits et nouvelle méthode de les conduire pour assurer la fructification, — Paris, *Mme Husard, 1807, in-8° br.*

1446. — BARRAL (J. A.) — Manuel du drainage des terres arables. — Paris, *Dusacq, in-8°.*

1447. — PAQUET (Victor). — Traité de la culture des plantes de terre de bruyère, etc. — Paris, *H. Cousin, 1844, in-12 br.*

1448. — FELLEMBERG (Emmanuel). — Vues relatives à l'agriculture de la Suisse et aux moyens de la perfectionner. — Genève, *Paschoud, 1808, in-8° cart.*

1449. — HAUTIN (Frédéric). — Société d'agriculture de Brest. Rapport de M. Hautin, Frédéric, jardinier-pépiniériste, sur l'exposition universelle de 1867, lu en assemblée générale le 31 janvier 1868. — Brest, *imp. U. Piriou, in-12, 15 p.*

1450. — BASSET (N.) — Traité pratique de la culture et de l'alcoolisation de la betterave. — Paris, *A. Goin, 1854, in-8° br.*

1451. — LAFFINEUR (Jules). — Guide pratique de l'ingénieur agricole hydraulique, etc. — Paris, *E. Lacroix, s. d., in-12 br.*

G. — Aménagement des Forêts et exploitation des Bois

1452. — JAUME SAINT-HILAIRE (J.-H.) — Mémoire sur l'administration et sur l'aménagement des Forêts. — Paris, *1814, in-8°.*

1453. — DUHAMEL DU MONCEAU (H. E.) — De l'exploitation des bois, ou moyen de tirer un parti avantageux des taillis, demi-futaies et hautes futaies et d'en faire l'exploitation, etc. (Fig.) — Paris, *H. L. Guérin et E. F. Delatour, 1764, in-4°, 2 vol. rel.*

1454. — D°. — Du transport, de la conservation et de la force des bois. (Fig.) — Paris, *E. F. Delatour, 1767, in-4° rel.*

H. — Haras, Bêtes à cornes, Ménagement des Troupeaux.
Basses-Cours, Abeilles, Vers-à-Soie, etc.

1455. — JOURNAL DES HARAS, à commencer du 1er janvier 1862. — *In-8° (33e année).*

1456. — BERTHAUD. — Le nouveau parfait Bouvier. Traité complet de l'élevage des bestiaux, par M. Berthaud, 2e édit., augmentée du répertoire du laboureur et du jardinier. — Paris, *Didier, 1835, in-12 (planch.)*

1457. — PALTEAU (J. E. Formanoir de). — Nouvelle construction des ruches de bois avec la façon d'y gouverner les abeilles et l'histoire naturelle de ces insectes. (Fig.) — Metz, *J. Collignon, 1756, in-8° rel.*

1458. — SIMON (J. B.) — Le gouvernement admirable de la République des abeilles. et les moyens d'en tirer une grande utilité, 3ᵉ édit. (Fig.) — Paris, *Nyon*, *1758*, *in-12 rel.*

1459. — SCHIRACH (M. A.) — Histoire naturelle de la Reine des abeilles, avec l'art de former des essaims. On y a ajouté la correspondance de l'auteur avec quelques savants, et trois Mémoires de l'illustre M. Bonnet. Le tout traduit de l'allemand, ou recueilli par J. J. Blassière. — La Haye, *F. Staatmau*, *1771*, *in-8° rel.*

1460. — ROCCA (L'abbé Della). — Traité complet sur les abeilles, avec une méthode nouvelle de les gouverner, telle qu'elle se pratique à Syra ; précédé d'un précis historique et économique de cette île. — Paris, *imp. de M. Bluet*, *1790*, *in-8°*, *3 vol. rel.* (Pl.)

1461. — HUBER (F.) — Nouvelles observations sur les abeilles, adressées à M. Ch. Bonnet, suivies d'un manuel pratique de la culture des abeilles, contenant les moyens économiques d'en tirer le meilleur parti, et les recettes pour faire l'hydromel, la bière d'epicia et de genièvre, par D., cultivateur d'abeilles. — Paris, *Debray*, *1769*, *in-12 cart.*

1462. — FÉBURIER. — Traité complet, théorique et pratique sur les abeilles. — Paris, *Mᵐᵉ Huzard*, *1810*, *in-8°.*

1463. — MILLET et ROBINET. — Notice sur les quatre éducations de vers-à-soie faites en 1839 dans le département de la Vienne. — Paris, *Bouchard-Huzard*, *s. d.*

1464. — MARIOT - DIDIEUX. — Guide pratique de l'éducateur de lapins, ou traité de la race cuniculine, etc. — Paris, *Eug. Lacroix*, *s. d.*, *pt in-8° br.*

1465. — PHYLLOXERA (observations sur le) et sur les parasitaires de la vigne, etc., par les délégués de l'Académie. Extraits des comptes-rendus des séances de l'Académie des sciences. (T. xci et xcii, 1880-1881-1883-1884). — Paris, *Gauthier-Villars*, *1881-82-83-84*, *in-4° br.*

J. — Horticulture

1466. — MILLER (P.) — Dictionnaire des jardiniers. Trad. de l'anglais sur la 8ᵉ édition par une Société de Gens de lettres. — Paris, *Guillot*, *1785*, *in-4°*, et le supplément, *1789-1790*, *in-4°*, *10 vol. rel.* (Fig.)

1467. — LA QUINTINYE (J. de). — Instruction sur les jardins fruitiers et potagers, avec un traité des orangers, et des réflexions sur l'agriculture. Nouv. édition. — Paris, *1730, in-4°, 2 vol. rel.*

1468. — DÉZALLIER D'ARGENVILLE (A. J.) — La théorie et la pratique du jardinage, où l'on traite des beaux jardins de plaisance, etc., et un traité d'hydraulique convenable aux jardins, 4° édit. (Pl). — Paris, *P. J. Mariette, 1767, in-4° rel.*

1469. — LE BERRYAIS (L'abbé R.) — Traité des jardins, ou le nouveau de La Quintinye. — Paris, *P. F. Didot, 1755, in-8°, 2 vol. rel.* (2 exemp.)

1470. — ESSAI sur la composition et l'ornement des jardins. — Paris, *Audot, 1818, in-12.*

1471. — COMBLES (de). — Ecole du jardin potager, 4e édit., augmentée du traité de la culture des pêches. — Paris, *Delalain, 1794, in-12, 2 vol.*

1472. — LA RIVIÈRE et DU MOULIN. — Méthode pour bien cultiver les arbres à fruit, et pour élever des treilles. — Paris, *Didot, 1738, in-12 rel.*

1473. — FORSYTH (W). — Traité de la culture des arbres fruitiers, contenant une nouvelle manière de les tailler, etc. Trad. de l'anglais avec notes par J. P. Pictet-Mallet. — Paris, *Bossange, 1803, in-8°.*

1474. — ARDÈNE (Le P. J. P. R. D'). — Traité des renoncules, dans lequel, outre ce qui concerne ces fleurs, on trouvera des observations physiques et plusieurs remarques utiles, soit pour l'agriculture, soit pour le jardinage — Paris, *P.-N. Lottin et A.-M. Lottin fils, 1746, in-8° rel.*

1475. — D°. — Année champêtre, partie qui traite de ce qu'il convient de faire, chaque mois, dans le potager. (Fig.) — Florence, Paris et Marseille, *1709, in-12, 3 vol. rel.*

1476. — Carton n° 26

RECUEIL FACTICE, AGRICULTURE

1. — Avis aux cultivateurs. — Paris, *Mayer et Cie.*

2. — Idées à répandre parmi les habitants de la campagne et les propriétaires fonciers, imprimé et envoyé dans les départements par ordre du comité de salut public, par Joseph Servan. — Quimper, *P.-M. Barazer.*

3. — Instruction sur la culture de la pomme de terre. — Paris, *imp. nat*^{le} *exécutive du Louvre, an IIe de la République.*

4. — Instruction agréable et utile pour embellir les jardins à peu de frais, par Cointereau. — *Septembre 1814.*

5. — Annales de la Société d'agriculture de l'arrondissement de Saint - Brieuc, département des Côtes-du-Nord. — Saint - Brieuc, *Prud'homme, juin 1828.*

6. — Société d'agronomie pratique, prospectus. — Paris, *Casimir,* 1828.

7. — Nouvelle méthode de Pierre Jauffret, cultivateur d'Aix, breveté. Paris, Mme *veuve Dondey-Dupré, 1837.*

8. — La Revue agricole, numéros des novembre, décembre 1838 ; janvier, février, mars, mai, juin et juillet 1839. — Paris, *Bureau de la Revue agricole, maison Bréon, et dans les départements, chez les libraires et directeurs des postes.*

9. — Observations de la Société royale d'émulation et d'agriculture de l'Ain sur l'abaissement du droit d'entrée sur les bestiaux étrangers. — Bourg, *Bottier, 1840.*

10. — Quelques mots sur la nécessité d'une organisation pour l'agriculture de la France, 1862, par le Ch^{er} D. de La Chauvinière, ancien colonel d'état-major de la garde nationale de Paris, etc., etc. — Paris, *J.-B. Gros.*

11. — Société royale d'émulation et d'agriculture de l'Ain. Observations sur le traité avec la puissance Sarde, signé : le président M.-A. Pavis. — Bourg-en-Bresse, *Milliet-Bottier, 1844.*

12. — Mémoire en faveur des travailleurs et des indigents de la classe agricole des communes rurales de France, présenté aux chambres et au pays, par M. A. de Bourgoing, président du Comice agricole de l'arrondissement de Cosne (Nièvre). — Nevers, *I.-M. Fay, 1844.*

13. — De quelques intérêts moraux et matériels des campagnes, par M. Ad. Pommier La Combe, substitut du procureur général près la Cour royale de Limoges. — Limoges, *Chapoulaud frères, 1844.*

14. — Extrait du Moniteur universel du 21 mai 1845. Extrait du compte-rendu de la séance publique et annuelle de la Société royale et centrale d'agriculture, qui a décerné une médaille d'or à M. le Dr L. Eugène Robert, géologue de la commission scientifique du Nord, pour la découverte et l'application d'un procédé (ploioplastie), contre les ravages des insectes qui font périr les arbres. — Paris, Mme *veuve Bouchard-Huzard, 1845.*

15. — Avis aux habitants de la campagne ou instruction sur les instruments les plus perfectionnés par Quentin Durand. — PARIS, *à la fabrique centrale d'instruments d'agriculture et de jardinage, 1845.*

16. — De l'organisation de l'enseignement agricole en France, par J.-A. Fabre. — PARIS, *Dusacq, Mme veuve Huzard-Guillaumin, 1847.*

17. — Comice agricole de l'arrondissement de Toulon. Mémoire sur le manque de subsistances en France, par M. J.-A. Toucas, avril 1847. TOULON, *F. Monge et Cie.*

18. — Institutions sanitaires et agricoles. Extinction de la mendicité. Appel à la raison publique, à la presse, au roi, aux chambres, aux conseils généraux, par L.-F. Bigeon, médecin des épidémies. — DINAN, *J.-B. Huart;* PARIS, *Desache et autres principaux libraires, 1847.*

19. — Ville de Strasbourg. Budget de la colonie agricole d'Ostwald pour 1849. Séance du 19 mars 1849. Rapport du maire.

20. — Statuts du Comice agricole de la province d'Alger. — ALGER, *A. Bourget, 1849.*

21. — Colonie agricole d'Ostwald. Budget de 1851 et compte final de 1850. — Séance extraordinaire du 24 mars 1851, autorisé le 20 du même mois par M. le préfet du Bas-Rhin. Rapport du maire. — STRASBOURG, *veuve Berger-Levrault.*

22. — Notice sur le concours universel des animaux reproducteurs en 1856 (races bovines), par M. Francisque Jusseraud, président du Comice de l'arrondissement de Riom, Puy-de-Dôme, etc. — RIOM, *A. Jouvet, 1856.*

23. — De la zoologie et de la botanique appliquées à l'économie domestique en Islande, par M. Ed. Jardin, inspecteur-adjoint de la marine, etc. — BORDEAUX, *Degréteau et Cie.*

24. — Agriculture. — Découverte et exploitation en France de vastes gisements de phosphate de chaux fossile. Signé : Em. Baudement, professeur au conservatoire impérial des arts et métiers. — PARIS, *20 janv. 1857 ;* SAINT-MALO, *E. Hamel, 1857.*

25. — Des assurances agricoles, par Alfred de Courcy. — PARIS, *Ch. Douniol, Aug. Fontaine, 1857.*

26. — De l'échelle mobile. — Mémoire adressé à M. le président du Comice agricole de Provins, par un cultivateur de l'arrondissement de Provins, 14 et 18 novembre 1858. — PARIS, *E. Dentu, 1858.*

27. — Conservation des blés. — Equilibre de la production avec la consommation, par Frédéric L'Enfant, ancien cultivateur. — CAEN, *Buhour, 1859.*

28. — Question alimentaire. — PARIS, *Cosson et Cie, 1860.*

29. — Colonie agricole et pénitentiaire au domaine de Montlobre (Hérault). — Distribution solennelle des prix présidée par M. Gavini de Campile, maître des requêtes au Conseil d'Etat, préfet de l'Hérault, 23 décembre 1860. — MONTPELLIER, *Gras, 1860.*

30. — Catéchisme agronomique, à l'usage des écoles primaires rurales, par Aristide Vincent, membre de la commission permanente des pêches, etc., etc. — BREST, *Roger, 1860.*

31. — Analyse de quelques produits sous-marins, coralliformes, coquilles et sables utilisés en agriculture, par M. Besnou, pharmacien-major de la marine. — CHERBOURG, *Auguste Mouchet.*

32. — Pétition de M. Marchal ancien député, demeurant à Nancy, sur des modifications à la loi de mai 1844, sur la chasse, pour favoriser la multiplication et assurer la conservation des oiseaux insectivores. — NANCY, *veuve Raybois, 1861.*

33. — De l'avenir de l'agriculture en France, par le baron Edouard Mertens. — TARBES, *Th. Telmon, 1862.*

34. — Le passé et l'avenir de la caisse générale des assurances agricoles, par M. Perron, fondateur et ancien directeur général de cette société. — PARIS, *E. Dentu, H. Plon, 1862.*

35. — Quelques considérations sur l'état actuel de l'agriculture en France, ce qu'il pourrait être en 1868, par Baron, ancien cultivateur à Poligny (Jura), 30 novembre 1862. — POLIGNY, *G. Mareschal, 1862.*

36. — Comice agricole de l'arrondissement de Constantine (Algérie). Séance du 1er février 1863. — Rapport de M. Lucet, président du comice. — CONSTANTINE, *Louis Marle, 1863.*

37. — De la création en France d'une société immobilière rurale. — PARIS, *Dubuisson et Cie, 1864.*

38. — Rapport à sir Harry Rainals, consul d'Angleterre à Brest, sur la situation sanitaire de l'espèce bovine au point de vue du typhus contagieux dans les départements des Côtes-du-Nord, du Finistère et du Morbihan, par H.-M. Tanguy, vétérinaire à Landerneau. — GUINGAMP, *veuve Rouquette, 1872.*

39. — Recherches historiques et littéraires sur l'usage de certaines algues, par M. Mauriès. — BREST, *Roger père.*

40. — Règlement de la société d'agriculture de l'arrondissement de Brest, octobre 1850, — BREST, *J.-B. Lefournier aîné, 1875.*

41. — Société d'agriculture de Brest. — Rapport sur le concours agricole du mois de septembre 1875, par M. Mauriès, secrétaire-perpétuel, adjoint. — BREST, *J.-B. Lefournier aîné, 1875.*

42. — Bulletin de la Société d'horticulture et de viticulture d'Eure-et-Loir, fondée en 1853, reconnue d'utilité publique par décret du 8 septembre 1866. Tome IX, numéros 19 et 20 juillet et août 1876. — CHARTRES, *Ed. Garnier, 1876.*

43. — Rapports adressés par M. G. Vimont, vice-président du comice agricole d'Epernay, à MM. les rédacteurs en chef des principaux journaux d'agriculture de Paris. — PARIS, *Marris père et fils.*

44. — Aux Sociétés d'agriculture, à MM. les Maires et à MM. les membres des conseils municipaux des départements dont les vignes ont été détruites par le phylloxera, par L. Goetz, ancien agriculteur-alsacien. — PARIS, *1er septembre 1877.* — Communication d'intérêt général relative au phylloxera, à M. le Président de la République, à MM. les Ministres, etc., etc., par le même. — PARIS, *le 16 août 1877.*

45. — Société d'agriculture de l'arrondissement de Brest. — Concours agricole donné par cette Société à Landerneau, le jeudi 4 septembre 1879. — Distribution solennelle des prix, le dimanche 28 septembre, à Brest (à la Halle). — Tombola. — BREST, *F. Halégouët, 1880.*

46. — Sénat. — Extrait du *Journal officiel* des 24 et 25 mars 1880. — Discours prononcés par M. Léon Say, sénateur. — Séances des 23 et 24 mars 1885. — Discussion de la proposition de loi relative aux céréales. — PARIS, *imp. du* Journal officiel.

1477. —   Carton n° 27

RECUEIL FACTICE, SCIENCES NATURELLES
ET SCIENCES MATHÉMATIQUES

1. — Quelques doutes sur la théorie des marées par les glaces polaires, ou lettre à M. B. H. de Saint-Pierre, par A. L. Villeterque. — PARIS, *Didot jeune, Sallior, Bélin, Magimel, 1793.*

2. — Institution nationale du Lycée des arts. — 58e Séance publique du 29 thermidor an 6, présidence du général Millet-Mureau. — Rapport sur un télégraphe de marine ou vigigraphe, inventé par les citoyens Laval, ingénieur-mécanicien, membre du Lycée, et Peytes-Montcabrié, chef des mouvements à Rochefort. — PARIS, *Renaudière.*

3. — Recherches sur les maladies qui ont affecté quelques éducations de vers à soie, par Modeste Parolletti, membre du corps législatif, etc., etc. — Turin, *1810, imp. départementale.*

4. — Monographie du trigonocéphale des Antilles, ou grande vipère fer-de-lance de la Martinique ; lue à l'Académie royale des sciences, dans sa séance du 5 août 1816, par Alexandre Moreau de Jonnès, chevalier des ordres royaux de Saint-Louis et de la Légion d'honneur, etc., etc. — Paris, *Migneret.*

5. — De la pourriture sèche (dry rot), qui détruit les bois employés pour la construction des vaisseaux, moulins, etc., par Ambroise Bowden, extrait et traduit de l'anglais par le baron de Puymaurin. — Paris, *A. Egron, 1819.*

6. — Géographie, anciennes provinces, botanique. — Paris, *Auguste Bobec, 1823.*

7. — Programme de la Société générale pour le forage des puits artésiens, la recherche des mines et la fabrication des sondes. — Paris, *au siège de la Société, 1830.*

8. — Traité de l'éclairage au gaz, par Pelouze père. Atlas. — Paris, *Maison, succes^r de Audin.* — Lyon, *Savy 1839.*

9. — Historique et description des procédés du daguerréotype et du diorama, par Daguerre, peintre, inventeur du diorama, etc. Nouv. édit. Portrait de l'auteur. — Paris, *Alphonse Giroux et Cie, et chez les principaux libraires, papetiers, marchands d'estampes et opticiens.*

10. — Lettre de M. G. de Pontécoulant, membre de l'Académie des sciences de Berlin, à M. Encke, astronome, secrétaire perpétuel de cette Académie, en réponse à la lettre de M. Arago à M. de Humboldt. — Paris, *Fain et Thunot, 1840.*

11. — Mémoire sur les propriétés antiseptiques du charbon végétal pur, par Georges Weber, pharmacien, etc. — Paris, *J.-B. Baillière.* — Londres, *H. Baillière, 1846.*

12. — Recherches sur les mœurs et les ravages de quelques insectes xylophages, par le Dr Eugène Robert. — Paris, *Madame veuve Bouchard-Huzard, 1846.*

13. — Herborisation sur la côte occidentale d'Afrique pendant les années 1845-1846-1847-1848, par M. Edélestan Jardin, aide-commissaire. — Paris, *Paul Dupont.*

14. — Recherches expérimentale et théoriques des causes d'explosion des chaudières à vapeur, par M. Galy Cazalat. — Paris, *H. Fournier.*

15. — Notice sur les propulseurs naturels, dédié au professeur Baur, de Mayence, par son élève P. J. Friederich-Ferdinand, capitaine au 2me étranger, seconde partie, publiée avant la première. Propulseurs maritimes, avec 4 planches lithographiées. — Paris, *Wittersheim, 1848*.

16. — Notice sur le système métrique décimal des poids et mesures. Paris, *Ch. Lahure*.

17. — Tarif général des produits de la pharmacie rationnelle. — Paris, *Renoud et Maulde*.

18. — Physique, des paratonnerres et de leur utilité, par Le Gentil de Quélern. — Brest, *Come et Bonctheau*.

19. — Note sur l'eclipse partielle de soleil observée à Tai-o-Hae, île de Nouka-Hiva, archipel des Marquises, le 30 novembre 1853, par M. Edelestan Jardin.

20. — Mémoire sur l'emploi du chlore dans les analyses, par MM. Rivot, Beudant et Daguin. — Paris, *Carilian-Gœury et Vor Dalmont, 1853*.

21. — Etablissement d'horticulture. Catalogue général des végétaux disponibles dans les pépinières de D. Dauvesse, à Orléans (Loiret), n° 16, septembre 1853. — Paris, *J.-B. Gros*.

22. — Emploi de la tôle dans les fondations des travaux hydrauliques, par M. Pluyette, ingénieur des ponts et chaussées. — Paris, *Victor Dalmont, 1856*.

23. — Recherches sur les causes de la production de l'oïdium aurantiacum ou moisissure rouge qui se développe sur le pain, par M. Besnou, pharmacien-major de la marine, etc. — Cherbourg, *Feuardent, 1856*.

24. — Institut impérial de France, Académie des sciences, rapport sur le mémoire de M. André Jean, relatif à l'amélioration des races des vers à soie. — Paris, *Mallet-Bachelier, 1857*.

25. — Société impériale zoologique d'acclimatation, fondée le 10 février 1854. Compte-rendu de la 2me séance publique annuelle tenue le 10 février 1858 à l'hôtel-de-ville. — Paris, *L. Martinet, au siège de la Société, 1858*.

26. — Nouveau procédé breveté s. g. d. g. de treillage mécanique, suppression du rouissage pour le chanvre destiné aux cordages. — Paris, *Napoléon Chaix et Cie, 1859*.

27. — Notice sur le projet de dérivation des eaux de la Bourne pour l'arrosage des plaines situées à l'est de Valence. — Valence, *Chenevier et Chavet, 1860*.

28. — Electrothérapie, médication électrique appliquée aux maladies nerveuses et organiques, chroniques et aiguës, par le Dr Saillard de Raveton. — Paris, *Napoléon Chaix et Cie, 1860.*

29. — Une réponse au constitutionnel sur la télégraphie électrique, par Gustave Marqfoy, ancien élève de l'école polytechnique. — Bordeaux, *G. Gounouilhou, 1860.*

30. — Discours sur la télégraphie électrique prononcé à la Société philomathique de Bordeaux, dans la séance du 22 mars 1861, par Gustave Marqfoy. — Bordeaux, *G. Gounouilhou, 1861.*

31. — Société impérial zoologique d'acclimatation fondée le 10 février 1854. Projet d'élever une statue à Daubenton. Rapport fait à la Société, le 3 mai 1862, par M. Drouyn de Lhuys, de l'Institut, vice-président de la Société. — Paris, *au siège de la Société, imp. L. Martinet, 1861.*

32. — Rapport sur le projet de recherches d'eaux à faire dans les roches crayeuses de la Champagne, pour l'alimentation de Paris, fait par M. Bertrand-Lemaire, le 29 juin 1861, à la commission spéciale d'enquête. — Caalons, *T. Martin, 1862.*

33. — Mire et niveau d'eau parlants, par M. Labasque, agent-voyer d'arrondissement à Brest (Finistère). — Saint-Quentin, *Jules Moureau, 1862.*

34. — La télégraphie météorologique en Angleterre. — Paris, *Challamel aîné, 1862.*

35. — Antide Janvier. Notice historique sur sa vie et ses travaux, par L.-J. Gabriel de Chénier. (Mémoire couronné par la Société des sciences et arts de Poligny, 1860). — Poligny, *G. Mareschal, 1862.*

36. — De l'exploitation des richesses minérales de la France, par Parhy de Maligny. — Paris, *Napoléon Chaix et Cie, 1863.*

37. — Notice sur M. Dufrénoy, inspecteur général des mines, 1863. — Paris, *E. Thunot et Cie.*

38. — Congrès scientifique de France, 30me session à Chambéry (Savoie), du 10 au 20 août 1863. — Chambéry, *Puthod fils.*

39. — Le gazomoteur, invention de M. J. Belon, son histoire, sa description, son avenir. par G. Jouanne, ingénieur des arts et manufactures. — Cusset, *Mme Jourdain.*

40. — Conservatoire impérial des arts et des métiers. Procès-verbal des expériences faites sur une machine à vapeur de 4 chevaux construite par M. Leclercq, mécanicien à Grenelle, 8 octobre 1864. — Paris, *A. Aubry, 1865.*

41. — Mémoire sur le Surtabrandur d'Islande, sur les anciennes forêts et sur le reboisement de cette île, par M. Edélestan Jardin, inspecteur adjoint de la marine, etc. — Caen, *F. Le Blanc-Hardel, 1867.*

42. — Observations relatives au désévage des bois par immersion dans les eaux salées, etc., par M. L. Besnou, ancien pharmacien en chef de la marine, etc. — Caen, *F. Le Blanc-Hardel, 1867.*

43. — Transport et emmagasinage du pétrole, système nouveau de Max. Gossi, d'Anvers. — Anvers, *B.-J. Mées, 1867.*

44. — Note sur la valeur alibile de la salicorne herbacée en réponse à une demande de l'autorité supérieure du département de la Manche, 1857, par L. Besnou. — Avranches, *Mme H. Tribouillard, 1869.*

45. — Congrès scientifique de France, 38me session tenue à Saint-Brieuc du 1er au 11 juillet 1872. Mémoire présenté aux 2me et 3me sections du congrès, agriculture, anthropologie et sciences médicales, par M. H. M. Tanguy, vétérinaire à Landerneau (Finistère). — Brest, *J.-P. Gadreau, 1872.*

46. — Notions sur quelques mines d'argent de l'Amérique, par P. Le Guen, chef d'escadron d'artillerie. (Extrait du bulletin de la Société académique). — Brest, *J.-B. Lefournier, aîné.*

47. — Mémoire sur l'application des acides gras à l'éclairage, par J. Cambacérès. — Strasbourg, *veuve Berger-Levrault.*

48. — Les anciens climats et les flores fossiles de l'ouest de la France, par Louis Crié, professeur à la faculté des sciences, etc. avec la reproduction de la plus ancienne plante terrestre connue. — Rennes, *E. Baraise et Cie.*

49. — Note sur quelques fossiles des grès siluriens de St-Germain-sur-Ille, la Bouxière, Champeaux, etc. (Ille-et-Vilaine), par MM. Gaston de Tromelin et Paul Lebesconte, membres de la Société géologique de France. — Quimper, *Ch. Cotonnec, 1875.*

50. — Annales des sciences naturelles. Section de zoologie, 1876. Mœurs et accouchement de l'alytes obstetricans, par M. Arthur de L'Isle. — Paris, *G. Masson, 1876.*

51. — Association française pour l'avancement des sciences. Congrès de Reims, 1880, M. le Dr Eugène Robert, Membre correspondant de la Société des sciences et arts de Vitry-le-François. Quelques mots sur la question glaciaire (extrait). Séance du 16 août 1880. — PARIS, *au secrétariat de l'association.*

52. — Rapprochement entre les silex taillés et les ossements fossiles de Précy-sur-Oise et de St-Acheul, par M. le Dr Eugène Robert. (Extrait des mondes, livraison du 13 juin 1872). — PARIS, *Walder, 1872.*

53. — Rapports entre les silex taillés préhistoriques et les ossements fossiles de pachydermes dans les lieux mêmes, par le Dr Eugène Robert. — SAINT-DENIS, *Ch. Lambert.*

54. — Le guide scientifique, journal de l'amateur des sciences, de l'étudiant et de l'instituteur, 2me année, n° 10, novembre 1885. — MORLAIX, *A. Chevalier* ; PARIS, *J. Michelet, G. Carré* ; BRUXELLES, *A.-N. Lebègue et Cie* ; GENÈVE, *H. Stapelmohr* ; TURIN, *Erm. Lœscher* ; BERLIN, *R. Friedlander and Sohn* ; MADRID, *Gaspar frères.*

IV. — SCIENCES MÉDICALES

1. — INTRODUCTION

A. — Histoire

1478. -- BLACK (W). — Esquisse d'une histoire de la médecine et de la chirurgie, depuis leur commencement jusqu'à nos jours, ainsi que de leurs principaux auteurs, progrès, imperfections et erreurs. Traduit de l'anglais par Coray. — Paris, *J. J. Fuchs, an VI, 1798, in-8° rel.*

1479. — TOURTELLE (E.) — Histoire philosophique de la médecine, depuis son origine jusqu'au commencement du xviie siècle. — Paris, *Levrault, an XII, 1804, in-8°, 2 vol. rel.*

1480. — MARQUIS (A. L.) — Podalire, ou le premier âge de la méde-cine. — Paris, *A. Eymery, 1815, in-12.*

1481. — SELLE (C.-T.) — Introduction à l'étude de la nature et de la médecine. Traduit de l'allemand, d'après la 3e édition, par Coray. — Montpellier, *an III, in-8°.*

1482. — HOUDART (M.-S.) — Etudes historiques et critiques sur la vie et la doctrine d'Hippocrate et sur l'état de la médecine avant lui, 2e édit. — Paris, *J.-B. Baillière, 1840, in-8° rel.*

1483. — CHARPENTIER (C. T. A.) — De l'influence des passions sur la production des maladies. — Liège, *J. Desoer, 1808, in-8° br.* (Don du Dr Berger).

1484. — DEMORCY-DELLETTRE (J. B. E.) — Essai sur l'analyse appliquée au perfectionnement de la médecine. — Paris, *Crochard, 1810, in-8° br.* (Don du Dr Berger).

B. — Dictionnaires et Bibliothèques de Médecine

1485. — JAMES (R.) — Dictionnaire universel de médecine, de chirur-gie, de chimie, de botanique, d'anatomie, de pharmacie, d'histoire naturelle, etc., précédé d'un discours historique sur l'origine et les progrès de la médecine. Trad. de l'anglais par MM. Diderot, Eidous et Toussaint, revu, corrigé et augmenté par J. Busson. — Paris, *Briasson, 1746-1748, in-f°, 6 vol. rel.*

1486. — COL DE VILARS (E.) — Dictionnaire français-latin des termes de médecine et de chirurgie, avec leur définition, leur division et leur étymologie. — Paris, *1741, in-12 rel.*

1487. — VANDERMONDE (C.-A.) — Dictionnaire de santé par M. L*** et M. de B***. Nouv. édit. — Paris, *Vincent, 1760, in-8°, 2 vol. rel.*

1488. — D°. — Le même, 5 édit. — Paris, *Delalain, 1783, in-8°, 2 vol. rel.* Le 3e volume est le dictionnaire de chirurgie de Sue, le jeune.

1489. — DICTIONNAIRE des sciences médicales, par une Société de médecins et de chirurgiens. — Paris, *Panckoucke, 1812-1814, in-8°, 60 vol. rel.*

1490. — NYSTEN (P.-H.) — Dictionnaire de médecine et des sciences accessoires à la médecine avec l'étymologie de chaque terme. — Paris, *J.-A. Brosson, 1814, in-8° rel.*

1491. — DICTIONNAIRE de médecine et de chirurgie pratiques, par MM. Andral, Bégin, Blandin, etc., etc. — Paris, *Gabois, 1829-1836, in-8°, 15 vol. rel.* (Don du Dr Gestin).

1492. — DICTIONNAIRE de médecine, ou répertoire général des sciences médicales, considérées sous les rapports théorique et pratique, par MM. Adelon, Béclard, etc., etc. — Paris, *Labé, 1832-46, in-8°, 30 vol. br.* (Don du Dr Gestin).

1493. — DICTIONNAIRE des dictionnaires de médecine, français et étrangers, sous la direction du Dr Fabre. — Paris, *1840,* avec supplément, sous la direction d'A. Tardieu. — Paris, *Germer Baillière, 1851, 9 vol. in-8° rel.* (Don du Dr Gestin).

C. — Traités préparatoires à l'étude de la Médecine

1494. — ZIMMERMANN (G.) — Traité de l'expérience en général. Trad. de l'allemand par M. Le Febvre de Villebrune. — Paris, *Vincent, 1774, 3 vol. in-8° rel.* (Don du Dr Miriel).

1495. — D°. — Traité de l'expérience en général et en particulier dans l'art de guérir. Trad. de l'allemand par Le Febvre de Villebrune. Nouv. édit. augmentée de la vie de l'auteur par Tissot. — Avignon, *veuve Seguin, 1808, in-12, 3 vol. rel.*

1496. — D°. — Nouvelle édition. Revue sur l'original, augmentée de notes. — Montpellier, *veuve Picot, 1818, in-8°, 3 vol. rel.*

2. — TRAITÉS GÉNÉRAUX ANCIENS ET MODERNES

1497. — HIPPOCRATE. — Hippocratis opera quæ extant omnia Jano Cornario interprete, novis argumentis in singulos libros, et indice copiosissimo per Joan. Culman. Geppingen, editis, illustrata, etc. — LUGDUNI, *apud, Hœredes Jacobi Junctœ, 1567, in-f° rel.*

1498. — D°. — Traité des airs, des eaux et des lieux. Trad. nouvelle avec le texte grec collationné sur deux manuscrits, des notes, etc., par Coray. PARIS, *Baudelot et Eberhart, an IX, 1805, 2 vol. in-8°.*

1499. — D°. — Aphorismes d'Hippocrate (nouvelle traduction des) conférés sur l'édition grecque publiée en 1811, où l'on trouve les variantes des manuscrits de la bibliothèque du Roi, et des commentaires spécialement appliqués à l'étude de la médecine pratique, dite clinique, par M. le chirurgien de Mercy. — PARIS, *A. Egron, 1817, in-12.*

1500. — D°. — Epidémiques. Trad. du grec, avec des réflexions sur les constitutions épidémiques, suivies des 42 histoires rapportées par cet ancien médecin, et du commentaire de Galien sur ces histoires, etc., par Desmars. — PARIS, *veuve d'Houry, 1767, in-12.*

1501. — D°. — Pronostics et Prorrhétiques, latin-français. Traduction nouvelle, par E. Pariset. — PARIS, *Méquignon-Marvis, 1817, in-32, 2 vol.*

1502. — D°. — Traité du Régime dans les maladies aiguës, des airs, des eaux et des lieux, trad. sur le texte grec, d'après la collation des manuscrits de la bibliothèque du Roi, etc., grec et français, par le chevalier de Mercy. — PARIS, *Eberhart, 1818, in-12, pp. vel.*

1503. — D°. — Hippocratis Magni Coacœ prœnotiones opus admirabili, in tres libros distributum, interprete et enarratore Ludovico Dureto, segusiano cum rerum commemorabilium indice amplissimo. — LUTETIÆ *Parisiorum, sumptibus Petri Billaine, viâ Jacobæâ, sub signo :* Bonæ fidei. Fleuron gravé par Briol, titre rouge et noir, *1621, in-f° rel.* (Don du Dr Miriel).

1504. — D°. — Les aphorismes expliquez conformément au sens de l'auteur, à la pratique medicinale et à la méchanique du corps humain, traduction française sur la version latine d'un auteur anonime, imprimée à Paris en l'année 1723. — PARIS, *d'Houry, 1727, 2 vol. in-8° rel.* (Don du Dr Miriel).

1505. — D°. —. Les aphorismes, traduits novvellement en français, suivant la vérité du texte grec, avec un meslange de paraphrases d'éclaircissements ès lieux plus obscurs, et la clef de cette doctrine par le moyen de la circulation du sang, et d'autres nouvelles découvertes de ce siècle en anatomie et en chymie. — Lyon, *P. Compagnon et R. Taillandier, 1684, petit in-8° rel.* (Don du Dr Miriel).

1506. — D°. — Les aphorismes, rangez selon l'ordre des parties du corps humain, avec des nouvelles explications, etc., par M. Dufour, docteur-médecin. — Paris, *d'Houry, 1703, in-8° rel.* (Don du Dr Miriel).

1507. — GIRARDIN (Pierre). — In magni Hippocratis librum de humoribus purgandis. Et in libros tres de Diœtâ acutorum Ludovici Dureti, Segusiam, commentarii interpretatione et enarratione insignes, a Petro Girardeto, facultatis medicæ Parisiensis doctore emendati, in ordinem distributi, ac primùm in lucem prolati. Adjecta est sub finem accurata constitutionis primæ, libri 2. Epidemicon ejusdem authoris intepretatio. — Parisiis, *apud Joan Jost, viâ Jacobæâ, ad insigne Sancti Spiritûs, 1631, in-8° rel. en p. de vel.* (Don du Dr Miriel).

1508. — GALIEN (Claude). — Operum Galeni tomus primus classem primam continet quœ humani corporis fabricam a primis ejus exorsa initiis, etc. Marque typographique de Froben. — Basileæ, *1542, 6 vol. in-f°.* Texte à 2 colonnes. Manque le 3me volume.

1509. — D°. — Galeni methodi medendi, id est de morbi cvrandis, libri qvartvordecim. — Basileæ, *1561, in-f°.* In officinâ Frobeniana, per Hieronymum Frobenium et Nicolaüm episcopium, Thoma Linacro anglo interprete. La page du titre manque, nous l'empruntons au titre courant. La note ci-dessus se lit au bas de la page 639. Au verso se trouve la marque typographique, un pigeon perché sur l'extrémité d'un bâton perpendiculaire et entortillé de deux basilics. Relié avec :

GALENI extra ordinem classium libri in quibvs breves rervm determinationes traduntur, quarvm perceptis, superiorvm librorvm lectionem reqvirit. Marque typographique, au bas de laquelle on lit : Basileæ, Relié avec :

GALENO ascripti libri, etc., au verso de la page blanche venant immédiatement après la page 114, la même marque typogr., *in-f° rel.* (Don Miriel).

1510. — D°. — Œuvres anatomiques, physiologiques et médicales. Trad. snr les textes imprimés et manuscrits, etc., par le D^r Ch. Daremberg. — Paris, *J.-B. Baillière ;* Londres, New-York, Madrid, *même maison, 1854, in-8°, 2 vol. rel.* (Don Auffray).

1511. — CELSE (Corneille). — A Cornelii Celsi de re medica, libri octo. Ed. nova. A. S. Pariset accuratissime emendata. — Parisiis, *Crochard, 1808, 2 vol. papier vél. cart.*

1512. — D°. — Traduction de ses ouvrages sur la médecine, par M. Ninnin. — Paris, *Vincent, 1754, in-12, 2 vol.*

1513. — ARETÆUS CAPPADOX. — Aretæi Cappadocis de causis et signis acutorum et diuturnorum morborum, etc. ad editionem J. Wiggani recudi curavit et præfatus est Albertus de Haller. Editio nova. — Lausannæ, *F. Grasset et Socior, 1786, in-8° rel.*

1514. — ÆGINETA (Paulus). — Pauli Æginetæ opus de re medica nunc primum integrum, latinitate donatum per Joannem Guinterium Andernacum, doctorem medicum. — Coloniæ, *opera et impensa Joannis Soteris, anno 1534, in-f° rel.*

1515. — WOLPH (Gaspar). — Viaticum novum de omnium fere particularium morborum curationes liber, authoris innominati quidem, sed longè doctissimi, verè aureus et incomparabilis, nunc primum in lucem editus per Gasparum Wolphium, medicum, physicum Tigurinum. — Tiguris, *apud Christophorum Frosch, anno 1565, in-8°, rel. en p. de velin.* (Don du Dr Miriel).

1516. — LA FRAMBOISIÈRE (A. de). — Œuvres où sont méthodiquement décrites l'histoire du monde, la médecine, la chirurgie et la pharmacie pour la conservation de la santé et la guérison des maladies internes et externes. Dernière édition augmentée d'un 8e volume. — Lyon, *Huguetan, 1644, in-f° rel.*

1517. — BOERHAAVE (Herman). — Institutions de médecine, avec un commentaire, par M. de La Mettrie. — Paris, *Huart et autres, 1743, 3 vol. in-8° rel.*

1518. — D°. — Prælectiones academicæ in proprias institutiones rei medicæ edidit, et notas addidit Albertus Haller. — Lugduni *Batavorum, 1758, 6 vol. in-8° rel.*

1519. — LORRY (D. M. P.) — Essai sur la conformité de la médecine ancienne et moderne dans le traitement des maladies aigues. Traduit de l'anglais de M. Barker, du collège des médecins de Londres, par M. Schomberg, docteur en médecine. — Paris, *Cavelier, 1768, in-16 rel.*

1520. — SYDENHAM (T.) — Thomæ Sydenham, medicinæ doctoris ac practici Londinensis celeberrimi opera medica ; in Tomos duos divisa. Editio novissima. — GENEVÆ, *apud fratres de Tournes, 1769, in-4° rel.* Fleuron et devise : quod tibi fieri non vis alteri ne feceris. (Don Miriel).

1521. — HALLER (ALBERTUS DE). — Artis medicæ principes, Hippocrates, Aretæus, Alexander, Aurelianus, Celsus, Rhazis. Recensuit, præfatus est. — LAUSANNÆ, *Grasset et Socior, 1769, 4 vol. in-8° rel.*

1522. — SWIÉTEN (G. VAN). — Commentaria in Hermanni Boerhave aphorismos, de cognoscendis et curandis morbis. — PARISIIS, *apud G. Cavelier, sub signo Lilii aurei, 1771, front. grav., in-4° rel.* Les tomes 1, 3, 4 et 5, manque le tome 2. (Don Miriel).

1523. — HOME (M.) — Principes de médecine, traduits du latin en français, par M. Gastellier, docteur-médecin, auxquels on a joint un extrait d'un ouvrage du même auteur, intitulé : Expériences et observations de médecine, traduit de l'anglais. — PARIS, *Vincent, 1772, in-8° rel.*

1524. — D°. — Principia medicinæ auctore. Editio quarta. — AMSTELODAMI, *de Tournes, 1775, maculé, in-8° rel.*

1525. — BORDEU (T. DE). — Traité de médecine théorique et pratique, extrait des ouvrages de M. Bordeu, avec des remarques critiques, par Minvielle. — PARIS, *Ruault, 1774, in-12 rel.*

1526. — RAMEL (M. F. B.) — Consultations de médecine, et mémoire sur l'eau de Gemenos. — LA HAYE, *1785, in-12.*

1527. — TISSOT (S. A.) — Œuvres. Nouvelle édition augmentée et imprimée sous ses yeux. — LAUSANNE, *F. Grasset, 1788, in-12, 5 vol.* (10 volumes en 5).

1528. — HOFFMANN, premier médecin du Roi. — La médecine raisonnée de M. Hoffmann, traduite par M. J. Jean Bruhier, docteur en médecine. — PARIS, *Briasson, 1789, 2 vol. in-8° rel.*

1529. — COPE (H.) — Medicus olim regius ad statum in Hiberniâ. Demonstratio medico-practica prognosticorum Hippocratis, etc. — AMSTELODAMI, *Baldinger, 1785, in-8° rel. v.*

1530. — PETIT-RADEL (P.) — Institutions de médecine, ou Exposé sur la théorie et la pratique de cette science, d'après les auteurs anciens et modernes, ouvrage didactique contenant les connaissances générales nécessaires à ceux qui se destinent à l'art de guérir. — PARIS, *Agasse, an IX, in-8°, 2 vol. rel.*

1531. — STOLL (Max.) — Médecine pratique. — Bordeaux, *veuve J. B. Cavazza, s. d. in-8°, 3 vol. rel.*

1532. — CABANIS (P. J. G.) — Œuvres complètes accompagnées d'une notice sur sa vie et ses ouvrages, par Thurot. — Paris, *Bossange frères, 1823, in-8°, 5 vol. rel.*

1533. — CULLEN (W.) — Eléments de médecine pratique. Trad. de l'anglais sur la 4ᵉ et dernière édition, avec des notes par Bosquillon. — Paris, *T. Barrois le jeune, 1785, in-8°, 2 vol. rel.*

1534. — MACBRIDE (Davidis M. D.) — Introductio methodica in theoriam et praxim medicinæ ex anglica lingua in latinam convertit. Joh. Fredericus classius A. L. M. Phil. et Med. D. — Trajecti, *ad Rhenum, 1773, 2 vol. in-8° rel.*

1535. — D°. — Introduction méthodique à la théorie et à la pratique de la médecine. Trad. de l'anglais sur la dernière édition, avec des notes, par Petit-Radel. — Paris, *Duplain, 1787, in-8°. 2 vol. rel.*

3. — ANATOMIE

1536. — DUFIEU (J. Ferapied). — Dictionnaire raisonné d'anatomie et de physiologie. — Paris, *Vincent, 1766, in-8°, 2 vol. rel.*

1537. — DIEMERBROECK (Isbrando de). — Anatome corporis humani conscriptus ab Isbrando de Diemerbroeck, medicinæ et anatomes professore. — Lugduni, *sumptibus Joan. Ant. Huguetan et soc., 1683.* Titre et frontispice gravés, représentant cinq corps humains dans des niches et un cadavre sur une table de dissection. (Don Miriel).

1538. — D°. — Anatome corporis humani. — Lugduni, *J. A. Huguetan, 1683, in-4° rel.* (Fig.)

1539. — D°. — L'anatomie du corps humains, établie sur les nouvelles découvertes des anatomistes modernes, et enrichie de plusieurs obser- vations anatomiques, de quantité de figures et de diverses dissertations physiques et médicales, qui servent à faire connaître parfaitement les principes et les causes des actions et des usages du partiel, et toute l'œconomie animale. Trad. nouvelle, enrichie de figures en taille-douce, par M. J. Prost, docteur en médecine. — Lyon, *Bruyset, 1728, in-4°, 2 vol. rel.* (Don Miriel).

1540. — SABATIER (Raphael-Bienvenu). — Traité complet d'anatomie, ou description de toutes les parties du corps humain. — Paris, *P. F. Didot le jeune, 1777, in-12, 3 vol. rel.* (Don Duseigneur).

1541. — D°. — Traité complet d'anatomie, ou description de toutes les parties du corps humain, 3e édit. — Paris, *T. Barrois, 1791, in-8°, 3 vol.*

1542. — D°. — Autre exemplaire, même date. (Don du Dr Gestin).

1543. — COWPER (Guill.) — Anatomia corporum humanorum, 120 tabulis illustrata, etc. Curante Guill. Dundas et Rodolphus Schomberg. — Ultrajecti, *apud N. Muntendam, 1750, grand in-f°.*

1544. — RIOLAN (Jean). — Manuel anatomique et pathologique, ou abrégé de toute l'anatomie et des usages que l'on en peut tirer pour la connaissance et pour la guérison des maladies. — Lyon, *Cl. de la Roche, 1682, in-8° rel.*

1545. — MALPIGHI (M.) — Marcelli- Malpighii, medici et philosophi, necnon professoris bononensis, regiæ societatis anglicanœ socii, opera omnia, seu Thesaurus locupletissimus botanico-medico-anatomicus, viginti quatuor tractatus complectens et in duos tomos distributus. Edit. novissima. — Lugduni *Batavorum, apud Petrum Vander, 1687, in-4° rel.* Fleuron représentant un homme bêchant la terre avec cette devise : Fac et spera. Titre et frontispice gravés. (Don Miriel).

1546. — D°. — Opera posthuma, in quibus excellentissimi authoris vita continetur, ac pleraque quæ ab ipso priùs scripta aut inventa sunt confirmantur, et ab adversariorum objectionibus vindicantur. Supplementa et prœfationem addidit, innumerisque in locis emendavit Petrus Regis Monspeliensis, in academicâ patriâ medicinæ doctor. Editio ultima figuris æneis illustrata, priori longè prœferenda. — Amstelodami, *apud Georgium Gallel, 1698, in-4° rel.* Titre rouge et noir. (Don Miriel).

1547. — BARTHOLIN (Thomas). — Thomæ Bartholini historiarum anatomicarum rariorum centuria 1 et 11. — Hafniæ, *1654, typis academicis Marzani sumptibus Petri Hauboldt Bibl., in-8° rel. en p. de v.* (Don Miriel).

1548. — DIONIS. — L'anatomie de l'homme suivant la circulation du sang et les nouvelles découvertes démontrée au jardin du Roy, exactement revue et beaucoup augmentée par l'auteur, etc. — Paris, *d'Houry, 1716, in-8° rel.*

1549. — DISDIER (François-Michel). — Histoire exacte des os, ou description complète de l'ostéologie, où l'on trouvera non seulement toutes les parties des os clairement et très exactement décrites, mais encore l'usage de chacune d'elles. — Paris, 1745, in-8° rel.

1550. — BORDEU (Théodore de). — Recherches anatomiques sur la position des glandes et sur leur action. — Paris, Quillau, 1751, in-8° rel.

1551. — HEISTER (l'anatomie d') avec des essais de physique sur l'usage des parties du corps humain et sur le méchanisme de leurs mouvements. — Paris, Vincent, 1753, 3 vol. in-8° obl. rel.

1552. — BERTIN (Docteur). — Traité d'ostéologie. — Paris, Vincent, 1754, 4 vol. in-8° rel.

1553. — CAMPER (P.) — Demonstrationum anatomico-pathologicarum liber primus. — Amstelodami, apud Schreuder et Petrum Mortier jun., 1760-1762, in-f° cart,, gᵈ papiér, 2 vol. en un. (Fig.)

1554. — WINSLOW. — Exposition anatomique de la structure du corps humain. — Paris, veuve Savoye, 1766, 6 vol. in-8° rel.

1555. — Dᵒ. — Exposition anatomique de la structure du corps humain. — Paris, G. Desprez et J. Desessartz. Fleuron avec ces mots : Ardet amans spe nixa fides, in-4° rel. (Don Miriel).

1556. — PORTAL (le Baron A.) — Cours d'anatomie médicale, ou Eléments de l'anatomie de l'homme, avec des remarques physiologiques et pathologiques, etc. — Paris, Baudouin, an XII, 1804, in-8°, 5 vol.

1557. — BOYER (A.) — Traité complet d'anatomie, ou description de toutes les parties du corps humain. — Paris, chez l'auteur et chez Migneret, an XI, 1803, in-8°, 4 vol. rel. (Don du Dʳ Barret).

1558. — BAILLIE (M.) — Traité d'anatomie pathologique du corps humain. Trad. de l'anglais, par M. Ferral. — Paris, Samson, an XI, 1803, in-8°.

1559. — GAVARD (H.) — Traité complet d'ostéologie, suivant la méthode de Desault, 2ᵉ édit., augmentée d'un traité sur les ligaments. — Paris, Méquignon, an III, in-8°, 2 vol.

1560. — Dᵒ. — Traité de splanchnologie suivant la méthode de Desault. — Paris, Méquignon, an X, 1802, in-8° br. (Don du Dʳ Marion).

1561. — Dᵒ. — Traité de splanchnologie, suivant la méthode de Desault, 3ᵉ édit. — Paris, Méquignon, 1809, in-8°.

1562. — VEILHERS (P. A.) — Quelques considérations sur le système cutané, thèse. — Paris, *1810*. (Don du Dʳ Marion).

1563. — HELLO (le Dʳ J. M.) — Ouverture du cours de chirurgie et d'anatomie élémentaires. — Cherbourg, *Thomine*, *1841*, *15 pp.*

1564. — CRUVEILHIER (J.) — Traité d'anatomie descriptive, 2ᵉ édit. — Paris, *Béchet jeune*, *1843*, *in-4°* rel. Le tome 3ᵉ seulement. (Don du Dʳ Gestin).

1565. — BÉCLARD (Jules). — Eléments d'anatomie générale. Description de tous les tissus ou systèmes organiques qui composent le corps humain, 3ᵉ édit. — Paris, *Labé*, *1852*, *in-8°* br. (Don du Dʳ Barret).

1566. — ROUGET (Charles). — Développement et structure du système osseux, thèse. — Paris, *1856*. (Don du Dʳ Maréchal).

1567. — LEGENDRE (E. Q.) — Développement et structure du système glandulaire, thèse. — Paris, *1856*. (Don du Dʳ Maréchal).

1568. — CRUVEILHIER (Louis). — Œuvres choisies du Dʳ Cruveilhier, avec une préface de Frédéric Morin. — Paris, *Pagnerre*, *1862*, *in-12*. (Don du Dʳ Barret).

1569. — BÉCLARD, d'Angers (P. A.) — Eléments d'anatomie de l'homme. Anatomie générale, *gᵈ in-8°* rel. La première page manque. (Don A.)

1570. — BEAUNIS (H. E.) — Anatomie générale et physiologie du système lymphatique, thèse. — Strasbourg, *1863* (Don du Dʳ Cerf).

1571. — GILLETTE (E. P.) — Du tissu conjonctif ou lamineux, par le Dʳ Gillette. Concours d'agrégation. — Paris, *1872*. (Don du Dʳ Maréchal).

1572. — BOUISSON. — Tableau historique de l'anatomie chirurgicale. — Montpellier, *1877*, *in-8°* br. (Don du Dʳ Marion).

1573. — PÉTREQUIN (J. E.) — Traité d'anatomie médico-chirurgicale et topographique considérée spécialement dans ses applications à la pathologie, à la médecine légale, à l'obstétrique et à la médecine opératoire. — Paris, *J. Baillière, Germer Baillière*, *1844* ; Lyon, *Guyot père et fils ;* Montpellier, *Sévalle, etc.*, *in-8°* br. (Don du Dʳ Barret).

1574. — DUVAL (Marcellin). — Atlas général d'anatomie descriptive, topographique, etc., et de médecine opératoire, etc., etc., texte. Traité de l'hémostasie et spécialement des ligatures d'artères. — Paris, *J.-B. Baillière*, *1855-1859*, *in-8°* br. (Don du Dʳ Barret).

1575. — SAPPEY (Ph. C.) — Les éléments figurés du sang dans la série animale, etc., 15 planches lithograph. et coloriées. — Paris, *A. Delahaye, 1881, in-4° br.*

1576. — BICHAT (M. F. A.) — Traité des membranes en général et des diverses membranes en particulier. Nouvelle édition, augmentée d'une notice historique sur la vie et les ouvrages de l'auteur, par Husson. — Paris, *veuve Richard, an XI, 1802, in-8°.*

4. — PHYSIOLOGIE

1577. — LEEUWENHOECK (Antoine de). — Antonii a Leeuwenhoeck, regiæ societatis anglicanæ socii opera omnia, seu arcana naturæ, ope exactissimorum microscopiorum detecta, experimentis variis comprobata, epistolis ad varios illustres viros, ut et at integram quæ Londini floret, sapientem societatem cujus membrum est, comprehensa et quatuor tomis distincta. Editio novissima, prioribus emendatior, cum indicibus cuique tomo accomodatis. — Lugduni *Batavorum, apud .Joh. Arnold Langerak, 1722.* Titre rouge et noir, fig. dans le texte et hors du texte, *4 vol. in-4° rel.* Le **2e** manque. Portrait de l'auteur. (Don Miriel).

1578. — HALLER (Albertus de). — Deux mémoires sur la formation des os fondés sur des expériences. — Lausanne, *M. M. Bousquet, 1878, petit in-8° rel.*

1579. — D°. — Eléments de physiologie. Trad. nouv. du latin par Bordenave. — Paris, *Guillin, 1769, in-12 rel.*

1580. — DUMAS (C. L.) — Principes de physiologie, ou introduction à la science expérimentale, philosophique et médicale de l'homme vivant. — Paris, *Deterville, an VIII, 1800, in-8°, 4 vol.*

1581. — LOWER (R.) — Tractatus de corde, item de motu et colore sanguinis et chyli in eum transitu. — Amstelodami, *Daniel Elzévir, 1669, petit in-8° rel.*

1582. — QUESNAY (F.) — Essai physique sur l'économie animale, 2e édit. — Paris, *G. Cavelier, 1747, in-12, 3 vol. rel.*

1583. — RICHERAND (le Cher) — Nouveaux éléments de physiologie, 7e édit. — Paris, *Caille et Ravier, 1817, in-8°, 2 vol. rel.* (Don du Dr Gestin).

1584. — VIREY (J. J.) — De la femme sous ses rapports physiologique, moral et littéraire. — Paris, *Crochard, 1823, in-18.*

1585. — SPALLANZANI (L.) — Expériences sur la circulation observée dans l'universalité du système vasculaire. Traduit de l'italien avec des notes précédées d'une esquisse de la vie littéraire de l'auteur, par J. Tourdes — Paris, *Maradan, an VIII, in-8° rel.*

1586. — LE CAT (C. N.) — Traité des sens. — Paris, *G. Cavelier, 1742, in-8° rel.*

1587. — Dº. — Œuvres physiologiques. Traité des sensations et des passions en général, et des sens en particulier, 2 vol. Théorie de l'ouïe, 1 vol. — Paris, *Vallat-Lachapelle, 1767-1768, in-8°, 3 vol.*

1588. — INFLUENCE (de l') des passions sur la production des maladies, ou Recueil des Mémoires qui ont été distingués par la Société libre des sciences physiques et médicales de Liège, au Concours établi sur cette question. — Liège, *J. Desoer, 1809, in-8° rel.*

1589. — LA CHAPELLE (L'abbé de). — Le ventriloque, ou l'engastri-mythe. — Londres et Paris, *1772, in-12 rel.*

1590. — KORNMAN (H.) — Sibylla Trig-Andriana, seu de Virginitate, Virginum Statu et Jure tractatus Jucundus. Ed. nova. — Coloniæ, *P. Marteau, 1765, in-12 rel.*

1591. — PENNETIER (Georges). — L'origine de la vie. Préface par F. A. Pouchet. Vignettes. — Paris, *Rothschild, 1868, in-18.*

1592. — LIGNAC (de). — De l'homme et de la femme considérés physiquement dans l'état de mariage. Fig. — Lille, *Y. B. Henri, 1772, 2 vol. rel.*

1593. — Dº. — Le même. Nouv. édition. Fig. — Lille, *1772, in-12, 2 vol. rel.*

1594. — HILL (Johan). — Lucina sine concubitu ; Lucine affranchie des lois du concours ; trad. de l'anglais de Johnson (Abraham Johnson, pseudonyme de Hill John), par Moet. Nouv. édit. — Paris, *Mercier, an III, 1795, in-18 rel.*

1595. — ANCILLON (C.) — Traité des eunuques, dans lequel on explique toutes les différentes sortes d'eunuques, quel rang ils ont tenu et quel cas on en a fait, etc. On examine principalement s'ils sont propres au mariage et s'il leur doit être permis de se marier, etc., par M*** D***. — *Imprimé l'an 1707, in-12 rel.*

1596. — ROBERT (L. J. M.) — Nouvel essai sur la Mégalanthropogénésie, ou l'art de faire des enfants d'esprit qui deviennent de grands hommes, suivi des traits physiognomoniques propres à les faire reconnaître, décrits par Aristote, Porta et Lavater, avec des notes additionnelles de l'auteur, 2ᵉ édit. — Paris, *Le Normant, an XI, 1803, in-8°, 2 vol. rel.*

1597. — CABANIS (J. J. G.) — Rapports du physique et du moral de de l'homme, précédés d'une table analytique, par M. le comte Destutt de Tracy, et suivis d'une table aphabétique, nouv. édit., augmentée d'une notice sur la vie de l'auteur. — Paris, *J.-B. Baillière, 1824, 3 vol.*

1598. — PORTA (J. B.) — La physionomie humaine, divisée en quatre livres, enrichie de quantités de figures tirées au naturel, etc. Traduit du latin par Rault, 2ᵉ édit. — Rouen, *J. et D. Berthelin, 1660, in-8° cart.*

1599. — LAVATER (J. G.) — Essai sur la Physiognomonie. — *1781-87, gᵈ in-4°, 3 vol. rel.* (Fig.)

1600. — VALENTIN. — Précis des Systèmes de Gall et de Lavater, ou méthode infaillible de se prémunir contre les pernicieux effets de l'hypocrisie et du mensonge par l'inspection du crâne ou de la figure, appuyé sur les recherches et les opinions de Porta, de Camper, Spurzheim, Combes, etc. (Fig.) — Paris, *Garnier, 1838, in-18 rel.*

1601. — BOURDON (J.) — La Physiognomonie et la Phrénologie, ou Connaissance de l'homme d'après les traits du visage et les reliefs du crâne. — Paris, *Ch. Gosselin, 1842, in-12, relié avec :*

REMY (J.) — Science de la langue française. — Paris, *E. Dussilliou, 1843.*

1602. — LIEBIG (J.) — Recherches sur quelques-unes des causes du mouvement des liquides dans l'organisme animal, traduit de l'allemand par M. B. Schnepf, professeur d'allemand à Sainte-Barbe, élève des hôpitaux de Paris. — Paris, *Bachelier, imprimeur-libraire, 1849, in-8°.*

1603. — BÉRAUD (J. M.) — Manuel de physiologie de l'homme et des principaux vertébrés, répondant à toutes les questions physiologiques du programme des examens de fin d'année. — Paris, Londres et Madrid, *Germer-Baillière, 1853, in-8° rel.*

1604. — BÉRARD (P.) — Cours de physiologie fait à la faculté de médecine de Paris. — Paris, *Labé*, incomplet. (Don Gestin).

1605. — MAREY (Etienne). — Recherches sur la circulation du sang, thèse. — Paris, *1859.* (Don du D' Maréchal).

1606. — GOUIN (F.) — Des agents mécaniques de la respiration, thèse. — Montpellier, *1863.* (Don du Dr Marion).

1607. — PONTEVÈS (de Barrel de). — Des nerfs vaso-moteurs et de la circulation capillaire, thèse. — Paris, *1864.* (Don du Dr Maréchal).

1608. — DUBUISSON (Christôt). — Recherches anatomiques et physiologiques sur la moelle des os longs, thèse. — Paris, *1865.* (Don du Dr Maréchal).

1609. — DEBAY (A). — Histoire naturelle de l'homme et de la femme, etc., 12ᵉ édit. — Paris, *E. Dentu, 1865, in-12 rel.* (Don Auffray).

1610. — ONIMUS (Ernest). — De la théorie dynamique de la chaleur dans les sciences biologiques. — Paris, *Germer-Baillière, 1866, in-8° br.* (Don Hétet).

1611. — CABADÉ (Ernest). — Essai sur la physiologie des epitheliums, thèse. — Paris, *1867.* (Don du Dr Maréchal).

1612. — FUMOUZE (Victor). — Les spectres d'absorption du sang avec trois planches. — Paris, *Germer-Baillière, 1871, p' in-4°.* (Don Hétet).

1613. — NICOLAS (Adolphe). — Considérations sur la coordination des mouvements d'ensemble, thèse. — Paris, *1872, 2 exempl.* (Don du Dr Marion).

1614. — LANGLET (J. B.) — Etude critique sur quelques points de la physiologie du sommeil, thèse. — Paris, *1872.* (Don du Dr Maréchal).

1615. — LEGRAND (François). — Contributions à la physiologie de la cinquième paire cranienne, thèse. — Paris, *1875.* (Don du Dr Maréchal).

1616. — BORNE-VOLBER (A.-J.) — Aphorismes de médecine positive et théorie des ressemblances, montrant tout le corps sur la physionomie. — Lausanne, *H. Delisle, 1877, in-8° br.*

1617. — ESSAI sur les âges de l'homme, sans lieu ni date, sans nom d'auteur, *in-8° br.* (Don du Dr Berger).

1618. — BERNARD (Claude) [L'œuvre de]. — Introduction par Mathias Duval, notices par E. Renan, P. Bert. Table alphabétique et analytique. Bibliographie des travaux scientifiques. — Paris, *J. B. Baillière, 1881, in-8°.* Portrait de Claude Bernard.

1619. — BULLETIN de la Société d'anatomie et de physiologie normales et pathologiques de Bordeaux. — Bordeaux, *1881*, incomplet, tome 1, fascicule 1 et 2 et tome 2.

5. — HYGIÈNE

Hygiène générale et spéciale. — Diététique, ou régime sanitaire de la vie; aliments, cosmétiques, etc.

1620 — FONSSAGRIVES (J. B.) — Entretiens familiers sur l'hygiène. — Paris, *Hachette, 1869, 3ᵉ édit., in-18 jésus.*

1621. — JACQUIN (L'abbé) — De la santé. Ouvrage utile à tout le monde, 2ᵉ édit. — Paris, *Durand, 1763, in-12 rel.*

.1622. — MACQUART (L. C. H.) — Dictionnaire de la conservation de l'homme, ou d'hygiène et d'éducation physique et morale. — Paris, *Bidault, an VII, in-8°, 2 vol. rel.*

1623. — VANDERMONDE. — Dictionnaire portatif de santé, etc., 3ᵉ édit. — Paris, *Vincent, 1761, in-8°, 2 vol. rel.*

1624. — WILLICH (le Docteur). — Hygiène domestique, ou l'art de conserver la santé et de prolonger la vie, mis à la portée des gens du monde. Traduction libre et éloguée de l'ouvrage anglais, à laquelle on a joint un grand nombre de notes critiques et explicatives, par E. M. Itard. — Paris, *Ducauroy et Deterville, an XI, in-8°, 2 vol. rel.*

1625. — BENNET (James-Henry). — De la nutrition dans la santé et la maladie, par James-Henry Bennet, membre du collège royal de médecins de Londres, docteur en médecine de la faculté de Paris, etc. Traduit de l'anglais sur la troisième édition, par P. Barué, et revu par l'auteur. — Paris, *Asselin et Cⁱᵉ, éditeurs, 1882, in-12 br.*

1626. — CARON (A.) — Manuel de santé et d'économie domestique, ou exposé des découvertes modernes, parmi lesquelles on trouvera surtout le moyen de prévenir les effets du méphitisme, etc. — Paris, *Debray, an XIII.*

1627. — MOREAU (J. L.) — Esquisse d'un cours d'hygiène ou de médecine appliquée à l'art d'user de la vie et de conserver la santé, extrait d'une partie des leçons d'hygiène faites au Lycée républicain l'an VIII. — Paris, *Tiger, in-8°.*

1628. — ARBUTHNOT (J.) — Essai des effets de l'air sur le corps humain. Traduit de l'anglais avec des notes, par M. Boyer de Pebrandie, docteur en médecine de la faculté de Montpellier. — Paris, *J. Barrois, 1743, in-8° rel.*

1629. — ANNALES d'hygiène publique et de médecine légale par M. Adelon, etc. — Paris, *1829 et 1830, in-8°, 4 vol.*

1630. — TISSOT (S. A.) — Avis au peuple sur sa santé, 3ᵉ édit. — Paris, *P. F. Didot, 1767, in-12 rel.*

1631. — Dᵒ. — Le même, 4ᵉ édit. — Paris, *P. F. Didot, 1770, in-12 rel.*

1632. — Dᵒ. — Le même, 10ᵉ édit. — Lausanne, *F. Grasset, 1789, in-12 rel.*

1633. — AUDIN-ROUVIÈRE. — La médecine sans médecin ou manuel de santé, 10ᵉ édit. — Paris, *chez l'auteur, 1828, in-8° rel.*

1634. — RAMAZZINI (Bernard). — Essai sur les maladies des artisans. Traduit du latin par de Fourcroy. — Paris, *Moutard, 1777, in-12 rel.*

1635. — MANUEL des peintres au blanc ou conseils aux peintres en bâtiments.— Paris, *Napoléon Chaix et Cⁱᵉ, 1854, in-12 br.*

1636. — SOCIÉTÉ de médecine publique et d'hygiène professionnelle. Mémoires présentés dans la première séance, le 27 juin 1877. — Paris, *Goupy, 1877.*

1637. — VAUCEL (Ch.) — Causes de maladies chez les ouvriers, thèse. — Paris, *1833.* (Don du Dʳ Marion).

1638. — POISSONNIER-DESPERRIÈRES. — Traité des maladies des gens de mer. — Paris, *Lacombe, 1767, in-8° rel.*

1639. — PINGERON (J. C.) — Manuel des gens de mer, ou recueil d'observations sur les moyens de conserver leur santé pendant les voyages de long-cours. (Fig.) — Paris, *A. Jombert, 1780, in-12, 2 vol. rel.*

1640. — DELIVET (J. B. C.) — Principes d'hygiène navale, ou l'homme de mer considéré dans la navigation, etc. — Gènes, *1808, in-8°.*

1641. — Dᵒ. — Autre exemplaire, même édition.

1642. — POISSONNIER-DESPERRIÈRES. — Lettres d'un chirurgien à M. ***, armateur, au sujet d'un régime végétal proposé pour les gens de mer. — Londres, *1773, in-12.*

1643. — COURCELLES (Chardon de). — Mémoire sur le régime végétal des gens de mer, publié par le Ch^{er} de La Coudraye. — Nantes, *Brun, 1781, in-12, 2 exempl.*

1644. — KÉRAUDREN (P. F.) — Mémoire sur les causes des maladies des marins, etc., 2e édit. — Paris, *impr. royale, 1824, in-8° br.*

1645. — FONSSAGRIVES (J. B.) — Traité d'hygiène navale. — Paris, *J.-B. Baillières, 1856, in-8° rel.*

1646. — LE HELLOCO. — Considérations générales sur quelques points d'hygiène et de médecine navale, thèse. — Montpellier, *1822.* — (Don du Dr Marion).

1647. — ROUX (Ch. J. B.) — Considérations sur quelques points d'hygiène navale, thèse. — Paris, *1833.* (Don du Dr Marion).

1648. — TOUSSAINT (G. M.) — Quelques considérations hygiéniques sur les punitions infligées aux matelots à bord des bâtiments de guerre français, thèse. — Montpellier, *1836.* (Don du Dr Marion).

1649. — GESTIN (Heristel). — De l'influence des climats chauds sur l'Européen, thèse. — Paris, *1857.* (Don du Dr Maréchal).

1650. — COURTOIS. — De l'eau au point de vue de l'hygiène. — La 1re page manque. (Don du Dr Maréchal).

1651. — LEFÈVRE (Auguste). — Etude hygiénique sur les moyens d'approvisionnement, de conservation et de distribution de l'eau d'alimentation à bord des navires de la marine impériale, thèse. — Paris, *1869.* (Don du Dr Maréchal).

1652. — RAOUL (le D^r). — Guide hygiénique et médical pour les bâtiments de commerce qui fréquentent la côte occidentale d'Afrique. — Paris, *P. Dupont, 1871, in-18* (51 p.)

1653. — KERMORGANT (Alex.) — Considérations sur l'hygiène en Nouvelle-Calédonie et plus particulièrement à Nouméa en 1868 et au commencement de 1869, thèse. — Montpellier, *1871.* (Don du Dr Maréchal).

1654. — PELLEGRIN (L. M. D.) — Les rues et la vidange à Toulon. Etude d'hygiène publique, thèse. — Montpellier, *1872.* (Don du Dr Maréchal).

1655. — CLAVIER (Louis). — Considérations générales et pratiques d'hygiène navale, thèse. — Montpellier, *1874.* (Don du Dr Maréchal).

1656. — BEAUMANOIR (J. M.) — Essai sur la ventilation des transports, thèse. — Montpellier, *1875.* (Don du Dr Maréchal).

1657. — NIELLY (M.) — Hygiène navale, son histoire, ses progrès, discours de rentrée de l'année scolaire 1876-1877, prononcé le 5 novembre 1876, à l'école de Rochefort. Extrait des archives de médecine navale, tome XXVI. — PARIS, *Lahure; 1877, in-8°, 31 pp. br.*

1658. — GODET (GEORGES). — Etude sur l'hygiène au Japon, thèse. — PARIS, *1880.* (Don du Dr Maréchal).

1659. — PORTIUS (LUCAS-ANTONIUS). — De militis in castris sanitate tuenda. — HAGÆ, *comitum apud Petrum Gosse, 1739, in-8° rel.* F. S.

1660. — VOISIN (J. C.) — Hygiène du soldat, en Espagne, en Portugal et en Afrique (Nord), applicable au soldat dans les parties méridionales de la France ; suivie d'un essai sur la colique dite de Madrid, considérée comme névralgie splanchnique. — PARIS, *Gaultier-Laguionie, 1841, in-8°.*

1661. — TISSOT (S. A.) — De la santé des gens de lettres. — LAUSANNE, *F. Grasset, 1775, in-12.*

1662. — SAINT-AURE (J. DE). — L'hygiène des hommes de lettres et des employés. Extrait de Plutarque, de Michel de Montaigne et autres grands auteurs, 2e édit. — PARIS, *Barba, 1833, in-12.*

1663. — FLOURENS (P.) — De la longévité humaine et de la quantité de vie sur le globe, par P. Flourens, 2e édit. — PARIS, *Garnier frères, 1855, in-8°.*

1664. — GOULIN ET JOURDAIN. — Le médecin des dames, ou l'art de conserver sa santé. — PARIS, *Vincent, 1771, in-12 rel.*

1665. — Do. — Le même. Nouv. édit. — PARIS, *Vincent, 1773, in-12 rel.*

1666. — FONSSAGRIVES (J. B.) — Le rôle des mères dans les maladies des enfants, etc. — PARIS, *Hachette, 1868, gd in-18.*

1667. — Do. — L'éducation physique des jeunes filles, ou avis aux mères, etc. — PARIS, *Hachette, 1869, gd in-18.*

1668. — RATTIER (A. J.) — Instruction pour les mères qui allaitent leurs enfants, ouvrage également utile aux femmes qui habitent les villes et aux femmes de la campagne. — BREST, *Gauchelet, an V, in-8°.*

1669. — ANNER (le Dr G.), de Brest. — Guide des mères et des nourrices. — PARIS, *1870, in-18.*

1670. — BEER (J. G.) — Moyens infaillibles de conserver sa vue en bon état jusqu'à une extrême vieillesse, et de la rétablir et fortifier lorsqu'elle s'est affaiblie, etc. Trad. de l'allemand par Thiercelin. (Pl.), 2 édit. — Paris, *Monnot, 1804, in-8°.*

1671. — D°. — Les mêmes, 3ᵉ édit. — Paris, *Monnot, 1807, in-8°.*

1672. — GARNIER (J.) et HAREL (Ch.) — Des falsifications des substances alimentaires. — Paris, *Baillière, 1844, in-12.*

1673. — PAYEN (A.) — Des substances alimentaires et des moyens de les améliorer, de les conserver et d'en reconnaître les altérations, 2° édit. — Paris, *1854, in-12 rel.*

1674. — ARBUTHNOT (J.) — Essai sur la nature et le choix des alimens, suivant les différentes constitutions, où on explique les différents effets, les avantages et les désavantages de la nourriture animale et végétale. Trad. de l'anglais par Boyer de Prébaudie. — Paris, *G. Cavelier, 1741, in-12, 2 tomes en un seul, rel.*

1675. — LEMERY (L.) — Traité des aliments, 2ᵉ édition. — Paris, *P. Witte, 1705, in-12 rel.*

1676. — PAYEN (A.) — Précis théorique et pratique des substances alimentaires, etc. — Paris, *Hachette, 1865, gᵈ in-8°.*

1677. — MARTIN (Barth.) — Traité du lait, du choix qu'on en doit faire et de la manière d'en user, 2ᵉ édit. — Paris, *Laurent d'Houry, 1706, in-18 rel.*

1678. — BLEGNY (N. de). — Le bon usage du thé, du café et du chocolat. Le titre manque. — *In-12 rel.*

1679. — CADET-DE-VAUX (Ant. Alexis). — Dissertation sur le café, son histoire, ses propriétés et le procédé pour en obtenir la boisson la plus agréable, etc. Suivie de son analyse par Ch. L. Cadet. — Paris, *1816, in-12.*

1680. — VIREY (J. J.) — Nouvelles considérations sur l'histoire et les effets hygiéniques du café et sur le genre coffea. — Paris, *L. Colas, 1816, in-12.*

1681. — PELLETIER (Eugène et Auguste). — Le thé et le chocolat dans l'alimentation publique, aux points de vue historique, botanique, physiologique, hygiénique, etc. — Paris, *1861, in-18.*

1682. — GARDETON (C.) — Dictionnaire de la beauté, ou la toilette sans dangers. — Paris, *L. Cordier, 1826, in-18.*

1683. — DEBAY (A.) — Hygiène médicale du visage, 3ᵉ édit. — Paris, chez l'auteur, 1853, in-12 rel.

1684. — Dᵒ. — Hygiène médicale des cheveux et de la barbe, etc. — Paris, chez l'auteur, 1854, in-8ᵒ rel.

1685. — HECQUET (P.) — Traité des dispenses du carême, dans lequel on découvre la fausseté des prétextés qu'on apporte pour les obtenir, en faisant voir par la mécanique du corps les rapports naturels des aliments maigres avec la nature de l'homme et par l'histoire, par l'analyse et par l'observation, leur convenance avec la santé. — Paris, F. Fournier, 1709, in-12 rel.

1686. — DEBAY (A.) — Hygiène des baigreurs, etc., 4ᵉ édit. — Paris, Garnier frères, s. d., in-8ᵒ rel.

1687. — Dᵒ. — Hygiène et physiologie du mariage, etc., 40ᵉ édit. — Paris, E. Dentu, 1866, in-12 rel.

1688. — SERAINE (le Dʳ L.) — De la santé des gens mariés ou physiologie de la génération de l'homme et hygiène philosophique du mariage, 13ᵉ édit. — Paris, E. Savy, 1876, in-12 cart.

1689. — GOUPIL (Dʳ). — Le sexe male, 2ᵉ édit. — Chez l'auteur, in-12 rel.

1690. — JEHANNE (Ch.) — Quelques considérations sur l'action de la chaleur extérieure sur les fonctions et les organes de l'homme. Du rôle étiologique de cet agent dans la fièvre intermittente, thèse. — Paris, 1876. (Don de l'auteur).

1691. — BOURROUSSE de LAFFORCE. — Du progrès alarmant de la mortalité dans le département de Lot-et-Garonne, et en particulier dans la commune d'Agen ; des causes d'insalubrité qui la produisent dans cette ville et des moyens de les faire disparaître. — Agen, Noubel, in-8ᵒ br.

1692. — JAQUEMET (H.) — Des hôpitaux et des hospices. Des conditions que doivent présenter ces établissements au point de vue de l'hygiène et des intérêts des populations, etc. — Paris, J. B. Baillière et fils ; Londres et New-York, mêmes maisons, 1866, in-8ᵒ rel.

1693. — SCHATZ (I.) — Etude sur les hôpitaux sous tentes, thèse. — Paris, 1869. (Don du Dʳ Maréchal).

1694. — LE GRIS-DUVAL. — Hygiène navale. Essai sur le scorbut, thèse. — Montpellier, 1844. (Don du Dʳ Marion).

6. — PATHOLOGIE

1695. — PERDULCIS (BARTHOLOMÆUS). — Universa medicina. Edit. tertia. Studio et opera, G. Sauvageon. — PARISIIS, *1649, in-4° parch.*

1696. — D°. — Bartholomæi Perdulcis doctoris medici Parisiensis universa medicina. Editio postrema. Cui etiam accessit de morbis animi liber. — LUGDUNI, *apud Petrum Bailly, in viâ mercatoriâ, ad malleum argenteum. 1743, in-4° rel.* Titre rouge et noir. Le *de morbis animi liber* porte la date de 1649 avec changement de pagination, **72** pages.

1697. — SYDENHAM (T.) — Opera medica ; in tomos duos divisa. — GENOVÆ, *apud fratres de Tournes, 1749.* Titre rouge et noir, fleuron, devise. Portrait de T. Sydenham, *in-4° rel.* (Don Miriel).

1698. — CLERC (N.) — Histoire naturelle de l'homme considéré dans l'état de maladie, ou la médecine rappelée à sa première simplicité. — PARIS, *Lacombe, 1767, in-8°, 2 vol. rel.*

1699. — LIEUTAUD (J.) — Précis de la médecine pratique, contenant l'histoire des maladies et la manière de les traiter. Nouv. édit. — PARIS, *Vincent, 1776, in-8°, 2 vol. rel.*

1700. — COLOMBIER J.) — Code de médecine militaire pour le service de terre, en 3 parties. — PARIS, *J. P. Costard, 1772, in-12, 5 vol. rel.*

1701. — BROUSSAIS (F. J. V.) — Examen de la doctrine médicale généralement adoptée et des systèmes de nosologie, dans lequel on détermine, par les faits et par le raisonnement, leur influence sur le traitement et sur la terminaison des maladies, etc. — PARIS, *Méquignon-Marvis, 1816, in-8° rel.*

1702. — MAHON (P. A. O.) — Histoire de la médecine clinique, depuis son origine jusqu'à nos jours, et recherches importantes sur l'existence, la nature et la communication des maladies syphilitiques dans les femmes enceintes, dans les enfants nouveaux-nés et dans les nourrices, et manière de traiter les maladies syphilitiques dans les femmes enceintes, etc., par L. Mauve. — PARIS et ROUEN, *an XII, 1804, in-8°.*

1703. — PINEL (P.) — La médecine clinique rendue plus précise et plus exacte par l'application de l'analyse, ou recueil et résultats d'observations sur les maladies aiguës, 2e édition. — PARIS, *J. A. Brosson, an XII, 1804, in-8°.*

1704. — PETIT (M. A.) — Collection d'observations cliniques, ouvrage posthume publié par A. Lusterbourg et T. Jobert, héritiers des manuscrits de l'auteur. — LYON, *A. Leroy, 1815, in-8°.*

1705. — VITET (C.) — Médecine expectante. — LYON, *A. Leroy, an XI, 1803, in-8°, 6 vol. rel.*

1706. — SAINT-HUBERT (DUVIVIER DE P. H.) — Traité philosophique des maladies épidémiques. — PARIS, *chez l'auteur, 1836, in-8°.* (Don du Dr Marion).

1707. — STAHL (G.-E.) — Œuvres médico-philosophiques et pratiques, traduites et commentées par Th. Blondin, 3ᵉ édit. — PARIS, *J. B. Baillière et fils, 1863, 5 vol.* Manque le 1ᵉʳ volume.

7. — SÉMÉIOLOGIE OU TRAITÉS SUR LES SIGNES DES MALADIES

1708. — LOMMIUS (J.) — Tableau des maladies, où l'on découvre leurs signes et leurs événements. Traduit du latin avec des remarques, par Le Breton. — PARIS, *Jombert, 1716, in-12 rel., 2 exempl.*

1709. — HÉLIAN. — Dictionnaire du diagnostic, ou l'art de connaître les maladies et de les distinguer exactement les unes des autres. — PARIS, *Vincent, 1771, in-12 rel.*

1710. — BORDEU (T. DE). — Recherches sur le pouls, par rapport aux crises. — PARIS, *De Bure, 1756, in-12 rel.*

1711. — LIBAUDIÈRE. — Essai sur la percussion et l'auscultation en général. De leur utilité en médecine et de leur influence sur les progrès de cette science, thèse. — PARIS, *1836.* (Don du Dr Maréchal).

1712. — BELL (J. H.) — Des bases du pronostic, thèse. — PARIS, *1838.* (Don du Dr Maréchal).

1713. — BETTREMIEUX (ROBERT). — Du diagnostic de la rétention d'urine, thèse. — PARIS, *1865.* (Don du Dr Maréchal).

1714. — PETRUCCI (AURÈLE). — Des vibrations thoraciques comme élément de diagnostic dans les affections de poitrine, thèse. — PARIS, *1866.* (Don du Dr Maréchal).

1715. — LORAIN (P.) — Etudes de médecine clinique faites avec l'aide de la méthode graphique et des appareils enregistreurs. De la température du corps humain et de ses variations dans les diverses maladies. Publication faite par les soins de P. Brouardel. — PARIS, *imp. nat.*, 1877, *in-8°*, le 2ᵉ vol. seulement.

8. — SPÉCIALITÉS MÉDICALES

Inflammation, fièvres, typhus choléra, dyssenterie, fièvre jaune, maladies vénériennes, etc., etc.

1716. — SCAVINI (J. M.) — Précis de la doctrine de l'inflammation. — TURIN, *an XIII, in-8°.*

1717. — GRIMAUD (J. CH. Marquis GUILL, DE). — Cours complet de fièvres. — MONTPELLIER, *J. F. Picot, 1791, in-8°, 4 vol.*

1718. — HUXHAM (J.) — Essai sur les différentes espèces de fièvres. On y a joint deux autres essais, l'un sur la manière de nourrir les enfants, l'autre sur leurs différentes maladies, et un appendice contenant une méthode pour guérir les mariniers des maladies dans les voyages de long-cours. Nouvelle édition augmentée de trois traités sur les maux de gorge, sur l'antimoine, sur une colique épidémique. — PARIS, *d'Houry*, 1776, *in-12 rel.*

1719. — Dº. — Autre exemplaire.

1720. — BROUSSAIS (F. J. V.) — Recherches sur la fièvre hectique. — PARIS, *Méquignon, 1803, in-8° br*. (Don du Dʳ Marion).

1721. — ALIBERT (J. L.) — Traité des fièvres pernicieuses intermittentes, 5ᵉ édit. — PARIS, *Caille et Ravier, 1820, in-8°.*

1722. — TOMMASINI (J.) — Exposition précise de la nouvelle doctrine médicale italienne, ou considérations pathologico-pratiques sur l'inflammation et la fièvre continue. Traduit de l'italien par J. T. Lefebure. — PARIS, *Béchet, 1821, in-8°.*

1723. — DARBEFEUILLE (M.) — Quelques réflexions sur la nouvelle doctrine médicale, communiquée à la section de médecine de la Société académique de la Loire-Inférieure. — NANTES, *Mallinet Nalassis, 1825*, *in-8° br*. (Don du Dʳ Marion).

1724. — QUESNAY (F.) — Traité des fièvres continues. — Paris, *veuve d'Houry, 1764, in-12, 2 vol. rel.*

1725. — BÉGUERIE (J.-M.) — Histoire de la fièvre qui a régné sur la flottille française, sortie du port de Tarente, etc. — Montpellier, *J. G. Tournel, 1806, in-8° br.* (Don du Dr Berger).

1726. — GISLOT (C.) — Dissertation sur la fièvre muqueuse intermittente, etc., thèse. — Paris, *1813.* (Don du Dr Marion).

1727. — DANGUILLECOURT (E. P.) — Des intoxications miasmatiques et des altérations générales du sang dans ces maladies. — Paris, *Rignaux, 1852.* (Don Le Moine).

1728. — LOZACH (J. B.) — De l'intoxidation paludéenne à la Guyane française, thèse. — Montpellier, *1865.* (Don du Dr Cerf.)

1729. — DUDON (J. C.) — Notes et observations sur les affections paludéennes à la Côte-Occidentale d'Afrique, thèse. — Paris, *1869.* (Don du Dr Marion).

1730. — DURAND (P. C. L.) — Des altérations anatomo-pathologiques dans l'intoxication palustre à la Guyane française, thèse. — Montpellier, *1868.* (Don Le Moine).

1731. — ESQUIVE (M. A.) — Observations de forme, continue des fièvres palustres, thèse. — Paris, *1873.* (Don Le Moine).

1732. — AUFFRAY (Ch. L. M.) — Considérations physiologiques sur les stades de la fièvre intermittente simple, thèse. — Montpellier, *1839.* (Don du Dr Marion).

1733. — BERNARD (Honoré). — Quelques considérations pratiques sur l'infection palustre à propos de deux cas de fièvres pernicieuses observés à bord de la frégate la *Clorinde.* — Paris, *Parent, 1876.* (Don du Dr Maréchal).

1734. — CLÉMENT (Gabriel, natif de Nantes). — Le Trespas de la peste. — Paris, *J. et C. Périeur, 1626, in-12 rel.*

1735. — BONNISSENT. — De la manière dont la peste se communique aux animaux et à l'homme, etc., thèse. — Paris, *1812.* (Don du Dr Marion).

1736. — DUBOSQ (J.) — Considérations nouvelles sur le typhus contagieux, thèse. — Montpellier, *1813.* (Don du Dr Marion).

1737. — HERNANDEZ (J. F.) — Essai sur le typhus ou sur les fièvres dites malignes, putrides, bilieuses, muqueuses, jaunes, la peste, etc. — Paris, *Méquignon-Marvis, 1816, in-8°.*

1738. — MARC (J. M.) — Relation d'une épidémie de fièvre typhoïde qui a régné à Lorient sur les troupes de la marine, dans l'hiver de 1864-1865. (Don Le Moine).

1739. — GILLET (P. L.) — Quelques considérations sur le typhus de Riantec, thèse. — Paris, *1872.* (Don Le Moine).

1740. — HERTUS (Dr). — Instruction sur le typhus contagieux, *1875.* (Don du Dr Maréchal).

1741. — GESTIN (R. H.), médecin en chef de la marine. — Mémoire adressé à l'Académie de médecine sur une épidémie de typhus à Rouisan et du typhus endémique dans le Finistère. Mémoire couronné par l'Académie de médecine. — Manuscrit *in-f°.* (Don de l'auteur).

1742. — ZIMMERMANN (J. G.) — Traité de la dysenterie. Traduit de l'allemand par Lefebvre de Villebrune. — *Vincent, 1775, in-12 rel.*

1743. — BAMPS (A.) — Dissertation sur la dysenterie, thèse. — Paris, *1813.* (Don du Dr Marion).

1744. — LARIBE (Ant.) — Essai sur la dysenterie, thèse. — Montpellier, *1822.* (Don du Dr Marion).

1745. — POTEL (B. F. M.) — Essai sur la dysenterie, thèse. — Montpellier, *1832.* (Don du Dr Marion).

1746. — LE HIR (D.) — Considérations botaniques et toxicologiques sur les Antilles, suivies de quelques notes sur la dysenterie, thèse. — Paris, *1838.* (Don du Dr Marion).

1747. — ERHEL (H. D.) — Etude sur la dysenterie, thèse. — Paris, *1851.*

1748. — DESCHAMPS (E.) — Essai sur les différentes formes de la dysenterie et le traitement qui leur convient, thèse. — Montpellier, *1860.*

1749. — GAYME-LAURENT. — De la dysenterie endémique dans la Basse-Cochinchine, thèse. — Montpellier, *1866.* (Don Le Moine).

1750. — LEMOISNE (Paul). — Notes sur l'étiologie, la prophylaxie et l'hygiène de la dysenterie des pays chauds, thèse. — Paris, *1868.* (Don Le Moine).

1751. — TALMY. — De la diarrhée endémique chronique des pays chauds. Ses rapports avec le foie. Son traitement par le sucre de lait. — PARIS, *Coccoz, 1876.* (Don du Dr Maréchal).

1752. — ETIENNE (C. J. J.) — Un mot sur la diarrhée de Cochinchine et son traitement, thèse. — MONTPELLIER, *1877.* (Don du Dr Maréchal).

1753. — RUSH (B.) — An account of the bilious remitting Yellow as it appeared in the City of Philadelphia in the year 1793, 2e édit. — PHILADELPHIA, *Thomas Dobson, 1794, in-8° rel.*

1754. — MOREAU DE JONNÈS (A.) — Monographie historique et médicale de la fièvre jaune des Antilles, et recherches physiologiques sur les lois du développement et de la propagation de cette maladie pestilentielle. Lue à l'Académie des sciences, le 6 décembre 1819 et le 17 avril 1820. — PARIS, *1820, in-8°.*

1755. — DOUNON (le D^r), médecin de la marine. — Anatomie pathologique de la dyssenterie de Cochinchine. — TOULON, *1878, in-8° br.* (Don du Dr Marion).

1756. — MOLLET (A.) — Essai sur la fièvre jaune, thèse. — MONTPELLIER, *1822.* (Don du Dr Marion).

1757. — DEVERRE (P. A.) — Essai sur la fièvre jaune observée à la Martinique en 1820 et 1821, thèse. — PARIS, *1822.* (Don du Dr Marion).

1758. — KERAUDREN (P. F.) De la fièvre jaune observée aux Antilles et sur les vaisseaux du roi, considérée principalement sous le rapport de la transmission. — PARIS, *imp. royale, in-8°, relié avec :*

D°. — Du Choléra morbus de l'inde, ou Mordechi. — PARIS, *imp. royale, 1824, in-8°*

1759. — PÉAN (L.) — Dissertation sur la fièvre jaune des Antilles, thèse. — MONTPELLIER, *1822.* (Don du Dr Marion).

1760. — BEAUREGARD (Le Ch^{er} FOUREAU DE). — Vues prophylactiques et curatives sur la fièvre jaune. — PARIS, *imp. royale, 1826, in-8° br.* (Don du Dr Berger).

1761. — TESTARD (J. A. P.) — Quelques considérations sur les diverses variétée de la fièvre jaune d'après les observations recueillies aux Antilles en 1825, thèse. — PARIS, *1827.* (Don du Dr Marion).

1762. — NONAY (ANT.) — Essai sur la cause, la nature et le siège de la fièvre jaune, thèse. — MONTPELLIER, *1828.* (Don du Dr Marion).

1763. — SEGOND (Alex.) — Aperçu sur le climat et les maladies de Cayenne, suivie de l'hygiène à observer à la Guyane, thèse. — Paris, *1831*. (Don du Dr Marion).

1764. — GOLFIER. — De la non-contagion et de l'infection de la fièvre jaune, etc., thèse. — Paris, *1834*. (Don du Dr Marion).

1765. — CHEVÉ (E.) — Relation des épidémies de fièvre jaune qui ont sévi à Gorée et à Saint-Louis (Sénégal), pendant l'hivernage de 1830, thèse. — Paris, *1836*. (Don du Dr Marion).

1766. — CATEL. — Rapport sur l'épidémie de fièvre jaune qui a éclaté à Saint-Pierre Martinique en 1838, etc., par M. Catel. — Paris, *imp. royale, 1840, in-8° br.*

1767. — JOLIVET (Aug.) — Considérations générales sur la fièvre jaune d'Amérique observée aux Antilles dans l'année 1821 sur la frégate l'*Africaine*, thèse. — Paris, *1851*.

1768. — RAPPORT sur l'épidémie de fièvre jaune qui a régné à la Nouvelle Orléans en 1839, par MM. A. Bahier, E. Fortin, Daret, Sabin-Martin. — Paris, *imp. royale, 1860, in-8° br.*

1769. — HUARD (J.) — Quelques considérations sur la fièvre jaune observée dans diverses localités de la côte occidentale d'Afrique, thèse. Montpellier, *1868*. (Don du Dr Cerf).

1770. — CHASSANIOL.— Quelques réflexions à propos du traitement de la fièvre jaune, 2e partie. — Brest, *Gadreau, 1882, in-8° de 9 p.* (Don du Ct Rousseau).

1771. — CHABASSU. — Traitement rationnel, curatif et préventif de la fièvre jaune. — Brest, *Gadreau, 1883, in-8°.* (Don du Ct Rousseau).

1772. — DUVAL (Pierre-Emmanuel). — La fièvre jaune à Gorée. Imminence de son importation en France par Bordeaux. — Bordeaux, *Bellier et Cie, 1883, in-8° br.* (Don du Dr Maréchal).

1773. — LE DANTEC (A.) — Recherches sur la fièvre jaune, critique des théories microbiennes émises en Amérique au sujet de cette maladie, thèse. — Paris, *H. Jouve, 1886*. (Don Le Moine).

1774. — GUÉRIN (Dr Paul). — De la fièvre jaune à la Guyane française (1783-1886). Historique. Statistique. Etiologie. — Bordeaux, *imp. du centre, 1886, in-8° br. de 58 p.* (Don du Dr Berger).

1775. — CHABERT. — Réflexions médicales sur la maladie spasmodico-lipyrienne des pays chauds, vulgairement appelée fièvre jaune. La page du titre manque. — *In-8° br.*

1776. — CORRE (Le Dr A.) — De l'hémoglobinurie paroxystique et de la fièvre bilieuse mélanurique ou hématurique des pays chauds. Extrait des archives de médecine navale. — Paris, 1881, in-8°. (Don du Dr Marion).

1777. — DEYS (G.) — Dissertation sur le choléra, thèse. — Paris, 1812. (Don du Dr Marion).

1778. — GUILLARD (R. J.) — Essai sur le choléra-morbus, thèse. — Montpellier, 1822. (Don du Dr Marion).

1779. — GARNOT (P.) — Essai sur le choléra-morbus, thèse. — Paris, 1822.

1780. — KERAUDREN (P. F.) — Du choléra-morbus de l'Inde ou mordéchi. — Paris, imp. royale, 1824, in-8°. (Don du Dr Marion).

1781. — MAGENDIE (M. F.) — Leçons sur le choléra-morbus revues par le professeur, recueillies et publiées avec son autorisation par M. Eugène Cadrès, étudiant en médecine et Hip. Prévost, sténographe rédacteur du *Moniteur*. — Paris, *Maquignon-Marvis*, 1832, in-8° br. (Incomplet).

1782. — SOPHIANOPOULO (Le D^r). — Relation des épidémies du choléra-morbus observées en Hongrie, Moldavie, Galicie et à Vienne, en Autriche, avec une histoire générale de cette maladie et de son traitement préservatif et curatif, avec des notes de M. Broussais. — Paris, Mlle *Delaunay*, 1832, in-8°, relié avec :

1783. — BROUSSAIS (F. J. V.) — Le choléra-morbus épidémique, observé et traité selon la méthode physiologique. — Paris, Mlle *Delaunay*, 1832, in-8°, et :

Rapport et instruction pratique sur le choléra-morbus, rédigés et publiés d'après la demande du gouvernement, 1832, in-8°.

1784. — D°. — Autre exemplaire.

1785. — MABIT (J.) — Du choléra-morbus asiatique ou spasmodique. Rapport lu à l'Intendance sanitaire du département de la Gironde, dans la séance du 24 avril 1832. — Bordeaux, *Gassiot*; Paris, *Béchet*, 1832, in-8°.

1786. — GÉRARDIN (A^{te}) et GAIMARD (Paul), membres et commissaires de l'Académie royale de médecine, envoyés en Russie par le gouvernement français pour étudier le choléra-morbus. — Du choléra-morbus en Russie, en Prusse et en Autriche, pendant les années 1831 et 1832, avec deux figures gravées et coloriées. — Paris, *F. G. Levrault*, 1832, in-8° br. (Don du Dr Marion).

1787. — VOISIN (J.-C.) — Quelques réflexions sur le choléra-morbus ; des moyens généraux de s'en préserver, etc. — VANNES, *chez l'auteur, 1832, in-8° br.* (Don du Dr Marion).

1788. — EXAMEN de la doctrine physiologique appliquée à l'étude et au traitement du choléra-morbus, suivi de l'histoire de la maladie de M. Casimir Périer, par les rédacteurs principaux de la Gazette médicale de Paris. — PARIS, *au bureau de la Gazette médicale de Paris, 1832, in-8° br.* (Don du Dr Marion).

1789. — HELLO (J. M.) — Quelques considérations sur le choléra-morbus. — BREST, *Rozais, 1833, in-8° br.* (Don du Dr Marion).

1790. — LE MAOUT (CH.) — Expériences chimico-microscopiques sur le miasme du choléra. — PARIS, *Méquignon-Marvis, 1833.* (Don du Dr Marion).

1791. — REYNAUD. — Mémoire sur le choléra-morbus asiatique qui a régné à Toulon pendant l'année 1835. — PARIS, *imp. royale, août 1838, in-8° br.* (Don du Dr Gestin).

1792. — ROCHE (L. CH.) — Trois lettres à M. A. Latour, sur le choléra. — PARIS, *F. Malteste et Cie, 1849, in-8°.* (Don du Dr Marion).

1793. — DUVAL (MARCELLIN). — Mémoire sur le choléra-morbus asiatique. Description du bagne de Brest avec plan. Relation d'une épidémie de choléra qui a régné en 1849 dans cet établissement. — PARIS, *J. B. Baillière, in-8° br.* (Don du Dr Gestin).

1794. — DELIOUX DE SAVIGNAC. — Une épidémie de choléra à Camaret, en Bretagne, thèse. — MONTPELLIER. (Don du Dr Marion).

1795. — BOUILLAUD (J.) — Traité pratique, théorique et statistique du choléra-morbus de Paris, appuyé sur un grand nombre d'observations recueillies à l'hôpital de la Piété par J. Bouillaud, médecin de cet hôpital pendant l'épidémie, professeur de clinique médicale à la faculté de médecine de Paris, membre de l'Académie royale de médecine, etc. — PARIS, *J. B. Baillière, 1852, in-8° br.* (Don du Dr Marion).

1796. — DUVAL (MARCELLIN). — Mémoire sur le choléra-morbus asiatique. — BREST, *E. Anner, 1853, in-8° br.* (Don du Dr Marion).

1797. — TOURRETTE (Le Dr). — Du traitement curatif du choléra-morbus épidémique et de sa prophylexie, suivi de quelques réflexions sur son mode de transmission. — PARIS, *Labé, 1853, in-8°.* (Don du Dr Marion).

1798. — NIOBEY (P. Al.) — Histoire médicale du choléra-morbus épidémique qui a régné, en 1854, dans la ville de Gy (Haute-Saône). — Paris, *Baillière, 1858, in-8° br.*

1799. — GUILLEMART. — Du choléra épidémique observé à Lanvéoc (Finistère), thèse. — Montpellier, *1868.* (Don de M. Le Moine).

1800. — PACINI (Filippo). — Del processo morboso del colera asiatico del suo stadio di morte apparente et della Legge matematica da cui et regolato. — Firenze, *1830, in-8°.* (Don du Dr Maréchal).

1801. — LEISSÈGUES (J. A. M. de). — Du choléra, considéré sous le rapport de son mode de propagation et des moyens de s'en prévenir, thèse. — Montpellier, *1833.* (Don du Dr Marion).

1802. — QUARIN (J.) — Observations pratiques sur les maladies chroniques. Trad. du latin sur l'édition de 1786, et augmentées de notes par E. Sainte-Marie. — Paris, *Crochard, 1807, in-8°.*

1803. — PAULMIER (F.) — Traité méthodique et dogmatique dé la goutte. — Angers et Paris, *1769, in-12 rel.*

1804. — BARTHEZ (P. J.) — Traité des maladies goutteuses. — Paris, *Deterville, an V, 1802, in-8°.*

1805. — COMET (Le Dr C. J. B.), professeur d'anatomie physiologique, membre de l'ancienne Société royale académique des sciences de Paris, etc. — Méthode curative des douleurs rhumatismales, goutteuses, nerveuses, des maladies de la circulation lymphatique, et des viscéralgies, affections nerveuses des viscères confondus avec les phlegmasies chroniques et les lésions organiques ; diachéirisme de médicaments simples, 6 édit. — Paris, *chez l'auteur, 1839, in-8° br.*

1806. — MENJAUD (A. L.) — De la rétraction spontanée et progressive des doigts dans ses rapports avec la goutte et le rhumatisme goutteux, thèse. — Paris, *1861.* (Don du Dr Maréchal).

1807. — ARDOUIN (J.) — Essai sur le rhumatisme, thèse. — Strasbourg, *1861.* (Don du Dr Cerf).

1808. — CHOMEL (Siméon). — Recherches sur les altérations des reins dans le rhumatisme articulaire aigu, thèse. — Paris, *1868.* (Don du Dr Maréchal).

1809. — HELVÉTIUS (J. C. A.) — Idée générale de l'économie animale et observations sur la petite vérole. — Paris, *Anisson, 1725, in-12, 2 vol. rel.*

1810. — LA MÉTRIE (DE). — Traité de la petite vérole avec la manière de guérir cette maladie, suivant les principes de M. Hermann Boerhaave et ceux des plus habiles médecins de notre temps. — Paris, *Huart, 1740, in-8° rel.*

1811. — LOBB (Théophile. — Traité de la petite vérole, traduit de l'anglais sur la seconde édition, par M. P. B., docteur en médecine. — Paris, *Cavelier, 1749, 2 vol. in-8° rel.*

1812. — MENURET. — Avis aux mères de famille sur la petite vérole et la rougeole, ou lettres à Mme de ***, sur la manière de traiter et de gouverner ses enfants dans ces maladies, suivie d'une question proposée à MM. de la Société royale des sciences de Montpellier, relativement à l'inoculation. — Lyon, *Perisse, 1770, in-8° rel.*

1813. — RAPPORT du Comité central de vaccine établi à Paris par la Société des souscriptions pour l'examen de cette découverte. — Paris, *veuve Richard, an XI, 1803, in-8°.*

1814. — BOUSQUET (J. B.) — Traité de la vaccine et des éruptions varioleuses ou varioliformes. — Paris, *J.-B. Baillière, in-8°.*

1815. — DUVAL (Achille). — Dissertation sur la varicelle ou variole volante, thèse. — Paris, *1813.* (Don du Dr Marion).

1816. — GUILLOU (M.) — Mémoire sur l'inoculation de la varioloïde, suivi du rapport de M. Bousquet à l'Académie royale de médecine. — Paris, *Crapelet, 1831, in-8°.* (Don du Dr Marion).

1817. — CARADEC (Th.) — Quelques remarques sur l'épidémie de variole à Brest en 1869-1870, suivies des résultats d'un très-grand nombre de revaccinations. — Paris, *Maltest et Cie, 1870, pl. in-8°.* (Don du Dr Maréchal).

1818. — LAREMBERGUE (Félix de). — Du diagnostic de la variole hémorrhagique, thèse. — Paris, *1870.* (Don du Dr Maréchal).

1819. — BAUMES (J. B. T.) — Traité sur le vice scrophuleux et sur les maladies qui en proviennent, 2e édit. — Paris, *Méquignon, an XIII, 1805, in-8° rel.*

1820. — DUMANOIR (A) — Essai sur la colite aigue observée pendant l'expédition d'Afrique, thèse. — Montpellier, *1835.* (Don du Dr Marion).

1821. — SEGOND (A.) — Essai sur la névralgie du grand-sympathique maladie connue sous le nom de colique végétale du Poitou, de Devonshir de Madrid, etc. — Paris, *imp. royale, 1837, br.*

1822. — CORNUS (Ph.) — Dissertation sur la colique nerveuse, thèse. — Paris, *an XII*. (Don du Dr Marion).

1823. — CRAS (Ch.) — Remarques sur la colique sèche, thèse. — Paris, *1863*. (Don Le Moine).

1824. — LE FÈVRE (Directeur du service de santé à Brest). — Recherches sur les causes de la colique sèche observée sur les navires de guerre français, etc. — Paris, *veuve Masson, 1860*. (Don du Dr Marion).

1825. — FOLLET (C.) — Etude sur la colique sèche végétale, colique nerveuse des pays chauds, thèse. — Montpellier, *1866*. (Don du Dr Marion).

1826. — GONNET (L. M.) — Quelques réflexions sur l'hépatite aiguë, thèse.— Paris, *1827*. (Don du Dr Marion).

1827. — CAROF (J.) — De l'hépatite observée à la Martinique, thèse. — Paris, *1853*. (Don Le Moine).

1828. — PRIMA (François). — Considérations sur la lucilia hominivorax. Observations recueillies à la Guyane française, thèse. — Paris, *1881*. (Don du Dr Cerf).

1829. — AMOURETTI (H.) — Contribution à l'étude de l'ulcère phagédénique des pays chauds, particulièrement observé au Sénégal, thèse. — Lyon, *1885*. (Don du Dr Cerf).

1830. — JARDON (Henri). — De l'ulcère annamite ou de Cochinchine. Note sur la dengue-tænia solium et de son traitement économique, thèse pour le doctorat en médecine, *1878*. Don du Dr Maréchal).

1831. — POISSONNIER-DESPERRIÈRES. — Traité des fièvres de l'Isle de Saint-Dominique. — Paris, *Vallat-Lachapelle, 1766, in-8° br.*

1832. — CORRE (A. M.) — Notes médicales recueillies à la Vera-Cruz (Mexique), 1862-1865-1866, thèse. — Paris, *1869*. (Don du Dr Cerf).

1833. — CERISIER (A. A. J.) — Souvenirs médicaux d'une campagne sur les côtes de Madagascar en 1861-62-63 et 64, thèse. — Montpellier, *1866*. (Don Le Moine).

1834. — MIORCEC (Amand). — Etude sur la dengue d'après les travaux des médecins français et étrangers, thèse. — Paris, *1876*. (Don du Dr Maréchal).

1835. — DEDET (Léon). — Contribution à l'étude du purpura hémorrhagique des pays chauds et de ses rapports avec l'intoxication palustre, thèse. — Paris, *1282*. (Don du Dr Maréchal).

1836. — VERGNIAUD (Henri). — Contribution à l'étude du Béribéri, thèse. — Paris, *1879.* (Don du Dr Maréchal).

1837. — GUÉRIN (P. M. A.) — De la maladie du sommeil, thèse. — Paris, *1869.* (Don Le Moine).

1838. — SEGOND. — De la gastro-entérite chronique chez les nègres, vulgairement appelée mal d'estomac ou mal-cœur. — Paris, *J. B. Bailliére, 1833, in-8°.* (Don du Dr Marion).

1839. — ASTRUC (J.) — Traité des maladies vénériennes, etc. Trad. du latin, par Louis. — Paris, *veuve Cavelier, 1755, in-12, 4 vol. rel.*

1840. — FABRE (P.) — Traité des maladies vénériennes, 3ᵉ édit. — Paris, *P.-F. Didot jeune, 1773, in-8° rel.*

1841. — LISCOAT (Bernard). — Dissertation sur quelques affections syphilitiques. — Strasbourg, *an XII.* (Don du Dr Marion).

1842. — SWEDIAUR (F.) — Traité complet sur les symptômes, les effets, la nature et le traitement des maladies syphilitiques, 5ᵉ édition. — Paris, *an XIII, 1805, in-8°, 2 vol. rel.*

1843. — LAGNEAU (L. V.) — Exposé des diverses méthodes de traiter les maladies vénériennes. — Paris, *Méquignon l'aîné, an XIII, 1805, in-8°.*

1844. — BOYVEAU-LAFFECTEUR. — Traité des maladies vénériennes anciennes, etc., et Méthode de leur guérison par le Rob anti-syphilitique, avec l'histoire des divers moyens employés jusqu'ici par les gens de l'Art. — Paris, *1814, in-8° rel.*

1845. — LETTRES d'un éclectique de la faculté de médecine de Paris, à un médecin de province sur la nature et le traitement de la syphilis. — Paris, *Gabon et Cⁱᵉ, 1830, in-8° br.* (Don du Dr Marion).

1846. — GIRAUDEAU de SAINT-GERVAIS. — Traité des maladies syphilitiques, etc. — Paris, *Bohaire, 1838, in-8° rel.* (Don du Dr Berger).

1847. — JOZAN (Em.) — Traité pratique des maladies des voies urinaires et des organes générateurs de l'homme et de la femme, 10ᵉ édit. — Paris, *chez l'auteur et chez J. Masson, 1864, gᵈ in-12 rel.*

1848. — SALLÉ (Victor). — De la sifilis congenital y hereditaria, thèse. — Mexico, *1870.* (Don du Dr Maréchal).

1849. — SIRURGUE (Jules). — Critiques sur les accidents de la blennorrhagie, thèse. — Paris, *1870.* (Don du Dr Maréchal).

1850. — BALME (Adolphe). — De l'épididymite syphilitique, précédée de quelques considérations sur les périodes secondaire et tertiaire, thèse. — Paris, *1873*. (Don du Dr Maréchal).

1851. — GRIES (Charles). — Du rhumatisme blennorrhagique, thèse. — Paris, *1875*. (Don du Dr Maréchal).

1852. — SABAIL (Paul). — Contribution à l'étude des tumeurs syphilitiques des tendons et des aponévroses, thèse. — Paris, *1876*. (Don du Dr Maréchal).

1853. — GOUTARD (Clovis), — Du leontiasis syphilitique. Etudes sur quelques cas de syphilides hypertrophiques diffuses de la face en particulier, thèse. — Paris, *1878*. (Don du Dr Maréchal).

1854. — PICHARD (Amand). — Du phagédénisme tertiaire, thèse. — *1879*. (Don du Dr Maréchal).

1855. — ANDRIEUX (Henri). — De l'emploi de l'acide pyrogallique dans le traitement des ulcères vénériens, thèse. — Paris, *1881*. (Don du Dr Maréchal).

1856. — VINCENT (Caliste). — Du catarrhe urétral considéré au point de vue de l'intensité de son virus avec celui de la vérole, thèse. — Montpellier, *1814*. (Don du Dr Marion).

1857. — BARTHÉLEMY. — La syphilis, poëme en deux chants, avec des notes par Giraudeau de Saint-Gervais. — Paris, *Béchet, s. d.*, in-8° br. (Don du Dr Marion).

1858. — ALARD (M. J. L. F. A.) — Histoire d'une maladie particulière au système lymphatique, fréquente, quoique méconnue jusqu'à ce jour. (Pl.) — Paris, *1806, in-8°*.

1859. — QUESNAY (F.) — Traité de la gangrène. — Paris, *veuve d'Houry, 1771, in-12 rel.*

1860. — WHYTT (Robert). — Traité des maladies nerveuses, hypocondriaques et hystériques. Trad. de l'anglais, nouv. édit., à laquelle on a joint un extrait d'un ouvrage du même auteur sur les mouvements vitaux et involontaires des animaux, servant d'introduction à celui-ci. — Paris, *P. F. Didot jeune, 1777, in-12, 2 vol. rel.*

1861. — LOUYER-VILLERMAY (M.) — Traité des maladies nerveuses ou vapeurs, et particulièrement de l'hystérie et de l'hypocondrie. — Paris, *Méquignon, 1816, in-8°, 2 vol.*

1862. — TISSOT (L. A.) — L'onanisme. Dissertation sur les maladies produites par la masturbation, 10ᵉ édit. — Toulouse, *Laporte, 1775, in-12 rel.*

1863. — Dᵒ. — L'onanisme. Essai sur les maladies produites par la masturbation. — Paris, *Garnier frères, 1870, gᵈ in-12 rel.*

1864. — POUILLET (Le Dʳ). — De l'onanisme chez la femme, 2ᵉ édit. — Paris, *V. Adrien Delahaye et Cⁱᵉ, in-12 br.* (Don de M. Mauriès).

1865. — DUBOUCHET (Dʳ). — Maladies des voies urinaires et des organes de la génération, 2ᵉ édit. — Paris, *Germer-Baillière, 1851, in-8° rel.*

1866. — BOYON (Le Docteur A.) — Annales de dermatologie et de syphiligraphie, 1ʳᵉ année, n° 1. — Paris, *V. Masson, 1869, in-8°, 64 pp. br.*

1867. — VIDAL de CASSIS (A.) — Traité des maladies vénériennes, 2ᵉ édit. — Paris, *V. Masson, 1855, gᵈ in-8° rel.*

1868. — HUNTER (Dʳ G.) — Traité de la maladie vénérienne. Trad. de l'anglais, par le Docteur Ph. Ricord, 3ᵉ édit. — Paris, *J. B. Baillière et fils ;* Londres et New-York, *même maison, s. d., in-8° rel.*

1869. — CREVAUX (J.). — De l'hématurie chyleuse ou graisseuse des pays chauds, piméliurie de M. Bouchardat. — Paris, *A. Delahaye, 1872, in-8°, 62 pp. br.*

1870. — LE CAMUS (A.) — Médecine de l'esprit, où l'on traite des dispositions et des causes physiques qui, en conséquence de l'union de l'âme avec le corps, influent sur les opérations de l'esprit. — Paris, *Ganeau, 1853, in-12, 2 vol. rel.*

1871. — BONNAFOX DE MALET (J.) — Traité sur la nature et le traitement de la phthisie pulmonaire. — Paris, *Crapart, an XII, 1804, in-8° rel.*

1872. — COCATRIX (Gustave). — De la tuberculasition aiguë chez le vieillard, thèse. — Paris, *1866.* (Don du Dʳ Maréchal).

1873. — DUBUISSON. — Des effets de l'introduction, dans l'économie, des produits septiques et tuberculeux, thèse. — Paris, *1869.* (Don du Dʳ Maréchal).

1874. — TOUSSAINT (H.) — Etude sur la contagion de la tuberculose. — Toulouse, *Durand, 1881.* (Don du Dʳ Maréchal).

1875. — LACAZE. — De l'évolution tuberculeuse. Extrait du journal de médecine de Paris. — CLERMONT (Oise), *Daix frères, 1884, in-8° de 14 p.* (Don du Dr Maréchal).

1876. — HOFFMANN (FRÉDÉRIC). — De la péritonite tuberculeuse, thèse. — PARIS, *1866.* (Don du Dr Maréchal).

1877. — FRANÇOIS (V. J.) — Dissertation sur l'hémoptysie, thèse. — PARIS, *1813.* (Don du Dr Marion).

1878. — CABANIS (P. J. G.) — Observations sur les affections catarrhales en général, et particulièrement sur celles connues sous les noms de rhumes de cerveau et de rhumes de poitrine. — PARIS, *Crapart, 1807, in-8° br.* (Don du Dr Marion).

1879. — COLOMBAT, de l'Isère. — Traité médico-chirurgical des maladies des organes de la voix, avec planches. — PARIS, *Mansut fils, 1834, in-12 rel.* (Don Desbouillons).

1880. — KÉRÉBEL (L.) — Contribution à l'étude des pneumonies, au cours de certaines constitutions médicales saisonnières, thèses. — BORDEAUX, *1888.* (Don du Dr Cerf).

1881. — BLUMENTHAL (HENRI). — Etude sur les hémothorax non traumatiques qui peuvent nécessiter l'opération de la thoracentèse, thèse. PARIS, *1868.* (Don du Dr Maréchal).

1882. — JOUBIN (FRANÇOIS). — De la déchirure du poumon, sans fracture de côte correspondante, considérée au point de vue de son mécanisme et de ses symptômes, thèse. — PARIS, *1873.* (Don du Dr Cerf).

1883. — CONAN (M.) — Propositions sur les épanchements qui se font dans l'intérieur de la poitrine, thèse. — PARIS, *1836.* (Don du Dr Marion).

1884. — LEROUX (A. H.) — Recherches sur les indications les plus favorables à la paracentèse du thorax dans les hydropisies de poitrine. — PARIS, *Rochette, an XII, in-8° br.* (Don du Dr Marion).

1885. — MEUNIER (ALEX.) — Traitements chirurgicaux des collections de liquides qui se forment dans le thorax, thèse. — PARIS, *1861.* (Don du Dr Maréchal).

1886. — HOBON (ANATOLE). — Du traitement de l'empyème purulent par le drainage chirurgical, thèse. — PARIS, *1867.* (Don du Dr Maréchal).

1887. — LAISNÉ (ALF.) — De quelques maladies simulant les épanchements pleuraux et amenant des erreurs de diagnostic inévitables, thèse. PARIS, *1868.* (Don du Dr Maréchal).

1888. — BEAUSSIER (H.) — Etude sur quelques opérations de thoracentèse, etc., thèse. — Paris, *1874* (Don du Dr Marion).

1889. — ABEILLE. — Guérison des épanchements purulents les plus graves de la plèvre, etc. — Paris, *Unsinger*, *1878*, *in-8°*. (Don du Dr Maréchal).

1890. — GAURAN (Félix). — Examen des opinions émises sur lá pathogénie de l'emphysème pulmonaire, thèse. — Paris, *1865*. (Don du Dr Maréchal).

1891. — FATOU (Louis). — Considérations sur l'asthme. Quelques mots sur les muscles lombricaux, thèse. — Paris, *1851*. (Don du Dr Maréchal).

1892. — ROUSSEAU (J. Paul). — De l'endocardite ulcéreuse, thèse. — Paris, *1870*. (Don Rousseau).

1893. — LE TERSEC (Ernest). — Quelques considérations sur la thrombose et l'embolie fibreuse, thèse. — Paris, *1873*. (Don du Dr Maréchal).

1894. — LEPINE (R.) — De la localisation dans les maladies cérébrales, thèse. Paris, *1875*. (Don du Dr Maréchal).

1895. — LAJOUX (Guy.) — Contribution à l'étude de la commotion et de la contusion de l'encéphale, thèse. — Paris, *1869*. (Don du Dr Maréchal).

1896. — BEAUFILS (Edouard). — Notes sur l'aphasie, thèse. — Paris, *1872*. (Don du Dr Maréchal).

1897. — MASSIAS (Le Baron). — Lettre à M. le Dr Broussais sur la réponse aux observations du baron Massias, relative à son livre de l'irritation et de la folie. — Paris, *F. Didot*, *1829*, *in-8°*. (Don du Dr Marion).

1898. — BREUNE (Le D^r). — Quelques mots sur le traitement de la folie. — Dole, *L. A. Pillot*, *1867*, *in-8° br*. (Don Gestin).

1899. — BIHOREL (Charles). — Des cas douteux de la folie, thèse. — Paris, *1876*. (Don du Dr Maréchal).

1900. — DELORME (Louis). — Quelques considérations sur l'estomac, examiné sous le rapport médical, thèse. — Paris, *an II*. (Don du Dr Marion).

1901. — GUÉPRATTE (A.). — Essai sur la gastralgie, thèse. — Montpellier, *1842*. (Don du Dr Marion).

1902. — LIÉTARD (G.) — Affections de l'appareil digestif. Maladies chroniques de l'estomac. Dyspepsies. — Paris, *V. Masson, 1865, pl. in-8°.* (Don du Dr Maréchal).

1903. — LEMOINE (Victor). — De l'ulcère simple de l'estomac, thèse. — Paris, *1872.* (Don du Dr Maréchal).

1904. — LE MOINE (Armand). — Contributions à l'étude des invaginations de l'intestin grêle, thèse. — Paris, *1879.* (Don du Dr Maréchal).

1905. — MOURO (Le Fils, D^r en médecine). — Essai sur l'hydropisie et ses différentes espèces. Traduit de l'anglais sur la seconde édition, augmenté de notes et observations, par M. S. D. M. P., médecin du roi et de la marine, à Brest. — Paris, *Ganeau, 1760, in-8° rel.*

1906. — MALHERBE (Albert). — De la fièvre dans les maladies des voies urinaires. Recherches sur ses rapports avec les affections du rein, thèse. — Paris, *1872.* (Don du Dr Maréchal).

1907. — ROSENSTEIN (S.) — Traité pratique des maladies des reins. Trad. de l'allemand sur la 2e édition, par les Docteurs E. Bottentuit et F. Labadie-Lagrave. — Paris, *Delahaye, 1874, g^d in-8°, rel. ang.*

1908. — AUDRY. — De la génération des vers dans le corps de l'homme. De la nature et des espèces de cette maladie, de ses effets, de ses signes, de ses prognostics, des moyens de s'en préserver. — Paris, *L. d'Houry, 1714, in-8° rel.*

1909. — DEBRY. — Observations et considérations sur le tænia humain, thèse. — Paris, *1817.* (Don du Dr Marion).

1910. — DOUNON (M.) — Traitement de la diarrhée de Cochinchine et des affections parasitaires. — Toulon, *L. Laurent, 1877, 77 pp. br.* (Don Hétet).

1911. — FOSSARD (Alex,) — Traitement des kystes hydatiques du foie, thèse. — Bordeaux, *1887.* (Don Le Moine).

1912. — COLLE (Dr F. U.) — Des complications oculaires dans l'érysipèle de la face. — Bordeaux, *veuve Cadoret, 1887, in-8° br., 52 p.* (Don du Dr Berger).

1913. — BRIGANDAT. — Theses medicæ de erysipelate, thèse. — Paris, *1813.* (Don du Dr Marion).

1914. — DION (Alphonse). — Etude sur quelques points de l'érysipèle, thèse. — Paris, *1869.* (Don du Dr Maréchal).

1915. — RITH (Ignace). — Essai sur la nature et la contagion de l'érysipèle, thèse. — Paris, *1875.* (Don du Dr Maréchal).

1916. — RIVOALLAN (A. T.) — Essai sur la rétrocession des maladies cutanées, considérées comme causes de phlegmasies, thèse. — Montpellier, *1822.* (Don du Dr Marion).

1917. — DAUSSE (Th.) — Nouvelle théorie sur la formation des dartres et nouveau traitement curatif. — Paris, *chez l'auteur, 1832, in-8°.* (Don du Dr Marion).

1918. — GIRAUDEAU de SAINT-GERVAIS. — Guide pratique pour l'étude et le traitement des maladies de la peau. — Paris, *G. Baillière, 1842, in-8° rel.*

1919. — REYDELLET (A. A. F.) — Essai sur la maladie pédiculaire.— Paris, *Feugeray, 1802, in-8°.* (Don du Dr Berger).

1920. — GÉLINEAU (Dr E.) — Des névroses spasmodiques, de leur origine, de leurs rapports et de leur traitement. — Paris, *Doin, 1879 in-8° br.*

1921. — CHAMPEAUX (Palasne de). — Contribution à l'étude des symptômes du diagnostic et de la pathogénie de la maladie de Ménière. Quelques réflexions sur les rapports du mal de mer et de la maladie de Ménière, thèse. — Paris, *1881.* (Don Rousseau).

1922. — COLIN (Léon). — Traité des maladies épidémiques, évolution, prophylaxie. — Paris, *Baillière, 1879, in-8°.* (Don du Dr Maréchal).

1923. — CUZENT (Gilbert). — Epidémie de la Guadeloupe. — Paris, *V. Massé, 1867, in-8° br.* (Don Hétet).

1924. — LE BOUCHER. — Dissertation sur la vaccine, thèse. — Paris, *1814.* — (Don du Dr Marion).

1925. — INSTRUCTION sur la vaccine. — Paris, *1821, in-8°.* (Don du Dr Marion).

1926. — MARGUERIE (P. A.) — Dissertation sur la variole ou petite vérole, thèse. — Montpellier, *1813.* (Don du Dr Marion).

1927. — LE GLÉAU (Parfait). — Essai sur la rougeole bénigne, thèse. — Montpellier, *1829.* (Don du Dr Marion).

1928. — TROBERT (P. L. M.) — Considérations sur la variole, thèse. — Montpellier, *1831.* (Don du Dr Marion).

1929. — RAIMBERT (L. A.) — Du charbon et des affections charbonneuses chez l'homme. — Paris, *J. B. Baillière, 1867, in-8°*. (Don du Dr Marion).

1930. — BELLOM (Pierre). — Considérations sur la pathologie du tænia et son traitement par la graine de courge, thèse. — Paris, *1875*. (Don du Dr Maréchal).

1931. — DOUSSIN-DUBREUIL (J. L.) — Des glaires, de leurs causes, de leurs effets et des indications à remplir pour les combattre, 6e édit.— Paris, *Moreau, 1805, in-8° rel.*

1932. — D°. — Les mêmes, 7e édition. — Paris, *Briand, 1813*, *in-8°*.

1933. — DESGENETTES (R.) — Histoire médicale de l'armée d'Orient. Paris, *Croullebois et Bossange, an XI, 1802, in-8° rel.*

1934. — CUZENT (Gilbert). — Des boissons enivrantes en usage chez les différents peuples. — Paris, *G. Masson, 1874, in-8° br.* (Don Hétet).

1935. — LIND (J.) — Traité du scorbut, contenant des recherches sur la nature, les causes et la curation de cette maladie, etc. Trad. de l'anglais, auquel on a joint la traduction du Traité du scorbut de Boerhaave, commenté par Van Swieten. Nouvelle édit. — Paris, *Méquignon, 1788, in-12, 2 vol. rel.*

1936. — KÉRAUDREN (P. M.) — Réflexions sommaires sur le scorbut. — Paris, *Lebour, 1803, in-4° br.* (Don du Dr Marion).

1937. — JOUENNE. — Observations sur le scorbut, recueillies à bord de la frégate la *Vénus* dans les mers de l'Inde, thèse. — Paris, *1813*. (Don du Dr Marion).

1938. — QUÉNOT (M.) — Dissertation sur le scorbut, thèse. — Paris, *1822*. (Don du Dr Marion)

1939. — BERGOT (R.) — Du scorbut, thèse. — Paris, *1852*. (Don du Dr Marion).

1940. — MAUGER (Paul). — Etude des causes et du traitement de scorbut, observé dans la mer noire pendant la campagne de Crimée. (Don du Dr Cerf).

9. — THÉRAPEUTIQUE, MATIÉRE MÉDICALE GÉNÉRALE ET SPÉCIALE

1941. — MANGET (Jean-Jacob). — Io. Jacobi Mangeti, medicinæ doctoris, bibliotheca pharmaceutico-medica, seu rerum ad pharmaciam galenico-chymicam spectantium, thesaurus refertissimus. — Genevæ, *sumptibus Chouet G. de Tournes, Cramer, Perachon, Rittez et S. de Tournes, 1703, in-folio, 2 vol. rel.* Titre rouge et noir, cum figuris æneis, 2 fleurons différents sur les 2 volumes. (Don Miriel).

1942. — MARTINET (L.) — Manuel de thérapeutique et de matière médicale, suivi d'un formulaire pratique. — Paris, *Gabon, 1802, in-18.*

1943. — HECKER (A.-F.) — Thérapeutique chirurgicale. Traduit de l'allemand par E. H. Roché. — Paris, *Méquignon, an XIII, 1804, in-8°.*

1944. — GEOFFROY (E. F.) — Traité de matière médicale, ou Histoire des vertus, du choix et de l'usage des remèdes simples. Traduit par M*** (Bergier avec la suite). Nouv. édit. — Paris, *Desaint et Saillant, 1757, in-12, 17 vol. rel.* (avec la table).

1945. — CARTHEUSER (J. F. R.) — Matière médicale. Trad. du latin, augmentée d'une introduction à la matière médicale. — Paris, *Briasson, 1765, in-12, 2 vol. rel.*

1946. — LIEUTAUD, médecin des enfants de France. — Précis de la matière médicale contenant les connaissances les plus utiles sur l'histoire, la nature, les vertus et les doses des médicaments tant simples qu'officinaux usités dans la pratique actuelle de la médecine, avec un grand nombre de formules éprouvées. — Paris, *Vincent, 1766, in-8° rel.*

1947. — D°. — Précis de matière médicale, contenant ce qu'il est utile de savoir sur la nature, les propriétés et les doses des médicaments, etc. Nouv. édit. Paris, *P. F. Didot jeune, 1776, in-8°, 2 vol. rel.*

1948. — D°. — Le même. — Paris, *Didot, 1777, in-12, 3 vol. rel.*

1949. — D°. — Le même. — Paris, *T. Barrois, 1781, in-8°, 2 vol. rel.*

1950. — DESBOIS DE ROCHEFORT (L.) — Cours élémentaire de matière médicale, suivi d'un précis de l'art de formuler. — Paris, *Méquignon, 1789, in-8°, 2 vol. rel.*

1951. — HAEN (Antonii de). — Consiliarii et archiatri S. C. R. A. Majestatis, nec non medicinæ praticæ in universitate Vindobonensi professoris primarii Ratio medendi in nosocomio practico. — Parisiis, *Didot, 1774, in-8° rel.*

1952. — SCHWILGUÉ (C. J. A.) — Traité de matière médicale. — Paris, *R. A. Brosson, an XIII, 1805, in-12, 2 vol. rel.*

1953. — BARBIER (J. B. G.) — Principes généraux de pharmacologie ou de matière médicale. — Paris, *Levacher, 1806, in-8° rel.*

1954. — GAUBIUS (J. D.) — L'art de dresser les formules de médecine. Trad. du latin. — Paris, *Le Prieur, 1749, in-12 rel.*

1955. — TROMSDORFF. — L'art de formuler selon les règles de la chimie pharmaceutique, ou dictionnaire manuel portatif, à l'usage des médecins. Trad. de l'allemand par Dutilleul. — Lille, *Jacquez, an X, 1801, in-12 rel.*

1956. — MÉDECIN (Le) des campagnes, ou méthode sûre pour se traiter soi-même, avec un traité sur les maladies des chevaux, etc., par une société de médecins, chirurgiens et apothicaires. — Paris, *Morin, in-8°.*

1957. — BOURGEOISE (T. M.) — Vade-mecum du jeune médecin, contenant : un précis de nosographie médicale, un abrégé de pharmacologie renfermant les médicaments simples et composés, les formules officinales et magistrales les plus usitées, etc. — Paris, *Méquignon-Marvis, 1817, in-16 br.* (Don du Dr Marion).

1958. — ALIBERT (J. L.) — Nouveaux éléments de thérapeutique et de matière médicale, suivis d'un essai français et latin sur l'art de formuler et d'un précis sur les eaux minérales les plus usitées. — Paris, *Caille et Ravier, 1817, 2 vol. in-8° br.* (Don du Dr Marion).

1959. — MILNE (H. Edwards) et (P.) VAVASSEUR. — Manuel de matière médicale, ou description abrégée des médicaments, etc. — Paris, *Crochard ;* Bruxelles, *Tircher Gaud. Dujardin ;* Liège, *Desoor, 1831, in-12 rel.*

1960. — Dº. — Autre exemplaire.

1961. — TROUSSEAU (A.) et PIDOUX (H.) — Traité de thérapeutique et de matière médicale, 2e édit. — Paris, *Béchet jeune et Labé, 1841, 2 vol. in-8°.* (Don du Dr Marion).

1962. — BOUCHARDAT. — Annuaire de thérapeutique et de matière médicale, de pharmacie et de toxicologie. — Paris, *Germer-Baillière*, *1844 à 1865, in-32, 33 vol. br.*

1963. — PAULIER (Armand B.) — Manuel de thérapeutique et de matière médicale, 2ᵉ édit. — Paris, *Oct. Doin, 1882, in-12 br.* (Don Hétet).

1964. — MAIRE. — Répertoire complet de thérapeutique pratique, ou memento de cabinet à l'usage des personnes qui exercent l'art de guérir. — Paris, *Binet, 1840, in-4⁰ br.* (Don du Dʳ Marion).

1965. — DUJARDIN-BEAUMETZ. — Dictionnaire de thérapeutique, de matière médicale, de pharmacologie, de toxicologie et des eaux minérales, 17 fascicules seulement. Le dernier va de peptones à quinquina. — Paris, *Oct. Doin, s. d.* (Don Hétet).

1966. — DEHAUT (M.) — Manuel de médication purgative et dépurative. — Paris, *Malteste et Cⁱᵉ, 1859, in-12 br.*

1967. — PATISSIER (P.) — Le manuel des eaux minérales de la France, à l'usage des médecins et des malades qui les fréquentent, etc. — Paris, *Méquignon-Marvis, 1818, in-8⁰ rel.*

1968. — LAURE (Le Dʳ J.) — Eau sulfureuse d'Allevard. Son emploi dans les maladies de l'appareil respiratoire, de la peau, etc. — Paris, *V. Masson et fils, 1868, in-8⁰ br.*

1969. — NOTICE sur l'établissement thermal de Vals (Ardèche). — Marseille, *Marius Olive, 1870, 32 pp. br.*

1970. — TAYLOR. — De l'influence du climat de Pau et des eaux minérales des Pyrénées sur les maladies, par M. A. Taylor, docteur-médecin. Traduit de l'anglais par M. Patrick O'Quin, avocat. — Pau, *1843, in-8⁰.*

1971. — VIDAL (M. le Dʳ). — Du traitement thermal de l'arthritis à l'hospice d'Aix (Savoie). — Bourg, *Authier et Barbier, 1880, in-8⁰, 30 pp. br.* (Don Hétet).

1972. — WILM (Ed.) — Analyse des eaux minérales sulfureuses, alcalines et bromo-iodurées de Challes, près Chambéry. Extrait du Bulletin de la Société chimique de Paris. — Paris, *G. Masson, 1878, in-8⁰, 7 pp. br.* (Don du Dʳ Marion).

1973. — PETIT (Ch.), Inspecteur des eaux de Vichy. — Nouvelles observations de guérisons de calculs urinaires au moyen des eaux thermales de Vichy, etc. — Paris, *Crochard, 1837, in-8⁰.* (Don du Dʳ Marion).

1974. — DURAND (Le Dr F. Aug.) — Notice sur le mode d'action des eaux de Vichy dans le traitement des affections consécutives aux fièvres intermittentes. — Paris, *Savy, 1862, in-8°, 35 pp. br.* (Don Hétet).

1975. — GAUDIN (C.) — Le Vichy chez soi de la compagnie fermière. — Saintes, *Amaudry, 1868, in-8°, 44 pp. br.* (Don Hétet).

1976. — JARDET (Dr). — De l'hydrothérapie à Vichy. — Vichy, *Wallon, 1874.* (Don du Dr Marion).

1977. — ESTRÉES (Le Dr Debout d'). — Seize années de pratique médicale à Contrexéville. — Paris, *F. Alcan, 1884, in-8°* br.

1978. — JANICOT (Dr). — Action et médication des eaux de Pougues. — Paris, *1886, in-8°.* (Don du Dr Marion).

1979. — ESPANET (Le Frè Alexis). — Notice médicale sur l'action thérapeutique des eaux minérales de Bondonneau, près de Montélimar (Drôme). — Lyon, *Bajat fils, 50 pp. in-8° br.*

1980. — BOUYER (Achille). — Etude sur les eaux minérales d'Amélie-les-Bains, thèse. — Paris, *1862.* (Don du Dr Marion).

1981. — ARTIGUES (Dr). — Du traitement sulfureux par les eaux d'Amélie-les-Bains. — Paris, *Baillière, 1864, in-8° br.* (Don du Dr Marion).

1982. — ANDRÉ-DUVIGNEAU (Ch.) — Eau minérale sulfureuse de Saint-Charles (Guadeloupe), thèse. — Paris, *1877.* (Don Hétet).

1983. — PIDOUX (M.) — Les Eaux-Bonnes comparées dans le traitement de la phtisie primitivement générale. Parallèle avec les eaux minérales arseniquées. — Quimper, *Kérangal, 1879, in-8° br.* (Don du Dr Marion).

1984. — BARRALLIER (M. le Dr A.) — Des effets physiologiques et de l'emploi thérapeutique de la lobelia inflata. — Paris, *Hennuyer et fils, 1864, in-8°, 19 pp. br.*

1985. — CRUZ (Alberto Suarez). — Du mode d'emploi du sulfate d'ésérine dans le traitement du tétanos, thèse. — Paris, *1875.* (Don du Dr Maréchal).

1986. — LIÉGARD (Auguste). — Etude sur l'ipécacuanha, thèse. — Montpellier, *1871.* (Don du Dr Maréchal).

1987. — BAROUILLE (Emile). — Emploi thérapeutique des plantes de la famille des labiéés, thèse. — Paris, *1865.* (Don du Dr Maréchal).

1988. — CHATIN (Joannes). — Du siège des substances actives dans les plantes médicinales, thèse. — Paris, *1876.* (Don du Dr Maréchal).

1989. — BLANCHE. — Etude sur le chlorure de sodium, thèse. — Paris, *1869.* (Don du Dr Maréchal).

1990. — CUNÉO (Bernard). — De la digitale pourprée, thèse. — Montpellier, *1863.* (Don du Dr Maréchal).

1991. — GAYET (Abel). — Essai sur l'œnanthe crocata, thèse. — Montpellier, *1870.* (Don du Dr Maréchal).

1992. — VRIGNAUD. — De la famille des convolvulacées et de l'acide acétique. (Don du Dr Maréchal).

1993. — COUMETTON (Paul). — Contribution à l'étude de la strychnine en thérapeutique oculaire, thèse. — Paris, *1878.* (Don du Dr Maréchal).

1994. — LOUVET (A.) — Monographies de trois synanthérées médicinales croissant à l'île de la Réunion, thèse. — Paris, *1873.* (Don Le Moine).

1995. — DELTEIL (A.) — La vanille à La Réunion. — Montpellier, *1878,* (Don du Dr Marion).

1996. — CAZES (Louis). — Du lait concentré en thérapeutique navale, thèse. — Paris, *1877.* (Don du Dr Cerf).

1997. — HECKEL (E.) — Etude au point de vue botanique et thérapeutique sur le fontainea pancheri (Nobis), thèse. — Montpellier, *1870.* (Don Le Moine).

1998. — DUSART (L.) — Recherches expérimentales sur l'action physiologique et thérapeutique du phosphate de chaux. — Paris, *1884,* in-8°, *de 170 p.* (Don du commandant Rousseau).

1999. — GAZAGNES (Albert). — Du brôme et de ses composés employés en pharmacie, thèse. — Montpellier, *1870.* (Don Le Moine).

2000. — RICHER (Paul). — De l'emploi thérapeutique du perchlorure de fer, thèse. — Paris, *1866.* (Don du Dr Maréchal).

2001. — POTHIER (César). — Contribution à l'étude thérapeutique du bromure de potassium, thèse. — Paris, *1870.* (Don du Dr Maréchal).

2002. — TARTENSON (Albert). — De l'emploi du collodion dans le traitement de certaines maladies inflammatoires des yeux, thèse. — Paris, *1872.* (Don du Dr Maréchal).

2003. — PÉTIT (M. Joseph). — Essai sur l'histoire du collodion et son emploi en médecine et en chirurgie, thèse. — Paris, *1868.* (Don du Dr Maréchal).

2004. — LABÉLONYE. — Considérations et observations nouvelles sur l'emploi du sirop de digitale. — Paris, *Bajat, s. d.*, *in-8°*. (Don du Dr Marion).

2005. — BOULLAY (P.) — Dissertation sur l'ulmine et sur l'acide azulmique. — Paris, *Fain, 1830, in-8° br.* (Don du Dr Marion).

2006. — D°. — Dissertation sur l'histoire naturelle et chimique de la coque du Levant. — Paris, *J. Colas*, *1818*, *in-8° br.* (Don du Dr Marion).

2007. — BESNOU (M.) — Considérations pharmacologiques sur le chloroforme. — Cherbourg, *A. Le Coufflé*, *1853*, *in-8°*. (Don du Dr Marion).

2008. — EXAMEN chimique et médical du monésia, par B. Derosne, O. Henry et J. F. Payen. — Paris, *Rouvier, 1841, in-8° br. 60 pp.* (Don du Dr Marion).

2009. — DUQUESNEL (H.) — De l'aconit cristallisé. Caractères, applications thérapeutiques. Mode d'emploi. — Paris, *J. B. Baillière et fils, 1885, in-8° de 16 p.*

2010. — PÉTREQUIN (M. J. P.) — Nouvelles recherches sur l'emploi thérapeutique du manganèse comme adjuvant du fer. — Paris, *M. M. Baillière, 1852, in-8° br.* (Don du Dr Marion).

2011. — OBERLIN (L.) — Essai sur le colchique d'automne, thèse. — Paris, *1857.* (Don Hétet).

2012. — ROUX (M. B.) — Observations sur l'opium indigène. Extrait du journal de pharmacie et de chimie. — Paris, *E. Thunot et Cie, 1855, in-8° br.* (Don du Dr Marion).

2013. — BRUEL (G.), pharmacien de 1re classe. — De l'éther amyl-valérianique, principe actif des pommes, etc. — Paris, *P. Dupont, 1884.* (Don du Dr Marion).

2014. — WEBER (Georges). — Mémoire sur les propriétés anti-septiques du charbon végétal, etc. — Paris, *J. B. Baillière, 1846, in-8° br.* (Don du Dr Marion).

2015. — SELLIER (Le D^r). — Mémoire sur un traitement nouveau de la couperose et sa guérison. — Paris, *1858.* (Don du Dr Marion).

2016. — LA ROCHE (Cazenave de). — Des climats froids appliqués au traitement de la phtisie pulmonaire. — Nice, *J. B. Berna et N. Barral,* *1885, in-8° br.* (Don du D' Marion).

2017. — BARRET (Paul). — De la lumière naturelle, envisagée comme modificateur physiologique et thérapeutique, thèse. — Montpellier, *1870.* (Don du D' Maréchal).

2018. — DELEAU. — Aperçu sur l'abus du vomissement provoqué dans les maladies, avec des réflexions pour venir à l'appui de la doctrine physiologique de M. Broussais. — Commercy, *1820.* (Don du D' Maréchal).

2019. — KOHN (Ch.) — Du traitement de la chorée par le bromure de potassium à haute dose, thèse. — Paris, *1870.*

2020. — JOUBIN (Adolphe). — Essai sur l'iodure de potassium au point de vue de ses effets physiologiques et pathogéniques, de son action thérapeutique et de son rôle dans le traitement de la syphilis, thèse. — Paris, *1864.* (Don du D' Maréchal).

2021. — COTTE (Louis). — Du traitement de la syphilis par les injections sous-cutanées d'une solution d'un sel hydrargyrique, thèse. — Paris, *1873.*

2022. — VAUME (J. S.) — Dissertation sur le mercure, ses préparations et leurs effets dans le corps de l'homme. — Paris, *chez l'auteur, 1811,* *in-8°.* (Don du D' Marion).

2023. — BLANC (Léon). — De l'action du soufre et des sulfureux dans le traitement de la syphilis, thèse. — Paris, *1867.* (Don du D' Maréchal).

2024. — CHALMET (Barthélemy). — De l'emploi du mercure dans la syphilis, thèse. — Paris, *1872.* (Don du D' Maréchal).

2025. — GIRAUDEAU de SAINT-GERVAIS (Le D'). — Traitement et guérison radicale des maladies syphilitiques par la méthode végétale. — Paris, *Baillière, 1825, in-8°.* (Don du D' Marion).

2026. — QUARANTE (Le D'). — Traitement de la goutte, de la gravelle et du diabète, par le D' Quarante, 7° édition. — Paris, *Amyot, libraire-éditeur, in-24 br.*

2027. — MERCIER (le D' L. Aug.) — Traitement préservatif et curatif des sédiments, de la gravelle, de la pierre urinaires, etc. — Paris, *A. Delahaye, 1872, in-12 br.* (Don Jacolot).

2028. — GARROD (Alfred Barring). — La goutte, sa nature, son traitement et le rhumatisme goutteux, ouvrage traduit de l'anglais par Aug. Ollivier et annoté par J. M. Charcot. — Paris, *A. Delahaye, 1887*, g^d *in-8°, rel. ang.* (Don Auffret).

2029. — FONTAINE (D^r). — Mémoire pour servir de base à une nouvelle méthode de traitement de la goutte. — Paris, *Baillière, 1869*, *in-8° br.* (Don Hétet).

2030. — DIDIER (Paul). — Du traitement du rhumatisme articulaire aigu par l'oxyde blanc d'antimoine, thèse. — Paris, *1872*. (Don du Dr Maréchal).

2031. — CARADEC (Le Dr Théophile). — Du traitement de la dysenterie par le nitrate d'argent. — Paris, *1864, in-8° br.* (Don du Dr Marion).

2032. — DOUE (Philippe-Marius). — Du calomel et de son emploi dans la dysenterie, thèse. — Montpellier, *1875*. (Don du Dr Cerf).

2033. — DOUNON (M.) — Guide pratique pour le traitement par la chlorodyne de la diarrhée de Cochinchine et des affections parasitaires du tube digestif. — Toulon, *Laurent, 1877, p^t in-8°*, 2 exemp. (Don du Dr Maréchal).

2034. — MARION (A.), docteur en médecine. — Quelques considérations sur la nature et le traitement de la diarrhée endémique des pays chauds, thèse. — Montpellier, *1879*. (Don du Dr Maréchal).

2035. — MAUREL (E.) — Du traitement de la diarrhée et de la dysenterie chroniques, par le régime lacté et le régime mixte gradué. Extrait du Bulletin de thérapeutique médicale et chirurgicale, numéro de mars 1881. (Don du Dr Maréchal).

2036. — BAUD (D^r). — Nouveau mode de traitement des maladies périodiques, fièvres, accès, névroses, névralgies, etc. — Paris, *J. B. Baillière, 1850*. (Don du Dr Marion).

2037. — SEVÈNE (J.) — Quelques considérations sur les moyens prophylactiques et curatifs employés contre l'infection purulente, thèse. — Montpellier, *1879*. (Don du Dr Marion).

2038. — PAVET (Ch.) — Observations sur l'emploi des immersions et des affusions froides, recueillies dans le courant des années 1812 et 1813, thèse. — Paris, *1813*. (Don dn Dr Marion).

2039. — GROSS (J.) — L'eau fraîche comme excellent diététique et admirable curatif, etc. — Bruxelles, *établissement encyclographique*, *1841, in-12 br.*

2040. — FLEURIOT (Emile). — Considérations sur les divers modes de traitement employés en médecine contre l'occlusion intestinale interne, thèse. — Paris, *1875*. (Don du Dr Cerf).

2041. — LOGERAIS (Le D^r). — Traitement spécial des affections gastro-intestinales par les eaux de Pougues. — Paris, *G. Masson, 1882, in-8°.* (Don du Dr Marion).

2042. — BOULLAY (P. F. G.) et PLANCHE (L. A.) — Examen chimique des deux liqueurs vendues par MM. Triayre et Jurine pour la préparation des bains d'eaux sulfureuses artificielles. Extrait du Bulletin de pharmacie. — Paris, *D. Colas, 1809, in-8°.* (Don du Dr Marion).

2043. — MAHÉ (J. M.) — De l'application de la méthode expérimentale à la thérapeutique, thèse. — Montpellier, *1866.*

2044. — INSTRUCTION par ordre alphabétique de l'emploi du réveilleur de la vie par un ami de l'humanité. — Brest, *J. P. Gadreau, 1881, in-8° br.*

10. — MÉDECINE LÉGALE ET TOXICOLOGIE

2045. — DEVAUX (J.) — L'art de faire des rapports en chirurgie, où l'on enseigne la pratique, les formules et le style le plus en usage parmi les chirurgiens commis aux rapports. Nouv. édit. — Paris, *veuve d'Houry, 1743, in-12 rel.*

2046. — FODÉRÉ (F. E.) — Les lois éclairées par les sciences physiques, ou traité de médecine légale et d'hygiène publique. — Paris, *Croullebois, an VIII, in-8°, 2 vol. rel.*

2047. — BELLOC (J. E.) — Cours de médecine légale, théorique et pratique. — Paris, *an IX, in-12.*

2048. — D°. — Le même. — Paris, *Méquignon, 1811, in-8°.*

2049. — ORFILA (M. P.) — Traité de toxicologie générale. — Paris, *Cochard, 1814-1815, in-8°, 4 vol.*

2050. — DRAGENDORFF. — Manuel de toxicologie, traduit avec de nombreuses additions et augmenté d'un précis des autres questions de chimie légale. — Paris, *S. Savy, 1873, in-8° br.* (Don Hétet).

2051. — BAYARD (H.) — Manuel pratique de médecine légale. — Paris, *Germer-Baillière, 1844, p^t in-8° rel.* (Don Auffret).

2052. — PAULIER et HÉTET. — Traité élémentaire de médecine légale, de jurisprudence médicale et de toxicologie. — Paris, *Oct. Doin, 1881, 2 vol. in-8° br.*

2053. — PORTAL (Ant.) — Instruction sur le traitement des asphyxiés par les gaz méphytiques, des noyés, des enfants qui paraissent morts en naissant, etc. — Nouv. édition. Par ordre du gouvernement. — Paris, *imp. impériale, 1811, in-12.*

2054. — ORFILA (M. P.) — Secours à donner aux personnes empoisonnées et asphyxiées; suivis de moyens propres à reconnaître les poisons et les vins frelatés, et à distinguer la mort réelle de la mort apparente. — Paris, *Béchet jeune, 1825, in-8° br.*

2055. — POUGNY. — De l'asphyxie en général et par submersion en particulier, thèse. — Paris, *1877.* (Don du Dr Marion).

2056. — FONTENELLE (Julia de). — Recherches médico-légales sur l'incertitude des signes de la mort, etc. — Paris, *J. Rouvier et E. Le Rouvier, 1834, in-8° cart.* (Don Auff.)

2057. — RONDEAU (P^{re}). — Etude expérimentale sur la rigidité cadavérique au point de vue médico-légal. — Paris, *Emile Martinet, 1880, in-8°.* (Don du Dr Maréchal).

2058. — JOANNET (H.) — Le poil humain, ses variations d'aspect. Leur signification en médecine judiciaire. — Paris, *O. Doin, 1878, in-8° br.*

2059. — OTTO (Dr Jul.) — Instruction sur la recherche des poisons et la détermination des taches de sang dans les expertises extra-légales, etc. Trad. par G. E. Strohl. — Paris, *Victor Masson, 1869, in-8° br.* (Don Hétet).

2060. — DUVAL (Marcellin). — Essai sur la toxicologie, suivi d'observations et expériences sur l'emploi du sucre dans les empoisonnements minéraux, thèse. — Paris, *1806.* (Don du Dr Marion).

2061. — NAVIER (P. T.) — Contre-poisons de l'arsenic, du sublimé corrosif, du vert-de-gris et du plomb, suivis de trois dissertations intitulées, la première : Recherches médico cliniques sur différents moyens de dissoudre le mercure, etc. ; la seconde : Exposition de différents moyens d'unir le mercure au fer, etc. ; la troisième : Observations sur l'éther. — Paris, *veuve Méquignon, 1777, in-12, 2 vol. rel.*

2062. — TARTRA (A. E.) — Traité de l'empoisonnement par l'acide nitrique. — Paris, *an X, 1802, in-8°.*

2063. — ROSE. — Manuel d'autopsie cadavérique médico-légale. Trad. de l'allemand sur la dernière édition, par C. C. H. Marc. — Paris, *Duminil-Lesueur et Crochard, 1808, in-8°.*

2064. — REMER (W. H. G.) — Police judiciaire pharmaco chimique, ou traité des aliments salubres, de leur sophistication et des altérations qu'ils éprouvent dans les vaisseaux qui servent à leur préparation, etc. Trad. de l'allemand par E. J. B. Bouillon-Lagrange et A. Vogel. Précédé d'un rapport sur l'ouvrage fait à l'Institut, par Guyton-Morveau. — Paris, *Caille et Ravier, 1816, in-8°.*

2065. — GEORGET (E. J.) — Examen médical des procès criminels des nommés Léger, Feldtmann, Lecouffe, Jean-Pierre et Papavoine, dans lesquels l'aliénation mentale a été alléguée comme moyen de défense, suivi de quelques considérations médico-légales sur la liberté morale.— Paris, *Migneret, 1825, in-8°, relié avec :*

MICHU (J. E.) — Discussion médico-légale sur la monomanie homicide, à propos du meurtre commis par Henriette Cornier. — Paris, *1826, in-8°.*

2066. — MANDSLEY (H.) — Le crime et la folie, par H. Mandsley, professeur de médecine légale University college (Londres), 4e édit. — Paris, *Germer-Baillière et Cie, 1880, in-8° cart.*

2067. — TARDIEU (Ambroise). — Etude médico-légale sur l'infanticide. — Paris, *Baillière, 1868.* (Don du Dr Maréchal).

2068. — Do. — Question médico-légale de la pendaison, distinction du suicide et de l'homicide. — Paris, *Baillière, 1865.* (Don du Dr Maréchal).

2069. — ANNER (Le Dr G.) — Etude des causes de la mortalité excessive des enfants. Recherches sur l'infanticide. — Paris, *A. Delahaye, 1872, in-18.*

2070. — RÈGLEMENT de l'Intendance sanitaire à Brest. — Brest, *Anner, 1845, in-4°.* (Don du Dr Marion).

2071. — TARDIEU (A.) — Etude médico-légale sur les attentats aux mœurs. — Paris, *J. B. Baillière et fils ;* Londres, *H. Baillière ;* Madrid, *Bailly-Baillière, 1867, in-8° rel.* (Don Auff.)

2072. — PICARD (H.) — Contribution à l'étude des poissons nuisibles, thèse. — Montpellier, *1870.* (Don Le Moine).

2073. — MESNIL (P.) — Relation médicale de onze cas d'empoisonnement par de la viande de conserve altérée, observés au port de Lorient, thèse. — Paris, *1874.* (Don du Dr Maréchal).

2074. — ABONNEL. — Quelques observations sur l'analyse chimique d'un vin au point de vue judiciaire, thèse. — Paris, *1869*. (Don du Dʳ Maréchal).

2075. — BÉRENGER-FÉRAUD et PORTE. — Etude sur l'empoisonnement par le perchlorure de fer. Extrait des annales d'hygiène et de médecine légale, 1879. — Paris, *J. B. Baillière*, *1879*, *in-8°*, *90 pp. br.*

2076. —   Carton n° 28

RECUEIL FACTICE, SUJETS DIVERS AFFÉRENTS AUX CHAPITRES

PRÉCÉDENT ET SUIVANT

1. — Recherches sur les causes des maladies charbonneuses dans les animaux, leurs caractères, les moyens de les combattre et de les prévenir, par F. H. Gilbert, professeur vétérinaire, etc. — Paris, *de l'imprimerie de la République, an III.*

2. — Instruction sur le vestige abdominal, ou l'indigestion vertigineuse des chevaux, per F. H. Gilbert, professeur vétérinaire, etc. — Paris, *de l'imprimerie de la République, Vendémiaire, an IV.*

3. — Mémoire sur les ulcères en général, par L. V. Frédéric Amand, médecin, ancien chirurgien de l'hôpital de Lyon. — Paris, *Méquignon aîné, an XI, 1802.*

4. — Avis sur le traitement des noyés. — Brest, *de l'imprimerie impériale de la marine.*

5. — Eloge d'Edouard Jenner, prononcé par le docteur Lettsom, membre de plusieurs Sociétés académiques, en présence de la Société de médecine de Londres, traduit par Joseph Duffour, médecin de l'hospice impérial des Quinze-Vingts, etc. — Paris, *Capelle et Renaud, 1811.*

6. — Quelques causes de maladies chez les ouvriers, thèse présentée et soutenue à la Faculté de médecine de Paris, le 30 novembre 1833, par Charles N. Vaucel, de Brest, département du Finistère, docteur en médecine. — Paris, *Didot le jeune, 1833.*

7. — Nouvelles recherches sur l'empoisonnement par l'acide arsénieux, par MM. Hombron, docteur-médecin, chirurgien de la marine, et Soullié, pharmacien à Rio-Janeiro. — Brest, *J. B. Lefournier, Octobre 1836.*

8. — Notions d'hygiène, spécialement applicables aux habitants de la campagne, par Ch. Gigaud, docteur-médecin. — Morlaix, *Ledan.*

9. — Conseils aux gens du monde, sur l'art de prolonger la vie et d'entretenir la santé, par J. F. Lamory. — Paris, *M. Gervais Chardin, M. Trablit, 1837.*

10. — Quelques considérations sur Pondichéry et ses habitants, thèse présentée et soutenue à la faculté de médecine de Paris, le 2 août 1837, par Joseph-François-René Lequerré, de Brest (Finistère), ex-chirurgien de 2e classe entretenu de la marine, docteur en médecine. — Paris, *Rignoux et Cie, 1837.*

11. — Faculté de médecine de Paris, thèse pour le doctorat en médecine, présentée et soutenue le 10 décembre 1838, par François-Adolphe Vincent, de Brest (Finistère), docteur en médecine, bachelier ès-lettres, pharmacien de la marine. — Paris, *Rignoux et Cie, 1838.*

12. — Eloge de Celse, prononcé le 19 avril 1838, par M. H. Kühnholtz, bibliothécaire et professeur agrégé de la Faculté de médecine de Montpellier, etc. — Montpellier, *Louis Castel ;* Paris, *Germer-Baillière, 1838.*

13. — L'homœopathie exposée aux gens du monde, défendue et vengée, par le Dr Achille Hoffmann, 3e édition. — Paris, *A. Appert, J. B. Baillière, Ledoyen, l'auteur, 1841.*

14. — Rapport au Conseil supérieur de santé sur un rapport de son secrétaire relatif aux modifications à apporter dans les règlements sanitaires, par un économiste. — Paris, *Félix Locquin et Cie, 1840.*

15. — Une larme sur le tombeau de ma fille. — Paris, *J. B. Gros,* mdcccxl (*1840*).

16. — Le dispensaire. Motifs de son institution, Brest le 14 décembre 1843. — Brest, *A. Proux et Cie.*

17. — Originalité d'une réception doctorale au commencement du xviie siècle, par H. Kühnholtz. — Montpellier, *Louis Castel ;* Paris, *J.-Baillière, Fortin, Masson et Cie.*

18. — Rapport médical sur la crèche St-Pierre de Chaillot. — Paris, *Comptoir des imprimeurs-unis, Amyot, 1846.*

19. — Considérations générales sur la réorganisation de l'enseignement médical et sur la nécessité de convertir l'Ecole préparatoire de médecine et de pharmacie de Lyon, en Faculté de médecine, par Sénac, directeur de l'Ecole de médecine et de pharmacie de Lyon, etc. — Lyon, *Dumoulin et Ronet, 1848.*

20. — Du décret du 10 avril dans ses rapports avec l'éducation du médecin, par M. Bonnet, professeur à l'Ecole de médecine de Lyon. — Lyon, *Louis Perrin, 1852.*

21. — Au Conseil de famille. Attestations médicales en faveur de M. Vialatte-Arnaud, 1858-1859-1860. — Toulouse, *Ph. Montaubin*.

22. — Extrait des séances du Congrès scientifique de France tenu à Cherbourg en Septembre 1860. Réponse à la 5ᵉ question des sciences médicales, par M. Le Goupils (Alexandre). Moyens à prendre pour empêcher les progrès de l'ivrognerie. Conséquences de l'ivrognerie aux points de vue physique et moral. — Cherbourg, *Augᵗᵉ Mouchel*.

23. — Thèse pour le doctorat en médecine, présentée et soutenue à la Faculté de médecine de Paris, par Aristide-Alphonse-Marie Jacolot, né au Conquet (Finistère), Dʳ en médecine, chirurgien de 2ᵉ classe de la marine impériale, 22 avril 1861. — Paris, *Rignoux, 1861*.

24. — De l'alcoolisme moderne, étude sociale sur le poison à la mode en France, par le Dʳ F. Issartier. — Paris, *L. Leclerc, 1861*.

25. — Bains à l'hydrofère ou de poussières d'eaux, rue de la Victoire, n° 15. Louis Richard et Cⁱᵉ. Rapport à l'Académie de médecine. — Paris, *A. Appert, décembre 1861*.

26. — Hydrothérapie, par J.-J. Bourru. — Dijon, *Lamarche, 1861*.

27. — Association générale des médecins de France. Association de prévoyance et de secours mutuels des médecins du Finistère. Compte-rendu de l'Assemblée générale de 1862. — Quimper, *Ar. de Kérangal, 1862*.

28. — Société de prévoyance et de secours mutuels des médecins de l'arrondissement de Brest. — Brest, *E. Anner, 1863*.

29. — La lithomalakie électrique, nouvelle méthode pour ramollir et rendre friable les pierres, calculs et gravelles contenus dans la vessie, par Jules Erckmann, électricien à Paris, et Giuseppe Aymini, docteur en médecine et en chirurgie, à Turin. — Paris, *chez l'auteur, 1863*.

30. — La posthotomie au xixᵉ siècle, par M. Chassaniol, docteur-médecin, médecin en chef de la marine en retraite, officier de la Légion d'honneur. Extrait du bulletin de la Société académique de Brest. — Brest, *J.-B. Lefournier aîné*.

31. — Voilà le choléra ! qu'en ferons-nous ? par le bonhomme Franchard. — Paris, *chez tous les libraires*.

32. — Le choléra ou typhus indien. Epidémie de 1865. Prophylaxie et traitement, par le Dʳ Charles Pellarin. — Paris, *J. B. Baillière et fils, 1866*.

33. — Etude synthétique sur les maladies endémiques, par le Dʳ G. Rochard, directeur du service de santé de la marine, au port de Brest. — Paris, *J. Baillière et fils, 1871*.

34. — Les grands anatomistes des xvi⁰ et xvii⁰ siècles. Ecoles de médecine navale. Ecole de Brest. Coup d'œil sur l'histoire de l'anatomie et spécialement sur la vie et les ouvrages des grands anatomistes des xvi⁰ et xvii⁰ siècles, par M. le D⁰ Auffret, professeur à l'Ecole de médecine navale de Brest. Discours d'ouverture de l'année scolaire 1874-1875, prononcé le 5 Novembre 1874. Extrait des archives de médecine navale, décembre 1874. — Paris, *J.-B. Baillière et fils.*

35. — Service des Epizooties. Instruction populaire sur les maladies charbonneuses des bêtes bovines, par H.-M. Tanguy, inspecteur de la première circonscription du service des épizooties dans le Finistère, 2⁰ édition. — Morlaix, *M*ᵐᵉ *Haslé, 1880.*

36. — Conseils pratiques sur les soins à donner dans les indispositions et les maladies aiguës et chroniques les plus fréquentes, 4⁰ édition. — Paris, *V. Goupy et Jourdan, 1882.*

37. — Géographie des épidémies de fièvre jaune, moyens de s'en garantir ; communication faite au Congrès des Sociétés françaises de géographie, tenue à Bordeaux le 4 Septembre 1882, par le D⁰ Henri Bourru, professeur d'hygiène à l'Ecole de médecine navale de Rochefort, etc. — Bordeaux, *G. Gounouilhou, 1883.*

38. — Eloge funèbre du D⁰ Tourrette, présenté à l'Académie impériale de médecine, par le D⁰ de Laplagne, 1865. — Paris, *Em. Voitelain et C*ⁱᵉ.

11. — MÉLANGES DE MÉDECINE

2077. — DUCLOS. — Dissertation sur les principes des mixtes naturels, faite en l'an 1677. — Amsterdam, *1680, in-12 rel.*

2078. — HUXHAM (Jean). — Essai sur les différentes espèces de fièvres, avec plusieurs autres traités, savoir : 1° Essai sur la petite vérole ; 2° Dissertation sur les pleurésies et les péripneumonies ; 3° Méthode pour conserver la santé des mariniers dans les voyages de long-cours ; 4° Dissertation sur les maux de gorge gangréneux ; 5° Observations médicinales et chimiques sur l'antimoine ; 6° Histoire et traitement d'une colique épidémique qui régna, en 1724, dans le Devonshire. — Paris, *d'Houry, 1768, in-8° rel.*

2079. — LORRY (D. M. P.) — De præcipuis morborum mutationibus et conversionibus tentamen medicum. — Parisis, *Méquignon, 1784, in-16 rel.*

2080. — MÉMOIRES de la Sociéte médicale d'émulation séante à l'école de médecine de Paris pour l'an v et l'an vi. — Paris, *Maradan, an vi, 1798, et Richard Caille et Ravier, an vii, in-8°, 2 vol. rel.*

2081. — DISSERTATIONES medicæ selectiores in Monspeliensi Ludovico propugnatæ. — Monspelii, *J. F. Picot, in-8° cart.* (Le premier volume seulement).

2082. — CATELLAN (Frères). — Annuaire homœopathique. — Paris, *1838, in-18.*

2083. — GUIDI (Le Dr Comte S. des). — Lettre aux médecins français sur la médecine homœopathique, 4e édit., précédée d'une nouvelle préface par le docteur F. Perrussel. — Paris, *Baillière, 1861, in-8°.*

2084. — ABEILLE médicale, années 1844-45-46-47-48-49-50-51-52-53-54-55. Texte à 2 colonnes, *in-4°.*

2085. — ARCHIVES de médecine navale, publiées par ordre de S. E. le ministre de la marine et des colonies, sous la surveillance de l'inspection générale du service de santé. Directeur de la rédaction : M. Le Roy de Méricourt. — Paris, *J. B. Baillière et fils.* Collection comprenant les années 1864 jusques et y compris l'année 1880, plus le 1er trimestre de 1881. En tout, les 34 premiers volumes de cette publication. (Don Hétet).

2086. — GIRARDOT (G.) — Theses medicæ, varii argumenti, thèse. — Paris, *1811.* (Don du Dr Marion).

2087. — DELAPORTE (Pre). — Propositions sur divers points de pathologie, thèse. — Paris, *1819.* (Don du Dr Maréchal).

2088. — LEROUX (J. J.) — Cours sur les généralités de la médecine pratique et sur la philosophie de la médecine. — Paris, *Didot, 1825, in-8°.* (Don du Dr Marion).

2089. — PITON. — Propositions de médecine et de chirurgie, thèse. — Paris, *1827.* (Don du Dr Marion).

2090. — VINCENT (F. D.) — Questions sur diverses branches des sciences médicales, thèse. — Paris, *1838.* (Don du Dr Marion).

2091. — BAZIL (F. P.) — Questions sur diverses branches des sciences médicales, thèse. — Paris, *1839.* (Don du Dr Marion).

2092. — LUTON (Alfred). — Des séries morbides, thèse. — Paris, *1859.* (Don du Dr Maréchal).

2093. — PETIT (Paul). — Essai sur la philosophie médicale, thèse. — Paris, *1883*. (Don du Dr Maréchal).

2094. — JOLY. — Conférence publique sur l'hétérogénie ou génération spontanée faite à la faculté de médecine de Paris. — Paris, *Germer-Baillière, 1864, in-8° br.* (Don du Dr Marion).

2095. — GRIMAUD (L.) — Considérations sur l'insolation et la chaleur solaire, thèse. — Paris, *1872.* (Don Le Moine).

2096. — LEMARCHAND (Henri), docteur en médecine de la faculté de Paris. — Quelques considérations sur l'étiologie et les affinités nosologiques, thèse. — Paris, *1884.* (Don du Dr Maréchal).

2097. — CAILLIOT (L.) — De la convalescence qui succède aux maladies fébriles, thèse. — Strasbourg, *an X, 1802.* (Don du Dr Marion).

2098. — FERNAULT (E.) — Essai sur la convalescence, thèse. — Paris, *1812.* (Don du Dr Marion).

2099. — RAMBAUD (Cl.) — Du repos envisagé comme moyen thérapeutique, thèse. — Strasbourg, *1864.* (Don du Dr Maréchal).

2100. — CARADEC (Louis). — Considérations médicales sur la pression atmosphérique. Extrait de la Société académique de Brest. — Brest, *Halégouët, s. d.* (Don du Dr Cerf).

2101. — HAY (E. C. de Toucy). — Dissertation sur les affections du système muqueux. — Paris, *Gillé, an XI, in-8° br.* (Don du Dr Berger).

2102. — DUTROCHET (H.) — Nouvelle théorie de l'habitude et des sympathies. — Paris, *Allut, 1810, in-8° br.* (Don du Dr Berger).

2103. — VOISIN (J.-C.) — De quelques préjugés relatifs à la médecine dans les départements de la Bretagne. — Vannes, *chez l'auteur, 1832, in-8° br.* (Don du Dr Marion).

2104. — TOURET (Ch.) — Considérations hygiéniques sur les côtes du Finistère et sur leurs habitants, thèse. — Montpellier, *1832.* (Don du Dr Marion).

2105. — DUTROULEAU. — Traité des maladies des Européens dans les pays chauds (régions tropicales), climatologie, maladies endémiques. — Paris, *Baillière et fils, 1861, in-8° rel.* (Don du Dr Gestin).

2106. — FRIOCOURT (F. J.) — Considérations générales sur la pathogénie, spécialement des maladies endémiques des pays chauds. — Paris, *Parent, 1873, pl. in-8°.* (Don du Dr Maréchal).

2107. — SEGOND (A.) — Clinique de l'hôpital de Cayenne. — Paris, *Béthune et Plon, 1836, in-8° br.* (Don du Dr Marion).

2108. — VAILLANT (A.) — Notes médico-chirurgicales recueillies à l'hôpital de la marine de Vera-Cruz, en 1864 et 1865, thèse. — Paris, *1869.* (Don du Dr Marion).

2109. — BOUDIN (J. Ch. M.) — Essai de géographie médicale. — Paris, *Germer-Baillière, 1843, in-8° br.* (Don du Dr Berger).

2110. — DECHAMBRE. — Extrait du dictionnaire encyclopédique des sciences médicales. Article « Danemarck. » — Paris, *Masson, s. d., in-8°.* (Don du Dr Maréchal).

2111. — PRAT (E.) — Topographie médicale de l'Ile de Taïti (Océanie). — Toulon, *F. Robert, 1869, in-8° br.* (Don du Dr Gestin).

2112. — LEBORGNE (J. P. M.) — Géographie médicale de l'archipel des îles Gambier (Océanie), thèse. — Paris, *1872.* (Don du Dr Maréchal).

2113. — DEBLENNE (Paul-Richard), docteur de la faculté de Paris, médecin de la marine. — Thèse pour le doctorat en médecine. Essai sur la géographie médicale de Nossi-Bé, près la côte Nord-Ouest de Madagascar (avec cartes). — Paris, *Parent, 1881.* (Don du Dr Maréchal).

2114. — BOHÉAS (P.), docteur en médecine. — Thèse pour le doctorat en médecine, présentée et soutenue le 1er août 1883. Topographie médicale de l'île d'Ouessant. — Paris, *Parent, 1883, in-4°, 96 pp. br.*

2115. — LEJANNE. — Contribution à la géographie médicale. L'île de Groix (Morbihan), 1883-1885, thèse. — Paris, *1885.* (Don du Dr Maréchal).

2116. — ORVANANOS (Dr Domingo). — Ensayo de geographia medica y climatologia de la republica Mexico, etc. — Mexico, *1889, in-4° br.* (Atlas).

2117. — FONSSAGRIVES (J. B.) — Histoire médicale de la campagne de la frégate à vapeur l'*Eldorado*, thèse. — Paris, *1852.* (Don du Dr Maréchal).

2118. — BERGER (Ch. V.) — Considérations hygiéniques sur le bataillon de tirailleurs sénégalais. Du 1er janvier 1862 au 31 juillet 1865 inclus, thèse. — Montpellier, *1868.* (Don du Dr Berger).

2119. — BORIUS (A.) — Recherches sur le climat des établissements français de la côte septentrionale du golfe de Guinée. — Paris, *Gauthier-Villars, 1880.* (Don du Dr Maréchal).

2120. — CORRE (Dr A.) — De l'acclimatation dans la race noire africaine. Extrait de la Revue d'anthropologie, deuxième série T. V. (Don du Dr Maréchal).

2121. — LANDOWSKI. — Contribution à l'étude du climat algérien, avec une notice sur l'Institut sanitaire algérien. — Paris, *Masson, 1879.* (Don du Dr Maréchal).

2122. — FAUCHERAUD (L.) — Basse-Cochinchine. Considérations sur l'hygiène et les habitudes des indigènes, thèse. — Montpellier, *1863.* (Don Le Moine).

2123. — MONDIÈRE (A. T.) — Statistique des naissances et des décès dans la population annamite de la Cochinchine française, pendant les cinq années 1872 à 1876. — Paris, *Masson, s. d.* (Don du Dr Maréchal).

2124. — LE BOZEC (J. A.) — Relation médicale de la campagne du vaisseau l'*Alger* dans la Mer-noire, principalement pendant son séjour dans la baie de Kamiesch, thèse. — Montpellier, *1858.* (Don du Dr Maréchal).

2125. — LE CONIAT (F.) — Considérations générales sur la campagne du transport mixte le *Rhône* (hôpital), thèse. — Montpellier, *1863.* (Don du Dr Maréchal).

2126. — GUÈS (Adrien). — Etude sur les transports de malades et de convalescents de Cochinchine, thèse. — Montpellier, *1871.* (Don du Dr Maréchal).

2127. — ALLANIC (Adolphe-Gustave). — Considérations hygiéniques et médicales sur les transports des immigrants indiens. Thèse, Montpellier, le 27 Novembre 1871, par Adolphe-Gustave-Marie Allanic, docteur en médecine, médecin de 1re classe de la marine.— Montpellier, *Boehm et fils, imprimeur de l'Académie des sciences et des lettres, 1871.*

2128. — LAUNAY (Dr A.) — Le médecin du bord, à l'usage de MM. les capitaines et officiers de la marine marchande. — Paris, *Bertrand;* Le Havre, *Cochard, s. d., in-8° br.* (Don Hétet).

2129. — BRION (J.-B.) — Relation médicale de la campagne de la frégate l'*Iphigénie*. Voyage à la Nouvelle-Calédonie, 1864-65, thèse. — Montpellier, *1866.* (Don du Dr Marion).

2130. — CLOUET (Alfred). — Relation médicale d'un voyage autour du monde à bord de la frégate à voiles l'*Isis*, thèse. — Montpellier, *1873.* (Don du Dr Maréchal).

2131. — CERSOY (ALBERT). — Considérations sur les effets du froid dans leurs rapports avec l'économie animale, thèse. — PARIS, 1866. (Don du Dr Maréchal).

2132. — VINCENT (J^{n.}) — Analyse chimique de l'urine, thèse. — PARIS, 1865. (Don du Dr Maréchal).

2133. — COSTE. — Considérations sur l'urée et sur les procédés qui servent à son dosage, thèse. — PARIS, 1873. (Don Hétet).

2134. — BARUDEL (Dr J.) — Recherches cliniques sur la goutte et la gravelle, et leur traitement par les eaux de Vichy. — PARIS, Savy ; LYON, Megret, 1873, in-8° rel.

2135. — VEILLON (A.) — Considérations sur les maladies les plus fréquentes, observées au quartier d'artillerie de la marine, à Lorient, thèse. — PARIS, 1875. (Don Le Moine).

12. — CHIRURGIE

Médecine opératoire. — Pathologie externe

HISTOIRE, TRAITÉS GÉNÉRAUX

2136. — DUJARDIN ET PEYRILHE. — Histoire de la chirurgie, depuis son origine jusqu'à nos jours. — PARIS, imp. roy. 1774-1780, in-4°, 2 vol. rel.

2137. — ROCHARD (JULES). — Histoire de la chirurgie française au XIXe siècle. — Etude historique et critique sur les progrès faits en chirurgie, etc. — PARIS, J.-B. Baillière et fils, 1875, in-8°.

2138. — QUESNAY (F.) — Recherches critiques et historiques sur l'origine, les divers états et sur les progrès de la chirurgie en France. — PARIS, Osmont, 1774, in-4° rel.

2139. — LOUIS (ANT.) — Dictionnaire de chirurgie communiqué à l'Encyclopédie, extrait et rédigé par P. F. D^r Mⁱⁿ. — PARIS, Saillant et Nyon, 1772, in-8°, 2 vol. rel.

2140. — BOERHAAVE (HERM.) — Aphorismes de chirurgie, commentés par Van Swieten. Nouv. trad. du latin, avec des notes, par Louis. — PARIS, Cavelier, 1768, in-12, 7 vol. rel.

2141. — PARÉ (Ambroise). — Œuvres, divisées en vingt-huit livres, avec les figures et portraits, tant de l'anatomie que des instruments de chirurgie et de plusieurs monstres. Revues et augmentées par l'autheur, 4ᵉ édit. — Paris, *G. Buon, 1585, in-fº, rel. en parch.* Titre et front. gravés. Portrait d'A. Paré. Notes marginales utiles à consulter. (Don Miriel).

2142. — OBSERVATIONS et histoires chirurgicales tirées des œuvres de quatre excellens médecins professeurs et praticiens, nommés en la page suivante : Pierre La Forest, d'Alcmar, médecin de la République de Delphes ; Félix Plater, professeur et premier médecin de l'Université de Basle ; Balthazar Timœus, premier médecin du Sérén-Elect, de Brandebourg ; P. de Marchetti, professeur d'anatomie et chirurgien à Padoue, traduits nouvellement desdits autheurs de latin en français, par un docteur-médecin. — A Genève, *pour Pierre Chouët, 1669, in-4º rel.* (Don Miriel).

2143. — AQUAPENDENTE (Œuvres chirurgicales de Hierosme Fabrice d'), fameux médecin, chirurgien et professeur anatomique en la célèbre Université de Padoue, divisées en deux parties, etc. — Lyon, *J.-A. Hvgvetan, 1670, in-8º rel.*

2144. — SAVIARD (Chirurgien). — Nouveau recueil d'observations chirurgicales, avec quelques remèdes particuliers, dont il s'est servy au traitement des maladies qui le composent. — Paris, *J. Colombat, 1702, in-8º rel.*

2145. — LAFAYE (G. de). — Principes de chirurgie, 5ᵉ édit. — Paris, *Cavelier, 1762, in-12 rel.* (2 exemp.)

2146. — TRÉCOURT. — Mémoires et observations de chirurgie. — *Bouillon, 1769, in-8º rel.*

2147. — DESAULT (P.-J.) — Œuvres chirurgicales, ou exposé de la doctrine de P.-J. Desault, par X. Bichat. Nouv. édit., fig. — Paris, *Méquignon, an IX, 1801, in-8º, 2 vol.*

2148. — VERDUC (J. B.) — Pathologie de chirurgie, dans laquelle on explique toutes les maladies externes du corps humain, leurs causes, etc. Nouv. édit. — Paris, *veuve d'Houry, 1727, in-12, 2 vol. rel.*

2149. — MAUQUEST DE LA MOTTE (Guill.) — Traité complet de chirurgie, 3ᵉ édit. — Paris, *P. F. Didot, 1771, in-8º, 2 vol. rel.*

2150. — LASSUS (P.) — Pathologie chirurgicale. — Paris, *Méquignon aîné, an XIII, 1705, in-8º, 2 vol.*

2151. — PORTAL (Ant.) — Précis de chirurgie pratique, contenant l'histoire des maladies chirurgicales, et la manière la plus avantageuse de les traiter. Fig. — Paris, *Vincent, 1768, in-8°, 2 vol. rel.*

2152. — DIONIS. — Cours d'opérations de chirurgie démontrées au jardin royal, 4ᵉ édit. Revue et augmentée de remarques, par C. de La Faye, chirurgien. — Paris, *chez d'Houry, 1750.*

2153. — Dᵒ. — Cours d'opérations de chirurgie, 8ᵉ édition, revue, augmentée, etc., par G. de la Faye. — Paris, *veuve d'Houry, 1777.*

2154. — BERTRANDI (A.) — Traité des opérations de chirurgie. Trad. de l'italien par Sollier de la Romillais. Nouv. édit. — Paris, *T. Barrois, 1784, in-8° rel.*

2155. — SABATIER (R. B.) — De la médecine opératoire, 2ᵉ édition. — Paris, *L'Huillier, 1818, in-8°, 3 vol.*

2156. — AUTHENAC (S. P.) — Manuel médico-chirurgical, ou Eléments de médecine et de chirurgie pratiques, 2ᵉ édit. — Paris, *Béchet, 1821, in-8°, 2 vol.*

2157. — BÉGIN (L. J.) — Nouveaux éléments de chirurgie et de médecine opératoire. — Paris, *Méquignon-Marvis, 1824, in-8° rel.* (Don Auff.)

2158. — VIDAL (de Cassis). — Traité de pathologie externe et de médecine opératoire. — Paris, *J.-B. Baillière, 1839; in-8°, 3 vol. rel.* (Don Gestin).

2159. — MALGAIGNE (J. F.) — Manuel de médecine opératoire fondée sur l'anatomie normale et l'anatomie pathologique, 3ᵉ édit. — Paris, *Germer-Baillière ;* Londres, *même maison ;* Lyon, *Savy ;* Leipsig, *Brockhaus ;* Florence, *Ricordi et Cⁱᵉ, 1840, grand in-12 cart.* (Don Auff.)

2160. — SAUREL (L.) — Traité de chirurgie navale, suivi d'un résumé de leçons sur le service chirurgical de la flotte, par le docteur J. Rochard. — Paris, *J. B. Baillière, 1861, in-8° br.*

2161. — ROCHARD (Le Dʳ Jules), chirurgien en chef de la marine. — Du service chirurgical de la flotte en temps de guerre, avec fig. interc. dans le texte. — Paris, *J. B. Baillière et fils, 1861, in-8°, 101 pp. br.*

2162. — MARROIN (Dʳ A.) — Histoire médicale de la flotte française dans la mer noire pendant la guerre de Crimée. — Paris, *J. B. Baillière et fils, 1861, in-8° br.* (Don du Dʳ Berger).

2163. — HECQUET (Ph.) — Observations sur la saignée et sur la purgation au commencement de la petite vérole, etc, — Paris, *G. Cavelier, 1724, in-12, rel.* avec :

LETTRE en forme de dissertation pour servir de réponse aux difficultés qui ont été faites contre le livre des observations sur la saignée du pied, etc. — Paris, *G. Cavelier, 1725, in-12 rel.*

2164. — QUESNAY (F.) — Traité des effets et de l'usage de la saignée. Nouv. édit. — Paris, *d'Houry, 1750, in-12 rel.*

2165. — LEROY (A.) — Manuel de la saignée, utilité de celle du pied ; danger de celle du bras ; principes et moyens pour la rendre toujours salutaire et pour employer les sangsues. — Paris, *F. Buisson, 1807, in-12.*

2166. — TAVERNIER (A.) — Manuel de clinique chirurgicale, contenant la manière d'observer en chirurgie, un exposé des signes diagnostiques et des caractères anatomiques, etc. — Paris, *Gabon et Cie, 1826, in-18.*

SPÉCIALITÉS

Amputations. — Résection. — Désarticulation. —
Trépanation

2167. — DUBRUEIL (J.) — Essai sur les cas qui nécessitent l'amputation des membres, thèse. — Paris, *1873.* (Don du Dr Marion).

2168. — HELLO (J.-M.) — Considérations sur l'amputation des membres, thèse. — Paris, *1829.* (Don du Dr Marion).

2169. — BOYER (Lucien). — Mémoire sur un cas d'amputation susmalléolaire. Extrait de la Revue médicale, Juillet 1845. (Don du Dr Maréchal).

2170. — DIDIOT (Pre). — Des amputations partielles du pied et de l'amputation tibio-tarsienne en particulier, thèse. — Paris, *1848.*

2171. — ROUX (Jules). — De l'amputation et de l'éthérisme dans le tétanos traumatique. — Paris, *F. Malteste et Cie, 1848, in-8° br.* (Don du Dr Marion).

2172. — NIELLY (Ch.) — Etude sur l'amputation ; méthodes et procédés, thèse. — Montpellier, *1856.* (Don du Dr Marion).

2173. — RAPPORT sur un nouveau système de bras artificiel inventé par l'abbé Néel, aumônier de la marine.— Cherbourg, *Feuardent, 1873.* (Don du Dr Marion).

2174. — CARADEC (Théophile). — Considérations sur quelques procédés relatifs à l'amputation sus-malléolaire et à l'amputation de la jambe au lieu dit d'élection, thèse. — Paris, *1877.* (Don Rousseau).

2175. — JENNEVIN (Louis). — Des moyens de prévenir et de combattre la conicité du moignon, thèse. — Paris, *1879.* (Don du Dr Maréchal).

2176. — GUÉZENNEC. — Des amputations du membre supérieur (excepté celles de la main), par divers procédés, etc., thèse. — Paris, *1882.* (Don du Dr Marion).

2177. — FAUCON (A.) — Des indications d'amputation que présentent les fractures compliquées, thèse. — Strasbourg, *1865.* (Don du Dr Maréchal).

2178. — GUÉPRATTE (Alb.) — Résections des extrémités articulaires des os. — Montpellier, *veuve Ricard, 1844, in-8° br. de 82 pp.* (Don du Dr Maréchal).

2179. — BONNESŒUR (Julien). — Quelques mots sur le périoste et les résections sous-périostiques dans le cas d'ostéite suppurée, thèse. — Paris, *1866.* (Don du Dr Maréchal).

2180. — BOUDOT. — Des résections des apophyses transverses des vertèbres, thèse. — Strasbourg, *1864.* (Don du Dr Maréchal).

2181. — GIRCOURT (Gustave). — Essai sur l'histoire des plaies et de la résection de l'épaule, sur l'application de cette opération dans les blessures par projectiles de guerre, thèse. — Paris, *1872.* (Don du Dr Maréchal).

2182. — TOURNIER (Paul). — De la résection du genou, thèse. — Strasbourg, *1865.* (Don du Dr Maréchal).

2183. — GOOD (Richard). — De la résection coxofémorale pour carie, thèse. — Paris, *1869.* (Don du Dr Maréchal).

2184. — GUYOT (Francisque). — Quelques considérations sur la désarticulation tarso-métatarsienne, comparaison du procédé de Lisfranc et du procédé de Marcelin Duval, thèse. — Paris, *1874.* (Don du Dr Maréchal).

2185. — DESTREM (Antoine). — Des résections partielles du calcanéum, thèse — Paris, *1876.* (Don du Dr Maréchal).

2186. — PETIT (J. L.) — Traité des maladies des os, dans lequel on a représenté les appareils et les machines qui conviennent à leur guérison. Nouv. édit., revue et augmentée d'un discours historique et critique sur cet ouvrage et de l'éloge de l'auteur par Louis. — Paris, *P. G. Cavelier, 1772, in-12, 2 vol. rel.*

2187. — D°. — Le même. — Paris, *Méquignon aîné, 1785, in-12, 2 vol. rel.*

2188. — BOYER (Le Baron A.) — Leçons sur les maladies des os, rédigées en un traité complet de ces maladies, par A. Richerand. Fig. — Paris, *Migneret, an XI, 1803, in-8°, 2 vol. rel.*

2189. — DROUIN (Victor). — De l'ostéo-périostite, thèse. — Paris, *1868.* (Don du Dr Maréchal).

2190. — NAUD (Paul). — D'une forme spéciale d'ostéite ou ostéite à forme névralgique, thèse. — Paris, *1868.* (Don du Dr Maréchal).

2191. — DESTIVAL (Ern.) — Essai sur la périostite rhumatismale aigue, thèse. — Paris, *1868.* (Don du Dr Maréchal).

2192. — SÉZARY. — De l'ostéite aigue chez les enfants et les adolescents, thèse. — Paris, *1870.* (Don du Dr Maréchal).

2193. — DAIX (G.) — Considérations sur quelques symptômes des fractures du crâne, thèse. — Paris, *1863.* (Don du Dr Maréchal).

2194. — JARROU (Emile). — Quelques mots sur la fracture du rocher, thèse. — Paris, *1864.* (Don du Dr Maréchal).

2195. — GAVARRET (J. Emile). — De la crépitation dans les fractures, thèse. — Paris, *1859.* (Don du Dr Maréchal).

2196. — MANGIN (Henri). — De la valeur de l'extraction sous-périostée des esquilles dans le cas de fractures comminutives, thèse. — Strasbourg, *1865.* — (Don du Dr Maréchal).

2197. — TAXIL SAINT-VINCENT (N.-L.) — Dissertation sur l'entorse vertébrale, thèse. — Paris, *1810.* (Don du Dr Marion).

2198. — MALGAIGNE (J. F.) — Recherches sur les variétés et le traitement des fractures des côtes. — Paris, *Béchet, 1838, in-8° br.* (Don du Dr Berger).

2199. — COUHARD (Antoine). — Des fractures du corps de l'omoplate, thèse. — Paris, *1866.* (Don du Dr Maréchal).

2200. — MARÉCHAL (Jules). — Essai sur les fractures par coup de feu de l'extrémité supérieure de l'humérus, thèse. — Paris, *1868*. (Don du D͏ʳ Marion).

2201. — PICHON (Louis). — Etude sur les fractures du métacarpe, thèse. — Paris, *1864*. (Don du D͏ʳ Marion).

2202. — JAN-KERGUISTEL. — Recherches sur la valeur séméiologique de l'augmentation de volume du grand trochanter dans les fractures extracapsulaires du col du fémur, thèse. — Paris, *1872*. (Don du D͏ʳ Maréchal).

2203. — GALLET (Edouard). — De l'emploi des appareils platrés imperméables dans le traitement des fractures compliquées, thèse. — Paris, *1864*. (Don du D͏ʳ Maréchal).

2204. — DELTHIL. — Du traitement des fractures de la cuisse et des accidents consécutifs, thèse. — Paris, *1860*. (Don du D͏ʳ Maréchal).

2205. — CABANIÉ, né à Mirepoix (Ariège). — Etude sur le traitement des fractures par action immédiate sur les fragments au moyen des vis métalliques, thèse. — Paris, *1871*. (Don du D͏ʳ Maréchal).

2206. — ELÉOUET (Gustave). — Essai sur l'immobilisation à bord des bâtiments dans le traitement de la fracture compliquée du fémur et des fractures de la colonne vertébrale, thèse. — Paris, *1878*. (Don du D͏ʳ Maréchal).

2207. — DOM (Clément). — De la contusion des articulations, thèse. — Paris, *1866*. (Don du D͏ʳ Maréchal).

2208. — LABASTIDA (Arn.) — Quelques considérations sur le traitement des luxations anciennes d'origine traumatique, thèse. — Paris, *1866*. (Don du D͏ʳ Maréchal).

2209. — LAFAURIE (E.) — Etude sur les luxations anciennes, thèse. — Paris, *1869*. (Don du D͏ʳ Maréchal).

2210. — FABRE (A.) — Luxations de l'avant-bras en arrière, thèse. — Montpellier, *1870*. (Don du D͏ʳ Marion).

2211. — CAMUS (Fern.) — Essai sur la réduction par voie indirecte des luxations de l'épaule et de la hanche, thèse. — Paris, *1871*. (Don du D͏ʳ Maréchal).

2212. — RÈGNET DESPLANQUES. — Dissertation sur la luxation spontanée ou consécutive du fémur, thèse. — Paris, *1813*. (Don du D͏ʳ Marion).

2213. — COLLIN (N.) — Quelques mots sur un nouveau mode de traitement de la luxation de la cuisse en général, et en particulier de la luxation en dehors et en haut, thèse. — Montpellier, *1832*. (Don du Dr Marion).

2214. — RAILLARD (Camille). — Etude sur quelques luxations de la cuisse compliquées de fractures du fémur, thèse. — Paris, *1866*. (Don du Dr Maréchal).

2215. — CRIMAIL. — Des luxations traumatiques du fémur, thèse. — Paris, *1877*. (Don Le Moine).

2216. — DUBREUIL (Alphonse). — Des indications que présentent les luxations de l'astragale, thèse. — Paris, *1864*. (Don du Dr Maréchal).

2217. — GAUTIER-LABOULLAYE. — De la désarticulation tarso-métatarsienne , procédé de M. Duval , pour ulcère cancroïde du pied et des orteils et de la résection du maxillaire inférieur pour spina ventosa, thèse. — Paris, *1854*.

2218 — ROUX (Le Dr J.), de Toulon. — Trépanation par évulsion. — Paris, *F. Malteste et Cie, 1848, in-8° br.* (Don du Dr Marion).

2219. — SAINT-HAOUEN (Le Coat de). — Essai sur la trépanation du crâne, thèse. — Paris, *1879*. (Don du Dr Marion).

2220. — LOUVET (Aug. Emmanuel). — De la périostite phlegmoneuse diffuse, thèse. — Paris, *1867*. (Don du Dr Maréchal),

Plaies, ulcères, anévrismes, hernies. — Complications et traitement

2221. — GAULTIER (N. D. L.) — Dissertation sur les plaies pénétrantes de l'abdomen, thèse. — Paris, *1810*. (Don du Dr Marion).

2222. — PETHIOT (H. A.) — Des plaies de l'abdomen en général et des plaies pénétrantes, suites de coup de feu en particulier, thèse. — Paris, *1870*. (Don Le Moine).

2223. — CHAUVEAU (Ernest). — Des lésions traumatiques du tube digestif sans solution de continuité des parois abdominales, thèse. — Paris, *1869*. (Don Maréchal).

2224. — HORTELOUP (Paul). — Plaies du larynx, de la trachée et de l'œsophage, leurs conséquences, leur traitement, thèse. — Paris, *1869*. (Don du Dr Maréchal).

2225. — RÉMOND. — Quelques considérations sur les plaies de la tête, avec lésions traumatiques des os du crâne et de l'encéphale, thèse. — *1873*. (Don du Dr Cerf).

2226. — MARTIN (Gustave). — Etude sur les plaies artérielles de la main et de l'avant-bras, partie inférieure, thèse. — Paris, *1870*. (Don du Dr Maréchal).

2227. — LAUVINERIE (P^{re}). — Des plaies par armes à feu, thèse. — Paris, *1867*. (Don du Dr Maréchal).

2228. — ROCHARD (Eugène). — Des blessures causées par les substances explosibles d'invention moderne. — Paris, *Baillière et fils, 1880*, pl. *in-8°*. (Don du Dr Maréchal).

2229. — LAVERAN (Alph.) — Recherches expérimentales sur la régénération des nerfs, thèse. — Strasbourg, *1867*.

2230. — GONNET (Chirurgien de la marine). — Observations sur une ligature de l'artère carotide primitive gauche, par l'auteur. — Paris, *1824, in-8°*. (Don du Dr Marion).

2231. — DANIEL (A.) — Des hémorrhagies traumatiques, thèse. — Paris, *1846*. (Don du Dr Marion).

2232. — PFIHL (J. H.) — Des plaies de l'artère axillaire considérées spécialement au point de vue du diagnostic et du traitement, thèse. — Paris, *1881*. (Don du Dr Cerf).

2233. — CHAUVIN (J. B. M^{ie}). — Essai sur l'intoxication chirurgicale, étudiée dans son étiologie et sa prophylaxie, thèse. — Paris, *1868*. (Don du Dr Maréchal).

2234. — DIBOS (Alfred). — De l'infection purulente. Examen des principales théories, thèse. — Paris, *1868*. (Don du Dr Maréchal).

2235. — DÉRIAUD (P^{re}). — Influence réciproque de l'impaludisme et du traumatisme, thèse. — Paris, *1868*. (Don du Dr Maréchal).

2236. — BÉAL (A. Augustin). — Etude critique sur la fièvre traumatique, la septicémie et la pyohémie, thèse. — Paris, *1868*. (Don du Dr Maréchal).

2237. — LUCAS-CHAMPIONNIÈRE. — De la fièvre traumatique, thèse. — Paris, *1872*. (Don du Dr Maréchal).

2238. — LANDRIAU (Léon). — Du délire nerveux traumatique, thèse. — Paris, *1872*. (Don du Dr Maréchal).

2239. — MONIN (M. E.) — Des moyens de division des parties molles, considérés au point de vue de la douleur, de l'hémorrhagie et de l'infection purulente, thèse. — Montpellier, *1875.* (Don Le Moine).

2240. — LALLOUR (Max.) — De la pourriture d'hôpital en général, et de celle observée sur les blessés de l'armée d'Orient en particulier, thèse. — Paris, *1856.* (Don du Dr Marion).

2241. — DARBON (F. F.) — De l'influence de la pesanteur sur le développement et le traitement des affections chirurgicales, thèse. — Paris, *1850.* (Don du Dr Maréchal).

2242. — LEYER (L.) — Propositions sur quelques points de traitements des corps étrangers solides et en particulier de ceux introduits du dehors dans l'économie animale, thèse. — Nontpellier, *1850.* (Don du Dr Marion).

2243. — QUILLARDET (Etienne). — De la compression employée en médecine et en chirurgie, thèse. — Paris, *1868.*

2244. — RICHET (A.) — De l'emploi du froid et de la chaleur dans le traitement des affections chirurgicales, thèse. — Paris, *1847.* (Don du Dr Maréchal).

2245. — LAIR (Jn Mie). — De l'emploi de l'eau en chirurgie, thèse. — Montpellier, *1862.* (Don du Dr Maréchal).

2246. — LE CŒUR (Le Dr J.), de Caen. — Cicatrisation et désinfection des plaies par les pansements à l'aide de l'alcool, 2e édit. — Caen, *Massif, 1865, in-8° br.*

2247. — PAYEN (E.), Fils. — Application de l'irrigation pendant le transport des blessés. Extrait du journal l'*Armoricain*, du 14 juillet 1866. — Brest, *Roger fils,* s. *d., in-8° br., 8 p.* (Don du Dr Berger).

2248. — ANGER (Benjamin). — Pansement des plaies chirurgicales, thèse. — Paris, *1872.* (Don du Dr Maréchal).

2249. — BEAU (Louis). — Du traitement des plaies en général et en particulier d'un mode nouveau de pansement antiseptique, par le coaltar et le charbon. — Paris, *Germer-Baillière, 1875.* (Don du Dr Maréchal).

2250. — ILLY (J. B. A. M.) — Quelques considérations sur le traitement des plaies par la méthode de M. Beau, de Toulon, et son pansement au charbon et au coaltar saponifié, thèse. — Montpellier, *1877.* (Don du Dr Cerf).

2251. — BÉRARD (Jeune). — Mémoire sur l'emploi de l'eau froide comme antiphlogistique dans le traitement des maladies chirurgicales. Extrait des archives générale de médecine. (Don du Dr Maréchal).

2252. — DESMOULINS (Edouard). — Contribution à l'étude des pansements antiseptiques et à leur application en chirurgie d'armée de terre et de mer, thèse. — Paris, 1883. (Don du Dr Cerf).

2253. — LADEVI-ROCHE. — Histoire des injections dans les veines, depuis leur découverte jusqu'à nos jours, thèse. — Paris, 1870. (Don du Dr Maréchal).

2254. — AMARD (L. V.) — Mémoire sur les ulcères en général. — Paris, Méquignon, an XI, 1802, in-8° br. (Don du Dr Marion).

2255. — LAFAGE (Eug.) — Essai sur les ulcères variqueux, thèse. — Paris, 1868. (Don du Dr Maréchal).

2256. — GUEIT (P. Alexandre). — De l'anoxhémie. Pathogénie et traitement de la gangrène et de l'ulcère, thèse. — Montpellier, 1879. (Don du Dr Cerf).

2257. — MIRIEL (Jean Joseph Y. L.) — Réflexions théoriques et pratiques sur l'anévrisme inguinal. — Brest, Binard, 1811, in-4° br. (Don du Dr Marion).

2258. — DELAPORTE. — Réponse de M. Delaporte aux réflexions théoriques et pratiques de M. le Dr Miriel sur l'anévrisme inguinal. — Brest, Malassis, 1812, in-4°, 68 pp. (Don du Dr Marion).

2259. — SAGOT (Francis). — De l'anévrisme de l'artère sous-clavière, etc., thèse. — Paris, 1873. (Don du Dr Maréchal).

2260. — COCTEAU (T. Célestin). — Recherches sur les altérations des artères à la suite de la ligature, thèse. — Paris, 1867. (Don du Dr Maréchal).

2261. — DELBARRE (Albert). — De la dénudation des artères, thèse. — Paris, 1870. (Don du Dr Maréchal).

2262. — STOPIN (L.) — Du traitement de l'anévrisme poplité par la flexion de la jambe sur la cuisse, thèse. — Paris, 1869. (Don du Dr Maréchal).

2263. — SIMON (Paul). — De la compression rapide des artères avec ou sans anesthésie dans le traitement des anévrismes, thèse. — Paris, 1877. (Don du Dr Maréchal).

2264. — ROBERT (Jules). — De la ligature de l'artère carotide externe, thèse. — Paris, *1873*. (Don du Dr Maréchal).

2265. — WAQUET (L.) — Du traitement des anévrismes des membres au moyen de l'appareil élastique d'Esmarch, thèse. — Paris, *1877*. (Don Le Moine).

2266. — LAWRENCE (W. F. R. S.) — Traité des hernies, contenant la description anatomique et l'exposition des symptômes de la marche et du traitement de ces maladies, traduit de l'anglais sur la troisième édition, par P. A. Béchard et J. G. Cloquet. — Paris, *Méquignon-Marvis, 1816, in-8° br.*

2267. — RAMOND (J. B.) — Des causes de la mort après l'opération de la hernie étranglée, thèse. — Paris, *1866*. (Don du Dr Maréchal).

2268. — BAUCELS (Jacques Larguier des). — Essai sur le diagnostic et le traitement chirurgical des étranglements internes, thèse. — Paris, *1870*. (Don du Dr Maréchal).

2269. — BALLUE (P^{re}). — Des erreurs possibles dans le diagnostic des hernies, thèse. — Paris, *1870*. (Don du Dr Maréchal).

2270. — DREYFUS (Gaston). — De la hernie inguinale interstitielle. Ses rapports avec l'ectopie du testicule, thèse. — Paris, *1877*. (Don du Dr Maréchal).

2271. — CHOFFÉ (Méthode du D^r). — Hernies, hémorrhoïdes, rhumatismes, goutte, gravelle. — Boulevard Saint-Michel, 45. (Don du Dr Maréchal).

Tumeurs, corps étrangers, fistule anale, anus artificiel, abcès profonds

(Voir pour les tumeurs, chez la femme, le paragraphe spécial aux maladies des femmes)

2272. — VAUTIER (A. H.) — Vues générales sur la maladie cancéreuse, thèse. — Paris, *1813*. (Don du Dr Marion).

2273. — HEURTAUX (Alfred). — Du cancroïde en général. — Paris, *Coccoz, 1860, in-8°*. (Don du Dr Maréchal).

2274. — DUPUY (Décadi). — De l'intervention chirurgicale dans les affections dites cancéreuse, thèse. — Paris, 1872. (Don du Dr Maréchal).

2275. — WORTHINGTON et ANGER. — Mélanômes. — Paris, Delahaye, 1866, pl. in-8°. (Don du Dr Maréchal).

2276. — FRAICHE (J. G.) — Du lupus exedens. Etude. Traitements divers, thèse. — Paris, 1878. (Don du Dr Maréchal).

2277. — ROCHER (Gustave). — Des tumeurs fibro-plastiques, thèse. — Paris, 1868. (Don du Dr Maréchal).

2278. — BOURDY (Lucien). — Des tumeurs fibro-plastiques sous-cutanées des membres, thèse. — Paris, 1868. (Don du Dr Maréchal).

2279. — RAYMOND (Th.) — Etude sur l'extirpation des tumeurs, thèse. — Paris, 1870. (Don du Dr Maréchal).

2280. — DUPONT (Emile). — Essai sur un nouveau genre de tumeurs de la voûte du crâne formées par du sang, en communication avec la circulation veineuse intra-crânienne, thèse. — Paris, 1858. (Don du Dr Maréchal).

2281. — AUCHE (Georges) — De la glande pituitaire et de ses maladies, thèse. — Paris, 1873. (Don du Dr Maréchal).

2282. — NARBONNE (E. L.) — Des corps étrangers des voies salivaires, thèse. — Montpellier, 1881. (Don du Dr Maréchal).

2283. — LAWENBERG (B. Dr). — Les tumeurs adénoïdes du pharynx nasal, leur influence sur l'audition, la respiration et la phonation, leur traitement. — Paris, Delahaye, 1879. (Don du Dr Maréchal).

2284. — GAUDT (Camille de). — Quelques mots sur le diagnostic différentiel des polypes fibreux naso-pharyngiens, thèse. — Paris, 1866. (Don du Dr Maréchal).

2285. — MARTIN (Albert). — Des corps étrangers de l'œsophage considérés principalement au point de vue de leur traitement, thèse. — Paris, 1868. (Don du Dr Maréchal).

2286. — DARTIGUENAVE (François-Casimir). — Corps mobiles articulaires, thèse pour le doctorat en médecine, 1875. (Don du Dr Maréchal).

2287. — AUBRY (Pre). — Des dilatations des ganglions lymphatiques, thèse. — Paris, 1866 (Don du Dr Maréchal).

2288. — ANGER. — Les tumeurs érectiles lymphatiques. — Paris, Asselin, 1867, in-8°. (Don du Dr Maréchal).

2289. — JEANNE (Stanislas). — Des adénites du pli de l'aine, thèse. — Paris, *1870*. (Don du Dr Maréchal).

2290. — ELY (Jⁿ) — Contribution à l'étude des tumeurs néoplasiques développées dans le cœur, thèse. — Paris, *1874*. (Don du Dr Maréchal).

2291. — HAVARD (J. P.) — Dissertation sur le sarcocèle, thèse. — Paris, *1816*. (Don du Dr Marion).

2292. — PERETON (G.) — Essai sur les polypes du rectum, thèse. — Strasbourg, *1867*. (Don du Dr Maréchal).

2293. — GRUSON (Martial). — Du cancer du rectum envisagé surtout au point de vue du traitement, thèse.— Paris, *1868*. (Don du Dr Maréchal).

2294. — MARCHAND (Alf.) — Etude sur l'extirpation de l'extrémité inférieure du rectum, thèse. — Paris, *1873*. (Don du Dr Maréchal).

2295. — LE FÈVRE (H.) — Dissertation sur la fistule à l'anus, suivie de l'exposition d'un nouveau procédé pour en pratiquer l'opération par la ligature, thèse. — Paris, *1813*. (Don du Dr Marion).

2296. — MIRIEL (P. L. M. H.) — De quelques vices congénitaux de conformation de l'extrémité inférieure du tube digestif et des moyens d'y remédier, thèse. — Paris, *1835*. (Don du Dr Maréchal).

2297. — AMUSSAT (J. Z.) — Mémoire sur la possibilité d'établir un anus artificiel dans la région lombaire sans pénétrer dans le péritoine. — Paris, *Germer-Baillière, 1839*. (Don du Dr Maréchal).

2298. — D°. — Deuxième mémoire sur la possibilité d'établir un anus artificiel dans les régions lombaises sans ouvrir le péritoine. — Paris, *Germer-Baillière, 1841*. (Don du Dr Maréchal).

2299. — D°. — Observation sur une opération d'anus artificiel, lue à l'Institut, 2 septembre 1835. (Don du Dr Maréchal).

———

2300. — MADEC (R. de). — Des abcès du sinus maxillaire, thèse. — Paris, *1881*. (Don du Dr Maréchal).

2301. — BAUTIER (Arthur). — Du drainage dans le traitement des abcès par congestion, thèse. — Paris, *1869*. (Don du Dr Maréchal).

2302. — RANVIER (L. A.) — Des cartilages dans les tumeurs blanches. — Paris, *Delahaye, 1865*. (Don du Dr Maréchal).

2303. — PAQUET. — Etude sur les tumeurs blanches. Physiologie pathologique, histologie, thérapeutique, thèse. — Paris, *1867*. (Don du Dr Maréchal).

2304. — NOTE sur les travaux scientifiques de M. Amussat. — Paris, *Malteste et Cie, 1842, in-4°*. (Don du Dr Marion).

Maladies des yeux et des parties accessoires
de l'œil

2305. — FERREIN. — Maladies des yeux. Manuscrit de 662 pages. On lit à la dernière page : « Ce traité a esté recueilly avec soin des leçons de Monsieur Ferrein qui en a finy l'explication dans le mois de May 1740. » *In-4° rel.* (Cabinet).

2306. — DESHAYES-GENDRON (F.) — Traité des maladies des yeux et des moyens propres à leur guérison. — Paris, *Claude et Hérisset, 1770, in-12, 2 vol. rel.*

2307. — SAINT-YVES (Ch.) — Nouveau traité des maladies des yeux, où l'on expose leur structure, leur usage, les causes de leurs maladies, leurs symptômes, les remèdes et les opérations de chirurgie qui conviennent le plus à leur guérison. — Amsterdam et Leipsig, *chez Arkstée et Merkus, 1777, in-8° br.*

2308. — SCARPA (A.) — Traité pratique des maladies des yeux, ou expériences et observations sur les maladies qui affectent ces organes, traduit de l'italien sur le manuscrit, sous les yeux de l'auteur et augmenté de notes par J. B. P. Léveillé. — Paris, *Buisson, an X, 1802, 2 vol. in-8° br.* (Don du Dr Marion).

2309. — FURNARI (S. D^r). — Traité pratique des maladies des yeux, etc., suivi de conseils hygiéniques et thérapeutiques. — Paris, *A. Gardembas, 1841, in-8° rel.* (Don Auff.)

2310. — WITKOWSKI (G. J.) — Essai sur la méthode à suivre dans l'examen clinique des maladies des yeux, thèse. — Paris, *1872.* (Don du Dr Maréchal).

2311. — GORECKI (Ladislas-Xavier). — Indication et emploi des verres en ophthalmologie, thèse. — Paris, *1872.* (Don du Dr Maréchal).

2312. — DUVERGER (J^h.) — Diagnostic de certaines altérations de l'œil par l'éclairage latéral, thèse. — Paris, *1873.* (Don du Dr Maréchal).

2313. — DUBUJADOUX (Paul). — Action de l'atropine sur l'iris et l'accommodation, thèse. — Paris, *1873.* (Don du Dr Maréchal).

2314. — GRAND (Stéphane). — De l'hygiène de la vue dans les travaux appliqués, thèse. — Paris, *1874.* (Don du Dr Maréchal).

2315. — WEIL. — Essai sur la détermination clinique de l'astigmatisme, thèse. — Paris, *1875.* (Don du Dr Maréchal).

2316. — GALEZOWSKI (X.) — Traité iconographique d'ophthalmoscopie, comprenant la description des différents ophthalmoscopes, l'exploration des membres internes de l'œil et le diagnostic des affections cérébrales et constitutionnelles. — Paris, *Baillière et fils*, *1876*, *in-4° rel.*

2317. — TEILLAIS. — Observations d'ophthalmologie. — Nantes, *veuve Mellinet, 1876.* (Don du Dr Maréchal).

2318. — DOUCET (Armand). — De l'exploration du champ visuel, thèse. — Paris, *1877.* (Don du Dr Maréchal).

2319. — CROS (Marcel). — Rapports entre les groupes fonctionnels de l'œil et les lésions révélées par l'ophthalmoscope, thèse. — Paris, *1878.* (Don du Dr Maréchal).

2320. — TEILLAIS (D^r). — Clinique ophthalmologique. — Nantes, *veuve C. Mellinet, 1881, pl. in-8°.* (Don du Dr Maréchal).

2321. — PRÉVOST (Jⁿ-Louis). — De la déviation conjuguée des yeux et de la rotation de la tête dans certains cas d'hémiplégie, thèse. — Paris, *1868.* (Don du Dr Maréchal).

2322. — GRASSET (J.) — De la déviation conjuguée de la tête et des yeux. — Montpellier, *Coulet, 1879.* (Don du Dr Maréchal).

2323. — GADAUD (Antoine-Elie). — Etude sur le nystagmus, thèse. — Paris, *1869.* (Don du Dr Maréchal).

2324. — KLEIN (Th.) — De l'influence de l'éclairage sur l'acuité visuelle, thèse. — Paris, *1872.* (Don du Dr Maréchal).

2325. — GIQUEL (A.) — Etude sur l'action physiologique de l'atropine, thèse. — Paris, *1873.* (Don du Dr Maréchal).

2326. — JOLY (Jⁿ). — Théorie physique de la vision, thèse. — Paris, *1876.* (Don du Dr Maréchal).

2327. — THOMAS (Abel). — De la valeur séméiologique de la rougeur de l'œil. — Paris, *Parent, impr. de la faculté de médecine, 1876.* (Don du Dr Maréchal).

2328. — VILMAIN (Gabriel). — Essai sur la physiologie de l'accommodation, thèse, — Paris, *1879.* (Don du Dr Maréchal).

2329. — PIERD'HOUY. — Congrès périodique international d'ophthalmologie. Compte-rendu comprenant les procès-verbaux des séances, etc. — Milan, *Poncelletti, 1881, in-8° br.* (Don du Dr Maréchal).

2330. — MARÉCHAL (J.) — Notice d'un appareil destiné à l'épreuve nocturne de l'acuité visuelle simple et du sens des couleurs, 14 exempl. autograph. (Don du Dr Maréchal).

2331. — COUTURIER (Georges). — Des sensations colorées, thèse. — — Paris, *1881.* (Don du Dr Maréchal).

2332. — GOUBERT (Emile). — De la perceptivité normale et surtout anormale de l'œil pour les couleurs, spécialement de l'achromatopsie ou cécité des couleurs. — Paris, *Delahaye, 1866, in-8°.* (Don du Dr Maréchal).

2333. — FAVRE (A.) — De la dyschromatopsie dans ses rapports avec l'état militaire et la navigation. — Lyon, *assoc. typographique, 1876, pl. in-8°.* (Don du Dr Maréchal).

2334. — D°. — Nouvelles recherches sur la détermination quantitative de la vision chromatique. — Lyon, *assoc. typographique, 1878, pl. in-8°.* (Don du Dr Maréchal).

2335. — D°. — La dyschromatopsie dans ses rapports avec la médecine publique. — Paris, *Masson, 1880, pl. in-8°.* (Don du Dr Maréchal).

2336. — D°. — Des mesures sanitaires et des moyens préventifs nécessités par le daltonisme. — Paris, *Masson, éditeur, 1878, pl. in-8°.* (Don du Dr Maréchal).

2337. — D°. — Traitement du daltonisme par l'exercice chez l'enfant et chez l'adulte. — Paris, *Masson, 1879, pl. in-8°.* (Don du Dr Maréchal).

2338. — D°. — Le traitement du daltonisme dans les écoles. — *Pl. in-8°.* (Don du Dr Maréchal).

2339. — MOELLER. — Du daltonisme au point de vue théorique et pratique ; étude critique des méthodes d'exploration du sens chromatique et rapport à M. le Ministre des travaux publics sur la réforme des employés des chemins de fer, affectés de daltonisme en Suède, Norwège et Danemark. — Bruxelles, *Manceaux, 1879, in-8°.* (Don du Dr Maréchal).

2340. — JOY JEFFRIES (A. M. M. D.) — Color-names, color-blindness and the education of the color-sense in our Schools. — Boston, *Prang et Cie, 1882, pl. in-8°.* (Don du Dr Maréchal).

2341. — DEKEERSMAECKER. — Le daltonisme et les altérations du sens visuel en général chez les agents de l'administration des chemins de fer. Rapport présenté à M. le Ministre des travaux publics. — BRUXELLES, *Manceaux, 1881, pl. in-8°.* (Don du Dᴿ Maréchal).

2342. — MARÉCHAL (Dᴿ JULES). — La cécité des couleurs. Journal la *Nature,* janvier 1881. — PARIS, *G. Masson, in-4°.* (Don du Dᴿ Maréchal).

2343. — PARENTEAU (DANIEL). — De la cécité congéniale sans lésions ayant guéri quelques mois après la naissance, thèse. — PARIS, *1879.* (Don du Dᴿ Maréchal).

2344. — DONDERS (F.) — Sur les systèmes chromatiques. Extrait des archives néerlandaises. — *In-4°-br.* (Don du Dᴿ Maréchal).

2345. — MARÉCHAL (J.), Médecin principal de la marine. — Appareil pour explorer la vision des couleurs, modèle récent du docteur Maréchal (Juin 1881). — *Manuscrit in-f°, 8 pp.*

2346. — DAAE (Dᴿ A.), in Kragere (Norwegen). — Die farbenblindheit und deren Erkennung. Nach Dᴿ A. Daae nebersetzt von Dᴿ M. Sanger in Leipzic. — BERLIN, *P. Dorffel, 1879, in-8° rel.* (Don du Dᴿ Maréchal).

2347. — JOSSIC (HENRI). — Essai sur l'ophthalmie purulente, thèse. — PARIS, *1852.* (Don du Dᴿ Maréchal).

2348. — DUBLANCHET (LÉON). — Etude clinique sur les plaies du globe oculaire, thèse. — PARIS, *1866.* (Don du Dᴿ Maréchal).

2349. — LEGOUX (EDOUARD). — Des corps étrangers pénétrant dans le globe de l'œil, thèse. — PARIS, *1866.* (Don du Dᴿ Maréchal).

2350. — COCAIGN (CHARLES). — De l'ophthalmie blennorrhagique, son traitement par le tartre stibié à haute dose, thèse. — PARIS, *1863.* (Don du Dᴿ Maréchal).

2351. — BUGIER (GABRIEL). — Etude sur l'ophthalmie granuleuse, thèse. — PARIS, *1870.* (Don du Dᴱ Maréchal).

2352. — PARIS (JULES). — De l'ophthalmomalacie. — PARIS, *Derenne, 1878, pl. in-8°.* (Don du Dᴿ Maréchal).

2353. — KONTOLÉON (EMM.) — Quelques considérations sur les ablations partielles du globe oculaire, thèse. — PARIS, *1874.* (Don du Dᴿ Maréchal).

2354. — VINCENT (CHARLES). — Des phénomènes oculo-pupillaires dans l'ataxie locomotrice progressive et la paralysie générale des aliénés, thèse. — PARIS, *1877.* (Don du Dᴿ Maréchal).

2355. — THÉVENON (Frédéric). — Quelques réflexions pratiques à l'occasion d'un certain nombre de strabotomies et en particulier de ce que l'on peut ou doit entendre par le dosage de la ténotomie, thèse. — Paris, 1875. (Don du Dr Maréchal).

2356. — PUJO (B. D.) — Des kystes des paupières et de leur traitement, thèse. — Paris, 1869. (Don du Dr Maréchal).

2357. — VÉRITÉ (Le Dr A.), Médecin aux Eaux de la Bourboule. — Œdème chronique des paupières, consécutif à un eczéma de la lèvre supérieure et des fosses nasales. — Paris, *Asselin et Cie*, 1885, *in-8° br.* (Don du Dr Marion).

2358 — CARASSAN (S. P.) — Du ptérygion, thèse. — Paris, 1880. (Don du Dr Maréchal).

2359. — CRUVEILHIER (P. E. G.) — De l'ectropion, thèse. — Paris, 1866. (Don du Dr Maréchal).

2360. — HAUTRAYE (Auguste). — De l'épiphora, thèse. — Paris, 1866. (Don du Dr Maréchal).

2361. — COQUERET (Henri). — Du larmoiement, thèse. — Paris, 1870. (Don du Dr Maréchal).

2362. — BERNARD (Paul). — La cantérisation combinée avec l'ablation de la glande lacrymale, etc. — Paris, *Germer-Baillière*, 1845, *pl. de 48 pages.* (Don du Dr Maréchal).

2363. — CHAMPRIGAUD (André). — De la tumeur lacrymale et de son traitement en particulier, thèse. — Paris, 1869. (Don du Dr Maréchal).

2364. — TALHANDIER (J^h). — Du traitement, par la dilatation forcée, dans les affections des voies lacrymales, thèse. — Paris, 1869. (Don du Dr Maréchal).

2365. — TRAITEMENT par la dilatation forcée dans les affections des voies lacrymales. — *In-8°.* La première page manque. (Don du Dr Maréchal).

2366. — DEBOUDT (Constant). — Etude critique sur le traitement des affections des voies lacrymales, thèse. — Paris, 1872. (Don du Dr Maréchal).

2367. — DAYMARD (Léon). — Du choix d'un traitement contre le catarrhe chronique des voies lacrymales, thèse. — Paris, 1872. (Don du Dr Maréchal).

2368. — NAUDIER (G.) — De l'obstruction des voies lacrymales, thèse. — PARIS, *1872*. (Don du Dʳ Maréchal).

2369. — GUEMENT (EDOUARD). — Des affections consécutives aux maladies des voies lacrymales, thèse. — PARIS, *1872*. (Don du Dʳ Maréchal).

2370. — ROMIÉE (H.) — Du catarrhe du sac lacrymal et de ses complications. — LIÈGE, *Vaillant-Carmanne, 1873*. (Don du Dʳ Maréchal).

2371. — KLOTZ (LÉONCE). — Des conjonctivites purulentes, thèse. — PARIS, *1868*. (Don du Dʳ Maréchal).

2372. — LELIÈVRE (NARCISSE). — Granulations de la conjonctive, thèse. — PARIS, *1869*. (Don du Dʳ Maréchal).

2373. — FOXONET (EMILE). — De la conjonctivite granuleuse, thèse. — PARIS, *1879*. (Don du Dʳ Maréchal).

2374. — AUFFRET (C.) — Contribution à l'étude de la conjonctivite granuleuse qui règne dans certains établissements de la marine. — PARIS, *J. B. Baillière et fils, 1879*. (Don du Dʳ Maréchal).

2375. — FOLL (GUSTAVE-LOUIS), docteur-médecin. — De la conjonctivite catarrhale et de ses différentes formes, thèse. — MONTPELLIER, *1874*. (Don du Dʳ Maréchal).

2376. — VACARY (CHARLES). — Des conjonctivites de nature arthritique ou herpétique, thèse. — PARIS, *1879*. (Don du Dʳ Maréchal).

2377. — JACOB (PAUL). — De la conjonctivite d'origine leucorrhéique, thèse. — PARIS, *1879*. (Don du Dʳ Maréchal).

2378. — PETIT (FÉLIX). — Blépharo-conjonctivite, thèse. — PARIS, *1870*.

2379. — LABACHE (HENRI). — De la blépharo-conjonctivite, thèse. — PARIS, *1878*.

2380. — HERMANOWIER (PIERRE). — De la thérapeutique et de la blépharite ciliaire et des altérations anatomo-pathologiques de la xèrophthalmie, thèse. — PARIS, *1873*. (Don du Dʳ Maréchal).

2381. — CAREL (CH.) — De la paracentèse de la chambre antérieure dans le traitement de l'hypopyon, thèse. — PARIS, *1872*. (Don du Dʳ Maréchal).

2382. — DUCHÉ (EMILE). — Des états morbides de la cornée consécutifs aux ophthalmies, thèse. — PARIS, *1866*. (Don du Dʳ Maréchal).

2383. — SOULEZ (Emile). — De la kératite ulcéreuse, thèse. — Paris, *1869.* (Don du Dr Maréchal).

2384. — JAPIOT (Paul). — Essai sur l'ulcère rongeant de la cornée, thèse. — Paris, *1872.* (Don du Dr Maréchal).

2385. — SIKORA (J. B.) — Etude critique sur le traitement de l'ulcère rongeant de la cornée, thèse. — Paris, *1879.* (Don du Dr Maréchal).

2386. — VALUDE (J.) — Des ulcères de la cornée avec hypopion chez les enfants, thèse. — Paris, *1879.* (Don du Dr Maréchal). ·

2387. — RATIVEAU (A.) — De la cornée cônique et de son traitement, thèse. — Paris, *1873.* (Don du Dr Maréchal).

2388. — LAFFITE (Emile). — De la kératite parenchymateuse, thèse. — Paris, *1879.* (Don du Dr Maréchal).

2389. — LACOMBE (G.) — De la kératite interstitielle dans la syphilis acquise, thèse. — Paris, *1879.* (Don du Dr Maréchal).

2390. — VAGUAT (Auguste). — De la kératite suppurative, thèse. — Paris, *1879.* (Don du Dr Maréchal).

2391. — CHRÉTIEN (Henri). — La choroïde et l'iris, anatomie et physiologie, thèse. — Paris, *1876.* (Don du Dr Maréchal).

2392. — DEGROND (J.) — De l'iritis, thèse. — Paris, *1868.* (Don du Dr Maréchal).

2393. — FONTAINE (Jean). — De l'iridotomie. — Paris, *J. B. Baillière et fils, 1873. in-8°.* (Don du Dr Maréchal).

2394. — TOURNEAU (Louis). — Abcès de l'iris chez les scrofuleux, thèse. — Paris, *1879.* (Don du Dr Maréchal).

2395. — KÉBERLÉ (Emile). — De l'iridectomie, thèse. — Paris, *1864.* (Don du Dr Maréchal).

2396. — YARDIN (Alfred). — De l'iridectomie, thèse. — Paris, *1866.* (Don du Dr Maréchal).

2397. — POMIER (Amédée). — Etude sur l'iridectomie, thèse. — Paris, *1870.* (Don du Dr Maréchal).

2398. — DUDOUYT (Pierre). — Essai sur l'importance du cercle ciliaire en pathologie oculaire, thèse. — Paris, *1876.* (Don du Dr Maréchal).

2399. — REDARD (Paul). — De la section des nerfs ciliaires et du nerf optique. — Paris, *Baillière, 1879.*

2400. — D°. — Recherches expérimentales sur la section des nerfs ciliaires et du nerf optique. — Paris, *Martinet, s. d., in-8°.*

2401. — ANAGNOSTAKIS (A.) — Contributions à l'histoire de la chirurgie oculaire chez les anciens. — Athènes, *Perris, 1872.* (Don du Dr Maréchal).

2402. — BÉRANGER (Georges). — Du chlorhydrate de pilocarpine, son action et ses indications dans la thérapeutique des affections oculaires, thèse. — Paris, *1878.* (Don du Dr Maréchal).

2403. — VALLIN (A. F.) — Le succès de toute opération chirurgicale dépend autant des soins qui la précèdent et de ceux qui la suivent, que de l'opération elle-même. Application de ce principe à la guérison de la cataracte. — Paris, *Germer-Baillière, 1843, in-8° br.* (Don du Dr Marion).

2404. — ROBIN (Ch.) — Mémoire contenant la description anatomo-pathologique des diverses espèces de cataractes capsulaires et lenticulaires. — *Pl. in-4°. s. d.* (Don du Dr Maréchal).

2405. — DELACROIX (Henri). — Des lésions traumatiques du cristallin, thèse. — Paris, *1866.* (Don du Dr Maréchal).

2406. — AMALRIC (Léon). — Blessures de l'appareil cristallin, thèse. — Paris, *1866.* (Don du Dr Maréchal).

2407. — BERNARDOT (Achille). — Essai sur les déplacements du cristallin, thèse. — Paris, *1866.* (Don du Dr Maréchal).

2408. — GRIMA (Victor). — De la cataracte traumatique. Essai de description clinique, thèse. — Paris, *1868.* (Don du Dr Maréchal).

2409. — RODET (Edgard). — Etude sur les ruptures de la zône de zinn et la subluxation traumatique du cristallin, thèse. — Paris, *1878.* (Don du Dr Maréchal).

2410. — SARRAZIN (Pierre). — Recherches sur la cataracte traumatique au point de vue du diagnostic et du traitement, thèse. — Paris, *1879.* (Don du Dr Maréchal).

2411. — EBERHARDT. — Mémoire sur la cataracte lamellaire. — Nantes, *Mellinet, s. d., pl. in-8°.* (Don du Dr Maréchal).

2412. — FARGUES (Alex.) — De la cataracte adhérente à la capsule, thèse. — Paris, *1867.* (Don du Dr Maréchal).

2413. — VIROLLEAUD (Joseph). — De la cataracte à noyau flottant, thèse. — Paris, *1867.* (Don du Dr Maréchal).

2414. — DENIS (PAUL). — De la cataracte congéniale, thèse. — PARIS, *1873*. (Don du Dr Maréchal).

2415. — PINTAUD-DESALLÉES. — Essai sur quelques affections générales ou locales susceptibles de compliquer la cataracte. Indications et contre-indications à l'opération, thèse. — PARIS, *1872*. (Don du Dr Maréchal).

2416. — CADIAT (O.) — Cristallin. Anatomie et développements, usage et régénération, thèse. — PARIS, *1876*. (Don du Dr Maréchal).

2417. — ROUX (CH.) — Des principaux procédés d'extraction de la cataracte et en particulier de l'extraction linéaire sans iridectomie. Procédé de M. Notta, de Lisieux, thèse. — MONTPELLIER. (Don du Dr Marion).

2418. — MASSOL (A.) — Nouvelle méthode de traitement à suivre dans l'opération de la cataracte, thèse. — PARIS, *1864*. (Don du Dr Maréchal).

2419. — VITRAC (EMILE). — Etude sur le traitement de la cataracte par discision, thèse. — PARIS, *1866*. (Don du Dr Maréchal).

2420. — BAUZON (ERNEST). — De l'extraction linéaire, thèse. — PARIS, *1864*. (Don du Dr Maréchal).

2421. — ARGUELO (MARCELINO). — De l'opération de la cataracte par l'extraction linéaire, thèse. — PARIS, *1866*. (Don du Dr Maréchal).

2422. — FERREIRA (FERNANDO PIRÈS). — De l'opération de la cataracte par l'extraction linéaire seléroticale. — PARIS, *Delahaye, 1867, in-8°*. (Don du Dr Maréchal).

2423. — HYADES. — Des méthodes générales d'opération de la cataracte et en particulier de l'extraction linéaire composée. — MONTPELLIER, *Gras, 1870, in-8°*. (Don du Dr Maréchal).

2424. — GROS (JOSEPH). — De l'extraction linéaire combinée dans le traitement de la cataracte et des accidents qui compliquent cette méthode, thèse. — PARIS, *1872*. (Don du Dr Maréchal).

2425. — WECKER (L.) — Des nouveaux procédés opératoires de la cataracte. Parallèle et critique. — PARIS, *Delahaye, 1876*. (Don du Dr Maréchal).

2426. — DELOULME (Dʳ). — De l'opération de la cataracte. Nouveau procédé pour donner immédiatement à la vue toute son acuité et éviter une seconde opération en empêchant la formation des cataractes dites secondaires. — Lyon, *Bourgeon, 1878, in-8º.* (Don du Dʳ Maréchal).

2427. — COINGT (Maurice). — Contribution à l'étude des symptômes oculaires dans les maladies du système nerveux central, thèse. — Paris, *1878.* (Don du Dʳ Maréchal).

2428. — MALGAT (Joseph). — De la papille optique. Etude sur les modifications de la papille suivant les âges, les sexes, certains états physiologiques et pathologiques, thèse. — Paris, *1877.* (Don du Dʳ Maréchal).

2429. — RAOULT (Jules). — Des atrophies papillaires. — Paris, *Oct. Blain, 1877.* (Don du Dʳ Maréchal).

2430. — LEBRIS (Louis). — Des différentes formes cliniques des atrophies papillaires, thèse. — Paris, *1878.* (Don du Dʳ Maréchal).

2431. — ROUIRE (F.) — De l'atrophie papillaire tabétique et de son traitement, thèse. — Paris, *1878.* (Don du Dʳ Maréchal).

2432. — BOGAS (Georges). — De la choroïdite atrophique, thèse. — Paris, *1872.* (Don du Dʳ Maréchal).

2433. — ROSSIGNEUX (Gustave). — Les affections oculaires qui dépendent de la syphilis, thèse. — Paris, *1873.* (Don du Dʳ Maréchal).

2434. — DROUIN (Léon). — Etude sur les lésions syphilitiques des membranes profondes de l'œil, thèse. — Paris, *1875.* (Don du Dʳ Maréchal).

2435. — LESPILLE-MOUTARD (Joseph). — De la névrite optique dans l'intoxication saturnine, thèse. — Paris, *1878, 2 exempl.* (Don du Dʳ Maréchal).

2436. — APOSTOLI (Georges). — Des amblyopies et amauroses cérébrales sans lésions visibles à l'ophthalmoscope, thèse. — Paris, *1872.* (Don du Dʳ Maréchal).

2437. — SVYNOS (Aristide). — Des amblyopies et des amauroses hystériques, thèse. — Paris, *1873.* (Don du Dʳ Maréchal).

2438. — MARTIN (Charles). — De l'amblyopie nicotique, thèse. — Paris, *1878.* (Don du Dʳ Maréchal).

2439. — PERCHANT (Charles). — De l'amblyopie diphthéritique, thèse. Paris, *1875.* (Don du Dʳ Maréchal).

2440. — COMME (Adolphe). — Quelques considérations sur l'héméralopie épidémique, observée à bord de l'aviso à vapeur le *Limier*, pendant sa campagne dans l'Océan pacifique (1876-77-78), thèse. — Paris, *1879*. (Don du Dr Maréchal).

2441. — GARD (Joseph). — De la réfraction oculaire et de l'anisométropie, thèse. — Paris, *1876*. (Don du Dr Maréchal).

2442. — BONNAFY (Gabriel). — Considérations sur l'héméralopie, thèse. — Paris, *1870*. (Don du Dr Maréchal).

2443. — DIANOUX (E.) — Du scotome scintillant ou amaurose partielle temporaire, thèse. — Paris, *1875*. (Don du Dr Maréchal).

2444. — KWIATKOWSKI (Wandelin). — Etude générale sur les affections oculaires diabétiqués, thèse. — Paris, *1879*. (Don du Dr Maréchal).

2445. — DURANTHON (Jean). — Contribution à l'étude de la sclérochoroïdite postérieure, thèse. — Paris, *1879*. (Don du Dr Maréchal).

2446. — COURSSERANT (H.) — Etude sur la choroïdite antérieure, thèse. — Paris, *1877*. (Don du Dr Maréchal).

2447. — BRIÈRE (Léon). — Etude clinique et anatomique sur le sarcome de la choroïde et sur la mélanose intra-oculaire par le Dr. — Paris, *Delahaye, 1874, in-8°*. (Don du Dr Maréchal).

2448. — TROCHE (Célestin). — Des tubercules de la choroïde, thèse. — Paris, *1875*. (Don du Dr Maréchal).

2449. — VÉRON (L. J. D.) — Considérations sur le traitement de l'amblyopie, par la strychnine, thèse. — Paris, *1881*.

2450. — HACHE (Edmond). — Du glaucome hémorrhagique, thèse. — Paris, *1874*. (Don du Dr Maréchal).

2451. — DUQUESNAY (Osman). — Du staphylome opaque et de son traitement, thèse. — Paris, *1875*. (Don du Dr Maréchal).

2452. — HYBORD (Albert). — Du zona ophthalmique et des lésions oculaires qui s'y rattachent, thèse. — Paris, *1872*. (Don du Dr Maréchal).

2453. — SALIVAS (Georges). — Etudes sur la tâche jaune et ses altérations, thèse. — Paris, *1872*. (Don du Dr Maréchal).

Maladies des voies urinaires et des organes
de la génération chez l'homme

———

(Voir, pour les maladies des organes génitaux de la femme, le chapitre suivant)

2454. — CHOPART (F.) — Traité des maladies des voies urinaires. — PARIS, *Croullebois, 1791, in-8°, 2 vol. rel.*

2455. — JOZAN (Le Dr EM.) — Traité pratique des maladies des voies urinaires et des organes générateurs de l'homme. — PARIS, *Garnier frères, 1883, in-12 br.* (Don Jacolot).

2456. — MARCET (A.) — Histoire chimique et traitement médical des affections calculeuses. Traduit de l'anglais par J. Buffault. — PARIS, *Deleau, 1828, in-8°.*

2457. — BEALE (LIONEL S.) — De l'urine, des dépôts urinaires et des calculs ; de leur composition chimique, de leurs caractères physiologiques, etc., etc. Trad. de l'anglais sur la 2ᵉ édition, par A. Ollivier et G. Bergeron. — PARIS, *J. B. Baillière et fils ;* LONDRES et NEW-YORK, *même maison, 1863, gᵈ in-12 rel.*

2458. — CASSELMANN. — Guide pour l'analyse de l'urine, des sédiments et des concrétions urinaires. — PARIS, *Reinwald et Cⁱᵉ, 1873, pl. in-8°.* (Don du Dr Maréchal).

2459. — ABAFOUR (ALPHONSE). — Du traitement chirurgical de la pierre dans la vessie chez les enfants, thèse. — PARIS, *1865.* (Don du Dr Maréchal).

2460. — BRUN (VICTOR). — De la taille recto-vésicale, thèse. — PARIS, *1866.* (Don du Dr Maréchal).

2461. — LEROY (OSMONT). — Etude sur l'infiltration urineuse dans la loge pénienne, thèse. — PARIS, *1870.* (Don du Dr Maréchal).

2462. — MURON (A.) — Pathogénie de l'infiltration de l'urine. — PARIS, *Delahaye, 1872, in-8°.* (Don du Dr Maréchal).

2463. — BOYER (MARC). — Recherches étiologiques sur la gangrène de la verge, thèse. — PARIS, *1881.* (Don du Dr Maréchal).

2464. — MOULIN (Et,) — Cathétérisme rectiligne ou nouvelle manière de pratiquer cette opération chez l'homme, méthode ayant dans beaucoup de cas de rétention d'urine, sur toutes celles employées jusqu'ici, les avantages d'une exécution plus facile et d'un succès plus certain, etc., etc. — Paris, *Maurice, 1828, in-8° br.* (Don du Dr Marion).

2465. — STAPFER (Horace). — Essai de diagnostic de l'hématurie vésicale causée par la tuberculisation, thèse. — Paris, *1874.* (Don du Dr Maréchal).

2466. — BIERRY (Louis). — De la tuberculose primitive des voies urinaires, thèse. — Paris, *1878.* (Don du Dr Maréchal).

2467. — SOCKEEL (Arthur). — De la contracture douloureuse du col de la vessie, thèse. — Paris, *1874.* (Don du Dr Maréchal).

2468. — FONTAINE (A. G.) — Considérations sur le catarrhe de la vessie, thèse. — Paris, *1815.* (Don du Dr Marion).

2469. — MOTREFF. — Dissertation sur le catarrhe aigu de la vessie, thèse. — Paris, *1818.* (Don du Dr Marion).

2470. — WATELET (Jean). — De la ponction de la vessie à l'aide du trocart capillaire et de l'aspiration pneumatique. — Paris, *imprimerie de la Faculté de médecine, 1871, pl· in-8°.* (Don du Dr Maréchal).

2471. — GODARD (Ern.) — Recherches tératologiques sur l'appareil séminal de l'homme. — Paris, *V. Masson, 1860, in-8° rel.*

2472. — ROUX (G. F.) — De la névralgie du testicule, thèse. — Paris, *1876.* (Don du Dr Marion).

2473. — ALLAIN (Louis). — Essai sur le varicocèle, thèse. — Montpellier, *1846.* (Don du Dr Maréchal).

2474. — DESPRÈS (Armand). — Essai sur le diagnostic des tumeurs du testicule, thèse. — Paris, *1865.* (Don du Dr Maréchal).

2475. — NOIR (Philippe). — Tumeurs enkystées des bourses, thèse. — Paris, *1865.* (Don du Dr Maréchal).

2476. — MINIÈRE (Théodore). — Symptômes et diagnostic du testicule syphilitique, thèse. — Paris, *1881.* (Don du Dr Maréchal).

2477. — IMBERT DELONNES (A. B.) — Traité de l'hydrocèle. Cure radicale de cette maladie et traitement de plusieurs autres, qui attaquent les parties de la génération de l'homme. — Paris, *P. J. Duplain, 1785, in-8° rel.*

2478. — ORHOND (A.) — Quelques considérations sur l'hydrocèle de la tunique vaginale, spécialement sur la translucidité complète de la tumeur, dans certaines circonstances, thèse. — Paris, *1874.*

2479. — BOURSIER (Pierre). — Etude sur tes hydrocèles symptomatiques des tumeurs du testicule, thèse. — Paris, *1880.* (Don du Dʳ Maréchal).

2480. — MARION (J. Désiré). — Historique. Généralisation. Pronostic de l'enchondrome du testicule, thèse. — Paris, *1881.* (Don du Dʳ Maréchal).

2481. — DELOME (Henri). — De l'orchi-épididymite prétendue par effort, thèse. — Paris, *1877.* (Don du Dʳ Maréchal).

2482. — PILVEN (Y. M. Aristide). — De l'orchite consécutive au passage d'instruments dans le canal de l'urèthre, thèse. — Paris, *1884.* (Don du Dʳ Cerf).

2483. — DELOULME (Paul). — De l'électrothérapie dans les maladies des appareils génital et urinaire, thèse. — Paris, *1872.* (Don du Dʳ Maréchal).

2484. — MARÉCHAL (Le Dʳ J.) — Communication sur l'utilité de la compression digitale dans les fistules urinaires, périnéales faite à la Société de chirurgie. — Paris, *G. Masson*, *1877*, *in-8°.* (Don du Dʳ Marion).

2485. — MAHOT (A.) — Des ruptures de l'urèthre, thèse. — Paris, *1837.* (Don du Dʳ Maréchal).

2486. — TERRILLON. — Des ruptures de l'urèthre, thèse. — Paris, *1878.* (Don du Dʳ Maréchal).

2487. — MANSON (Louis). — Considérations sur le traitement des contusions et plaies contuses de la portion périnéale de l'urèthre chez l'homme. (Don du Dʳ Maréchal).

2488. — LEQUERRÉ (Paul). — Etude sur le traitement des contusions et plaies contuses du canal de l'urèthre, thèse. — Paris, *1878.* (Don du Dʳ Maréchal).

2489. — LEROY-D'ETIOLLES. — Thérapeutique des rétrécissements de l'urèthre.

2490. — Dᵒ. — Sur les avantages des bougies tortillées, tordues et coudées, dans le traitement des rétrécissements et des angusties de l'urèthre très-difficiles à franchir. — Paris, *Malteste*, *1851.* (Don du Dʳ Maréchal).

2491. — BOUGIES tortillées, tordues et coudées dans le traitement des rétrécissements et des angusties de l'urèthre très-difficile à franchir. Mémoire adressé à l'Académie de médecine, le 24 Juin 1851. — PARIS, *Malteste et Cie, 1851, pl. in-8°,* sans nom d'auteur (2 exemplaires). (Don du Dr Maréchal).

2492. — FLAVARD (CASIMIR). — Considérations sur le traitement des rétrécissements organiques de l'urèthre, thèse. — MONTPELLIER, *1866.* (Don du Dr Maréchal).

2493. — BAUDET (AUG.) — Du traitement des rétrécissements de l'urèthre, thèse. — PARIS, *1866.* (Don du Dr Maréchal).

2494. — PARIS (LÉGER). — De la médication topique de l'urèthre, thèse. — PARIS, *1868.* (Don du Dr Maréchal).

2495. — MALLEZ ET TRIPIER. — De la guérison durable des rétrécissements de l'urèthre. — PARIS, *Delahaye, 1870, in-8°* br. (Don du Dr Maréchal).

2496. — JARDIN. — Etude comparative des moyens de la médication topique de l'urèthre. (Don du Dr Maréchal).

2497. — GOULEY (J. W. S.) — On external perineal urethrotomy or an improved method of external division of the urethra in perineo, for the relief of obstinate stricture. With remarks an the preparatory-and after-treatement. — NEW-YORK, *Appleton et Cie, 1869, in-8°* br. (Don du Dr Maréchal).

2498. — GREGORI (WALTER). — De la méthode sanglante dans les rétrécissements de l'urèthre, thèse. — PARIS, *1879.* (Don du Dr Maréchal).

2499. — MARTINET (FÉLIX). — Etude clinique sur l'urèthrotomie interne, thèse. — PARIS, *1876.* (Don du Dr Maréchal).

2500. — BEYRAN. — De l'urèthrotomie dans le traitement des rétrécissements de l'urèthre. Indications et contre-indications. — PARIS, *Germer-Baillière, 1865, pl. in-8°.* (Don du Dr Maréchal).

2501. — CARBONELL (S.) — De l'urèthrotomie externe. — PARIS, *Delahaye 1866, pl. in-8°.* (Don du Dr Maréchal).

2502. — REVERDIN (J. LOUIS). — Etude sur l'urèthrotomie interne, thèse. — PARIS, *1870.* (Don du Dr Maréchal).

2503. — PEYNAUD (FERDINAND). — De l'urèthrotomie à l'hôpital du midi, thèse. — PARIS, *1876.* (Don du Dr Maréchal).

2504. — NICOD (P. L. A.) — Mémoire sur les polypes de l'urèthre et de la vessie. — Paris, *Everat, 1827, in-8° br.* (Don du Dr Marion).

2505. — FÉBURIER, fournisseur des hôpitaux civils et militaires de la marine, etc. — Avis sur les instruments de chirurgie, en gomme élastique, etc. — Paris, *Crapelet, s. d., in-4° br.*

2506. — LEROY D'ETIOLLES. — Considérations anatomiques et chirurgicales de la prostate. — Paris, *J. B. Baillière, 1840.*

2507. — BÉRAUD (R. J.) — Maladies de la prostate, thèse. — Paris, *1857.* (Don du Dr Maréchal).

2508. — DODEUIL (Timoléon). — Recherche sur l'altération sénile de la prostate et sur les valvules du col de la vessie. — Paris, *Delahaye, 1866, in-8°.* (Don du Dr Maréchal).

2509. — PICARD (Henri). — Note sur les inflammations et abcès de la prostate. — Paris, *Delahaye, 1875.* (Don du Dr Maréchal).

2510. — ZAMBIANCHI (A.) — Contribution à l'étude de l'hypertrophie de la prostate, thèse. — Paris, *1875.* (Don du Dr Maréchal).

Maladie des femmes. — Accouchements

2511. — BOURGEOIS (Louyse). — Observations diverses sur la stérilité, perte de fruicht, fœcondité, accouchements et maladies des femmes et enfants nouveaux naiz, amplement traitées èt heureusement pratiquées. — Paris, *Melchior, 1626, in-8° rel.*

2512. — MAURICEAU (François), Maistre ès-arts, ancien Prévost et Garde de la compagnie des Maistres chirurgiens jurez de la ville de Paris. — Traité des maladies des femmes grosses et de celles qui sont accouchées, enseignant la bonne et véritable méthode pour bien aider les femmes dans leurs accouchements naturels, et les moyens de remédier à tous ceux qui sont contre nature, et aux indispositions des enfants nouveau-nés, avec une description très-exacte de toutes les parties de la femme qui servent à la génération, accompagné de figures, 3e édit. — Paris, *chez l'auteur, 1681, in-4° rel.*

2513. — DIONIS. — Traité général des accouchements qui instruit de tout ce qu'il faut faire pour être habile accoucheur. — Paris, *d'Houry, 1718, in-8° rel.*

2514. — PETIT (A.) — Recueil de pièces relatives à la question des naissances tardives, contenant : 1° Un mémoire sur le mécanisme et la cause de l'accouchement, lu à l'Académie royale des sciences ; 2° des observations sur ce que M. Astruc a écrit touchant les naissances tardives, etc. — Amsterdam et se trouve à Paris, d'Houry, 1766, in-8° rel.

2515. — AVIS aux femmes enceintes et en couches, ou traité des moyens de prévenir et de guérir les maladies qui les affligent dans ces deux cas. — Paris, Vincent, 1774, in-8° rel.

2516. — LE BAS (J.) — Précis de doctrine sur l'art d'accoucher, fait en faveur des étudiants et des sages-femmes commençantes, tiré d'un traité complet d'accouchement, etc. — Paris, Prévost, 1780, in-12 rel.

2516 bis. — BAUDELOQUE (J. L.) — Principes sur l'art des accouchements, par demandes et par réponses, en faveur des sages-femmes de la campagne. Nouv. édit. — Paris, Méquignon aîné, 1787, in-12 rel.

2517. — SACOMBE (J. F.) — Eléments de la science des accouchements. — Paris, Courcier, an X, in-8° rel.

2518. — STEIN (G. G.) — L'Art d'accoucher. Trad. de l'allemand sur la 5e édit., par S. F. Briot. Pl., suivi d'une dissertation sur la fièvre puerpérale, par C. Gasc. — Paris, an XII, 1804, in-8°, 2 vol.

2519. — MAYGRIER (J. P.) — Nouvelle méthode pour manœuvrer les accouchements. — Paris, Méquignon, Gabon-Allut, an X, 1802, in-8° br.

2520. — D°. — D°. — Paris, Méquignon, an XII, 1804, in-8° br.

2521. — D°. — Autre exemplaire. Nouvelle édit. — Paris, Méquignon, an XII, 1804, in-8° rel.

2522. — D°. — Nouveaux éléments de la science et de l'art des accouchements. — Paris, Audibert, 1814, in-8°.

2523. — CAPURON (J.) — La médecine légale relative à l'art des accouchements. — Paris, Croullebois, 1821, in-8° rel.

2524. — BOIVIN (Mme Veuve). — Mémorial de l'art des accouchements ou principes fondés sur la pratique de l'hospice de la maternité de Paris et sur celle des plus célèbres praticiens nationaux et étrangers ; suivis : 1° des aphorismes de Mauriceau ; 2° d'une série de 140 gravures représentant le mécanisme de toutes les espèces d'accouchements, etc., par Mme veuve Boivin, maîtresse sage-femme, ex-surveillante en chef de la Maternité, etc., 3e édit. — Paris, Méquignon, 1824, in-8° br.

2525. — AMARD (L. V. F.) — Association intellectuelle. Méthode progressive et d'association, ou l'art d'étudier et d'opérer dans toutes les sciences, particulièrement en médecine, suivi d'une clinique générale interprétative des phénomènes morbides et spéciale des maladies des couches. — Paris, *Méquignon, 1821.* Le premier volume seulement. (Don du Dr Marion).

2526. — CAPURON (J.) — Cours théorique et pratique d'accouchements, dans lequel on expose les principes de cette branche de l'art, les soins que la femme exige pendant et après le travail, ainsi que les éléments de l'éducation physique et morale de l'enfant. — Paris, *Croullebois, 1828, in-8° br.* (Don du Dr Marion).

2527. — DELATTRE (G. A.), ancien chirurgien-major de la marine. — Traité pratique des accouchements, des maladies des femmes et des enfants. — Brest, *Roger et fils, 1863, in-8° br.* — Atlas, *27 pl., 407 fig., in-8° br.*

2528. — NIELLY (Dr M.) — Manuel d'obstétrique ou aide-mémoire de l'élève et du praticien. — Paris, *G. Masson, s. d.* (Don Hétet).

2529. — CORLAY (A.) — Du toucher vaginal en obstétrique. De son importance dans la pratique des accouchements, thèse. — Paris, *1874.* (Don du Dr Maréchal).

2530. — RAULIN (J.) — Traité des maladies des femmes en couche, avec la méthode de les guérir. — Paris, *Vincent, 1772, in-12 rel.*

2531. — PASTA (André). — Traité des pertes de sang chez les femmes enceintes. Trad. de l'italien, avec des notes, par J. L. Alibert. — Paris, *Richard, an VIII, in-8°, 2 vol. rel.*

2532. — CAPURON (J.) — Traité des maladies des femmes, depuis la puberté jusqu'à l'âge critique inclusivement, 2e édit. — Paris, *Croullebois, 1817, in-8° rel.*

2533. — BOYVEAU LAFFECTEUR. — Traité des maladies physiques et morales des femmes, 4e édition. — Paris, *Méquignon-Marvis, 1821, in-8° rel.*

2534. — MIQUEL (Antoine). — Traité des convulsions chez les femmes enceintes, en travail et en couche. Mémoire qui a remporté le prix proposé par la Société de médecine de Paris, pour l'année 1820. — Paris, *Gabon et Cie, 1821, in-8° br.*

2535. — ROUX (J.) — De l'éthérisme dans les accouchements. — Paris, *Fain et Thunot, 1847, in-8° br.* (Don du Dr Marion).

2536. — DUCHATEAU (Adolphe). — Etude sur l'anesthésie obstétricale dans les cas de version et d'application de forceps, thèse. — Paris, *1874*. (Don du Dr Cerf).

2537. — MÉMOIRE sur la maladie qui a attaqué, en différents temps, les femmes en couches, à l'Hôtel-Dieu de Paris, etc. — Paris, *imp. royale*, *1783, in-4°*.

2538. — DÉSORMEAUX (M. A.) — De abortu, thèse. — Paris, *1811*. (Don du Dr Marion).

2539. — THOURET (F. N.) — Essai sur la péritonite des femmes en couches, thèse. — Paris, *1813*. (Don du Dr Marion).

2540. — FROGÉ (Louis). — Etude de pathogénie sur quelques troubles de la grossesse, thèse. — Paris, *1868*. (Don Lemoine).

2541. — DUNAND (Ch.) — De l'hémorrhagie utérine et des convulsions considérées comme causes accidentelles de l'accouchement, thèse. — Paris, *1873*. (Don du Dr Marion).

2542. — TARNIER (S.) — Description de deux nouveaux forceps. — Paris, *Lauwereyns, 1877, in-4° de 56 p.* (Don du Dr Cerf).

2543. — HÉBERT (Jules). — Essai sur l'ictère grave dans la grossesse, thèse, — Paris, *1878*. (Don du Dr Maréchal).

2544. — CHAILLY (H.) — De la conversion de la présentation de la face en présentation du sommet et de l'application du forceps dans les positions mento-postérieures de la présentation de la face. — Paris, *J. B. Baillière, 1844*. (Don du Dr Marion).

2545. — LE BRETON. — Etude de la sécrétion du lait, de son excrétion et des maladies dites laiteuses, thèse. — Paris, *an XIII.* (Don du Dr Marion).

2546. — LADMIRAULT (J. B.) — Recherches sur l'asphyxie de l'enfant nouveau-né. — Nantes, *veuve Mangin*. (Don du Dr Marion).

2547. — LELOUTRE (E.) — Essai sur les déplacements de la matrice, thèse. — Montpellier, *1844*. (Don du Dr Marion).

2548. — DESGRANGES (A.) — Mémoire sur le traitement de la chute de l'utérus par une méthode nouvelle. — Paris, *Thunot et Cie, 1853, pl. in-8°*.

2549. — ROUSSEL (D^r) et CERISE (D^r). — Système physique et moral de la femme. — Paris, *Charpentier, 1860, in-8° rel.*

2550. — MONDIÈRE (A. T.) — Monographie de la femme de Cochinchine, etc. — Paris, *Masson, 1882.* (Don du Dr Maréchal).

2551. — GRAVIS (J. P.) — Dissertation sur la cessation des menstrues, etc., thèse. — Paris, *1813.* (Don du Dr Marion).

2552. — GARDANNE (C. P. L. de). — De la ménopause, ou de l'âge critique des femmes, 2e édit. — Paris, *Méquignon-Marvis, 1821, in-8° rel.*

2553. — LE BRETON (J.) — Essai sur l'aménorrhée, thèse. — Paris, *1834.* (Don du Dr Marion).

2554. — CAMIADE (Jn). — Etude sur la déviation des menstrues, thèse. — Paris, *1872.* (Don du Dr Maréchal).

2555. — WILLETTE (Th.) — Etude sur les accidents nerveux de la ménopause, thèse. — Paris, *1877.* (Don du Dr Maréchal).

2556. — BARIÉ (Ernest). — Etude sur la ménopause, thèse. — Paris, *1877.* (Don du Dr Maréchal).

2557. — LERAT (Fernand). — Essai sur certaines lésions de nutrition de l'œil liées à la menstruation, thèse. — Paris, *1878.* (Don du Dr Maréchal).

2558. — THAON (Albert). — Affections oculaires liées à la menstruation, thèse. — Paris, *1879.* (Don du Dr Maréchal).

2559. — BLATIN (J.-B.) — Du catarrhe utérin ou des flueurs blanches. — Paris, *Baudouin et Gabon, an X, in-8°.*

2560. — MANDEVILLE (B.) — N. A treatise of the hypochondriack and hysterick diseases in three dialogues. — London, *Thomson, 1730, in-8° rel.*

2561. — DREYFOUS (Fnd). — De l'hystérie alcoolique. — Paris, *Delahaye et Le Crosnier, 1888, in-8° de 26 p.*

2562. — MABLANC (Hugues de). — Du diagnostic différentiel des tumeurs du sein, thèse. — Montpellier, *1879.* (Don du Dr Marion).

2563. — LEVRET, Maître en chirurgie. — Observations sur la cure radicale de plusieurs polypes de la matrice, de la gorge et du nez. — Paris, *Delaguette, 1749, in-8° rel.*

2564. — BOYER (Lucien). — Deux observations de ligature de polypes de l'utérus. — Paris, *Hanquelin et Bautruche, 1844, pl. in-8°.*

2565. — D°. — Deux observations de polypes de l'utérus. — Paris, d°, 1846.

2566. — TROUSSEL. — Tumeur développée dans les parois de l'utérus ; opération pratiquée par M. Amussat, assisté de MM. Lucien Boyer, Filholn et Levaillant. Extrait de la Revue médicale. — Paris, Béthune et Plon, 1840, pl. in-8°. (Don du Dr Maréchal).

2567. — CATERNAULT (Stanislas). — Essai sur la gastrotomie dans les cas de tumeurs fibreuses peri-utérines, thèse. — Strasbourg, 1866. (Don du Dr Maréchal).

2568. — MARTIN (Aimé). — Des fibro-myomes utérins et de leur traitement par l'action électro-atrophique des courants continus. Extrait des annales de gynécologie. — Paris, Lauwereyns, 1879, pl. in-8°. (Don du Dr Maréchal).

2569. — MADEC (René de). — Traitement chirurgical du cancer de l'utérus ; indications et manuel opératoire de l'hystérectamie vaginale. — Paris, A. Davy, 1887, in-8° de 116 p. (Don Rousseau).

2570. — GALLERAND. — Kyste ovarien. — Ovariotomie. Leçons recueillies par M. Maréchal, chef de clinique chirurgicale. Extrait des archives de médecine navale, août, septembre, octobre 1868, 4 exempl. (Don du Dr Maréchal).

2571. — NARDOU-DUROSIER. — Etude sur la péritonite après l'ovariotomie, thèse. — Paris, 1869. (Don du Dr Maréchal).

2572. — BILLOT (Camille). — Des difficultés du diagnostic dans quelques cas de kystes de l'ovaire, thèse. — Paris, 1872. (Don du D^t Maréchal).

2573. — CUVERVILLE (Cavelier de). — Du rectocèle vaginal, thèse. — Paris, 1868. (Don du Dr Maréchal).

2574. — AMUSSAT (J. B.) — Observation sur une opération de vagin artificiel, pratiquée avec succès par un nouveau procédé. — Paris, 1835, pl. in-8°. (Don du Dr Maréchal).

2575. — PETIT (Le Dr Paul). — De l'amputation sous-vaginale du col suivant le procédé de Schroeder. — Clermont, 1871, in-8°, 20 pp.

2576. — GENDRON (Fernand). — Contribution à l'étude des fistules vésico-vaginales et de leur traitement, thèse. — Paris, 1875. (Don du Dr Maréchal).

2577. — BRUNEAU (Hector). — Du traitement des fistules recto-vulvaires, par un double plan de suture, thèse. — Paris, *1878.* (Don du Dr Maréchal).

2578. — POUCET (A.) — De l'hématocèle peri-utérine, thèse. — Paris, *1878.* (Don du Dr Maréchal).

Maladies des enfants

2579. — BROUZET. — Essai sur l'éducation médicale des enfants et sur leurs maladies. — Paris, *veuve Cavelier et fils, 1754, in-12, 2 vol. rel.*

2580. — ROSEN DE ROSENSTEIN (Nils). — Traité des maladies des enfants. Trad. du suédois par Le Febvre de Villebrune. Nouv. édit. — Montpellier, *J. F. Tournel, 1792, in-8°.*

2581. — — BOERHAAVE. — Traité des maladies des enfants. Trad. du latin des aphorismes de Boerhaave commentés par Van Swieten, par M. Paul. — Avignon et Paris, *Saillant et Nyon, 1769, in-12 rel.*

2582. — CAPURON (J.) — Traité des maladies des enfants jusqu'à la puberté. — Paris, *Croullebois, 1813, in-8°.*

2583. — Autre exemplaire, même édition.

2584. — UNDERWOOD (M.) — Traité des maladies des enfants, entièrement refondu, complété et mis sur un nouveau plan, par Eusèbe de Salle, avec des notes de Jadelot. — Paris, *Gabon, 1826, in-8°, 2 vol.*

2585. — LA FEUTRIE (Le Vacher de). — Traité du rakitis, ou l'art de redresser les enfants contrefaits. — Paris, *Lacombe, 1772, in-8° rel.* (Don du Dr Maréchal).

2586. — BÉCHARD (L.) — Quelques mots à propos de l'orthopédie. — Paris, *chez l'auteur, 1860.*

2587. — PROSPECTUS d'un établissement destiné au traitement des maladies des enfants, et principalement des difformités ou vices de conformation, dirigé par MM. d'Ivernois et Bricheteau. — Paris, *Feugneray, s. d.. in-8°.* (Don du Dr Marion).

2588. — DES ESSARTZ (J. C.) — Mémoire sur le croup. — Paris, *T. Barrois, 1808, in-8°.* (Don du Dr Berger).

2588 *bis.* — VALENTIN (L.) — Recherches historiques et pratiques sur le croup. — Paris, *L. Normant, 1812, in-8°.*

2589. — LEBRUN (A.) — Essai sur le croup ou angine trachéale des enfants, thèse. — Paris, *1813*. (Don du Dr Marion).

2590. — ERHEL (P. M.) — Dissertation sur le croup, thèse. — Montpellier, *1815*. (Don du Dr Marion).

2591. — SENN (L.), de Genève. — Recherches anatomico-chirurgicales sur la méningite aiguë des enfants et des principales complication. — Paris, *Gabon, 1825, in-8° br*. (Don du Dr Berger).

2592. — ONO dit BIOT (J. L. H.) — Considération sur l'arachnoïdite aiguë, thèse. — Montpellier, *1831*. (Don du Dr Marion).

2593 — PARINAUD (Henri). — Etude sur la névrite optique dans la méningite aiguë de l'enfance, thèse. — Paris, *1877*. (Don du Dr Maréchal).

2594. — HUET (J. B.) — Essai médical sur la plique polonaise, thèse. — Paris, *1813*. (Don du Dr Marion).

2595. — NICOLAS (Ad. D^r). — Un cas d'asthme infantile. Extrait du journal de thérapeutique, *1876*. (Don du Dr Maréchal).

2596. — ESCHAUZIER (E. A.) — Quelques considérations sur le bec-de-lièvre congénial, thèse. — Montpellier, *Boehm, 1856, in-8° br*. (Don du Dr Gestin).

2597. — DUTHOYA (Eugène). — Etude sur la chéiloplastie, thèse pour le doctorat en médecine. *1874*. (Don du Dr Maréchal).

2598. — BARRET (Eugène). — De la coxalgie. — Montpellier, *Gras, 1870*. (Don du Dr Maréchal).

2599. — BARATIER (F.) — De la coxalgie des enfants. De l'immobilisation dans la gouttière de Bonnet, de Lyon, thèse. — Paris, *1871*. (Don du Dr Maréchal).

2600. — GUILLEVIN (F.) — Diagnostic de la coxalgie, thèse. — Paris, *1873*. (Don du Dr Maréchal).

2601. — ARMAND (Jules). — De l'extension continue comme traitement de la coxalgie chez les enfants, thèse. — Paris, *1878*. (Don du Dr Maréchal).

2602. — VALIN (A. F.) — Traité abrégé des pieds-bots ou considérations théoriques et pratiques sur ces difformités, suivies d'observations de pieds-bots guéris par les deux méthodes, de quelques cas d'ankylose incomplète et angulaire du genou et de 25 figures lithographiées. — Nantes, *C. Mellinet, 1841, in-8° br*. (Don du Dr Marion).

2603. — CABOT (P. P.) — De la tarsalgie ou arthralgie tarsienne des adolescents, thèse. — Paris, *1866.* (Don du Dr Maréchal).

2604. — BUCHAN (W.) — Le conservateur de la santé des mères et des enfants. Trad. de l'anglais par T. Duverne de Praile, revu et augmenté de notes par le Dr Mallet. — Paris, *an XII, 1804, in-8° rel.*

Maladies des dents et art dentaire

2605. — GÉRAULDY. — L'art de conserver les dents. — Paris, *P. G. Lemercier, 1737, in-12, rel.* avec l'ouv. portant le n° d'ordre 1176.

2606. — MOUTON. — Essai d'odontotechnie, ou dissertation sur les dents artificielles. — Paris, *A. Boudet, 1746, in-8° rel.*

2607. — LECLUSE, Chirurgien dentiste. — Nouveaux éléments d'odontologie, contenant l'anatomie de la bouche ou la description de toutes les parties qui la composent, de leur usage et la pratique abrégée du dentiste. — Paris, *Delaguette, 1754, in-8° rel.*

2608. — BOURDET. — Recherches et observations sur toutes les parties de l'art du dentiste. — Paris, *Hérissant, 1757, 2 vol. in-8° rel.*

2609. — GOBLIN (D. J.) — Manuel du dentiste à l'usage des examens, ou traité de chirurgie dentaire, etc. — Paris, *Compère, 1827, in-8°.* (Don du Dr Maréchal).

2610. — SCHAUGE. — Précis sur le redressement des dents, etc. — Paris, *Béchet et Labé, 1841, in-8°.* (Don du Dr Maréchal).

2611. — TAVEAU (O.) — Nouvelle hygiène de la bouche, etc. — Paris, *Labé, 1843, in-8°.* (Don du Dr Maréchal).

2612. — MAGITOT (Emile). — Etude sur le développement et la structure des dents humaines, accompagnée de deux planches gravées sur cuivre, thèse. — Paris, *1857.* (Don du Dr Maréchal).

2613. — AMYOT (Ernest). — Odontologie. Hygiène de la bouche. — Paris, *Delahaye, 1867.* (Don du Dr Maréchal).

2614. — MAUREL. — Contribution à la pathologie dentaire, thèse. — Paris, *1873.* (Don du Dr Maréchal).

2615. — MAUREL (E.) — Les fractures des dents. — Paris, *Baillière et fils, 1875, in-8°.* (Don du Dr Maréchal).

2616. — D°. — De l'action locale des substances médicamenteuses sur les dents. — Paris, *veuve Doin, 1878.* (Don du Dr Maréchal).

2617. — DAVID (Théophile). — Etude sur la greffe dentaire, thèse. — Paris, 1877. (Don du Dr Maréchal).

2618. — ECOLE et hôpital dentaires de Paris. — Amiens, Jeunet, 1881. (Don du Dr Maréchal).

Maladies de l'oreille

2619. — REY (Lucien). — De la suppuration de l'oreille moyenne, thèse. — Paris, 1875. (Don du Dr Maréchal).

2620. — MAFFRE (Jules). — Quelques considérations sur la suppuration de la caisse du tympan, son traitement, thèse. — Paris, 1875. (Don du Dr Maréchal).

2621. — MICHEL (J. B.) — Des oreillons. Etude critique sur leur métastase. Orchite, thèse. — Paris, 1868. (Don du Dr Maréchal).

2622. — JOBARD (Victor-Emile). — Relation de deux épidémies d'oreillons observées sur des émigrants indoux, thèse. — Paris, 1875. (Don du Dr Maréchal).

2623. — PINET (Camille). — De l'état de nos connaissances sur l'affection ourlienne ou oreillons, thèse. — Paris, 1878. (Don du Dr Maréchal).

2624. — SERVET (J. Augustin). — De l'auscultation comme moyen d'exploration dans les affections de l'oreille, thèse. — Paris, 1877. (Don du Dr Maréchal).

2625. — LŒWENBERG. — Des champignons parasites de l'oreille humaine. Etiologie, prophylaxie, traitement, applications à la thérapeutique générale, lu au congrès de Rheims (association française 1880). — Paris, Masson, 1880, pl. in-8°. (Don du Dr Maréchal).

Mélanges et sujets divers de chirurgie

2626. — EXAMINATION (The) of a chyrurgion, Wherein is handled the the whole course of chyrurgirie, by way of dialogue between the doctor and the student. By S. H. London, 1612, pt in-4° rel.

2627. — ACADÉMIE DE CHIRURGIE. — Mémoires. — Paris, C. Osmont, 1743, in-12. 15 vol. rel.

2628. — Autre exemplaire. (Manquent les tomes I, VII et XIV. (Don du Dr Berger).

2628 bis. — RECUEIL de pièces qui ont concouru pour le prix de l'Académie royale de chirurgie. — Paris, *P.-F. Didot jeune, 1778, in-12, 13 vol. rel.*

2629. — POUTEAU (Claude). — Avis d'un serviteur d'Esculape sur les mélanges de chirurgie, aux citoyens de Lyon, *1761, in-8° rel.*

2630. — MARCIAC (R.) — Dissertation médico-chirurgicale sur le tétanos, thèse. — Montpellier, *1822.* (Don du Dr Marion).

2631. — FOULLIOY (L. M.), 2me Chirurgien en chef de la marine. — Discours prononcé en 1828, à l'amphithéâtre de l'Ecole de médecine navale de Brest. — Brest, *Lefournier, in-4°.* (Don du Dr Marion).

2632. — DANIEL (A. F. L.) — Des hémorrhagies traumatiques, thèse. — Paris, *1848.* (Don du Dr Cerf).

2633. — CHERVIN (Aîné). — Statistique du bégaiement en France, d'après le nombre des conscrits bègues exemptés du service militaire, de 1850 à 1869. — Paris, *Avenue d'Eylau, 1878.* (Don du Dr Maréchal).

2634. — LETENNEUR (Le D^r). — Quelques cas d'autoplastie faciale. — Nantes, *veuve Mellinet, 1855, in-8° br.* (Don du Dr Marion).

2635. — GUILLOU (L) — Souvenirs de l'ambulance de tranchée, années 1854-55, thèse. — Montpellier, *1857.* (Don du Dr Marion).

2636. — JAMAIN (M. A.) — Manuel de petite chirurgie. — Paris, *Germer-Baillière, 1864, g^d in-12 rel.* (Don Auff.)

2637. — CORRE (Dr A.) — La pratique de la chirurgie d'urgence. — Paris, *J. B. Baillière et fils, 1872, p^t in-8° br.* (Don du Dr Marion).

2638. — COSSERET (A. Théodore). — De la divulsion des épiphyses, thèse. — Paris, *1866.* (Don du Dr Maréchal).

2689. — BARNES (J^h). — Surgeon general, Reports on the extent and nature of the preparation of a médical and surgical history of the rebellion. — Philadelfia, *J. B. Lippincott et Cie, 1865.* (Don du Dr Maréchal).

2640. — D°. — War department. Surgeon general office. — Washington, *Government, printing office, 1867, July 1, in-4° parch.* (Don du Dr Maréchal).

2641. — NAVY. — Department médicals. Reports, etc. — Washington, *Government, printing office, 1879.* (Don du Dr Maréchal).

2642. — MOUZA (Aug. du). — Quelques cas de chirurgie conservatrice à l'hôpital maritime de Clermont-Tonnerre (Brest). — Paris, *Derenne, 1885, in-8° br.* (Don du Dr Maréchal).

2643. — BEAUMANOIR. — Mensuration des aires du crâne et de la face par un procédé nouveau. Relation entre ces aires. (Don du Dr Maréchal).

2644. — D°. — Essai sur les forces dans l'organisme. — Brest, *Allégouët, 1880, in-8°.* (Don du Dr Maréchal).

2645. — CARRERA (Manuel). — Anatomie pathologique du tissu fibro-plastique, thèse. — Paris, *1865.* (Don du Dr Maréchal).

2646. — ARNAUDET (Louis). — De la transfusion du sang, thèse. — Paris, *1879.* (Don du Dr Maréchal).

2647. — BRÉHIER (Jⁿ). — Quelques considérations sur l'asphyxie locale, thèse. — Paris, *1874.* (Don du Dr Maréchal).

2648. — COLIN (Charles). — De la taille stomacale, thèse. — Paris, *1877.* (Don du Dr Maréchal).

2649. — GAYE (Henri). — De l'application graduelle et progressive des appareils inamovibles au silicate de potasse. (Don du Dr Maréchal).

2650. — GOUZER (M.) — De la suppuration des bourses séreuses, thèse. — Paris, *1885.* (Don du Dr Cerf).

2651. — ARSENAL de chirurgie de Brest. Catalogue classé d'après l'ordre des matières du manuel de médecine opératoire de Malgaigne.— *Manuscrit in-4° rel.* (Don du Dr Maréchal).

13. — PHARMACIE ET PHARMACOPÉE. — SECRET DE MÉDECINE

2652. — LATERRADE (A.) — Code des pharmaciens, ou recueil général des édits royaux, déclarations, etc., qui concernent l'exercice de la pharmacie. — Paris, *Moreau, 1826, in-12.*

2653. — MEUVE (de). — Dictionnaire pharmaceutique, ou plutôt apparat médico-pharmaco-chimique. — Paris, *J. d'Houry, 1673, in-4° rel.*

2654. — LEMERY (N.) — Dictionnaire universel des drogues simples, 3e édit. Fig. — Paris, *veuve d'Houry, 1733, in-4° rel.*

2655. — D°. — Le même. Nouv. édit. Fig. — Paris, *L. C. d'Houry, 1769, in-4° rel.*

2656. — ALEXANDRE (Dom N.) — Dictionnaire botanique et pharmaceutique, contenant les principales propriétés des minéraux, des végétaux et des animaux d'usage, avec les préparations de pharmacie. — Paris, *veuve Didot, 1759, in-8° rel.*

2657. — D°. — Le même. — Paris, *Rabuty, 1768, in-8° rel.*

2658. — POMET (P.) — Histoire générale des drogues. — Paris, *J. B. Loyson et A. Pillon, 1694, in-f° rel.*

2659. — BAUMÉ (A.) — Éléments de pharmacie théorique et pratique, 4e édit. — Paris, *Samson, 1777, in-8° rel.*

2660. — BOUILLON LAGRANGE (E. J. B.) — Manuel du pharmacien. — Paris, *Bernard, an XI, 1803, in-8° rel.*

2661. — MORELOT (S.) — Cours élémentaire théorique et pratique de pharmacie chimique, ou manuel du pharmacien chimiste. — Paris, *Poignée, an XI, 1803, in-8°, 3 vol. rel.*

2662. — VIREY (J.-J.) — Traité de pharmacie théorique. Nouv. édit. — Paris, *Rémont, 1819, in-8°, 2 vol. rel.*

2663. — CHARAS (Moyse). — Pharmacopée royale galénique et chimique. — Paris, *1676, in-4° rel.*

2664. — BOYER (J. B.) — Codex medicamentarius, seu pharmacopœa Parisiensis, ex mandato facultatis medicinæ parisiensis, etc. Edit quinta. Parisiis, *P. G. Cavelier, 1758, iu-4° rel.*

2665. — LEMERY (N.) — Pharmacopée universelle, contenant toutes les compositions de pharmacie qui sont en usage dans la médecine, etc., 5e édit. — Paris, *Desaint et Saillant, 1863, in-4° rel.*

2666. — VITET (L.) — Matière médicale réformée, ou pharmacopée médico chirurgicale. — Lyon, *Périsse, 1780, in-4° rel.*

2667. — PARMENTIER (A. A.) — Code pharmaceutique à l'usage des hospices civils, de secours à domicile et des prisons. Nouv. édit. — Paris, *Méquignon, an XII, 1803, in-8° rel.*

2668. — BRUGNATELLI (L. V.) — Pharmacopée générale à l'usage des pharmaciens et des médecins modernes. Trad. de l'italien, avec des notes, par L. A. Planche. — Paris, *D. Colas, 1811, in-8°, 2 vol.*

2669. — LEWIS (W.) — The new Dispensatory : containing, 1° The elements of pharmacy ; 2° The materia medica ; 3° The preparations and compositions of the new Loudon and Edinburgh pharmacopoeis. The fifth ed. — London, *C. Nourse, 1785, in-8° rel.*

2670. — PEMBERTON (H.) — Pharmacopée du collège royal des médecins de Londres. Trad. de l'anglais sur la 2e édit., par Poullet de la Salle. — Paris, *J. T. Hérissant, 1761, in-4°, 2 vol. rel.*

2671. — D°. — La même. — Paris, *P. F. Didot, 1771, in-4°, 2 vol. rel.*

2672. — PHARMACOPOEIA chirurgica, or formulæ for the use of surgeons, etc. The fird ed. — London, *1795, in-18 rel.*

2673. — PHARMACOPOEIA (The) of royal college of physicians of London, translated into english, with notes, indexes of new names, preparations, etc., by Thomas Healde. The seventh edition, revised, etc., by John Latham. — London, *G. Woodfall, 1796, in-8° cart.*

2674. — JOURNAL de la Société des pharmaciens de Paris, du 15 prairial an V (3 juin 1797), au 15 floréal an VI (première année). — *In-4° cart.*

2675. — BULLETIN DE PHARMACIE rédigé par MM. Parmentier, Cadet, Planche, etc. — Paris, *1809-1813, in-8°, 4 vol. rel.*

2676. — FOUQUET (Madame). — Les remèdes charitables, pour guérir à peu de frais toute sorte de maux, 4e édit. — Lyon, *J. Certe, 1688, in-12 rel.*

2677. — BLEGNY (M. de). — Secrets concernant la beauté et la santé recueillis et publiés par ordre de M. Daguin. — Paris, *Laurent, 1869, in-8°, 2 vol. rel.*

2678. — QUETNOT. — Plusieurs secrets rares et curieux pour la guérison des maladies. — Paris, *E. Aubrouyn, 1708, in-12 rel.*

2679. — MESSAGER (Le). — De la vérité. Traité contenant la composition et propriété d'un remède spécifique pour tous les maux, etc., par D. J. B. D. E. Y. C., 2e édit. — Ausbourg, *C. van Groyensten, 1723, in-12 rel.*

2680. — ARNAULT DE NOBLEVILLE (L. D.) — Le manuel des dames de Charité, ou formules de médicaments faciles à préparer, 5e édit. — Paris, *Debure aîné, 1762, in-12 rel.*

2681. — ALLETZ (P. A.) — L'Albert moderne, ou nouveau choix de secrets éprouvés et licites, recueillis d'après les découvertes les plus récentes, 2e édit. — Paris, *veuve Duchesne, 1769, in-12 rel.*

2682. — BUC'HOZ (P. J.) — Choix des meilleurs médicaments pour les maladies les plus désespérées, et le supplément. — Paris, *1784-1785, in-12, 2 vol. rel.*

2683. — FULLER (Thomas). — M. D. Pharmacopoeia extemporanea sive praescriptorum chilias in qua remediorum elegantium et efficacium Paradigmata, ad omnes ferè medendi intentiones accommodata, candidè proponuntur cum viribus, operandi ratione, dosibus et indicibus annexis. — Lausannæ, *Bousquet, 1737, in-8° rel.*

2684. — LEMERY (Nicolas). — Pharmacopée universelle, contenant toutes les compositions de pharmacie, avec un lexicon pharmaceutique, 4e édit. — Amsterdam, *aux dépens de la compagnie, 1748, in-4° rel.* (Don Miriel).

2685. — BARBEIRAC, Caroli, doctoris, medici Monspelliensis, practici, etc. — Medicamentorum constitutio seu formulæ. — Lugduni, *Petri Bruyset, 1751, in-8° rel.*

2686. — ABRÉGÉ pharmaceutique à l'usage des hôpitaux militaires et de ceux de la marine. — Brest, *Malassis, l'an II, in-4° br.* (Don du Dr Marion).

2687. — PROGRAMME des opérations chimiques et pharmaceutiques proposées par le jury médical du département de Seine-et-Oise, pour réception de pharmacien. — Versailles, *J. P. Jacob, 1808, in-4°.* (Don du Dr Marion).

2688. — VIREY (J. J.) — Traité de pharmacie théorique et pratique. — Paris, *Remont et Ferra, 1811, in-8°, 2 vol. rel.,* 4 planches dans le premier volume.

2689. — CODEX medicamentarius sive pharmacopæa gallica, jussu regis optimi et ex mandato summi rerum internarum regni administri, editus in facultate medicâ. — Parisiensi. *anno 1818.*

2690. — LIONS (V. M.) — Syntheses pharmaceuticæ et chymicæ, a professoribus, tùm facultatis medicæ, tùm scholæ pharmaceuticæ designatæ et publicè exponendæ, thèse. — Paris, *1825.* (Don du Dr Marion).

2692. — LE CONTE (L.) — Syntheses pharmaceuticæ et chymicæ, tùm a facultatis medicæ, professoribus, tùm a medicæ professoribus, tùm a medicamentariis, designatæ et publicè exponendæ, thèse. — Paris, *1825.* (Don du Dr Marion).

2692. — VINCENT (L. F.) — Syntheses pharmaceuticæ et chymicæ, etc., thèse. — Paris, *1827.* (Don du Dr Marion).

2693. — FLEURY. — Syntheses pharmacenticæ et chymicæ, thèse. — Paris, *1830*.

2694. — SOUBEIRAN (E.) — Nouveau traité de pharmacie théorique et pratique, etc. — Paris, *Cruchard et Cⁱᵉ, 1836, in-8°, 2 vol. br.*

2695. — D° — Traité de pharmacie théorique et pratique. — Paris, *V. Masson, 1847, 2 vol. in-8° rel.* (Don Chaze).

2696. — D°. — Traité de pharmacie, 8ᵉ édition entièrement refondue par Regnauld, M. J. — Paris, *Masson, 1875, 2 vol. in-8°.* (Don Hétet).

2697. — LE CANU (L. R.) — Cours complet de pharmacie. — Paris, *Baillière, 1843, in-8°, 2 tomes en un vol.*

2698. — DORVAULT. — L'officine, ou répertoire général de pharmacie pratique, contenant, etc. — Paris, *Labé, 1858, grand in-8°.* (Don Hétet).

2699. — D°. — L'officine, ou répertoire général de pharmacie pratique, etc., etc. — Paris, *Asselin, 1872, in-4° rel.*

2700. — MÉHU (C.) — Annuaire pharmaceutique, etc. — Paris, *J. B. Baillière et fils, 1874, 2ᵐᵉ année.*

2701. — BARBIER. — Principes généraux de pharmacologie, *in-8° br.* La première page manque.

2702. — BARDET ᴇᴛ EGASSE. — Formulaire des nouveaux remèdes, etc., etc., etc. — Paris, *O. Doin, 1886, pᵗ in-4° rel.*

14. — MÉDECINE VÉTÉRINAIRE ET TRAITÉS D'HIPPIATRIQUE

2703. — BUC'HOZ (P. L.) — Dictionnaire vétérinaire et des animaux domestiques. — Paris, *J. P. Costard, 1770, in-4°.* Les 3 premiers volumes.

2704. — BOURGELAT (C.) — Eléments de l'art vétérinaire. Essai sur les appareils et sur les bandages propres aux quadrupèdes. — Paris, *imp. roy., 1770, pl., in-8° cart.*

2705. — D°. — Matière médicale raisonnée, ou précis des médicaments considérés dans leurs effets, à l'usage de l'école royale vétérinaire ; avec les formules médicales. — Lyon, *J. M. Bruysset, 1765 in-8° rel.*

2706. — GARSAULT (F. A. de). — Le nouveau parfait maréchal, ou connaissance générale universelle du cheval, avec un dictionnaire des termes de cavalerie. Fig. 6ᵉ édition. — Rouen, *J. Racine, 1787, in-4° rel.*

2707. — LAFOSSE (P. E.) — Dictionnaire raisonné d'hippiatrique, cavalerie, manège et maréchalerie. — Paris, *Boudet, 1775, in-8°, 2 vol. rel.*

2708. — ANNALES de la Société vétérinaire du département du Finistère, 2ᵉ, 3ᵉ et 4ᵉ années, 1840-1841-1842, *in-8°, 3 vol.*

2709. — BAILLET (Vétérinaire de la ville de Bordeaux). — Traité de l'inspection des viandes de boucherie, considérée dans son rapport avec la zootechnie, la médecine vétérinaire et l'hygiène publique. — Paris, *Asselin, 1876, in-8°.*

V. — SCIENCES MATHÉMATIQUES

1. — GÉNÉRALITÉS

A. — Histoire et Traités généraux et élémentaires.
Dictionnaires

2710. — BOSSUT (C.) — Essai sur l'histoire générale des mathématiques. — Paris, *Louis, 1802, in-8°, 2 vol. rel.*

2711. — POLYNIER (P.) — Eléments des mathématiques. — Paris, *J. de Laulne, 1704, in-12 rel.*

2712. — WOLF (C.) — Elementa matheseos universæ. Ed. nova. — Genève, *MM. Bousquet, 1732-1741, in-4°, 5 vol. rel.*

2713. — BÉLIDOR (Bernard Forest de). — Nouveau cours de mathématiques à l'usage de l'artillerie et du génie. Nouv. édit. — Paris, *Nyon, 1757, in-4° rel.*

2714. — MAZÉAS (J. M.) — Eléments d'arithmétique, d'algèbre et de géométrie, 2ᵉ édit. — Paris, *P. G. Lemercier, 1761, in-8° rel.*

2715. — PRINCIPES du calcul et de la géométrie, ou éléments de mathématiques. — Paris, *1763, in-8° rel.*

2716. — RIVARD (F. D.) — Abrégé des éléments de mathématiques, 6ᵉ édit. — Paris, *Desaint et Saillant, 1765, in-8° rel.*

2717. — LAMI (Bernard). — Eléments de mathématiques, ou traité de la grandeur en général, qui comprend l'athmétique, l'algèbre, l'analyse, etc., 8ᵉ édit. — Paris, *Jombert, 1765, in-12 rel.*

2718. — BOSSUT (E.) — Cours de mathématiques. — Paris, *F. Didot, an VIII, 1800, in-8° rel.*

2719. — ROMME (C.) — La science de l'homme de mer, ou principes d'arithmétique, de géométrie, etc. — La Rochelle, *P. L. Chauvet;* Paris, *Barrois aîné, an VII, in-8° rel.*

2720. — PEYROT (J.) — Petite encyclopédie mathématique, ou cours complet de mathématiques. — Paris, *Boucher, 1828, in-8°, 2 vol. rel.*

2721. — MARIE (M.) — Histoire des sciences mathématiques et physiques. — Paris, *Gauthier-Villars, de 1883 à 1888, in-8°, 12 vol. br.*

B. — Mathématiciens modernes dont les ouvrages réunis se rapportent à plusieurs parties de la science

2722. — MACLAURIN (C.) — Exposition des découvertes philosophiques du Ch^{er} Newton. Traduit de l'anglais, par M. Lavirotte. — Paris, *Durand, 1749, in-4° rel.*

2723. — PARDIES (Le R. P. I. G.) — Œuvres. — Lyon, *Bruysset, 1725, in-12 rel.*

2724. — REYNEAU (Le R. P.) — La science du calcul des grandeurs en général, ou éléments des mathématiques , 2e édition. — Paris, *G. F. Quillau, 1739, in-4°, 2 vol. en un, rel.*

2725. — D°. — Analyse démontrée, ou méthode de résoudre les problèmes des mathématiques et d'apprendre facilement ces sciences. — Paris, *J. Quillau, 1708, in-4°, 2 tom. en un vol. rel.*

2726. — D°. — La même, 2e édit. Remarques de M. de Varignon. — Paris, *C. A. Jombert, 1736, in-4°, 2 vol. rel.*

2727. — MANUEL des aspirants au baccalauréat ès-sciences mathématiques et ès-sciences physiques, rédigé d'après le programme officiel. — Paris, *Hachette, 1837, in-8° rel.*

2728. — REYNAUD (B^{on}). — Traité élémentaire de mathématiques et de physique, etc. — Paris, *Bachelier, 1832, in-8° br.*

2729. — HACHETTE. — Correspondance sur l'Ecole impériale polytechnique à l'usage des élèves de cette école, avril 1804, mai 1808. — Paris, *Bernard, 1808, tome 1er, in-8° br.* (incomplet).

2. — MATHÉMATIQUES PURES

A. — Traités généraux

2730. — LEMOINE (E. M. J.) — Traité élémentaire des mathématiques pures, 3e édit. — Paris, *Ch. Volland, an V, 1797, in-8°, 2 vol.*

2731. — LA CAILLE (N. L.) — Cours élémentaire et complet de mathématiques pures, augmenté par Marie, et éclairci par Théveneau.— Paris, *Courcier, an III, in-8°.*

2732. — FRANCŒUR (L. B.) — Cours complet de mathématiques pures. — Paris, *veuve Bernard et F. Didot, 1809, in-8°, 2 vol.*

2733. — FERMAT. — Œuvres publiées par les soins de MM. Paul Tannery et Ch. Henry, etc. Tome 1er. Œuvres mathématiques diverses. Observations sur Diophante. — Paris, *Gauthier-Villars et fils, 1891, in-4° br.*

B. — Arithmétique

2734. — LE GENDRE (F.) — L'arithmétique en sa perfection. — Paris, *1663, in-4° rel.*

2735. — BARRÊME (N.) — L'arithmétique du sieur Barrême ou le livre facile pour apprendre l'arithmétique de soi-même et sans maitre. — Paris, *Gandoin, 1739, in-12 rel.* (Grav.)

2736. — Do. — L'arithmétique, ou le livre facile pour apprendre l'arithmétique de soi-même et sans maitre. Nouvelle édition augmentée de plus de 190 pages, etc. — Limoges, *M. Barbou, 1791, in-12 rel.*

2737. — BEZOUT (E.) — Cours de mathématiques à l'usage de la marine et de l'artillerie, 2e édit., par F. Peyrard, 1re partie. Arithmétique. — Paris, *Louis, 1802, in-8°.*

2738. — Do. — Traité de l'arithmétique à l'usage de la marine et de l'artillerie, avec des notes fort étendues, etc., par A. A. L. Reynaud, 5e édit. — Paris, *Courcier, 1810, in-8° cart.*

2739. — Do. — Traité d'arithmétique à l'usage de la marine et de l'artillerie, par Bezout, avec des notes et des tables de logarithmes par le baron Reynaud, 15e édit. — Paris, *Bachelier, père et fils, 1830, in-8° rel.*

2740. — MAUDUIT (A. R.) — Leçons élémentaires d'arithmétique. Nouv. édit. — Paris, *Courcier, an XII, 1804, in-8°.*

2741. — GATTEY (F.) — Tables des rapports des anciennes mesures agraires, avec les nouvelles, précédées des éléments du nouveau système métrique. — Paris, *Michaud frères, 1810, in-8° br.*

2742. — FOURNIER. — L'arithmétique enseignée par principes en 14 leçons, à l'aide desquelles on peut seul et, sans le secours d'aucun maître, apprendre à calculer. — Paris, *G. Mathiot, 1830, in-8° br.*

2743. — REYNAUD (Le Baron). — Petit traité élémentaire, par le baron Reynaud. — Paris, *Bachelier, imprimeur-libraire, 1835, in-8° br.* en mauvais état.

2744. — BOURDON. — Eléments d'arithmétique, 18e édition. — Paris, *Bachelier, 1840, in-8° rel.*

2745. — CIRODDE (P. L.) — Leçons d'arithmétique, 6e édit. — Paris, *Hachette, 1845, in-8° rel.*

2746. — CAROFF. — Leçons d'arithmétique professées en 1833 et 1834 à l'Ecole normale primaire de Rennes, par MM. Raillier et Dessay, directeurs des études mathématiques dans cet établissement, recueillies et mises en ordre par un de leurs élèves. — Brest, *Anner, 1854, in-8° br.*

C. — Algèbre élémentaire

2747. — SAUNDERSON (N.) — Eléments d'algèbre, traduits de l'anglais et augmentés de quelques remarques, par de Joncourt. — Paris, *E.-A. Jombert, 1756, in-4°, 2 vol. rel.*

2748. — BONNYCASTLE (John). — An introduction to algebra with notes and observations designed for the use of schools and places of public education. — London, *Johnson et Cie, 1812, in-8° rel.*

2749. — REYNAUD (Le Baron). — Eléments d'algèbre à l'usage des élèves qui se destinent à l'Ecole polytechnique, 8e édition. — Paris, *Bachelier, in-8° rel.*

2750. — LEFÈBURE DE FOURCY. — Leçons d'algèbre, 2e édit. — Paris, *Bachelier, 1835, in-8° rel.*

2751. — MAYER et CHOQUET. — Traité élémentaire d'algèbre, 4e édit. — Paris, *Bachelier, 1845, in-8° rel.* (2 exempl.)

2752. — SERRET (J. A.) — Cours d'algèbre supérieure, 3e édit. — Paris, *Gauthier-Villars, 1866, 2 vol. rel.*

D. — Méthode des Fluxions ; Calcul infinitésimal ; Equations ; Analyse

2753. — LEGENDRE (A.-M.) — Traité des fonctions elliptiques et des intégrales Eulériennes. — Paris, *Huzard Courcier, 1826, in-4°, 3 vol.*

2754. — FONTAINE (A.) — Traité du calcul différentiel et intégral. — Paris, *imp. royale, 1770, in-4° rel.*

2755. — COUSIN (J.-A-J.) — Traité du calcul différentiel et du calcul intégral. — Paris, *Régent et Bernard, an IV, 1796, in-4°, 2 vol.*

2756. — LACROIX (S.-F.) — Traité élémentaire de calcul différentiel et de calcul intégral, 2ᵉ édition. — Paris, *Courcier, 1806, in-8°.*

2757. — SERRET (J.-A.) — Cours de calcul différentiel et intégral. — Paris, *Gauthier-Villars, 1868, 2 vol. in-8° rel.*

2758. — L'HOSPITAL (Le Mᶦˢ de). — Traité analytique des sections côniques et de leur usage pour résoudre les équations. Ouvrage posthume. — Paris, *Montalant, 1720, in-4° rel.*

2759. — LA GRANGE (J. L. de). — Traité de la résolution des équations numériques de tous les degrés, nouvelle édition. — Paris, *Courcier, 1808, in-4° rel.*

2760. — D°. — Solution des problèmes indéterminés du second degré. Lu à l'Académie des sciences, le 24 novembre 1768, *in-4° cart.*

2761. — D°. — Théorie des fonctions analytiques, contenant les principes du calcul différentiel. — Paris, *Bachelier, 1847.*

2762. — LE FÉBURE de FOURCY. — Leçons de géométrie analytique, comprenant la trigonométrie rectiligne et sphérique, les lignes et les surfaces des deux premières ordres, par Le Fébure de Fourcy, 4ᵉ édit. — Paris, *1840, in-8°.*

2763. — LAGOUT (E.) — Takitechnie. Mathématiques élémentaire ou des arts. Baccalauréat ès-sciences à livre ouvert. Géométrie scolaire basée sur trois principes. Panorama de l'arithmétique. Trigonométrie rectiligne. Statique. Dynamique. Machines. — Paris, *chez l'auteur et à Nogent-sur-Seine, 1881, in-8°, rel. angl.*

2763 bis. — D°. — Takitechnie. Sciences de nombres, formes et poids assimilées par la takimétrie. Panorama de l'algèbre étendu au calcul des infiniment petits, $f\, x^m dx = \frac{x^{n+1}}{m-1}$ — Paris, *chez l'auteur et à Nogent-sur-Seine, in-8° br.*

2764. — CAUCHY (Augustin). — Œuvres complètes publiées sous la direction scientifique de l'Académie des sciences. Tomes de I à X. — Paris, *Gauthier-Villars, 1882.*

2765. — TAIT (P. J.) — Traité élémentaire des quaternions. Traduit sur la 2e édition anglaise avec additions de l'auteur et notes du traducteur, par Gustave Plarr, 2e partie. (La 1re partie manque). Géométrie des courbes et des surfaces. Cinématiques. Application à la physique. — Paris, *Gauthier-Villars, 1884, in-8° br.* (2 exempl.)

2766. — WILLOTTE (H.) — Le théorème de Sturm, déduit des imaginaires de Cauchy. Note extraite des manuscrits de M. Despeyrous. — Toulouse, *imp. Douladure Privat, 1891, in-8°, 16 pp.* Extrait des mémoires de l'Académie des sciences, inscriptions et belles-lettres de Toulouse. (Don de l'auteur).

E. — Géométrie

2767. — DESCARTES (R.) — La géométrie. — Paris, *C. Angot, 1664, pt in-4° rel.*

2768. — LAMI (Le R. P. B.) — Nouveaux éléments de géométrie, ou de la mesure des corps, qui comprennent tout ce qu'Euclide a enseigné. — Paris, *A. Pralard, 1692, pt in-8° rel.*

2769. — PARDIES (Le Père Ignace Gaston). — Elémens de géométrie, ou par une méthode courte et aisée, l'on pense apprendre ce qu'il faut sçavoir d'Euclide, d'Archimède, etc. — Paris, *Mariette, 1696, in-12 rel.*

2770. — BOSSUT (l'Abbé). — Traité élémentaire de géométrie. — *Cl.-A. Jombert, 1777, in-8° rel.*

2771. — MONGE (G.) — Application de l'analyse à la géométrie. — Paris, *veuve Bernard, 1809, in-4° rel.*

2772. — REYNAUD (le Baron) — Notes sur la géométrie, comprenant un grand nombre de théorèmes et de problèmes nouveaux, suivis des éléments de la géométrie descriptive, à l'usage des jeunes gens qui se destinent à l'Ecole polytechnique, 7e édit. — Paris, *Bachelier, 1828, in-8°.*

2773. — LEGENDRE (A. M.) — Eléments de géométrie, avec des notes. — Paris, *F. Didot, an X, 1802, in-8°, rel.* (Don Hétet).

2774. — Do. — Eléments de géométrie, avec des notes, 12e édition. — Paris, *Firmin Didot, 1823, in-8° rel.*

2775. — Do. — Eléments de géométrie avec des notes, par A. M. Legendre, 14e édition. — Paris, *Firmin-Didot, 1839, in-8°.*

2776. — D°. — Eléments de géométrie, avec additions et modifications, par Blanchet, 8ᵉ édit. — Paris, *Firmin-Didot, 1848, in-8° rel.*

2777. — D°. — Eléments de géométrie, avec additions et modifications, par M. A. Blanchet. — Paris, *Firmin Didot frères, 1854, in-8° rel.*

2778. — D°. — Eléments de géométrie, avec additions et modifications, par A. Blanchet, 11ᵉ édit. — Paris, *F. Didot frères, 1868, in-8°.*

2779. — DUCHESNE (E.) — Eléments de géométrie descriptive, à l'usage des jeunes gens de l'Ecole polytechnique, etc. — Paris, *Malher, 1828, in-12, avec atlas in-4°.*

2780. — LIONNET. — Eléments de géométrie. — Paris, *Dézobry, 1846, in-8° rel.*

2781. — WALMESLEY (D. C.) — Analyse des mesures des rapports et des angles, ou réduction des intégrales aux logarithmes et aux arcs de cercle. — Paris, *G.-F. Quillau, 1749, in-4° rel.*

2782. — BIOT (J. B.) — Traité analytique des courbes et des surfaces du second degré. — Paris, *Duprat, an X, 1802, in-8°.*

2783. — FONTENELLE (B. Le Bouyer de). — Eléments de la géométrie de l'infini. — Paris, *imp. royale, 1727, in-4° rel.*

2784. — L'HOPITAL (Le Marquis de). — Analyse des infiniment petits, suivie d'un nouveau commentaire pour l'intelligence des endroits les plus difficiles. — Avignon et Paris, *1768, in-8° rel.*

2785. — STONE (E.) — Analyse des infiniment petits, comprenant le calcul intégral dans toute son étendue, servant de suite aux infiniment petits du marquis de l'Hopital. Traduit de l'anglais par M. Rondet. — Paris, *Gandouin, 1735, in-4° rel.*

2786. — WLACT. — La trigonométrie rectiligne et sphérique, corrigée et augmentée par Ozanam. — Paris, *Cl. Jombert, 1720, in-8° rel.*

2787. — RIVARD (F. D.) — Trigonométrie rectiligne et sphérique avec la construction des tables, des sinus, des tangentes, des sécantes et des logarithmes, 8ᵉ édit. — Paris, *Desaint et Saillant, 1750, in-8° rel.*

2788. — LACROIX (S. F.) — Traité élémentaire de trigonométrie rectiligne et sphérique et d'application de l'algèbre à la géométrie, 4ᵉ édit. — *Courcier, 1807, in-8°.*

2789. — LESCAN (J. F.) — Trigonométrie rectiligne et sphérique, suivies du calcul des différences, tant finies que très petites, appliqué à chacune des trigonométries. — Paris, *F. Didot, 1819, in-8°.*

2790. — LEFÉBURE de FOURCY. — Trigonométrie rectiligne et sphérique. — Paris, *Bachelier, 1830, in-8° rel.*

2791. — ANDRADE (D'). — Essai de trigonométrie sphérique, traité d'après un plan nouveau. Traduction du portugais par Guilherme F.-A.-D. Pegado. — Brest, *Rozais, 1833, in-8° cart.*

2792. — LECLERC (S.) — Pratique de la géométrie sur le papier et sur le terrain. — Paris, *T.-J. Marchand, 1682, in-12 rel.* (Fig.)

2793. — D°. — La même. — Paris, *C.-A. Jombert, 1744, in-12 rel.* (Fig.)

2794. — DOYEN (G.) — Géométrie de l'arpenteur, ou pratique de la géométrie, en ce qui a rapport à l'arpentage, aux plans et aux cartes topographiques. — Paris, *C.-A. Jombert, 1769, in-8° rel.*

2795. — HENRY (des Vosges). — L'art de lever les plans, 30 tableaux, 190 dessins gradués, texte. — Paris, *1864, in-4° oblong.*

2796. — MAUDUIT (A.-R.) — Leçons de géométrie théorique et pratique, à l'usage des élèves de l'Académie impériale d'architecture, nouvelle édition. — Paris, *F. Didot et Bluet, 1809, in-8°, 2 vol.*

2797. — LALOBBE (E. de). — Cours de topographie à l'usage des officiers de l'armée, 3ᵉ édition. — Paris, *J. Dumaine, 1868, in-8° rel.*

2798. — SCHAFFER (Hermann). — Cours de stéréométrie (en allemand). — Leipsig, *F.-A. Brockhauss, 1857, in-8° rel.*

2799. — SNELL (Karl.) — Trigonométrie et planimétrie (en allemand). — Leipzig, *F.-A. Brockhauss, 1858, 2 vol. br.*

2800. — PERROT (A.-M.) — Manuel élémentaire pour la construction et le dessin des cartes géographiques. — Paris, *1830, in-18.*

2801. — VACQUANT (Ch.) — Cours de géométrie élémentaire. — Paris, *Masson, 1888 in-8° rel.*

F. — Logarithmes et tables d'usage dans les mathématiques. — Instruments de mathématiques

2802. — LEROY (C. F. A.) — Traité de géométrie descriptive, 2ᵉ édit. — Paris, *Bachelier, 1842, 1 vol. imp., 1 vol. lithog., 2 atlas, in-4°.*

2803. — BRIOT et BOUQUET. — Leçons nouvelles de géométrie analytique, précédées des éléments de la trigonométrie, par MM. Briot et Bouquet. — Paris, *Désobry, 1847, in-8°.*

2804. — DALSÈME (M. J.) — Premières notions de takymétrie (géométrie naturelle), à l'usage des écoles primaires. — Paris, *Eug. Belin, 1880, in-8° cart.* (Don Chaze).

2805. — LONGCHAMPS (G. de). — Essai sur la géométrie de la règle et de l'équerre. — Paris, *Ch. Delagrave, 1890, in-8° br.*

2806. — LA CAILLE (N. L. de). — Tables des logarithmes pour les sinus et tangentes de toutes les minutes du quart de cercle et pour tous les nombres naturels depuis 1 jusqu'à 21600, avec une exposition abrégée de l'usage de ces tables, nouvelle édition, par l'abbé Marie. — Paris, *veuve Desaint, 1781, in-8° rel.*

2807. — BORDA (Ch.) — Tables trigonométriques décimales, ou tables des logarithmes des sinus, sécantes, etc.. précédées de la table des logarithmes des nombres, depuis 10,000 jusqu'à 100,000, et de plusieurs tables subsidiaires, revues par J.-B.-J. Delambre. — Paris, *imprimerie de la République, an IX, in-4° cart.*

2808. — ROCHON (A.) — Mémoire sur le micromètre de cristal de roche pour mesurer des distances et des grandeurs, avec une instruction de M. Torelli de Narci. — Paris, *A. Beraud, 1807, in-8ª rel.*

2809. — LALANDE (Jérôme de). — Tables de logarithmes étendues à 7 décimales, par F. C. M. Marie, précédées d'une instruction dans laquelle on fait connaître les limites des erreurs qui peuvent résulter de l'emploi des logarithmes des nombres et des lignes trigonométriques. — Paris, *Bachelier, 1829, in-12 rel.*

2810. — CALLET (François). — Tables de logarithmes contenant les logarithmes des nombres, de 1 à 108,000, les logarithmes des sinus et tangentes, par François Callet, suivies d'un recueil de tables nautiques, par MM. E. Boitard, ancien élève de l'Ecole polytechnique, professeur d'hydrographie A. Ansart-Deusy, lieutenant de vaisseau, professeurs à l'Ecole navale impériale. — Paris, *Firmin Didot frères, imprimeurs de l'Institut, 1855, in-8° br.*

3. — MATHÉMATIQUES APPLIQUÉES

A. — Calcul des Probabilités

2811. — BERNOUILLI (J.) — L'art de conjecturer, traduction du latin, par L.-G.-F. Vastel. — Caen, *G. Leroy, an X, 1801, in-4°.*

2812. — LAPLACE (Le Comte). — Théorie analytique des probabilités. — Paris, *Courcier, 1812, in-4°.*

2813. — D°. — Mémoire sur les approximations des formules qui sont fonctions de très grands nombres et sur application aux probabilités. — Paris, *Baudouin, 1810, in-4°.*

2814. — D°. — Mémoire sur les fonctions génératrices, les intégrales définies et leur application aux probabilités et spécialement au milieu qu'il faut choisir entre les résultats des observations. — Paris, *Baudouin, 1811, in-4°.*

2815. — LAPLACE (M. le Mis de). — Essai philosophique sur les probabilités, 6e édition. — Paris, *Bachelier, 1840, in-8° cart.* (Don Desbouillons).

2816. — SAINT-CYRAN (de). — Calcul des rentes viagères sur une et plusieurs têtes, contenant la théorie complète de ces sortes de rentes. — Paris, *Cellot et Jombert, 1779, in-4°.*

2817. — DEPARCIEUX (A.) — Traité des annuités ou des rentes à terme connu, avec plusieurs tables qui mettent à la portée de tout le monde le calcul des emprunts et les opérations de finances. — Paris, *1783, in-4° rel.*

2818. — CONDORCET (M.-J.-Ant. Caritat, Marquis de). — Essai sur l'application de l'analyse à la probabilité des décisions rendues à la pluralité des voix. — Paris, *imp. royale, 1785, in-4° rel.*

2819. — POISSON (S.-D.) — Recherches sur la probabilité des jugements en matière criminelle et en matière civile, précédées des règles générales du calcul des probabilités. — Paris, *Bachelier, 1837, in-4°.*

B. — Mécanique

a. — Traités Généraux

2820. — COTTE (L.) — Vocabulaire portatif des mécaniques, ou définition, description abrégée et usage des machines, etc. — Paris, *Delalain, an X, 1801, in-18 rel.*

2821. — FRANCŒUR (L.-B.) — Traité élémentaire de mécanique, 3e édit. — Paris, *Courcier, 1804, in-8°.*

2822. — MARIE (J.-F.) — Traité de mécanique. — Paris, *veuve de Saint, 1774, in-4°*.

2823. — DUHAMEL. — Cours de mécanique de l'Ecole polytechnique, par M. Duhamel. — Paris, *Bachelier, 1845, 2 vol. in-8°*.

2824. — CHASLES. — Mécanique et machines. Cours de l'Ecole polytechnique, 1849-50, *in-4°*.

2825. — DELAUNAY. — Cours de mécanique. — *2 vol. in-8°*.

2825 bis. — SASSIAS (B.) — Cours de mécanique fait à l'Ecole navale impériale. — Paris, *Arthus Bertrand, 1866, in-8°*.

2826. — D°. — Autre exemplaire. (Don Auff.)

b. — Statistique et dynamique

2827. — ALEMBERT (d'). — Traité de dynamique. — Paris, *David, 1743, in-4° rel.*

2828. — D°. — Le même. — Paris, *David, 1758, in-4° rel.*

2829. — BOSSUT (C.) — Traité élémentaire de mécanique et de dynamique appliqué principalement aux mouvements des machines. — Charleville, *P. Thésin, 1763, in-8° rel.*

2830. — MONGE (G.) — Traité élémentaire de statique à l'usage des collèges de la marine. — Paris, *J. B. G. Musier, 1788, in-8° rel.*

2831. — BELANGER (J.) — Cours de mécanique, ou résumé de leçons sur la dynamique, la statique et leurs applications à l'art de l'ingénieur. — Paris, *L. Mathias, in-8°*.

c. — Diverses applications de la statique et de la dynamique.

Machines a vapeur

2832. — DU PARC (Léon). — De la vis et autres propelleurs pour les bâtiments à vapeur. — Paris, *imp. royale, 1842, in-8°*.

2833. — PARIS (E.) — Traité de l'hélice propulsive. — Paris, *Arthus Bertrand, 1855, gᵈ in-8° rel.* (Pl.)

2834. — D° — Utilisation économique des navires à vapeur. — Paris, *A. Bertrand, 1858*.

2835. — D°. — Catéchisme du mécanicien à vapeur. — Paris, *Arthus Bertrand, s. d., g⁴ in-8°.*

2836. — D°. — Appendice au catéchisme, ou guide théorique du candidat au concours. — Paris, *g⁴ in-8°.*

2837. — ORTOLAN (A.) — Traité élémentaire des machines à vapeur marines, 2ᵉ édit. — Paris, *Lacroix-Comon, 1855, in-8° et Atlas.*

2838. — DU TEMPLE (L.) — Cours de machines à vapeur fait à Brest. —. Paris, *s. d., in-8°, 2 vol. Atlas, 2 cahiers.*

2839. — ANDRAUD (M.) — De l'air comprimé employé comme moteur, etc. — Paris, *Guillaumin, 1839, in-8° br.*

2840. — SOMMAIRE du cours de mécanique et des machines fait à l'Ecole polytechnique, année scolaire 1850-51. Texte et atlas. — *In-f° lithog.*

2841. — CORDES (Clément), Lieutenant de vaisseau. — Etude sur les générateurs inexplosibles de Belleville. — Paris, *A. Bertrand, in-8° br.*

2842. — MAGUEUR et LEGENDRE. — Description des machines. Cours autographié. Ecole des mécaniciens, années scolaires 1874-75 et 1878-79. Texte, *2 vol. in-4° rel.* Atlas, *2 vol. in-f° rel.*

2843. — LEDIEU (A.) — Manuel de l'ouvrier chauffeur de la flotte. — Paris, *Dunod, 1863, g⁴ in-8ᵉ. Atlas.*

2844. — D°. — Traité élémentaire des appareils à vapeur de navigation. — Paris, *Dunod, 1866, g⁴ in-8°, 2 vol. Atlas.*

d. — Chemins de Fer

2845. — ENQUÊTE sur les moyens d'assurer la régularité et la sûreté de l'exploitation sur les chemins de fer. — Paris, *imprimerie impériale, 1858, in-f°.*

2846. — BOINVILLIERS (Edouard). — Des transports à prix réduits sur les chemins de fer. — Paris, *Hachette, 1859, in-8° br.*

e. — Hydrostatique et Hydrodynamique

2847. — BOSSUT (C.) — Traité élémentaire d'hydrodynamique. — Paris, *Jombert, 1771, in-8°, 2 vol. rel.*

2848. — LAPLACE (Le Mᶦˢ ᴅᴇ). — Théorie de l'action capillaire, avec le supplément. — Pᴀʀɪs, *Courcier, 1806-1807, in-4°*. (Supplément au 10ᵉ livre du traité de mécanique céleste), relié avec :

EXTRAIT d'un mémoire sur la théorie des tubes capillaires, du même. — *In-4°*, et :

SUR L'ACTION capillaire. Le tout en un volume. — *In-4° rel.*

2849. — ALEMBERT (ᴅ'). — Essai d'une nouvelle théorie de la résistance des fluides. — Pᴀʀɪs, *David, 1752, in-4° rel.*

2850. — Dᵒ, CONDORCET ᴇᴛ BOSSUT. — Nouvelles expériences sur la résistance des fluides. — Pᴀʀɪs, *Jombert, 1777, in-8° rel.*

2851. — FRISI (R. P.) — Traité des rivières et des torrents augmenté du traité des canaux navigables. Traduit de l'italien par Deserrey. Fig. — Pᴀʀɪs, *imp. royale, 1774, in-4° rel.*

2852. — SILBERSCHLAG (J. I.) — Théorie des fleuves, avec l'art de bâtir dans leurs eaux et de prévenir leurs ravages. Trad. de l'allemand, par d'Auxerois (Fig.) — Pᴀʀɪs, *Jombert, 1869, in-4°.*

f. — Hydraulique

2853. — DU BUAT (L. D.) — Principes d'hydraulique. — Pᴀʀɪs, *imp. de Monsieur, 1779, in-8°.*

2854. — BELIDOR (B. Fᴏʀᴇsᴛ ᴅᴇ). — Architecture hydraulique, où l'art de conduire, d'élever et de ménager les eaux pour les différents besoins de la vie. — Pᴀʀɪs, *Jombert, 1786, in-4°, 4 vol. rel.* (Pl.)

2855. — JANVIER ᴇᴛ BISTON (Vᴀʟᴇɴᴛɪɴ). — Manuel du mécanicien fontainier, pompier et plombier, 2ᵉ édition. — Pᴀʀɪs, *Roret, 1835, in-18.* (Pl.)

2856. — DUMAY (Vɪᴄᴛᴏʀ). — Notice historique sur l'établissement des fontaines publiques à Dijon. — Dɪᴊᴏɴ, *Frantin, 1845, in-8° br.*

2857. — BELANGER, Professeur. — Notes sur le cours d'hydraulique fait à l'Ecole des Ponts et Chaussées en 1849-50.

2858. — RAPPORT adressé à M. le directeur des travaux hydrauliques par M. Verrier, ingénieur du même service sur l'état actuel des travaux d'extraction de la roche *La Roche*, et sur les résultats obtenus jusqu'à ce jour. — Bʀᴇsᴛ, *1858.*

2859. — DUPUIT (J.) — Traité de la conduite et de la distribution des eaux, etc. — Paris, *1854, in-4° et Atlas.*

2860. — MATTHEY (Giovini - Pietri). — Descrizione di un nuovo regolatore per l'esatta distribuzione delle acque correnti inventate dal signor G. P. Matthey. — Turino, *1787, in-8° cart.* (Pl.)

g. — Mécanique industrielle

2861. — DESCRIPTION des machines et procédés spécifiés dans les brevets d'invention (avec les planches), depuis 1791, *in-4°;* avec les tables des 40 premiers volumes et le catalogue des brevets d'invention, depuis 1842. — *In-8°.*

2862. — INSTRUCTION théorique et pratique sur les brevets d'invention, de perfectionnement et d'importation, par le chef du bureau des manufactures au ministère du commerce. — Paris, *Bachelier, 1829, in-8°.*

2863. — MORIN (Arthur). — Aide-mémoire de mécanique pratique a l'usage des sous-officiers d'artillerie et des ingénieurs civils et militaires, par Arthur Morin, 4ᵉ édit. — Paris, *L. Mathias, 1847, in-8°.*

2864. — BRESSE, Professeur. — Résumé de quelques leçons sur la flexion et la résistance des pièces courbes, faites à l'Ecole impériale des Ponts et Chaussées, session 1852-53. — *Cours lith.* pᵗ *in-f°.*

2865. — REPORT of the commissioner of patents for the year 1855. (Arts and manufactures). — Washington, *C. Wendell, 1856, 2 vol. in-8° rel.*

2866. — BOURDAIS (Jules). — Traité pratique de la résistance des matériaux, appliquée à la construction des ponts, des bâtiments, des machines, etc., par Jules Bourdais. — Paris, *Mallet-Bachelier, 1859, in-8° br.*

2867. — TECHNICAL JOURNAL and industrial. Self instructor. Part 1 et 2.

2868. — BRUNE (E.) — Cours de construction professé à l'Ecole des Beaux-Arts, 1ʳᵉ partie : Résistance des matériaux publié avec le concours de M. A. Flamant, ingénieur en chef des Ponts et Chaussées. — Paris, *imprimeurs réunis, 1888, in-8° br.*

2869. — MANILIUS (Marcus). — M. Manilii astronomicon ex recensione et cum notis Richardi Bentleii. — Londini, *typis Henrici Woodfal, sumptibus Pauli et Isaaci, Vaillant, 1739, in-4° rel.* (Portrait de Richard Bentle).

C. — Astronomie

2870. — PLUCHE (N. A.) — Histoire du ciel, où l'on recherche l'origine de l'idolâtrie et les méprises de la philosophie sur la formation des corps célestes et de toute la nature, nouvelle édition. — Paris, *Estienne, 1748, in-12, 2 vol. rel.*

2871. — D°. — La même. — Paris, *Estienne, 1765, in-12, 2 vol. rel.*

2872. — MENTELLE (Edme). — Cosmographie élémentaire, divisées en parties astronomique et géographie, avec des planches et des cartes, par Edme Mentelle, membre de l'Institut national. — Paris, *Th. Barrois, libraire, an VII, 2 vol. in-8°.*

2873. — CALENDRIER grégorien rétabli, ou concordance des dates avec l'annuaire de la République, de l'an 2 à l'an 15. Almanach pour 1806.

2874. — SCHWARTZ (C.-G.) — Mémoire explicatif sur la sphère caucasienne et spécialement sur le zodiaque, où l'on prouve que ce dernier monument doit être jugé indigne de toute attention de la part des astronomes. — Paris, *Migneret, 1813, in-4°.*

2875. — LIAIS (Emm.) — L'Espace céleste et la nature tropicale. Description physique de l'univers. — Paris, *Garnier, 1866, g⁴ in-8°.*

2876. — DUPUIS (C. F.) — Dissertation sur le zodiaque de Dendra. — Paris, *Chasseriau, 1822, in-18.* (Pl).

2877. — DRUMMONT (W.) — Mémoire sur l'antiquité des zodiaques d'Esneh et de Denderah. Traduit de l'anglais. — Paris, *J.-M. Eberhart, 1822, in-8°, pp. vel.*

2878. — ZODIAQUE. — Recueil de pièces diverses sur le zodiaque de Denderah, etc.

DUPUIS (C. F.) — Observations sur le zodiaque de Denderah, 1806. — *In-8°.*

D°. — Dissertation sur le zodiaque de Denderah, 1812. — *In-18.*

HALMA. — Supplément de l'examen et explication du zodiaque de Denderah, Fig. et Pl. — Paris, *Merlin, 1822, in-8°.*

SAULNIER (Fils). — Notice sur le voyage de M. Lelorrain en Egypte, et observations sur le zodiaque circulaire de Denderah. — Paris, *1822.*

TEMOIGNAGES concernant la traduction française de l'Almageste, ou astronomie grecque de Ptolémée, sous le titre de composition mathématique, par l'abbé Halma. — *In-4°.*

NOTICE sur une nouvelle traduction des Ethiopiennes, ou Théagènes et Chariclée, roman grec d'Héliodore, par Quenneville. — *In-8°.* Article signé : Chardon-La-Rochette..

NOTICE sur les Ethiopiques d'Héliodore, nouvelle édition.

SCHWEIGHÆUSER (J.-G.) — Lettre à M. Millin sur quelques passages de Theophraste, Suidas et Arrien. — Paris, *Didot jeune, 1803, in-8°.*

NOTICE sur une thèse intitulée : Disputatio historico-critica de Panætio-Rhodio, Philosopho-Stoico. — *In-8°.* Relié avec :

LINGAY (J.). — Jehowah. Lettre à M. le comte Volney, 1820. — *In-8°.*

BURNOUF (J. H.) — Examen du système perfectionné de conjugaison grecque, par M. Fr. Thiersch, ou indication de quelques rapports du grec avec le sanskrit ; suivi des analyses et extrait du Devimahatmya, fragment du Markandeya Pourana, traduit du sanskrit par E. Burnouf fils. — Paris, *Dondey-Dupré, 1824.* Le tout en un volume *in-8° rel.*

2879. — LE MONNIER (P.-C.) — Institutions astronomiques, ou leçons élémentaires d'astronomie pour servir d'introduction à la physique céleste et à la science des longitudes, avec de nouvelles tables d'équation corrigées, et particulièrement les tables du soleil, de la lune et des satellites, précédées d'un essai sur l'histoire de l'astronomie moderne. — Paris, *Guérin, 1746, in-4° rel.*

2880. — LA LANDE (J. de). — Astronomie, 2ᵉ édit. — Paris, *Desaint, 1771, in-4°, 4 vol. rel.*

2881. — Dᵒ. — Astronomie des dames, 2ᵉ édit. — Paris, *Cuchet,* an IV, *1795, in-18.*

2882. — BAILLY (S.) — Traité de l'astronomie indienne et orientale. — Paris, *Debure aîné, 1787, in-4° rel.*

2883. — FORTIA D'URBAN (le Marquis). — Histoire d'Aristarque de Samos, suivie de la traduction de son ouvrage sur les distances du soleil et de la lune, par M. de F***. — Paris, *veuve Duminil Lesueur, 1810, in-8° rel.*

2884. — DELAMBRE (J.-B.-J.) — Astronomie théorique et pratique. — Paris, *veuve Courcier, 1814, in-4°, 3 vol. rel.*

19

2885. — D°. — Abrégé d'astronomie, ou leçons élémentaires d'astronomie théorique et pratique. — Paris, *veuve Courcier, 1813, in-8° rel.*

2886. — BIOT (J. B.) — Traité élémentaire d'astronomie physique. — Paris, *Bernard, 1805, in-8° rel.*

2887. — D°. — Le même, avec des additions relatives à l'astronomie nautique, de Rossel, 2ᵉ édition. — Paris, *J. Klostermann, 1810, in-8°, 3 vol. rel.*

2888. — GUILLEMIN (Amédée). — Notion d'astronomie à l'usage des gens du monde et de la jeunesse, 2ᵉ édit. — Paris, *Hachette, 1865, gᵈ in-8° rel.*

2889. — MAUPERTUIS (de). — Astronomie nautique, ou éléments d'astronomie, tant pour un observatoire fixe que pour un observatoire mobile. — Paris, *imp. royale, 1743, in-8° rel.*

2890. — BERGERY (C. L.) — Astronomie élémentaire, ou description géométrique de l'univers faite aux ouvriers messins. — Metz, *Mᵐᵉ Thiel, 1832, in-8° br.* (Don Hétet).

2891. — HERSCHEL (Fils). — Traité d'astronomie, traduit de l'anglais par M. Peyrot. — Paris, *chez l'auteur, 1834, in-8° rel.* (Don Hétet).

2892. — CHASLES. — Ecole polytechnique. Cours d'astronomie et de géodésie, 1ʳᵉ division 1850. — *Lithog. in-4°.*

2893. — AMIOT. — Traité élémentaire de cosmographie. — Paris, *Delalain, 1848, in-8° rel.*

2894. — DUBOIS (E. P.) — Cours d'astronomie à l'usage des officiers de la marine impériale. — Paris, *Bertrand, 1863, in-8°.*

2895. — D°. — Le nouveau Cosmos. Revue astronomique pour 1862. — Paris, *Lacroix, 1863, gᵈ in-8°.*

2896. — DARQUIER (A.) — Lettres sur l'astronomie pratique. — Paris, *Didot fils, 1786, in-8°.*

2897. — FINE (Oronce). — Orontii Finei Delphinatis, Regii mathematicarum professoris, de mundi sphærâ, sive cosmographia, primave astronomiæ parte, lib. V. etc,, etc. — Parisus, *ex officinâ Colinæi, 1852, pᵗ in-f° vélin.* (Fig.)

2898. — MIRABAUD (J. B. de). — Le monde, son origine et son antiquité, 1ʳᵉ partie. — Londres, Paris, *1751, in-8° rel.*

2899. — FONTENELLE (DE). — Entretiens sur la pluralité des mondes. Nouv. édition, augmentée des dialogues des morts. — PARIS, *1766, in-12 rel.*

2900. — D°. — Les mêmes. — PARIS, *Dentu, 1824, in-18.*

2901. — D°. — Entretiens sur la pluralité des mondes. — PARIS, *Ménard, 1828, in-12 br.*

2902. — FLAMMARION (CAMILLE). — La pluralité des mondes habités. — PARIS, *Didier, 1868, in-12.*

2903. — BERTHIER (Le P. J. L.) — Principes physiques pour servir de suite aux principes mathématiques de Newton. — PARIS, *imp. royale, 1764, in-12, 3 vol. rel.*

2904. — MARÉCHAL (G. A.) — Quelques idées nouvelles sur le système de l'univers. — PARIS, *1810, in-8° rel.*

2905. — HASSENFRATZ (J. H.) — Cours de physique céleste, ou leçons sur l'exposition du système du monde. — PARIS, *Guilleminet, an XI, 1803, in-8°.* (Pl.)

2906. — LAPLACE. — Œuvres complètes publiées sous les auspices de l'Académie des sciences, par MM. les Secrétaires perpétuels. — PARIS, *Gauthier-Villars, 1884-90.*

2907. — ARAGO (FRANÇOIS). — Œuvres complètes : 1° Notices biographiques 3 vol. ; 2° Astronomie populaire 4 ; 3° Mémoires scientifiques 2 ; 4° Notices scientifiques 5 ; 5° Instructions sur les voyages scientifiques 1 ; 6° Mélanges 1 ; 7° Tables 1. Ensemble *17 vol. in-8°.* — PARIS, *Gide et Baudry ;* LEIPZIG, *T. G. Weigel, 1854-1859.*

2908. — FILHON. — 1° Notice sur les travaux astronomiques, géodésiques et météorologiques exécutés à Alger, par les officiers du corps royal d'état-major, sous la direction de M. le chef d'escadron Filhon, commandant la brigade topographique de 1830 à 1833 ; 2° Notes sur quelques différences de niveau du Rhône, du Rhin et de la chaîne du Jura ; 3° Quelques notes sur l'expérience de Pascal, les déterminations barométriques de Ramond, la hauteur absolue du Puy-de-Dôme et celle de Clermont-Ferrand. Les trois notes sont contenues dans *un volume in-8° rel.* — PARIS, *imp. royale, 1833.*

2909. — GAUSS (C. J.) — Théorie du mouvement des corps célestes, etc. Traduction suivie de notes, par Ed. Dubois. — PARIS, *Art. Bertrand, s. d., gᵈ in-8°.*

2910. — DIONIS DU SÉJOUR (A. P.) — Essai sur les comètes en général et particulièrement sur celles qui peuvent approcher de l'orbite de la terre. — Paris, *Volade, 1775, in-8° rel.*

2911. — D°. — Essai sur les phénomènes relatifs aux disparitions périodiques de l'anneau de Saturne. — Paris, *Valade, 1776, in-8° rel.*

2912. — MÉMOIRE sur les comètes, suivi de réflexions sur les observations récemment faites par les astronomes sur la comète de Halley et quelques considérations nouvelles sur les aurores boréales, par M. P.-D., capitaine du génie, chevalier de la Légion d'honneur. — Paris, *E. J. Bailly et Cie, 1836, in-8°.*

2913. — COULVIER-GRAVIER. — Catalogue des globes filants (bolides) observés de 1841 à 1853. — Paris, *1854, in-4°.*

2914. — D°. — Recherches sur les météores et sur les lois qui les régissent. — Paris, *Mallet-Bachelier, 1859, in-8°.*

2915. — D°. — Précis des recherches sur les météores, etc. — Paris, *Mallet-Bachelier, 1863, in-18.*

2916. — JUAN (D. J.) — Observaciones astronomicas, y phisicas hechas de orden de S. Mag. en los Reynos del Peru. De las quales se deduce la figura, y magnitud de la tierra, y se aplica a la navegacion. (Fig.) — Madrid, *Juan de Zuniga, 1748, in-4° rel.*

2917. — CONNAISSANCE des temps ou des mouvements célestes, à l'usage des Astronomes et des Navigateurs pour 1833. — Paris, *Bachelier, 1830, in-8°.*

2918. — HALLEY (Ed.) — Tables astronomiques, 2e édit., par l'abbé Chappe d'Auteroche. — Paris, *Durand, 1754, in-8° rel.*

2919. — RECUEIL de tables astronomiques perpétuelles et de la table des logarithmes des sinus, etc., etc. — Paris, *1764, in-8° parch.*

2920. — GAULETTE. — L'usage d'un nouveau planisphère, avec les démonstrations de ses règles pour servir aux conférences d'hydrographie. — Toulon, *P. L. Mallard, 1688, in-8° rel.* (Fig.)

2921. — ROBERT (Fr.) — Traité de la sphère avec l'exposition des différents systèmes astronomiques du monde. — Paris, *Desnos, 1777, in-12 parch.*

2922. — DELAMARCHE (C. P.) — Les usages de la sphère et des globes célestes et terrestres, selon les hypothèses de Ptolémée et de Copernic. (Fig.), précédés d'un abrégé sur leur origine, sur les différents systèmes du monde, etc. ; suivis de l'analyse historique et géographique des 4 parties du monde, 2e édit. — PARIS, *an VII, in-8° rel.*

2923. — GUÉPRATTE (C.) — Instructions sur le planisphère céleste à l'usage de la marine, et démonstration des éclipses de lune, de soleil, et des occultations d'étoiles. — BREST, *Lefournier et Depériers, 1826, in-4°, pp. fort.*

2924. — LESPARAT (J. F.) — Métrologies constitutionnelle et primitive, comparées entre elles et avec la métrologie d'ordonnances. — PARIS, *H. J. Jansen, an X, 1801, in-4°, 2 vol.*

2925. — GOSSELIN (P. F. J.) — Recherches sur le principe, les bases et l'évaluation des différents systèmes métriques linéaires de l'antiquité. — PARIS, *Rey, 1821, in-4°.*

2926. — DANTAL (P.) — Calendrier perpétuel et historique, fondé sur les principes des plus célèbres astronomes, Copernic, Galilée, etc. — PARIS, *A. Delalain, 1810, in-8° rel.* (Pl.)

2927. — CALENDRIER (Le) grégorien rétabli, ou Concordance des dates avec l'Annuaire de la République de l'an II à l'an XV, auquel on a joint un précis chronologique des événements remarquables depuis l'ouverture des Etats-Généraux en France. — PARIS, *1806, in-18, 2 exempl.*

2928. — COLSON (NATHANIEL). — The mariner's new Calendar containing the principles of arithmetic and practical geometry, etc. The whole revised... by W. Montanié. — LONDON, *W. and J. Mount, 1743, pt in-4° rel.*

2929. — OZANAM (J.) — Méthode générale pour tracer des cadrans sur toute sorte de plans. — PARIS, *E. Michalet, 1785, in-12 rel.* (Pl.)

2930. — RIVARD (F. D.) — La Gnomonique, ou l'art de faire des cadrans, 3e édition. (Pl.) — PARIS, *Desaint et Saillant, 1757, in-8° rel.*

2931. — GARNIER (J. B.) — Gnomonique mise à la portée de tout le monde, ou méthode simple et aisée pour tracer des cadrans solaires, etc. — PARIS, *Vincent, 1773, in-8° rel.*

2932. — SAINTE-MARIE-MAGDELAINE (DOM PIERRE DE). — Horlogiographie (Fig.) — PARIS, *A. Dezallier, 1680, in-8° rel.*

2933. — D°. — La même. — LYON, *L. Plaignard, 1681, in-8° rel.*

2934. — ALEXANDRE (Dom J.) — Traité général des horloges (Fig.) — Paris, *H.-L. Guérin, 1734, in-8° rel.*

2935. — BERTHOUD (Ferdinand). — Essai sur l'horlogerie ; dans lequel on traite de cet art relativement à l'usage civil, à l'astronomie et à la navigation, en établissant des principes confirmés par l'expérience, 2e édit. (Fig. en taille douce). — Paris, *J.-G. Mérigot le jeune et Didot fils, 1786, in-4°, 2 vol. rel.* (Donné à la Bibliothèque par M. Quettier, horloger).

D. — Optique. — Dioptrique. — Catoptrique
et Perspective

2936. — SMITH (R.) — Traité d'Optique. Traduit de l'anglais et considérablement augmenté par Duval-Leroy. — Brest, *R. Malassis, 1767, in-4° rel. (2 exempl.)*

2937. — DUVAL-LEROY. — Supplément à l'Optique de Smith, contenant une théorie générale des instruments de dioptrique, 2e édit. — Brest, *R. Malassis, an VIII, 1800, in-4°.*

2938. — BOUGUER (P.) — Essai d'Optique sur la gradation de la lumière. — Paris, *C. Jomberi, 1729, in-12 rel.*

2939. — CASTEL (Le P. L. B.) — Optique des couleurs, fondée sur les simples observations et tournée surtout à la pratique de la peinture, de la teinture et des autres arts coloristes. — Paris, *Briasson, 1740, in-12 rel.* (Pl.)

2940. — CHERUBIN D'ORLÉANS (Le P.) — La dioptrique oculaire, ou la théorique, la positive et la méchanique de l'oculaire dioptrique en toutes espèces. — Paris, *T. Jolly, 1671, in-f° rel.* (Pl.)

2941. — EULER (L.) — Dioptrica. — Petropole, *1769, 1771, in-4°, 3 vol. rel.*

2942. — JEAURAT (E. S.) — Traité de perspective à l'usage des artistes, où l'on démontre géométriquement toutes les pratiques de cette science, et où l'on enseigne, selon la méthode de M. Le Clerc, à mettre toutes sortes d'objets en perspective, etc. — Paris, *C.-A. Jombert, 1750, in-4° rel.* (Pl.)

2943. — CLINCHAMP (F. D. de). — Nouveau traité de la perspective des ombres et de la théorie des reflets, etc. — Paris, *Saulelet, 1826, in-4° rel.* (Pl.)

2944. — PELLEGRIN (V.) — Théorie pratique de la perspective. Etude à l'usage des artistes peintres. — Paris, *librairie centrale d'architecture, 1870, in-12 br.*

2945. — PAYEN (Le Docteur). — Extrait du traité de perspective oculaire, démontrée par l'unité ou du dessin enseigné à l'aide de chiffres. — Brest, *Gadreau, 1884, in-4º.*

2946. — CASSAGNE. — Traité pratique de perspective appliquée au dessin artistique et industriel. — Paris, *Fourant et fils, in-8º br.*

2947. — COULIER (M. P.) — Manuel pratique du microscope appliqué à la médecine. — Paris, *Desobry, E. Magdeleine et Cⁱᵉ, 1859, pt in-8º.* (Don Hétet).

2948. — GIRARD (Jules). — La chambre noire et le microscope-photomicrographie pratique. — Paris, *F. Savy, 1869, in-8º.*

E. — Marine

2949. — BOISMELÉ (de). — Histoire générale de la marine, contenant son origine chez tous les peuples du monde, ses progrès, son état actuel et les expéditions maritimes anciennes et modernes. — Paris, *P. Prault, 1744, in-4º, 2 vol. rel.*

2950. — JAL (A.) — La Flotte de César et le Virgilius nauticus. Etudes sur la marine antique. — Paris, *F. Didot, 1861, in-8º.*

2951. — DESLANDES. — Essai sur la marine et sur le commerce des anciens. — *1743, relié avec :*

INTÉRÊTS de l'impératrice reine, des rois de France et d'Espagne, et leurs principaux alliés, etc. — *In-8º rel.*

2952. — Dº. — Essai sur la marine des anciens et particulièrement sur leurs vaisseaux de guerre (Pl.) — Paris, *David, 1748, in-12 rel.* *(2 exempl.)*

2953. — DISCOURS d'introduction à l'histoire générale des progrès de la marine militaire chez tous les peuples anciens et modernes, par M. de Pin..., L. D. V. — Genève et Toulon, *1789, in-8º.*

2954. — JAL (A.) — Archéologie navale. — Paris, *Arthus Bertrand, 1840, g^d in-8°, 2 vol.*

2955. — LE ROY (J. D.) — Les navires des anciens, considérés par rapport à leurs voiles et à l'usage qu'on en pourrait faire dans notre marine. — Paris, *Nyon aîné, 1783, in-8° rel. (2 exempl)*

2956. — PARIS (E.) — L'art naval à l'Exposition universelle de 1862. — Paris, *Arth. Bertrand, g^d in-8°, 2 vol.*

2957. — RENARD (Léon). — Les merveilles de l'art naval. Illustrations de Morel Fatio. — Paris, *L. Hachette, 1866, g^d in-18.*

2958. — JURIEN DE LA GRAVIÈRE (V.-A.) — La marine des Ptolémées et la marine des Romains. Tomè Ier, la marine de guerre. Tome II, la marine marchande. — Paris, *Plon, 1855, 2 vol. in-12.*

2959. — D°. — Les marins du XVe et du XVIe siècle. — Paris, *E. Plon, 1879, 2 vol. in-12.*

2960. — D°. — Les corsaires barbaresques et la marine de Soliman Le Grand. — Paris, *Plon, 1887, in-12.*

2961. — D°. — Les derniers jours de la marine à rames. — Paris, *Plon, 1885, in-12.*

2962. — NOTICE de la marine à Cherbourg, pour l'an 5 de la République française. — Cherbourg, *P. Clamorgam, an V, in-4° br.*

2963. — PARIS (E.) — Le Musée de marine du Louvre. Histoire, description, construction, statistique des navires à rames et à voiles. 80 pl. photographiques inaltérables et 200 vignettes. — *In-f°.*

2964. — AUBIN. — Dictionnaire de marine, contenant les termes de la navigation et de l'architecture navale, avec les règles et proportions qui doivent y être observées (Fig.) — Amsterdam, *J. Covens et Corneille Mortier, 1722, in-4° rel.*

2965. — D°. — Le même. — Amsterdam, *J. Covens et C. Mortier, 1736, in-4° rel.*

2966. — SAVÉRIEN (Alex. de). — Dictionnaire historique, théorique et pratique de marine, 2e édit. — Paris, *Cellot, 1781, in-8°, 2 vol. rel.*

2967. — LESCALLIER (D.) — Vocabulaire des termes de marine, anglais-français, et français-anglais, auquel on a joint un calepin des principaux termes de commerce maritime, des denrées et productions exotiques, etc. En deux parties. — Paris, *F. Didot, an VIII, in-8° rel.*

2968. — ROMME (C.) — Dictionnaire de la marine française. (Fig.) — LA ROCHELLE et PARIS, *Barrois aîné, 1792, in-8° rel.*

2969. — LHUILLIER (C. E.) et PETIT (C. J.) — Dictionnaire des termes de marine, français-espagnol, et espagnol-français, auquel on a joint un traité de prononciation pour chaque langue. — PARIS, *Delange et Bélin, 1810, in-8° rel.* (Les deux parties en un volume).

2970. — WILLAUMEZ (V. A.) — Dictionnaire de marine. — PARIS, *Bachelier, 1820, g^d in-8° rel.*

2971. — JAL (A.) — Glossaire nautique. Répertoire polyglotte des termes de marine, anciens et modernes. — PARIS, *F. Didot, 1848, in-4° rel.*

2972. — BONNEFOUX (le Baron DE) et PARIS (E.) — Dictionnaire de marine à voiles et de marine à vapeur. — PARIS, *Arthus Bertrand, s. d., g^d in-8°, 2 vol. rel.*

2973. — LA LANDELLE (G. DE). — Le langage des marins. — PARIS, *Dentu, 1859, in-8°.*

2974. — COURS de l'Ecole navale impériale. Construction. — Calcul. — Manœuvre. — Astronomie, etc. — *Autog. in-4°, 9 vol. rel.*

2975. — THÉVENARD (l'Amiral Baron ANT.) — Mémoires relatifs à la marine. — PARIS, *Laurens, an VIII, in-8°, 4 vol. rel.*

2976. — RECUEIL factice de Pièces sur la marine, composé de :

APERÇU *(sic)* d'un citoyen sur la réunion des deux marines en France, nouvelle édition, augmenté d'une réponse à la lettre anonyme adressée à l'auteur. — AMSTERDAM et PARIS, *Grangé, 1784, in-8°.*

FORFAIT. — Lettres d'un observateur sur la marine, son organisation actuelle et la guerre continentale et maritime en général. — PARIS, *Clousier, an X, 1802, in-8°.*

2977. — GERDI (F.) — Examen rapide de cette question : Quelles sont les causes principales de la décadence de la marine militaire en France. — BOULOGNE, *Deperrest-Verner, 1887, in-8°.*

QUELQUES mots sur la marine royale de France, par un marin. — PARIS, *Bachelier, 1818, in-8° ;*

BOISGENETTE (DE). — Considérations sur la marine française en 1818, et sur les dépenses de ce département. — PARIS, *Bachelier, 1818, in-8° ;*

BOUVET (P.) — Observations sur la marine. — Paris, *J.-G. Dentu,* *1821, in-8°.*

MÉMOIRE à consulter en faveur des officiers de la marine, contre l'ordonnance du 1er mars 1818, concernant cette arme, par M. F***, lieutenant de frégate en retraite. — Brest, *Rozais, 1831, in-8°.*

2978. — GRIVEL (R.) — Considérations navales, en réponse à la brochure de M. de Pradt, intitulée : Appel à l'attention de la France sur la marine militaire. — Paris, *imp. royale, 1832, in-8°.* Le tout en deux volumes reliés.

2979. — EXAMEN d'un écrit publié par le vice-amiral comte de Burgues de Missiessy, ayant pour titre : Aperçu sur le matériel et le personnel de la marine. — Paris, *imp. royale, 1830, in-8° rel.*

2980. — HISTOIRE de l'Ecole navale et des institutions qui l'ont précédée par un ancien officier, 40 grav. Composition de Paul Jazet, gravées sur bois par Méaulle. — Paris, *Quentin, g*d *in-8°.*

2981. — ANNÉE (L') maritime. — 1re année 1876 ; 2e année 1877 ; 3e année 1878. — Paris, *Berger-Levrault et C*ie*, 1877-78-79, in-12,* *3 vol. rel.*

b. — Construction, installation et manœuvre des vaisseaux

2982. — DURANTI DE LIRONCOURT (de). — Instruction élémentaire et raisonnée sur la construction pratique des vaisseaux, en forme de dictionnaire. — Paris, *Musier, 1771, in-8° rel., 2 exempl.*

2983. — CHAPMAN (F. H. de). — Traité de la construction des vaisseaux, avec des éclaircissements et démonstrations touchant l'ouvrage intitulé : Architectura navalis mercatoria, etc. Traduit du suédois par M. Vial du Clairbois. — Brest, *R. Malassis, 1781, in-4° rel.* (Pl.)

2984. — ROMME. — L'art de la marine ou préceptes généraux de l'art de construire, d'armer, de manœuvrer et de conduire des vaisseaux. — Paris, *1787, in-8° rel.*

2985. — DESLONCHAMPS, l'aîné. — Recueil de toutes sortes de machines, d'outils, etc., en usage pour la construction des vaisseaux, première partie. — Brest, *1863, manuscrit in-f° rel.*

2986. — INSTRUCTION sur les bois de la marine et leur application aux constructions navales. — Paris, *Arthus Bertrand, in-8° rel.*

2987. — OZANNE (N. P.) — Marine militaire, ou recueils de différents vaisseaux qui servent à la guerre, suivi des manœuvres qui ont le plus de rapport au combat, ainsi qu'à l'attaque et à la défense des ports. — PARIS, *in-8° cart.*

2988. — DUHAMEL DU MONCEAU (H. E.) — Traité de la fabrique des manœuvres pour les vaisseaux, ou l'art de la corderie perfectionné, 1re et 2me parties. — PARIS, *Desaint, 1769, in-4° rel.* (Pl.)

2989. — D°. — Le même, 2me partie, dans laquelle on traite des cordages goudronnés. — PARIS, *Desaint, 1769, in-8° rel.*

2990. — LESCACLIER (D.) — Traité pratique du gréément des vaisseaux et autres bâtiments. — PARIS, *Clousier, 1791, in-4° rel.* (Pl.)

2991. — DIMENSION de la mâture des vaisseaux, frégates, etc. — *Manuscrit, p^t in-f° cart.*

2992. — PAINCHAUT (F.) — Rapport d'une Commission nommée d'après les ordres du Ministre de la marine sur le système de ridage de M. Painchaut, Nantes, 1829, et Rapports sur le système de ridage du même. — BREST, *J. B. Lefournier, 1829, in-8°.* (Pl.)

2993. — BOURDÉ DE VILLEHUET. — Manuel des marins, ou dictionnaire des termes de marine. — LORIENT, *Le Jeune fils, 1773, in-8° rel.*

2994. — D°. — Le même. Nouvelle édition. — PARIS, *Barrois, an VII, in-8°, 2 vol. rel.*

2995. — PITOT (H.) — La théorie de la manœuvre des vaisseaux, réduite en pratique, ou les principes et les règles pour naviguer le plus avantageusement qu'il est possible. — PARIS, *C. Jombert, 1731, in-4° rel.* (Pl.)

2996. — COSTÉ. — Exercice de la manœuvre des bâtiments de guerre. — *In-8°.*

2997. — MARQUÉ (DE). — Projet d'une grande économie à apporter dans l'armement des bâtiments par la substitution du fil de fer au fil de caret, dans la confection des manœuvres dormantes. — BREST, *Rozais, 1831, in-8° br., 11 pp.*

2998. — JOUFFROY (ACHILLE DE). — Des bateaux à vapeur. Précis historique de leur invention. Essai sur la théorie de leur mouvement et description d'un appareil palmipède applicable à tous les navires. Ouvrage lu à l'Académie des sciences le 18 novembre 1839. — PARIS, *Duverger, in-8° br.*

2999. — VINCENT (F. A.) — Quelques considérations sur les matières textiles (confections des toiles à voiles), par le docteur F. A. Vincent, premier pharmacien en chef de la marine, officier de la Légion d'honneur. — BREST, *imp. E. Anner, 1859, in-8° de 47 pages.*

3000. — JOUVIN (M. A.) — Conservation des navires en fer. Notice sur les procédés électro-chimiques. — PARIS, *Renou et Maulde, 1868, in-8°, 52 pp. br.*

3001. — MANUEL du jeune marin. — *In-8° rel.* La page du titre manque. (Don Hétet).

c. — NAVIGATION. — PILOTAGE. — VENTS. — MARÉES. — TACTIQUE

NAVALE ET SIGNAUX

3002. — FOURNIER (GEORGES). — Hydrographie contenant la théorie et la pratique de toutes les parties de la navigation, 2e édition. Plus la navigation du roi d'Ecosse Jacques V, autour de son royaume et des îles Hébrides et Orcades, sous la conduite d'Alex. Lyndsay, excellent pilote écossais. — PARIS, *J. Dupuis, 1667, in-f° rel.*

3003. — RADOUAY (DE). — Remarques sur la navigation et les moyens d'en perfectionner la pratique, avec les figures en taille douce de quelques mouvements d'armée et de vaisseau à vaisseau, etc. — PARIS, *H. Fournier, 1727, in-4° rel.*

3004. — BEZOUT (ET.) — Traité de navigation. — PARIS, *Musier fils, 1769, in-8° rel.*

3005. — D°. — Le même. Nouvelle édition, par de Rossel. — PARIS, *Courcier, 1814, in-8° rel.*

3006. — DUVAL-LEROY. — Eléments de navigation. — BREST, *1802, in-8° rel.*

3007. — DU BOURGUET (J. B. E.) — Traité de la navigation. — PARIS, *Fain, 1888, in-4°.*

3008. — BABRON (J. B. E.) — Précis des pratiques de l'art naval en France, en Angleterre et en Espagne. — BREST, *Michel, 1807, in-8° rel.*

3009. — LESCAN (J. F.) — Supplément au traité élémentaire de navigation théorique et pratique. — PARIS, *Barrois, 1824, in-8°.*

3010. — BONNEFOUX (P. M. J. DE). — Séances nautiques, ou exposé des diverses manœuvres de vaisseau. — PARIS, *Bachelier, 1824, in-8°.*

3011. — DUBOIS (E. P.) — Cours de navigation et d'hydrographie. — Paris, *Arthus Bertrand, in-8°.*

3012. — MOUNTAINE (W.) — The Seaman's vade-mecum, and defensive war by sea : containing the proportions of rigging, masts and yards, weight of anchors, etc. — *In-12 rel.*

3013. — ATKINSON (J.) — Epitome of the art of navigation, or a short, easy and methodical way to become a compleat navigator, the whole revised, etc. by W. Mountaine. — London, *W. and J. Mount, 1758, in-8° rel.*

3014. — HARDINGHAM (J.) — The accomplished ship-Wright and mariner. To which is added a correct table of the latitude and longitude of the most notable capes, etc. By John Thornton. — London, *W. Mount and Thomas Page, 1733, in-8° rel.*

3015. — WAKELY (A.) — The mariner's compass rectified, enlarged with many useful additions by J. Atkinson, the whlole revised, etc. By W. Mountaine. — London, *J. Mount, 1771, in-12 rel.*

3016. — HASELDEN (T.) — The seaman's daily assistant, being a short, easy, and plain method of keeping a journal at sea, etc. — London, *J. Mount, 1773, in-4° rel.*

3017. — STEEL (David). — The ship-master's assistant and owner's manual : containing complete information, as well to merchants, masters of ships, and persons employed in the merchant-service, etc. The tenth edition. — London, *P. Steel, 1803, in-8°, rel. en toile.* (Fig.)

3018. — OBSERVATIONS et instructions à l'usage des officiers entretenus, jeunes officiers et autres de la marine d'Angleterre, sur tous les principaux points du service, etc. Publiées à Londres par un capitaine de vaisseau. Traduit de l'anglais par Y. M. G. Laouénan. — Paris, *Barrois aîné, 1815, in-8°.*

3019. — LE CORDIER (S.) — Instruction des pilotes, en deux parties. Dernière édition, revue par Le Cordier. — Le Havre, *veuve G. Gruchet P. Faure, 1748, in-8° parch.*

3020. — D°. — Le même. Nouvelle édition. — Saint-Malo, *L.-H. Hovius, 1788, in-8° parch.*

3021. — LE GAIGNEUR. — Le pilote instruit, ou nouvelles leçons de navigation sans maître, à l'usage des navigateurs du commerce. (Fig.) Nantes, *Brun l'aîné, 1781, in-4° rel.*

3022. — ROMME (C). — Tableau des vents, des marées et des courants qui ont été observés sur toutes les mers du globe, avec des réflexions sur ces phénomènes. (Carte). — Paris, *L. Duprat-Duverger, 1806, in-8°, 2 vol. cart.*

3023. — D°. — Les mêmes. — Paris, *Bachelier, 1817, in-8°, 2 vol.*

3024. — THIBAULT (L. A.) — Recherches expérimentales sur la résistance de l'air.— Brest, *Lefournier et Depériers, 1826, in-4°, 2 ex.*

3025. — HOSTE (Le P. Paul). — L'art des armées navales, etc. (Pl.) — Lyon, *Bruyset, 1727, in-f° rel.*

3026. — MOROGUES (de). — Tactique navale, ou traité des évolutions et des signaux, avec des figures en taille douce. — Paris, *H. L. Guérin et L. F. de Latour, 1763, in-4° rel.*

3027. — AUDIBERT-RAMATUELLE. — Cours élémentaire de tactique navale. (Fig.) — Paris, *Baudouin, an X, 1802, in-4° rel.*

3028. — BURGUES DE MISSIESSY (Le Comte de). — Tactique et signaux de jour, de nuit et de brume, à l'ancre et à la voile. — Paris, *imp. royale, 1826, in-8°.*

3029. — PAUL (J. F.) — Mémoire sur les signaux de jour, approuvés par le Ministre de la marine. — Paris, *Laran, an VII, in-4°.* Relié avec le même mémoire. — Brest, *R. Malassis, an IX, in-4°.*

3030. — SIGNAUX (Livre des) de jour, à l'usage des vaisseaux de guerre français. — Paris, *imp. royale, 1819, in-4° rel., 2 exemp.*

3031. — SIGNAUX en usage pour la navigation des divisions de la flotte dans le 2e arrondissement maritime. — *In-8°.*

3032. — GUÉPRATTE (C.) — Problèmes d'astronomie et de navigation précédés de la description et de l'usage des instruments à réflexion, suivis d'un recueil de tables, etc. — Brest, *Lefournier, 1816, g^d in-8° rel.*

3033. — D°. — Vade-mecum du marin, ou manuel de navigation, 1re partie, texte. — Brest, *J. B. Fournier, s. d., p^t in-4° rel.* (Don Auff.)

3034. — DUCOM. — Cours d'observations nautiques contenant toutes les connaissances d'astronomie relatives aux différents problèmes de navigation, etc., etc. — Bordeaux, *Pinard, 1820, g^d in-8° rel.*

3035. — LAGET DE PODIO (Le Chevalier). — Le parfait capitaine, ou guide des commerçants, armateurs, navigateurs, etc., 2e édit. — Paris, *Dondey-Dupré, père et fils, 1828, in-8° rel.*

3036. — VILLEHUET (Bourdé de). — Le manœuvrier ou essais sur la théorie et la pratique des mouvements du navire et des évolutions navales. — Paris, *Bachelier*, *1832*, *in-8° rel.* (Don du Dʳ Corre).

3037. — CHOPART. — Essai sur les évolutions navales, suivi de quelques tables destinées à en faciliter l'exécution et en apprécier la durée. — Paris, *imp. royale*, *1839*, *in-8° rel.* (Don Hétet).

3038. — EXAMEN de quelques questions relatives à l'établissement de paquebots à vapeur, entre la France et l'Amérique. — Sans lieu d'impression ni nom d'auteur, *in-4° br.*

3039. — PETIOT. — Etude sur le mouvement des marées dans la partie maritime des fleuves, par M. L. Petiot, ingénieur des ponts et chaussées. — Paris, *Dunod*, *1861*, *in-8°*.

3040. — Dº. — Atlas sur le mouvement des marées, etc. — *In-fº.*

3041. — ARNAULT (J. C.) — Le guide du calculateur de nuit pour déterminer la position du bâtiment à la mer, précédé des chronomètres. — Cherbourg, *Feuardent*, *1869*, *in-8° br.*

3041 *bis*. — BAYOT (J.) — Des règles de route à la mer pour prévenir les abordages. — Brest, *Gadreau*, *1872*, *pl. in-8°.*

3042. — ANTOINE (Ch.), sous-ingénieur de la marine. — Notes complémentaires d'un mémoire sur les lames de haute-mer (29 mai 1874). — *Autog. du port*, *in-fº br.*

3043. — DUCHEMIN (E. M.) — Expériences pratiques de la boussole circulaire faites à bord des navires de l'Etat et de la marine marchande. — Paris, *Armand et Labat*, *1877*, *in-4° de 47 pp. br.*

3044. — CORBIGNY (Brossard de). — Considérations sur l'emploi des bâteaux-torpilleurs. — Paris, *imp. nationale*, *1880*, *in-4° de 36 pp.*

3045. — DEBROSSE et GUERRIER. — Bouée de sauvetage à huile. Texte et dessin. — Havre, *avril 1891*.

3046. — INSTRUCTIONS sur la manœuvre des canots, suivies des moyens de faire revenir les noyés. Traduit de l'anglais par le contre-amiral Paris, C. B. — Paris, *Arthus Bertrand*, *in-12 de 34 pages.*

3047. — GOUBET (Le). — Devant l'opinion publique. — Paris, *libr.*, *imprim. réunies*, *in-8°*, *46 pp. br.*

3048. — PHARES et FANAUX (Description sommaire des), allumés sur les côtes de France au 1ᵉʳ janvier 1830 et au 1ᵉʳ mars 1831, 1ᵉʳ juillet 1843 et en 1844. — *In-8°.*

3049. — GUÉPRATTE (C.) — Problèmes d'astronomie nautique et de navigation, précédés de la description et de l'usage des instruments à réflexion, et suivis d'un recueil de tables nécessaires à la résolution des problèmes. — BREST, *Lefournier et Depériers, 1816, g⁴ in-8⁰ rel.*, *pp. fort.*

3050. — Dⁿ. — Les mêmes, 2ᵉ édit. — BREST, *Lefournier et Depériers, 1823, g⁴ in-8⁰ cart., pp. fort, 3 parties en un vol.*

3051. — D⁰. — Nouvelles additions aux problèmes d'astronomie nautique et de navigation. — BREST, *Lefournier et Depériers, 1827, in-8⁰.*

3052. — RECUEIL de types de calcul à l'usage des marins par T. M. L. T., lieutenant de vaisseau. — BREST, *Lefournier et neveux, 1812, petit in-4⁰ cart.*

3053. — MORIN (J. B.) — La science des longitudes réduite en exacte et facile pratique, avec la censure de la nouvelle théorie et pratique du secret des longitudes de L. Duliris. — PARIS, *J. Villery, 1647, in-4⁰ rel.*

3054. — CHARNIÈRES (DE). — Expériences sur les longitudes faites à la mer en 1767 et 1768. — PARIS, *imp. royale, 1768, in-8⁰.* Relié avec :

MÉMOIRE sur l'observation des longitudes en mer. — PARIS, *imp. royale, 1767, in-8⁰.* Le tout en un volume.

3055. — COURTANVAUX (FR. CÉS. LE TELLIER, Marq. DE). — Journal d'un voyage de M. le marquis de Courtanvaux sur la frégate l'*Aurore*, pour essayer par ordre de l'Académie, plusieurs instruments relatifs à la longitude, mis en ordre par M. Pingré, etc. — PARIS, *imp. royale, 1768, in-4⁰ rel.* (Pl.)

3056. — HOMMEY (E.) — Tables d'angles horaires contenant plus de 40,000 angles horaires, etc. — PARIS, *Mallet-Bachelier, 1863, g⁴ in-8⁰.*

3057. — ANNUAIRES du Bureau des Longitudes. — *In-18* (quelques années).

3058. — CHAZALLON (A. M. R.) — Annuaire des marées des côtes de France, pour 1849-1853-1854-1856-1857. — *In-18, 3 vol. rel.*

e. — ADMINISTRATION

3059. — RÈGLEMENT contenant les états-majors et équipages dont les vaisseaux et autres bâtiments du Roi seront armés ; ensemble les appointements et soldes de ceux qui doivent les composer. — BREST, *R. Malassis, imp. du Roi et de la marine, 1768, in-4° rel.*

3060. — MALOUET (P. V.) — Mémoires sur l'administration de la marine. — *1789, in-4° rel.*

3061. — BORY (DE). — Mémoires sur l'administration de la marine et des colonies, par un officier général, doyen des gouverneurs généraux de Saint-Domingue. — PARIS, *Ph. D. Pierres, 1789, in-8°.*

3062. — PROCÈS-VERBAL de l'examen des comptes relatifs au paiement des compagnies des gens de mer, et du produit des prises, à compter du 1ᵉʳ janvier 1778, jusqu'au 1ᵉʳ octobre 1790. — *In-4°.*

3063. — IDÉES GÉNÉRALES sur le ministère, l'administration et la comptabilité de la marine (sans nom). — PARIS, *C. F. Patris, an XI, 1803, in-4°.*

3064. — LAIGNEL (G.) — Exposé de la conduite du ministère de la marine envers le personnel de l'armée navale, présenté à sa Majesté, le 29 septembre 1818. — PARIS, *J. L. Scherff, 1818 , in-8° rel.* Relié avec :

ROYOU. — Esquisse maritime, ou réflexions sur le corps du génie maritime et des ouvriers militaires. — PARIS, *Le Normand, 1814, in-8° ;*

D°. — De la bureaucratie maritime. — PARIS, *Le Normand, 1818, in-8° ;*

VIGNETTI. — Examen rapide et familier du pamphlet de Royou, intitulé : De la bureaucratie maritime, par un extrait de Commissaire. — BREST, *Michel, 1818, in-8°, 2 exempl. ;*

LETELLIER (J. C.) — Lettre à M. le capitaine Royou, sur la brochure de la bureaucratie maritime. — PARIS, *1818, in-8° rel.*

3065. — LATAUD (B.) — Guide des Commis d'administration de la marine embarqués sur les vaisseaux du roi. — BREST, *Lefournier et Depériers, 1828, in-4°.*

3066. — ÉTABLISSEMENT des Invalides de la Marine. Exposé préparatoire. — PARIS, *Everat, 1832, in-8°.*

3067. — TUPINIER (le Baron). — Rapport sur le matériel de la marine, présenté à M. le vice-amiral de Rosamel, ministre de la marine. — Paris, *imp. royale, 1818, in-8°*

3068. — BOURSAINT (P. L.) — Ecrits divers recueillis et publiés par M. Blanchard. — Paris, *Bourgogne et Martinet, 1837, in-8° pp. vélin.*

3069. — PRINCIPES de réclamations pour les Chirurgiens de la marine. — *In-4°.* Relié avec :

LAPOTERIE (Elie de). — Recherches sur l'état de la médecine dans les départements de la marine pour servir de réponse aux principes de réclamations des Chirurgiens des vaisseaux du Roi. — Brest, *Malassis, in-4° ;*

ORSERVATIONS sur le mémoire des médecins des départements, signé : Billard, Duret, de Chenet, etc., etc. — Rennes, *Vatar fils, in-4° ;*

BRUSLÉ (Médecin de la Marine à Brest). — Observations rapides sur le mémoire qui a pour titre : Principes de réclamations pour les Chirurgiens de la marine. — Brest, *Malassis, 1790, in-4° ;*

LA POTERIE (Elie). — Recherches sur l'état de la pharmacie, considérée dans ses rapports à la médecine pratique, etc. — Brest, *Malassis, 1791, in-4° rel.*

3070. — DUPIN (Charles). — Essais sur l'organisation progressive de la marine et des colonies. — Paris, *Bachelier, 1834, in-8° br.*

3071. — MARINE. — Travail préparatoire sur le contrôle. — Paris, *imp. royale, 1841, in-8° br.*

3072. — FAILLE (I. S. C.) — De l'institution d'une école du commissariat de la marine. — Douai, *Crépaux, 1845, in-8° br.*

3073. — HOLLER (H.) — De l'inscription maritime et du régime des classes. — Paris, *Amyot, 1846, in-8° br.*

3074. — LE GRANDAIS. — Questions et vicissitudes maritimes de l'époque. — Brest, *Lefournier, 1847, in-8° br.*

3075. — MALESPINE (A.) — La médecine navale. Urgence d'une réorganisation. — Paris, *E. Dentu, 1862, in-8°.*

3076. — D°. — La médecine navale et le doctorat. — Paris, *E. Dentu, 1863, in-8°.*

3077 — D°. — Le corps de santé de la marine, ses besoins, ses revendications, assimilation, pondération des grades. — Paris, *E. Dentu, 1879, 31 pp. in-8°.*

3078. — PHARMACIENS (Les) de la marine, par MM. Rouchas, Hugoulin, Audibert, Décugis, Ségard, Heckel. — Toulon, *E. Costel*, *1875, in-8°, 16 pp. br.*

3079. — RÉORGANISATION du corps de santé de la marine. Vœux des médecins et pharmaciens de 1ʳᵉ classe du port de Toulon, 21 mars 1883. — *Manuscrit, 22 pp.* (Avec une lettre d'envoi du Dʳ Guiol au Dʳ Corre).

3080. — ETUDES sur l'organisation actuelle de la médecine navale. Extrait de la *Vigie de Cherbourg.* — Cherbourg, *1883, in-4°, 24 pp.*

f. — Histoire des opérations militaires maritimes

3081. — KERSAINT (Arm. Gui. Simon de). — Le naufrage et la mort du comte de Boulainvilliers. Nouvelle historique publiée par le citoyen Paillet, bibliothécaire de l'école centrale de Seine-et-Oise. — Versailles, *Ph. D. Pierres, an VII, in-24, pp. vélin rel.*

3082. — KERGUÉLEN (Y. J. de). — Histoire des événements et des guerres maritime entre la France et l'Angleterre, depuis 1778 jusqu'en 1796, an IV de la République. — Paris, *Patris, 1796, in-8° rel.*

3083. — HENNEQUIN (J. F. G.) — Essai historique sur la vie et les campagnes du bailli de Suffren. — Paris, *Peylieux, 1824, in-4°.* Relié avec :

TRUBLET. — Histoire de la campagne de l'Inde, par l'escadre française, sous les ordres de M. le bailli de Suffren, années 1781, 1782, 1783. — Rennes, *veuve Bruté, an X, in-8° rel.*

3084. — GRASSE (Le Comte de). — Mémoire sur le combat naval du 12 avril 1782, avec les plans des positions principales des armées respectives. — *In-4°.*

3085. — FLOTILLE DE BOULOGNE. — Ordres du jour du 20 thermidor an XI. Au premier jour complémentaire de l'an XII. — *In-f° 2 vol. rel.*

3086. — PRÉCIS D'ARMEMENT, journal de navigation, etc., de la corvette la *Diligente*, commandée par le capitaine de frégate Moras, en l'an X. — *Manuscrit in-f°.*

3087. — BOUVET (P.) — Précis de ses campagnes. — Paris, *F. Didot*, *1880, in-8°.*

3088. — TAGE (Affaire du). — Documents officiels relatifs aux opérations de l'escadre française, dans le Tage, depuis le 8 juin jusqu'au 15 août 1840. — *In-4°.*

3089. — BUENOS-AYRES (Expédition de) en 1840. — Mission de M. le Vice-Amiral baron Mackau ; ses négociations, ses résultats. — Paris, *imp. royale, 1841, in-8°.*

3090. — ETAT (De l') des forces navales de la France. — Paris, *Mme Desbleds, 1844, in-12 br.*

3091. — TROUDE (O.) et LEVOT (P.) — Batailles navales de la France. — Paris, *Challamel aîné, g^d in-8°, 4 vol. rel.*

3092. — DISLÈRE (P.) — La guerre d'escadre et la guerre de côtes. Les nouveaux navires de combat, 2e édit., augmentée d'un appendice par Guichard, ingénieur des constructions navales. — Paris, *Gauthier-Villars, 1883, in-8° br.*

3093. — DURASSIER (Henri). — L'année maritime. Revue des évènements qui se sont accomplis dans les marines française et étrangères. — Paris, *Challemel aîné, 1884, in-18.* VIIe année.

3094. — JURIEN DE LA GRAVIÈRE (E.) — Guerres maritimes sous la République et l'Empire, 2e édit. (Pl.) — Paris, *Charpentier, 1853, g^d in-18, 2 vol. rel.*

3095. — D°. — La guerre de Chypre et la bataille de Lépante. Tome I, la guerre de Chypre. Tome II, la bataille de Lépante. — Paris, *Plon, 1888, 2 vol. in-12.*

F. — Art Militaire

a. — Histoire générale et particulière de l'art militaire ancien

3096. — CARRION-NISAS (Le Colonel). — Essai sur l'histoire générale de l'art militaire, de son origine, de ses progrès et de ses révolutions, depuis la première formation des sociétés européennes jusqu'à nos jours. Orné de 14 planches. — Paris, *Delaunay, 1824, in-8°, 2 vol. rel.*

3097. — NOUGARET (P. J. B.) — Anecdotes militaires, anciennes et modernes de tous les peuples. — *F. Louis, 1808, in-12, 4 vol.*

3098. — GUISCHARDT (C.) — Mémoires militaires sur les Grecs et les Romains. (Plans et Fig.) — Lahaye, *P. de Hondt, 1752, in-4°, 2 vol. rel.*

3099. — MARCUS (le Grec). — Liber ignium ad comburendos hostes, auctore Marco Græco ; ou Traité des feux propres à détruire les ennemis, publié d'après deux manuscrits de la Bibliothèque nationale, par Laporte du Theil. — PARIS, *an XII, 1804, in-4°*.

3100. — FOLARD (J. C. DE). — Abrégé des commentaires de M. de Folard sur l'histoire de Polybe, par de Chabot. — PARIS, *veuve Gandouin, 1754, in-4°, 3 vol. rel.*

3101. — Dº. — Esprit du chevalier Folard, tiré de ses commentaires sur l'histoire de Polybe, pour l'usage d'un officier, par de Main de Maître, par Frédéric II. — BERLIN, *C. F. Woss ;* LYON, *Y. M. Bruysset, 1761, in-8° rel.* (Pl. et Fig.)

3102. — Dº. — Le même. — LEIPSIG, *1761, in-8°.* (Pl. et Fig.)

3103. — Dº. — Nouvelles découvertes sur la guerre dans une dissertation sur Polype, où l'on donne une idée plus étendue du commentaire entrepris sur cet auteur. — PARIS, *R. F. Josse, 1724, in-12 rel.*

3104. — BUREAU DE LA MALLE (A. J. C. A.) — Poliorcétique des anciens, ou de l'attaque et de la défense des places avant l'invention de la poudre. — PARIS, *F. Didot, 1819, in-8° rel.*

3105. — ARRIEN. — Arriani ars tactica, acies contra Alanos, periplus Ponti Euxini, Periplus Maris Erythræi, liber de venatione, Epicteti Enchiridion, ejusdem apophtegmata et fragmenta, quæ in Joannis Stobæi florilegio et in Agellii noctibus atticis supersunt. Cum interpretibus latinis et notis (variorum), ex recensione et museo Nicolaï Blancardi. — AMSTELODAMI, *apud Janssonio Wæsbergios, 1683, in-8° rel., m. r.*

3106. — LÉON (L'EMPEREUR). — Institutions militaires de l'Empereur Léon le Philosophe, traduit avec des notes et des observations, suivies d'une discussion sur le feu Grégeois, par M. Joly de Maizeroy, nouvelle édition. — PARIS, *C. A. Jombert, 1778, in-8° rel.* (Pl.)

3107. — POLYEN. — Les ruses de guerre de Polyen, traduit du grec, avec des notes, par Dom Lobineau, nouvelle édition, et :

FRONTIN. — Stratagèmes, traduit par M. Perrot d'Ablancourt, pouvant servir de suite aux ruses de guerre de Polyen, et formant le 3ᵉ volume. Nouvelle édition. — PARIS, *veuve David, 1770, in-12, 3 vol. rel.*

3108. — VETERES, de re militari, scriptores quotquot extant, nunc primâ vice in unum redacti corpus : I. Flavii Vegetii Renati, institutorum rei militaris. libri V. II. Sexti Julii Frontini strategematum et Strategeticôn libri IV. III. Claudius Ælianus de instruendis aciebus. IV. Modestus de vocabulis rei militaris. V. Polybius de militia et castrametatione Romanorum. VI. Æneæ Poliorceticus, seu de toleranda obsidione. VII. Incerti autoris, de re militari opusculum, quod M. Tullio Ciceroni vulgo inscribitur. Accedunt Godescalci Stewechii, Francisci Moddi et Petri Scriverii in Fl. Vegetium et Sex. Jul. Frontinum animadversiones. — VESALIÆ CLIVORUM, *ex officinâ Andreæ ab Hoogenhuysen, 1670, 2 vol. en un seul, in-8° rel. velin* (Fig.)

3109. — ROHAN (Le Duc DE). — Le Parfait Capitaine, autrement l'abrégé des guerres des Commentaires de César, augmenté d'un Traité de l'Intérêt des Princes et Etats de la Chrétienté. — ROUEN et PARIS, *1667, in-12 rel.*

3110. — D°. — Le même. Nouvelle édition augmentée. — *1757, in-12 rel.* (2 exempl.)

3111. — VÉGÈCE (FL.) — Institutions militaires. Traduit par Cl. Y. Bourdon de Sigrais). — PARIS, *Prault père, 1743, in-12 rel.*

3112. — D°. — Les mêmes. — PARIS, *veuve David, 1758, in-12 rel.*

3113. — D°. — Commentaires sur les Institutions militaires de Végéce, par le comte Turpin de Crissé, 2e édition. — PARIS, *Nyon aîné, 1783, in-4°, 2 vol.*

3114. — FRONTIN. — Les stratagèmes ou ruses de guerre recueillies par Frontin. Traduit par un ancien officier, avec le texte latin à côté ; on y a ajouté des recherches sur la personne et les ouvrages de Frontin. — PARIS, *F. A. Didot aîné, 1772, in-8° rel.*

b. — DICTIONNAIRES ET TRAITÉS GÉNÉRAUX SUR L'ART MILITAIRE MODERNE

3115. — AUBERT DE LA CHENAYE-DES-BOIS (FR. AL.) — Dictionnaire militaire portatif, contenant tous les termes propres à la guerre ; sur ce qui regarde la tactique, le génie, l'artillerie, la subsistance, la discipline des troupes et la marine, 2e édit. — PARIS, *Gissey, 1745, in-12, 2 vol. rel.*

3116. — D°. — Le même, 4e édition. — PARIS, *Duchesne, 1759, in-8°, 3 vol. rel.*

3117. — LE COUTURIER (Le Général). — Dictionnaire portatif et raisonné des connaissances militaires, ou premières notions sur l'organisation, l'administration, la comptabilité, le service, la discipline, l'instruction et le régime intérieur des troupes françaises. — Paris, *P. Blanchard, 1825, in-8° rel.*

3118. — BOUTARIC (Edgard). — Institutions militaires de la France avant les armées permanentes. — Paris, *H. Plon, 1863, in-8°.*

3119. — FEUQUIÈRES (Mis de). — Mémoires concernant ses maximes sur la guerre et l'application des exemples aux maximes. — Londres, *P. Dunoyer;* Paris, *chez Rollin, 1737, in-12, 4 vol. rel.*

3120. — MANESSON - MALLET (Allain). — Les travaux de Mars, ou l'art de la guerre. — Amsterdam, *H. Desbordes, 1696, in-8°, 3 vol. rel.*

3121. — FEUQUIÈRE (Le Marquis de). — Mémoires, nouvelle édition. — Londres et Paris, *Rollin, 1740, in-12, 4 vol. rel.*

3122. — ESPAGNAC (Le Baron d'). — Essai sur la science de la guerre, ou observations de différents auteurs sur les moyens de la perfectionner. — La Haye, *P. Gosse et J. Neaulme, 1751-1755, in-8°, 7 vol. rel.*

3123. — RAY DE SAINT-GENIÈS (J.) — L'art de la guerre pratique. — Paris, *C.-A. Jombert, 1755, in-12, 2 vol. rel.*

3124. — DUPAIN. — Les amusements militaires, ouvrage également agréable et utile, servant d'introduction aux sciences qui forment les guerriers. (Fig.) — Paris, *G. Desprez, 1757, in-8° rel.*

3125. — MONTÉCUCULI (Le Comte R. de). — Ses mémoires, avec les commentaires de Turpin de Crissé. — Amsterdam, *1770, in-8°, 3 vol. rel.*

3126. — D°. — Commentaires sur ses mémoires par M. le comte Turpin de Crissé (Pl.) — Paris, *Lacombe, 1767, in-4°, 3 vol. rel.*

3127. — SAXE (Maurice Comte de). — Ses rêveries, ou mémoires sur l'art de la guerre, par M. de Bonneville. — La Haye, *P. Gosse, 1756, in-fo rel.* (Pl.)

3128. — PUYSÉGUR (Le Maréchal de). — Extrait de la première partie de l'art de la guerre, avec des observations et des réflexions traitées en abrégé par M. le baron de Traverse. — Paris, *C.-A. Jombert, 1752, in-12 rel.*

3129. — TRAVERSE (Le Baron DE). — Etude militaire pour servir d'introduction à l'instruction méthodique de l'art de la guerre, en deux parties. La première : Extrait du traité de l'art de la guerre du maréchal de Puységur. La deuxième : Essai sur divers principes de l'art de la guerre, en partie extrait des Commentaires de Folard sur Polybe et de différents auteurs. — BASLE, *E. Tournèsien, 1755, in-12, 2 vol. rel.* (2 exempl.)

3130. — TURPIN DE CRISSÉ (Le Comte). — Essai sur l'art de la guerre. — PARIS, *Prault, 1754, in-4°, 2 vol. rel.*

3131. — BOUSSANELLE (L. DE). — Le bon militaire. — PARIS, *Lacombe, 1770, in-8° rel.*

3132. — GUÉRIN DE FRÉMICOURT. — Sa vie militaire. — LORIENT, *E.-C. R. Baudouin, 1780, in-8° rel.* (Portrait).

3133. — GAY DE VERNON (J.) — Traité élémentaire d'art militaire et de fortification. — PARIS, *Allais, 1805, in-4°, 2 vol. rel.*

3134. — ROGNIAT (Le Baron J.) — Considérations sur l'art de la guerre, 3e édit. — PARIS, *Anselin et Pochard, 1820, in-8° rel.*

3135. — SAR (P. C.) — Cours d'études militaires, ou matériaux pouvant contribuer à la netteté et à l'étendue des connaissances militaires de ceux qui n'ont vu que les éléments des sciences mathématiques. — BREST, *Anner, 1736, in-8° rel.*

3136. — Autre exemplaire, même édition.

3137. — ARÇON (Le Colonel D'). — De la force militaire considérée dans ses rapports conservateurs, pour servir au plan d'un développement de constitution, disposé dans l'objet de faire mouvoir ensemble et avec l'armée, les corps de l'artillerie, du génie, etc. — STRASBOURG, *1787, in-8°.*

3138. — GESLIN DE BOURGOGNE (JULES). — Essai sur la doctrine militaire en France. — PARIS, *Gauthier-Laguionie, 1840, in-8°.*

3139. — ROUSSIN (Avocat). — Du service militaire à diverses époques, et du mode de recrutement qu'il convient d'adopter en France. — QUIMPER, *E. Blot fils, 1849, in-8° rel.*

3140. — AMBERT (GÉNÉRAL) — Essais en faveur de l'armée. — PARIS, *librairie militaire, 1839, in-8° br.*

3141. — VERGNAUD (A. D.) — Manuels Roret. Nouveau manuel complet d'art militaire, à l'usage des militaires de toutes les armes. — PARIS, *libr. encyclopédique de Roret, 1840, in-12 cart.*

3142. — MANUEL des connaissances militaires pratiques, destiné à MM. les officiers et sous-officiers de l'armée active, de la réserve et de la territoriale, etc., 6ᵉ édit. — Paris, *J. Dumaine, 1876, in-8° br.* (Don Auff.)

3143. — Dᵒ. — Autre édition de 1873.

c. — Administration militaire. — Mélanges.

3144. — GAULDRÉE-BOILLEAU (Adolphe), ancien chef de bureau au ministère de la guerre. — Administration militaire dans l'antiquité. — Paris, *J. Dumaine, 1871, in-8°.*

3145. — JOURNAL MILITAIRE contenant tout ce qui est relatif à la composition et à l'administration de la force publique, et enfin tout ce qui concerne les militaires. Rédigé par B.-C. Gournay, de 1790 à l'an IX inclusivement, *20 vol. in-8° rel.*, de 1818 à 1830 inclusivement, *26 vol. in-8°.*

Un volume de table générale analytique par ordre chronologique et alphabétique des matières, des lois, ordonnances, etc..., insérés au Journal militaire, du 1ᵉʳ avril 1814 au 31 décembre 1823. — Paris, *Anselin et Pochard, 1824, in-8°, en tout 50 vol.*

3146. — STATISTIQUE médicale de l'armée pendant l'année 1862. — Paris, *imp. impériale, 1864, in-8°.*

3147. — RACCOLTA di ordinanze, leggi, decreti, istruzioni e circolari concernenti l'arme del genio, Republica italianà 1804. — Milano, *G. Borsani, in-4°, 3 vol. rel.* (Le titre seul est en italien, les ordonnances, lois, etc., sont en français).

3148. — VIGNES (P.), docteur-médecin. — De la fausse position des officiers de santé dans l'armée de terre, etc. — Paris, *Vrayel, 1845, in-8° br.*

3149. — ROUCHER (Le Dʳ C.) — Du corps des pharmaciens militaires, son rôle dans les établissements hospitaliers, aux armées actives et près de l'administration supérieure de la guerre. — Paris, *J. B. Baillière et fils, 1879, in-8°, 16 pp. br.*

3150. — POGGIALE (M.). — Discussion sur les rapports à établir entre la médecine et la pharmacie dans l'armée, en réponse aux questions posées par M. le Ministre de la guerre. — Paris, *G. Masson, 1873, in-8°.* (Don du Dʳ Corre).

3151. — D°. — Autre exemplaire, même édition. (Don Hétet).

3152. — ROUCHER (Le Dr C.), pharmacien principal de l'armée. — De l'autorité et de la responsabilité médicales dans l'armée. — Paris, *J. B. Baillière et fils, 1879, in-8°, 29 pp. br.* (Don Hétet).

3153. — DELATTRE. — Histoire de la gendarmerie française, origine, organisation, dénominations diverses, attributions, services rendus. — Paris, *Leautey, 1879, in-8° br.*

3154. — PRÉVAL (Général). — De l'organisation et de l'état actuel de la cavalerie. — Paris, *mars 1840, Anselin et Laguionie, in-8° br.*

3155. — L'ARMÉE française en 1867, 5ᵉ édition. — Paris, *Amyot, éditeur, 1867, in-8° br.*

3156. — TEMPLE (Louis du). — Essai sur la réorganisation politique et militaire de la France, par le général Louis du Temple, ex-commandant en chef des troupes de la Nièvre. — Nevers, *1871, in-8°, 32 p.*

d. — Tactique. — Stratégie. — Manœuvres

3157. — INFANTERIE. — Manœuvres ou livre des commandements. Tableaux synoptiques des manœuvres d'infanterie. — Paris, *Magimel ;* Strasbourg, *Levrault, s. d.* (Avec la décomposition du texte desdites manœuvres d'après l'ordonnance du 1ᵉʳ août 1791).

3158. — GUIBERT (Le Comte J. A. H.) — Œuvres militaires. — Paris, *Maginel, an XII, 1803, in-8ᵉ, 2 vol. rel.*

3159. — SAXE (Le Maréchal de). — Esprit des lois de la tactique et des différentes institutions militaires, ou notes du maréchal de Saxe, commentées par M. de Bonneville. — La Haye, *S. Gosse, 1762, in-4°, 2 vol. rel.*

3160. — GUIBERT (Le Comte J. A. H.) — Essai général de tactique, précédé d'un discours sur l'état actuel de la politique et de la science militaire en Europe, avec le plan d'un ouvrage intitulé : La France politique et militaire. — Londres, *1772, in-4°* (Pl.), *2 t. en un seul.*

3161. — JOLY DE MAIZEROY (P. G.) — Théorie de la guerre. — Nancy, *veuve Leclerc, 1777, in-8° rel.*

3162, — AUTHVILLE DES AMOURETTES (d'). — Essai sur la cavalerie tant ancienne que moderne, etc. — Paris, *C. Jombert, 1756, in-4° rel.*

3163. — ORDONNANCE provisoire sur l'exercice et les manœuvres de la cavalerie, rédigée par ordre du Ministre de la guerre, du 1ᵉʳ vendémiaire, an XIII, 2ᵉ édition. Suivie de l'instruction du 24 septembre 1811 sur l'exercice et les manœuvres de la lance. — PARIS, *Magimel, 1813, in-12, 2 vol. cart., dont un de planch.*

3164. — MANUEL d'infanterie, ou résumé de tous les règlements, décrets, usages, renseignements propres à l'infanterie, etc., par un major de cette arme. — BREST, *P. Anner, 1808, in-12.*

3165. — ORDONNANCE sur l'exercice et les manœuvres de l'infanterie du 4 mars 1831. — PARIS, *Anselin, 1831, in-16.*

3166. — LALLEMAND (A.) — Guide des gardes nationales de France. — PARIS, *Magimel, Anselin et Pochard, 1816, in-12, 2 vol.* (Pl.)

3167. — MANUEL de la garde nationale. La page du titre manque. — *In-12 cart.*

3168. — CHAUVELAYS (Mⁱˢ DE LA). — Le combat à pied de la cavalerie au moyen-âge. — PARIS, *H. Plon, Nourrit et Cⁱᵉ, 1885, in-8° br.*

3169. — RÈGLEMENT pour l'infanterie prussienne. Traduit de l'allemand par M. Gourlay de Keralio. — BERLIN et PARIS, *Estienne, 1757, in-12, 2 vol. rel.*

e. — GÉNIE MILITAIRE, COMPRENANT LES DIVERS
TRAVAUX DE LA GUERRE ET NOTAMMENT LES FORTIFICATIONS, L'ATTAQUE
ET LA DÉFENSE DES PLACES

3170. — BELIDOR (DE). — La science des ingénieurs dans la conduite des travaux de fortifications et d'architecture civile. — PARIS, *C. Jombert, 1729, in-4° rel.* (Pl.)

3171. — CLAIRAC (DE). — L'ingénieur de campagne, ou Traité de la fortification passagère. — PARIS, *C. A. Jombert, 1749, in-4° rel.* (Pl.)

3172. — Dᵒ. — Le même, 2ᵉ édition. — PARIS, *C. A. Jombert, 1757, in-4° rel.* (Pl.)

3173. — DEIDIER (l'Abbé). — Le parfait ingénieur français, ou la fortification offensive et défensive, etc. Nouvelle édition, augmentée de la relation du siége de Lille et du siége de Namur. (Pl.) — PARIS, *C. A. Jombert, 1757, in-4° rel.*

3174. — LE ROUGE (G. L.) — Le parfait aide-de-camp, où l'on traite de tout ce que doit savoir tout jeune militaire qui se propose de faire son chemin en guerre, etc. (Pl.) — Paris, *1760, in-8° rel.*

3175. — DU FAY (l'Abbé). — Manière de fortifier selon la méthode de M. de Vauban, etc., 2ᵉ édition. — Paris, *J. B. Coignard, 1693, in-12 rel.* (Pl.)

3176. — Dᵒ. — Véritable manière de bien fortifier de M. de Vauban, où l'on voit de quelle méthode on se sert aujourd'hui en France pour la fortification des places. Le tout mis en ordre par l'abbé Du Fay et le chevalier de Cambray. Nouvelle édition. — Amsterdam, *S. Mortier, in-8°, 2 vol. en un seul, parch.*

3177. — MÉMOIRES sur la fortification perpendiculaire, par plusieurs officiers du corps royal du génie, rédigés par de Fourcroy. — Paris, *Nyon, 1786, in-4° rel.*

3178. — BELAIR (Julienne de) — Eléments de fortification, renfermant tout ce qu'il est nécessaire de conserver de Le Blond, Deidier et autres auteurs, etc. — Paris, *F. Didot, 1792, in-8° rel.* (Pl.)

3179. — Dᵒ. — Les mêmes, 2ᵉ édit. — Paris, *Magimel, 1793, in-8°* (Pl.)

3180. — MANDAR (F.) — De l'architecture des forteresses, ou l'art de fortifier les places et de disposer les établissements de tout genre qui ont rapport à la guerre. — Paris, *Magimel, 1801, in-8° rel.* (Pl.)

3181. — PERTUSIER (C.) — De la fortification ordonnée d'après les principes de la stratégie et de la balistique modernes. — Paris, *Bachelier, 1820, in-8° rel.*

3182. — VAUBAN (Le Maréchal de). — Œuvres militaires, contenant le traité de l'attaque des places, le traité de la défense des places et le traité des mines. Nouvelle édition par F. S. Foissac. — Paris, *Magimel, an III, in-8°, 3 vol. rel.*

3183. — Dᵒ. — Traité de l'attaque et de la défense des places. — La Haye, *P. de Hondt, 1737, in-4°, 2 vol. rel.* (Pl.)

3184. — Dᵒ. — Traité de l'attaque des places. — Paris, *L. Cellot et Jombert, 1779, in-8° rel.* (Pl.)

3185. — Dᵒ. — Le même. — Paris, *Barrois aîné, s. d., in-8° rel.* (Pl.)

3186. — LE BLOND (G.) — Traité de l'attaque des places, 2ᵉ édition. — Paris, *C. A. Jombert, 1762, in-8° rel.* (Pl.)

3187. — Dᵒ. — Le même, 3ᵉ édit. — Paris, *L. Cellot, 1780, in-8° rel.* (Pl.)

3188. — D°. — Traité de la défense des places, etc..., avec un dictionnaire des termes d'artillerie, de la fortification, de l'attaque et de la défense des places, 2ᵉ édition. — Paris, *C. A. Jombert*, *1762*, *in-8° rel.* (Pl.)

3189. — D°. — Eléments de fortifications, etc., 3ᵉ édition. — Paris, *C. A. Jombert, 1764, gᵈ in-12 rel.*

3190. — COULON. — Mémoires pour l'attaque et la défense d'une place. On y a joint le journal du siége d'Ath, par M. de Vauban, en 1697, la relation du siége de Philipsbourg, par Monseigneur, en 1688, etc., et les mémoires de M. de Vauban, intitulés : Le Directeur général des fortifications. Nouvelle édit. — Amsterdam et Leipzig, *Arkstée et Merkus*; Paris, *Jombert, 1764, in-8° rel.* (Pl.)

3191. — CUGNOT (M.) — Théorie de la fortification. — Paris, *C. A. Jombert, 1778, in-12 br.*

3192. — NOISET DE SAINT-PAUL. — Traité complet de fortification. Ouvrage utile aux jeunes militaires et mis à la portée de tout le monde. — Paris, *Barrois l'aîné, 1792, in-8° rel.*

3193. — CORMONTAIGNE (de). — Mémorial pour l'attaque des places, etc., ouvrage posthume, publié avec des notes par M. de Bousmard. — Berlin, *G. Decker, 1803, in-8° cart.* (Pl.)

3194. — D°. — Le même. — Paris, *Barrois, 1809, in-8° rel.*

3195. — D°. — Mémorial pour la défense des places. — Paris, *Barrois, 1809, in-8° rel.*

3196. — D°. — 1° Mémorial pour la fortification permanente et passagère, 2ᵉ édition. — Paris, *Anselin et Pochard, 1824, in-8° rel.* (2 exempl.)

2° Mémorial pour la défense des places, faisant suite au mémorial pour l'attaque, 2ᵉ édition. — Paris, *Anselin et Pochard, 1822, in-8° rel.*

3° Mémorial pour l'attaque des places, 2ᵉ édit., revue par M. Augoyat. Paris, *Anselin, 1835, in-8° rel.*

3197. — CARNOT (Le Comte). — De la défense des places fortes, 3ᵉ édit. — Paris, *veuve Courcier, 1812, in-4° cart.* (Pl.)

3198. — RELATION du siége de Grave en 1764, et de celui de Mayence en 1689, avec le plan de ces deux villes. — Paris, *C. A. Jombert, 1756, in-12 rel.*

3199. — MANGOURIT (M. A. B.) — Défense d'Ancône et des départements romains par le général Monnier, aux années VII et VIII, ouvrage mêlé d'épisodes sur l'état de la politique, de la morale et des arts à Raguse et dans les principales villes de l'Italie, à cette époque. — Paris, *Pougens, an XI, 1802, in-8°, 2 vol.* (Cart.-Fig.)

3200. — LAMARE (Le Colonel). — Relation des siéges et défenses de Badajoz, d'Olivença et de Campo-Mayor, en 1811 et 1812, par les troupes françaises. — Paris, *1825, in-8° rel.*

3201. — FOISSAC (Le Général F. P. de). — Traité théorique, pratique et élémentaire de la guerre de retranchements. — Strasbourg, *Levrault, 1791, in-8°, 2 vol. cart.* (Pl.)

3202. — SAVART (M.), professeur. — Cours élémentaire de fortification à l'usage de MM. les élèves de l'Ecole spéciale militaire. — Paris, *Magimel, Anselin et Pochard, 1812, in-8° rel.* (Don du Dr Corre).

3203. — SIMONET (K.) — Traité élémentaire de fortification de campagne à l'usage des officiers et des sous-officiers, qui n'ont pas suivi les cours des écoles militaires, avec 9 planches, par K. Simonet, colonel, commandant de place à Brest, 3e édit. — Paris, *Librairie militaire de J. Dumaine, 1850, une brochure in-8° de 95 pages.*

3204. — LEBAS (L.) — Aide-mémoire portatif d'art militaire et de fortifications, à l'usage des officiers et sous-officiers, etc. — Paris, *J. Dumaine, etc., novembre, 1843, in-12 cart.*

3205. — ZACCONE (R.) — Résumé de fortification à l'usage des officiers d'infanterie. — Paris, *R. Dumaine, 1849, in-8°.* (L'atlas manque).

8206. — GRIVEL (Richild). — La Guerre des côtes, attaque et défense des frontières maritimes. — Les Canons à grande puissance. — Paris, *1864, in-8°.*

3207. — KUNKA (Joseph). — De la construction des tours blindées, études. Trad. pour les annales du Génie civil, par M. E. Lacroix, ex-officier d'infanterie de marine. — Paris, *E. Lacroix, s. d., in-8° br.* (Don Hétet).

3208. — DU PIN DE SAINT-ANDRÉ. — La rade de Toulon et sa défense. — Paris, *Berger-Levrault et Cie, 1882, in-8° br., 45 p.*

3209. — AUDOUARD (P.), chef d'escadron d'artillerie de marine, en retraite. — Mesure de la distance du but dans les batteries de côte. — Brest, *Société anonyme d'imprimerie 1888, in-8° br., avec 4 planches.*

f. — ARMES OFFENSIVES. — ARTILLERIE

3210. — LARCHEY (Lorédan). — Origine de l'artillerie française. Première période, 1324, 1354. — Paris, *1862, in-18.*

3211. — SURIREY DE ST-REMY (Pierre). — Mémoire d'artillerie, 2ᵉ édit. — Paris, *Rigaud, 1707, in-4°, 2 vol. rel.* (Pl.)

3212. — ROBINS (B.) — Nouveaux principes d'artillerie, commentés par L. Euler. Traduit de l'allemand avec notes par Lombard. — Dijon, *E. N. Fantin ;* Paris, *Jombert, 1783, in-8° rel.*

3213. — D°. — Notice de la partie des nouveaux principes d'artillerie de Robins, etc., par M. Sar. Autog. de Saget. — Brest, *1855, in-4°.*

3214. — D'URTUBIE (Le Chevalier). — Manuel d'artillerie, ou traité des différents objets d'artillerie pratique, 2ᵉ édition. — Paris, *Didot, 1783, in-8° cart.* (Pl.)

3215. — D°. — Le même, 5ᵉ édition, totalement revue et augmentée de de deux chapitres, dont un sur l'artillerie à cheval et l'autre sur les manœuvres des pièces de campagne avec l'infanterie, etc. — Paris, *Magimel, an III, 1795, in-8° rel.* (Pl.)

3216. — BLONDEL (F.) — L'art de jeter les bombes et de connaître l'étendue des coups de volée d'un canon en toutes sortes d'élévation. — Amsterdam, *1790, in-8° rel.* (Pl.)

3217. — BELIDOR (de). — Le bombardier français, ou nouvelle méthode de jeter les bombes avec précision. — Amsterdam, *1735, in-4° rel.* (Pl.)

3218. — TEMPELHOF (G. F.) — Le bombardier prussien, ou du mouvement des projectiles, en supposant la résistance de l'air proportionnelle au quarré des vitesses. — Berlin, *C. S. Spencer, 1787, in-8° rel.*

3219. — VALLIER. — Note sur les obusières construites et éprouvées à Bayonne. — Paris, *Guiraudet, 1822, in-8°.* (Pl.)

3220. — MONTGERY (de). — Traité des fusées de guerre nommées autrefois Rochettes et maintenant fusées à la Congrève. — Paris, *Bachelier, 1825, in-8° rel.* (Pl.)

3221. — CHARPENTIER (F. E. A.) — Essai sur le matériel de l'artillerie de nos navires de guerre. — Paris, *1845, in-8°.*

3222. — LEGUEN (P.) — Amélioration des métaux employés à la fabrication des canons rayés et à celle des armes blanches. — PARIS, *Dumaine, 1861, in-8°.*

3223. — GADAUD, Lieutenant de vaisseau. — L'artillerie de la marine française en 1868. (Fig.) — PARIS, *Arthus Bertrand, s. d., in-8°.*

3224. — DIDIOU (Is.) — Cours élémentaire de balistique. — PARIS, J. *Dumaine, 1859,* pᵗ *in-4° rel.*

3225. — CATALOGUE du Musée d'artillerie, par O. Penguilly L'Haridon. — PARIS, *Mourgues, 1864, in-12 br.*

3226. — JOULIN, Ingénieur des poudres. — Rapport au Ministre de la guerre : 1° Sur la question des poudres de guerre en Russie, en Prusse, en Autriche et en Italie (21 avril 1874) ; 2° Sur la métallurgie des métaux à canons en Russie et en Autriche. Deux cahiers autographiés.

g. — HISTOIRE DES OPÉRATIONS MILITAIRES

3227. — BEAULIEU. — Les glorieuses conquêtes de Louis XIV. — PARIS, *1695, g*ᵈ *in-f°, 2 vol. rel. d. s. t.* (Pl.)

3228. — ROHAN (le duc H. DE). — Campagne du duc de Rohan dans la Valteline en 1635, précédée d'un discours sur la guerre des montagnes. — AMSTERDAM et PARIS, *Didot, 1788, in-12 rel.*

3229. — Dᵒ. — Mémoires et lettres de H. de Rohan sur la guerre de la Valteline, publiés pour la première fois, et accompagnés de notes géographiques, historiques et généalogiques par le Baron de Zurlauben. — GENÈVE et PARIS, *Vincent, 1758, in-12, 3 vol. rel.* (2 exempl.)

3230. — BESSÉ (H. DE). — Relation des campagnes de Rocroy et de Fribourg, en l'année 1643 et 1644. — PARIS, *F. Clousier, 1673, in-8° rel.*

3231. — MÉMOIRES des expéditions militaires qui se sont faites en Allemagne, en Hollande et ailleurs, depuis le traité d'Aix-la-Chapelle jusqu'à celui de Nimègue, par un officier de distinction. Auxquels on a joint la relation de la bataille de Senef par M. le Prince et quelques autres mémoires sur les principales actions qui se sont passées durant cette guerre. — AMSTERDAM, *F. Changuion, 1747, in-12, 2 vol. rel.*

3232. — RELATION de ce qui s'est passé en Allemagne, entre les armées de France et de l'Empire, et en Flandre entre l'armée de France et celle d'Espagne et des Confédérés. — LYON, *Amaulry, 1677, in-12, 2 vol. rel.*

3233. — BELLERIVE (Ch^ier de). — Histoire des campagnes de Mgr le Duc de Vendosme. — Paris, *Prault, 1715, p^t in-8° rel.*

3234. — MONTECUCGOLI (Mémoire de), généralissime des troupes de l'Empereur divisées en trois parties : I. De l'art militaire ; II. De la guerre contre le turc ; III. Relation de la campagne de 1664. — Paris, *Barots, 1751, in-8° rel.*

3235. — CARLET DE LA ROZIÈRE (Le Chevalier). — Campagne de Louis, prince de Condé, en Flandre. — Paris, *Merlin, 1765, in-8° rel.* (Cart.)

3236. — BEAURAIN (Le Chevalier de). — Histoire de la campagne de M. le Prince de Condé en Flandre, en 1674, précédée d'un tableau historique de la guerre de Hollande jusqu'à cette époque, par M. le Marquis d'Aguesseau. (Cart. et Pl.) — Paris, *C. A. Jombert, 1774, in-folio rel.*

3237. — D°. — Histoire militaire du duc de Luxembourg, contenant le détail des marches, campements, batailles, etc., des armées du Roi et de celles des alliés, en Flandre. Nouv. édit. — La Haye, *B. Gibert, 1756-1758, in-4°, 5 vol.* Reliés avec :

MÉMOIRES pour servir à l'histoire du duc de Luxembourg, depuis sa naissance jusqu'à sa mort, en 1695, contenant des anecdotes très-curieuses et sa détention à la Bastille écrite par lui-même. — La Haye, *B. Gibert, 1758, in-4°.* Le tout relié en un volume.

3238. — DUMOULIN — Campagne de M. le maréchal de Marsin en Allemagne, l'an 1704. — Amsterdam, *MM. Rey, 1762, in-12, 3 vol. rel.*

3239. — MAUVILLON (de). — Histoire du prince François Eugène de Savoie, généralissime des armées de l'Empereur et de l'Empire. — Amsterdam et Leipsic, *chez Arkstee et Merkus, 1750, 3 vol. p^t in-8° rel.*

3240. — D°. — Histoire de la dernière guerre de Bohême, enrichie des cartes, des plans de batailles et des sièges. — Amsterdam, *David-Mortier, 1756, in-8°, 3 vol. rel. en 2.*

3241. — D°. — Histoire du Prince Eugène de Savoie, généralissime des armées de l'Empereur et de l'Empire (Fig.) — Vienne *en Autriche, Briffaut, 1745, in-12, 5 vol.*

3242. — VOLTAIRE. — Histoire de la guerre de 1741. — Amsterdam, *1755, in-12, 2 vol. en un rel.*

3243. — DUMOULIN. — Campagne de M. le maréchal de Noailles en Allemagne, en 1743. — Amsterdam, *MM. Rey, in-12, 2 vol. rel.*

3244. — D°. — Campagne de M. le maréchal de Coigny en Allemagne, en 1744. — AMSTERDAM, *MM. Rey, in-12, 2 vol. rel.*

3245. — RECUEIL général des pièces, chansons et fêtes données à l'occasion de la prise de Port-Mahon, précédé du journal historique de la conquête de Minorque. — EN FRANCE, *1857, in-8° rel.*

3246. — LLOYD (Le général H.) — Introduction à l'histoire de la guerre en Allemagne, en 1756, entre le Roi de Prusse et l'Impératrice-Reine avec ses alliés, ou Mémoires militaires et politiques. Traduite et augmentée de notes et d'un précis sur la vie et le caractère de ce général, par M. de Romance, marquis de Mesmon. — LONDRES et BRUXELLES, *A. F. Pion.*

3247. — D°. — Histoire de la guerre d'Allemagne en 1757, entre le roi de Prusse et l'impératrice d'Allemagne et ses alliés. Ouvrage traduit de l'anglais par Roux Fazillac, auquel on a ajouté la campagne de 1744, écrite par le roi de Prusse. — PARIS, *Magimel, 1803, in-8°, 2 vol. rel.*

3248. — HEULLAND (D'). — Théâtre de la guerre présente, en Allemagne, contenant la description géographique des pays où elle se fait actuellement ; avec le Journal historique des opérations militaires des armées et des puissances belligérantes. (Cart.) — PARIS, *Duchesne, 1758, in-12, 6 vol. rel.*

3249. — BOURCET (DE). — Mémoires historiques sur la guerre que les français ont soutenue en Allemagne, depuis 1757 jusqu'en 1762. — PARIS, *Maradan, 1792, 3 vol. in-8° rel.*

3250. — BOURCET (Le Lieutenant-Général P. R.) — Mémoires historiques sur la guerre que les français ont soutenue en Allemagne, depuis 1757 jusqu'en 1762, auxquels on a joint divers suppléments, et notamment une relation impartiale des campagnes de M. le maréchal de Broglie. — PARIS, *Maradan, 1792, in-8°, 2 vol. rel.* Le 3ᵉ vol. est l'histoire de la campagne de 1761, par Devaux.

3251. — D°. — Mémoires militaires sur les frontières de France, du Piémont et de la Savoie, depuis l'embouchure du Var jusqu'au lac de Genève. — PARIS, STRASBOURG, *Levrault frères, an X, in-8°.*

3252. — SCHMETTAU (Le Comte DE). — Mémoires raisonnés sur la campagne de 1778, en Bohême, par l'armée prussienne aux ordres du Roi, et sur plusieurs objets concernant l'art pratique de la guerre. — BERLIN, *1789, in-4° rel.*

3253. — JOLY DE ST-VALIER. — Histoire raisonnée des opérations militaires et politiques de la dernière guerre, suivie d'observations sur la révolution qui est arrivée dans les mœurs et sur celle qui est sur le point d'arriver dans la Constitution d'Angleterre. — Liège, *1783*, *in-8° cart.*

3254. — HISTOIRE du siége de Gibraltar, sous les ordres du capitaine-général duc de Crillon, contenant les évènements mémorables qui s'y sont passés, par un officier de l'armée française. — Cadix, *Hermil, 1783*, *in-8° rel.*

3255. — LONGCHAMPS (l'Abbé P. de). — Histoire impartiale des évènements militaires et politiques de la dernière guerre dans les quatre parties du Monde. — Paris, *veuve Duchesne, 1785, in-12, 3 vol. rel.*

3256. — HISTOIRE de la dernière guerre entre la Grande-Bretagne et les Etats-Unis de l'Amérique, la France, l'Espagne et la Hollande, depuis son commencement, en 1775, jusqu'à sa fin en 1783. (Cart.) — Paris, *Brocas, 1787, rel.* (Donnée par M. Cariou, gardien).

3257. — VICTOIRES, conquêtes, désastres, revers et guerre civiles des français, de 1792 à 1815. Fac-simile, portraits et guerre d'Espagne en 1823. — Paris, *Panckouke, 1817, 1825, in-8°, 30 vol. rel.*

3258. — CHAS (J.) — Tableau historique et politique des opérations militaires et civiles de Bonaparte. — Paris, *A. Bertrand, 1801, in-8° br.*

3259. — GOUJON (Alex.) — Bulletins officiels de la grande armée (1810-1814). — Paris, *Baudouin frères, 1820, in-12, 4 tomes en 2 vol. rel.*

3260. — GRIMOARD (Le Comte Ph. H. de). — Tableau historique de la guerre de la Révolution de France, depuis son commencement, en 1792, jusqu'à la fin de 1794, précédé d'une Instruction générale contenant l'exposé des moyens défensifs et offensifs sur les frontières du royaume en 1792, et des recherches sur la force de l'armée française, depuis Henri IV jusqu'à la fin de 1806, accompagné d'un atlas militaire. — Paris, *Treuttel et Wurtz, 1808, in-4°, 3 vol. rel.*

3261. — MAGALON (R. D.) — Annales militaires des Français depuis le commencement de la Révolution jusqu'à la fin du règne de Napoléon. — Paris, *1826, pt in-12.*

3262. — HUGO (Le Général). — Mémoires précédés de ceux du général Aubertin sur la guerre de la Vendée. — Paris, *Ladvocat, 1823, in-8°, 3 vol. rel.*

3263. — MARCILLAC (L. de). — Histoire de la guerre entre la France et l'Espagne, pendant les années de la Révolution française, 1793, 1794 et partie de 1795. — Paris, *Magimel, 1808, in-4° rel.*

3264. — (Fr. L.) — Précis historique des campagnes du Rhin et Moselle, pendant l'an IV et l'an V, contenant le récit de toutes les opérations de cette armée sous le commandement de Moreau, avec une carte du cours du Rhin, dans les environs de Strasbourg. — Paris, *Levrault, 1799, in-8° rel.*

3265. — POMMEREUL (F. R. J. de). — Campagne du général Buonaparte en Italie pendant les années IV et V. — Paris, *Plassan, an V, 1797, in-8° rel.*

3266. — SERVAN (Le Général J.) — Histoire des guerres des Français en Italie, contenant le tableau des événements civils, etc. (Cart.) — Paris, *Bernard, an XIII, 1805, in-12, 6 vol.*

3267. — BELLAIRE (J. P.) — Précis des opérations militaires de la division française du Levant, chargée pendant les années V, VI et VII, de la défense des îles et possessions ex-vénitiennes de la mer Ionienne, formant la République des Sept-Iles. (Cartes). — Paris, *an XIII, in-8° cart.*

3268. — DUMAS (Le Lieutenant-Général M.) — Précis des événements militaires, ou essais historiques sur les campagnes de 1799 à 1814. (Cartes et Plans). — Paris, *Treuttel et Wurtz, 1817, in-8°, 8 vol. rel.* (Seulement les campagnes de 1799 à 1802). *Cartes et Plans, in-4°.*

3269. — LATTIL (J. B.) — Campagne de Bonaparte à Malte, en Egypte et en Syrie. — Marseille, *Rochebrune, an X, in-8° rel.*

3270. — MARTIN (P.) — Histoire de l'expédition française en Egypte, pendant les années 1798-1801. — Paris, *1815, in-8°, 2 vol. rel.*

8271. — PEUCHET (J.) — Campagnes des armées françaises en Prusse, en Saxe, en Pologne, etc., sous le commandement de l'Empereur-Roi, en 1806 et 1807. (Portr.) — Paris.

3272. — SAINT-JOSEPH (Le général Baron de). — Grande Armée. Campagne de Prusse en juin 1807, etc. — Paris, *E. Martinet, 1863, in-8° cart.*

3273. — THIBAUDEAU (Le Comte A.) — Histoire de la campagne d'Italie sous le règne de Napoléon-le-Grand. Nouv. édit., ornée de gravures. — Paris, *Madame Huzard, 1839, in-8°, 3 vol. rel.*

3274. — LIGER (A.) — Histoire de la guerre des coalitions contre la France, années 1806 et 1807. — MAESTRICHT, *Nypels, 1808, in-8° rel.*

3275. — SOLTYK (ROMAN). — Relation des opérations de l'armée aux ordres du prince J. Poniatowsky, pendant la campagne de 1809, en Pologne, contre les Autrichiens. — PARIS, *Gauthier-Lagmonie, 1841, in-8° rel.*

3276. — ROCCA (A. R. M.) — Mémoires sur la guerre des Français en Espagne, 2ᵉ édition. — PARIS, *Gide fils, 1814, in-8° rel.*

3277. — CAMPAGNE de Portugal en 1810 et 1811, ouvrage imprimé à Londres et qu'il était défendu de laisser pénétrer en France sous peine de mort, etc. 2ᵉ édition. — PARIS, *1814, in-4° rel.*

3278. — LABAUME (E.). — Relation circonstanciée de la campagne de Russie en 1812, ornée des plans de la bataille de la Moskwa, du combat de Malo-Jaroslavetz, et d'un état sommaire des forces de l'armée française pendant cette campagne. — PARIS, *Panckoucke, 1815, in-8° rel.*

3279. — SÉGUR (Le Lieutenant-Général Comte DE). — Histoire de Napoléon et de la grande armée pendant l'année 1812. 8ᵉ édit. — PARIS, *Baudouin frères, in-8°, 2 vol. rel.*

3280. — GOURGAUD (Le Général). — Napoléon et la grande armée, ou examen critique de l'ouvrage de M. le comte de Ségur. 2ᵉ édit. — PARIS, *Bossange, 1825, in-8° rel.*

3281. — DUHESME (Le Comte). — Essai sur l'infanterie légère ou traité des petites opérations de la guerre, à l'usage des jeunes officiers, avec cartes et plans. — PARIS, *Michaud, 1814, in-8° br.*

3282. — MARCO DE SAINT-HILAIRE (EMILE). — Histoire populaire de la Garde Impériale, illustrée. — PARIS, *Adolphe Delahays, 1854, in-8°.*

3283. — SARRAZIN (Le Maréchal-de-Camp J.). — Histoire de la guerre de Russie et d'Allemagne, depuis le passage du Niémen, juin 1812, jusqu'au passage du Rhin, novembre 1813, cart. par Lapie. — PARIS, *Roza, 1815, in-8° rel., 2 exempl.*

3284. — CAMPAGNE (dernière) de l'armée franco-italienne, sous les ordres d'Eugène Beauharnais, en 1813 et 1814. — PARIS, *1817, in-8° rel.*

3285. — BEAUCHAMP (A. DE). — Histoire des campagnes de 1814 et de 1815. — PARIS, *1816, in-8°, 4 vol. rel.*

3286. — GOURGAUD (Le Général). — Campagne de 1815, ou Relation des opérations militaires qui ont eu lieu en France et en Belgique, pendant les Cent jours, écrite à Ste-Hélène. Suivie d'une lettre adressée à S. A. I. Marie-Louise. — Paris, *Plancher, 1818, in-12 cart.*

3287. — D°. — La même. — Paris, *Mongie aîné, 1813, in-8° rel.*

3288. — MARCHAND. — Lettre au général Gourgaud sur la relation de la campagne de 1815 écrite à Sainte-Hélène. — Paris, *Brissot-Thivars, janvier 1819, in-8°.*

3289. — PRÉCIS des opérations des armées du Rhin et du Jura, en 1815, suivi du siége d'Huningue et de l'insurrection de Strasbourg dirigée par le sergent Dalouzi, plus connu sous le nom de général Garnison. — Paris, *Baudouin frères, 1819, in-8°.*

3290. — WATERLOO. — Recueil coutenant :

1° Relation fidèle et détaillée de la dernière campagne de Buonaparte, terminée par la bataille de Mont-Saint-Jean, dite de Waterloo ou de la Belle-Alliance, par un témoin oculaire, 2e édit. cart. — Paris, *Dentu, 1815, in-8°.*

2° BERTON. — (Le Général). — Précis historique, militaire et critique des batailles de Fleurus et de Waterloo dans la campagne de Flandre, en juin 1815, cart. — Paris, *Delaunay, 1818, in-8°.*

3° Relation anglaise de la bataille de Waterloo, ou de Mont-Saint-Jean, et des évènements qui l'ont précédée ou suivie, accompagnée des rapports français, prussien et espagnol, d'un plan très exact de la bataille et d'une carte du théâtre de la campagne, coloriée. Trad. sur la deuxième édition publiée à Londres, en septembre 1815, par Ambroise Tardieu, 2e édit. — Paris, *A. Tardieu, 1815, in-8°.* — Le tout en un volume relié.

3291. — CAMPAIGN (The) of Waterloo, illustrated with engravings of les quatre bras, la Belle-Alliance, Hougoumont, La Haye-Sainte, and other principal scenes of action ; includingt a correct military plan, together with a grand view of the battle on a large scale. To wich is prefixed a history of the campaign, compiled from official documents and other authentic sources. — London, *R. Bowyer, 1816, in-folio, cart., pp. vel.*

3292. — TAILLARD (C.) — Catéchisme du soldat français, ou dialogue historique sur les campagnes modernes de l'armée française. — Paris, *Bataille et Bousquet, 1820, in-12.*

3293. — BARCHOU DE PENHOEN. — (Le Baron). — Mémoires d'un officier d'état-major. Expédition d'Afrique. — Paris, *Charpentier, 1835, in-8° rel.*

3294. — BAZANCOURT (Le baron DE). — Expédition de Crimée jusqu'à la prise de Sébastopol. Chronique de l'armée d'Orient, 3e édit. — PARIS, *Amyot, 1856, in-8°, rel.*

3295. — D°. — La Marine française dans la Mer Noire et la Baltique, chroniques maritimes de la guerre d'Orient. — PARIS, *Amyot, in-8° 2 vol.* (Port).

3296. — D°. — Expédition de Chine. — *2 vol.*

3297. — D°. — Campagne d'Italie. — *2 vol.*

3298. — DUFOUR (A. H.) — Histoire de la guerre d'Orient, illustrée par Janet-Lange. — *G. Barba, in-4°, 3 vol. rel.*

3299. — LA GUERRE FRANCO-ALLEMANDE de 1870-71. Rédigée par la section historique du grand Etat-Major prussien. Traduction par le capitaine E. Costa de Serda, de l'Etat-Major français. — BERLIN, *E. Siegfried Mistler ;* PARIS, *J. Dumaine, in-8°* (9 livraisons avec plans).

3300. — MÉMOIRES d'un officier d'état-major par le baron Barchou de Penhoën, ancien capitaine au corps royal d'état-major. Expédition d'Afrique. — PARIS, *comptoir des imprimeurs réunis, 1844, in-8°.*

3301. — CARREY (EMILE). — Récits de Kabylie, campagne de 1857, avec une carte. — PARIS, *Michel Lévy frères, 1858, in-8° br.*

3302. — LOIR (MAURICE). — L'escadre de l'amiral Courbet. Notes et souvenirs. — PARIS, *Berger-Levrault, 1886, in-8°.*

3303. — PÉRINI (HARDY DE), Lieutenant-Colonel de zouaves. — Les batailles d'autrefois. — PARIS, *Plon, Nourrit et Cie, 1888, 2 vol. in-8° br.*

3304. — MARBOT (Bon DE). — Mémoires du général de Marbot. — PARIS, *Plon, Nourrit et Cie, 1891, in-8°, 3 vol. br.*

3305. —   **Carton n° 29**

QUESTIONS MILITAIRES

1. — Ordonnance du Roi pour empêcher que les soldats ne ruinent les corps de garde, guérite, palissades et casernes, etc. Du 20 Mars 1706. — *Manuscrit.*

2. — Pensions ou gratifications annuelles sur l'extraordinaire des guerres. Modèle pour les personnes qui jouissent de pensions ou gratifications annuelles sur l'extraordinaire des guerres, relatif au certificat de vie.

3. — Nouveau code pénal militaire pour toutes les troupes de la République ; suivi d'un règlement de discipline et de police correctionnelle, pour l'armée commandée par le général Hoche. — BREST, *imp. de Gauchelet, frimaire an V.*

4. — Observations sur les lois pénales militaires et maritimes, etc., présenté au corps législatif, par le citoyen J. H. Doubledent, greffier du conseil de guerre des troupes de la marine. — BREST, *Gauchelet, thermidor, an V.*

5. — Paris, le 2 février 1815. Le ministre secrétaire d'Etat de la guerre, à MM. les lieutenants généraux commandant les divisions militaires, les commandant supérieurs dans les départements, les commandant d'armes et les directeurs des fortifications, sur l'organisation et le service des officiers des états-majors des places.

6 — Ordonnance du Roi qui fixe le mode d'exécution de la loi du 17 juillet 1819, sur les servitudes imposées à la propriété pour la défense de l'Etat. — PARIS, *imp. royale, 1821.*

7. — Paris, le 9 août 1821. Le Ministre secrétaire d'Etat au département de la guerre, à MM. les Lieutenants généraux, etc., sur la conservation et le classement des places fortes.

8. — Paris, le 26 janvier 1825. Le Ministre de la guerre à MM. les officiers de tous grades de l'artillerie, du génie et du train des équipages militaires.

9. — Paris, le 15 février 1830. Circulaire du ministre de la guerre sur les servitudes militaires.

10. — Ministère de la guerre. Comptabilité générale et budgets, 2e section, années 1825-1826-1827-1828-1829.

11. — Défense des frontières. (Extrait du spectateur militaire, juin 1836). — PARIS, *Bourgogne et Martinet.*

12. — Réflexions sur les changements apportés à l'ordonnance sur le service des troupes en campagne, par A. L. Blondel, capitaine au corps royal d'état-major, etc. — PARIS, *Bourgogne et Martinet, juin 1837.*

13. — De l'infanterie, par M. Gustave Delvigne, officier de l'ex-garde royale. (Extrait du spectateur militaire, novembre 1836. — PARIS, *chez Mme de Lacombe, 1838.*

14. — Opinion de Pierre Delbrel, ancien député, membre de la convention nationale, etc., sur la loi du 10 mars 1818, relative au recrutement et à l'organisation militaire, etc. — MOISSAC, *Gme Larnaudés, 1839.*

15. — Réponse à l'auteur de l'ouvrage intitulé : du projet de fortifier Paris, ou examen d'un système général de défense, par le général Rogniat. — PARIS, *J. Corréard jeune*, *Anselin et G. Laguionie ;* LEIPSIG, *Michelsen, 1840.*

16. — Réponse aux deux brochures de M. le commandant Rocquancourt sur les fortifications de Paris. — PARIS, *France-Thibaut-Delaunay-Bernard-Neuhaus, 1841.*

17. — Paris-France, par un ancien élève de l'école polytechnique. — PARIS, *Bohaire, 1841.*

18. — Vauban expliqué en ce qui concerne les moyens de défense de Paris. — PARIS, *J. Corréard*, *Anselin et G. Laguionie* ; LEIPSIG, *Michelsen, février 1841.*

19. — Nouvel assaut à l'enceinte projetée de Paris, ou examen critique du rapport de M. Thiers, par le commandant de Rocquancourt. — PARIS, *G. Laguionie, maison Anselin, 1841.*

20. — Servitudes militaires autour des fortifications de Paris, par M° Delvincourt, avocat au Conseil d'Etat et à la Cour de cassation. — PARIS, *De Soye et Bouchet, 1857.*

21. — De la Constitution de l'armée et du remplacement militaire, par le général F^{ce} Janin. Extrait du Spectateur militaire, mai et juin 1840. — PARIS, *Bourgogne et Martinet.*

22. — Projet d'admission des remplaçants dans l'armée, par le capitaine Cornibert. — REIMS, *E. Luton, 1841.*

23. — De la nécessité de déposer le prix des remplacements militaires, et de la nécessité de fixer le chiffre de ce dépôt, par Lestiboudois. — PARIS, *Bénard et Cie, 1843.*

24. — De la Constitution de l'armée sous la Monarchie de 1830. — PARIS, *Guiraudet et Jouaust, 1843.* L'auteur est M. Larréguy, alors préfet de la Charente.

25. — La Paix ou la Guerre en Europe, par le général baron Dermoncourt. — PARIS, *Delaunay et chez les marchands de nouveautés, 1840.*

26. — Institutions militaires et situation du casernement en France. De la mortalité des chevaux dans l'armée, par le capitaine du génie Allard. — PARIS, *Bourgogne et Martinet, 1840.*

27. — De la Gendarmerie. — Nécessité d'une loi nouvelle sur l'organisation de cette arme, par A. Fumat, chef d'escadron de la Garde municipale de Paris, — PARIS, *Léautey et Lecointe, 1841.*

28. — Quelques réflexions sur la formation de l'Infanterie sur deux ou trois rangs, etc., par E -A. Lopez, chef d'escadron au corps royal d'état-major, etc. — PARIS, *Anselin, 1844.*

29. — Observations sur la réponse faite le 17 avril 1845, par M. le maréchal, Ministre de la guerre, à deux pétitions signées par 47 membres de la Chambre des députés , en faveur de M. Delvigne. -- PARIS, *Mme de Lacombe, 1845.*

30. — Amélioration de la Seine sous le rapport militaire et commercial. Extrait du Journal de Rouen du 27 Janvier 1845. — ROUEN, *D. Brière.*

31. — Devis d'armement et de campagne, proposé par M. Léon Duparc, capitaine de corvette. — PARIS, *imp. royale,* MDCCCXLVII, *1847.*

32. — De l'intervention de l'armée dans les grands travaux d'utilité générale, par le lieutenant-général Schneider, député. — PARIS, *A. Henry, Mars, 1847.*

33. — Quelques réflexions sur l'organisation actuelle de la Réserve, etc., par M. Tarbé des Sablons. — PARIS, *L. Martinet, 1860.*

34. — Ministère de la Guerre. — Service des subsistances militaires et du chauffage. — Manuel des ordinaires de la troupe, 14 décembre 1861. — PARIS, *J. Dumaine, 1862.*

35. — Situation des pensions militaires en France, par Jules Poisson, major d'infanterie, en retraite, etc., Toulouse, 31 Janvier 1862. — TOULOUSE, *Bonnal et Gibrac-Gimet, 1862.*

36. — Encore l'Intendance militaire, par P.-V.-U. Landeau, ex-officier d'administration du service des subsistances. — LYON, *J. Nigon, 1864.*

37. — De l'administration militaire en 1863, Paris, le 12 Janvier 1864. — PARIS, *J. Dumaine, 1864.*

38. — Réplique aux attaques de l'administration militaire, 3e édition. — PARIS, *J. Dumaine, 1863.*

39. — Bulletin de la Société de secours aux blessés militaires, 1re, 2e, 3e, 4e, 5e années. Incomplet, septembre, octobre, novembre, 1865 avril, octobre 1866, avril, mai, juin, juillet, octobre 1867, février, avril, juin, septembre, décembre 1868, avril, mai 1869. — PARIS, *A. Guyot et Scribe.*

40. — Annuaire de la Société de secours aux blessés militaires des armées de terre et de mer, 1869. — PARIS , *au siège de la Société.*

41. — Bulletin de la Société française de secours aux blessés militaires des armées de terre et de mer, 6e année, n° 21, avril 1870. — PARIS, *bureaux et siège de la Société.*

42. — De la carabine à répétition américaine, par A. M. — Paris, *J. Corréard, 1868.*

43. — Notions élémentaires pratiques de tir à l'usage de la garde nationale, par A. Cotten. — Saint-Etienne, *veuve Théolier et Cⁱᵉ, 1871.*

3306. — JOULIN. — Le volontariat d'un an et ses rapports avec l'instruction publique en Prusse. — Paris, *Baudouin, s. d.* (Don du Dr Maréchal).

3307. — LANGERON (Marquis et Comte de). — Mémoires, rapports et correspondances militaires et administratives, de 1776 à 1785. — *Manuscrit.* (Un catalogue détaillé de ces documents sera publié ultérieurement).

G. — Génie des Ponts et Chaussées

3308. — FER DE LA NOUERRE (de). — La science des canaux navigables, ou théorie générale de leur construction. — Paris, *1785, in-8°, 2 vol. rel.* (Pl.)

3309. — ANDREOSSY (Le général A. F.) — Histoire du canal du Midi, connu précédemment sous le nom de Canal du Languedoc. — Paris, *F. Dufort, an VII. Cart. in-8° rel.*

3310. — ROCHON (Alexis). — Projet d'un canal de navigation intérieure entre le port de Brest et la Loire à Nantes, pour l'approvisionnement de la marine en temps de guerre et pour l'avitaillement des armées navales. — Paris, *Prault, an XI de la République, in-4° rel.*

3311. — CHOQUET DE LINDU. — Description des trois formes du port de Brest, bâties, dessinées et gravées en 1757 (8 grandes planches). — Brest, *R. Malassis, 1757.* Et description du bagne pour loger à terre les galériens ou forçats de l'arsenal, projeté, bâti, dessiné et gravé par le même, en 1750. — Brest, *R. Malassis, 1759, gᵈ in-f° rel., 3 exemp.*

3312. — TROUILLE. — Mémoires, rapports, plans, projets, dessins, lavis, relatifs aux travaux exécutés à Brest ou à Rochefort, dans l'arsenal ou hors de l'arsenal, sous la direction de M. Trouille. Cartons et portefeuilles contenant un état détaillé des pièces qu'ils renferment.

3313. — GAUTIER (H.) — Traité des ponts où il est parlé de ceux des Romains et des Modernes, etc. Nouv. édit. — Paris, *A. Caillau, 1778, in-8° rel.* (Pl.)

3314. — DRIEU (A. F.) — Le guide du pontonnier. Mémoire sur les ponts militaires, etc. — Rouen, *1820, in-8° rel.*

3315. — GOURY (G., aîné). — Souvenirs polytechniques, ou recueil d'observations, mémoires et projets, contenant la navigation intérieure, les bacs, les dessèchements, les ports maritimes, les routes, les ponts, etc. — Paris, *Carillon-Gœury, 1827, 2 vol. in-4°*. Avec un atlas *in-f°*.

3316. — RAPPORT à l'appui d'un projet sur l'épuisement des formes de la rive nord de l'AR bassin du port de Cherbourg, *1854.*

3317. — AUTRE RAPPORT. Projet de formes de visite et de radoubs à construire au sud de l'AR bassin à Cherbourg, *1855.*

3318. — RIOU-KERHALET, Ingénieur des ponts et chaussées à Brest. — Mémoires, plans, rapports, devis, projets, dessins, lavis relatifs aux travaux de l'arsenal et des bâtiments militaires ou maritimes de Brest, de 1856 à 1859. (Le détail de ce fonds se trouve dans le catalogue du fonds Riou-Kerhalet.)

3319. — LENNIER (G.) — L'estuaire de la Seine. Mémoires et documents pour servir à l'histoire et à l'étude de l'estuaire de la Seine. — Le Havre, *E. Hustcim, 2 vol. in-4° br.* et un atlas, *cart.*

3320. — LAMARLE (M.) — Notes sur les travaux exécutés pour l'alimentation du canal de jonction de la Sambre à l'Oise. (Extrait des annales des ponts et chaussées, juillet et août 1845. — Paris, *Pain et Thunot, s. d., in-8° br., 87 p.*

3321. — D°. — Du concours des canaux et des chemins de fer. Examen de quelques questions relatives aux transports. (Extrait des annales des ponts et chaussées. Tome 18. 6e cahier, 1859). — Paris, *Dalmout et Dunod, 1860, pl. in-8° br., 70 p.*

3322. — ROBINET. — Eaux de Paris. Lettre à un conseiller d'Etat pour servir de réponses aux adversaires des projets de la ville de Paris. — Paris, *M*me *Veuve Bonchard, 1862, in-8°.*

3323. — DUGUÉ. — Eaux de Paris. Dérivation de la Somme-Sonde et du Morin. — Paris, *Dunod, 1862, in-8° br.*

3324. — SIBOUR, Capitaine de frégate. — Le Rhône à Marseille. L'étang de Berre et le port de Bône. — Marseille, *T. Samat, s. d., in-8° br. de 27 pp.*

3325. — FLEURIGEON. — Principes de la grande et de la petite voirie, contenant par ordre alphabétique de matières, les dispositions textuelles ou analytiques des édits, ordonnances, règlements, lois, arrêtés, décrets et décisions ministérielles avant et après 1789 jusqu'à nos jours. — Paris, *Bavoux, 1821, in-8° br.*

3326. — CHEVALIER (Michel). — Des intérêts matériels en France. Travaux publics, routes, canaux, chemins de fer. — Paris, *Gosselin, 1438, in-8° br.*

3327. — BERTIN (Amédée). — Des chemins vicinaux. De la centralisation du service vicinal. De l'organisation et de l'association des communes par circonscription et par groupes. — Paris, *Dusacq*; Rennes, *Verdier, 1853, in-8° br.*

3328. — COLLIGNON (Edouard). — Ponts métalliques à poutres droites continues. Formules générales. Développement de la méthode nouvelle de M. Bresse, ingénieur des ponts et chaussées, professeur à l'école impériale des ponts et chaussées, par M. Edouard Collignon, ingénieur au corps impérial des ponts et chaussées de France. — Saint-Pétersbourg, *chez S. Dufour, librairie de la cour impériale*; Paris, *Dalmont et Dunod, libraires des corps impériaux des ponts et chaussées et des mines, 1860, une brochure in-8° de 29 pages.*

3329. — CAHIER des conditions particulières relatives à l'adjudication sur soumissions cachetées, de l'entreprise et de la construction des hangars à bois sur l'île factice et dans l'anse le Breton. — Brest, *1860.*

3330. — BOMMART. — Rapport sur les travaux publics représentés à l'exposition universelle de Londres en 1862. — Paris, *Napoléon Chaix et Cie, 1863, in-8° br.*

3331. — ORSZACH (Alexandre). — Les travaux publics de Budapest, *1868-82, in-8° br.*

3332. — JOUHAUD. — Des postes ménagées par les chemins de fer, et des autres dangers dont cette institution est entourée. Mesures à prendre pour les conjurer. — Paris, *F. Didot frères, 1840, in-8° br.*

3333. — MANGEOT. — Propositions soumises à M. le Ministre des travaux publics sur le classement des chemins de fer de l'Etat ou railways royaux. — Paris, *Carillon-Gœury, Mars 1842, in-8° br.*

3334. — CHEMINS DE FER. — Lignes du Nord, 2e lettre à M. Teste. — Boulogne-sur-Mer, *1842, in-8° br.*

3335. — RAPPORT fait au Conseil municipal de Nancy sur le tracé du chemin de fer de Paris à Strasbourg. — Nancy, *1851, in-8° br.*

3336. — POUJARD'HIEU. — Solution de la question des chemins de fer. De l'extension des réseaux et des nouvelles conventions. — Paris, *Librairie Nouvelle, 1859, in-8° br.*

3337. — BRAME (Edouard). — Rapport sur les expériences faites par la Compagnie concessionnaire du chemin de fer du Nord, pour l'amélioration des voies. — Paris, *Dunod, 1860, in-8° br.*

3338. — PARIS A BREST. — Réseau d'Orléans. Profil géologique, 1867. Notice par M. Mille. — Paris, *Bonaventure.*

3339. — BOITEAU. — Le régime des chemins de fer français, etc. — Paris, *Guillaumin, 1875, in-4° br.*

3340. — JACQMIN (M.-F.) — Etude sur l'exploitation des chemins de fer par l'Etat. — Paris, *J. Claye, 1878, in-8° br.*

3341. — D°. — Etude sur l'exploitation des chemins de fer. — Paris, *Claye, 1878, in-8° br.*

3342. — PEREIRE (Isaac). — La question des chemins de fer. — Paris, *Motteroz, 1879, in-8° br.*

3343. — LEVEL (Emile). — Les chemins de fer devant le Parlement, etc. — Paris, *libr.-générale, 1880, in-8° br.*

3844. — DELOMBRE (Paul). — L'Etat et les tarifs de chemins de fer. — Paris, *Dentu, 1880, in-8° br.*

3345. — RÉFORME des tarifs des chemins de fer. — Paris, *Challamel aîné, 1884, in-8° br.* (Don du Dr Berger).

3346. — CHEMINS DE FER sur les routes nationales, départementales et vicinales. Création du réseau de jonction. Notice explicative. — Paris, *administr., s. d., in-8°, 16 pp. br.*

3347. — HERLAND (Aug.) — Voies de sûreté à disques et aiguilles automatiques. — Laval, *Ed. Morice, s. d.* Une planche de fig. avec légendes.

3348. — LEVEL. — Chemins de fer et le budget. — *In-8°.*

3349. — DARU (Comte), pair de France. — Des chemins de fer et de la Loi (application de), du 11 juin 1842. — Paris, *L. Mathias, in-8° br.*

3350. — FENOUX (V.) — Note sur les travaux de construction du grand viaduc de Morlaix. — *In-8°.*

3351. — GAMOND (A. Thomé de). — Etude pour l'avant-projet d'un tunnel sous-marin entre l'Angleterre et la France, etc. — Paris, *veuve Dalmont, 1857, in-4°* (Pl.)

3352. — STEPHENSON. — Système atmosphérique. Enquête devant la commission de la Chambre des communes pour le chemin de Londres à Epsom, accompagnée du rapport de M. Stéphenson sur le chemin de Dalkey à Kingstown. Trad. par M. A. Lauvray. — Paris, *1844, gd in-4°.*

3353. — ANNALES des Ponts et Chaussées. — *In-8°.*

VI. — APPENDICE AUX SCIENCES

1. — PHILOSOPHIE OCCULTE

A. — Introduction. — Histoire. — Dictionnaires

3354. — VILLARS (l'Abbé DE MONTFAUCON DE). — Le comte de Gabalis, ou entretiens sur les sciences secrètes. Nouv. édit. augmentée des Génies assistans et des Gnômes irréconciliables. — LONDRES, *Vaillant, 1742, in-12, 2 vol. rel.*

3355. — SALVERTE (E.) — Les sciences occultes, ou essai sur la magie, les prodiges et les miracles. — PARIS, *Sédillot, 1829, in-8°, 2 vol.*

3356. — DEBAY (A.) — Histoire des sciences occultes, 2ᵉ édition. — PARIS, *Dentu, 1869, in-18 jésus.*

3357. — FIGUIER (L.) — Histoire du merveilleux dans les temps modernes. — PARIS, *L. Hachette, 1860, in-18.*

B. — Cabale et Magie

3353. — AGRIPPA (H. C.) — La philosophie occulte, divisée en trois livres, et trad. du latin par A. Levasseur. — LA HAYE, *R. C. Alberts, 1727, in-3°, 2 vol. rel.*

C. — Apparitions. — Démons. — Possessions. — Exorcismes. — Sortiléges, etc.

3359. — LENGLET DU FRESNOY (l'Abbé). — Recueil de dissertations anciennes et nouvelles sur les apparitions, les visions et les songes, avec une préface historique et un catalogue des auteurs qui ont écrit sur les esprits, les visions, etc. — AVIGNON et PARIS, *J. N. Leloup, 1752, in-12, 4 vol. rel.*

3360. — Dᵒ. — Traité historique et dogmatique sur les apparitions et les révélations particulières, avec des observations sur les dissertations du R. P. Don Calmet sur les apparitions et les revenants. — Avignon et Paris, *1751, in-12, 2 vol.*, reliés et mis sous les numéros 5 et 6 du Recueil des dissertations, etc. — En tout *6 vol. in-12 rel.*

3361. — LE LOYER (P.) — Discours et histoire des spectres, visions et apparitions des esprits, anges, démons et âmes, se monstrans visibles aux hommes. Divisez en 8 livres. Esquels par les visions merveilleuses et prodigieuses apparitions avenues en tous siècles, tirées et recueillies des plus célèbres auteurs tant sacrés que prophanes est manifestée la certitude des spectres et visions des esprits, etc., aussi est traité des extases et ravissements. — Paris, *N. Buon, 1605, in-4º rel.*

3362. — BODIN (J.) — De la démonomanie des sorciers. — Paris, *Y. Du Puys, 1581, in-4º rel.*

3363. — Dᵒ. — La même. — Paris, *Y. Du Puys, 1582, in-4º cart.*

3364. — MICHELET (J.) — La Sorcière. — Bruxelles et Leipsig, *A. Lacroix, 1863, gᵈ in-18.*

3365. — KARDEC (Allan). — Le livre des médiums ou guide des médiums et des évocateurs. — Paris, *Didier et Cⁱᵉ, 1861, in-8º br.*

D. — Divination par les Songes, les signes de la main, les Cartes, etc.

3366. — RICHARD (l'abbé J.) — La théorie des songes. — Paris, *Estienne, 1766, in-12.*

3367. — APOMAZAR. — Des significations et événements des songes selon la doctrine des Indiens, Perses et Egyptiens, pris de la bibliothèque de Jean Sambucus, puis tourné du grec en latin par Jean Leunclaius, et mis de nouveau en français. — Paris, *Denys du Val, 1581, in-8º rel.*

3368. — ETRENNES mignonnes aux amateurs de la loterie royale de France, ou la vraie explication des songes avec leur rapport aux 90 numéros de la loterie, etc. — Lugano, en Italie, *1777, in-12.* Relié avec :

3369. — ORACLE (L'). — Des dames et des demoiselles, ou le vrai horoscope suivi de leçons au beau sexe, pour apprendre à plaire et à fixer, etc., par S. L***. — Paris, *Audin, 1826, in-12.*

3370. — VALLEMONT (l'Abbé L. L. de). — La physique occulte, ou traité de la baguette divinatoire et de son utilité pour la découverte des sources d'eau, des minières, des trésors cachés, des voleurs et des meurtriers fugitifs, avec des principes qui expliquent les phénomènes les plus obscurs de la nature. — Paris, *J. Anisson, 1692, in-12 rel.*

3371. — D°. — La même. — La Haye, *A. Moeljens, 1772, in-12, 2 vol. rel.*

2. — ALCHIMIE

3372. — PERNETTY (Dom Ant. J.) — Dictionnaire mytho-hermétique, dans lequel on trouve les allégories fabuleuses des poëtes, les métaphores, les énigmes et les termes barbares des philosophes hermétiques expliqués. — Paris, *Bauche, 1758, in-8° rel.*

3373. — LACINIUS (Janus). — Pretiosa margarita novella de thesauro ac pretiosissimo philosophorum lapide. Artis hujus divinæ typus, et methodus : collectanea ex Arnaldo, Rhuymundo, Rhasi, Alberto et Michaele Scoto ; per Janum Lacinium Calabrum nunc primum, cum locupletissimo indice, indice, in lucem edita. — Venetiis, *Aldus, 1546, in-8°, couvert en parch.*

3374. — LIMOYON DE SAINT-DISDIER. — Le triomphe hermétique, ou la Pierre Philosophale victorieuse. Traité plus complet et plus intelligible qu'il y en ait eu jusqu'ici touchant le Magistère hermétique. — Amsterdam, *H. Wetstein, 1689, in-8°, rel.*

3375. — SENDIVOGIUS (M.) — Cosmopolite ou nouvelle lumière chymique pour servir d'éclaircissement aux trois Principes de la nature exactement décrits dans les trois traités suivants : le 1er du Mercure ; le 2e du Soufre ; le 3e du vray sel des Philosophés. Dernière édition. Augmentée des lettres philosophiques du même. Trad. de l'allemand par Ant. Duval. — Paris, *L. d'Houry, 1691, in-12 rel.*

3376. — FIGUIER (L.) — L'alchimie et les alchimistes. — Paris, *Hachette, 1856, gd in-12.*

3377. — BERTHELOT. — Collection des anciens alchimistes grecs, publiée sous les auspices du Ministre de l'instruction publique ; 1re Livraison. — Paris, *G. Steinheil, 1887, in-4°.* — 3e Livraison, comprenant les vieux auteurs, les traités techniques et les commentateurs. Texte grec et traduction française, etc. — Paris, *d°, d°, d°.* — 4e Livraison, contenant les tables et index alphabétiques du texte grec et de la traduction et l'index alphabétique de l'introduction. — Paris, *d°, d°, d°.*

VII. — ARTS

1. — ÉCRITURE ET AUTRES MOYENS DE REPRÉSENTER LA PAROLE :

CALLIGRAPHIE, POLYGRAPHIE, ETC., TÉLÉGRAPHIE, TYPOGRAPHIE

3378. — FAVARGER. — L'écriture apprise sans maître, 2ᵉ édition. — Paris, *1835, in-8°.*

3379. — MIDOLLE (J.) — Ecritures anciennes d'après des manuscrits. Lith. d'E. Simon. — Strasbourg, *1835, in-4° oblong, étuis.*

3380. — CARACTÈRES (Spécimen des) de la fonderie polyamatype de H. Didot, Legrand et Cⁱᵉ. — Paris, *Duverger, 1828, in-8° br.*

3381. — PETITEPIERRE (de). — Calligraphie moderne écrite par de Petitepierre, professeur ; gravures par MM. Picquet et Joseph Landraux. — Paris, *Pintard jeune, éditeur, 1834, un cahier d'une cinquantaine de pages.*

3382. — TURIN (P.) — De la rédaction des actes considérée au point de vue de l'écriture sténographique des langues étrangères et des prescriptions de la loi. — Paris, *imp. gén., 1878, in-8° br.*

3383. — CHAPPE (Aîné). — Histoire de la télégraphie. — Paris, *1824, in-8°,* et l'Atlas, *in-4°, 2 vol. rel.*

3384. — MOIGNO (l'Abbé). — Traité de la télégraphie électrique, comprenant son histoire, sa théorie, ses appareils, sa pratique, son avenir, sa législation, précédé d'un exposé de la télégraphie en général et de la télégraphie ancienne de jour et de nuit, 2ᵉ édit. — Paris, *A. Franck, 1852, in-8° rel.* Atlas de 22 Pl., *in-f° rel.*

3385. — BREGUET (L.) — Manuel de la télégraphie électrique à l'usage des employés des chemins de fer, par L. Breguet, horloger constructeur des appareils de l'Etat, membre du bureau des longitudes, de la société philomathique, etc. Deuxième édition. Revue, augmentée et accompagnée de gravures dans le texte. — Paris, *Carillon-Gœury et Victor Dalmont, libraires des corps impériaux des ponts et chaussées et des mines, 1853, in-12.*

3386. — MARQFOY (G.) — De l'abaissement des taxes télégraphiques en France. — Bordeaux, *1860, in-8°.*

3387. — DROUET (Eugène). — Cours élémentaire, méthodique et progressif de sténographie d'après le système de M. Augustin Grosselin. — *Chez les principaux libraires, in-8° br. de 40 pag.*

3388. — LUCE (L.) — Epreuve du premier alphabet droit et penché, ornée de cadres et cartouches, gravés par ordre du Roi pour l'imprimerie royale. — *1740, in-12, v. vert, fil. d. s. t.*

3389. — ALBUM paléographique ou recueil de documents importants relatifs à l'histoire et à la littérature nationale, reproduits en héliogravure d'après les originaux des bibliothèques et des archives de la France, avec des notices explicatives par la Société de l'Ecole des Chartres. — Paris, *Maison Quantin, 1887, in-f°.* Légendes et Atlas dans un étui.

3390. — MIRIEL (G.) — Télégraphe Hughes. Album de 22 planches *in-4°,* contenant 79 figures, etc., suivi d'un texte explicatif. — Brest, *typog. et lithog. J. P. Gadreau, 1873.*

3391. — TUCKER. — La typologie. — *In-4° rel.*

2. — BEAUX-ARTS

A. — Introduction. — Histoire. — Dictionnaires. — Philosophie des Beaux-Arts

3392. — ALBERG (C. d'). — Périclès. De l'influence des Beaux-Arts sur la félicité publique. Nouv. édit. — Paris, *A. G. Debray, 1807, in-12.*

3393. — LACOMBE (J.) — Dictionnaire portatif des Beaux-Arts, ou abrégé de ce qui concerne l'architecture, la sculpture, la peinture, la gravure, la poésie et la musique, avec les définitions de ces arts, etc. — Paris, *veuve Estienne et fils, 1753, in-8° rel.*

3394. — ENCYCLOPÉDIE méthodique. — Beaux-Arts. — Paris, *Panckoucke, 1788, in-4° rel., 2 vol.*

3395. — WATELET (C. L.) — Dictionnaire des arts de peinture, sculpture et gravure, par Watelet et Levesque. — Paris, *L. F. Prault, 1792, in-8°, 5 vol. rel.*

3396. — BATTEUX (l'Abbé C.) — Les Beaux-Arts réduits à un même principe. — Paris, *Durand, 1746, in-8° rel.*

3397. — MILIZIA (F.) — L'art de voir dans les Beaux-Arts, peinture, sculpture et gravure, calcographie, architecture ; traduit de l'italien par F. A. J. de Pommereul ; suivi des moyens de faire fleurir les arts en France, et d'un état des objets d'art dont les musées ont été enrichis par la Belgique, la Hollande et l'Italie depuis la guerre. — Paris, *Bernard, an VI, in-8° rel.*

3398. — D°. — Le même, sous le titre de Réflexions sur la peinture, la sculpture, etc. ; suivies des instructions propres à les faire fleurir en France, 2e édit. — Paris, *Bernard, an VII, in-8° rel.*

3399. — ESTÈVE (P.) — L'esprit des Beaux-Arts. — Paris, *C. J. Bauche, 1753, in-8° rel.*

3400. — ANDRÉ (Le P. J. M.) — Essai sur le Beau, avec un discours préliminaire et des réflexions sur le goût, par M. Formey. — Amsterdam, *J. H. Schneider, 1767, in-8° rel.*

3401. — D°. — Le même. Nouvelle édition, augmentée de six discours. — Paris, *Crapelet, 1770, in-8° rel.*

3402. — HOGARTH (Guill.) — Analyse de la Beauté, etc. Trad. de l'anglais par Jansen. Vie de ce peintre, etc. — Paris, *Levrault, an XIII, 1805.*

3403. — KERATRY (A. H.) — Du Beau dans les arts d'imitation, avec un examen raisonné des productions des diverses écoles de peinture et sculpture, en particulier de celle de France. — Paris, *Audot, 1822, in-12, 2 vol. cart.* (Fig.)

3404. — CHENNEVIÈRES (P. de). — Archives de l'art français. Recueil de documents inédits relatifs à l'histoire de l'art en France. — Paris, *J. B. Dumoulin, in-8°, depuis 1851.*

3405. — YVON (M. L. Alexandre d'). — De la décadence des arts d'ornementation. — Paris, *Hachette, 1861, in-8°.*

3406. — ROUQUET. — L'état des arts en Angleterre. — Paris, *C. A. Jombert, 1755, in-12 rel.*

3407. — SKODA (E. J. E. de). — Question des Beaux-Arts, etc. — Paris, *Castel, 1863, gd in-8°.*

3408. — VERNET (Horace). — Du droit des peintres et des sculpteurs sur leurs ouvrages. — Paris, *1841, in-8°.*

3409. — L'ART EN FRANCE (Histoire de). — Recueil raisonné et annoté de tout ce qui a été écrit et imprimé sur la peinture, etc. — Paris, *F. Sartorius, 1858, in-8°.*

3410. — DOCUMENTS officiels concernant la donation artistique et charitable faite à la ville de Nantes par M. Urvoy de Saint-Bédan. — Nantes, *Guéraud, 1854, in-8° br.*

3411. — GAUTIER (Théophile). — Les Beaux-Arts en Europe, 1re et 2e série, 1855. — Paris, *Michel Lévy frères, 1856, 2 vol. in-8° br.*

3412. — D°. — Espagne. — Paris, *Charpentier, 1845, in-8° br.*

3413. — D°. — Constantinople. — Paris, *Michel Lévy frères, 1853, in-8° br.*

3414. — ARCHIVES de l'art français, 1re livraison, 15 janvier. — Paris, *J. B. Dumoulin, 1857, in-8° br., pl. de 48 pp.*

3415. — ECOLE impériale des Beaux-Arts. — Réorganisation. Documents officiels extraits du *Moniteur universel.* — Paris, *A. Morel et Cie, 1864, in-8° br., pl. de 61 pp.*

3416. — AUVRAY (L.) — Le salon de 1867 et les Beaux-Arts à l'Exposition universelle du Champ-de-Mars. — Paris, *J. Renouard, 1867, in-8° br.*

3417. — D°. — Le salon de 1869. — Paris, *d°, 1869, in-8° br.*

3418. — VIOLLET (Le Duc). — Réponse à M. Vitet à propos de l'enseignement des arts du dessin. — Paris, *Morel, 1864, in-8°, pl. de 48 pp.*

3419. — EXPLICATION des ouvrages de peinture, sculpture, architecture, gravure et lithographie des artistes vivants, exposés au Palais des Champs-Elysées, le 1er mai 1875. — Paris, *imp. nationale, 1875, in-12 br.*

3420. — VINET (Ernest). — Bibliographie méthodique des beaux-arts. Esthétique et histoire de l'art. Archéologie, sculpture, peinture, gravure, arts industriels, etc. — Paris, *F. Didot et Cie, 1874-1877,* 1re et 2e livraisons, *2 vol. in-8° br.*

3421. — VÉRON (Th.) — Dictionnaire Véron ou mémorial de l'art et des artistes contemporains. — Paris, *M. Bazin ;* Poitiers, *chez l'auteur, 1879, pt in-8° br.* (Le salon de 1879, 5e annuaire).

3422. — D°. — Dictionnaire Véron, organe de l'Institut universel des sciences, des lettres et des arts du XIXe siècle. Salon de 1881. — Paris, *M. Bazin, d°, 1881, in-8° br.*

3423. — AUVRAY (L.) — Dictionnaire général des artistes de l'Ecole française, depuis l'origine des arts du dessin jusqu'à nos jours. Ouvrage commencé par E. de la Chauvignerie, continué par Auvray. — Paris, *Renouard, 1882, in-8° br., 2 vol.*

3424. — DESJARDINS (Ernest). — Rapport de la commission des Ecoles d'Athènes et de Rome sur les travaux de ces deux Ecoles pendant l'année 1882, lu dans la séance du 1er et 8 décembre 1882. — Paris, *Didot, 1882, in-8°.*

3425. — DISCOURS d'ouverture de MM. les professeurs de l'Ecole du Louvre. — Paris, *E. Leroux, 1883, g⁴ in-8° br.*

3426. — BORDIER (H.) — Description des peintures et autres orne-ments contenus dans les manuscrits grecs de la bibliothèque nationale. — Paris, *H. Champion, 1883-84, in-4°* (1re, 2e, 3e et 4e livraisons), *4 vol. br.*

3427. — BURCKHARDT (J.) — Le cicerone, guide de l'art antique et de l'art moderne en Italie, 1re partie. Art ancien. — Paris, *F. Didot et Cie, 1885, in-8°, rel. angl.*

3428. — GÉRARD (Bon). — Lettres adressées au baron François Gérard, peintre d'histoire par les artistes et personnages de son temps, 2e édition précédée d'une notice sur la vie et les œuvres de François Gérard, etc. — Paris, *Quantin, 1886, 2 vol. g⁴ in-8° br.* (Don de l'auteur).

3429. — GONSE (L.) — L'art japonais. — Paris, *Maison Quantin,* s. d., *in-8°.* Bibliothèque de l'enseignement des Beaux-Arts.

3430. — HAVARD (Henry). — Dictionnaire de l'ameublement et de la décoration, depuis le 13e siècle jusqu'à nos jours. — Paris, *Maison Quantin,* s. d., *pt in-f°, 4 vol. cart.*

3431. — BAYET (C.) — Bibliothèque de l'enseignement des Beaux-Arts. Précis de l'histoire de l'art. — Paris, *Maison Quantin,* s. d., *in-8°, rel. angl.*

3432. — BOUCHOT (Hi). — Bibliothèque de l'enseignement des Beaux-Arts. Le livre. L'illustration. La reliure. Etude historique sommaire. — Paris, *Maison Quantin,* s. d., *in-8°, rel. angl.*

3433. — ABOUT (E.) — Voyage à travers l'exposition des Beaux-Arts. Peinture et sculpture, par E. About. — Paris, *Hachette, in-8°.*

3434. — BOUSSU (Nicolas). — L'administration des Beaux-Arts, 2e édit. — Paris, *Baltenweck, in-18.*

3435. — REVUE DES BEAUX-ARTS. — Tribune des artistes, etc. — Paris, *Bureau de la Revue, g^d in-8°.*

3436. — GAZETTE DES BEAUX-ARTS. — Courrier européen de l'Art et de la curiosité. — Rédacteur en chef, Ch. Blanc. — Paris, *1859, g^d in-8°, 24 vol. rel.*

3437. — CHRONIQUE des arts et de la curiosité. Supplément à la Gazette, etc., *grand in-8°.*

3438. — ART (l'). — Revue hebdomadaire illustrée. Collection complète, *in-4°.*

3439. — COURRIER (Le). — De l'art. Collection complète.

B. — ARTS DU DESSIN

Introduction. — Traités généraux et mélanges.
Iconographie, etc.

3440. — FALCONET (E. M.) — Ses œuvres, contenant plusieurs écrits relatifs aux Beaux-Arts. — Lausanne, *1781, in-8°, 6 vol. rel.*

3441. — DIDRON. — Iconographie chrétienne. Histoire de Dieu. (Collection des monuments inédits sur l'histoire de France). — Paris, *imp. royale, 1843, cart.*

3442. — CANETO (l'Abbé). — Essai iconographique sur Sainte-Marthe et sur le monstre qui l'accompagne ordinairement dans les œuvres d'art chrétien à propos d'une sculpture des boiseries du chœur de Sainte-Marthe d'Auch, 2e édit. — Auch, *J. Foy, 1853, in-4° (Pl.)*

3443. — GRAVELOT et COCHIN. — Iconologie par figures, ou traité complet des allégories, emblêmes, etc. — Paris, *Le Pan, in-8°, 4 vol. g^d pp. f. v. r. fil. d. s. t.*

3444. — GRANGES DE SURGÈRES (Mis de). — Iconographie bretonne, ou liste de portraits dessinés, gravés ou lithographiés, de personnages nés en Bretagne ou appartenant à l'histoire de cette province, avec notices biographiques. — Rennes, *J. Plihan et L. Hervé ;* Paris, *A. Picard, 1889, 2 vol. g^d in-8° br.*

3445. — BLANC (Charles). — Grammaire des Arts du dessin. — Paris, *veuve J. Renouard, 1867, g^d in-8°.*

3446. — BOURGOIN (J.) — Grammaire élémentaire de l'ornement, pour servir à l'histoire, à la théorie et à la pratique des arts et à l'enseignement. — Paris, Ch. Delagrave, 1880, in-8° br.

3447. — RIO (A. F.) — De l'Art chrétien. Nouvelle édition. — Paris, L. Hachette, 1861, in-4°, 4 vol.

3448. — MONTAUT (H. de). — De la représentation des figures animées chez les musulmans. Extrait du tome 1er des mémoires de l'Institut égyptien. — In-4° br.

a. — Dessin proprement dit

3449. — BUCHOTTE. — Les règles du dessin et du lavis pour les plans particuliers des ouvrages et des bâtiments, etc. Nouv. édit. — Paris, C. A. Jombert, 1743, in-8° rel. (Pl.)

3450. — D°. — Les mêmes. Nouv. édit, — Paris, C. A. Jombert, 1754, in-4° rel. (Pl.)

3451. — GÉRARDIN (R. L.) — De la composition des paysages ou des moyens d'embellir la nature autour des habitations en joignant l'utile à l'agréable. — Paris, Delaguette, 1777, in-8° rel.

3452. — DUPAIN (L'aîné). — La science des ombres par rapport au dessin, suivie du dessinateur au cabinet et à l'armée. — Paris, Didot, 1786, in-8° rel. (Pl.)

3453. — CHOQUET. — Cours élémentaire et pratique de dessin linéaire appliqué à l'enseignement individuel, à l'enseignement simultané et à l'enseignement mutuel. — Paris, Ferra, 1823, in-4° oblong. br.

3454. — NORMAND, DOULIOT et KRAFFT. — Cours de dessin industriel à l'usage des écoles élémentaires et des ouvriers. — Paris, Normand, 1833, in-8° rel. Atlas de 34 pl. in-f°.

3455. — ETEX (A.) — Cour élémentaire de dessin, appliqué à l'architecture, à la sculpture, etc., 50 planches et le texte. — Paris, G. Sandré, 1851, in-4° oblong, 2 vol.

3456. — COLLECTION de dessins distribués aux élèves. — Ecole impériale des ponts et chaussées. Légende explicative des planches. Tome 1er, 1re livraison, 1857. Tome 1er, 2e livraison. — Paris, 2 fascicules in-8° br.

3457. — CATALOGUE de la galerie de tableaux et de dessins au Musée de Bâle. — Imp. de Bahumaier (C. Schultze), 1874, in-8°.

3458. — BOUCHOT (H.) — Les portraits aux crayons des XVIᵉ et XVIIᵉ siècles conservés à la bibliothèque nationale (1525-1646). — Paris, *H. Oudin et Cⁱᵉ, 1884, gᵈ in-8° br.*

b. — Peinture et Sculpture

3459. — LAFONT DE SAINT-YENNE (de). — Réflexions sur quelques causes de l'état présent de la peinture en France, avec un examen des principaux ouvrages exposés au Louvre dans le mois d'août 1746. — La Haye, *J. Neaulme, 1747, in-12.* Relié avec :

Lettre de l'auteur des réflexions sur la peinture. — *In-12.*

Lettre sur la peinture, sculpture et architecture, à M***. — *1748, in-12.*

Lettre sur la cessation du salon de peinture. — Cologne, *1749, in-12.*

Lettre sur les tableaux tirés du cabinet du roi et exposés au Luxembourg, depuis le 14 octobre 1750. — Paris, *Prault, 1757.*

Jugements sur les principaux ouvrages exposés au Louvre, le 27 août 1751. — Amsterdam, *1751, in-12.* Le tout relié en un volume.

3460. — DANDRÉ BARDON (M. F.) — Traité de la peinture, suivi d'un essai sur la sculpture. — Paris, *Desaint, 1765, in-12, 2 vol. rel.*

3461. — Dᵒ. — Histoire universelle, traitée relativement aux arts de peindre et de sculpter, avec tableaux de l'histoire enrichis de connaissances analogues à ces talents. — Paris, *Merlin, 1769, in-12, 3 vol. rel.*

3462. — MENGS (Le Chᵉʳ Ant. B.) — Œuvres. — Amsterdam et Paris, *Pissot, 1781, in-8° rel.*

3463. — BALLARD (C.) — Traité de miniature pour apprendre aisément à peindre sans maitre, avec le secret de faire les plus belles couleurs, l'or bruni et l'or en coquille. Nouv. édit. — Paris, *C. Ballard, 1711, in-12 rel.*

3464. — NOTICE historique des monuments des arts réunis au dépôt national, suivi d'un traité de la peinture sur verre. — Paris, *1793, in-8° br.* Le 1ᵉʳ feuillet manque.

3465. — CLAUDIUS POPELIN. — L'émail des peintres. — Paris, *A. Lévy, 1866, in-8° cart. pl. pp. f.*

3466. — CHAMPOLLION (Figeac). — Dissertation sur une ancienne sculpture grecque. — Paris, *J. B. Sajou, 1891, in-8° br., pl. de 48 pp.*

3467. — JAL (Gustave). — L'ombre de Diderot ou le Bossu du Marais. Dialogue critique sur le salon de 1819. — Paris, *Coréard, 1819, in-8° br.*

3468. — DEZALLIER D'ARGENVILLE (A. J.) — Abrégé de la vie des peintres avec la notice de leurs ouvrages. — Paris, *an IV, in-8°, 2 vol.*

3469. — LANDON (C. P.) — Vies et œuvres des peintres les plus célèbres. — Paris, *Truttel et Wurtz, 1814, g^d in-4°, 11 vol. cart.*

3470. — BLANC (C.) — Histoire des peintres de toutes les écoles, depuis la Renaissance jusqu'à nos jours. (Pl. en bois). Publiée sous la direction et avec les recherches et indications de M. Armengaud. — Paris, *J. Renouard et Cie, 1852, in-4°.*

3471. — ALBUM RELIGIEUX. — Extrait de l'histoire des peintres de toutes les écoles. — Paris, *J. Renouard, rel.*

3472. — CAMBRY (J.) — Essai sur la vie et sur les tableaux du Poussin. — Paris, *P. Didot, an VII, in-8°.*

3473. — INGRES (J. A.) — Ses œuvres gravées au trait sur acier par M. A. Réveil. 1800-1851. — Paris.

3474. — REMBRANDT (L'Œuvre de). — Décrit et commenté par M. C. Blanc, 40 eaux-fortes par Flameng, 35 héliogravures, par A. Durand. — *2 vol. in-4°.*

3475. — GALERIES historiques de Versailles. — Paris, *imp. royale, 1839, in-8°, 9 vol. rel.*

3476. — D°. — Paris, *C. Gavard, g^d in-8°, 4 vol. rel.* (Pl.)

3477. — GALERIES historiques du Palais de Versailles. — Paris, *imp. royale, 1844, in-8°, s. n. d'auteur.*

3478. — GALERIE DE LA REINE dite de DIANE à Fontainebleau, peinte par A. Dubois, publiés par E. Gatteaux, etc. — *1858, g^d in-f°.*

3479. — KUHNHOLTZ (H.) — Réflexions sur Floriano Caldani, sur l'anatomie appliquée à la peinture. — Montpellier, *L. Castel, 1845, in-8° br., pl. de 52 pp.*

3480. — BOISSIÈRE (Samuel), peintre de Montpellier. (Extrait de la Revue du Midi). — Montpellier, *L. Castel, 1845; in-8° br., pl. de 57 pp.*

3481. — BLANC (Charles). — Les peintres des fêtes galantes, Watteau, Lancret, Pater, Boucher, par M. Charles Blanc, ancien directeur des Beaux-Arts. — Paris, *Jules Renouard et Cie, 1854, in-12.*

3482. — VILLOT (Frédéric). — Notice des tableaux exposés dans les galeries du musée impérial du Louvre. — Paris, *Vinchon, 1855, g^d in-8° rel.*

3483. — DU CAMP (Maxime). — Le Salon de 1837. Peinture. Sculpture. — Paris, *librairie nouvelle, 1857, in-12.*

3484. — CATALOGUE du Musée Sauvageot, par Sauzay, conservateur-adjoint au Musée des souverains. — Paris. *Ch. de Nourgues frères, 1861, in-8° br.*

3485. — MONTAIGLON (Anatole de). — Mémoires pour servir à l'histoire de l'Académie royale de peinture et de sculpture, depuis 1648 jusqu'en 1664. Publiés pour la première fois. (Bibliothèque elzévirienne). — Paris, *P. Jannet, 1853, in-18, 2 vol.*

3486. — COUSIN DE CONTAMINE. — Eloge historique de Coustou l'aîné, sculpteur du roi, auquel on a joint des descriptions raisonnées de quelques ouvrages de peinture et de sculpture. — Paris, *Huart, 1737, in-12.* Relié avec :

Lettre sur l'exposition des ouvrages de peinture et de sculpture, etc., de l'année 1747. — *In-12*, et :

Réflexions nouvelles d'un amateur des beaux-arts, pour servir de supplément à la lettre précédente. — *1747, in-12 rel.*

3487. — LISTE de toutes les personnes qui composent le premier musée autorisé par le Gouvernement, sous la protection de Monsieur et de Madame pour l'année 1785. — *In-8°.*

3488. — CHAUSSARD (P. J. B. P.) — Le Pausanias français, état des arts du dessin en France, à l'ouverture du XIXe siècle. Salon de 1806. (Pl.) Publié par un observateur impartial. — Paris, *F. Buisson, 1806, in-8° cart.*

3489. — COLLECTION DE NOTES sur les Musées et Salons depuis 1810.

3490. — VUES pittoresques et perspectives des salles du Musée des monuments français. — Paris, *P. Didot l'aîné, 1826, in-f° rel.*

3491. — LALIVE (de). — Catalogue historique du cabinet de peinture et de sculpture française de M. de Lalive. — Paris, *P. Al. Le Prieur, 1704, in-8° cart.* (Port.)

3492. — BÉNARD. — Cabinet de M. Paignon Dijonval. Etat détaillé et raisonné des dessins et estampes dont il est composé. Publié par les soins et aux frais de M. Morel de Vindé. — Paris, *Huzard, 1810, in-4° rel.*

3493. — GIRODET-TRIOSON. — Catalogue des tableaux, esquisses, dessins et croquis de M. Girodet-Trioson, peintre d'histoire, etc., rédigé par Pérignon. — PARIS, *1825, in-8°.*

3494. — CLÉMENT DE RIS (Le Comte). — Les Musées de Province. — PARIS, *veuve J. Renouard, 1859, in-8°.*

3495. — LE GENTIL DE QUÉLERN. — Catalogue des tableaux formant la galerie de feu M. le baron Gentil de Quélern. — BREST, *E. Anner, 1843, in-8°.*

3496. — BLANC (CHARLES). — Le trésor de la curiosité tiré des catalogues de vente de tableaux, dessins, estampes, etc., avec diverses notices historiques et bibliographiques. — PARIS, *veuve J. Renouard, 1857, in-8°.*

3497. — CATALOGUE des tableaux des sculptures de la Renaissance et des Majoliques du Musée Napoléon III. PARIS, *Didot frères, fils et Cie, 1862, in-8° br.*

3498. — CATALOGUE des bijoux du Musée Napoléon III. — PARIS, *Didot frères, 1862, in-8° br.*

3499. — EXPOSITION des Beaux-Arts appliqués à l'industrie. Palais de l'industrie. Champ-de-Mars. Catalogue. — PARIS, *anc. Maison Benard, 1863, in 8° br.*

3500. — FLANDIN (H.) — Peintures murales de l'Eglise de Saint-Germain-des-Prés. — LONDRES, BRUXELLES, PARIS, *Tardieu et Dentu, 1864, in-8° br., pl. de 42 pp.*

3501. — MUSÉE du Louvre. — Notice des tableaux exposés dans les galeries du Louvre, par F. Villot. Ecole française. — PARIS, *C. de Nourgues, 1865, in-12 br.*

3502. — MUSÉE du Luxembourg. — Notice des peintures, sculptures et dessins. — PARIS, *Ch. de Nourgues, 1866, in-12 br.*

3503. — RADIGUET (MAX). — Le champ de Mars à vol d'oiseau. — PARIS, *librairie nouvelle, 1868, in-8° br.*

3504. — BLANC (CH.) — Le cabinet de M. Thiers. — PARIS, *veuve Renouard, 1871, pl. in-8°, 77 pp.*

3505. — NOTICE des peintures, sculptures et dessins de l'Ecole moderne, exposées dans les galeries du Musée national du Luxembourg. — PARIS, *de Nourgues, 1872, in-12.*

3506. — HOMBRON (H.) — Catalogue original des tableaux composant le Musée de Quimper. — *Manuscrit en 2 vol. in-12.* (Donné à la Bibliothèque par M. Hombron, conservateur du Musée de Brest).

3507. — D°. — Catalogue des tableaux du Musée de Quimper, dit Musée Silguy. — Brest, *J. B. Lefournier, 1873, in-18.*

3508. — VERZEICHNIK der kunftgegenftande des Berner kunftmuseums. — Catalogue des objets d'art du Musée public de Berne. — *1873.*

3509. — RADIGUET. (Max). — Reflets de tableaux connus par Stephan Renal. — Brest, *Lefournier, 1874, in-8° rel.*

3510. — EXPOSITION DES BEAUX-ARTS. — Catalogue des tableaux, dessins et gravures exposés, le 29 avril 1875, dans les galeries de la Halle de Brest. — *In-8°.*

3511. — MUSÉE DU LOUVRE. — Description des sculptures du Moyen-âge et de la Renaissance, par Barbet de Jouy. — Paris, *de Nourgues, 1876, in-12 br.*

3512. — BOUGOT (A.) — Philostrate l'ancien. Une galerie antique de soixante-quatre tableaux. Introd. trad. et comm. par A. Bougot. — Paris, *Renouard, 1886, in-8° br.*

3513. — LA BLANCHÈRE (M. R. de). — Collections du Musée Alaoui, publiées sous la direction de M. La Blanchère. — Paris, *Firmin-Didot et Cie 1890, in-f° br.*

3514. — RÉUNION des Sociétés des Beaux-Arts des départements. Salle de l'hémiclyque à l'Ecole nationale des Beaux-Arts, du 22 au 27 mai 1891, 15e session. — Paris , *E. Plon-Nourit et Cie, 1891, grand in-8° br.*

3515. — CHAMPEAUX (A. de). — De l'enseignement des Beaux-Arts. Le meuble. 1re partie : Antiquité, moyen-âge et renaissance ; 2e partie : 17e, 18e et 19e siècle. — Paris, *A. Quantin, s. d., 2 vol., rel. angl.* (Chaque partie forme un volume).

3516. — CHEVALIER (Arthur). — L'étudiant photographe, etc., etc. Avec les procédés de MM. Civiale, E. Bacot, A. Cuvelier, L. Robert. — Paris, *Eug. Lacroix, date masquée, in-12 br.*

3517. — CATALOGUE du Musée de Brest, dressé par M. Hombron, conservateur du Musée.

3518. — Description par salles des tableaux du Musée de Versailles, avec des notices, ou guide du voyageur dans la ville, le château, le parc et les deux trianons, orné du portrait du roi, et d'un plan détaillé de la ville, du château, du parc et des deux trianons, par M. L. C***, docteur ès-lettres, professeur de littérature, 2e édition. — VERSAILLES, *Merlin jeune, éditeur, et chez tous les libraires de la ville;* PARIS, *chez Delaunay, Palais-Royal, 1838, in-12 rel.*

3519. — SAINTE-CLOTILDE. — Achèvement. Rapport fait au Conseil municipal de Paris, par M. Foucher. — PARIS, *in-4° br., pl. de 18 pp.*

3520. — NOTICE sur les fresques de Raphaël et de Michel-Ange, dont les copies sont exposées au Panthéon. — PARIS, *imp. de Guiraudet et Jouaust, 1837, p^t in-8° de 8 p.*

3521. — LAFENESTRE (G.) — Bibliothèque de l'enseignement des Beaux-Arts. — La peinture italienne, depuis les origines jusqu'à la fin du 15e siècle. — PARIS, *Quantin, s. d., in-8°, rel. angl.*

3522. — LES VIERGES DE RAPHAEL gravées par les plus habiles artistes français. — PARIS, *Furne et Perrolin, éditeurs.*

3523. — LAINÉ. — Musée de Versailles. — Salle des croisades. — Revue. — PARIS, *Hauquelin et Bautuche, s. d., pl. in-8° de 32 p.*

c. — GRAVURE, LITHOGRAPHIE, PHOTOGRAPHIE

3524. — BOSSE (A.) — De la manière de graver à l'eau forte et au burin. Nouv. édition. Vignettes et planches. — PARIS, *C. A. Jombert, 1758, in-8° rel.*

3525. — HOLBEIN (HANS). — L'alphabet de la mort. — PARIS, *Edwin Tross, 1856, in-8°.*

3526. — OZANNE (N. P.) — Les campagnes de Duguay-Trouin. Recueil de planches avec un texte explicatif. — *In-folio.*

3527. — D°. — Recueil des combats de Jean Bart. — PARIS, *Le Gouaz, 1806, in-4° oblong.*

3528. — Recueil de combats gravés par Dequevauvillier, 1798-1803. — *In-f°, 5 cah.*

3529. — OZANNE (P.) — Ornements de proues de navires, dessinés par Ozanne, gravés par Y. Le Gouaz et J. Z. Corny, an VIII. — *In-f°, 24 pl.*

3530. — AUFFRET (Dr CHARLES). — Une famille d'artistes brestois au XVIIIe siècle. — Les Ozanne. — RENNES, *H. Caillière, 1891, in-4° br.*

3530 *bis.* — D°. — Autre édition, de luxe.

3531. — GUDIN (TH.) — Vues maritimes et pittoresques, dessinées sur pierre par Gudin. — PARIS, *Lemercier, g^d in-f°, 15 vues.*

3532. — D°. — Marines dessinées au lavis (sur pierre). — PARIS, *Lemercier, in-f°, 7 marines.*

3533. — FRANÇOIS Ier chez Madame de Boissy. — Notice d'un recueil de crayons ou portraits, par M. Rouard, etc. — PARIS, *A. Aubry, 1863, in-4°.*

3534. — RÉTHEL (A.) — Le socialisme, nouvelle danse des morts, composée et dessinée par A. Réthel et lithographiée par A. Collette. — PARIS, *Goupil, Vibert et Cie, in-f°, 8 planches, texte et lithogr.*

3535. — SALON (LE). — Collection de Gravures d'après Muller, Troyon, Fleury, Delacroix, etc., par Hédouin, Chaplin, Leguay, Geoffroy, etc. — PARIS, *F. Sartorius, in-f°.*

3536. — MARÉCHAL (P. S.) — Costumes civils de tous les peuples, avec des notices. — GUINGAMP, *1838, in-8°, 5 vol. rel.*

3537. — CHENNEVIÈRES (PH. DE). — Portraits inédits d'artistes français, texte par Ph. de Chennevières, lithographies et gravures par F. Legrip. — PARIS, *Vignières, in-f° rel.*

3538. — MUSÉE national du Louvre. — Catalogue des planches gravées composant le fonds de la calcographie et dont les épreuves se vendent dans cet établissement. — PARIS, *Vinchon, 1851, in-12 br.*

3539. — DUPLESSIS (GEORGES). — Histoire de la gravure, avec 73 reproductions de gravures anciennes, 1880. — *In-f°, filets dorés.*

3540. — GUILLAUMET (GUSTAVE). — Tableaux algériens. — Ouvrage illustré de 12 eaux-fortes, de 6 hélio-gravures et de 128 grav. en relief, d'après les tableaux, les dessins et les croquis de l'artiste. — PARIS, *Plon, 1888, g^d in-4° br.*

3541. — HISTOIRE de Jésus-Christ. — Gouaches du XIIe au XIIIe siècle, conservées jadis à la collégiale de Saint-Martial de Limoges.

3542. — RECUEIL d'estampes pour l'histoire des hommes. — Sans date ni lieu d'impression, *in-4° oblong. rel.*

d. — ARCHITECTURE

3543. — DALY (César). — Revue générale d'architecture. — PARIS, *1840, in-4°.*

3544. — LUBERSAC (l'Abbé DE). — Discours sur les monuments publics de tous les âges et de tous les peuples connus, suivi d'une description du monument projeté à la gloire de Louis XVI et de la France, terminé par quelques observations sur les principaux monuments modernes de la ville de Paris, et plusieurs projets de décoration et d'utilité publique pour cette capitale. — PARIS, *imp. royale, 1775, in-f° v. m ffl.* (Pl.)

3545. — KERSAINT (A. G. S.) — Discours sur les monuments publics, prononcé au Conseil du département de Paris, le 15 décembre 1791. — PARIS, *Didot, 1792, in-4°.* (Pl.)

3546. — MARSY (l'Abbé M. DE). — Dictionnaire abrégé de peinture et d'architecture, où l'on trouvera les principaux termes de ces arts, avec leur application, etc. — PARIS, *Nyon, 1746, in-12, 2 vol. rel.*

3547. — DAVILER (A. C.) — Explication des termes d'architecture, qui comprend l'architecture, les mathématiques, etc., la maçonnerie, etc., la distribution, la décoration. — PARIS, *N. Langlois, 1691, p^t in-4° rel.*

3548. — BLONDEL (J.-F.) et PATTE. — Cours d'architecture, ou traité de la décoration, distribution et construction des bâtiments ; contenant les leçons données en 1750 et années suivantes, continué par Patte. — PARIS, *Desaint, 1771-1777, in-8°, 8 vol., 5 rel. 3 cart.*

3549. — LAUGIER (l'Abbé M. A.) — Essai sur l'architecture. Nouvelle édition, avec dictionnaire des termes et des planches qui en facilitent l'explication. — PARIS, *Duchesne, 1755, in-8° rel.*

3550. — VITRUVE (M.) — Marci Vitruvii Pollionis de architectura, libri decem. Ope codicis Guelferbytani, editionis principis, cæterorumque subsidiorum recensuit, et glossario in quo vocabula artis propria Germ. Ital. Gall. et Angl. explicantur, illustravit Augustus Rode Dessaviensis. — BEROLINI, *A. Mylius, 1800, in-4° rel.*

3551. — D°. — Les dix Livres d'architecture de Vitruve, corrigés et traduits nouvellement avec des notes et des figures, 2e édit. par Perrault. — PARIS, *J. B. Coignard, 1684, in-f° rel.,* 2 exempl., l'un de la bibliothèque de M. le duc de Nivernais, contenant la gravure de la machine pour le fronton du Louvre.

3552. — D°. — Architecture générale de Vitruve, réduite en abrégé par M. Perrault. Dernière édition. (Fig.) — AMSTERDAM, *G. Gallet, 1681, in-12 rel.*

3553. — VIEL DE SAINT-MAUX (C.-F.) — Lettres sur l'architecture des anciens et celle des modernes, dans lesquelles se trouve développé le génie symbolique qui présida aux monuments de l'antiquité. — PARIS, *1787, in-8° rel.*

3554. — MONTANO (G. B.) — Li cinque libri di architettura. — IN ROMA, *G. L. de Rossi 1691, in-f°, 4 vol.* (Pl.)

3555. — BULLET (P.) — Architecture pratique. Edition nouvelle par M. *** (Descoutures). — PARIS, *Hérissant, 1768, in-8° rel.* (Pl.)

3556. — VIGNOLE (LE). — Des ouvriers, des propriétaires et des artistes, renfermant les ordres d'architecture, avec les commentaires de D'Aviler. — PARIS, *Audin, 1825, in-12.* (Le texte seulement).

3557. — PATTE (P.) — Mémoires sur les objets les plus importants de l'architecture. — PARIS, *Rozet, 1769, in-4° rel.* (Pl.)

3558. — PALLADIO (ANDRÉ). — Les bâtiments et les dessins de André Palladio, recueillis et illustrés par Octave Bertotti Scamozzi. Ouvrage divisé en quatre volumes, avec des planches, qui représentent les plans, les façades et les coupes, 2ᵉ édition. — VICENCE, MDCCLXXVI, *chez Jean Rossi.*

3559. — PAISANT, Architecte à Brest. — Nouveau système d'escalier en bois, dans lequel on supprime les limons et faux-limons qu'exige le système communément usité, ce qui, sans nuire à la solidité du travail, le rend beaucoup plus simple et plus facile, le met à la portée de tous les ouvriers et donne une économie considérable. — BREST, *Come et Bonebeau, 1834, in-8° br.*

3560. — BLOUET (ABEL), Architecte. — Expédition scientifique de Morée, ordonnée par le gouvernement français. — PARIS, *Firmin Didot frères, 1836, in-f°, 3 vol.*

3561. — SAINTE-CHAPELLE. — Rapport à M. le Ministre des travaux publics par la commission chargée d'examiner la question d'isolement.— PARIS, *imp. nationale, 1849, in-4°, pl. de 8 pp.*

3562. — DALY (CÉSAR). — Des concours pour les monuments publics, dans le passé, le présent et l'avenir, dédié à M. Prosper Mérimée, sénateur, membre de l'Académie française, etc. — PARIS, *Morel et Cⁱᵉ, 1861, gᵈ in-8° br. de 58 p.*

3563. — DALY (César) et DAVIOUD (Gabriel). — Architecture contemporaine. Les théâtres de la place du Châtelet. Théâtre du Châtelet. Théâtre lyrique. — Paris, *libr. générale de l'architecture et des travaux publics, Ducher et Cie, 44 pp. de texte, 64 pl.*

3564. — NOTICE sur les pièces qui composent l'exposition des manufactures nationales de porcelaine, vitraux et émaux de Sèvres, de tapisseries et tapis des Gobelins, des tapisseries de Beauvais, faite au Palais national. — *1850, 1 broch. de 48 p.*

3565. — VISCONTI. — Tombeau de Napoléon Ier, érigé dans le dôme des invalides. — Paris, *Curmer, 1853, in-8° br.*

3566. — LABORDE (de). — Notice des émaux, bijoux et objets divers, exposés dans les galeries du Musée du Louvre. — Paris, *Ch. de Nourgues, 1857, in-8° br.*

3567. — QUERRIÈRE (de la). — Eglise de Saint-Cande-le-Jeune, supprimée en 1791. — Paris, *Aubry et autres, 1858, in-4° br., pl. de 24 pp.*

3568. — VIOLLET-LE-DUC. — Dictionnaire raisonné de l'architecture française du XIe au XVI° siècle, illustré de gravures sur bois. — Paris, *B. Bance, 1854, in-8° rel.*

3569. — D°. — Dictionnaire raisonné du mobilier français de l'époque carlovingienne à la Renaissance. — Paris, *Bance, 1858, in-8°, 6 vol. rel.* (Legs Le Dall).

3570. — D°. — Essai sur l'architecture militaire au moyen-âge. — Paris, *Bance, 1854, in-8°.*

3571. — PARAFFINATION. — Imperméabilité et conservation indéfinie des façades de monuments publics, des hôtels et des maisons privées.— Paris, *A. Appert, 1864, 23 pp. br.*

3572. — ECOLE d'architecture fondée en 1865. — Séance d'ouverture. Régime de l'Ecole. Programme d'admission pour les années 1865 et 66. — Paris, *s. d., siège de l'Ecole, 5 pl. in-8° br.*

3573. — GAILHABAUD (J.) — L'architecture du Ve au XVIIe siècle et les arts qui en dépendent. — Paris, *A. Morel, 1867, in-f° en portefeuilles, 4 vol.* (Legs Le Dall).

3574. — REY (G.) — Etude sur les monuments de l'architecture militaire des Croisés en Syrie et dans l'île de Chypre. — Paris, *imp. nation., 1871, in-4° cart.*

3575. — VERDIER (Aymard) et CATTOIS (F.) — Architecture civile et domestique au moyen-âge et à la renaissance. — Paris, V. Didron, 1855, in-4°, 2 vol. (Pl.)

3576. — DALY (César). — Ce que peut raconter une grille de fer. — De l'influence des femmes sur l'architecture au XVIIIe siècle. — Paris, 1864, gᵈ in-8°.

3577. — LINPERCH (P.) — Architectura mechanica of Moole-Boek Van Enige opstallen van Moolens, nevers hare gronden. — Amsterdam, J. Covens, C. Mortier, 1727, in-f°. (Pl.)

3578. — WHATELY (Th.) — L'art de former les jardins modernes, ou l'art des jardins anglais. Trad. de l'anglais par Latapie. A quoi le traducteur a ajouté un discours préliminaire sur l'origine de l'art, des notes sur le texte et une description des jardins de Stowe, accompagnée du plan. — Paris, C. A. Jombert, 1771, in-8° rel.

3579. — BOUCHARD-HUZARD (Edid. L.) — Traité des constructions rurales. — Bouchard-Huzard, s. d., gᵈ in-8°, 2 t. en 3 vol.

3580. — LA RUE (J. B. de). — Traité de la coupe des pierres, ou méthode facile et abrégés pour se perfectionner en cette science. — Paris, C. A. Jombert, 1764, in-f° rel. (Pl.)

3581. — FRÉZIER (A. F.) — La théorie et la pratique de la coupe des pierres et des bois, pour la construction des voûtes et autres parties des bâtiments civils et militaires, ou traité de stéréotomie à l'usage de l'architecture. — Strasbourg, J.-D. Doulsseker; Paris, L.-H. Guérin, 1737, in-4°, 3 vol. rel.

3582. — Dº. — La même. — Nouv. édit. — Paris, C. A. Jombert, 1754-68-69, in-4°, 3 vol. rel.

3583. — VICAT (L.-J.) — Recherches expérimentales sur les chaux de construction, les bétons et les mortiers ordinaires. — Paris, Coujon, 1818, in-4°.

3584. — PETOT. — Recherches sur la chaufournerie, faites au port de Brest. — Paris, imp. roy. 1823, gᵈ in-8° pp. fort.

3585. — HITTORF (J.-J.) — Restitution du temple d'Empédocle à Sélinonte, ou l'architecture polychrôme chez les grecs. Atlas. — Paris, F. Didot, 1851, in-4°.

3586. — RUGGIERI (F.) — Studio d'architettura civile. — Firenze Tartini, 1722-1728, in-f°, 3 vol. rel. (Pl.)

3587. — PATTE (P.) — Monuments érigés en France à la gloire de Louis XV, précédés d'un tableau du progrès des arts et des sciences sous ce règne, ainsi que d'une description des honneurs et des monuments de gloire accordés aux grands hommes, tant chez les anciens que chez les modernes, etc. — Paris, *Desaint et Saillant, in-f° mar. rel. fil. d. s. t. arm. s. l. p.* (Pl.)

3588. — CARBURY (Le comte M.) — Monument élevé à la gloire de Pierre Le Grand, ou relation des moyens mécaniques qui ont été employés pour transporter à Saint-Pétersbourg un rocher de trois millions pesant, destiné à servir de base à la statue équestre de cet empereur, avec examen physique et chimique de ce même rocher. — Paris, *Nyon, 1777, in-f° rel.* (Pl.)

3589. — JOUSSE (Mathurin). — L'art de la charpenterie. — *In-f° rel.* (Pl.)

3590. — GARNIER (Cu.) — Le Théâtre. — Paris, *Hachette, 1871.* — *In-8°.*

3591. — PENOR (Rodolphe). — Architecture, décoration et ameublement, époque Louis XVI. — Paris, *A. Morel, 1865, in-f° rel.*

3592. — RAMÉE (Daniel). — Dictionnaire général des termes d'architecture, en français, anglais et italien. — Paris, *Reinwald, 1868, in-8°.*

3593. — VINET (Ernest). — L'architecture classique. — Paris, *A. Lévy, 1875, pl. in-8°, 33 pp.*

3594. — INVENTAIRE général des richesses d'art de la France. — Province. — Monuments civils. — Paris, *E. Plon et C*ie, *1878-85-87-91. in-8°; 4 vol. br.* Savoir : les I-II-III-V.

3594 bis. — D°. — Monuments religieux. — Paris, *Plon, Nourrit et C*ie, *1886, in-8° br.* (Le tome Ier).

3595. — INVENTAIRE général des richesses d'art de la France. — Paris. — Monuments religieux. — Paris, *E. Plon et C*ie, *1887-88, in-8°, 2 vol. br.*

3596. — ETUDES sur l'ancienne architecture en Bretagne, par René Kerviler. — Les chaires extérieures. — Nantes, *V. Forest, 1880, 20 p. in-4° br.*

3597. — INVENTAIRE général des richesses d'art de la France. — — Paris. — Monuments civils. — Paris, *E. Plon et C*ie, *1880-89, in-8°, 2 vol. br.*

3598. — INVENTAIRE général des richesses d'art de la France. Archives du Musée des monuments français. — 1ʳᵉ partie. — Papiers de M. Albert Lenoir et documents tirés des archives de l'administration des Beaux-Arts. — Paris, *E. Plon, Nourrit et Cⁱᵉ, 1883, in-8° br.*

3599. — Dᵒ, dᵒ, dᵒ. — 2ᵉ partie. — Documents déposés aux archives nationales et provenant du Musée des monuments français. — Paris, *E. Plon, Nourrit et Cⁱᵉ, 1886, in-8° br.*

3600. — LE LIBER pontificalis, 2ᵉ fascicule, 4 planches et un plan de la basilique de Saint-Pierre, juin 1885. — *In-8° br.* (2ᵉ série).

3601. — MASSILLON ROUVET, Architecte. — Le pont d'Avignon, extrait du volume officiel, session des Beaux-Arts 1890. — Nevers, *Bellanger, s. d., pl. in-8°, 23 pp.*

3602. — BOURGOIN (J.) — Précis de l'art arabe, ou matériaux pour servir à l'histoire de la théorie et à la technique des arts de l'Orient musulman. — Paris, *Ern. Leroux, 1890.* Livraisons 13ᵉ, 14ᵉ, 15ᵉ, 16ᵉ, 17ᵉ, 18ᵉ, 19ᵉ, 20ᵉ.

3603. — THÉÂTRES (les trois nouveaux). — Paris, *veuve Bouchard-Uzard, s. d., in-8° br., pl. 19 pp.*

3604. — PENON (H.) — Le mobilier des siècles passés. Étude du mobilier national à l'Exposition de l'union centrale des arts décoratifs. — Paris, *Lévy, s. d., in-8° br.*

3605. — RAMÉE (Daniel), Architecte. — L'architecture et la construction pratiques, mises à la portée des gens du monde, des élèves, etc., 5ᵉ édit. — Paris, *F. Didot et Cⁱᵉ, in-12 br.*

3606. — NOTICE sur le tombeau de François II, duc de Bretagne, placé dans l'Eglise cathédrale de Nantes, 3ᵉ édit. — Nantes, *Prosper Sebire, libraire, in-8° de 8 p.*

3607. — KERVILER (R.) — Les chaires extérieures en Bretagne. — Brest, *Halégouet, s. d., in-8° br., pl. de 10 pp.* (Extrait du Bulletin de la Société académique).

3608. — LASSUS et VIOLLET-LE-DUC. — Monographie de Notre-Dame de Paris et de la nouvelle sacristie, contenant 63 planches gravées par MM. Hibon, Ribault, Normand, etc. ; 12 planches photographiques de MM. Bisson frères ; 5 planch. chromolith. de M. Lemercier, précédée d'une notice historique et archéologique par M. Altibère. — Paris, *A. Morel, in-f° cart.*

3609. — DUPASQUIER (Louis). — Monographie de Notre-Dame de Brou. — Paris, *V. Didron, s. d., 30 pl.*

3610. — MAUDUIT (A. F.) — Description d'un projet de bibliothèque composé en 1833 pour la ville de Paris. — Paris, *F. Didot frères, 1838, in-8° br., pl. de 54 pp.*

3611. — LASTEYRIE (Robert de). — Album archéologique des Musées de province, publié sous les auspices du Ministère de l'instruction publique et sous la direction de M. de Lasteyrie. — Paris, *E. Leroux, 1891, in-f°, sous cartonnage.*

C. — MUSIQUE

3612. — COMETTANT (Oscar). — La musique, les musiciens et les instruments de musique, chez les différents peuples du monde. — Paris, *M. Lévy, 1869, gᵈ in-8°.*

3613. — LASSABATHIE. — Histoire du conservatoire impérial de musique et de déclamation, suivie de documents recueillis et mis en ordre. — Paris, *M. Lévy, 1860, gᵈ in-18.*

3614. — ROUSSIER (l'Abbé). — Mémoire sur la musique des anciens, où l'on expose le principe des proportions authentiques, dites de Pythagore et de divers systèmes de musique chez les Grecs, les Chinois et les Egyptiens, avec un parallèle entre le système des Egyptiens et celui des Modernes. — Paris, *Lacombe, 1770, in-4° rel.*

3615. — LA BORDE (J.-B. de) — Essai sur la musique ancienne et moderne. — Paris, *E. Onfroy, 1780, in-4°, 4 vol. rel.* (Pl.)

3616. — ENTRETIEN sur l'état de la musique grecque vers le milieu du IVᵉ siècle avant l'ère vulgaire. — Amsterdam et Paris, *Debure frères, 1777, in-8°.*

3617. — TIRON (Al.) — Etudes sur la musique grecque, la tonalité moderne et le plain-chant. — Paris, *imp. impér., 1866, gᵈ, in-8°.*

3618. — BOURGAULT - DUCOUDRAY. — Etudes sur la musique ecclésiastique grecque. — Paris, *Hachette, 1877, in-8° rel.*

3619. — AMIOT (Le P.) — Mémoire sur la musique des Chinois, tant anciens que modernes, avec des notes, des observations et une table par l'abbé Roussier. — Paris, *Nyon, 1779, in-4° cart* (Pl.)

3620. — GERBERT (M.) — De cantu et musica sacra, a prima ecclesiæ ætate usque ad præsens tempus. — *Typis, San-Blasianis, 1774, in-4°, 2 vol.*

3621. — MISSA in cœna Domini. — *In-4° rel.*

3622. — CLÉMENT (F.) — Eucologe en musique à l'usage des colléges et des communautés, ou choix des plus beaux plain-chants de la liturgie ecclésiastique transposés en clef de sol pour voix de soprano ou de ténor, 3ᵉ édit. — PARIS, *Poussielgue Rusand, 1849, in-18.*

3623. — BROSSARD (Séb.) — Dictionnaire de musique, contenant une explication des termes grecs, latins, italiens et français, les plus usités dans la musique, 2ᵉ édit. — PARIS, *C. B. Baliard, 1785, in-8° rel.*

3624. — ROUSSEAU (J. J.) — Dictionnaire de musique. — PARIS, *veuve Duchesne, 1708, in-8° rel.*

3625. — ORTIGUE (M. J. D'). — Dictionnaire de plain-chant et de musique d'Eglise. — PARIS, *P. Potier, 1854, gᵈ in-8°.*

3626. — DU BOULLEY (AUBERT). — Grammaire musicale, ou méthode analytique et raisonnée pour apprendre et enseigner la lecture de la musique ; suivie d'observations sur les erreurs, préjugés et fausses opinions concernant la musique. — PARIS, *S. Richault, 1830, in-8°.*

3627. — TARTINI (G.) — Trattato di musica secondo la vera scienza del l'armonia. — PADOUA, *1754, in-4°.*

3628. — BETHIZI (J.-L. DE). — Exposition de la théorie et de la pratique de la musique, suivant les nouvelles découvertes, 2ᵉ édition. — PARIS, *F.-G. Deschamps, 1764, in-8° rel.*

3629. — ALEMBERT (D'). — Eléments de musique théorique et pratique, suivant les principes de M. Rameau, éclaircis, développés et simplifiés. Nouv. édit. — LYON, *J.-M. Bruysset, 1772, in-8° rel.*

3630. — D°. — Les mêmes. — Nouvelle édit. — LYON, *J. M. Bruysset, 1779, in-8° rel.*

3631. — SUREMAIN-MISSERY (A.) — Théorie acoustico-musicale, ou de la doctrine des sons rapportée aux principes de la combinaison, ouvrage analytique et philosophique. — PARIS, *F. Didot, 1793, in-8°.*

3632. — STEPHEN DE LA MADELAINE. — Théorie complète du chant. — PARIS, *Amyot, s. d., in-8°.* (Pl.)

3633. — GRÉTRY (Le Cᵉⁿ). — Mémoires ou essais sur la musique. — PARIS, *imp. de la République, pluviôse, an V, in-8°, 3 vol. rel.*

3634. — GRÉTRY (d'A. Ernest). — Notice historique sur sa vie et ses œuvres, lue à la séance publique de la classe des Beaux-Arts, le 1er octobre 1814, par J. Le Breton. — Paris, *F. Didot, s. d., in-8° br., pl. de 33 pp.*

3635. — L'INTERPRÈTE de tous les mots et termes employés en musique, d'après les meilleurs ouvrages de musique des divers pays et des principaux dictionnaires de la langue italienne, par Gætano Moreali et Etienne Merckel. — Brest, *Gaetano Moreali et Merckel, édit.-prop., in-24 br., 104 pages.*

3636. — DUTROCHET (H.) — Mémoire sur une nouvelle théorie de l'harmonie, dans laquelle on démontre l'existence de trois modes nouveaux qui faisaient partie du système musical des Grecs. — Paris, *Allut, 1810, in-8°.*

3637. — QUICHERAT (L.) — Traité élémentaire de musique. — Paris, *L. Hachette, 1833, in-12.*

3638. — CHORON (A.) — Principes de composition des écoles d'Italie, adoptés par le Gouvernement français, pour servir à l'instruction des élèves des maîtrises de cathédrales, ouvrage classique formé de la réunion des modèles les plus parfaits en tout genre. — Paris, *1808, in-4°, 3 vol. rel.*

3639. — CHAVANNES (D.-A.) — Exposé de la méthode élémentaire de H. Pestalozzi, suivi d'une notice sur les travaux de cet homme célèbre, son institut et ses principaux collaborateurs. Nouv. édition. — Paris, *J.-J. Peschoud, 1809, in-8° rel.*

3640. — LANGLÉ (H.-F.-M.) — Nouvelle méthode pour chiffrer les accords. — Paris, *an IX, 1801, in-8° rel.*

3641. — CHABANON (M. P. G. de). — De la musique considérée en elle-même et dans ses rapports avec la parole, les langues, la poésie et le théâtre. — Paris, *Pissot, 1785, in-8° rel.*

3642. — VILLOTEAU (J. A.) — Recherches sur l'analogie de la musique avec les arts qui ont pour objet l'imitation du langage, pour servir d'introduction à l'étude des principes naturels de cet art. — Paris, *imp. impér., 1807, in-8°, 2 vol. rel.*

3643. — LEO, DURANTE, SCARLATTI, etc., etc. — Solfége d'Italie avec la basse chiffrée, 4e édit. — Paris, *Naderman, in-4° obl.*

3644. — KASTNER (G.) — Traité général d'instrumentation, comprenant les propriétés et l'usage de chaque instrument, précédé d'un résumé sur les voix à l'usage des jeunes compositeurs. — PARIS. *Prilipp et Cie*, *1839, in-4°*.

3645. — REMETZRIEDER. — Leçons de clavecin et principes d'harmonie. — PARIS, *Bluet, 1771, in-4°.*

3645. — RÉGNIER (J.) — L'orgue, sa connaissance, son administration et son jeu. — NANCY, *Vagnier, 1850, in-8° rel.*

3647. — RICHERT (FÉLIX). — Cours élémentaire théorique et pratique de musique vocale, etc. Abrégé de la théorie du plain-chant, 2e édit. — PARIS , *1858, in-4°.*

3648. — SAUZAY (EUG.) — Etude sur le quatuor. — PARIS , *1861*, *g^d in-8°.*

3649. — CLÉMENT (FÉLIX). — Chants de la Sainte-Chapelle, tirés de manuscrits du XIIIe siècle, traduits et mis en partie avec accompagnement d'orgue, avec introduction par Didron aîné. — PARIS, *V. Didron*, *1849, in-4°.* (Pl.)

3650. — CLÉMENT (FÉLIX) et PIERRE LAROUSSE. — Dictionnaire lyrique, ou histoire des opéras-comiques et la nomenclature de tous les opéras et opéras-comiques représentés en France et à l'étranger, depuis l'origine de ce genre d'ouvrages jusqu'à nos jours. — PARIS , *P. Larousse*, *g^d in-8° rel.*

3651. — D°. — Deuxième supplément.

3652. — BERLIOZ (HECTOR). — Les soirées de l'orchestre. — PARIS, *M. Lévy frères, 1854, in-8° br.*

3653. — BOIGNE (CHARLES DE). — Petits mémoires de l'opéra. — PARIS, *libr. nouv., 1857, in-8°.*

3654. — JULIEN. — Thèses supplémentaires de métrique et de musique anciennes, de grammaire et de littérature. — PARIS, *Hachette, 1858, in-8° br.*

3655. — BOITEAU (P.) — De l'enseignement populaire de la musique. — PARIS, *F. Didot , frères, fils et Cie, 1860 , in-8° br., pl. de 55 pp.*

3656. — SOCIÉTÉ de patronage pour la propagation de la méthode Galin-Paris-Chevé. — PARIS, *Du Soye et Bouchet, 1861, in-8° br., pl. de 46 pp.*

3657. — ORCHESTRINO-CLÉMENT. — Solution du problème des sons continus sur le piano. — Paris, *Bureaux de l'univers musical, 1862,* *in-8° br., pl. 22 pp.*

3658. — BEAUVAIS (Lair de). — Traité des principes théoriques qui régissent la musique, ou introduction à l'étude du solfège, ouvrage composé et dédié à M. M. F. Fétis, par M. Beauvais. — Paris, *E. Dentu* ; Brest, *chez l'auteur, 1862, g*ᵈ *in-8° br.*

3659. — OFFENBACH (J.). — Décameron dramatique. Quatrains de MM. Amédée Achard, Emile Augier, Camille Doucet, Alexandre Dumas, Théophile Gautier, Léon Gozlan, Arsène Houssaye, Méry, Alfred de Musset et Jules de Prémaray. — 1 Rachel ; 2 Emilie ; 3 Madeleine ; 4 Delphine ; 5 Augustine ; 6 Louise ; 7 Maria ; 8 Elisa ; 9 Nathalie ; 10 Clarisse. — Paris, *s. d., in-4°.*

3660. — BAILLOT (Pre Mie Fois de Sales). — Observations relatives aux concours de violon du conservatoire de musique. — Paris, *F. Didot frères, fils et Cie, 1872, in-8° br., pl. de 36 pp.*

3661. — BIBLIOGRAPHE (Le) musical, paraissant tous les deux mois, numéros 1 et 2, janvier et mars 1872. — Paris, *P. de Lalaine, 1872, in-8° br., pl. de 34 pp.*

3662. — SCUDO (P.) — L'art ancien et l'art moderne. Nouveaux mélanges de critique et de littérature musicales, par P. Scudo. — *In-8° rel.*

3663. — RÈGLEMENT de l'académie communale de musique de Boulogne-sur-Mer. — Boulogne-sur-Mer, *C. Leroy, 1874, in-8° br., 28 pp.*

3664. — COYON (E.) — Annuaire musical et orphéonique de France, 1877-78, 3e et 4e années. — Paris, *Agence lyrique, la Société Cécile, s. d., in-12 br.*

3665. — RUELLE (Ch. Em.) — Nicomaque de Gérase. Manuel d'harmonie et autres textes relatifs à la musique, traduits en français pour la première fois. — Paris, *Baur, 1881, in-8° br., 33 p.*

3666. — BISSON (Alex.) et LAJARTE (Th. de). — Petite encyclopédie musicale. Histoire générale de la musique et biographie des compositeurs, virtuoses, etc., par G. Baudouin. — Paris, *A. Hennuyer, 1888, in-8°, 2 vol. br.*

3667. — CHOUQUET (G.) — Le Musée du conservatoire national de musique. Catalogue descriptif et raisonné. — Paris, *F. Didot et Cie, 1884, in-8° br.*

3668. — MERCADIER (M. Aug.) — Chant. Cours élémentaire. Musique. Notes. Portée. — Paris, *Paul Dupont, 1884, in-8° cart.*

3669. — D°. — Chant. Cours moyen et supérieur. Gammes. Modes. Intervalles. — Paris, *d°, 1885, d°, d°.*

3670. — RUELLE (Ch.-Emile). — Le congrès européen d'Arezzo, pour l'étude et l'amélioration du chant liturgique. — Paris, *F. Didot et Cie, 1884, in-8° br., pl. 48 pp.*

3671. — BERBIGUIER (T.) — Méthode pour la flûte. — Paris, *Janet et Cotelle.*

3672. — KERASINSKI. — Six duos concertants pour deux flûtes. — Paris, *chez Imbault.* (2 exempl.)

3673. — LEPLUS (L.) — Musique pour flûte et piano. — Paris, *A. Petit.*

3674. — WALCKIERS (Eug.) — Variations pour la flûte avec accent de quatuor, ou piano sur la romance favorite de l'Eclair. — Paris, *Schlesinger, in-f° rel.*

3675. — L'ORGANISTE PRATIQUE. — Morceaux religieux pour harmonium ou orgue, par Jos. Schluty. — Paris, *Colombier, in-4° br.*

3676. — PERGOLÈSE et MOZART. — N° 1. Stabat mater. — N° 2. Requiem à 4 voix, musique de Mozart. — N° 3. Stabat et requiem réunis.

3677. — SCRIBE. — Les Huguenots, grand opéra en 5 actes, paroles de Scribe, musique de Meyerbeer. — Paris, *Tresse, édit., 1877, une br. in-4°, 27 p.*

3678. — GRANDPONT (Guichon de). — Crux. Hymne des marins avec antienne approbative de N. T. S. P. Pie IX, paroles de M. Guichon de Grandpont, commissaire général de la marine, musique de Fr. Litz, Brest, mdccclv, *1 br. in-8°.*

3679. — BURNOUF (Emile), directeur honoraire de l'Ecole d'Athènes. — Les chants de l'Eglise latine. Restitution de la mesure et du rythme selon la méthode naturelle. — Paris, *Vor Lecoffre, 1887, in-8° br.*

3680. — BELLINI (V.) — La Somnambule, opéra en 3 actes, musique de V. Bellini, paroles d'Etienne Monnier.

3681. — BOIELDIEU (A.) — La Dame Blanche, opéra-comique en 3 actes, paroles de M. E. Scribe, musique de Boildieu. Partition piano et chant.

3682 — HALÉVY (F.) — Les Mousquetaires de la Reine, opéra-comique en 3 actes, paroles de M. de Saint-Georges. Partition piano et chant.

3683. — D°. — Jaguarita l'Indienne, opéra-comique en 3 actes, poëme de Saint-Georges et de Leuven.

3684. — D°. — La Juive, opéra en 5 actes, paroles de M. Scribe, musique de F. Halévy. Partition piano et chant.

3685. — HEROLD. — Le Pré aux Clercs, musique de Hérold.

3686. — GRISAR (Albert). — Les Amours du Diable, opéra féerie en 4 actes et 9 tableaux, paroles de M. de Saint-Georges, musique de Albert Grisar.

3687. — WEBER (de). — Le Freyschütz, opéra en 3 actes, paroles de E. Pacini avec récitatifs de H. Berlioz. Partition de piano et de chant.

3688. — REBER (Henri). — Le père Gaillard, opéra-comique en 3 actes, paroles de M. T. Sauvage, musique de Henri Reber. Partition pour piano et chant.

3689. — VERDI (Guiseppe). — Il Trovatore, dramma in quattro parti. Pœsia di Salvatore Cammarans, musica de Guiseppe Verdi. — Paris, *Léon Escudier*, *in-8°*.

3690. — D°. — Aïda, opéra en 4 actes, paroles française, musique de G. Verdi, représenté pour la première fois dans le théâtre italien de Paris, le 20 avril 1876. — Paris, *Calmann Lévy*, *édit*. En regard, titre en italien : Aïda, opera in quattro atti, versi di Antonio Ghislanzo, musica di G. Verdi. — Parigi, *Calmann Lévy*, *editor*, *in-8° br*. Le texte italien au verso, la traduction française au recto, en face.

3691. — MOZART. — L'enlèvement au sérail, opéra-comique en 2 actes, paroles de Prosper Pascal, musique de Mozart. — *In-4° br*.

3692. — MEYERBEER (G.) — Les Huguenots, opéra en 5 actes, paroles de Scribe, partition pour piano et chant.

3693. — D°. — Le Pardon de Ploërmel, opéra-comique en 3 actes, partition pour piano et chant. — *In-4° br*.

3694. — D°. — L'Etoile du Nord, opéra-comique en 3 actes, paroles de M. Scribe, partition pour piano et chant.

3695. — D°. — Robert le Diable (avec un étui).

3696. — MONPOU (Hipp.) — La chaste Suzanne, opéra de genre en 4 actes, paroles de MM. Carmouche et de Courcy.

3697. — MOZART. — Don Juan, opéra complet en 5 actes, pour piano et chant. Requiem, paroles de MM. E. Deschamps et H. Blaze.

3698. — FLOTOW (F. DE). — Martha, opéra-comique en 4 actes, partition pour piano et chant. — PARIS, *G. Brandus, in-4° br.*

3699. — ROSSINI. — Il Barbiere di Siviglia, opéra complet pour piano et pour chant, paroles italiennes, musique de Rossini. — PARIS, *Launer, in-4°.*

3700. — Le Comte Ory, opéra en 2 actes, paroles de MM. Scribe et Delestre-Poirson, partition pour piano et chant.

3701. — D°. — Guillaume Tell, opéra en 4 actes.

3702. — SCRIBE et DONIZETTI. — Dom Sébastien, roi de Portugal, opéra en 5 actes, paroles de M. Scribe, musique de G. Donizetti, divertissement de M. Albert, académie royale de musique, 13 novembre 1843. — PARIS, *C. Tresse, éditeur de la France dramatique, et chez Mme veuve Jouas, libraire de l'Opéra, 1843, in-8° de 19 p.*

3703. — LEMOINE (HENRI). — Méthode théorique et pratique pour le piano, 5° édit. — PARIS, *chez Henry Le Moine, s. d., in-f° rel.*

3704. — LE CARPENTIER (AD.) — Méthode de piano pour les enfants. — PARIS, *J. Meissonier, in-4° cart.*

3705. — MUSIQUE pour piano (quadrilles). La page de titre manque, album oblong.

3706. — MORCEAUX VARIÉS. — 1. C'est ici qu'est l'Espagne, paroles de A. Tourette, musique de A. Miroir. — PARIS, *Maison Lemoine aîné, Hazand, succ^r.*

2. — La Fleur des Eaux, mélodie, à M. de Lamartine, paroles de A. de Lamartine, musique de Auguste Miroir. — PARIS, *Maison Lemoine aîné, Hazand, succ^r.*

3. — Conseils de Mère, romance, paroles de Mme Lastouillat, musique de M. Dorellys. — PARIS, *chez L. Lebel, éditeur.*

4. — Brest, valse pour le piano par Hippolyte Daguenet. — PARIS, *chez Ikelmer, éditeur de musique.*

5. — A mon Père, Violette, valse pour le piano, par Hippolyte Daguenet. — PARIS, *chez Ikelmer et Cie.*

6. — A mon Père, Modeste, valse pour le piano, par Hippolyte Daguenet. — PARIS, *chez Ikelmer et Cie.*

7. — A mon ami Armand Biacabe, pour le piano, par Hippolyte Daguenet. — PARIS, *chez Ikelmer*.

8. — Quadrille tyrolien, par Musard.

9. — L'Ange, romance, paroles de M. A. Rousseau, musique de M. Dorellys. — PARIS, *chez L. Lebel*.

10. — Adieu, paroles françaises de M. Bélanger, musique de F. Schubert. — PARIS, *chez Richault, éditeur*.

11. — Les Cloches du Soir, mélodie, paroles de M. Blanchemain, musique de Auguste Miroir. — PARIS, *Maison Lemoine aîné, Hazand, successeur*.

12. — La Mazurka, quadrille, par Musard.

13. — Les Mousquetaires de la Reine, quadrille, par Alphonse Leduc. — PARIS, *Maurice Schlesinger, Brandus et Cie, succ^{rs}*.

14. — Les Etoiles, valse, par J. Strauss.

15. — Duettino concertant sur le duc d'Olonne, par J. Klemczynski.

16. — Capriccio, violon, par P. Seligmann.

17. — Le Royal Tambour, quadrille Louis XV, par Musard. — PARIS, *au Ménestrel*.

18. — Première sonate concertante pour piano et violon, par Ch. de Bériot.

19. — Panorama musical.

VIII. — ARTS MÉCANIQUES ET MÉTIERS

1. — Dictionnaires. — Traités généraux. — Mélanges.
Exposition universelle

3707. — JAUBERT (L'abbé P.) — Dictionnnaire raisonné universel des arts et métiers, contenant l'histoire, la description, la police des fabriques et manufactures de France et des pays étrangers. Nouv. édition. — Paris, 1773, in-8°, 5 vol. cart.

3708. — DESCRIPTION des Arts et Métiers, faite et approuvée par Messieurs de l'Académie des Sciences, savoir :

L'art du Distillateur d'eau forte, par Demachy.

De raffiner le sucre, par Duhamel du Monceau.

Du facteur d'orgues, par D. Bedos.

De faire les tapis de Turquie, par Duhamel du Monceau.

Du brodeur, par Saint-Aubin.

Des forges et des fourneaux, par Courtivron et Bouchu.

Du coutelier, par Perret.

De faire les pipes, par Duhamel du Monceau.

De l'indigotier, par Beauvais Raseau.

De l'épinglier, par Duhamel du Monceau.

De l'art du potier de terre, par Duhamel du Monceau.

De travailler les cuirs dorés ou argentés, par Fougeroux de Bondaroix.

De friser ou ratisser les étoffes de laine, par Duhamel du Monceau.

De la lingerie, par Garsault.

De faire le parchemin, par Lalande.

De la porcelaine, par le comte de Milly.

17 cahiers in-folio, avec des planches.

3709. — LABOULAYE (Ch.) — Dictionnaire des arts et manufactures, etc. — Paris, 1867, g^d in-8°, 2 vol. et suppl.

3710. — ARMONVILLE (J.-R.) — La clef de l'industrie et des sciences qui se rattachent aux arts industriels, ou table générale, par ordre alphabétique des matières, de ce que contiennent de relatif à l'industrie : 1° L'établissement des arts et métiers ; 2° Les brevets d'invention, etc. — Paris, *Huzard, 1825, in-8°, 3 vol. rel.*

3711. — SECRETS, concernant les arts et métiers. Nouvelle édition. — Bruxelles, *1666, in-12, 2 vol. rel.*

3712. — LEMARE (P. A.) — Dictionnaire de l'Exposition du Louvre en 1823. — Paris, *Béchet, 1823, in-8°.*

3713. — RAPPORT de la commission chargée de rendre compte des produits de l'industrie présentés à l'Exposition de l'arrondissement de Brest, en février 1834. Société d'émulation de Brest. — *In-4°.*

3714. — ECOLE centrale des arts et manufactures, destinées à former des ingénieurs civils, etc. Programme des cours. — Paris, *Béchet, 1830, in-8° br., pl. de 40 pp.*

3715. — DUPIN (Le Baron). — Rapport du jury central sur les produits de l'industrie française exposés en 1834. — Paris, *imp. royale, 1836, in-8°, 3 vol.*

3716. — MOLÉON (de), COCHARD et PAULIN-DESORMEAUX. — Musée industriel, description complète de l'Exposition des produits de l'industrie française, faite en 1834. — Paris, *1838, in-8°, 2 vol. rel.* (Manquent le 1er et le 2e vol.)

3717. — MOUVEMENT commercial et rapports sur l'Exposition de Berlin, 1845. — Paris, *P. Dupont, in-4° br.*

3718. — EXPOSITION universelle de 1855. — Système de classification. Liste générale des exposants. Catalogue officiel. — Paris, *imp. impér., 1855, in-8°, 3 vol.*

3719. — EXPOSITION universelle de 1851. — Travaux de la commission française sur l'industrie des nations, publiés par ordre de l'Empereur. — Paris, *imp. impér., 1855-1858, in-8°, 13 vol. rel.*

3720. — EXPOSITION universelle de 1855. — Rapport du Jury mixte international. — Paris, *imp. impér., 1855, in-8°, 3 vol.*

3721. — EXPOSITION universelle. — Visites et études de S. A. I. le prince Napoléon, au Palais de l'Industrie. — Paris, *Perrotin, 1855, in-8°, 2 vol.*

3722. — GEORGES (Edouard). — Revue de l'Exposition universelle, 3e édit. — Paris, *Sartorins, 1855, in-18.*

3723. — EXPOSITION universelle de 1855. — Rapport sur l'Exposition, présenté à l'Empereur par S. A. I. le prince Napoléon. — Paris, *imp. impér., 1857, in-4°.*

3724. — EXPOSITION universelle à Londres, en 1862. — Notices sur les modèles, cartes et dessins relatifs aux travaux publics.

3725. — L'ALGÉRIE à l'Exposition universelle de Londres en 1862. — Alger, *Bouyer, s. d., in-8°, 2 vol.*

3726. — EXPOSITION universelle de Londres de 1862. — Rapports des membres de la section française du Jury international sur l'ensemble de l'exposition, publiés sous la direction de M. Michel Chevalier, 6 tomes. — *In-8° br.*

3727. — CATALOGUE officiel de l'Exposition universelle de 1862 à Londres. — Paris, *imp. impér.; 1862, in-8° rel.*

3728. — ETUDES sur l'Exposition de 1867 par Eug. Lacroix. — Paris, *Lacroix, in-8°, atlas, 5 vol. rel.*

3729. — EXPOSITION de 1867. — Etudes ou annales et archives de l'industrie au XIXᵉ siècle, etc. — Paris, *librairie scientifique universelle, E. Lacroix, in-8°, 262 p. br.*

3730. — EXPOSITION universelle de 1867 à Paris. — Rapports du Jury international, publiés sous la direction de M. Michel Chevalier. — Paris, *Paul Dupont, 1868, gᵈ in-8°, 13 vol.*

3731. — EXPOSITION de 1867. — Délégation des ouvriers relieurs. — 1ʳᵉ partie · La reliure aux Expositions de l'industrie (1798-1862). — 2ᵉ partie : La reliure à l'Exposition de 1867. — Paris, *A. Aubry, 1868-69-75, in-18 jésus, 2 vol.*

3732. — GUIDE à aiguille pour l'Exposition universelle de 1878.

3733. — EXPOSITION de 1878. — Etudes sur l'exposition de 1878. Annales et archives de l'industrie au XIXᵉ siècle, etc E. Lacroix, ancien officier d'infanterie de marine, ingénieur civil, directeur de la publication. — Paris, librairie scientifique, industrielle et agricole, 1ʳᵉ, 2ᵉ, 3ᵉ, 4ᵉ, 5ᵉ, 6ᵉ, 8ᵉ, 9ᵉ, 10ᵉ, 11ᵉ, 13ᵉ, 14ᵉ fascicules. — Paris, *E. Lacroix, 1878, br.*

3734. — EXPOSITION universelle à Paris en 1878. — France — Notices relatives à la participation du ministère des travaux publics à l'Exposition universelle, en ce qui concerne le corps des mines. — Paris, *imp. nation., 1878, in-8° br.*

3735. — EXPOSITION universelle de Paris, année 1878. Section française. Classe XVI, géographie, cosmographie, statistique. Notice publiée par le Comité d'installation. — PARIS, *typ. Delalain, 1878, in-8° br.*

3736. — EXPOSITION internationale des Beaux-Arts. Londres 1875. — Dispositions règlementaires. — LONDRES, *Stevens et Richardson, s. d., in-8° br., pl. de 15 pp.*

3737. — EXPOSITION universelle de 1878. — Rapport de la Commission militaire. — PARIS, *imp. nationale, 1879, g^d in-8° br.*

3738. — NOTICES coloniales publiées à l'occasion de l'Exposition universelle d'Anvers en 1885. — PARIS, *imp. nation., 1885, 2 vol. in-8°.*

3739. — EXPOSITION universelle de Paris en 1889. — Notice sur le Salvador. — PARIS, *J. Kugelmann, 1889, in-8° br.*

3740. — GUIDES et catalogues anglais se rapportant en général à l'Exposition de 1854-1855 :

1. — Descriptive and historical catalogue of the pictures in the national gallery. — *1855.*

2. — The new palace of Westminster. — *1855.*

3. — Rudimentary treatise on the drainage of towns and buildings. — *1854.*

4. — Description of the Egyptian court, with an historical notice of the monuments of Egypt. — *1854.*

5. — The Alhambra Court, in the Crystal-Palace. — *1854.*

6. — Sheffield, as it is ; being an historical and descriptive hand-book and strangers' guide to the Schow-Rooms, etc. — *1852.*

7. — Rules and regulations to be observed by the officers and mon' in the service of the Edinburgh, Perth et Dundee railway Company. — *1854.*

8. — The Roman Court erected in the Crystal-Palace. — *1854.*

9. — The Greek Court erected in the Crystal-Palace. — *1854.*

10. — Guide to Newcastle. — *1851.*

11. — Rules and regulations for the conduct of the traffic. — MDCCCLIII *(1853).*

12. — Guide through Glasgow.

13· — Rudiments of the art of constructing and repairing common roads. — *1855.*

14. — History of the Abbey and Palace of Holyroad.

15. — Synopsis of the contents of the British museum. — *1855*.

16. — Edinburgh and its environs.

17. — Index to whitbread's new plan of London.

18. — Liverpool described.

19. — The byzantine and romanesque Court. — *1854*.

20. — Rudimentary treatise on warming and ventilation. — *1850*.

21. — The Mediœvat Court, in Crystal-Palace. — *1854*.

22. — Willmore's new guide to Windsor Castle.

23. — Rudimentary treatise. Tubular and other iron girder bridges. — MDCCCL, *1850*.

24. — Blak's guide to Dublin and the Wicklow mountains. — MDCCCLV, *1855*.

25. — The metropolis local management act. — *1855*.

26. — The Nineveh Court in the Crystal-Palace. — *1854*.

27. — The Pompeian Court described. — *1854*.

28. — Rudimentary treatise on the construction of cranes and machinery. — *1854* (en double).

29. — The Royal Windsor guide with a brief account of eton, etc.

30. — The visitor's hand-book for holyhead. — *1855*.

31. — A hand-book to the Courts of modern sculpture. — *1854*.

32. — The Renaissance Court in the Crystal-Palace. — *1854*.

33. — Blak's guide to Belfast the giant's causeway and the north of Ireland. — MDCCCLIV, *1854*.

34. — Rudimentary treatise on cottage building. — *1854*.

35. — The stranger's guide, or hand-book to Bull. — MDDLII, *1852*.

36. — Guide to the Crystal-Palace and Park. — *1855*.

37. — Rudimentary treatise on limes, cements, mortars, concretes, mastics, plastering, etc. — MDCCCL, *1850*.

38. — The Italian Court in the Crystal-Palace. — *1854*.

39. — The law of contracts for works and services. — *1849-50*.

40. — A historical description of Westminster Abbey, its monuments and curiosities. — *1855*.

41. — Aberdeen Braemar and deeside.

42. — Murray's hand-books for Scotland. — MDCCCLIV, *1854*, the Clyde.

43. — History of Carlisle, past and present, and guide to Strangers. — MDCCCLV, *1855*.

44. — The York guide, or visitor's companion through the City of Park. — *1853*.

45. — Murrays' hand-books for Scotland, the Highlands. — MDCCCLIII, *1853*.

46. — The stranger's guide to Manchester.

47. — A guide to the ruins of Elgin Cathedral. — *1854*.

48. — The stranger's companion in Chester. — *1849*.

49. — England with its railways (carte).

50. — Ireland (carte).

51. — Scotland (carte).

2. — Traités spéciaux

3741. — FRÉZIER (A.-F.) — Traité des feux d'artifice pour les spectacles. Nouv. édit. — Paris, *C.-A. Jombert, 1847, in-4°, v. f. d. s. t.* (Pl.)

3742. — LAFUGE. — Manuel de l'artificier marin. — Brest, *Gauchelet, an II, ère républicaine, 1794, in-8°.*

3743. — MAISEAU (R.-B.) — Histoire descriptive de la filature et du tissage du coton, ou description des divers procédés et machines employés jusqu'à ce jour, pour égrener, battre, carder, etc., le coton. Trad. de l'anglais et augmenté des inventions faites en France par Maiseau. — Paris, *Malher, 1827, in-8° rel. Atlas, in-4° relié.*

3744. — WATIN (J.-F.) — L'art du peintre, doreur, vernisseur, et du fabricant de couleurs, etc., 7ᵉ édit. — Paris, *Belin, 1815, in-8° rel.*

3745. — MANUEL des peintures au blanc de zinc. — Paris, *N. Chaix, 1854, in-12.*

3746. — HAUDICQUER DE BLANCOURT (F.) — De l'art de la verrerie, où l'on apprend à faire le verre, le cristal et l'émail ; la manière de faire les perles, les pierres précieuses, etc. — La méthode de peindre sur verre, etc. — Paris, *J. Jombert, 1697, in-12 rel.*

3747. — PELOUZE (Edmond). — L'art du maître de forges, ou traité théorique et pratique de l'exploitation du fer et de ses applications aux agents de la mécanique et des arts. — Paris, *Malher et Cⁱᵉ, 1827-1828, in-12, 2 vol. cart.*

3748. — MANUEL du savonnier. — PARIS, *Roret, 1827, in-12 br.*

3749. — GARDISSARD (Hte). — Manuel du zingueur ou l'art de couvrir en zinc, par Hte Gardissard, entrepreneur de plomberie et couvertures. — PARIS, *chez l'auteur, 1831, in-12 br.*

3750. — FALCOT (P.) — Traité encyclopédique et méthodique de la fabrication des tissus, orné du portrait de Jacquard et de celui de l'auteur. — ELBEUF et MULHOUSE, *1852, chez l'auteur et chez Risler, 3 vol. in-4° rel.*

3751. — RAPPORT (Extrait d'un) remis à S. E. le Ministre de la marine par M. Verrier, ingénieur des travaux hydrauliques au port de Brest, à la suite d'une mission ayant pour objet la visite des principaux établissements de blanchissage situés à Paris et dans les environs. — BREST, *1857.*

3752. — CATALOGUE des collections du conservatoire des arts et métiers, par A. Morin. — NEUILLY, *Guiraudet, 1859, in-12 br.*

3753. — DEMMIN (A.) — Guide de l'amateur de faïences et porcelaines. — PARIS, *J. Renouard, 1861, in-8° br.*

3754. — LABOULAYE (CH.) — Annales du conservatoire impérial des arts et métiers, publiées par les professeurs. — PARIS, *E. Lacroix, 1861, in-8°, 2 vol. br.*

3754 bis. — D°. — 3e, 4e et 5e année. — *In-8°, 11 fasc. br.*

3755. — DEMMIN (AUG.) — Recherches sur la priorité de la Renaissance de l'art allemand. Faïences du 13e siècle. Terres cuites émaillées du 5e siècle. — PARIS, *veuve J. Renouard, 1862, in-12 br.*

3756. — HERVÉ-MANGON. — Machines et instruments d'agriculture. — PARIS, *N. Chaix et Cie, 1863, in-8° br.*

3757. — RÉPONSE à un système d'attaques combinées contre la seconde édition du guide de l'amateur de faïences et porcelaines. — PARIS, *Bourdier et Cie, 1864, 16 p. in-8° br.*

3758. — PARVILLE (HENRI DE). — Causeries scientifiques, découvertes et inventions. Progrès de la science et de l'industrie. — PARIS, *F. Savy, 1866, in-12 br.*

3759. — THÉOPHILE. — Deuxième livre de l'essai sur divers arts. — PARIS, *librairie du dicre des arts et manufactures, 1876, in-4° br., pl. de 51 pp.*

3760. — VALETTE. — La journée de la petite ménagère, par Mme Valette, 2e édit. — PARIS, *Eugène Weill et Georges Maurice, éditeurs, 1883, p^t in-8°.*

3761. — TUYAUX en tôle et bitume, avec joints à emboîtement précis pour conduites de gaz et d'eaux forcées. — PARIS, *Chaix et Cie, in-8° br.*

3762. — ROUGET DE L'ISLE (Mme). — Encyclopédie des dames, contenant la description exacte et détaillée de tous les travaux d'aiguille, par Mme Rouget de L'Isle. L'encyclopédie des dames forme la prime accordée par les modes parisiennes à toutes les dames qui souscrivent pour un an à ce journal. — PARIS, *chez Aubert et Cie, éditeurs.*

3763. — MANUEL du moutardier et du vinaigrier (manuels Roret), par M. Juliá de Fontenalle. — PARIS, *1868, in-12 br.*

3. — Traités sur l'art d'apprêter les aliments

3764. — AUDIGER. — La Maison réglée et l'art de diriger la maison d'un grand Seigneur et autres, etc., avec la véritable méthode de faire toutes les sortes d'essences d'eaux et de liqueurs fortes ou rafraîchissantes à la mode d'Italie. — PARIS, *N. Le Gras, 1700, in-12 rel.*

3765. — MÉNAGE (LE). — Des champs et de la ville, ou nouveau cuisinier françois accommodé au goût du temps. Nouv. édition. — PARIS, *C. David, 1739, in-12 rel.*

3766. — MASSIALOT (FR.) — Le nouveau cuisinier royal et bourgeois, ou cuisinier moderne, augmentés de nouveaux ragoûts, par le sieur Vincent de la Chapelle. — PARIS, *J. Saugrain, 1748, in-12, 3 vol. rel.*

3767. — CONFITURIER (Le) royal, ou nouvelle instruction pour les confitures, les liqueurs et les fruits, 5e édit. — PARIS, *1776, in-12 rel.*

3768. — VIARD (A.) — Le cuisinier impérial, ou l'art de faire la cuisine et la pâtisserie pour toutes fortunes. — PARIS, *Barba, 1806, in-8° rel.*

3769. — GRIMOD DE LA REYNIÈRE et COTTE. — Manuel des Amphitryons. — PARIS, *Capelle et Renand, 1808, in-8° rel.*

3770. — APPERT (C.) — Le livre de tous les ménages, ou l'art de conserver pendant plusieurs années toutes les substances animales et végétales, 3e édit. — PARIS, *Barrois, aîné, 1813, in-8° rel.*

3771. — HAVET (A.-E.-M.) et LANCIN. — Le dictionnaire des ménages, ou recueil de recettes et d'instructions pour l'économie domestique. — Paris, *P. Blanchard, in-8° rel.*

3772. — D°. — Le même, 3ᵉ édit. corrigée et augmentée par S. Robinet et Mad. Gacon-Dufour. — Paris, *P. Blanchard, 1826, in-8°.*

3773. — GASTRONOME (Le) français, ou l'art de bien vivre par les anciens auteurs du journal des gourmands, ouvrage mis en ordre, accompagné de notes, de dissertations et d'observations, par M. C***. — Paris, *C. Béchet, 1828, in-8°.*

3774. — BRILLAT-SAVARIN. — Physiologie du goût, illustrée par Bertall, précédée d'une notice biographique par Alph. Karr. (Grav.) — Paris, *Gonet, s. d., in-8° rel.* (2 exemp.)

3775. — PHYSIOLOGIE du goût, ou méditations de gastronomie transcendante, etc., par un professeur. Nouv. édit., précédée d'une notice sur l'auteur par M. le baron Richerand, suivie d'un traité sur les existants modernes, par M. de Balzac. — Paris, *Charpentier, 1839, in-8° rel.*

3776. — D°, par Brillat-Savarin, édition précédée d'une notice par le baron Richerand, suivie de la Gastronomie, poème en 4 chapitres, par Berchoux. — Paris, *d°, 1847, in-8° br.*

3777. — MANUEL (nouveau) du boulanger, du négociant en grains, du meunier et du constructeur de moulins. — Paris, *Roret, 1846, pᵗ in-4°,* 2 vol. br.

3778. — BRILLAT-SAVARIN. — Physiologie du goût, ou méditations de gastronomie transcendante. Ouvrage théorique, historique et à l'ordre du jour, dédié aux gastronomes parisiens, par Brillat-Savarin. — Paris, *Paulin, éditeur, 1846, 2 vol. in-16.*

3779. — BOULANGERIE économique (notice sur la), système Alexis Lurine, par U.-J. Brasseur. — Paris, *1855, in-8°.*

3780. — VILLAIN (Henri). — Boulangerie et pâtisserie. — Paris, *Eug. Lacroix, s. d., in-8° br. de 34 p. et 2 pl.*

3781. — D'ALQ (Mᵐᵉ Louise). — Le maître et la maîtresse de maison, par Mᵐᵉ Louise d'Alq, 8ᵉ édit. — Paris, *François Erhard, in-8°.*

IX. — EXERCICES GYMNASTIQUES

3782. — CAHUZAC (L. DE). — La danse ancienne et moderne, ou traité historique de la danse. — LA HAYE, *J. Neaulme, 1754, petit in-12, 3 vol. rel.*

3783. — NOVERRE (J.-G.) — Lettres sur la danse et sur les ballets. — STUTGARD et LYON, *A. Delaroche, 1760, in-8° rel.*

3784. — MOREAU DE SAINT-MÉRY (L.-E.) — Danse. Article extrait d'un ouvrage de cet auteur ayant pour titre : Répertoire des notions coloniales, par ordre alphabétique. — PHILADELPHIE, *imp. par l'auteur, imprim.-libr., 1796, in-12 rel.*

3785. — BLASIS (C.) — Code complet de la danse. — PARIS, *Audin, 1830, in-18.*

3786. — LE GUIDE des nageurs, sans nom d'auteur. — PARIS, *Lerouge, 1806, in-12 br., pl. de 24 pp.*

3787. — MANUEL (nouveau) complet d'équitation, à l'usage des deux sexes. — PARIS, *Roret, 1834, in-12 br.*

3788. — DELISLE DE SALES. — Dictionnaire théorique et pratique de chasse et de pêche. — PARIS, *Musier, 1769, in-8° rel, 2 vol.*

3789. — XÉNOPHON. — Traité de la chasse, traduit en français d'après deux manuscrits collationnés, pour la première fois, et accompagné de notes critiques et de dissertations sur le pardalis, le panther et autres animaux, par J.-B. Gail. — PARIS, *Deterville, an IX, 1801, in-18, pp. vél. fort.*

3790. — YAUVILLE (D'). — Traité de vénerie. — PARIS, *Imp. royale, 1788, in-4° cart.*

3791. — LE VERRIER DE LA CONTERIE. — Vénerie normande, ou l'école de la chasse aux chiens courants. — ROUEN, *E. Dumesnil, 1779, in-8° rel. (Pl.)*

3792. — LOI sur la chasse, promulguée le 3 mai 1844, précédée d'une introduction historique, de l'exposé des motifs, rapports et discussions parlementaires, suivie de notes explicatives et des instructions ministérielles relatives à son exécution. — PARIS, *Mᵐᵉ Deshleds, libraire, 1844, une br. in-18 de 96 p.*

3793. — GÉRARD (Jules). — La chasse au lion. Ornée de gravures dessinées par G. Doré et d'un portrait de J. Gérard. — Paris, *librairie nouvelle, 1855, in-8° br.*

3794. — DENAYROUSE (A.) — Note sur l'appareil plongeur Rouquayrol-Denayrouse, par A. Denayrouse, lieutenant de vaisseau, 2ᵉ édition. — Paris, *Arthus Bertrand, in-8° br.*

3795. — DUHAMEL DU MONCEAU (H.-L.) — Traité général des pêches et histoire des poissons qu'elles fournissent pour la subsistance des hommes, etc. — Paris, *Saillant et Nyon, veuve Desaint, 1777-1782, in-f° rel.* (La suite de la deuxième partie, tome 3 seulement et le tome 4 brochés).

3796. — BLANCHÈRE (H. de la). — La pêche aux bains de mer. (Fig.) — Paris, *F. Didot, 1868, in-4°.*

3797. — DABRY DE THIERSANT (P.) — La pisciculture et la pêche en Chine, ouvrage précédé d'une introduction sur la pisciculture chez les divers peuples, par le Dʳ J.-L. Soubeiran. — Paris, *Masson, 1872, in-4°.*

3798. — ROUSSEAU (J.-A.) — Mémoire descriptif déposé à l'appui de la demande d'un brevet d'invention de quinze ans, pour un nouvel engin de pêche. — Brest, *Evain-Roger, 1880, in-4° de 16 p.*

X. — JEUX DIVERS

3799. — MAISON (La) académique, contenant les jeux du piquet, du hoc, du tric-trac, etc., et autres jeux facétieux et divertissants. — LYON, *J.-B. Deville, 1674, in-12 rel.*

3800. — ACADÉMIE universelle des jeux, contenant les règles de tous les jeux, avec des instructions faites pour apprendre à les bien jouer. Nouvelle édition, augmentée du jeu des échecs par Philidor, et du jeu de whist, par Ed. Hoyle. Traduit de l'anglais. — AMSTERDAM, *1777, in-12 rel., 2 parties en un vol.*

3801. — D°. — La même. Nouv. édition, augmentée du whyst Bostonien et du Maryland. — AMSTERDAM, *1789, in-12, 2 vol. rel.*

3802. — ACADÉMIE universelle des jeux, avec figures. — LYON, *Ballauches père et fils, 3 vol. in-8°.*

3803. — LAMARLE (M.) — Récréation mathématique. Solution d'un coup singulier du jeu de dames, dans la partie. Qui perd gagne. Sans lieu ni date. Présenté dans la séance du 5 juin 1852 à l'Académie royale de Belgique. — *In-4° br., 47 p.*

XI. — JOURNAUX SCIENTIFIQUES
ET DES BEAUX-ARTS

3804. — BIBLIOTHÈQUE physico-économique, instructive et amusante. Années 1788 et 1789 (où 7e et 8e année). — PARIS, *Buisson, 1788-89, in-12, 4 vol. rel.*

3805. — REVUE des sociétés savantes, publiée sous les auspices du ministre de l'instruction publique. Bulletin du comité des travaux historiques. Mémoire des sociétés savantes de la France et de l'étranger, etc. — PARIS, *Paul Dupont, 1858 et suiv.*, gᵈ in-8°, 10 vol. rel.

3806. — MONITEUR DES EAUX ET FORÊTS et Journal de l'approvisionnement de Paris.

Journal des propriétaires, économistes, agents forestiers, etc. Années 1843-44-45-46 et 47 incomplètes. Plus, les nᵒˢ 10, 11 et 12 (octobre, novembre, décembre 1847) des Annales forestières. — *In-8° br.*

3807. — ARCHIVES des missions scientifiques et littéraires. Choix de rapports et instructions. Publié sous les auspices du ministère de l'instruction publique. — PARIS, *imp. impér., puis imp. nation., 1865 et suiv., in-8°, 15 vol. br.*, ou en livraisons, savoir :

Tome I, 2e série seulement.

Tome II, dᵒ   dᵒ   manque la 3e livraison.

Tome III, 2e et 3e séries.

Tome IV, dᵒ   dᵒ.

Tome V, 2e série seulement ; manque la 2e livraison.

Tome VI, 2e et 3e séries.

Tome VII, dᵒ   dᵒ.

Tomes VIII, IX, X, XI, XII, XIII, XIV et XV, 3e série seulement.

3808. — PALAIS DE CRISTAL (Le). — Journal illustré de l'Exposition de 1851. — LONDRES, *s. n. d'imp., 1851, pᵗ in-fᵒ cart.*

3809. — JOURNAL des connaissances utiles indiquant à tous les hommes qui savent lire : Leurs devoirs, leurs droits et leurs intérêts. Années 1831-32-33 et 34, *in-8°, 3 vol. rel.*

3810. — ARTISTE (L'). — Beaux-Arts et Belles-Lettres. Rédacteur en chef : Arsène Houssaye. — Paris, *1865, in-f°, 2 vol. rel.*

3811. — MERVEILLES (Les) de l'Exposition universelle de 1867, par J. Mesnard. Texte par Francis Aubert. — Paris, *J. Mesnard, 1869, in-f°, 3 vol. rel.*

3812. — REVUE clinique française et étrangère. Journal des médecins praticiens. — Paris, *1850-52, in-4°.* Texte à 2 col. Les années 1849-59-52. Les années 1849-50 sont seules reliées.

3813. — PRATICIEN (Le) journal hebdomadaire de médecine, paraissant le lundi. Rédacteur en chef : E. Barrère. — Paris, *bureau du journal, in-8°.*

Année 1880, manquent les nos 10, 16, 21, 27, 35, 37.

— 1881,   do   do   17, 19 et 47.

— 1882, complète.

— 1883, manquent les nos 31 et 47.

— 1884, complète.

— 1885, complète.

(Don du Dr Miorcec).

3814. — FRANCE MÉDICALE (La), sous format *in-4°* jusqu'en 1880 et sous format *in-8°* à partir de 1881. Rédacteur en chef : Dr H. Faure.

Année 1865, complète, relié en 1 volume.

— 1866, complète, relié en 2 volumes.

— 1867, complète, relié en 1 volume.

— 1877, manquent les nos 7, 68 et 94.

— 1878, manque le n° 104.

— 1879, manque le n° 41.

— 1880, manquent les nos 31, 40, 55, 67, 68, 72, 73, 79 et 85.

— 1881, manquent les nos 1, 13, 24 et 48.

— 1882, complète.

— 1883, complète.

— 1884, manquent les nos 101, 138 et 150.

— 1885, manquent les nos 59, 61, 89, 93, 94 et 132.

(Don du Dr Marion).

3815. — UNION (L') médicale, journal des intérêts scientifiques et pratiques, moraux et professionnels du corps médical.

Année 1866, la partie comprise entre les nos 105 et 153.

— 1867, manquent 13 numéros et octobre et novembre.

— 1868, très-incomplète.

— 1869, manquent les nos 80, 92, 94, 113.

— 1870, manquent les nos 12, 20, 111, 112, 113, partie de septembre, octobre, novembre et décembre.

— 1876, très-incomplète.

— 1877, manque le n° 46.

— 1878, manquent les nos 6 et 55.

— 1879, manquent les nos 73 et 76.

— 1880, manquent le 2e semestre et les nos 20, 47, 49, 66 et 75 du premier.

(Don du Dr Miorcec).

3816. — PARIS MÉDICAL, médecine et chirurgie paraissant tous les jeudis, *gd in-8°.*

Année 1877, complète.

— 1878, manquent les nos 20 et 31.

(Don du Dr Miorcec).

3817. — CONCOURS MÉDICAL (Le), journal de médecine et de chirurgie, paraissant le samedi. Directeur : Dr A. Cézilly. — PARIS, *bureau du journal, in-8°.*

Année 1880, très-incomplète.

— 1881, manquent les nos 15 et 17.

— 1882, complète.

— 1883, complète.

— 1884, manque le n° 36.

— 1885, complète.

— 1886, manquent les nos 13, 18, 25 et 28.

— 1887, quelques numéros seulement du 1re trimestre.

(Don des Drs Miorcec et Marion).

3818. — RÉPERTOIRE (Le) universel de médecine dosimétrique basée sur la physiologie et l'expérimentation clinique, par le Dr Burggraeve, avec la collaboration des membres de l'Institut, etc. — PARIS, *bureau et administration, H. Chantaud, format in-8°.*

Année 1882, manquent les livraisons n°s 1, 8, 10, 11 et 12.

— 1883, manquent juillet, septembre et décembre.

— 1885, manque décembre.

(Don du Dr Miorcec).

3819. — UNION PHARMACEUTIQUE (L'), journal de la pharmacie centrale de France. Années 1870-71-72-73-74-75-76-78. Manquent le 1er semestre de 1871, en 1879 septembre, octobre, novembre et décembre. (Don de M. Hétet).

3820. — BULLETIN commercial annexe de l'Union pharmaceutique, *in-8° br.*

Année 1873, manquent les n°s 1, 2 et 7.

— 1874, manque le n° 9.

— 1875, complète.

— 1876, complète.

— 1877, complète.

— 1878, complète.

— 1879, manquent octobre, novembre et décembre.

(Don de M. Hétet).

3821. — REVUE des sciences naturelles, publiée sous la direction de MM. E. Dubrueil et E. Heckel. — Montpellier, *1872, in-8°.* Tome I, 4 fascicules. (Don de M. Hétet).

3822. — ART (L'). — Revue illustrée hebdomadaire, devenue bi-mensuelle à compter de la 10° année (1884) de sa publication. — Paris, *librairie de l'Art ;* London, *s. n. d'imp.* ; New-York, *Macmillan et C°, in-f°,* 45 vol. rel., comprenant 14 années : de 1875 inclus à 1891 inclus ; plus, 23 livraisons br. de la 15° année (1889). La 1re livraison, 1er janvier 1889, manque.

3823. — COURRIER DE L'ART. — Chronique hebdomadaire des ateliers, des musées, des expositions, des ventes publiques, des concours, des théâtres, etc. Directeur en chef, M. Paul Leroi. — Paris, *librairie de l'Art ;* London, *Remington and C°* ; New-York, *Macmillan et C°, in-4°,* 7 vol. rel., comprenant 8 années : de 1881 inclus à 1891 inclus ; plus, les 52 n^os br. de la 9° année (1889).

3824. — AMI (L') des sciences, journal du dimanche, publié par Victor Meunier, — Paris, *bureaux du journal, 1855 et suivant, in-4°.* Années 1855-56-57-58-59-60 et 61, 7 vol. rel

3825. — JOURNAL des économistes Revue de la science économique et de la statistique, 30ᵉ année de la fondation, 3ᵉ série, 6ᵉ année. Partie de 1871 et toute l'année 1872, *in-8°, 8 vol.*, savoir : 23ᵉ, 24ᵉ, 25ᵉ, 26ᵉ, 27ᵉ et 28ᵉ. — Paris, *Guillaumin et Cⁱᵉ, 1871 et 72.*

3826. — ECONOMISTE (L') français, journal hebdomadaire, de 1873 à 1883, *20 vol. in-4° rel.* (Don de Madame veuve Biron).

3827. — JOURNAL de l'Académie d'agriculture, tome 1ᵉʳ et 2ᵉ, 19 livraisons, incomplet, 32 pages *in-8° br.*, années 1833 et 1834. — Paris, *rue Louis-le-Grand, nᵒ 23.*

3828. — PIÉRART (Z. J.) — Revue spiritualiste, journal mensuel et bi-mensuel, rédigé par une Société de spiritualistes et publié par Z. J. Piérart, ex-rédacteur en chef du journal du magnétisme, membre de diverses Sociétés savantes. Tome III, 10ᵉ livraison. — Paris, *1860, une broch. in-8° de 28 pages.*

3829. — THIAUDIÈRE (E.), Directeur. — Revue des idées nouvelles. Bulletin du progrès dans la philosophie, les sciences, les lettres, les arts, l'industrie, le commerce et l'agriculture. — Paris, *bureau de la Revue, 1879, 3 fascic. br.* Années 1876-77-78.

3830. — RÉFORME MUSICALE. — Journal des doctrines de l'Ecole Galin-Paris-Chevé, 11ᵉ année, 1856-59-62-65-66-69, en feuilles. Texte à 3 colonnes.

3831. — MAGASIN PITTORESQUE (Le). — Publié sous la direction de MM. Euryale Cazeaux et Ed. Charton. — Paris, *1833 et suiv. in-8°, 14 vol. rel.*, comprenant les 28 premières années, c'est-à-dire de 1833 inclus à 1860 inclus. Les années suivantes sont en livraisons mensuelles :

Année 1861, manquent octobre et novembre.

— 1862, manque décembre.

— 1863, manquent juin et juillet.

— 1864, la Bibliothèque ne possède que le 1ᵉʳ trimestre.

3832. — Dᵒ. — Autre exemplaire des 25 premières années, c'est-à-dire depuis la fondation : année 1833 inclus à 1857 inclus. — Paris, *dᵒ, 25 vol. rel.* En outre, sont en triple, les années 1833-34-35-36-38-39-42.

3833. — Dᵒ. — (Almanach du). — Années 1861-53-55-58. — *In-8°, 4 vol. br.*

3834. — GÉNIE CIVIL (Le). — Revue générale des industries françaises et étrangères.

Industrie, travaux publics, agriculture, architecture, hygiène, économie politique, sciences, arts. — PARIS, *administration et rédaction, s. d., in-f°, 8 vol. rel.*, comprenant les 6 premières années (de 1881 inclus à 1889 inclus).

3835. — ANNALES DU GÉNIE CIVIL et recueil de mémoires sur les Ponts et Chaussées :

Année 1876, 2ᵉ semestre et janvier.

— 1877, complet.

— 1878, complet.

— 1879, 1ᵉʳ semestre.

— PARIS, *E. Lacroix, in-8° br.*

3836. — GAZETTE ARCHÉOLOGIQUE. — Fondée par MM. J. de Witte et Fr. Lenormant. Pour servir à la connaissance de l'histoire de l'art dans l'antiquité et le moyen-âge. Publiée par les soins de J. Witte et Robert de Lasteyrie, et comme suite à la même publication : Revue des musées nationaux publiée sous les auspices de M. A. Kaempfen, par E. Barbelon et E. Molinier. — PARIS, *A. Lévy, s. d., in-4°, 4 vol. rel.,* comprenant 4 années, savoir :

Année 1884, 9ᵉ année.

— 1885, 10ᵉ —

— 1886, 11ᵉ —

— 1887, 12ᵉ —

Les années 1888, 14ᵉ et 1889 15ᵉ année, en 6 livraisons, chacune br.

3837. — BULLETIN ARCHÉOLOGIQUE du Comité des travaux historiques et scientifiques. — PARIS, *imp. nation., 1883 et suiv., gᵈ in-8°, 5 vol. rel.*, comprenant les années suivantes : Partie de 1883 ; 1884-85-86-87 et 88.

3838. — REVUE des travaux scientifiques. Publiée sous la direction du Comité des travaux historiques et scientifiques. — PARIS, *imp. nation., 1881 et suiv., gᵈ in-8°*. Années 1881-82-83-84-85-86-87-88 et 89.

3839. — MAGASIN DES DAMES (LE PETIT). — Avec un calendrier. — PARIS, *Delaunay et autres, 1807, in-8° br.*

3840. — PARISEL. — L'année pharmaceutique ou Revue des travaux les plus importants en pharmacie, chimie, histoire naturelle médicale, qui ont paru en 1861 et 1862. — PARIS, *V. Masson, in-8°, 2 vol.* (2ᵉ et 3ᵉ année).

3841. — TOILETTE DE PARIS (La). — Années 1877 et 1878 complètes.

3842. — MODES PARISIENNES (Les) illustrées. — Journal de la bonne compagnie. (Hebdomadaire). Fashions, toilettes, ameublements, théâtres, livres nouveaux, romans, poésies, causeries. — PARIS, *chez le successeur d'Aubert et Cie, s. d., in-f° br.*, comprenant les années suivantes, savoir :

Année 1847, complet, à l'exception de janvier, dont il n'y a qu'un n° (205), du 31 janvier.

— 1851, incomplet.

— 1852, manquent novembre et décembre.

— 1853, incomplet.

— 1854, incomplet.

— 1857, incomplet.

— 1858, incomplet.

— 1880, complet.

— 1881, complet.

— 1882, manquent août et le n° 14 de juillet.

— 1883, manque le n° 24, du 16 décembre.

A ces livraisons dépareillées sont joints 2 volumes rel. de planches coloriées.

3843. — BON TON (Le). — Journal des modes, avec planches coloriées. — PARIS, *1836 et suiv., g^d in-8°, 2 vol. rel., et 1 br.*, comprenant les années : 1836-1837-1838-1839, moins septembre, novembre et décembre de cette dernière année.

3844. — ILLUSTRATION DE LA MODE (L') et la Toilette de Paris.

Année 1875, manque avril.

— 1876, complète.

3845. — MODE (La). — Revue des modes. Galerie des mœurs. Album des salons. — PARIS, *s. n. d'imp. 1829 et suiv., in-8°, 7 vol. cart. dont 1 de pl. color.*, comprenant partie des années 1829-30 et 31.

3846. — REVUE D'ETHNOGRAPHIE, publiée sous les auspices du Ministère de l'Instruction publique et des Beaux-Arts par le Dr Hamy. — PARIS, *Ernest Leroux, 1882 et suiv., in-8°* ; 8 tomes comprenant les années 1882-83-85-86-87-88-89 et 90.

3847. — REVUE SCIENTIFIQUE. — PARIS, *in-4°, 1882-1892.*

3848. — REVUE D'ANTHROPOLOGIE, 1890-91.

SUPPLÉMENT

Ouvrages omis ou reçus après l'impression du Catalogue

I. — SCIENCES PHILOSOPHIQUES

Philosophie. — Pédagogie. — Politique. — Economie politique, etc.

3849. — GASPARIN (Le Cᵗᵉ A. DE). — La famille, ses devoirs, ses joies et ses douleurs. — PARIS, *Michel Lévy frères, 1865, 2 vol. in-12.* (Don du Dʳ Corre).

3850. — BORNE-VOLBER (A. J.) — Maximes et observations ouvrant des vues nouvelles sur les sciences morales. — LAUSANNE, *Howard-Delisle, 1877, pᵗ in-8° br.*

3851. — SPINOZA (B. DE). — Œuvres complètes, traduites et annotées par J. G. Prat. — PARIS, *Hachette et Cⁱᵉ, 1863, in-12, 2 vol br.*

3852. — KANT (EMM.) — Critique de la raison pure, traduit de l'allemand par J. Barni. — PARIS, *Germer Baillière, 1869, in-8°, 2 vol. br.*

3853. — DROZ (JOSEPH). — De la philosophie morale ou des différents systèmes sur la science de la vie, 3ᵉ édition. — PARIS, *A. Renouard, 1824, in 18 rel.*

3854. — ROD (EDOUARD). — Le sens de la vie, 5ᵉ édit. — PARIS, *Perrin et Cⁱᵉ, 1889, in-8° br.*

3855. — SPECTATOR (THE). — Volume the eighth. — EDINBURGH, *John Bell, 1776, in-8° rel.* (Grav.)

3856. — HOMME (De l') et de ses rapports les plus intimes. — BASLE, *floréal an VI, in-8° rel.*

3857. — ALFIERI (VITTORIO). — Opere varie filosofico-politiche, in prosa e in versi. — SIENA, *1801, pᵗ in-8° rel.*

3858. — ESSAI général d'éducation physique, morale et intellectuelle, etc., par M. A. J. — PARIS, *F. Didot, 1808, in-4° rel.*

3859. — MOUSTALON (M.) — Le Lycée de la jeunesse ou les études réparées. — Paris, *Lebel et Guitel, 1810, in-12, 2 vol. rel.*

3859 *bis.* — Autre exemplaire, 4e édition. — Paris, *Boulland, 1823, pt in-8°, 2 vol. rel.*

3860. — GUILLIÉ (Le Dr). — Essai sur l'instruction des aveugles, ou exposé analytique des procédés employés pour les instruire. — Paris, *imp. par les aveugles, 1817, in-8°.*

3861. — APERÇU philosophique des connaissances humaines au 19e siècle. — Paris, *Baudouin frères, 1827, in-12 rel.*

3862. — MARION (Henri). — Le mouvement des idées pédagogiques en France depuis 1870, fascicule n° 1. — Paris, *impr. nation., 1889, in-8° br.*

3863. — MARTEL (Félix). — Législation et règlementation de l'enseignement primaire (1878-1888), fascic. n° 2. — Paris, *imp. nation., 1889, in-8° br.*

3864. — DREYFUS-BRISAC (E.) — L'enseignement obligatoire et les commissions scolaires, fascicule n° 3. — Paris, *imp. nation., 1889, in-8° br.*

3865. — LEYSSENNE (M. P.) — Tableau général de l'organisation de l'enseignement primaire publié et privé à ses divers degrés, fascic. n° 4. — Paris, *imp. nation., 1889, in-8°.*

3866. — BERTRAND (M. D.) et BONIFACE (M.) — L'inspection de l'enseignement primaire à ses différents degrés, fascic. n° 5. — Paris, *imp. nation., 1889, in-8°.*

3867. — JALLIFIER (M. R.) — Le conseil supérieur de l'instruction publique (1880-1889), fascic. n° 6. — Paris, *1889, in-8° br.*

3868. — TURLIN (M.) — Organisation financière et budget de l'enseignement primaire, fascic. n° 7. — Paris, *1889, in-8° br.*

3869. — SITUATION scolaire des départements en 1878 et en 1888, fascic. n° 8. — Paris, *1889, in-8° br.*

3870. — MARTEL (F.) et FERRAND (G.) — Ecoles primaires supérieures, écoles d'apprentissage et écoles nationales professionnelles, fascic. n° 9. — Paris, *imp. nation., 1889, in-8° br.*

3871. — ARMAGNAC (M. L.) — Bourses de l'enseignement primaire supérieur et professionnel en France et à l'étranger, fascic. n° 10. — Paris, *imp. nation., 1889, in-8°.*

3872. — JACOULET (M. E.) — Notice historique sur les écoles normales d'instituteurs et d'institutrices, fascic. n° 11. — Paris, *imp. nat.*, *1889, in-8° br.*

3873. — CLERC (M.) — Organisation et administration matérielle des écoles normales, fascic. n° 12. — Paris, *imp. nat.*, *1889, in-8° br.*

3874. — EXTRAITS des rapports des recteurs sur le développement et la situation des écoles normales d'instituteurs et d'institutrices (1878-1888), fascic. n° 13. — Paris, *imp. nat.*, *1889, in-8° br.*

3875. — NOTICES sur les écoles normales supérieures d'enseignement primaire de Fontenay-aux-Roses et de Saint-Cloud, fascic. n° 14. — Paris, *imp. nat.*, *1889, in-8° br.*

3876. — BEURIER (M. A.) — Le Musée pédagogique et la bibliothèque centrale de l'enseignement primaire, fascic. n° 15. — Paris, *imp. nat.*, *1889, in-8° br.*

3877. — DELALAIN (Paul). — La librairie scolaire, fascic. n° 16. — Paris, *imp. nat.*, *1889, in-8° br.*

3878. — D'OLLENDON (M. E.) — Bibliographie de l'enseignement primaire (1878-1888), fascic. n° 17.

3879. — BEURIER (M. A.) — La presse pédagogique et les bulletins départementaux, fascicule n° 18. — Paris, *imprim. nation.*, *1889, in-8° br.*

3880. — JOST (M. G.) — Les examens du personnel de l'enseignement primaire. — Paris, *1889, imp. nat.*, *in-8° br.*

3881. — HÉMON (F.) — Les auteurs français dans l'enseignement primaire, fascic. n° 20. — Paris, *imp. nat.*, *1889, in-8° br.*

3882. — CARRÉ (M. J.) — Le certificat d'études primaires élémentaires, fascic. n° 21. — Paris, *imp. nat.*, *1889, in-8° br.*

3883. — GOEPP (M. Ed.) — Les bibliothèques scolaires, fascic. n° 22. — Paris, *imp. nat.*, *1889, in-8° br.*

3884. — SABATIÉ (M. R.) — Les bibliothèques pédagogiques, fascic. n° 23. — Paris, *imp. nat.*, *1889, in-8° br.*

3885. — AUBERT (M. R.) — Les conférences pédagogiques, fascic. n° 24. — Paris, *imp. nat.*, *1889, in-8° br.*

3886. — COUTURIER (M. E.) — Les congrès pédagogiques d'instituteurs, fascic. n° 25. — Paris, *imp. nat.*, *1889, in-8° br.*

3887. — DEFODON (Ch.) — Les expositions scolaires départementales, fascic. n° 26. — Paris, *imp. nat., in-8° br.*

3888. — CARRÉ (M. J.) — L'enseignement de la lecture, de l'écriture et de la langue française dans les écoles primaires, fascic. n° 27. — Paris, *imp. nat., 1889, in-8° br.*

3889. — LICHTENBERGER (M. F.) — L'éducation morale dans les écoles primaires, fascicule n° 28. — Paris, *impr. nationale, 1889, in-8° br.*

3890. — MARILLEAU (L.) — L'instruction civique, fascic. n° 29. — Paris, *imp. nat., in-8° br.*

3891. — LEMONNIER (M. Henry). — L'enseignement de l'histoire dans les écoles primaires, fascicule n° 30. — Paris, *impr. nation., 1889, in-8° br.*

3892. — DUPUY (M. P.) — La géographie dans l'enseignement primaire, fascic. n° 31. — Paris, *imp. nat., 1889, in-8° br.*

3893. — DALSÈME (M. J.) — Enseignement de l'arithmétique et de la géométrie, fascic. n° 32. — Paris, *imp. nat., 1889, in-8° br.*

3894. — SALICIS (M. G.) — Enseignement du travail manuel, fascic. n° 33. — Paris, *imp. nat., 1889, in-8° br.*

3895. — PRILLIEUX et SCHRIBAUX (M.) — L'enseignement de l'agriculture dans les écoles normales d'instituteurs et dans les écoles primaires, fascic. n° 34. — Paris, *imp. nat , 1889, in-8° br.*

3896. — BRÉAL (M. Michel). — Les langues vivantes dans l'enseignement primaire, fascic. n° 35. — Paris, *imp. nat., 1889, in-8° br.*

3897. — PILLET (M. Jules) et GUILLAUME (E.) — L'enseignement du dessin, fascic. n° 36. — Paris, *imp. nat., 1889, in-8° br.*

3898. — CORNET (M. A.) — L'enseignement du chant, fascic. n° 37. — Paris, *imp. nat., 1889, in-8° br.*

3899. — DALLY (A.), Lieutenant-Colonel. — Enseignement de la gymnastique et des jeux scolaires, fascic. n° 38. — Paris, *imp. nat., 1889, in-8° br.*

3900. — FOURÈS (M. René). — La sténographie appliquée à l'enseignement primaire, fascic. n° 39. — Paris, *imp. nat., 1889, in-8° br.*

3901. — CADET. — Les caisses des écoles, fascic. n° 40. — Paris, *imp. nat., 1889, in-8°.*

3902. — CARDINE (M. W. Marie). — Les Sociétés de secours mutuels entre les instituteurs et les institutrices, fascic. n° 42. — Paris, *imp. nat., 1889, in-8° br.*

3903. — BRUNEL (M.) — Associations amicales d'anciens élèves d'écoles normales et d'écoles primaires, fascic. n° 43. — Paris, *imp. nat., 1889, in-8° br.*

3904. — GALLIARD (M. L.) — Œuvre de l'orphelinat de l'enseignement primaire en France, fascicule n° 44. — Paris, *imp. nation., 1889, in-8° br.*

3905. — CACHEUX (M. E.) — Etat actuel en France du patronage et de l'enseignement des apprentis, fascic. n° 45. — Paris, *imp. nat., 1885, in-8° br.*

3906. — BRUEYRE (M. L.) — De l'éducation des enfants assistés et des enfants moralement abandonnés en France, fascic. n° 46. — Paris, *imp. nat., 1889, in-8° br.*

3907. — COTTINET (M. Ed.) — Les colonies de vacances en France et à l'étranger, fascic. n° 47. — Paris, *imp. nat., in-8° br.*

3908. — LAMBERT (M. Marcel) et PETIT (Georges). — Constructions scolaires, fascic. n° 48. — Paris, *imp. nat., in-8° br.*

3909. — POITRINEAU (M. F.) — Les écoles de hameau, fascic. n° 49. — Paris, *imp. nat., 1889, in-8° br.*

3910. — MATROT (Mlle et Mme Kergomard). — Les écoles maternelles, fascic. n° 51. — Paris, *imp. nat., in-8° br.*

3911. — SERRURIER (M. G.) — Les Musées scolaires, fascic. n° 52. — Paris, *imp. nat., 1889, in-8° br.*

3912. — HAVARD (M. H.) — L'imagerie scolaire, fascic. n° 53. — Paris, *imp. nat., 1889, in-8° br.*

3913. — MANTZ (Paul). — Les petits musées d'art scolaire, fascic. n° 54. — Paris, *imp. nat., 1889, in-8° br.*

3914. — ENSEIGNEMENT (L') privé, fascic. n° 55. — Paris, *imp. nat., 1889, in-8° br.*

3915. — MARTEL (M. Félix). — Les Sociétés d'enseignement primaire, fascic. n° 56. — Paris, *imp. nat., 1889, in-8° br.*

3916. — MACHUEL (M. L.) — L'enseignement public dans la régence de Tunis, fascic. n° 58. — Paris, *imp. nat., 1889, in-8° br.*

3917. — PUAUX (M. Franck). — L'instruction primaire dans les colonies françaises, fascicule n° 59. — Paris, imp. nation., 1889, in-8° br.

3918. — FONCIN (M. Pierre). — L'alliance française, fascic. n° 60. — Paris, imp. nat., 1889, in-8° br.

3919. — ENQUÊTES et documents relatifs à l'enseignement supérieur. — Tome 38°. — Rapport sur les observatoires astronomiques de province. — Paris, imp. nat., 1890.

3920. — D°. — Tome 39°. — Concours d'agrégation dans les facultés de droit. — Paris, imp. nat , 1890, in-8°.

3921. — D°. — Tome 40°. — Médecine et pharmacie. Projets de lois recueillis par M. de Beauchamps. — Paris, 1891.

3922. — D°. — Tome 41°. — Rapports des Conseils généraux des facultés pour l'année scolaire 1889-90. — Paris, imp. nat., 1891.

3923. — D°. — Tome 42°. — Régime de l'agrégation dans les facultés de médecine. — Paris, imp. nat., 1891.

3924. — D°. — Tome 43°. — Rapport sur les observations astronomiques des provinces. — Paris, imp. nat., 1891.

3925. — CAUCHOIS-LEMAIRE. — Lettres politiques, religieuses et historiques. — Paris, 1828, in-8°, 2 vol. rel.

3926. — BRIEUX (Le Cte de). — La recherche du vrai. Monarchie et république. Les coups d'Etat. — Brest, Evain-Roger, plaq. de 24 pages.

3927. — D°. — Noblesse et république. — Brest, Evain-Roger, 1879, pl. de 16 pages.

3928. — D°. — La brutalité du nombre. Etude sur le suffrage universel. — Brest, Evain-Roger, 1880, pl. de 22 pages. (Don de l'auteur, M. Le Jannic de Kervisal).

3929. — REYBAUD (Louis). — Etudes sur les réformateurs en socialis-mes modernes. La société et le socialisme. Les communistes. Les chantistes. Les utilitaires. Les humanitaires. — Paris, Guillaumin et Cie, 1848, 2 vol. in-8° br.

3930. — MACÉ (Jean). — Les idées de Jean-François, par Jean Macé. — Laon, imp. H. Le Vasseur, 1876, in-24, br. de 64 pages.

3931. — ### Carton n° 21

BROCHURES POLITIQUES

1. — Il Mattino di Federigo il grande Re di Prussia ossia Lezioni al principe Guglielmo suo nipote. Traduzione dal francese. — Berlino, *1800.*

2. — Supplément aux courtes réflexions sur quelques points de la Constitution d'un Etat.

3. — Notions sur la Constitution anglaise, par Yves-Marie-Gabriel de Laouënan, lieutenant de vaisseau. — Brest, *Lefournier et Depériers, 1819.*

4. — Les collèges électoraux et la Chambre des députés tels que la raison et le salut de l'Etat les réclament, par un Ilote Brestois. — Brest, *Michel;* Paris, *Th. Le Clerc, les marchands de nouveautés, 1822.*

5. — Instruction aux citoyens français pour la reconnaissance de leurs droits d'électeurs et de jurés, par l'auteur du code électoral, Fr.-And. Isambert. — Paris, *Mme veuve Dècle, août 1827.*

6. — Situation politique de la France, par Jules Lechevalier et E. Mallac, directeurs de la Revue du Progrès social. — Paris, *au bureau de la Revue, 1834.*

7. — Nouveau moyen de réprimer les excès du journalisme, par Eugène Panola. — Paris, *Gustave Pissin, 1838.*

8. — Lettre à Georges Sand sur sa polémique avec M. Lerminier, à l'occasion de M. de Lamennais, par Edouard de Pompery. — Paris, *Beaujouan, 1838.*

9. — Pétition à MM. les Membres de la Chambre des députés. Réformes! par Senépart, Paris, 30 novembre 1842. — Paris, *Charpentier, janv. 1843.*

10. — A MM. les députés des départements, par le général baron Dermoncourt. — Paris, *Poussielgue, 1839.*

11. — De la Constitution de la Chambre des Pairs, par H. Blondet. — Paris, *Ledoyen, décembre 1841.*

12. — Projet d'une Constitution démocratique et sociale, présenté à l'Assemblée nationale, par un de ses membres, le citoyen Pierre Leroux. — Paris, *Gustave Sandré, 1848.*

13. — Etude sur la Commune par A. Ribes, avocat. — Paris, *A. René et Cie, 1848.*

14. — Principes fondamentaux de l'élection et de la vraie représentation nationale, par J. Rives, ouvrier mécanicien. — Paris, *Lacrampe
et Fertiaux, 1848.*

15. — Projet de salle d'Assemblée constituante pour neuf cents
membres, par Théod. Lachèz, architecte. — Paris, *chez l'auteur, chez
Lemoine, libraire, et dans les librairies des sciences et des arts, 1848.*

16. — Mémoire sur la Constitution, par le Dr Lasserve. — Paris,
Guillois, 1848.

17. — Du principe d'autorité depuis 1789. — Paris, *Plon frères, et
chez les principaux libraires, 1853.*

18. — Etudes contemporaines. La Constitution de 1852 et le décret du
24 novembre 1860, par M. Léonce de Lavergne. — Paris, *H. Dumineray, et chez les principaux libraires de Paris, de la France et de
l'étranger, 1860.*

19. — Etudes contemporaines. Lettre au Sénat par le comte d'Haus-
sonville. — Paris, *H. Dumineray, et chez les principaux libraires de
Paris, de la France et de l'étranger, 1860.*

20. — Le régime de la presse en France, par Edouard Boinvilliers,
maître des requêtes au Conseil d'Etat. — Paris, *bureau de la Revue
contemporaine, 1861.*

21. — De la révision nécessaire des lois politiques et des traités
internationaux sous le rapport judiciaire, par Frédéric Billot. — Paris,
Dentu, 1861.

22. — L'instruction populaire et le suffrage universel, par L.-C.-F.
Hachette, libraire-éditeur. — Paris, *chez les principaux libraires,
1861.*

23. — Pétition au Sénat, au sujet de l'inconstitutionnalité de deux
décrets, par Devoisin, avocat à la Cour impériale de Paris. — Paris, 19
mars 1863. — Paris, *Renou et Maulde.*

24. — Lettre à un électeur par un ancien Constituant. Edition populaire. — Paris, *Charles Schiller, 1869.*

25. — Un mot sur la politique en Algérie. — Toulon, *F. Robert,
1870.*

26. — De la République constitutionnelle. Calhoun. Etude sur le
gouvernement des Etats-Unis, par P. Brandat. — Cherbourg, *Ch.
Fenardent, 1870.*

27. — Monarchie et république, par Paul Brandat. — Brest,
U. Piriou, 1870.

28. — Du principe de l'autorité et de son rétablissement en France, par G. Grimaud de Caux. Edition populaire. — PARIS, *E. de Soye et fils, 1871.*

29. — Du césarisme en France, par M. Jourdeuil. — PARIS, *Muzard ;* VERSAILLES, *rue des Réservoirs, 15, 1871.*

30. — De l'établissement du gouvernement fédéral en France, par S. P., Quimperlé 25 juin 1871. — VANNÈS, *G. de Lamarzelle.*

31. — Sur l'établissement d'une Constitution républicaine en France, et quelques considérations sur ce qui s'est passé aux Etats-Unis et en France depuis 1789, par M. de Gasté. — PARIS, *E. Dentu et chez les principaux libraires, 1873.*

32. — Veillées de Botscao ou entretiens familiers sur divers points de notre histoire, par J. Favé. — SAINT-BRIEUC, *L. Prud'homme, 1876.*

3932. — BAUDRILLART (M. H.), de l'Institut. — Manuel d'économie politique, 14ᵉ édit. — PARIS, *Guillaume et Cⁱᵉ, in-18.*

3933. — HUSSON. — Les consommations de Paris. — PARIS, *Guillaumin et Cⁱᵉ, 1856, in-8° br.*

3934. — RIONCOURT (Cᵗᵉ DE). — Les militaires blessés et invalides. Leur histoire, leur situation en France et à l'étranger. — PARIS, *J. Dumaine, 1875, in-8°, 2 vol. rel.*

3935. — REVUE industrielle (chronique de l'industrie), publiée par Hipp. Fontaine et A. Buquet, année 1874-75. — PARIS, *à l'administration du journal, in-8° rel.* (Don du Dʳ Berger).

3936. — ANNUAIRE de l'association de secours mutuels des artistes dramatique, 34ᵉ année. — PARIS, *administration de la caisse, 1873, in-8° br.*

3937. — PROJET de révision des statuts de l'association des artistes dramatiques, approuvé par l'assemblée générale le 26 octobre 1856. — PARIS, *Thuiller, 1856, in-8° br., pl. de 24 pp.*

3938. — SOCIÉTÉ de prévoyance et de secours mutuels des médecins de l'arrondissement de Brest. — BREST, *Gadreau, 1877, in-8° br.* (Don du Dʳ Marion).

3938 *bis.* — Dᵒ. — Pour l'année 1882.

3939. — SAY (LOUIS), de Nantes. —. Considérations sur l'industrie et la législation, sous le rapport de leur influence sur la richesse des Etats. — PARIS, *J.-P. Aillaud, 1822, in-8° rel.*

3940. — COMPTE général de l'administration des finances. Année 1877. — Paris, *imp. nat.*, *1880, in-4°*. — Compte définitif des recettes de l'exercice 1877, rendu par le Ministre des finances. — Paris, *d°, d°, d°*. — Rapport au Président de la République et déclarations générales de la Cour des comptes. Exercice 1875. — Paris, *d°, d°, d°*.

3941. — AMÉ (M.) — Etude sur les tarifs de douanes et sur les traités de commerce. — Paris, *imp. nat.*, *1876, in-8° br.*, *2 vol.*

3942. — DEPLANQUE (Louis). — De la tenue des livres en partie simple et en partie double, 7ᵉ édit. — Paris, *Dutertre, 1853, in-8° rel.* (Don du Dʳ Berger).

3943. — W (P. E.) — Quelques mots sur la question des sucres, par P. E. W, ancien ingénieur au service de l'Etat. — Paris, *Bouchard-Huzard, 1843, in-8° br.*

3944. — PROGRÈS de la Grande-Bretagne sous le rapport de la population et de la production, traduit de l'anglais de M. J. R. Porter, présentant les progrès comparés pour la France, par Chemin-Dupontès. Paris, *Gosselin et Cⁱᵉ, 1837, in-8° br.*

3945. — TABLEAUX de population, de culture, de commerce et de navigation, formant pour l'année 1869, la suite des Tableaux insérés dans les notices statistiques. — Paris, *imp. nat.*, *1872, in-8° br.*

D° pour l'année 1874.

D° pour l'année 1863.

3946. — MONVILLE (Le Baron de). — Peut-être, ouvrage de physique et de métaphysique. — Paris, *Firmin-Didot, père et fils, juillet 1825, in-8° rel.* (9 planches).

3947. — MAISTRE (Cᵗᵉ J. de). — Les soirées de Saint-Pétersbourg, ou entretiens sur le gouvernement temporel de la Providence. — Paris, *librairie grecque, 1821, 2 vol. in-8° br.*

3948. — BOISTEL D'EXAUVILLE. — Lettres de Rocheville sur l'esprit du siècle et ses conséquences. — Paris, *Gaume frères, 1832, in-12 br.*

3949. — LAY (A.) — Reflexionou c'hristen var Revolution Franç, rimet evit instruction ar vretonet, gant an A. Lay, person Perros-Guirec, epad e exil e Brô-Saoz. — Montroulez, *cus a imprimeri Ledan, 1850, plaq. broch., 142 p.*

3950. — DUCPÉTIAUX (Ed.) — Essai sur la situation des écoles de réforme de Ruysselede, de Wynghnenc et de Beernem, 1849-1858. — Bruxelles, *Hayez, 1858, in-12 br.*

3951. — ROME et les évêques de France. — Paris, *E. Dentu, libraire-éditeur, 1861, une broch. in-8° de 32 p.*

3952. — ORDINAIRE (Dionys). — Seize lettres aux jésuites, par Dionys Ordinaire. — *A Paris et dans les départements, chez tous les libraires et correspondants de la* Petite République Française, *1879, une broch. in-18 de 88 pages.*

3953. — BUCQUET (Paul). — Enquête sur les bureaux de bienfaisance. — Paris, *imp. nat., 1874, in-8° br.*

II. — SCIENCES PHYSIQUES ET CHIMIQUES

3954. — BRISSON (M.) — Observations sur les nouvelles découvertes aérostatiques, et sur la probabilité de pouvoir diriger les ballons. — Paris, *Le Boucher, 1784, in-4° rel.* (Don du Dr Cerf).

3955. — HOEFER. — Dictionnaire de chimie et de physique. — Paris, *F. Didot, 1847, in-8° rel.* (Don du Dr Berger).

3956. — MONVEL (B. Boutet de). — Notions de physique. — Paris, *Hachette, 1855, in-8°.* (Don du Dr Corre).

3957. — CAZIN (A.) — Les forces physiques. — Paris, *Hachette, 1855, in-8°.* (Don du Dr Corre).

3958. — COULVIER-GRAVIER. — Recherches sur les météores et sur les lois qui les régissent. — Paris, *Mallet-Bachelier, 1859, in-8° br.*

3959. — MARION (F.) — Bibliothèque des merveilles. L'optique. — Paris, *Hachette et Cie, 1867, in-12.* (Don du Dr Corre).

3960. — TISSANDIER (G.) — L'eau. — Paris, *Hachette, 1867, in-12.* (Don du Dr Corre).

3961. — PÉCLET (E.) — Traité de la chaleur considérée dans ses applications, 4e édit. — Paris, *G. Masson, 1878, g^d in-8° rel., 3 vol.*

3962. — CORNWALL (H. B.) — Manuel d'analyse qualitative et quantitative au chalumeau. — Paris, *Dunod, 1874, g^d in-8° rel. ang.*

3963. — BERTHELOT (M.) — La synthèse chimique. — Paris, *Germer Baillière, 1879, in-8° rel.*

3964. — WURTZ (Ad.) — La théorie atomique. — Paris, *Germer Baillière et Cie, 1879, in-8° rel. angl.*

3965. — HÉTET (F.) — Manuel de chimie organique élémentaire. Avec les applications à la médecine, à l'hygiène et à la toxicologie, 49 figures dans le texte. — Paris, *A. Doin, 1880, in-18 rel.* (Don de l'auteur).

3966. — LAGOUT (Edouard). — Baccalauréat ès-sciences à livre ouvert. — Paris, *1884, in-8° rel.*

3967. — POGGIALE (M.), pharmacien en chef, professeur de chimie au Val-de-Grâce. — Du pain de munition distribuée aux troupes des puissances européennes et de la composition chimique du son. — Paris, *H. et Ch. Noblet, 1854, in-8°.* (Don du Dr Marion).

3968. — HÉTET (M.) — Discours prononcé par M. Hétet, pharmacien en chef, à l'ouverture de l'année scolaire 1866-67, et du cours de chimie médicale et de toxicologie. — Brest, *J. B. Lefournier aîné, 1866, 8 pp. br.*

III. — SCIENCES NATURELLES

3969. — SCIPIONIS Aqvilani Pisani eqvitis, D. Stephani de placitis philosophorum qui antê Aristotelis tempora floruerunt ad principia rerum natvralivm et cavsas motwm assignandas pertinentibus, studio et opera Georgii Moralis, medici ac philosophi, etc. — Lipsiæ, *apud J. Jacobum Korn, 1756, in-4° rel.*

3970. — ARISTOTE. — Aristotelis liber de mirabilibus auscultationibus explicatus a Joanne Beckmann. — Gottingue, *apud Vidvam Abraham Vandenhoek, 1786, in-4° rel.*

3971. — LINNÆI (Caroli). — Viridarium Cliffortianum. — Amstelodami, *1737, in-8° rel. v. f. d.* (Don du Dr Berger).

3972. — D°. — Classes plantarum seu systemata plantarum. — Lugduni, *Batavorum, apud Conradum Wishoff, 1738, in-8° rel.* (Don du Dr Berger).

3973. — D°. — Flora Zeylanica. — Amstelodami, *apud J. Wetstenium, 1748, in-8° rel.* (Don du Dr Berger).

3974. — RUPICH-ROBERT (V.) — Flore ornementale. Essai sur la composition de l'ornement. Eléments tirés de la nature et principes de leur application, 150 pages de texte avec 105 vignettes et 152 planches composées et dessinées par l'auteur. — Herbier artistique contenant plus de 500 plantes. — PARIS, *Dunod, 1876, g^d in-4° rel.*, 2 vol.

3975. — GUÉPIN. — Flore du Maine-et-Loire. — *In-12 cart.* (Don du Dr Corre).

3976. — LIÉGARD (A.) — Flore de Bretagne. — PARIS, *F. Savy, 1879, in-12 br.*

3977. — COSSON (E.) — Illustrationes floræ Atlanticæ. Fasc. III et IV. — PARISIIS, *e reipublicæ typographeo, déc. 1888, in-4° cart.*

3978. — BERTHELOT (S.) — Vitalité des mers. — PARIS , *Baillière, 1878, in-8° br.* (Don du Dr Corre).

3979. — QUATREFAGES (A. DE). — Histoire générale des races humaines. Introduction à l'étude des races humaines, avec 441 gravures dans le texte, 6 planch. et 7 cartes. — PARIS, *A. Hennuyer, 1889, in-8° br.*

3980. — BERTILLON (ALPHONSE). — Ethnographie moderne. Les races sauvages. Les peuples de l'Afrique, les peuples de l'Amérique, les peuples de l'Océanie, avec 115 gravures. — PARIS, *G. Masson, s. d., in-8° rel.*

3981. — GAUDRY (A.) — Les enchaînements du monde animal dans les temps géologiques. — Mammifères tertiaires, avec 312 fig. dans le texte. — PARIS, *Hachette et Cie, 1878, g^d in-8° br.*

3982. — MICHELET (J.) — L'insecte, par J. Michelet, 2e édition — PARIS, *Hachette, 1858, in-8°.*

3983. — GIRARD (M.) — Les métamorphoses des insectes. — PARIS, *Hachette, 1867, in-12.* (Don du Dr Corre).

3984. — LA BLANCHÈRE (H.) — L'esprit des poissons. — ABBEVILLE, *Briez, s. d., in-12.* (Don du Dr Corre).

3985. — BALBIANI (G.), professeur au collège de France. — Leçons sur les sporozoaires, recueillies par le docteur J. Pelletan, revues par le professeur. — PARIS, *O. Doin, 1884, in-8° br.*

3986. — EXPÉDITION scientifique du travailleur et du talisman, pendant les années 1880, 1881, 1882, 1883. — Brachiopodes, par P. Fisher et D. P. Æhlert. — PARIS, *G. Masson, 1891, in-4°.*

3987. — MISSION scientifique au Cap-Horn, 1882-1883.

Tome VII. — Anthropologie, ethnographie, par P. Hyades, médecin principal de la marine et J. Deniker, docteur ès-sciences naturelles.

Tome VI. — Zoologie, mammifères, par Milne-Edwards. Oiseaux, par E. Oustalet ; crustacés, par M. Edwards ; anatomie comparée, par P. Gervais ; échinodermes, par E. Perrier. — PARIS, *Gauthier Villars*, *1891, in-4°* (4 fascic.)

3988. — EMERY (C.), professeur de zoologie à l'Université de Pologne. — Exploration scientifique de la Tunisie. Révision critique des fourmis de la Tunisie. — PARIS, *imp. nat., 1891, in-8° 20 pp.*

3989. — BULLETIN de la Société d'agriculture du département du Cher. — BOURGES, *1845, in-8° br.* (Tome V).

3990. — REVUE scientifique (Botanique). — Notes diverses publiées dans la Revue des sciences naturelles, par A. Faure. — MONTPELLIER, *Boehm, 1878, in-8°.* (Don du Dr Marion).

3991. — SAINTE-CLAIRE DEVILLE. — Coup d'œil historique sur la géologie et sur les travaux d'Elie de Beaumont. Leçons professées au collège de France (mai-juillet 1875). — PARIS, *G. Masson, 1878, in-8° br.*

3992. — LE BIAN (G.) — De la culture du panais, 14e édition. — BREST, *F. Halégouët, 1879, in-8°, pl. de 40 pp.*

3992 *bis.* — D°. — Statistique de la culture du panais de 1874 à 1879. — D°, *d°, d°, d°, de 8 pp.*

3993. — BOULLAY (M.) — Rapport sur la culture du figuier à Argenteuil et à Frette, fait à la Société d'horticulture du département de Seine-et-Oise, etc. — VERSAILLES, *Montalant-Bougleux, 1844, in-8° br.* (Don du Dr Marion).

3994. — RIOU. — L'olivier, par M. A. Coutance. Compte-rendu par M. Riou, médecin de la marine en retraite. — BREST, *1877, in-8°.* Extrait du Bulletin de la Société académique de Brest. (Don du Dr Marion).

3995. — HOSTEAU (A.) — Le végétogène. Théorie de son assimilation, de sa composition et de ses effets. — CHARLEVILLE, *Pouillard, 1876, in-8° br.* (Don du Dr Marion).

3996. — BARION (AUGUSTE). — Essai sur quelques engrais et amendements employés dans le département de la Vendée, thèse. — MONTPELLIER. (Don du Dr Maréchal).

IV. — SCIENCES MÉDICALES

3997. — CRATON (Jo). — Consiliorum et epistolarum medicinalium, Jo. Cratonis a Kraftheim, Archiatri Cœsarei, liber primus, studio et labore Lavrentii Scholzii Medici Vratisl. in lucem editus ; cum duplicata indice consiliorum et rerum. — FRANCOFVRTI, *apud Andreæ Wacheli hœredes, Claudinm Marnium et Joan. Aubrium*, MDXCV. Relié en peau de velin, avec liber secundus, 1609. — HANOVIÆ, *typis Wechelianis, apud Claudium Marnium et heredes Joan. Aubrii.* La marque typographique représentant un bâton soutenu par deux mains réunies, au-dessus duquel est un cheval ailé. On y distingue aussi deux serpents affrontés et la queue entrelacée, une corne d'abondance. — *Petit in-8°*, caractères romains, longues lignes, relié en velin. (Don du Dr Miriel).

3998. — AMATUS LUSITANUS (JEAN RODERIC DE CARTEL BRIANCO, en Portugal, plus connu sous le nom DE). — Amati Lvsitani doctoris medici præstantissimi curationum medicinalium centuriæ septem, varia multiplicique rerum cognitione referte et in hac ultima editione recognitæ et valde correcte. — BURDIGALÆ, *ex typographiâ Gilberti Vernoy, 1620, in-4°, couv, en velin.* Marque typographique, un arbre dans les branches duquel se déroule en banderolle cette devise : Sic omni tempore verno. (Don du Dr Miriel).

3999. — SENNERT (D.) — De febribus Libri IV. Auctore Daniele, Senneto, Vratisl. Siles. D. et medicinæ in academia Vvittebergensi professore. Accessit ad calcem, ejusdem de dysenteria tractatus. — LUGDUNI, *sumptibus Joan. Lavtret, 1627, in-8°, rel. en p. de velin.* Fleuron, grav., par Gr. Hurel. (Don du Dr Miriel).

4000. — Do. — Medicina practica. Olim in Germania, nunc vero de novo typis excusa multisque quibus scatebat erroribus repurgata. — LUGDVNI, *svmptibvs, Petri Ravavd, in vico Mercuriali, ad Insigne S. Petri, 1629, in-8°, rel. en p. de vel.* Fleuron, un papillon au-dessus d'une écrevisse. Titre rouge et noir. Le 2e vol. porte la date de 1630, mais le titre n'est point en rouge et noir. (Don du Dr Miriel).

4001. — FYENS (THOMAS). — Thomæ Fienis Philosophie ac medici prœstantissimi Simiotice, sive de signis medicis, tractatus. Opus accuratissimum, omnibus medicinæ studia amplexantibus summe necessarium. In duas partes divisum cum indicibus nova methodo paratis. — LUGDUNI, *sumpt, J. A. Huguetan et M. A. Ravaud, 1663, in-4° rel.* Titre rouge et noir. Fleuron avec cette devise : Universitas rerum et Pulvis in manu Jehovah. (Don du Dr Miriel).

4002. — SCEVOLA Sammarthanus. — Pædotrophia, ou la manière de nourrir les enfants à la mamelle.. Traduction d'Abel de Sainte-Marthe, doyen de la cour des aydes. — Paris, *J. Cusson, 1698, p^t in-8° rel.*, très mutilé.

4003. — ALPINUS (Prosperus), Ph. et med. doct., in Gymnasio Patavino, med. prof. ordinarius. de Præsagiendâ vitâ et morte aegrotantium libri septem. In quibus ars tota Hippocratica, etc., cum Præfatione Hermani Boerhaave. — Lugduni *Batavorum*, *1733, Isaci Severini, in-8° rel.*

4004. — GAUBIUS (Hieronymus David). — Mediciñæ in Academiâ Batavâ, quæ Leidæ est, professor. Libellus de methodo concinnandi formulas medicamentorum. — Lugduni *Batavorum, 1739, in-8° rel.*

4005. — CASTELLUS (B.) — Bartholomœi Castelli Lexicon medicum Græco-Latinum, antea Jacobo Pancratio Brunone iterato editum, nunc ab eodem et aliis plurimis novis accessionibus locupletatum et in multis correctum. Editio nova accuratissima. — Genevæ, *apud fratres de Tournes, 1746, in-4° rel.* (Don du Dr Miriel).

4006. — BUCHNER (Jean-André-Elie), professeur de médecine à Erfurt, à Bâle. — Academiæ sacri Romani Imperii Leopoldino. Carolinæ naturæ curiosorum historia conscripta ab ejusdem practide Andrea Elia Bvchnero Halœ. — Magdebvrgicæ, *litteris et impensis Joannis Justini Gebaveri, 1755, in-4° rel. vel.* Beau frontispice orné des portraits de Léopold, Charles VI, Charles VII, François Ier (l'Empereur), etc. (Don du Dr Miriel).

4007. — HALLER. — Opuscula pathologica, partim recusa, partim inedita. Quibus sectiones cadaverum morbosorum potissimùm continentur. Accedunt experimenta de respiratione. Quarta parte aucta. — Lausannæ, *MM. Bousquet et Soc., 1755, in-8° rel.*

4008. — AIGNANT (D^r). — Maladies traduites du latin de Baglivi, auxquelles on a ajouté des remarques et des observations fondées sur la théorie la plus claire, la plus reçue et sur la plus saine pratique. — Paris, *veuve Delaguette, 1757, in-8° rel.*

4009. — BOUVARD. — De reconditâ febrium tùm intermittentium, tùm remittentium naturâ, et de earum cùratione; variis experimentis et observationibus illustrata. — Genevæ, *fratres de Tournes, 1759, in-8° rel.*

4010. — BAILLON (Guillaume de), Médecin du 16e siècle. — Guillelmi Ballonii opera omnia in quatuor Tomos divisa, studio et operâ M. Jacobi Thevart, medici parisiensis digesta, in lucem edita : cum præfatione Theodori Tronchin. — Genevæ, *apud fratres de Tournes, 1762, in-4°, 2 tom. rel. en 1 vol.* Fleuron ou marque typographique : la Justice, tenant la balance d'une main et l'Epée de l'autre, et avec la devise : Quod tibi fieri mavis alteri ne feceris. (Don du Dr Miriel).

4011. — HAEN (Antonius de). — Quondam S. C. R. Apostol Majestati a Consiliis et archiatri, medicinæ in alma et antiquissima universitate Vindobonensi professoris primarii et Prælectiones in Hermanni Boerhaave institutiones pathologicas. — Viennæ, *1780, 6 vol. in-8° rel.*

4012. — SELLE (C. G.) — Rudimenta pyretologiæ methodicæ. — Amstelodami, *Piestre et Delamolière, 1787, in-8° br.*

4013. — PHILE (Manuel). — Phile de animalium proprietate, ex primâ editione. Arsenii et libro Oxoniensi restitutus a Joanne Comelio de Pauw, cum ejusdem animadversionibus et versione latina Gregorii Bersmanni. Accedunt ex eodem libro Oxoniensi non pauca hactenus inedita. — Trajecti *ad Rhenum, apud Guillelmum Stonw, 1733, in-4°, rel. en p. de velin.* (Don du Dr Miriel).

4014. — BOISSIER DE SAUVAGES. — Nosologie méthodique, ou distribution des maladies en classes, en genres et en espèces, suivant l'esprit de Sydenham et la méthode des botanistes, traduite sur la dernière édition latine, par M. Gouvion, docteur. — Lyon, *J. M. Bruyset, 1772, 10 vol. in-8° rel.*

4015. — MAURAN (M. G.), Doutor en medicina. — Aviso a gente do mar sobre a sua saude. — Lisboa, *Da Silva, 1794, in-8° rel.* (Don du Dr Corre).

4016. — DREYSSIG. — Traité du diagnostic médical ou de la science des signes propres à distinguer les unes d'avec les autres, les maladies qui se ressemblent. Ouvrage traduit de l'allemand par Leop. Jos. Renauldin. — Paris, *Mme veuve Richard, an XII, 1804, in-8° br.* (Don du Dr Marion).

4017. — MAHON (P. A. O.) — Médecine légale et police médicale, avec quelques notes de M. Fautrel, ancien officier de santé des armées. — Paris, *A. Bertrand, 1807, in-8° rel.*

4018. — BALME (C.) — De œtiologiâ generali contagii pluribus morbis, v. g. lui venereæ, etc. — Lugduni, *J. B. Kindel, 1809, in-8° rel.* (Don du Dr Corre).

4019. — PINEL (Philippe). — Nosographie philosophique ou la méthode de l'analyse appliquée à la médecine, par Ph. Pinel, médecin consultant de sa Majesté l'Empereur et Roi, membre de l'Institut national et de la Légion d'honneur, professeur à l'Ecole de médecine de Paris, et médecin en chef de l'hospice de la Salpétrière, 4ᵉ édit. — Paris, *Brosson, 1810*, *2 vol. in-8° br.* (Don du Dʳ Miriel).

4020. — CAIGNON DE MORTAGNE et QUÉMONT (de). — Leçons du Docteur Broussais sur les phlegmasies gastriques dites fièvres continues essentielles des auteurs, etc., 2ᵉ édit. — Paris, *Méquignon-Marvis*, *mai 1813, in-8° rel.*

4021. — SAMSON (L.) — Considérations générales sur les hydropisies, suivies d'observations particulières sur l'anasarque sthénique, thèse. — Paris, *1813*. (Don du Dʳ Marion).

4021 *bis.* — CAPURON (J.) — Nova medicinæ elementa ad nosographiæ, etc. Ed. secunda. — Paris, *Croullebois, 1813, in-8° br*.

4022. — DELÉCLUSE (A.) — Dissertation sur l'hydropisie ascite, thèse. — Paris, *1816*. (Don du Dʳ Marion).

4023. — LEQUYER (J. J. M.) — Quelques réflexions sur le pemphigus et les causes qui les produisent, thèse. — Paris, *1821*. (Don du Dʳ Marion).

4024. — VIVIELLE (P. F. A.) — Dissertation sur le périnée, thèse. — Paris, *1821*. (Don du Dʳ Cerf).

4025. — BOISSEAU (F. G.) — Pyrétologie physiologique ou traité des fièvres considérées dans l'esprit de la nouvelle doctrine médicale, par F.-G. Boisseau, Docteur en médecine de la faculté de Paris, membre des Académies royales de médecine de Paris, de la Société médicale d'émulation et du Cercle médical, de la Société d'agriculture, sciences, arts et belles-lettres de Châlons, et des Sociétés de médecine de Louvain, Marseille et Tours, 3ᵉ édit. — Paris, *J.-B. Baillière, libraire*, *1826, in-8° br.* (Don du Dʳ Miriel).

4026. — BROUSSAIS (F. J. V.) — Histoire des phlegmasies ou inflammations chroniques fondée sur de nouvelles observations cliniques et d'anatomie pathologique, ouvrage présentant un tableau raisonné des variétés et des combinaisons diverses de ces maladies, avec leurs différentes méthodes de traitement. — Paris, *Gabon et Cⁱᵉ, 1826, 3 vol. in-8° br.* (Don du Dʳ Marion).

4027. — MILNE-EDWARDS et P. VAVASSEUR, Docteurs médecins. — Manuel de matière médicale, etc. — Paris, *Crochard, 1831, in-12 cart.* (Don Hétet).

4028. — SCHNEPF (BERNARD). — Des observations du sentiment par Bernard Schnepf, Docteur en médecine de la faculté de Paris, médecin interne de Sainte-Barbe, etc. — PARIS, *libraire de la faculté de médecine ; J.-B. Baillière, libraire de l'Académie de médecine ; Klinch-sieck, librairie étrangère, 1835, in-4° de 61 p.*

4029. — THORÉ (T.) — Dictionnaire de phrénologie et de physiogno-monie. — PARIS, *1836, in-12 br.*

4030. — GRISOLLE (AUGUSTIN). — Thèse pour l'agrégation sur la ques-tion suivante : de l'infection. — PARIS, *1838.* (Don du Dr Maréchal).

4031. — SÉGUR-DUPEYRON. — Mission en Orient. Rapport adressé à S. E. le Ministre du commerce. — PARIS, *imp. royale, 1846, in-8° br.*

4032. — MÊLIER (M. le Dr). — Discours prononcé par M. le Dr Mêlier. — MARSEILLE, *Barlatier-Feissat, 1850, in-8°.* (Don du Dr Marion).

4033. — ROUGET (CHARLES). — Recherches sur le type des organes génitaux et de leurs appareils musculaires, thèse. — PARIS, *1855.* (Don du Dr Maréchal).

4034. — RASPAIL (F. V.) — Histoire naturelle de la santé et de la maladie chez les végétaux et chez les animaux en général, et en parti-culier chez l'homme. — PARIS, *1860, 3 vol. in-8°.* (Don du Dr Corre).

4035. — TAULE (M. F.) — Notions sur la nature et les propriétés de la matière organisée. — PARIS, *Germer-Baillière, 1860, in-8° br.* (Don Hétet).

4036. — MAHER (C.) — Essai de statistique médicale pour Rochefort en 1861. — ROCHEFORT, *C. Thèze, 1862, in-8° br. de 40 pp.*

4037. — GUYON (Dr). — Etude sur les eaux thermales de la Tunisie, accompagnée de recherches historiques sur les localités qui les fournis-sent. — PARIS, *P. Dupont, 1864, in-8°, 70 pp.*

4038. — COULET (XAVIER). — Essai sur le molluscum, thèse. — STRASBOURG, *1865.* (Don du Dr Maréchal).

4039. — AUGROS (HENRI). — De la gangrène du poumon dans la pneumonie aiguë franche, thèse. — PARIS, *1866.* (Don du Dr Maréchal).

4040. — MAHER (M.) — Discours prononcé à l'ouverture de l'année scolaire 1866-67 par M. Maher, Directeur du service de santé de la marine à Rochefort. — ROCHEFORT, *Ch. Thèze, 1867, in-4°, 6 pages br.*

4041. — POULIOT (Gustave). — Ponction vésicale hypogastrique , rapports de la paroi intérieure de la vessie, thèse. — Paris, *1868.* (Don du Dʳ Maréchal).

4042. — HALMAGRAND. — Dè l'administration de la quinine dans les fièvres d'accès, comme succédané du sulfate de quinine. — Paris, *Baillière, 1869, in-8°.* (Don du Dʳ Gestin).

4043. — SAVIGNAC (Delioux de C. F.) — Essais chimiques pratiquées au laboratoire de l'Ecole de médecine navale de Rochefort en 1847, thèse. — Paris, *1870.* (Don Lemoine).

4044. — VILLARIO (Paul de). — De la compression dans les affections inflammatoires, thèse. — Paris, *1870.* (Don du Dʳ Maréchal).

4045. — ROCHARD (J.) — Etude synthétique sur les maladies endémiques. — Paris, *Baillière et fils, 1871.* (Don du Dʳ Maréchal).

4046. — ROUSSEL (Ch.) — L'ataxie locomotrice progressive. Est-elle une entité morbide ? thèse. — Montpellier, *1872.* (Don du Dʳ Marion).

4047. — GALICIER (Théophile). — Du typhus. Réflexions critiques sur le principe contagieux et sa cause, suivies d'une étude sur la constitution médicale épidémique de Versailles pendant l'hiver 1872-73. Extrait de la France médicale. — Paris, *A. Delahaye, 1878, in-8° br. 48 pp.* (Don de l'auteur).

4048. — CORRE (Le Dʳ A.) — Considérations générales sur l'étiologie de l'état typhoïde et des maladies typhiques. — Sans lieu ni daté, *in-8° br.* (Don du Dʳ Marion).

4049. — GALICIER (Théophile). — Vie de l'Univers ou étude de physiologie générale et philosophique appliquée à l'Univers et faisant suite à la théorie de l'unité vitale. — Paris, *A. Delahaye, 1873, in-8°.* (Don de l'auteur).

4050. — HECKEL (Le Dʳ E.) — De quelques phénomènes de localisation minérale et organique dans les tissus animaux et de leur importance au point de vue biologique. Extrait du journal de l'anatomie et de la physiologie de M. Ch. Robin. — Paris, *Martinet, 1875, 54 pp. br.* (Don Hétet).

4051. — COLLONGUES (Le Dʳ). — Le Bioscope appliqué à la mesure des fonctions de la seccrétion cutanée et de l'état hygrométrique de la peau. — Paris, *J.-B. Baillière, 1876, 2 exemplaires* (Don du Dʳ Maréchal).

4052. — MORVAN (Dʳ). — Du myxœdême en Basse-Bretagne , *1886.* (Don du Dʳ Maréchal).

4053. — LEMERCIER (F. G.) — Anatomie iconographique, stratifiée. Structure de la dent humaine. — Paris, *A. Reif, 1877, in-f° cart.*

4054. — DARESTE (Camille). — Recherches sur la production artificielle des monstruosités ou essais de tératogénie expérimentale. —, Paris, *Reinwald et Cⁱᵉ, 1877, in-4°, rel. ang.*

4055. — MASON (Francis). — Two exemples of congenital deformity. — London, *Bartholomew, 1875.*

4056. — D°. — On Harelip. — London, *d°, 1875.*

4057. — On cleft palate. — London, *d°, 1877.*

4058. — D°. — Saint Thomas Hospital (a brief historical retrospect). — London, *d°, 1876.*

4059. — D°. — On the treatment of cicatrices, etc. — London, *d°, s. d.*

4060. — D°. — Notes on treatment of burns and scalds and the deformities, etc. — London, *d°, 1875.*

4061. — CARADEC (Dʳ Th.) — De la ligue contre les vivisections, précédé d'un aperçu sur Cl. Bernard. — Pau, *L. Ribaut, 1878, in-8° br., 23 pp.*

4062. — LUYS (J.) — Le cerveau et ses fonctions, avec figures dans le texte, 4ᵉ édition. — Paris, *Germer Baillière et Cⁱᵉ, 1879, in-8° rel.*

4063. — BERNARD (Claude). — Cours de physiologie générale au muséum d'histoire naturelle. Leçons sur les phénomènes de la vie communs aux animaux et aux végétaux. — Paris, *J.-Baillière et fils, 1879, in-8°, 2 vol. br.*

4064. — D°. — La science expérimentale, avec figures intercalées dans le texte, 2ᵉ édit. — Paris, *J.-B. Baillière et fils, 1878, in-12 rel.*

4065. — PAULY (P. C.) — Climats et endémies. Esquisses de climatologie comparée. — Paris, *G. Masson, s. d., gᵈ in-8° br.*

4066. — CONGRÈS périodique international des sciences médicales, 6ᵉ session. Amsterdam, septembre 1879. Compte-rendu, etc. — Amsterdam, *F. van Rossen, 1880, in-8° br., 2 vol.*

4067. — SANGER. — Die Farbenblindheit und deren Erkennung, etc. — Berlin, *Hirchwald, s. d., in-8°.*

4068. — MASON (F. R. C. S.) — On infecting sores on the lips and in other anomalous positions.

4069. — CORMAC (William Mac). — International medical Congress.— London, *1881*.

4070. — D°. — Catalogue of temporary museum, held at the geological Societey Burlington house. — London, *1881*.

4071. — HOUEL. — Catalogue du musée Orfila, publié sous les auspices de la faculté de médecine de Paris. — Paris, *Paul Dupont, 1881, in-8°*.

4072. — ROBIN (L.) — De l'alimentation artificielle et des poudres alimentaires. — Paris, *A. Parent, 1883.* (Don du D* Marion).

4073. — LA BLANCHETIÈRE (Jules-René). — Quelques considéra-tions sur l'évaluation de la capacité respiratoire au point de vue du recrutement, thèse. — Bordeaux, *1883.* (Don du D* Cerf).

4074. — BRÉMAUD (P.) — Des différentes phases de l'hypnotisme et en particulier de la fascination. Conférence faite à la Société historique (Cercle Saint Simon), le 16 janvier 1884, par le D* Brémaud. — Paris, *P. Cerf, 1884, in-8° br. de 22 pp.*

4075. — LANCE (A.) — Rapport fait au Conseil pour étudier les moyens propres à assurer l'assainissement des habitations insalubres. — Paris, *E. Thunot et Cie, in-8° br. de 64 pp.*

4076. — MARTIN-DAMOURETTE et YADES. — Sur quelques effets nutritifs des alcalins à doses modérées, d'après l'expérimentation sur l'homme à l'état de santé.

4077. — STATISTIQUE sanitaire universelle de France et d'Algérie. — Relevé comparatif des bulletins mensuels fournis par les villes d'une population de 30,000 habitants au moins. Année 1887, 12 fasc. mensuels, *in-8° br.*

4078. — LAFFONT (D* J. B. M. F.) — Contribution à l'étude du typhus abdominal. — Bordeaux, *O. L. Favard, 1887, in-8° br. de 98 pp.*

4079. — GESTIN (Le D* R.) — Instruction sur le typhus contagieux du Finistère, publiée par ordre de M. le Préfet du Finistère. — Quimper, *Ch. Cotonnec, 1891, 30 pp. in-18.*

4080. — GARRIGOU-DESARÈNE. — Traitement par la galvano-caustique-chimique (électrolyse), de la surdité due aux rétrécissements et à l'obstruction de la trompe d'Eustache. — Paris et Clermont (Oise), *Daix frères, 1888, in-8° de 12 pp.*

4081. — LERMUSEAU (Le D*). — Aix-la-Chapelle, ville d'eaux, par les docteurs Alexander, Beissel, etc., trad. par le D* Lermuseau. — Aix-la-Chapelle, *Rudolf Barth, 1891, in-8°.* (Don du D* Corre).

4082. — CORRE (Le Dr A.) — Contribution à l'étude des phénomènes de putréfaction chez les noyés. — Lyon, *A. Storch, 1892, in-8', 25 pp.* (Don de l'auteur).

V. — SCIENCES MATHÉMATIQUES

Arithmétique. — Géométrie. — Mécanique. — Astronomie. Marine. — Art militaire. Génie des Ponts et Chaussées

4083. — ATLAS d'épures de géométrie descriptive. — *Manuscrit.*

4084. — MANNHEIM (A.) — Cours de géométrie descriptive comprenant les éléments de la géométrie cinématique. Illustré de 249 figures dans le texte. — Paris, *Gauthier-Villars, 1880, g^d in-8° rel.*

4085. — FLEURY (P. H.) — Le calcul infinitésimal fondé sur des principes rationnels et précédé de la théorie mathématique de l'infini. — Marseille, *Camoin, 1879, in-8° br., 12 pp.*

4086. — POINSOT (L.) — Eléments de statique, par L. Poinsot, 8e édit. — Paris, *Bachelier, 1842, in-8°.*

4087. — FRÉMINVILLE (M. A. de). — Cours pratique de machines à vapeur marines, professé à l'école d'application du génie maritime, accompagné d'un atlas renfermant 90 planches grand in-folio et 8 grands tableaux numériques. — Paris, *Arth. Bertrand, s. d., in-8° rel.*

4088. — STEWART BALFOUR. — Bibliothèque scientifique internationale. La conservation de l'énergie, 4e éd. — Paris, *Germer-Baillière, 1883, in-8° rel.*

4089. — CALAME (A.) — Notice sur l'horloge posée au château d'Arnicourt (Ardennes). — *Rethel-Beauvarlet, 1851, g^d in-8° br. de 7 pp.*

4090. — JAURAT. — Perspective. Ombres. — Texte manuscrit.

4091. — FOUCAULT (Léon). — Réclamation de propriété par M. Lamarle à propos des expériences de L. Foucault. — *S. l. n. d., in-8° de 24 pp.* (Académie royale de Belgique. Extrait du tome 19, n° 9 du Bulletin). (Don Lemoine).

4092. — BEAUTEMPS-BEAUPRÉ. — Exposé des travaux relatifs à la reconnaissance hydrographique des côtes occidentales de France, suivi d'un précis des opérations géodésiques qui ont servi de base aux cartes et plans des trois premières parties du pilote français, par M. Daussy. — Paris, *imp. royale, 1829, in-4° rel.* (Don Hétet).

4093. — LABROUSSE (Contre-Amiral). — Notice sur ses travaux scientifiques et ses services. — Paris, *Ad. Laine et J. Havard, 1866, in-8° br.* (Don Hétet).

4094. — VILLARCEAU (Yvon) et AVED DE MAGNAC. — Traité de navigation. Nouvelle navigation astronomique. — Paris, *Gauthier-Villars, 1877, in-8° br.*

4095. — CHAUBARD (L.) — Lettre adressée au Ministre des travaux publics sur le résillage des enrochements. — Toulouse, *Viguier, 1870, in-8° br. de 40 pp.*

4096. — WILLOTTE (H.), Ingénieur des Ponts et Chaussées. — Etude sur l'emploi des percussions dans la théorie du mouvement d'un solide plongé dans un fluide. (Journal de mathématiques pures et appliquées, 1892), *in-4°.* (Don de l'auteur).

4097. — DUFOURMENTEL (Ch.) — Marine militaire en France. De la guerre de cent ans. — Paris, *Direct. du Spectateur militaire, 1878, in-8° br.*

4098. — MANUEL (Projet de) du matelot-canonnier à l'étude à bord du *Louis XIV.* — Paris, *J. Dumaine, 1870, in-12 rel.*

4099. — LANGALERIE (G. de). — Guide pratique de l'enseignement topographique dans les corps de troupe au point de vue de la guerre. — Paris, *Furne, 1889, in-8° rel.*

4100. — MÉDECINE MILITAIRE.

1. — Ordonnance du Roi concernant les hôpitaux militaires, du 4 août 1772. — Paris, *imp. royale.*

2. — Ordonnance du Roi qui supprime la Commission établie par l'ordonnance du 4 août 1772, concernant les hôpitaux militaires, du 17 août 1774. — Versailles, *imprimerie du Roi, département de la guerre,* mdcclxxiv, *1774.*

3. — Règlement fait par ordre du Roi pour établir dans les hôpitaux militaires de Strasbourg, Metz et Lille, des amphithéâtres destinés à former en médecine, chirurgie et pharmacie, des officiers de santé pour le service des hôpitaux militaires du royaume et des armées, du 22 décembre 1775. — Paris, *imp. royale, 1776.*

4. — Ordonnance du Roi, concernant les hôpitaux militaires, du 26 février 1777. — Paris, *imp. royale*, MDCCLXXVII, *1777*.

5. — Règlement fait par ordre du Roi, concernant les trois amphithéâtres établis dans les hôpitaux militaires de Strasbourg, Metz et Lille, du 26 février 1777. — Paris, *imp. royale, 1777*.

6. — De la nécessité de constituer le corps des officiers de santé dans l'armée et pour l'armée, par le colonel Cerfberr, député. — Paris, *L. Martinet, 1848*.

7. — Mémoire justificatif du décret du 3 mai 1848, réorganisant le service de santé dans l'armée, adressé aux citoyens représentants, au nom du Comité des médecins militaires, par M. Gama, ancien chirurgien en chef d'armée, etc. — Paris, *Edouard Bautruche, 1848*.

VII. — ARTS ET BEAUX-ARTS

4101. — CORDEMOY (de). — Nouveau traité de toute l'architecture ou l'art de bastir, etc. — Paris, *Coignard, 1714, in-4° rel.* (Don du Dr Cerf).

4102. — GARNAUD (M. A.) — Etudes d'architecture chrétienne. — Paris, *Gide et J. Baudry, 1857, in-f° rel.*

4103. — BRUCKE (E.) — Principes scientifiques des beaux-arts ; essais et fragments de théorie par E. Brucke, professeur à l'Université de Vienne, suivis de l'optique et la peinture, par H. Helmholtz, professeur à l'Université de Berlin, avec 39 fig. dans le texte, 2e édit. — Paris, *Germer Baillière et Cie, in-8° cart.*

4104. — BLOUET (Abel), Architecte. — Expédition scientifique de Morée, ordonnée par le gouvernement français. — Paris, *Firmin Didot frères, 1836, in-f° en feuilles, 3 vol.* Manquent le 1er et le 2e vol., et les planches 7, 8, 22, 23, 25, 28, 31, 38, 40, et s'arrête à la planche 45. (Legs Le Dall).

4105. — BELLOC (Alexis). — La télégraphie historique depuis les temps les plus reculés jusqu'à nos jours, avec 70 gravures. — Paris, *Didot et Cie, 1889, in-8° br.*

4106. — BOSIO (Le citoyen). — Traité élémentaire des règles du dessin. — Paris, *Tiger, an IX, in-8° br.* (Don du Dr Cerf).

4107. — PLANCHE (Gustave). — Portraits d'artistes, peintres et sculpteurs, par Gustave Planche. — Paris, *Michel Lévy*, *1853*, *2 vol. in-8°*.

4108. — DIDOT (Ambroise-Firmin). — Etude sur Jean Cousin, suivie de notices sur Jean Leclerc et Pierre Woeiriot. — Paris, *A. F. Didot*, *1872*, *gᵈ in-8° br.*

4109. — CICÉRI (Eugène). — Porte feuille d'Italie. — Paris, *Lemercier*, *F. de Mercey del. Eug. Cicéri, lith., in-f°, 2 vol. rel. de pl. sans texte.*

4110. — PARAGUAY. — Atlas contenant les fragments d'une carte hydrographique suivie de dessins représentant des monuments et des costumes des habitants du Paraguay. — *Sans lieu ni date, in-f° rel.*

4111. — KALKBRENNER (C.) — Histoire de la musique. — Paris, *Kœnig, 1802, 2 vol. in-8°*. (Don du Dʳ Corre).

SCIENCES ET ARTS

INTRODUCTION ET DICTIONNAIRES

TABLE

DES DIVISIONS ET SUBDIVISIONS

———

Introduction et Dictionnaires

TABLE ALPHABÉTIQUE

DES AUTEURS ET DES OUVRAGES ANONYMES

—⋗⋇⋖—

Nota. — *Les chiffres renvoient aux numéros d'ordre du Catalogue*

A

ABAFOUR (A.) — Du trait. chirurg. de la pierre, 2459.

ABBADIE (J.) — L'art de se connaître, etc., 238.

Abeille médicale, années 1844-45-46-47-48-49-50-51-52-53-54 et 55, 2084.

ABEILLE. — Guérison des épanch. purul., 1889.

ABEILLE (F. P.) — Corps d'observ. de la Société d'agricul. aux Etats de Bretagne, 1406.

Abolition de l'esclavage dans les colonies angl., 846.

ABONNEL. — Quelques observ. sur l'analyse chimique d'un vin, etc., 2074.

ABOT DE BAZINGHEN. — Traité des monnaies, etc., 722.

ABOUT (Ed.) — La question romaine, 439. — La nouvelle carte d'Europe, 440. — Le Progrès, 476. — L'assurance, 663. — Voyage à travers l'exposition des Beaux-Arts, 3433.

Abrégé pharmac., etc., 2686.

Académie de chirurgie. — Mémoires, 2627, 2628. — Académie universelle des jeux, 3800, 3801, 3802.

ACLOCQUE. — Origine et comp. du globe terrestre, 1157.

ADDISON et RICHARD. — Le Free-Holder, etc., 470.

ÆGINETA (P.) — Pauli Æginetæ opus, etc., 1514.

Agriculture française, 1407.

AGRIPPA (H. C.) — La philosophie occulte, 3358.

AGUESSEAU (Mme d'). — Avis d'une mère, etc., 358.

AIGNANT (Dr). — Maladies, trad. du latin, etc., 4008.

ALARD (M. J. L. F. A.) — Histoire d'une maladie particulière, 1858.

ALBERG (C. d'). — Periclès. De l'inf. des Beaux-Arts, etc., 3392.

ALBOIZE et MAQUET. — Les prisons de l'Europe, 577, 578.

Album paléogr., etc., 3389. — Album religieux, 3471.

ALEMBERT (d'). — Traité de dynam., 2827, 2828. — Résistance des fluides, 2849, 2850. — Elém. de musique, etc., 3629, 3630.

ALEXANDRE (D. J.) — Traité général des horloges, 2934.

ALEXANDRE (Dom N.) — Dictionnaire botanique et pharmac., 2656, 2657.

ALFIERI (V.) — Opere varie, etc., 3857.

ALGÉRIE (l') à l'exposition universelle de Londres de 1862, 5725.

ALIBERT (J. L.) — Traité des fièvres pernicieuses, 1721. — Nouveaux élém. de thérap., 1958.

ALLAIN (L.) — Essai sur le varicocèle, 2473.

ALLANIC (A. G.) — Consid. hygiéniq. et méd. sur les transp. des immig. indiens, 2127.

ALLENT (R.) — Les animaux industrieux, 1304.

ALLÉAN-DULAC (J. L.) — Mélang. d'hist. nat., 1380.

ALLETZ (P. A.) — L'agronome, etc.. 1389. — L'Albert moderne, 2681.

Almanach des prisons, 579.

ALPINUS (P.) — De præsagiendâ vita et morte, 4003.

ALQ (Mlle L. d') — Le maître et la maîtr. de la maison, 3781.

ARISTOTE. — Lettre à Alexandre, sur le système du monde, etc., 24. — Antonius Ruvius Rhodensis, etc., 116.— De moribus ad Nicomachum, 179, 180. — Politique, trad. en français, 415. — Hist. des animaux, 1300. —'Liber de mirabilibus auscult., etc., 3970.

ARMAGNAC (M.) — Bourses de l'enseignement primaire, 3871.

ARMAND (J.) — De l'extension continue, etc., 2601.

Armée (l') française en 1867, 3155.

ARMONVILLE (J. R.) — La clef de l'industrie, etc., 3710.

ARNAUDET (L.) — De la transfusion du sang, 2646.

ARNAULT (J. C.) — Le guide du calculateur de nuit, 3041.

ARNAULT DE NOBLEVILLE (L. D.) — Le manuel des dames de charité, 2680.

ARNOULD (A.), ALBOISE DU PUJOL et A. MAQUET. — Histoire de la Bastille, 596.

Arrêté sur la culture de la pomme de terre, etc., 1435.

ARRIEN. — Ars tactica, etc., 3105.

Arsenal de chirurgie de Brest. — Manuscrit, 2651.

Art (l'). — Revue hebdomadaire, 3438. — Courrier de, 3439.

Art en France (Hist. de l'), 3409.

ARTIGUES (Dr). — Du traitement sulf. par les eaux d'Amélie-les-Bains, 1981.

Artiste (l'). — Beaux-Arts, etc., 3810.

Association bretonne. — Section de l'agriculture, 1409.

ASTRUC (J.) — Traité des maladies vénériennes, 1839.

ATKINSON (J.) — Epit. of the art of navig., 3013.

Atlas d'épures de descriptive, 4083.

AUBERT (M. R.) — Les conférences pédagogiques, etc., 3885.

AUBERT LACHESNAYE DES BOIS (F. A.) — Lettres à Mme la comtesse D***, 140. — Dict. milit. portat.., 3115, 3116.

AUBIN. — Dictionnaire de la marine, 2964, 2965.

AUBRIET (Ant.) — De la rupture des glaces au pôle arctique, 1170.

AUBRY (P.) — Des dilatations des gangl. lymphat., 2287.

AUBUISSON DE VOISINS (J. F. d'). — Traité de géognosie, 1151.

AUCHE (G.) — De la glande pituitaire, etc., 2281.

AUDEBERT (J. B.) — Hist. nat. des singes, des makis, etc., 1311.

AUDIBERT-RAMATUELLE. — Cours élém. de tactique, 3027.

AUDIFFRET (Mis G. d'). — La crise finan., etc., 689. — Système fin., 690. — Aperçu des progrès du crédit, etc., 691.

AUDIGER. — La maison réglée, 3764.

AUDIN-ROUVIÈRE. — La médecine sans médecin, 1633.

AUDOUARD (P.) — Mesure de la dist. du but, etc., 3209.

AUDOUIN (X.) — Du commerce maritime, 761.

AUDRY. — De la génér. des vers dans le corps de l'homme, 1908.

AUFFRAY (Ch. L. M.) — Consid. physiol. sur les stades de la fièvre intermitente simple, 1732.

AUFFRET (C.) — Contrib. à l'étude de la conjonctivite gran., 2374. — Une famille d'artistes brestois, 3530, 3530 bis.

AUGROS (H.) — De la gangrène du poumon, etc., 4039.

AULNOY (C. d'). — Croisade au XIXe siècle, 284.

AUTHENAC (S. P.) — Manuel médico-chir., 2156.

AUTHVILLE DES AMOURETTES (d'). — Essai sur la caval., 3162.

AUVRAY (L.) — Le salon de 1867 et les Beaux-Arts, 3416. — Le salon de 1869, 3417. — Dictionnaire général des artistes de l'école française, 3423.

Avis aux femmes enceintes, etc., 2515.

AZAÏS (H.) — Du sort de l'homme, etc., 321.

B

BABRON (J. B. E.) — Préc. des prat. de l'art naval, 3008.

BACON. — Sermones fideles, etc., 285. — The essays or counsels, etc., 286.

BAGEHOT (W.) — Lois scientifiques, etc., 541.

BAILLET. — Traité de l'inspect. des viandes, 2709.

BAILLEUL (J. C.) — Observ. sur les fin., etc., 673.

BAILLI (M.) — Traité d'anatomie, etc., 1558.

BAILLON (G.) — Guillelmi Balloni opera omnia in quatuor tomos divisa, etc., 4010.

BAILLOT (P. M. F. de Sales). — Obs. rel. au concours de violon, etc., 3660.

BAZIL (F. P.) — Quest. sur div. branches des sciences médicales, 2091.

BÉAL (A.) — Etude crit. sur la fièvre traum., etc., 2236.

BEALE (L. S.) — De l'urine, etc., 2457.

BEAU (L.) — Du trait. des plaies en général, etc., 2249.

BEAUCHAMP (A. de). — Hist. de la camp. de 1814 et de 1815, 3285.

BEAUFILS (E.) — Notes sur l'aphasie, 1896.

BEAUJOUR (le Bon F. de). — Tableau du comm. de la Grèce, etc., 770, 771.

BEAULIEU. — Les glorieuses conq. de Louis XIV, 3227.

BUAUMANOIR (J. M.) — Ventil. des transp., 1656.

BEAUMANOIR. — Mensur. des aires du crâne et de la face, etc., 2643, 2644.

BEAUMONT (A. de) et A. DE TOCQUEVILLE. — Du système pénit., 572.

BEAUNIS (H. E.) — Anat. générale, etc., 1570.

BEAURAIN (Chier de). — Hist. de la camp. de M. le prince de Condé, etc., 3236. — Hist. mil. du duc de Luxemb. et mém. pour servir à l'hist. du duc de Luxemb., 3237.

BEAUREGARD (le Chier F. de). — Vues prophyl. et curat. sur la fièv. jaune, 1760.

BEAUSSIER (H.) — Et. sur quelques opér. de thoracentèse, 1888.

BEAUTEMPS-BEAUPRÉ. — Exposé des trav. relatifs, 4092.

BEAUVAIS (L. de). — Traité des principes théor. qui régissent la musique, 3658.

BÉCLARD (J.) — Traité d'anat. 1565, 1569.

BÉCHARD (L.) — Quelques mots à propos de l'orthopédie, 2586.

BEER (J. C.) — Moyens de cons. sa vue, etc., 1670, 1671.

BÉGIN (L. J.) — Nouveaux élém. de chir., etc., 2157.

BÉGUERIE (J. M.) — Hist. de la fièvre, etc., 1725.

BÉHAGUE (M. de). — Mémoire, etc., 822.

BELAIR (J. de). — Elém. de fortif., 3178, 3179.

BÉLANGER (J.) — Cours de méc., 2831. — Cours d'hydraul., 2857.

Belgique. — Documents sur le comm. ext., 792.

BÉLIDOR (B. F. de). — Nouveaux cours de mathém., 2713. — Architect. hydraul., 2854. — La science des ingénieurs, 3170. — Le bombardier français, 3217.

BELL (J. H.) — Des bases du pronostic, 1712.

BELLAIRE (J. P.) — Précis des opér. milit. de la division franç., etc., 3267.

BELLEGARDE (l'abbé de). — Les règles de la vie civile, 349.

BELLERIVE (Chier de). — Hist. des camp. de Mgr le duc de Vendôme, 3233.

BELLET (Louis). — Le guide de l'emprunteur, 700.

BELLINI (V.) — La somnambule, 3680.

BELLOC (J. E.) — Cours de méd. légale, 2047, 2048.

BELLOC (A.) — La télégr. histor., etc., 4105.

BELLOM (P.) — Consid. sur la pathol. du tœnia, etc., 1930.

BELU (C.) — Des colon. et de la traite des nègres, 817.

BÉNARD. — Cabinet de M. Paignon Dijonval, 3492.

BÉNARD (Ch.) — Précis d'un cours élém. de philos., 89.

BENJAMIN-CONSTANT. — De l'esprit de conquête, etc., 507.

BENNET (J. H.) — De la nutrit. dans la santé, etc., 1625.

BEPMALE. — Cours de comptab., 756.

BÉRARD, GRIVEL, etc. — Examen de quelques quest. rel. à l'établ. de paq. à vap. entre la France et l'Amérique, 793.

BÉRANGER (G.) — Du chlorhydrate de pilocarpine, etc., 2402.

BÉRENGER-FÉRAUD et PORTE. — Etude sur l'empoison. par le perchl. de fer, 2075.

BÉRARD, jeune. — Mém. sur l'emploi de l'eau froide comme antiphlog., etc., 2251.

BÉRARD (P.) — Cours de physiol., etc., 1604.

BÉRAUD (R. J.) — Malad. de la prost., 2507.

BÉRAUD (J. M.) — Manuel de physiol., etc., 1603,

BERBIGUIER (T.) — Méthode pour la flûte, 3671.

BERGER (Ch. V.) — Consid. hygién. sur le bataillon de tirailleurs sénég., etc,, 2118.

BERGERY (C. L.) — Astron. élém., 2890.

BERGOT (R. — Du scorbut, 1939.

BERLIOZ (H.) — Les soirées de l'orchestre, 3652.

BERNARD (l'œuvre de Claude), 1618. — Cours de physiol., 4063. — La science expérim., 4064.

BERNARD (H.) — Quelques consid. prat. sur l'inf. palustre, etc., 1733.

BERNARD (P.) — La cautér. combinée avec l'ablat., etc., 2362.

BERNARD. — Mém. pour servir à l'hist. nat. de Provence, 1144.

BERNARDIÈRES (de). — Mém. adressé au bureau des longit., etc., 970.

BLONDEL (J. F.) et PATE. — Cours d'architecture, 3548.

BLOUET (A.) — Expédition scient. de Morée, 3560, 4104.

BLUMENTHAL (H.) — Etude sur les hémothorax, etc., 1881.

BOCAGE (B. du). — Essai sur la polit. colon., 863.

BODIN (J.) — Les six livres de la République, 419. — Abrégé de la Répub., 420. — De la démonom., 3362, 3363.

BOECE (A. M. T. S.) — Consolé par la philos., 200. — La consol. philos., 201.

BOERHAAVE (Herm.) — Instit. de médec., 1517. — Prœlectiones acad., etc., 1518. — Aphor. de chir., 2140. — Elém. de chimie, 1001. — Traité des mal. des enf., 2581.

BOGAS (G.) — De la choroïde stroph., 2432.

BOHÉAS (P.) — Topog. méd. de l'île d'Ouessant, 2114.

BOIELDIEU (A.) — La Dame blanche, 3681.

BOIGNE (Ch. de). — Petits mém. de l'opéra, 3653.

BOILEAU et AUDIBERT RAMATUELLE. — Barême général, 730.

BOINVILLIERS (E.) — Etudes politiq., etc., 554. — Des transp. à prix réd. sur les chem. de fer, 2846.

BOIS (du). — Pratiq. du jardinage, etc., 1403.

BOISGENETTE (de). — Consid. sur la marine française, 2977.

BOISMELÉ (de). — Hist. gén. de la marine, 2949.

BOISSEAU (F. G.) — Pyrétol. physiol., 4025.

BOISSIER DE SAUVAGES. — Nosologie méthodique, 4014.

BOISSIÈRE (Samuel), 3480. — Boistel d'Exauville. — Lettres de Rocheville, 3948.

BOITARD. — Guide manuel de la bonne compagnie, 351. — Le jardin des plantes, 1312.

BOITEAU. — Régime des chemins de fer, 3339.

BOITEAU (P.) — De l'enseig. popul. de la musique, 3655.

BOIVEAU-LAFFECTEUR. — Malad. vénér., 1844.

BOIVIN (Mme veuve). — Mém. de l'art des accouch., etc., 2524.

BOMMART. — Rap. sur les travaux publics représ. à l'exp. univ. de Londres, 3330.

Bonheur (Essai sur le), 170.

BONNAFOX DE MALET. — Traité sur la nat. et le trait. de la phthisie, 1871.

BONNAFY (G.) — Consid. sur l'hémeral., 2442.

BONNEFOUX (P. M. J. de). — Séances naut., 3010.

BONNEFOUX (le Bon) et PARIS (E.) — Diction. de marine à voiles et de marine à vapeur, 2972.

BONNESŒUR (J.) — Quelques mots sur le périoste, etc., 2179.

BONNET (J. E.) — Essai sur l'art de rendre les Rév. utiles, 461.

BONNET (C.) — Rech. sur l'usage des feuilles, etc., 1221. — Contemp. de la nat., 1136.

BONNISSENT. — De la man. dont la peste se communique, etc., 1735.

BONNYCASTLE (J.) — An introduction to algebra, etc., 2748.

Bon ton (le), 3843.

BORDA (Ch.) — Tables trigonom. décim., 2807.

BORDEU (T. de). — Traité de méd., 1525. — Rech. anatom. sur la posit. des glandes, etc., 1550. — Rech. sur le pouls, 1710.

BORDIER (H.) — Descrip. des peintures, etc., de la bibl. nat., 3426.

BOREL (l'abbé). — Manuel des sociétés de sec. mut., 656.

BORIUS (A.) — Rech. sur le climat des étab. franç. (golfe de Guinée), 2119.

BORNE-VOLBER (A. J.) — Aphor. de méd., etc., 1616. — Maximes, 3850.

BORY (de). — Mém. sur l'admin. de la marine, etc., 3061.

BOSC (L. A. C.) — Hist. nat. des coquilles, 1351.

BOSIO (le Cn). — Traité élém. des règles du dessin, 4106.

BOSSE (A.) — De la man. de graver, etc., 3524.

BOSSUET. — Œuvres philos., 70.

BOSSUT (C.) — Essai sur l'hist. gén. des math., 2710. — Cours de math., 2718. — Traité élém. de géom., 2770. — Traité d'hyd., 2847. — Traité de mécan., 2829.

BOUCHARD-HUZARD (E. L.) — Traité des const. rurales, 3579.

BOUCHARDAT (A.) — Physique élém., etc., 913. — Annuaire de thérap., etc., 1962.

BOUCHOT (H.) — Biblioth. de l'enseig. des Beaux-Arts, 3432. — Les portr. au crayon, etc., 3458.

BOUDIER DE VILLEMERT (P. J.) — L'ami des femmes, 373.

BOUDIN (J. Ch. M.) — Essai de géog. méd., 2109.

BOUDOT. — Des résect. des apoph., etc., 2180.

BOUGEANT (le P. G. H.) et le P. GROZELIER. — Obs. cur. sur toutes les parties de la phys., 977.

Breton (F.) — Organisat. de l'assist. publ., 600.

Breune (Dr). — Quelques mots sur le trait. de la folie, 1898.

Brewer (le Dr). — La clef de la science, etc., 1067.

Briancourt (M.) — L'organis. du travail, etc., 648.

Briére (L.) — Etude clin. et anatom. sur le sarcôme de la chor., 2447.

Brieux (Cte du). — Rêveries philos., 174. — La recherche du vrai, 3926. — Nobl. et républ., 3927. — La brut. du nomb., 3928.

Brigandat. — Theses medicæ de erysipel., 1713.

Brillat-Savarin. — Physiol. du goût, 3774, 3776, 3778.

Brillon (P. J.) — Le Théophraste mod., 239.

Brion (J. B.) — Relat. médicale. Camp. de l'Iphigénie, 1864-1865, 2129.

Briot et Bouquet. — Leçons nouv. de géom. anal., 2803.

Brisson (M. J.) — Dict. raisonné de phys., 885. — Principes élém. de l'hist. nat. et chim. des subst. min., 1183. — Ornith., 1328. — Nouv. découv aérost., 3954.

Broca (P.) — Revue d'anthropol., 1323.

Brochant (A. J. M.) — Traité élém. de minér., 1184.

Brochures politiques, 3931.

Brongniart (A. L.) — Tableau analyt. des combin., etc., 1045. — Traité élém. de minér., 1185.

Brossard (S.) — Dict. de mus., 3623.

Brousmiche (fils). — Le sol de la Nouvelle-Calédonie, 1174 bis.

Broussais (F. J. V.) — Syst. de nosologie, 1701. — Rech. sur la fièvre hectique, 1720. — Le choléra morb. épidém., etc., 1783, 1784. — Rapport et inst pratique sur le choléra, etc., 1783. — Hist. des phlegmasies, 4026.

Brouzet. — Essai sur l'éduc. méd. des enfants, 2579.

Erucke (E.) — Principes scientifiq. des Beaux-Arts, 4103.

Bruel (G.) — De l'éther amyl-valérianique, 2013.

Brueyre (N. L.) — De l'éducat. des enfants assistés, 3906.

Brugnatelli (L. V.) — Pharmacopée gén., 2668.

Bruguières. — Hist. nat. des vers, 1349.

Bruguières et de Lamarck. — Encycl. méth., 1357.

Brun. — Traité sur le sucre, 1381.

Brun (V.) — De la taille recto-vés., 2460.

Brune (E.) — Cours de construct., etc., 2868.

Bruneau (H.) — Du trait. des fist. recto-vulv., 2577.

Brunel (M.) — Assoc. amicales, etc., 3903.

Bruno (de). — Rech. sur la direction du fluide magnét., 965.

Bruslé. — Obs. sur le mém. : Principes de réclam., etc., 3069.

Bryas (Ch. de). — Art de dessécher, 1492.

Buchan (W.) — Le conserv. de la santé des mères, etc, 2604.

Buchner (J. A. E.) — Carolinæ naturæ curios. hist., etc., 4006.

Buchon (J. A. C.) — Œuvres de M. Montaigne, 273.

Buchotte. — Les règles du dessin, etc., 3449, 3450.

Buchoz (P. J.) — Hist. nat. des végét., 1208. — Hist. univers. du rég. végétal, 1209. — Choix des meilleurs médic., 2682. — Manuel alim. des plantes, etc., 1393. — Dict. vétérin. et des animaux domest., 2703.

Bucquet (P.) — Enquête sur les bur. de bienfaisance, 602, 3953.

Budget mis à la portée de tout le monde, 685.

Buenos-Ayres (expéd. de), 3089.

Buffon (Nouveau) de la jeunesse, 1105. — Buffon. — Hist. nat., etc., 1124, 1126, 1128. — Œuvres, 1125, 1127, 1129, 1131. — Hist. nat. des oiseaux, 1329.

Buffon et Lacépède. — Les époques de la nature, 1130.

Bugier (G.) — Etude sur l'ophthalmie gran., 2351.

Buguet (H.) — Le guide des maîtres, etc., 345.

Buisson (F.) — Diction. de péd., 410.

Bullet (F.) — Archit., 3555.

Bulletin de la Société des crèches, 606. — De la Soc. d'agric. de l'arron. de Brest, 1426. — De la Soc. d'anat. de Bordeaux, 1619. — De pharmacie, 2675. — Commercial, etc., 3820. — Archéologique, 3887. — De la Soc. d'agric. du Cher, 3989.

Bulliard (P.) — Dict. élém. de botan., 1210, 1211. — Œuvres, 1257. — Hist. des plantes vénén., 1258.

Burckhardt (J.) — Le cicerone etc., 3427.

Burgues de Missiessy (Cte de). — Tactique et signaux de jour, etc., 3028.

Burnouf (E.) — Les chants de l'église latine, 3679.

C

COCTEAU (T. C.) — Rech. sur les altér. des art., etc., 2260.

CODEX. — Medicam., etc., 2689.

COINGT (M.) — Contrib. à l'étude des sympt. ocul., etc., 2427.

COL DE VILARS (E.) — Dict. fr.-lat. des termes de médec., 1486.

COLEBROOKE (H. T.) — Essais sur la phil. des Indous, etc., 20.

COLIN (Ch.) — De la taille stom., 2648.

COLIN (L.) — Traité des malad. épid., 1922.

COLINS. — De la justice, etc., 528.

COLLE (Dr F. U.) — Des complic. ocul. dans l'érys., 1912.

Collection des moralistes anciens, 175. — De notes sur les musées, etc., 3489. — De dessins, etc., 3456.

COLLIGNON (E.) — Etude sur l'agric. angl., 1443. — Ponts métal., 3328.

COLLIN (N.) — Quelques mots sur un nouv. mode de trait. de la lux. de la cuisse, 2213.

COLLONGUES (Dr). — Le bioscope, etc., 4051.

COLOMBAT. — Traité médico-chirurgical, etc., 1879.

COLOMBIER (J.) — Code de méd. mil., 1700.

Colonie agricole de Saint-Raphaël, 1858, 1417.

Colonies (le défenseur des), 868.

COLPEVOLE (Il grande) e l'onesto censore, 297.

COLSON (N.) — The mariner's new Calendar, 2928.

COMBALOT (l'abbé). — Elém. de philos. cath., 102.

COMBES-DOUNOUS (J. J.) — Essai hist. sur Platon, etc., 32.

COMBLES (de). — Ecole du jard. potag., 1471.

COMET (le Dr C. J. B.) — Méth. cur. des doul. rhum., 1805.

COMETTANT (O.) — La musique, etc., 3612.

COMME (A.) — Quelques consid. sur l'héméral. épidém., etc., 2440.

Commission d'enquête, etc., 643.

Compte des rec. et des dép. faites par la caisse cent. du Trésor imp. (1809), 720. — Général de l'administ. des finances, etc., 3940.

Comptes, faits, ou tarif génér. des monnaies, 727.

Compte-rendu de l'assemblée gén., etc., 597.

CONAN (M.) — Propos. sur les épanch. dans la poitrine, 1883.

Concours général d'agric. de 1860, 1405.

Concours médical, 3817.

CONDILLAC (l'abbé E. B. de). — Log., 114. — Traité des syst., etc., 150. — Le commerce et le gouv. l'un à l'autre, 758, 759.

CONDORCET. — Esquisse d'un tableau, etc., 153, 154. — Rapport et projet de décret, 381. — Essai sur l'applic. de l'anal., 2818.

Confiturier (le) royal, 3767.

CONFUCIUS. — Sa morale, 296.

Congrès périod. intern. des sciences méd., 4066.

Connaissance des temps pour 1883, 2917.

CONSIDÉRANT (V.) — Théorie de l'éduc. nouv., 375.

CONSTANT-REBECQUE (Benjamin de). — De l'esprit de conquête et de l'usurp., 507.

Constit. fédér. de la confédér. Suisse, etc., 449.

CONTI (A. de B. Prince de). — Devoirs des grands, 343.

COOLS (le Bon de). — Quelques obs. d'un dél. des colon., etc., 814.

COPE (H.) — Demonstratio medico-prat. prognost., 1529.

COPPONS (de). — Examen, etc., 678.

COQUEREL (Ch.) — Cariteas, 314.

COQUERET (H.) — Du larmoiement, 2361.

CORBIGNY (B. de). — Bat.-torpil., 3044.

CORDEMOY (de). — Art de bâtir, 4101.

CORDES (C.) — Génér. Belleville, 2841.

CORDIER (J.) — Mém. sur l'agric. de la Flandre franç., 1442.

CORLAY (A.) — Du toucher vaginal, etc., 2529.

CORMAC (W. M.) — Internat. med. congress, 4069. — Catal. of tempor. mus., 4070.

CORMONTAIGNE (de). — Mémor. pour l'attaque des places, 3193, 3194, 3196. — Pour la déf. des plac., 3195, 3196. — Pour la fortific. perman., 3196.

CORNE (H.) — Du courage civil, 382. — De l'éduc. publ., etc., 387.

CORNET (M. A.) — L'enseig. du chant, 3898.

CORNUS (Ph.) — Dissert. sur la colique nerv., 1822.

CORNWALL (H. B.) — Manuel d'analyse, etc., 3962.

CORRE (le Dr A.) — Consid. génér. sur l'étiol. de l'état typh. et des maladies typh., 4048. — Phénom. de putréf. chez les noyés, 4082. — Crime et suic., 331. — De l'hémoglobin. parox., etc., 1776. — Notes méd. recueil. à la Vera-Cruz, 1832. — De l'acclim. dans la race noire afric., 2120. — La prat. de la chirur. d'urg., 2637.

D

DESTIVAL (E.) — Essai sur la périost. rhumat., 2191.

DESTREM (A.) — Des résect. part. du calcan., 2185.

DESTUTT TRACY (le C^en). — Projet d'élém. d'idéologie, 87.

DEVAUX (J.) — L'art de faire des rapp. en chir., etc., 2045.

DEVERRE (P. A.) — Essai sur la fièvre jaune, etc., 1757.

DEYS (G.) — Diss. sur le choléra, 1777.

DEZALLIER d'ARGENVILLE (J. A) — Enumérat. fossil., 1381. — La théor. et la prat. du jardin., 1468. — Abrégé de la vie des peint., etc., 3468.

DIANOUX (E.) — Du scotôme scintil., etc., 2443.

DIBOS (A.) — De l'infect. purul., 2234.

Dictionnaire encyclop. et biograph. de l'indust. et des arts indust. *Voir Lami.*

D° des merv. de la nat., 7.

D° de pédagogie, 410.

D° univ. des sciences mor., etc., 413.

D° portatif de comm., 738.

D° univ. de comm., banque, 739.

D° du comm. et des march., 740.

D° univ. port. du comm., 741.

D° univ. de la géogr. commerc., 742.

D° univ. théor. et prat. de comm. et de navig., 744.

D° univ. d'hist. natur., 1103.

D° (nouveau) d'hist. natur., 1104.

D° des sciences méd., 1489.

D° de médecine, 1490, 1491, 1492, 1493.

D° raison. d'anat. et de phys., 1536.

D° de la conserv. de l'homme, 1622.

D° portatif de santé, 1623.

D° de la beauté, 1682.

D° du diagnostic, 1709.

D° de thérapeut., etc., 1965.

D° de chirurgie, 2139.

D° pharmaceutique, 2653.

D° univ. des drogues simp., 2654, 2655.

D° botan. et pharm., 2656, 2657.

D° vétér. et des anim. domest., 2703.

D° rais. d'hippiat., 2707.

D° de la marine, 2964, 2965, 2966, 2970.

D° de la marine franç., 2968.

D° des termes de marine, 2969.

D° de marine à voiles, 2972.

D° de marine à vapeur, 2972.

D° milit. portatif, 3115, 3116.

D° portatif, 3117.

D° mytho-hermét., etc., 3372.

D° portat. des Beaux-Arts, 3393.

D° des arts de peint., 3395.

D° Véron ou mémor. de l'art., 3421, 3422.

D° gén. des artist. de l'écol. franç., 3423.

D° de l'ameublement, 3430.

D° Abrégé de peint., 3546.

D° raison. de l'archit., 3568.

D° raison. du mobilier, 3569.

D° gén. des term. d'archit., 3592.

D° de musique, 3623, 3624.

D° de plain-chant, 3625.

D° lyrique, 3650.

D° rais. et univ. des arts-et-métiers, 3707.

D° des ménagères, 3771, 3772.

D° de chasse, etc., 3788.

D° de chimie et de phys., 3955.

D° de phrénologie, 4029.

DIDIER (P.) — Du trait. du rhum. art., 2030.

DIDIOT (P.) — Des amput. part., etc., 2170.

DIDIOU (J.) — Cours élém. de balist., 3224.

DIDOT (A. F.) — Etude sur Jean Cousin, 4108.

DIDRON — Iconog. chrét., 3441.

DIEMERBROECK (I. de). — Anatome corpor. hum., etc., 1537, 1538. — Trad., 1539.

DILLY (A.) — Traité de l'âme, etc., 137.

Dimanche (le) et la Société, etc., 619.

Dimension de la mât., 2991.

DION (A.) — Etude sur quelques points de l'érys., 1914.

DIONIS. — Cours d'opér. de chir., etc., 2152, 2153. — L'anat. de l'homme, etc., 1548. — Traité génér. des accouch., 2513.

DIONIS DU SÉJOUR (A. P.) — Essai sur les comètes en gén., etc., 2910, 2911.

Discours d'introd. à l'hist. génér., 2953. — Disc. d'ouvert. (école du Louvre), 3425.

Discus. du budget de la marine, pour 1844, 697.

DISDIER (F. M.) — Hist. exacte des os, etc., 1549.

DISLÈRE (P.) — La guerre d'esc., etc., 3092.

Dissert. medic. select. in Monspel., etc., 2081.

Doctrimaire (le). — Recueil philos., 604.

Documents publiés par l'assoc. du libre échange, 704. — Doc. offic. concern. la donat. faite à la ville de Nantes, 3410.

DODEUIL (T.) — Rech. sur l'altér. sén. de la pros., 2508.

DOLOMIEU (de). — Mém. sur les îles Ponces, 1165.

DUFAY (l'abbé). — Manière de fortif., 3175, 3176.

DUFIEU (J. F.) — Dict. rais. d'anat., etc., 1536.

DUFOUR (A. H.) — Hist. de la guerre d'Orient, 3298.

DUFOURMENTEL (Ch.) — Marine milit., 4097.

DUFRÉNOY. — Cours de minér., etc., 1187, 1188.

DUGALD-STEWART. — Essais philos., 92.

DUGUÉ. — Eaux de Paris, 3323.

DUHAMEL. — Cours de méc., 2823.

DUHAMEL du MONCEAU (H. L.) — La phys. des arbres, 1220. — Traité des arbres fruit., 1237. — Elém. d'agric., 1390. — Des semis et plant. des arbres, 1429. — Traité de la conserv. des grains, 1434. — De l'exploit. des bois, 1457. — Du transp. des bois, 1454. — Art de la corderie. 2988, 2989. — Traité gén. des pêches, 3795.

DUHESME (Cte). — Essai sur l'infant. lég., 3281.

DUJARDIN-BEAUMETZ. — Dict. de thérap., 1965.

DUJARDIN et PEYRILHE. — Hist. de la chir., 2136.

DULAURIER. — Nouv. œuvres polit., 454.

DUMANOIR (A.) — Essai sur la colite aigue, etc., 1820.

DUMAS (C. L.) — Princip. de physiol., 1580.

DUMAS (Lt Gal M.) — Campagne de 1799 à 1814, 3268.

DUMAS (M.) — Leçons sur la philos. chim., 936. — Traité élém. de chimie, 1012.

DUMAY (V.) — Notice hist. sur l'établ. des font. publ., 2856.

DUMÉRIL (A. M. C.) — Traité élém. d'hist. nat., 1097. — Elém. des sciences nat., 1107.

DUMOULIN. — Campagne de M. le mar. de Marsin, etc., 3238. — Camp. de M. le mar. de Noailles, etc., 3243. — Camp. de M. le mar. de Coigny, etc., 3244.

DUNAND (Ch.) — De l'hémor. utér., etc., 2541.

DUPAIN (l'aîné). — La science des ombres, 3452.

DUPAIN. — Les amus. milit., 3124.

DU PARC (L.) — De la vis et autres propuls., 2832.

DUPASQUIER (L.) — Monogr. de N.-D. de Brou, 3609.

DUPASQUIER (A.) — Traité élém. de chim., 1024.

DU PÉAN. — Rech. philos., 173.

DUPIN (le Bon Ch.) — Le petit prod. franç., 513. — Voyage dans la Grande-Bret., 766. — Essais sur l'organ. progr. de la marin., 3070. — Rapp. du jury. Exp. de 1834, 3715.

DU PIN DE SAINT-ANDRÉ. — La rade de Toulon, etc., 3208.

DUPLESSIS (G.) — Histoire de la grav., 3539.

DUPONT (E.) — Essai sur un nouveau genre de tum. de la voûte du crâne, etc., 2280.

DUPONT de NEMOURS. — Philos. de l'Univ., 129.

DUPUIS (C. F.) — Dissert. sur le zod., 2876.

DUPUIT (J.) — Consid. et distrib. des eaux, 2859.

DUPUY (D.) — De l'interv. chir. dans les affect. canc., 2274.

DUPUY (M. P.) — Le géogr., etc., 3892.

DUPUY (l'abbé). — Hist. nat. des mollusq. terr., 1364.

DUQUESNAY (O.) — Du staphyl. opaque, 2451.

DUQUESNEL (H.) — De l'aconit cristal., 2009.

DURAND (Dr F. A.) — Notice sur les eaux de Vichy, 1974.

DURAND (P. C. L.) — Des altérations anat. patholog. palust., 1730.

DURAND (E.) — Guide de l'abonné du gaz, 993.

DURANTHON (J.) — Cont. à l'étude de la sclérochor. post., 2445.

DURANTI de LIRONCOURT (de). — Inst. élém. et rais. sur la const. des vaiss., 2982.

DURASSIER (H.) — L'année mar., 3093.

DUREAU de LA MALLE (A. J. C. A.) — Poliorcétique des anciens, 3104.

DURIEU (E.) et ROCHE. — Répert. de l'ad., etc., 567.

DURIEU et R. PROMAND (H.) — Etudes sur les colon. agric., 568.

DURIN (M. A.) — Anal. comm. des sucres, 1076.

DUSART (L.) — Rech. expér. sur l'action phys. et thérap. du phosph. de chaux, 1998.

DUSAULX (J.) — De la passion du jeu, 310.

DU TEMPLE (L.) — Cours de mach. à vap., 2838.

DUTENS (J.) — Moyens de national. l'instr., 381.

DUTHOYA (E.) — Etude sur la cheilopl., 2597.

DUTROCHET (H.) — Nouv. théor. de l'habit., etc., 2102. — Mém. sur une nouv. théor. de l'harm., 3636.

30

E

d'un écrit publié par le V.-A. Cte de Missiessy, 2979.

Examination (the) of a chirurgion, etc., 2626.

Expédition scientif. du *Travailleur*, etc., 3986.

Explic. des ouvrages de peint. exp. au palais des Champs-Elysées, 3419.

Exposé analyt., etc., 515.

Exposition des Beaux-Arts, 3499, 3510. —

D° de Berlin, en 1845, etc., 3717. — D° universelle de 1851, etc., 3719.— D° de 1855, etc., 3718, 3720, 3721, 3722, 3723.— D° de Londres de 1862, 3124, 3726. — D° de 1867 à Paris, 3729, 3730, 3731. — D° de 1878 à Paris, 3733, 3734, 3735, 3737. — D° de 1889 à Paris, 3739. — D° intern., des Beaux-Arts, etc., 3736.

Extinction de la mend., 608.

Extraits des rapp. des recteurs sur les écol. norm., 3874.

F

FABIEN. — Des colonies avant et après la Révol., 813.

FABRE (A.) — Lux. de l'avant-bras, 2210.

FABRE (P.) — Traité des malad. vénér., 1840.

FAILLE (J. S. C.) — De l'instit. d'une école du commiss., 3072.

FALCONET (E. M.) — Ses œuvres, 3440.

FALCONET DE LA BELLONIE. — Nouv. théor. de l'homme, 128.

FALCOT (P.) — Traité encycl. de la fabr. des tissus, 3750.

FARGUES (A.) — De la catar. adhér. à la caps., 2412.

FATOU (L.) — Consid. sur l'asthme, 1891.

FAUCHERAUD (L.) — Basse-Cochin., consid. sur l'hyg., 2122.

FAUCON (A.) — Des indic. d'amput., etc., 2177.

FAUJAS de SAINT-FOND (B.) — Descrip. des expér. de la machine Montgolfier, etc., 975.

FAURE (H.) — Notes, etc., 624.

FAURE (F.) — Les budg. contemp., 718. — Notice sur la transp., 860, 861, 862.

FAVARGER. — L'écriture apprise sans maître, 3378.

FAVET (Ch.) — Obs. sur l'emploi des immers. et des aff. froides, 2038.

FAVRE (A.) — De la dyschromatopsie dans ses rap. avec l'état milit. 2333. — Nouv. rech. sur la détermin. quantit. de la vision, 2334. — La dyschrom. dans ses rapports avec la méd. publ., 2335. — Des mesures sanit. et des moyens prévent. néces. par la dalton., 2336. — Trait. du dalton., 2337, 2338.

FÉBURIER. — Traité sur les abeilles, 1462. — Avis sur les instr. de chir., 2505.

FÉLIX (le R. P.) — Le progrès par le christ., 522.

FELLEMBERG (E.) — Vues relat. à l'agric. de la Suisse, 1448.

FÉNELON (F. de S. de la M.) — Abrégé de la vie des plus ill. philos. de l'antiq., 61. — De l'éduc. des filles, 369.

FENOUX (V.) — Note sur les trav. du viaduc de Morlaix, 3350.

FER de la NOUERRE (de). — La science des canaux navig., 3308.

FERGUSSON (A.) — Essai sur l'hist. de la Société civile, 425.

FERMAT. — Œuvres, 2733.

FERNAND (J.) — John Brow, etc., 854.

FERNAULT (E.) — Essai sur la conval., 2098.

FERNET (E.) — Cours de phys., 917.

FERREIN. — Malad. des yeux, 2305.

FERREIRA (F. P.) — De l'opér. de la catar., 2422.

FERRIER (F. L. A.) — Du gouvern. consid. dans ses rapports avec le com., 760.

FEUQUIÈRES (Mis de). — Mém. concern. ses max., etc., 3119, 3121.

FICHTE. — Destin. de l'homme, 132.

FIESSINGER (M.) — Elém. de phys., 915.

Fièvre jaune de la Nouv. Orléans, en 1839, 1768.

FIGUIER (L.) — Les merv. de l'indust., 637. — Exposit. et hist. des princip. déc., etc., 879. — Les merv. de la science, 880. — La terre avant le déluge, 1123.— La terre et les mers, 1135. — La vie et les mœurs des animaux, 1306. — L'homme prim., 1320. — Races hum., 1322. — Hist. du merv., 3357. — L'alch. et les alchim., 3376.

Filature. — Comm. et prix des laines en Anglet., 786.

FILHOL (H.) — Etud. sur les mammif., 1326.

FILHON. — Notice sur les trav. astron. exécutés à Alger, sur quelques diff. de niv. du Rhône etc., sur l'exp. de Pascal, etc., 2908.

Finances (M^re des). — Compte défin. Exerc. 1882, 717.

FINE (O.) — De mundi sphœrâ, etc., 2897.

FISCHER (E. G.) — Phys. méc., 895.

FLAMMARION (C.) — La pluralité des mondes, etc., 2902.

FRESNEL (A.) — Œuvres compl., 933.

FRÉZIER (A. F.) — Traité des feux d'art., 3741. — Coupe des pierres, etc., 3581, 3582.

FRICHOT (A. P.) — De la nécess. de refondre les sous, 726.

FRIMOT. — Mém. sur l'établ. d'une navig. à grand tirant d'eau, 872.

FRIOCOURT (F. G.) — Consid. génér. sur la pathog., etc., 2106.

FRISI (R. P.) — Traité des rivières, etc., 2851.

FROCHAT. — Sylviculture, 1433.

FROGÉ (L.) — Etude de pathog. sur quelques troub. de la grossesse, 2540.

FROMENT (D.) — Du comm. des Europ. avec les Indes, etc., 762.

FRONTIN. — Stratagèmes, 3107, 3114.

FVCHS (L.) — De hist. stir. commen. ins., 1249.

FULEMAN. — Traité sur les lettres de change, etc., 779.

FULLER (T.) — Pharmac. extemp. sive præscript., 2683.

FUMOUZE (V.) — Les spectres d'absorp. du sang, etc., 1612.

FURNARI (S.) — Traité prat. des malad. des yeux, 2309.

FYENS (Th.) — Opus accurat. omnibus medic., etc., 4001.

G

GABIOU, YVART, TEISSIER, etc. — Exportation des mérinos, 785.

GADAUD. — L'art. de la mar. en 1868, 3223.

GADAUD (A. E.) — Etude sur le nystagmus, 2323.

GAILHABAUD (J.) — L'archit. du Vᵉ au XVIIᵉ siècle, 3573.

Galeries hist. de Vers., 3475, 3476, 3477. — Dᵒ de Fontaineb., 3478.

GALEZOWSKI (X.) — Traité iconog. d'ophth etc., 2316.

GALICIER (T.) — Du typhus, 4047. — Vie de l'univers, etc., 989. — Théorie de l'unité vitale, 990, 4049.

GALIEN (C.) — Operum Galeni tom. prim. classem, etc., 1508. — Methodi med., etc., 1509. — Extra ordinem clas. libri, etc., 1509. — Ascripti libri, etc., 1509. — Œuvres anat., 1510.

GALL (T. J.) et SPURZHEIM (G.) — Des dispos. innées de l'âme, 135.

GALLERAND. — Kyste ovarien, 2570.

GALLET (E.) — De l'emploi des appareils platié, etc., 2203.

GALLIARD (M. L.) — Œuvres de l'orphel. de l'enseig. prim., 3904.

GAMOND (A. T. de). — Tunnel sous-marin entre l'Angl. et la France, 3351.

GANOT. — Traité élém. de phys., 909, 910. — Cours de phys. pur. expér., 912.

GARD (J.) — De la réfr. ocul. et de l'anisométr., 2441.

GARDANNE (C. P. L. de). — De la ménop., etc., 2552.

GARDETON (C.) — Dict. de la beauté, 1682.

GARDISZARD (H.) — Manuel du zingueur, 3749.

GARNAUD (M. A.) — Etude d'arch. chrét., 4102.

GARNIER (J.) — Elém. de l'écon. politiq., 517.

GARNIER (J. B.) — Gnomonique, etc., 2931.

GARNIER (Ch.) — Le théâtre, 3590.

GARNIER (J.) et HAREL (Ch.) — Des falsif., etc., 1672.

GARNOT (P.) — Essai sur le choléra, 1779.

GARRIGOU-DESARÈNE. — Surdité, 4080.

GARROD (A. B.) — La goutte, etc., 2028.

GARSAULT (F. A. de). — Le nouv. parf. maréch., etc., 2706.

GASC (J. P.) — Educ. ration., 366.

GASPARIN (le Cᵗᵉ de). — L'ennemi de la famille, 281. — La famille, ses devoirs, etc., 3849.

GASPARIN (Cᵗᵉˢˢᵉ A. de). — Les horizons célestes, 276. — Les horizons proch., 277. — Les tristesses hum., 280.

GASSENDI (P. J.) — Abrégé de sa philosophie, 67, 68, 69.

GASTÉ (J. de). — Sur l'établ. d'une const. rép., 446.

Gastronome (le) français, 3773.

GATTEY (F.) — Rapp. des anc. mesures, agr., etc., 2741.

GAUBIUS (J. D.) — L'art de dresser les form. de médecine, 1954. — Libellus de methodo concin., 4004.

GAUDICHAUD (Ch.) — Rech. génér. sur l'organ., 1223.

GAUDIN (C.) — Le Vichy chez soi, 1975.

GAUDRY (A.) — Les enchaînements du monde animal, 3981.

GAUDT (C. de). — Quelques mots sur le diagn. diff. des polyp. fibr., etc., 2284.

GAULDRÉE-BOILEAU (A.) — Admin. milit. dans l'antiq., 3144.

GAULETTE. — L'usage d'un nouveau planisphère, 2920.

GLEIZES (V.) — Mém., etc., 574.

GMELIN (P. F.) — Otia bot., 1250. — Flora Sybirica, 1292.

GOBLIN (D. J.) — Man. du dent., etc., 2609.

GODARD (E.) — Rech. tératol. sur l'app. sémin. de l'homme, 2471.

GODET (G.) — Hyg. au Japon, 1658.

GODIN. — Du respect des puis. étab., 487.

GOEPP (M. Ed.) — Les biblioth. scolair., 3883.

GOLFIER. — De la non-contag. de la fièv. jaune, 1764.

GONNET. — Observ. sur une lig. de l'art. carot., etc., 2230.

GONNET (L. M.) — Quelques réflex. sur l'hépatite aigue, 1826.

GONSE (L.) — L'art japon., 3429.

GOOD (R.) — De la rés. coxo-fém., etc., 2183.

GORANI (le Cte J.) — Rech. sur la science, etc., 458.

GORECKI (L. X.) — Indic. et empl. des verres en ophthalm., 2311.

GOSSELIN (P. F. J.) — Rech. sur le princ., etc., des diff. syst. mèt., 2925.

GOUBERT (E.) — De la percept. norm., etc., 2332.

GOUBET (le) dev. l'opin. publ., 3047.

GOUIN (F.) — Des agents méc. de la respir., 1606.

GOUJON (A.) — Bull. offic. de la Grande armée, 3259.

GOULEY (J. W. S.) — On exter. perin. urethrot., 2497.

GOULIN et JOURDAIN. — Le médecin des dames, 1664, 1665.

GOULLIN (P. B. et G.) — Sept lettres, etc., 525, 527.

GOULVIER-GRAVIER. — Globes filants, 2913, 2914, 2915.

GOUPIL (Dr.) — Le sexe mâle, 1689.

GOUPIL PRÉFELNE. — Rapport fait au Conseil des anciens, etc., 129.

GOURGAUD (Gén.) — Napol. et la grande armée, 3280. — Camp. de 1815, etc., 3286, 3287.

GOURNEY (J. J.) — Un hiver aux Antilles, 820.

GOURY (G. aîné). — Souvenirs polyt., etc., 3315.

GOUTARD (C.) — Du leontiasis syphil., 1853.

GOUZER (M.) — De la supp. des bourses sér., 2650.

GRACIAN (B.) — L'homme de cour, 498, 499.

GRAHAM (M. Th.) — Traité de chimie org., 1023.

GRAILLARD de GRAVILLE (B. C.) — L'ami des filles, 870.

GRAINDORGE. — Origine des macreuses, 1381.

GRAND (S.) — De l'hyg. de la vue dans les trav. appl., 2314.

GRANDPONT (G. de). — Crux. Hymne des marins, etc., 3678.

GRANGES de SURGÈRES (Mis de). — Iconog. bret., 3444.

GRARD (E.) — Hist. de la recher. etc., et de l'exploit. de la houille, etc., 1198.

GRAS (J.) — De l'extract. linéaire, etc., 2423.

GRASSE (Cte de). — Combat nav. du 12 avril 1782, etc., 3084.

GRASSET (J.) — De la déviation conjug. de la tête et des yeux, 2322.

GRATRY (A.) — De la connais. de l'âme, 134.

GRAVELOT et COCHIN. — Iconol. par fig., 3443.

GRAVESANDE (G. J.) — Phys. elementa mathem., etc., 887.

GRAVIS (J. P.) — Dissert. sur la céssat. des menst., 2551.

GRÉARD (Oct.) — L'éduc. des femmes, etc., 408. — Educ. et instr., 409.

GRÉGORI (W.) — De la méthode sangl. dans les rétréc. de l'urèthre, 2498.

GRÉTRY (A. E. M.) — De la vérité, 267.

GRÉTRY (Cen). — Mém. sur la mus., 3633. — Notice hist. sur sa vie, 3634.

GRÉVILLE (Mme H.) — Instruct. mor., etc., 407.

GRIES (Ch.) — Du rhumat. blennorrhag., 1851.

GRIMA (V.) — De la catar. traum., 2408.

GRIMAUD (J. Ch. Mis de). — Cours compl. de fièvres, 1717.

GRIMAUD (L.) — Considér. sur l'insol., 2095.

GRIMAUX (E.) — Equival., atomes, moléc., 1034. — Chimie inorg., 1037. — Rech. sur les uréides, etc., 1080.

GRIMOARD (Cte P. H. de). — Tabl. hist. de la guerre de la Rév. de France, etc., 3260.

GRIMOD de LA REYNIÈRE et COTTE. — Manuel des amphytryons, 3769.

GRISAR (A.) — Les amours du Diable, 3686.

GRISOLLÉ (A.) — De l'infection, 4030.

GRIVEL (G.) — L'ami de la jeunesse, 368.

GRIVEL (R.) — Considér. nav., 2973. — La guerre des côtes, etc., 3206.

H

HARRINGTON (J.) — Œuvres polit., 465.

HASELDEN (T.) — The seaman's daily assist., etc., 3016.

HASSENFRATZ (J. H.) — Cours de phys., cél., 2905.

HATTON (E.) — Comes commercii, or the Traders'Compan., 764.

HAUDICQUER de BLANCOURT (F.) — De l'art de la verr., 3746.

HAUTERIVE (le Cte). — Elém. d'écon. polit., 524.

HAUTIN (F.) — Rapp. sur l'exp. univ. de 1867, 1449.

HAUTRAYE (A.) — De l'épiphora, 2360.

HAUY (l'abbé R. J.) — Traité élém. de phys., 893, 894.

HAVARD (M. H.) — L'imagerie scol., 3912.

HAVARD (H.) — Dict. de l'ameubl., 3430.

HAVARD (J. P.) — Dissert. sur le sarcocèle, 2291.

HAVET (A. E. M.) et LANCIN. — Dict. des ménages, 3771, 3772.

HAY (E. C. de Toucy). — Dissert. sur les affec. du syst. muq., 2101.

HÉBERT (J.) — Essai sur l'ict. grave dans la gross., 2543.

HECKEL (E). — Etude sur le fontainea pancheri, 1997. — De quelques phén. de localis., etc., 4050.

HECKER (A. F.) — Thérap. chir., 1945.

HECQUET (P.) — Traité des disp. du carême, 1685. — Observ. sur la saignée, 2163.

HEDWIG (J.) — Hist. natur., etc., 1256.

HEISTER (l'anatomie de), etc., 1551.

HELBIG (J. Otton). — Introd. à la vraie phys., etc., 889.

HÉLIAN. — Dict. du diagn., 1709.

HELLO (le Dr J. M.) — Ouv. du cours de chir., etc., 1563. — Quelques consid. sur le choléra, 1789. — Consid. sur les amput., 2168.

HELVÉTIUS (J. C. A.) — Idée gén. de l'écon. anim., 1809.

HELVÉTIUS. — Œuvres comp., 75, 76, 77. — De l'homme et de ses facult. intellect., etc., 130. — De l'esprit, 146.

HÉMON (F.) — Les aut. franç. dans l'enseig. prim., 3881.

HENNEQUIN (J. F. G.) — Vie et camp. du bailli de Suffren, 3083.

HENNEQUIN. — Comp. agr. d'Arcachon, 1418.

HENRY (des V.) — L'art de lever les plans, 2795.

HERCKMANS (l'abbé). — Quelques consid. sur les soc. de secours, etc., 652.

HERLAND (A.) — Voies de sûreté à disques, etc., 3347.

HERMANN (J.) — Tabula affinit., animal., etc., 1301.

HERMANOWIER (P.) — De la thérapeut. de la bléph. cil., etc., 2380.

Hermite (l') de la Chaussée d'Antin, ou observ. sur les mœurs, etc., 268.

HERNANDEZ (J. F.) — Essai sur le typ., etc., 1737.

HÉROLD. — Le pré aux clercs, 3685.

HERPIN (Dr). — Syst. pénitenc., 589.

HERSCHEL (F.) — Traité d'ast., 2891.

HERTUS (Dr). — Instr. sur le typhus contag., etc., 1740.

HERVÉ-MANGON. — Mach. et inst. d'agric., 3756.

HERVEY (J.) — Méditat., 289.

HERVIEUX de CHANTELOUP (J. C.) — Nouveau traité des serins, 1330.

HÉTET (F.) — Cours de chim. gén., 1039. — Man. de chim. org. 1040, 3965. — Les pl. dans leurs rapp. avec la vie anim., 1228. — Discours, etc., 3968.

HEULLAND (d'). — Théât. de la guerre prés. en Allem., etc., 3248.

HEURTAUX (A. H.) — Du cancr. en gén., 2273.

HEURTELOUP (P.) — Plaie du laryny, etc., 2224.

HILL (J.) — Lucina sine concub., etc., 1594.

HIPPOCRATE. — Hippoc. opera quæ extant omnia, etc., 1497. — Prœnot. opus admir. in tres libros distrib., etc., 1503. — Traité des airs, etc., 1498. — Aphor., 1499, 1504, 1505, 1506. — Epidém., 1500. — Pronost. et prorrhét., 1501. — Traité du rég. dans les mal. aig., 1502.

HIPPEAU (M. C.) — L'inst. publ. aux Etats-Unis, 391.

HIRN (G.) — Théorie mécan. de la chal., 991.

Histoire du siège de Gibraltar, 3254. — Do de la dern. guerre entre la Grande-Bret. et les Etats-Unis, etc., 3256. — Do de J. C. Gouaches du XIIe siècle, etc., 3541.

HITTORF (J. J.) — Restitut. du temple d'Empéd., etc., 3585.

HOBAN (A.) — Du trait. de l'empy. pur., 1886.

HŒFER. — Dict. de phys. et de chimie, 3955.

HOFFMANN. — La médec. raison., 1528.

HOFFMANN (F.) — De la périt. tubercul., 1876.

HOGARTH (G.) — Anal. de la beauté, 3402.

HOLBACH (le Bon d'), sous le nom de Mirabaud. — Syst. de la nat., etc., 124. — La polit. natur., etc., 456.

I

J

JANVIER et BISTON (V.) — Manuel du mécan. font., 2855.

JAPIOT (P.) — Essai sur l'ulc. rong. de la cornée, 2384.

JAQUEMET (H.) — Des hôp. et des hospices, 1692.

JARDET (Dr). — De l'hydrothér. à Vichy, 1976.

JARDIN (Ed.) — Essai d'une flore de l'arch. des Marquises, 1267. — Enumér. de nouv. plantes phanér., 1268.

Jardinier (le bon). — Almanach pour 1833, 1243.

JARDON. — Etude compar. des moyens de la médic. top. de l'urèthre, 2496. — De l'ulcère annam., 1830.

JARROU (E.) — Quelques mots sur la fract. du rocher, 2194.

JAUBERT (l'abbé). — Dict. des arts et métiers, 3707.

JAUME SAINT-HILAIRE (J. H.) — Mém. sur l'administ. des forêts, 1452.

JAURAT. — Perspective, 4090.

JEAN (fils). — Huiles indust., 1092.

JEANNE (S.) — Des adénites du pli de l'aine, 2289.

JEAURAT (E. S.) — Traité de persp., etc., 2942.

JEHANNE (Ch.) — Quelques consid. sur l'action de la chal. ext. sur les org. de l'homme, 1690.

JENNEVIN (L.) — Des moyens de prévenir la conic. du moign., 2175.

JOANNET (H.) — Le poil humain, etc., 2058.

JOANNET (l'abbé Ch.) — Les bêtes mieux connues, 141.

JOBARD (J. E.) — Relat. de deux épid. d'oreillons, etc., 2622.

JOHN JUNES. — Rapport sur la marche d'émancip. des nègres, etc., 839.

JOLIVET (A.) — Fièv. jaune d'Amér., etc., 1767.

JOLLIVET (M. A.) — Quest. des sucres, 791. — L'émancip. angl. jugée par les résult., 849.

JOLY. — Confér. publ. sur l'hétérog., etc., 2094.

JOLY (Jn). — Théorie phys. de la vision, 2326.

JOLY de MAIZEROY (P. G.) — Théorie de la guerre, 3161.

JOLY de SAINT-VALIER. — Hist. de la dernière guerre, etc., 3253.

JOLYCLERC (N.) — Cryptogamie complète, 1278.

JOSSEAU (J. B.) — Le crédit foncier de France, 687.

JOSSIC (H.) — Essai sur l'ophthal. pur., 2347.

JOST (M. G.) — Les exam. du pers. de l'enseign. prim., 3880.

JOUBERT (J.) — Pensées, etc., 278.

JOUBIN (F.) — De la déchir. du poumon, etc., 1882.

JOUBIN (A.) — Essai sur l'iod. de-potass., etc., 2020.

JOUENNE. — Observ. sur le scorbut, 1937.

JOUFFROY (A. de). — Des bâteaux à vapeur, 2998.

JOUHAUD. — Des postes ménagés par les chem. de fer, 3332.

JOULIN. — Le volontar. d'un an, etc., 3306.

JOULIN (M. L.) — Rech. sur les doubles décomp., 1083. — Rapp. sur la quest. des poudres, 3226.

JOURDAIN (A. L. M. M. Bréchillet). — Rech. crit., etc., 33.

Journal de conchyl., 1366. — Do des haras (33e année), 1455. — Do de la société des pharm. de Paris, 2674. — Do milit. de 1790 à l'an IX, etc., 3145. — Do des connaiss. ut., 3809. — Do des écon., 3825. — Do de l'Acad. d'agric., 3827.

JOUSSE (M.) — L'art de la charpent., 3589.

JOUVIN (M. A.) — Conserv. des navires en fer, 3000.

JOUY (E.) — La morale appliq. à la polit., 428. — Etat actuel de l'ind. franç.,631.

JOUY (de). — L'hermite de la Guyane, 269. — L'hermite en province, 270.

JOY JEFFRIES (A. M. M. D.) — Color-names, color blindness and the educ., etc., 2340.

JOZAN (E.) — Traité prat. des malad. des voies urin., 1847, 2455.

JUAN (D. J.) — Observ. astronom., 2916.

JUGE SAINT-MARTIN (J. J.) — Théorie de la pensée, 156.

JULIEN. — Thèses suppl. de métrique, etc., 3654.

JULIEN (l'Empereur). — Œuvres compl., 39. — Défense du pagan., 40.

JULLIEN (B.) — Thèses de philos., 108.

JURIEN de la GRAVIÈRE (V. A.) — La marine des Ptolém., etc., 2958. — Les marins du XVe et du XVIe siècle, 2959. — Les corsaires barbar., 2960. — Les derniers jours de la mar. à rames, 2961. — Guerres marit. sous la Rép., etc., 3094. — La guerre de Chypre, etc., 3095.

JUSSIEU (de). — Cours élément. d'hist. nat., 1108, 1109, 1110, 1218.

K

L

LEBAS (J.) — Précis de doct. sur l'art d'accoucher, 2516.

LE BERRYAIS (l'abbé R.) — Traité des jard., 1469.

LEBEUF (J.) — Code, etc., 688.

LE BIHAN (G.) — De la culture du panais, 3992, 3992 bis.

LE BLOND (G.) — Traité de l'attaque des places, 3186, 3187. — Traité de la déf. des places, 3188. — Elém. de fortif., 3189.

LEBORGNE (J. P. M.) — Géogr. médic. des îles Gambier, 2112.

LE BORGNE (Dr.) — Infl. de l'éduc., etc., 376.

LE BOUCHER. — Dissert. sur la vacc., 1924.

LE BOZEC (J. A.) — Relat. méd. (vaisseau l'*Alger*), etc., 2124.

LE BRETON. — Et. de la secrét. du lait, etc., 2545. — Essai sur l'amén., 2553.

LE BRETON (Th.) — Nouv. heures de repos, etc., 639.

LEBRIS (L.) — Des diff. formes clin. des atrop. papil., 2430.

LEBRUN (A.) — Essai sur le croup, 2589.

LE CANUS (A.) — Médec. de l'espr., 1870.

LE CANU (L. R.) — Cours comp. de pharm., 2697.

LE CARPENTIER (A). — Méth. de piano, etc., 3704.

LE CAT. — Traité des sens, 155, 1586. — Œuvres physiol., 1587.

LE CHEVALIER (Jules). — Rapport sur les questions des colon., 830.

LECLAIRE. — De la misère, etc., 650.

LECLERC (D.) — Pratique de la géométrie, etc., 2792, 2793.

LÉCLUSE. — Nouv. élém. d'odont., 2607.

LECŒUR (J.) — Cicatris. des plaies, etc., 2246.

LE COMTE DE PARIS. — La situat. des ouvriers, 642.

LE CONIAT (F.) — Consid. génér. sur la camp. du *Rhône*, 2125.

LE CONTE (L.) — Synth. pharm. et chim., 2691.

LE CORDIER (S.) — Inst. des pil., 3019, 3020.

LE COUTURIER (le génér.) — Dict. portat. des conn. milit., 3117.

LECRENN (l'abbé). — Principes de certitude, etc., 112.

LE DANTEC (A.) — Rech. sur la fièv. jaune, 1773.

LEDIEU (A.) — Manuel de l'ouv. chauffeur, 2843. — Traité élém. des appareils à vap., etc., 2844.

LEEUWENHOEK (A. de). — Arcana nat., ope exact. micros. det., etc., 1577.

LEFEBURE de FOURCY. — Leçons d'alg., 2750. — Do de géom. anal., 2762. — Trigon., 2790.

LEFÈVRE (H.) — Dissert. sur la fist. à l'anus, etc., 2295.

LEFÈVRE. — Rech. sur les causes de la col. sèche, 1824.

LEFÈVRE (A.) — Et. hygién., etc., 1651.

LE GAIGNEUR. — Le pilote instruit, 3021.

LEGENDRE (E. Q.) — Système gland., 1567.

LEGENDRE (A. M.) — Traité des fonct. ollip., 2753. — Elém. de géom., 2773-2774-2775-2776-2777-2778. — L'arithm. en sa perf., 2734.

LEGENDRE (G. C.) — Traité hist. et crit. de l'opin., 121, 122.

LE GENTIL DE QUÉLERN. — Des paraton., 958. — Catal. des tabl. de sa gal., 3495.

LE GLÉAU (P.) — Ess. sur la roug. bén., 1927.

LEGOUX (E.) — Des corps étr. pénét. dans le gl. de l'œil, 2349.

LEGOUVÉ (E.) — Hist. mor. des femmes, 274.

LEGRAND (F.) — Contrib. à la phys., etc., 1615.

LE GRANDAIS. — Quest. et vicis. marit., etc., 3074.

LE GRIS-DUVAL. — Hyg. nav., 1694.

LEGUEN (P.) — Amélior. des mét. emp. à la fabr. des can. rayés, 3222.

LE HELLOCO. — Consid. gén. sur quelques points d'hyg., 1646.

LE HIR (D.) — Consid. botan. et toxic. sur les Ant., 1746.

LE HIR. — Forces et inst. prod. de la France, 701.

LEHMANN (J. C.) — Traité de phys., 983.

LEHON (H.) — L'homme foss. en Eur., 1315.

LEIBNITZ (G. C.) — Tentam. theod., 117.

LEISSÈGUES (J. A. M. de). — Du choléra, 1801.

LEJANNE. — Cont. à la géog. méd., l'île de Groix, 2115.

LE JEUNE (maître d'école). — Protoc. d'actes, etc., 364.

LELIÈVRE (N.) — Granul. de la conjonct., 2372.

LELOUTRE (E.) — Essai sur les dépl. de la matr., 2547.

LE LOYER (P.) — Disc. et hist. des spectres, 3361.

LEMAIRE (Ch.) — La colon. franç. en Nouv.-Calédonie, 859.

LE MAITRE DE CLAVILLE (C. F.) — Traité du vrai mérite, etc., 367.

M

MALOUIN (P. J.) — Chimie méd., 1047.

MALPIGHI. — Opera omnia, etc., 1545. — Opera posthuma, etc., 1546.

MANDAR (F.) — De l'arch. des fort., 3180.

MANDEVILLE (B. de). — La fable des abeilles, 288.

MANDEVILLE (B). — N. A. treatise of the hypocon. and myst., etc., 2560.

MANDSLEY (H.) — Le crime et la folie, 2066.

MANESSON-MALLET (A.) — Les trav. de Mars, etc., 3120.

MANGEOT. — Class. des ch. de fer, etc., 3333.

MANGET (J. J.)— Biblioth. pharmac.-med., etc., 1941.

MANGIN (A.) — Merv. de l'ind., 636. — Le désert et le monde sauvage, 1141.

MANGIN (H.)— De la valeur de l'ext. sous-périost., etc., 2196.

MANGOURIT (M. A. D.) — Déf. d'Ancône, etc., 3199.

MANILIUS (M.)— Manilii astronom. ex recens., etc., 2869.

MANNHEIM (A.) —Cours de géom. descr., 4084.

MANSON (L.) — Consid. sur le trait. des cont., etc., 2487.

MANTZ (P.) — Les petits musées d'art scol., 3913.

Manuel du philos., 311. — Do nouv. des court. de comm., 794. — Do écon. des plantes, 1294. — Do des peintres, etc., 1655, 3745. — Do des gens de mer, 1639. — Do des asp. au baccal., 2727. — Do du jeune marin, 3001. — Do des connaiss. milit. prat., 3142, 3143. — Do d'infant., 3164. — Do de la garde nat., 3167. — Do du savonnier, 3748. — Do nouv. du boulanger, 3777. — Do comp. d'équit., 3787. — Do du zingueur, 3749. — Do du moutardier, 3763. — Do (proj. de) du mat. canonnier, 4098. — Do de l'artif. marin, 3742.

MARBOT (Bon de). — Ses mém., 3304.

MARC (J.) — Relat. d'une épid., etc., 1738.

MARCET (A.) — Hist. chim. et trait. méd. des affect. calcul., 2456.

MARCHAND. — Comp. de 1815 écrite à Ste-Hél., 3288.

MARCHAND (A.) — Etude sur l'extirp. de l'extr.-inf. du rectum, 2294.

MARCIAC (R.) — Dissert. méd. chir. sur le tétan., 2630.

MARCILLAC (L. de). — Hist. de la guerre entre la France et l'Espagne, 3263. — Précis hist. des camp. du Rhin, etc., 3264.

MARCO DE SAINT-HILAIRE (E). — Hist. pop. de la Garde impér., 3282.

MARCOTTE (F.) — Les an. vertéb. de l'arrond. d'Abbeville, 1307.

MARCUS (Le Grec). — Liber ignium ad combur., etc., 3099.

MARCY (Leo). — Salut national, 615.

MARÉCHAL (G. A). — Quelques idées mod., etc., 2904.

MARÉCHAL (C. J.) — Notice d'un appar. destiné à l'épreuve noct. de l'acuité vis., etc., 2330. — La cécité des coul., 2342. — App. pour expl. la vision des coul., etc., 2345. — Fract. par coup de feu, 2200. — Utilité de la comp. digit., 2484.

MARÉCHAL (P. S.) — Cost. civils, etc., 3536.

MAREY (E.) — Circul. du sang, 1605.

MARGUERIE (P. A.) — Dissert. sur la variole, etc., 1926.

MARIE (M.) — Hist. des sciences mathém., 2721. — Traité de méc., 2822.

MARILLEAU (L.) — L'instr. civ., etc., 3890.

Marine. — Travail prépar. sur le contrôle, 3071.

MARION (Dr A.) — Notes sur les eaux minér. sulf. iodurées de Louch-en-Dreff (manusc.), 1178. — Quelques consid. sur la nat. et le trait. de la diarrhée endém., etc., 2034.

MARION (F.) — L'optique, 3959.

MARION (H.) — Le mouv. des idées péd., etc., 3862.

MARION (J. D.) — Hist. général. pronost. de l'enchon. du test., 2480.

MARIOT-DIDIEUX. — Guide de l'éduc. du lapin, 1464.

MARIOTTE (Ed.) — Traité du mouv. des eaux, etc., 922, 923.

MARIVETZ (le Bon E. C. de) et GAUSSIER. — Phys. du monde, 919.

MARLÈS (de). — Merv. de la nat. et de l'art., 1106.

MARNIX (J. de). — Résol. polit., etc., 417.

MARQFOY (G.) — De l'abaiss. des taxes télégr., 3386.

MARQUÉ (de). — Subst. du fil de fer au fil de caret, etc., 2997.

MARQUIS (A. L.) — Esq. du règne vég., 1216. — Podalire, 1480.

MARROIN (A.) — Hist. méd. de la flotte franç., etc., 2162.

MARSILLY (L. F. Cte de). — Hist. phys. de la mer, 1168.

MARSY (l'abbé de). — Dict. abr. de peinture, 3546.

MARTEL (Félix). — Législ. et réglem. de l'enseign., etc., 3863. — Les soc. d'ens. prim., 3915.

MARTEL (J.) et G. FERRAND. — Ecol prim. sup., 3870.

MENGS (Ch^{ier} A. B.) — Œuvres, 3462.

MÉNIER. — Théorie et appl. de l'impôt, 709.

MENJAUD (A. L.) — De la rétract. spont. des doigts, 1806.

MENTELLE (E.) — Cosmog. élèm., 2872.

MENURET. — Avis aux mères de famille, 1812.

MERCADIER (M. A.) — Cours élém. de chant, 3668, 2669.

MERCIER (D^r). — Trait. préserv. et cur. des sédim., 2027.

MERCIER (E.) — De l'infl. du bien-être, etc., 553.

MERCIER (L. S.) — Notions claires sur le gouv., 457.

Merveilles (les) de l'Exp. univ., 3811.

MESNIL (P.) — Relat. méd. de onze cas d'empois., 2073.

MESNIL-MARIGNY. — Les céréales et la douane, 593.

Messager (le) de la vérité, 2679.

Météorologie (petit traité de), 949.

MEUGY (Dr J.) — De l'extinct. de la prostit., etc., 583, 1217.

MEUNIER (A.) — Trait. chir. des collect. de liq. qui se forment dans le thorax, 1885.

MEUVE (de). — Dict. pharmac., 2653.

MEYERBEER (G.) — Les Huguenots, 3692. — Le Pardon de Ploërmel, 3693. — L'Etoile du Nord, 3694. — Robert le Diable, 3695.

MICH. — De la richesse de la Hollande, 768.

MICHEL (J. B.) — Des oreillons, etc., 2621.

MICHELET (J.) — L'amour, 303, 304. — La femme, 305, 306. — Le prêtre, la femme, etc., 307. — La montagne, 1162. — La mer, 1171. — L'oiseau, 1331, 1332. — L'insecte, 1339, 3982. — La sorcière, 3364.

MICHU (J. E.) — Disc. méd.-lég. sur la monom. hom., etc., 2065.

MIDOLLE (J.) — Ecrit. anc., etc., 3379.

MIGUEL (F. A. M.) — Flore de l'archip. indien, 1265.

MIGUERET (P. J.) — La science des jeunes négoc., 754.

MILIZIA (F.) — L'art de voir dans les Beaux-Arts, 3397, 3398.

MILL (J. S.) — La liberté, 533.

MILLER (P.) — Dict. des jardins, 1466.

MILLET et ROBINET. — Notice sur les 4 éduc. de vers-à-soie, etc., 1463.

MILNE-EDWARDS. — Cours élém. d'hist. nat., 1111, 1133, 1134. — Etud. sur les reptiles, 1335, 1836.

MILNE-EDWARDS, BEUDANT et DE JUSSIEU. — Cours élém. d'hist. natur., 1308.

MILNE-EDWARDS et P. VAVASSEUR. — Traité de thérap., etc., 1959, 1960. — Manuel de mat. méd., 4027.

MINES (rés. des trav. de l'adm. des), 1204.

MINIÈRE (T.) — Sympt. et diagn. du test., etc.. 2476.

MIORCEC (A.) — Etude sur la dengue, 1834.

MIQUEL (A.) — Traité des convuls. chez les femmes, 2534.

MIRABAUD (J. B. de). — Le monde, etc., 2898.

MIRABEAU (Mis de). — Les économiques, 342. — Philos. rur., 530, 531, 1399. — L'ami des hommes, 531. — Théorie de l'impôt, 682.

MIRABEAU (le Cte de). — Essai sur le despotisme, 466. — Des lettres de cachet, 490, 491. — Lettres sur l'ad. de Neker, 490, 491.

MIREMONT (la M^{ise} de). — Traité de l'éduc. des femmes, 374.

MIRIEL (G.) — Télég. Hugues, 3390.

MIRIEL (P. L. M. H.) — De quelques vices congén. de conform., etc., 2296.

MIRIEL (J. J. Y. L.) — Réfl. théor. et prat. sur l'anévr. ing., 2257.

Missa in cœna Domini, 3621.

Mission scientifique au Cap Horn, etc., 3987.

MIZAULD (A.) — Les éphémér. perpét. de l'air, 939.

Mode (la). — Revue des modes, 3845.

Modes (les) parisiennes illustrées, 3842.

MODEL. — Récréat. phys., 994.

MOELLER. — Du dalton. au point de vue théor., etc., 2339.

MOIGNO (l'abbé). — Rech. sur les agents explos., etc., 1073. — Télég. élect., 3384.

MOLÉON (de), COCHARD et PAULIN-DÉSOR-MEAUX. — Exp. de 1834. Descript., 3716.

MOLINARI (G. de). — Etudes écon., 532.

MOLLET (Q.) — Essai sur la fièv. jaune, 1756.

MONACO (le P^{ce} de). — Le paupérisme, etc., 594.

MONDIÈRE (A. T.) — Statist. des naiss. et des décès, etc., 2123. — Monogr. de la fem. de Cochinch., 2550.

MONGE (G.) — Application de l'analyse à la géométrie, 2771. — Statique, 2830.

MONIN (M. E.) — Des moyens de divis. des part. molles, etc. 2239.

Moniteur des Eaux et Forêts, 3806.

MONPOU (H.) — La chaste Suzanne, 3696.

MONTAIGLON (A. de). — Mém., etc., 3485.

N

NICOD (P. L. A.) — Mém. sur les polyp. de l'urèt., etc., 2504.

NICOLAS (A.) — Consid. sur la coordin. des mouv., etc., 1613. — Un cas d'asthme inf., 2595.

NICOLE et ARNAULD. — La logique ou l'art de penser, 109-110-111.

NIELLY (Ch.) — Etude sur l'amput., etc., 2172.

NIELLY (M.) — Hyg. navale, 1657. — Manuel d'obstét., 2528.

NIOBEY (P. A.) — Hist. méd. du choléra, 1798.

NOEL (M.) et M. de LAPLACE. — Leçons latines, etc., 271.

NOIR (P.) — Tum. enkyst. des bourses, 2475.

NOISET de SAINT-PAUL. — Traité compl. de fortif., 3192.

NONAY. — Essai sur la cause etc. de la fièv. jaune, 1762.

NONNOTTE (l'abbé Cl. Fr.) — Examen crit. du livre des mœurs, 248.

NORMAND, DOULIOT et KRAFT. — Cours de dessin ind., 3454.

Notice sur la transp. à la Guyane franç., etc., 585-586-861. — Do stat. sur les col. franç., 829-845. — Do théor. sur le liquom. de MM. Musculus, 1081.— Do sur l'eng. Boutin, 1422. — Do sur l'agric. des Celtes, 1420. — Do sur l'étab. ther. de Valz, 1969. — Do sur une nouv. trad. des *Ethiop.*, 2878. — Do sur les *Ethiop.*, 2878. — Do sur une thèse int. *Disputatio*, 2878. — De la Mar. à Cherbourg, 2962. — Do hist. des monum. des arts, 3464. — Do des peint. de l'Ecole mod., 3505. — Do sur les fresq. de Raphaël, 3520. — Do sur les pièces comp. l'exp. des manuf. de porcel., 3564. — Do sur le tomb. de François II, 3606. — Do colo-niales, 3738. — Do sur les écoles norm., 3875. — Do sur le Mithridate et sur l'ouvrage Grégoire, 151.

NOUGARET (P. J. B.) — Anecdotes milit., etc., 3097.

Nouvelle-Calédonie (une page sur la), 856.

Nouvelle évaluat. du revenu fonc., etc., 714. — Tabl. graph., 714.

NOVERRE (J. G.) — Lettres sur la danse, 3783.

NYSTEN (P. H.) — Dict. de méd., 1490.

O

OBERLEIN (L.) — Essai sur le colchiq., 2011.

Observations modestes. Opér. de fin. de M. Necker, 680. — Do présent. devant la ch. des Pairs (séance du 11 juin 1833), 850. — Do et inst. à l'usage des off. entret., 3018. — Do sur le Mém. des méd. des départ., 3069. — Do et hist. chirurg., etc., 2142.

OCELLUS LUCANUS. — De la nat. de l'Univ., 24.

ODLING (W.) — Cours de chimie prat., 1035.

OFFENBACH (J.) — Décaméron dramat., 3659.

OLLENDON (M. E. d'). — Bibliog. de l'enseig. prim., 3878.

ONIMUS (E.) — De la théor. dyn. de la chal. dans les sciences biol., 1610.

ONO dit BIOT (J. L. H.) — Consid. sur l'arach. aiguë, 2592.

ORACLE (l') des dames et des demois., 3369.

ORBIGNY (C. d'). — Dict. univ. d'hist. nat., 1098.

ORCHESTRINO-CLÉMENT. — Sons continus sur le piano, 3657.

ORDINAIRE (D.) — Seize lettres, etc., 3952.

Ordonnance prov. sur l'exer. de la caval., 3163. — Do sur l'exer. de l'inf. de 1831, 3165.

ORFILA (M. P.) — Traité de toxic. génér., 2049. — Secours à donner aux pers. asphyx., 2054. — Elém. de chimie, 1060.

Organiste (l') pratique, 3675.

ORHOND (A.) — Quelques consid. sur l'hydrocèle de la tun. vagin., etc., 2478.

ORSAT (M.) — Note sur l'analyse indust. du gaz, 1093.

ORSZACH (A.) — Les trav. pub. de Buda-pest, 3331.

ORTIGUE (M. J. d'). — Dict. de plain-chant, 3625.

ORTOLAN (A.) — Traité élém. des mach. à vap. mar., 2837.

ORVANANOS (Dr D.) — Ensayo de geog.-medico y climat. (Rep. Mexicana), 2116.

OSCAR, pr. de Suède.— Des peines, etc., 574.

OTTO (Dr J.) — Inst. sur la rech. des poisons, etc., 2059.

OUSTALET (E.) et l'abbé DAVID. — Les oiseaux de la Chine, 1334.

Ouvrages polit. et philos. d'un anonyme, 418.

OXENSTIRN (G. T. Cto d'). — Pensées et réflex., etc., 236.

OZANAM (J.) — Cadrans, etc., 2929.

OZANNE (N. P.) — Marine milit., 2987. — Les camp. de Duguay-Trouin, 3526.— Les comb. de Jean-Bart, 3527. — Ornem. de proues de nav., 3529.

P

PEMBERTON (H.) — Pharmac. du collège royal des méd. de Londres, 2670-2671.

PENHOEN (Barchou de). — Destinat. de l'homme, 163. — Lettres, etc., 437. — Un mot sur la sit. politiq., 519.

PENNETIER (G.) — L'orig. de la vie, 1591.

PENON (H.) — Le mobilier des siècl. passés, 3604.

PENOR (R.) — Archit., 3591.

PERCHANT (Ch.) — De l'ambl. diphth., 2439.

PERDULCIS (B.) — Universa medic., 1695-1696.

PEREIRE (J.) — La quest. des chem. de fer, 3342.

PEREIRE (Isaac). — Quest. financ., 711. — Budget des réform., 712.

PERETON (G.) — Essai sur les polypes du rectum, 2292.

PEREYRA (G.) — Action des mat. gras. sur les gén. à vap., 1086.

PERGOLÈSE et MOZART. — Stabat mater, etc., 3676.

PÉRINI (H. de). — Les batailles d'autref., 3303.

PERNETTY (Dom A. J.) — Dict. mytho-herm., etc., 3372.

PÉRON (A.) — Expl. scient. de la Tunisie, 1377. — Mollusq. foss., etc., 1378.

PERREAU (J. A.) — Etudes de l'homme phys. et moral, 129.

PERRIN (l'abbé). — Chimie élém., 1019.

PERROT (A. M.) — Manuel élém. pour la const. des cart. géog., 2800.

PERROT (L.) — Statistique des prisons, 591.

PÉTHIOT (H.) — Des plaies de l'abd., etc., 2222.

PERTUIS et SAGE. — L'art de fabriq. le salin, etc., 1049.

PERTUISIER (C.) — De la fortif., etc., 3181.

PETIT (M. A.) — Collect. d'observ. clin., 1704.

PETIT (A.) — Recueil des pièces relat. à la quest. des naiss. tard., 2514.

PETIT (Ch.) — Nouv. obs. de guéris. de calc. urinaires, 1973.

PETIT (F.) — Blépharo-conjonct., 2378.

PETIT (M. J.) — Essai sur l'hist. du collod., 2003.

PETIT (J. L.) — Traité des malad. des os, 2186-2187.

PETIT (P.) — Essai de la philos. méd., 2093. — De l'amput. sous-vagin., etc., 2575.

PETITEPIERRE (de). — Callig. mod., 3381.

PETIT-RADEL (P.) — Inst. de méd., 1530.

PETOT. — Rech. sur la chaufourn., 3584.

PETREQUIN (M. J. P.) — Nouv. rech. sur l'empl. thérap. du mangan., etc., 2010.

PETREQUIN (J. E.) — Traité d'anat. médico-chir., etc., 1573.

PETRUCCI (A.) — Des vibr. thorac., etc., 1714.

PEUCHET (J.) — Dict. univ. de la géogr. comm., 742. — Vocab. des termes de comm., etc., 743. — Camp. des arm. franç. en Prusse, 3271.

PEYNAUD (F.) — De l'uréth. à l'hôp. du Midi, 2503.

PEYROT (J.) — Petite encycl. mathém., 2720.

PEYSSONNEL (de). — Traité sur le comm. de la mer noire, 772.

PEZZANI (And.) — Principes sup. de la mor., etc., 266.

PFIHL (J. H.) — Des plaies de l'artère axillaire, etc., 2232.

PFLUGUER (M. A. D.) — Cours d'agric. prat., 1391.

Phares et fanaux all. sur les côtes de France, 3048.

Pharmaciens (les) de la mar., etc., 3078.

Pharmacopoeia (the) of royal college of London, etc., 2673.

Pharmacopoeia chirurgica, or formulæ for the use of surgeons, 2672.

PHILÉ (M.) — Phile de animali, um proprietate, etc., 4013.

PHILIPPART (S.) — Lettres au National, 451.

PHILIPPE. — Flore des Pyrénées, 1266.

Philosophie (la nouv.) réfut. par elle-même, etc., 78.

Phylloxera (observ. sur le), 1465.

Physiol. du goût, 3775.

Physique. — Somm. des lec. du cours de phys. prof. à l'école polyt., 908.

Physique générale. — Cours faits à l'hôtel-de-ville de Metz, 904.

PICARD (H.) — Contrib. à l'étude des poiss. nuis., 2072. — Note sur les inflam. et abcès de la prost., 2509.

PICHARD (A.) — Du phagéd. tert., 1854.

PICHON (L.) — Etude sur les fract. du métac., 2201.

PICHON et BROCA. — Catalog. rais. des plant. cultiv., 1276.

PIDOUX (M.) — Les eaux-bonnes, etc., 1983.

PIERART (Z. J.) — Revue spirit., 3828.

PIERD'HOUY. — Congrès périod. internat. d'ophth., 2329.

PIETRA SANTA. — Essai de climat., 950.

PILLET (M. J.) et GUILLAUME (E.) — L'enseig. du dessin, etc., 3897.

PRIMA (F.) — Consid. sur la *lucilia hominivorax*, 1828.

Principe (du) d'autorité, etc., 489.

Principes et questions de morale, etc., 221. — D⁰ du calcul et de la géomét., 2715. — D⁰ de réclam. pour les chirurg., 3069.

Procès-verbal de l'exam. des compt. etc., des gens de mer, 3062.

Programme des opér. chimiq. et pharm. prop. par la jury méd., etc., 2687.

Programmes officiels de l'enseign. second., 399.

Progrès de la Grande-Bretagne, 3944.

Projet d'établis. d'une ligue de l'enseig., 400. — D⁰ de révis. des stat. de l'assoc. des artistes, etc., 3937.

Prospectus d'un établ. dest. au trait. des enf., 2587.

PROUDHON (P. J.) — La révol. soc., etc., 438.

PRUNELÉ (le Vte de). — Mém., 560.

PUAUX (H. F.) — L'inst. prim. dans les colonies, 3917.

PUECH (A.) — L'homme, 1321.

PUJO (B. D.) — Des kystes des paup., etc., 2356.

PUJOULX (J. B.) — Leçons de phys. de l'école polyt., 892.

PUTON (E.) — Mollusq. ter. et fluv. des Vosges, 1365.

PUYSÉGUR (Mar. de). — Ext. de la 1re part. de l'art de la guerre, 3128.

Q

QUARANTE (D^r). — Trait. de la goutte, etc., 2026.

QUARIN (J.) — Obs. prat. sur les malad. chr., 1802.

QUATREFAGES (A. de). — Hist. génér. des races hum., 3979.

Quelques mots sur la mar. royale, 2977.

QUEMENT (E.) — Des aff. conséc. aux malad. des voies lacrym., 2369.

QUÉNAULT (M. L.) — Le mouv. de la mer, 1172.

QUÉNOT (M.) — Dissert. sur le scorbut, 1938.

QUERRET (H.) — Cult. et prép. du lin, 1437.

QUERRIÈRE (de La). — Eglise de Saint-Claude-le-Jeune, 3567.

QUESNAY (F.) — Essai phis. sur l'écon. anim., 1582. — Traité des fièv. cont., 1724. — Traité de la gangrène, 1859. —

Rech. crit. sur l'orig. des divers états et sur les prog. de la chir., 2138. — Traité des effets et de l'usage de la saignée, 2164.

QUESNÉ (J. S.) — Les portraits, 262.

Qu'est-ce que la protection ? Simples faits, 800.

Question politique, où l'on examine si les religieux, etc., 460.

Questions militaires, 3305. — Carton n⁰ 29.

QUETNOT. — Plusieurs secrets rares, etc., 2678.

QUEYRAS (D^r du). — Nouv. phys. du mariage, 313.

QUICHERAT (L.) — Traité élém. de musique, 3637.

QUILLARDET (E.) — De la compr. empl. en méd., etc., 2243.

QUINET (E.) — L'esprit nouveau, 493. — La création, 1121.

R

RABUTAUX. — De la prostitution, 581.

Raccolta di ordinanze, leggi, decreti, etc., 3147.

RADIGUET (Max). — Le champ de Mars à vol d'ois., 3503. — Reflets de tabl. connus, 3509.

RADOUAY (de). — Remarq. sur la navig., etc., 3003.

RAILLARD (C.) — Etude sur quelques luxat., etc., 2214.

RAIMBERT (L. A.) — Du charbon, etc., 1929.

RAMAZZINI (B.) — Essai sur les malad. des artisans, 1634.

RAMBAUD (Cl.) — Du repos, etc., 2099.

RAMBOSSON (J.) — Les pierres précieuses, etc., 1190.

RAMÉE (D.) — Dict. gén. des term. d'archit., 3592. — L'archit. et la const. prat., 3605.

RAMEL (M. F. B.) — Consult. de méd., 1526.

RAMOND (J. B.) — Des causes de la mort après l'opér. de la hernie étrang., 2267.

S

Snell (K.) — Trigon., etc., 2799.

Société répub. d'instr. pop. de l'arrond. de Brest, 404. — Do paternelle en faveur de la colonis., 621. — Do pour l'enseig. des fem., 627. — Do de prévoyance, etc., 657. — Do de méd. pub., 1636. — Do du Prince Imp., 605. — Do de patr. pour la propag. de la méth. P.-G.-Chevé, 3656. — Do de prévoy. des méd. de l'arrond. de Brest, 3938-3938 bis.

Sociétés (des) coopérat., 664.

Sockeel (A.) — De la contr. doul. du col de la vess., 2467.

Soleillet (P.) — Avenir de la France en Afrique, 858.

Soltyk (R.) — Relation des opérat. de l'armée du Prince J. Poniat., 3275.

Sommaire des cours de mécan. faits à l'Ecole polyt., 2840.

Sophianopoulo (Dr). — Relat. des épid. du choléra, 1782.

Soubeyran (E.) — Nouv. traité de pharm., etc., 2694-2695-2696.

Soulez (E.) — De la kérat. ulcér., 2383.

Spallanzani (L.) — Expér. sur la circul. obs., etc., 1585.

Spectator (the). — Vol. the eigth, 3855.

Spencer (H.) — Les bases de la mor. évol., 295.

Spinoza (B. de). — Œuvres compl., 3851.

Stahl (G. E.) — Traité des sels, 1043.— Œuv. médico-philos., 1707.

Stahl (P. J.) — L'esprit des fem., 309.

Stammer (Ch.) — Traité de la fab. du sucre, 1074.

Stanley (Th.) — Historiæ philos., vitas, opiniones, etc., 10.

Stanley Jevons (W.) — La mon. et le mécanisme, etc., 733.

Stapfer (H.) — Essai de diag. de l'hémat. vésic., 2465.

Statistique intern. d'agric., 540. — Do des prisons pour l'an. 1859, 590. — Do pour les années 1856 et 1861, 591. — Do des bagnes pour 1855-1856-1857, 592. — Do méd. de l'arm. pend. l'année 1862, 3146. — Do sanitaire univ., 4077.

Steel (D.) — The ship-master's assistant and owner's manual, 3017.

Steele. — Le spectateur, 290. — The Guardian. The Tatler, 292.

Steele et Addison. — Le spectateur, 291.

Stein (G. G.) — L'art d'accoucher, 2518.

Stenart (J.) — Rech. des princ., 501.

Stendel (E.) — Nomenclator botan., 1279.

Stendhal (H. Beyle). — De l'amour, 308.

Stenport (F.) — Les plus belles pl. de la mer, 1284.

Stephen de La Madelaine. — Théorie compl. du chant, 3632.

Stephenson. — Syst. atmosp., 3352.

Stern D. (Mme d'Agoult). — Esquisses, etc., 275. — Essai sur la liberté, etc., 333.

Stewart (Balfour). — Biblioth. scient. internat., 4088.

Sticotti (A. F.) — Dict. des passions, etc., 298.

Stone (E.) — Analyse des infin. petits, 2785.

Stool (M.) — Méd. prat., 1531.

Stopin (L.) — Du trait. de l'anévr., 2262.

Storch (H.) — Cours d'écon. polit., 514. — Consid. sur la nat. du revenu, 686.

Sully-Brunet. — Consid. sur le syst. colon., 819.

Suremain-Missery (A.) — Théorie acoustico-mus., 3631.

Surirey de Saint-Remy (P.) — Mém. d'art., 3211.

Svynos (A.) — Des amblyopies et des amaur. hystér., 2437.

Swédiaur (F.) — Traité comp. sur les sympt. des malad. syph., 1842.

Swieten (G. Van). — Comment. in H. Boerhave, aphor., 1522.

Sydenham (T.) — Celeberrimi opera med., 1520-1697.

T

Tableau des monn. d'or, etc., 732. — Do gén. du com. de la France, 862.— Do de popul., de cult., de com., etc., 823-3945.

Tage (affaire du), 3088.

Tailhé (l'abbé J.) — Quest. sur la tolér., 79.

Taillard (C.) — Catéch. du soldat franç., 3292.

Taine. — De l'intelligence, 149.

Tait (F. J.) — Traité élém. des quatern., 2765.

Talhandier (J.) — Du trait. dans les aff. des voies lacrym., 2364.

Talleyrand. — Eclairciss. à ses concit., 673.

Talmy. — De la diarr. endém., 1751.

Tarde (G.) — Biblioth. de philos., 332.

U

V

W

W... (P. E.) — Quelques mots sur la quest. des sucres, 3943.

WAKELY (A.) — The mariner's compass rectified, 3015.

WALCKIERS (E.) — Variation pour la flûte, 3674.

WALLERIUS (J. G.) — Minéralogie, etc., 1181.

WALMESLEY (D. C.) — Analyse des mes. des rapports et des angles, 2781.

WAQUET (L.) — Du trait. des anévrismes des memb., 2265.

WARNIER (Dr). — L'Algérie devant le Sénat, 855.

WATELET (C. L.) — Dict. des arts de peint., 3395.

WATELET (J.) — De la ponct. de la ves. à l'aide du troc., 2470.

WATERLOO. — Recueil, etc., 3290.

WATIN (J. F.) — L'art du peint., 3744.

WATTEVILLE (le Bon de). — Rapport sur les bibl. scol., 401.

WEBER (de). — Le Freyschütz, 3687.

WEBER (G.) — Mém. sur les prop. antis. du charb. vég., 2014.

WECKER (L.) — Des nouv. proc. opér. de la catar., 2425.

WEIL. — Essai sur la déterm. clin. de l'astig., 2315.

WEILL (A.) — Lettre à S. M. l'Empereur, 620.

WEISS (F. R. de). — Principes philos., 85.

WHATELY (Th.) — L'art de form. les jard. mod., 3578.

WHYTT (R.) — Traité des malad. nerv., 1860.

WICQUEFORT. — Mém. touch. les amb., 494.

WILLETTE (T.) — Etude sur les accid. nerveux de la ménop., 2555.

WILLICH (Dr). — Hygiène domest., 1624.

WILLOTTE (H.) — Le théor. de Sturn, 2766. — Etude sur l'emploi des percussions, 4096.

WILM (Ed.) — Anal. des eaux min. de Challes, 1972.

WINSLOW. — Expos. anat. de la str. du corps hum., 1554-1555.

WITKOWSKI (G. J.) — Malad. des yeux, 2310.

WLACT. — La trigon., 2786.

WODWARD (J.) — Géog. phys., 1146.

WOLF (C.) — Elem. matheseos univ., 2712.

WOLOWSKI (M. L.) — La quest. des banq., 782.

WOLPH (G.) — Viaticum novum de omnium ferè particuliarium morborum, etc., 1515.

WORTHINGTON et ANGER. — Mélanômes, 2275.

WILLEFROY et MONNIER (Léon). — Principes d'ad., 544.

WURTZ (A.) — Hist. des doct. chimiq., 1017. — Leçons élém. de ch. mod., 1041. — Fasc. 18e du dict. de ch., 1041 bis. — Théorie atomique, 3964.

X

XÉNOPHON. — L'économique, 341. — Hiéron, ou port. de la condit. des rois, 414. — Xenophontis memorabilium, Socrates, etc., 181. — Traité de la chasse, 3789.

Y

YARDIN (A.) — De l'iridect., 2396.
YAUVILLE (d'). — Traité de vénerie, 3790.
YMBERT (V.) — Consid. sur l'amortis., 684.

YVON (M. L. A. d'). — De la décad. des arts d'ornem., 3405.

Z

FIN DE LA TABLE ALPHABÉTIQUE